Günther K. Weiße

Geheime Funkaufklärung in Deutschland 1945–1989

Günther K. Weiße

Geheime Funkaufklärung in Deutschland 1945–1989

Motor
buch
Verlag

Einbandgestaltung: Luis Dos Santos unter Verwendung von Vorlagen aus dem Archiv des Verfassers.

Die teilweise geminderte Bildqualität ist auf das Alter der Abbildungen und die Umstände ihres Entstehens zurückzuführen.

ISBN 3-613-02531-0

1. Auflage 2005

Ein Unternehmen der Paul Pietsch-Verlage GmbH & Co.

Sie finden uns im Internet unter www.motorbuch-verlag.de

Lektor: Martin Benz M.A.
Repro: digi bild reinhardt GmbH, 73037 Göppingen
Innengestaltung: DTP-Büro Viktor Stern, 72160 Horb
Druck und Bindung: Graspo, CZ-76302 Zlin
Printed in Czech Republic

Für Sandrine, Isabelle und Pascal de W.

Inhalt

Vorwort und Einleitung ... 10
Dank ... 10
Verwendete Quellen ... 11
Verwendete Terminologie ... 12
Einleitung ... 14

Historischer Rückblick ... 16

I. Die Situation in den westlichen Besatzungszonen von 1945 bis 1955 ... 23

1. Die deutschen Dienste in den westlichen Besatzungszonen ... 26
Die Organisation Gehlen (OG) ... 28
Die Dienststelle Schwerin – Zentrale für Heimatdienst/Institut für Gegenwartsforschung ... 39
Die Dienststelle Blank/Amt Blank ... 40
Das Bundesamt für Verfassungsschutz und die Funkabwehr durch den Bundesgrenzschutz ... 42
Der Funkkontrollmessdienst der Deutschen Bundespost ... 45

2. Die Aufklärungsdienste der westlichen Alliierten in ihren Besatzungszonen ... 49
Die Militärverbindungsmissionen der Alliierten im besetzten Deutschland ... 50
Der kalte Krieg beginnt (Phase I von 1945 bis 1955) ... 53
Die US-Streitkräfte in Deutschland und deren Funkaufklärung bis 1955 ... 54
Die United States Army Security Agency in Deutschland ... 58
Das Counter Intelligence Corps der US Army in Deutschland bis 1949 ... 63
Die US Army Special Forces in Bad Tölz, Lenggries und Berlin ... 65
Westalliierte Zusammenarbeit auf dem Gebiet der Funkaufklärung in Westeuropa ... 67
Die British Government Code & Cypher School/Government Communications Headquarters in Deutschland ... 69
Der Number 101 Wireless Troop der British Army on the Rhine ... 71
Aktivitäten des Special Air Service nach Kriegsende in Deutschland ... 72
Die elektronische Aufklärung der französischen Streitkräfte in Deutschland 1945 bis 1955 ... 73
Westalliierte Elektronische- und Luftaufklärung über Deutschland und dem Ostblock ... 74
Die militärische Situation in Deutschland im Jahre 1954 ... 77

3. Erfassungsmöglichkeiten und Ergebnisse der Dienste ... 82

II. Die Fernmelde- und Elektronische Aufklärung in der Bundesrepublik Deutschland von 1956 bis 1989 87

1. Der Bundesnachrichtendienst und seine technischen Aufklärungskomponenten 90
Gliederung des BND Mitte der achtziger Jahre 105

2. Die Bundeswehr und die Organisation ihrer Fernmelde- und Elektronischen Aufklärung 108
Planungsabsichten und Konzeptionen in den Jahren 1948 bis 1955 108
System der Nachrichtengewinnung in der Bundeswehr 111
Die Aufstellung von Verbänden und Einheiten der Fernmelde- und Elektronischen Aufklärung in den Teilstreitkräften 115
Die Fernmelde- und Elektronische Aufklärung im Heer (Heeresmodell 1), 1955 bis 1968 117
Die Fernmelde- und Elektronische Aufklärung der Luftwaffe 1955 bis 1968 124
Die Fernmelde- und Elektronische Aufklärung der Marine 1955 bis 1967 154
Der Prager Frühling und die Okkupation der CSSR 156
Der Auftrag der Elektronischen Kampfführung der Bundeswehr nach 1968 176
Die Entwicklung der Fernmelde- und Elektronischen Aufklärung in den Teilstreitkräften nach 1968 180
Die Bedrohung der NATO durch die Streitkräfte des Warschauer Paktes nach der CSSR-Okkupation 192
Die Bedrohung der NATO durch Spezialkräfte der Warschauer-Pakt-Staaten 204
Der Indikations- und Warnungsprozess der NATO 1968 bis 1989 211
Die Bundeswehr und ihre Einbindung in das »Militärische Intelligence-Wesen« der NATO 214
Erfassungsmöglichkeiten der Fernmelde- und Elektronischen Aufklärung der Bundeswehr 1956 bis 1989 228
Die Aufgaben der Fernmelde- und Elektronischen Aufklärung im Rahmen der Frühwarnung nach 1980 235
Reorganisationsmaßnahmen der Fernmelde- und Elektronischen Aufklärung 240
Erfassungsmöglichkeiten und Ergebnisse der Fernmelde- und Elektronischen Aufklärung Ende der achtziger Jahre 253

3. BMI, BGS und Verfassungsschutz und die Fernmeldeaufklärung 255

4. Der Funkkontrollmessdienst der Deutschen Bundespost 258

5. Die Dienste der westlichen Alliierten in Deutschland 259
Die Army Security Agency in Deutschland von 1955 bis 1967 259
Aufklärung und Gegenspionage durch CIC und MIS der US Army bis 1967 261
Das Grenzaufklärungs- und Überwachungssystem der US Army in Süd- und Südwestdeutschland bis 1967 263
Die US-Panzeraufklärer an der innerdeutschen Grenze 1955 bis 1968 267
Der US Air Force Security Service und seine Elektronische Aufklärung bis 1967 269
Die Elektronische Aufklärung der Briten in Norddeutschland 1955 bis 1967 273
Das Special Air Service Regiment (SAS) und sein Auftrag in Deutschland 275
Die französischen Streitkräfte und ihre Elektronische Aufklärung in Deutschland nach 1956 279

Die Army Security Agency in Deutschland von 1968 bis 1980 .281
Das Combat Electronic Warfare and Intelligence Battalion (CEWI Bn) .287
Das 14 Signal Regiment (Electronic Warfare) der British Forces Germany .290
Sonstige alliierte Erfassungsstellen in Deutschland 1968 bis 1989 .291
Die Endphase der alliierten Aufklärung in Deutschland von 1981 bis 1990 .293

6. Erfassungsmöglichkeiten und Ergebnisse der Fernmelde- und Elektronischen Aufklärung in der Bundesrepublik 1956 bis 1989 .297

III. Die Situation in der Sowjetischen Besatzungszone Deutschlands 1945 bis 1955 .299

1. Die sowjetischen Besatzungstruppen und erste Ansätze zur Elektronischen Aufklärung .301

2. Die deutsche Verwaltung für Inneres, die KVP, das Staatssekretariat für Staatssicherheit und die Funkelektronische Aufklärung .306

IV. Die Funk- und Funktechnische Aufklärung der DDR 1956 bis 1989 .309

1. Der Militärische Nachrichtendienst der Nationalen Volksarmee .309
Die Führung der Aufklärungs- und Sabotage-Schweigenetze durch Funk .314
Die Reorganisation des Militärischen Nachrichtendienstes der NVA .318
Das Funktechnische Aufklärungsbataillon 21 (FuAB 21) .320
Das Funkaufklärungsregiment 2 (FuAR-2) .321
Die Funk- und Funktechnische Aufklärung der Militärbezirke der NVA, der Volksmarine und der Grenzbrigade Küste .335
Funk- und Funktechnische Truppen der Mot-Schützen- und Panzerdivisionen der NVA .337
Das FuAR-2 und der Zentrale Funkdienst (ZFD) der NVA .338
Die Organisation der Luftverteidigung im Rahmen des Diensthabenden Systems (DHS) der NVA-LSK/LV und der Westgruppe der Truppen (WGT) .343
Kenntnisstand des Militärischen Nachrichtendienstes der NVA in den achtziger Jahren .350
Erkenntnisse des Ministeriums für Nationale Verteidigung über die Neuorganisation der NATO-Luftverteidigung .369

2. Das Ministerium für Staatssicherheit und seine Hauptabteilungen II und III .373
Aufbau und Auftrag der Hauptabteilung III (HA III) des MfS .378
Die Erfassung der Funknetze der westdeutschen-/Westberliner Polizei durch die HA III .396
Die Erfassung der Funkaktivitäten der Fernspäheinheiten der Bundeswehr durch die HA III .399
Überwachung der Spezialeinsatzkräfte der NATO durch die HA III .401
Intensivierung der Überwachung von Funknetzen im Operationsgebiet .404
Zentrale Aufgaben der Hauptabteilung III zu Ende der achtziger Jahre .412

3. Die Zusammenarbeit mit Funk- und funktechnischen Diensten verbündeter Staaten 426

4. Die sowjetischen Funkaufklärungsdienste in der DDR 442

5. Erfassungsmöglichkeiten und Ergebnisse der DDR-Dienste von 1956 bis 1989 445

V. Bewertung und zukünftige Entwicklung der Elektronischen Aufklärung 451

1. Zusammenfassende Betrachtung der Aufklärungsbemühungen der deutschen Teilstaaten 1955 – 1989 451

2. Die zukünftige Entwicklung der Elektronischen Aufklärung in Deutschland 453

3. Die Elektronische Aufklärung in der NATO und in der Europäischen Union 460

4. Ausblick 461

Vorwort und Einleitung

Ziel dieses Buches ist, die Entwicklung der Fernmelde- und Elektronischen Aufklärung in Deutschland, deren Ergebnisse und politische Folgen in den Jahren von 1945 bis 1989 nachzuzeichnen. Dabei wird kein Anspruch auf Vollständigkeit erhoben, da sehr viele Quellen auf beiden Seiten der Öffentlichkeit noch immer nicht zur Verfügung stehen. Dies trifft insbesondere auf die Ergebnisse der Fernmelde- und Elektronischen Aufklärung[1] der Bundesrepublik Deutschland zu, die nach den Ereignissen des 11. September 2001 und der Neuausrichtung der Bundeswehr besondere Bedeutung gewonnen hat. Die Funk- und Funktechnische Aufklärung der ehemaligen DDR ist ein abgeschlossenes Kapitel deutscher Geschichte und daher, soweit in den Archiven der BStU erfasst und ausgewertet, in der Regel zugänglich. Außerordentlich schwierig ist der Zugang zu den Ergebnissen der elektronischen Aufklärung auf Seiten der Alliierten, soweit dies die Ergebnisse der elektronischen Aufklärung und bestimmter luftgestützte SIGINT-Missionen[2] der Alliierten in den Jahren 1950–1989 betrifft. Insbesondere auf britischer und französischer Seite sind auch heute noch nicht alle Informationen verfügbar. Die ehemals sowjetische Seite erlaubt keinerlei Zugang zu Informationen aus dem Bereich der elektronischen Aufklärung. Aus systematischen Gründen konnten die Aktivitäten der Nachrichtendienste aller Seiten, soweit sie nicht unmittelbaren Bezug auf die Fernmelde- und Elektronische Aufklärung von deutschem Boden hatten, nur dann berücksichtigt werden, wenn sich unmittelbare Verknüpfungen ergaben. Die Bewertung der Aktivitäten der Dienste beider Seiten in Deutschland gibt ausschließlich die persönliche Auffassung des Autors wieder. Nur dort, wo in Dokumenten Bewertungen durch die Herausgeber getroffen wurden, ist dies auch durch entsprechende Hinweise kenntlich gemacht.

Dank

Mein besonderer Dank für die Unterstützung bei der Erstellung dieses Buches gilt folgenden Institutionen und Einzelpersonen und vielen, die ungenannt bleiben möchten, ohne deren taktkräftige Hilfe und Unterstützung jedoch die Arbeit nicht hätte bewältigt werden können.

- Oberst Saueressig, Oberstleutnant Schüle - Fernmeldebereich 92, Trier.
- Traditionsverein der Fernmelde- /Elektronischen Aufklärung der Luftwaffe, Trier.

---

[1] Siehe auch Bestand im BA/MA BL 18 Luftwaffenführungsdienstkommando 1970 – 1999, etwa die Hälfte des Bestandes sind Verschlusssachen und enthalten wenig Hinweise auf die operative Ergebnisse der Fm/EloAufkl der Luftwaffe.

[2] SIGINT – SIGNALS INTELLIGENCE (Fernmelde- und Elektronische Aufklärung).

- Oberstleutnant a.D. Eberhard Klopp[3], Traditionsverein Trier.
- Oberstabsfeldwebel a.D.d.R. Hans Frommer, Traditionsverein Trier.
- Hauptfeldwebel Misch, Fernmeldebereich 92 / Traditionsverein Trier.
- Technischer Regierungsamtmann (TRA) Kleefeld, Traditionsverein Trier.
- Der Leitung der Bundeswehrverwaltungsschule in Berlin-Grünau, Regattastraße 22 für die Gelegenheit, die Anlage zu begehen.
- Der Bundesbeauftragten für die Unterlagen des Staatssicherheitsdienstes der ehemaligen DDR, Berlin, hier besonders Frau Simone Külow und Herrn Jung.
- Herrn Thomas Wagner und seinen Mitarbeiterinnen von der Buchhandlung »Das Buch« in Balingen, die mich bei der Beschaffung, auch zuweilen exotischer Titel zum Thema dieses Werkes, sehr tatkräftig unterstützt haben.

Besonderer Dank gebührt meiner Frau Elfriede, die mit großem Verständnis das Entstehen dieses Buch unterstützt hat.

Herrn Martin Benz M.A. vom Motorbuch-Verlag in Stuttgart bin ich zu besonderem Dank verpflichtet, da er es auf sich genommen hat, das Entstehen dieses Werk mit Rat, Tat und Zuspruch überhaupt erst möglich zu machen.

Verwendete Quellen

Wegen der noch nicht immer befriedigen Quellenlage, besonders im Bereich der Ergebnisse der Elektronischen Aufklärung der Bundeswehr[4], musste in diesem Bereich verstärkt auf Sekundärquellen und persönliche Erinnerungen Beteiligter (soweit diese nicht noch der Geheimhaltung unterliegen) ausgewichen werden. Die Quellenlage bei der Militärischen Aufklärung der DDR ist bis auf gelegentliche Veröffentlichungen als unbefriedigend zu bezeichnen, da wesentliche Teile des operativen Aktenbestandes[5] der Verwaltung Aufklärung des Ministeriums für Nationale Verteidigung (später Informationszentrum des Ministeriums für Abrüstung und Verteidigung) und des Zentralen Funkdienstes (ZFD) in Dessau möglicherweise vernichtet wurden oder der Forschung aus anderen Gründen noch nicht zur Verfügung stehen. Demgegenüber sind die Aktenbestände der Hauptabteilung III des Ministeriums für Staatssicherheit, soweit diese schon erfasst wurden, unter bestimmten Einschränkungen der Forschung zugänglich, so dass hier zumindest Abläufe in der Erfassungs- und Auswertetätigkeit der HA III nachvollzogen werden können. Ergebnisse der Telefonüberwachung *(Operative Zielkontrolle)* durch das MfS wurden im vorliegenden Werk nicht berücksichtigt, da eine Reihe von schutzwürdigen Interessen Betroffener eine öffentliche Behandlung der Ergebnisse auch heute noch nicht rechtfertigen. Über die Zusammenarbeit, insbesondere Inhalte und Anzahl von Informationen, die im Rahmen der

---

3 Oberstleutnant Klopp war langjähriger Leiter der Taktischen Auswertung im Fernmeldebereich 70 Trier und Leiter der Unterstützungsgruppe beim Zentralen Funkdienst der NVA in Dessau bis zu dessen endgültiger Auflösung 1991.

4 Nach den gegenwärtigen Richtlinien kann mit einer Offenlegung von Unterlagen frühestens nach Ablauf von 20 Jahren gerechnet werden, falls die Dokumente nicht einer zusätzlichen individuellen Sperrfrist unterliegen.

5 Richter: *Der Militärische Nachrichtendienst der Nationalen Volksarmee...*, Peter Lang, Frankfurt a.M./Berlin 2004, Seite 19 ff.

Abmachungen des *Apparates der Koordination* (AdK) beziehungsweise der *Organe des Zusammenwirkens* (OZW) aus dem MfS und dem ZFD an die Partnerdienste des MfS abgeflossen sind, liegen nur sehr spärliche Informationen vor. Es ist anzunehmen, dass diese Unterlagen der Vernichtung zugeführt wurden. Dies gilt auch für den sehr speziellen Bereich der Kryptologie, soweit sich hier Anknüpfungspunkte zum behandelten Thema ergeben, da dieser Bereich durch das MfS und das MfNV[6] als außerordentlich geheimschutzbedürftig betrachtet wurde und zwischenstaatliche Vereinbarungen zwischen der damaligen Sowjetunion und der DDR die Rückgabe der gesamten Geräte und Unterlagen vorsah. Die Quellenlage auf Seiten der westlichen Alliierten kann für den Bereich der US-Nachrichtendienste[7] in Deutschland als ausreichend bezeichnet werden, gleichwohl spezifische Einzelergebnisse der Erfassung östlicher Fernmeldeverkehre und sonstiger Ausstrahlungen durch die alliierten Dienste nur aus Sekundärquellen bekannt geworden sind. Die Ergebnisse der britischen[8] und französischen Dienste sind auf Grund dortiger gesetzlicher Restriktionen nicht in dem Umfang dokumentiert, wie dies für eine abschließende Bewertung erforderlich erscheint.

Verwendete Terminologie

Im Bereich des Nachrichtenwesens und der Elektronischen Aufklärung herrscht eine Vielfalt von Begriffen und Bezeichnungen für gleichartige Tätigkeiten. Deshalb haben sich Verlag und Autor entschlossen, ausschließlich die nationale Terminologie für Begriffe des Nachrichtenwesens »*Intelligence*« zu verwenden. Gegenwärtig beherrscht eine verwirrende Vielfalt von Begriffen die Fachterminologie, die sehr stark durch die jeweiligen nationalen Nachrichtendienst- und Aufklärungsdoktrin beeinflusst wird. Begriffe wie: CYBERWAR, INFORMATION OPERATIONS, INFORMATION WARFARE[9], ELECTRONIC WARFARE, SIGNALS INTELLIGENCE, COMMUNICATIONS INTELLIGENCE, ELECTRONIC INTELLIGENCE, NETWORK CENTRIC WARFARE und ähnliche Formulierungen beherrschen die Fachliteratur und führen zu teilweise falscher Interpretation. Daher sollen nachfolgende Definitionen zur Klärung der Begriffe beitragen.

Die **Elektronische Kampfführung** umfasst alle Maßnahmen der Aufklärung, Unterstützung, Gegenmaßnahmen sowie Schutzmaßnahmen im gesamten elektromagnetischen Spektrum ohne Rücksicht auf die Art der Kommunikationsbeziehung. Das können zum Beispiel Funk, drahtgebundene Verbindungen, Lichtwellenleiter, Rechner, Netzwerke, Bündelfunk aller Art einschließlich UTMS GMRS, GPRS sowie TETRA, TETRA 25, TETRAPOL, Fernwirkanlagen, Wireless LAN) und ähnliche Anwendungen sein.

Die **Fernmelde- und Elektronische Aufklärung** – SIGNAL INTELLIGENCE (SIGINT) – erfasst Kommunikationsbeziehungen und elektronische Strahlungen sowie Inhalte aller Art im

---

6 Siehe auch Bundesarchiv/Militärarchiv (BA/MA) – Nationale Volksarmee, Bestand DVW1 – Findbücher Eppelmann.

7 Eichner/Dobbert: *Headquarters Germany*, Edition Ost, Berlin 1997.

8 In Großbritannien gelten die Bestimmungen des »*Official Secret Acts*« aus dem Jahre 1920 unverändert fort. Traditionsgemäß veröffentlicht die französische Seite keine Ergebnisse, die mit nachrichtendienstlichen Mitteln gewonnen wurden.

9 Truppendienst, BMLV, Wien 2004, Seite 494 ff.

gesamten, derzeit nutzbaren Frequenzspektrum ohne Rücksicht auf das verwendete Medium (Funk, Draht, Lichtwellenleiter) und klärt sie auf.

Die **Fernmeldeaufklärung** – COMMUNICATION INTELLIGENCE (COMINT) – ist das klassische Instrument zur Aufklärung von Verkehrsbeziehungen, Nachrichteninhalten und im Verbund mit Maßnahmen der Elektronischen Aufklärung, zur Ortung, Klassifizierung und Identifizierung von Strahlungsquellen aller Art im elektromagnetischen Spektrum, insbesondere bei der Anwendung von Funkverbindungen jeder Art.

Die **Elektronische Aufklärung** – ELECTRONIC INTELLIGENCE (ELINT) – hat die Aufgabe, Strahlungsquellen zu orten, zu identifizieren, technische Parameter zu evaluieren und im Verbund mit der Fernmeldeaufklärung, die Erstellung von Nutzungs- und Bewegungsprofilen zu ermöglichen. So z.B. Ortung eines Mobiltelefons, Identifizierung der Nachrichteninhalte und damit auch Identifizierung des möglichen Nutzers und seiner Kommunikationsbeziehungen, Erstellen von Aktivitäten- Bewegungsprofilen. Auch ist durch Manipulation des Mobiltelefons das Abhören von Gesprächen, auch bei scheinbar abgeschaltetem Mobiltelefon, technisch möglich. Die Erfassung technisch/betrieblicher Parameter bei drahtlosen Verbindungen *(Local Area Network – LAN/ Wide Area Network WAN)* richtet sich nach den örtlichen Gegebenheiten, in diesem Fall ist jedoch ein größerer, professioneller Aufwand im technischen Bereich notwendig und erfordert Nähe zum Aufklärungsobjekt. Unabhängig hiervon können auch mit relativ einfachen Mitteln einzelne *»Hot Spots«* identifiziert und deren Kommunikationsbeziehungen erfasst werden.

Die **Elektronischen Gegenmaßnahmen** – ELECTRONIC COUNTERMEASURES (ECM) – werden offen (in der Regel nur bei militärischen Anwendungen) und verdeckt angewandt und verfolgen die Absicht, die Nutzung des elektromagnetischen Spektrums zu erschweren oder unmöglich zu machen. Sie werden in diesem Buch nur dann behandelt, wenn sie unmittelbaren Einfluss auf die Fernmelde- und Elektronische Aufklärung haben. Eigene Gegenmaßnahmen gegen die Wirkung gegnerischer *Elektronischer Gegenmaßnahmen* werden als ELECTRONIC COUNTER COUNTER MEASURES (ECCM) bezeichnet.

Die **Elektronischen Schutzmaßnahmen** – ELECTRONIC SUPPORT MEASURES (ESM) – haben den Schutz eigener Ausstrahlungen zum Ziel und sollen die Aufklärung durch Dritte erschweren oder unmöglich machen. Der Aspekt der Täuschung/Irreführung im Rahmen der Elektronischen Schutzmaßnahmen verdient künftig besondere Beachtung, da die eigene IT-Umwelt als extrem anfällig für derartige Maßnahmen betrachtet werden muss.

Frequenzbezeichnungen[10]

HF (Kurzwelle)	1.6 MHz – 30.0 MHz
VHF (Very High Frequencies)	30 MHz – 300 MHz
UHF (Ultra High Frequencies)	300 MHz – 3000 MHz
SHF (Super High Frequencies)	3000 MHz – 30 000 MHz
EHF (Extreme High Frequencies)	30 GHz – 300 GHz
SEHF (Super Extreme High Frequencies)	300 GHz – 700 GHz

10 LwFüDstKdo – A3, Az 32-54-00 VS-NfD v. 18.05.1972, *Besondere Anweisung für die Ausbildung (BA) 4001 – Führungsdienste der Luftwaffe*, Seite 19.

Einleitung

Die politische Entwicklung in Mitteleuropa seit Ende des zweiten Weltkrieges und die damit verbundenen politischen und militärischen Spannungen haben im Laufe der folgenden Jahre zu einer nicht absehbaren evolutionären technologischen Entwicklung im Bereich der Aufklärung an der Nahtstelle der beiden Systeme in Deutschland geführt. Der deutschen Forschung und Entwicklung war es durch entsprechende Beschlüsse der Alliierten seit dem 8. Mai 1945 kategorisch untersagt, sich auf dem Gebiet der Hochfrequenzforschung zu betätigen. Noch vorhandene industrielle Kapazitäten in den drei westlichen Besatzungszonen in diesem und anderen Bereichen wurden unter Aufsicht des Alliierten Rüstungskontrollamtes in Koblenz abgebaut oder im Rahmen von Reparationslieferungen an die Siegermächte ausgeliefert. In der sowjetischen Besatzungszone Deutschlands verfolgte die Besatzungsmacht eine rigorose Demontagepolitik. Fachleute aller wissenschaftlichen Disziplinen und der Industrie wurden oft, auch gegen ihren Willen, zur Mitarbeit an wissenschaftlichen und industriellen Projekten in der damaligen Sowjetunion verpflichtet und kehrten oft erst in den fünfziger Jahren aus der Sowjetunion nach Deutschland zurück. Fachleute aus den westlichen Besatzungszonen folgten oft dem Ruf nach England, Frankreich und den USA, um dort an entsprechenden Projekten mitzuarbeiten. Damit verlor die so weit gediehene nationale deutsche Forschung und Entwicklung zunächst ab 1945 den Anschluss an die technologische Entwicklung, insbesondere auf dem Gebiet der Hochfrequenzforschung und in anderen verwandten Gebieten. Mit der Aufforderung an Deutschland, dem NATO-Bündnis beizutreten, fielen 1955 wesentliche Einschränkungen, die eine Forschungs- und Entwicklungstätigkeit, insbesondere im Bereich der Funk- und Radaraufklärung, auf bundesdeutscher Seite behindert hatten, entweder ganz weg oder wurden nur noch pro Forma angewandt. Seit dem offiziellen Beitritt der Bundesrepublik Deutschland zur NATO am 9. Mai 1955 konnte die deutsche Forschung und Industrie versuchen, Anschluss an die technologische Entwicklung zu gewinnen. Wegen fehlender industrieller Kapazitäten in Deutschland und dem Nachholbedarf der nun neu aufzustellenden westdeutscher Streitkräfte musste bei der Beschaffung von entsprechendem Wehrmaterial für die noch zu errichtende Elektronische Aufklärung zunächst auf Lieferungen der alliierten Partner zurückgegriffen werden. Erst nach und nach konnte die deutsche Industrie den wachsenden Bedarf in diesem speziellen Bereich decken, da ihr von 1945 bis 1955 die Arbeit an derartigen Vorhaben durch Kontrollratsbeschluss generell untersagt wurde. Dies galt ebenfalls für Forschungsarbeiten auf dem Gebiet der Hochfrequenzaufklärung, die durch die Alliierten sogar mit einem Veröffentlichungsverbot für deutsche Wissenschaftler belegt war. In der damaligen DDR wurde von vornherein aus politischen und wirtschaftlichen Gründen fast ausschließlich Wehrmaterial aus der Sowjetunion eingeführt, die wenigen Geräte, insbesondere Funkgeräte aus eigener Produktion in den Anfangsjahren wurden bald in Reserveeinheiten verwendet. Mit Beginn der sechziger Jahre gelang es der Elektronikindustrie der DRR, eigene Konzeptionen zu entwickeln und bald auch hochwertige Empfangssysteme für die elektronische Aufklärung der DDR zu entwickeln, die den damaligen Anforderungen durchaus genügten. Im Verbund mit der Sowjetunion und anderen Staaten des Warschauer Paktes konnte eine Reihe von Aufklärungssystemen entwickelt und eingesetzt werden, die weitgehend den Anforderungen der Aufklärung in den achtziger und neunziger Jahren entsprachen und erfolgversprechende Aufklärungsansätze der östlichen Dienste ermöglichten. Mit dem Ende der DDR und der Auflösung der Nationalen Volksarmee einschließlich der Hauptabteilung III des Ministeriums für Staatssicherheit gingen diese personellen und materiellen Kapazitäten der Funkerfassung und Aufklärung im militärischen und zivilen Bereich weitgehend verloren.

Das Personal der Funk- und Funktechnischen Aufklärung der NVA und des MfS wurde unterschiedslos »abgewickelt«, seine Spur verliert sich im zivilen Umfeld. Leider haben es die verantwortlichen Stellen versäumt, den noch 1991 in Dessau[11] vorhandenen Aktenbestand des ZFD wenigstens zu sichern, um ihn einer späteren Auswertung durch kompetente Fachstellen zuzuführen, die ohne Zweifel auch für die Bundeswehr und andere Dienste interessante Aufschlüsse hätten liefern können. Auch sind, soweit bekannt, keine offiziellen Befragungen[12] von Schlüsselpersonal des ZFD durch die zuständigen Stellen der Bundeswehr erfolgt. Die Hauptabteilung III des MfS wurde abgewickelt, das Personal musste sich neue Betätigungsfelder suchen, da es aus mancherlei Gründen als besonders belastet empfunden wurde. Die später von General Männchen, dem ehemaligen Leiter der HA III des MfS, vorgelegten Vorschläge wurden nicht weiterverfolgt.

---

[11] Im Sommer des Jahres 1991 befand sich noch eine beträchtliche Anzahl möglicherweise operativer Erfassungsunterlagen einschließlich Tonbandkassetten in der ehemaligen Kfz-Halle im Objekt des ZFD in Dessau.

[12] Oberstleutnant Klopp ist es zu verdanken, dass Gespräche mit führenden Angehörigen des ZFD geführt werden konnten, die wesentliche Aufschlüsse über Verfahren und Hintergründe von Entscheidungen im ZFD erbrachten (Klopp: Dessau-Bericht), die hier jedoch wegen ihres vertraulichen Charakters nicht behandelt werden sollen.

Historisher Rückblick

Das Ende der deutschen Funkaufklärung im Jahre 1945

Mit der bedingungslosen Kapitulation sämtlicher deutscher Land-, Luft- und Seestreitkräfte am 8. Mai 1945 und der vollständigen militärischen Besetzung deutschen Territoriums einschließlich Österreichs durch die Alliierten und der Übergabe sämtlicher Waffen und des gesamten Materials, endet die Geschichte der in den Jahren 1944/1945 noch bestehenden etwa 288 Nachrichten(Fernmelde)-Verbände und -Einheiten der Wehrmacht[13]; die Soldaten gingen in Gefangenschaft. Damit endete die Horch- und Funkaufklärung der deutschen Wehrmacht, die Siegermächte übernahmen die Kontrolle über das Reich. Damit wurden die noch bestehenden militärischen Strukturen endgültig zerschlagen und das Spezialpersonal, soweit es den Krieg, den Einmarsch und die Gefangenschaft überlebt hatte, in alle Winde verstreut.

Das deutsche Heer verfügte bis Kriegsende über eine funktionsfähige Organisation zur Funkaufklärung mit 16 Nachrichtenaufklärungsabteilungen[14] und etwa 40 Nachrichtenaufklärungskompanien zu acht bis zehn Peiltrupps, die vorwiegend gegnerischen und Diplomatischen Funkverkehr erfassten und unter Führung des *Generals der Nachrichtenaufklärung*, der dem *Chef des Heeresnachrichtenwesens* unterstellt war, eingesetzt wurden. In den Jahren 1944 und 1945 wurden etwa 95% der Informationen[15] über die Feindlage durch die Nachrichtenaufklärung gewonnen. Die festen Horchstellen des Oberkommandos der Wehrmacht (OKW) wurden in der Endphase des Krieges meist durch den Gegner überrollt, auf Befehl zerstört und geräumt. Das überlebende Personal geriet in Gefangenschaft. Bei Kriegsende verfügte die Funkaufklärung des deutschen Heeres in ihren *Nachrichtenaufklärungsverbänden*[16] über eine Leitstelle der Nachrichtenaufklärung mit 250 Stabsangehörigen, zehn Stäbe der Nachrichtenaufklärung mit Auswertung und einem personellen Umfang von 1200 Stabsangehörigen. Das deutsche Heer verfügte noch über fünf feste *Nachrichtenaufklärungsstellen* mit etwa 750 Erfassern, Auswertern und sonstigem Hilfspersonal sowie zehn *Nachrichtenfernaufklärungskompanien* (FENAK) mit 3500 im Fachdienst eingesetzten Soldaten, 15 *Nachrichtennahaufklärungskompanien* (NANAK) mit zusammen 4500 Soldaten und Beamten sowie 1300 Spezialisten des Heeres in der Funkabwehr und der Abteilung Chiffrierwesen. Die *Funkabwehr des Oberkommandos der Wehrmacht* (OKW) verfügte bei Kriegsende über drei Abteilungen mit etwa 2000 Offizieren, Beamten, Unteroffizieren und Nachrichtenhelferinnen.

Die Luftwaffe[17] verfügte bis zum 8. Mai 1945 über den, trotz der Lage, noch gut funktionierenden *Flugmelde- und Jägerleitdienst, Funkaufklärungsdienst, Truppenflug-*

---

[13] Kampe, H.G. (Oberst der NVA a.D.): Die Heeresnachrichtentruppen der Wehrmacht, Dörfler, 1994.

[14] HMSO: *German Order of Battle 1944*, Arms&Armour Press, London 1975.

[15] Heydorn: *Nachrichtenaufklärung (Ost) und sowjetrussisches Heeresfunkwesen bis 1945*, MGFA 8, Rombach, Freiburg 1983.

[16] Von Schramm: *Der Geheimdienst in Europa 1939 – 1945*, Langen-Verlag, München 1974.

[17] Hoffmann K.O.: *Die Geschichte der Luftnachrichtentruppe Bd. II*, Vowickel-Verlag, Neckargemünd 1968, Seite 292 ff.

meldedienst der Flakartillerie, Luftschutzwarndienst und den *Eisenbahnflugwarndienst,* der durch die *Luftnachrichtentruppe* betrieben wurde. Auf Grund der Lageentwicklung in den letzten Tagen vor dem 8. Mai 1945 war jedoch wegen vielfach ausfallender Fernmeldeverbindungen durch Feindeinwirkung eine zentrale Führung nicht mehr möglich. Viele Einsatzstellungen des Jägerleitdienstes mussten auf Grund der Erdlage aufgegeben werden, die Einrichtungen wurden meist zerstört, das verbliebene Personal häufig in Erdkampfverbände eingegliedert oder in Richtung »Alpenfestung« zurückgeführt, wo es nach der Kapitulation meist in Gefangenschaft geriet. Der *Funkaufklärungsdienst* der Luftwaffe umfasste den *Funkhorchdienst*[18], den *Funkmess-Beobachtungsdienst,* den *Funk-Stördienst* und den *Funkmess-Stördienst.*

Das dem Kommando der *Luftflotte Reich* unterstellte *Luftnachrichtenregiment Reich*[19] sollte am 2.9.1944 über jeweils eine *I. Ln- Betriebs- und Gefechtsstand-Abteilung, II. Ln-Telegrafenbau-Abteilung, III. Ln-Funkaufklärungsabteilung* und *IV. Ln-Flugsicherungsabteilung* verfügen. Jedoch wurde die *III. Ln-Funkaufklärungsabteilung* wegen einer Ende 1944 verfügten Umorganisation gar nicht erst aufgestellt. Es verblieb bei der bisherigen Organisation der Funkaufklärung der Luftwaffe, die über drei selbständige Horchregimenter der Luftnachrichtentruppe sowie drei selbständige Horchabteilungen, deren Züge und Trupps entsprechend der Lage eingesetzt wurden, verfügte und die in der Endphase der Kämpfe in Deutschland noch zwischen 90 und 100% der Feind- Lageinformationen[20] für die deutschen, meist Luftwaffen-Stäbe lieferten. Für die noch bestehende Funktionsfähigkeit des *Jägerleitdienstes,* zumindest im nordwestlichen Teil Deutschlands und Dänemarks nach der Kapitulation spricht die Operation mit dem bezeichnenden Namen »POST MORTEM« der *Royal Air Force*[21], bei der unter operationellen Bedingungen, allerdings bei Tageslicht und unter britischer Aufsicht, das gesamte Luftverteidigungssystem der Luftwaffe im Bereich Norddeutschland und Dänemark, besetzt durch entwaffnetes deutsches Personal, einer eingehenden Überprüfung unter Einsatzbedingungen unterzogen wurde, bevor es durch die *Royal Air Force* endgültig abgebaut und zerstört wurde. Soweit nicht zerstört, wurde das Fernmeldenetz der Luftwaffe, insbesondere die Richtfunkverbindungen im westlichen Teil Deutschlands, teilweise im ursprünglichen Regimentsverband unter deutscher Führung wieder betriebsfähig gemacht. Es diente danach vorrangig den britischen und amerikanischen Streitkräften, bis es später den deutschen Postbehörden übertragen wurde.

Der *Funkbeobachtungsdienst* der **Kriegsmarine**[22] (B-Dienst /xB-Dienst) verfügte auch noch bei Kriegsende über ausreichende Aufklärungskapazitäten zur Erfassung des

---

[18] Einzelheiten hierzu sind in der beim Traditionsverein der FmEloAufklLw Trier vorliegenden »*SEABOURNE-DOKUMENTATION*« enthalten, deren Veröffentlichung beabsichtigt ist.

[19] Siehe auch: *SEABOURNE REPORT DOCUMENT IX.* Der Ln-Truppe gingen allein beim Rückzug aus Frankreich über 300 Funkempfänger verloren, die zurückgelassen werden mussten und teilweise unzerstört in die Hand des Gegners fielen. Etwa 60 Lastwagen mit Empfängern und sonstigem technischen Gerät konnten in letzter Minute gerettet werden.

[20] Schramm: *Kriegstagebuch des Oberkommandos der Wehrmacht,Teilband II,* Seite 1441, Bernard & Graefe, München 1982. (Studienausgabe Pawlak-Verlag, Herrsching), Seite 1797 ff.

[21] Price: *Herrschaft über die Nacht – Spione jagen Radar,* Bertelsmann, Gütersloh 1968, Seite 218 ff.

[22] Die noch verbliebenen *Marinepeilhauptstellen* (MPHS) Flensburg, Stavanger, Neumünster, Langenargen, Rantum, Mot I und die Zentrale der *Marine-Funkaufklärung* (MFA) in Flensburg stellten am 9. Mai 1945 ihren Betrieb auf britische Weisung endgültig ein. Quelle: Bonatz, *Seekrieg im Äther*, Mittler, Herford 1981.

gegnerischen Funkverkehrs, soweit die Peilstellen nicht auf Grund der Lageentwicklung geräumt werden mussten oder in feindliche Hand fielen. Über das Schicksal des Personals und der verbliebenen Empfangs- und Peilstellen gibt es nur wenig Informationen.

Das **Reichssicherheitshauptamt**, das **Forschungsamt der Luftwaffe**[23], das in zwei Teile geteilt worden war, dessen erster Teil sich im Norden in Flensburg befand, der zweite Teil hatte von Kaufbeuren in die Flakkaserne Stefanskirchen bei Rosenheim verlegt. und die *Abteilung »Nachrichtenwesen«* des **Hauptamtes der Ordnungspolizei** mit ihren *Funkmessstellen*, die bei Kriegsende über etwa 4000 Spezialisten der Funkerfassung verfügte, stellte ebenso wie das **Reichspostzentralamt** mit seinen Einrichtungen um den 8. Mai 1945 den Betrieb ein. Das Personal geriet in Gefangenschaft oder wurde interniert.

Soweit bekannt, verfügten die Truppenteile der **Waffen-SS** nicht über eigene Funkaufklärungsmöglichkeiten, gleichwohl bestanden in den Verbänden der Waffen-SS auch Nachrichtentruppen (Fernmeldetruppen), auf die hier aber nicht näher eingegangen werden soll.

Die Funkstellen der **Abwehr**[24], des *Nachrichtenregiments 506*[25] konnten in aller Regel frühzeitig verlegen, wurden aufgelöst oder zerstört, das Personal zurückgeführt und entlassen oder tauchte unter. Der Personalbestand betrug im Mai 1945 etwa 80 Offiziere, 730 Unteroffiziere sowie 1850 Funker, die für den Betrieb des Abwehrfunknetzes[26] verantwortlich waren. Den letzten Erfolg konnte ein *Frontaufklärungskommando* im Westen mit der Bestimmung des Angriffszeitpunktes der großangelegten britisch/amerikanisch/polnischen Luftlandung, Operation »MARKET GARDEN«[27] erzielen. Die den jeweiligen Befehlshabern an der Front unterstellten *Frontleitstellen, Frontaufklärungskommandos*[28] (FAK) z.B. III – West in Frankreich mit etwa 550 Angehörigen[29] und *Frontaufklärungstrupps* (FAT) der Abwehr, die seit 1944 in das *Amt Mil* des RSHA eingegliedert waren und ebenfalls über Funkstellen verfügten, gingen in den allgemeinen Auflösungserscheinungen der Wehrmacht unter oder lösten sich selbst auf. Die in Frankreich, Italien und den Niederlanden hinterlassenen Agentennetze der Abwehr waren nicht mehr aktiv und konnten auch nicht mehr auf dem Funkwege erreicht werden. Über das Schicksal der in Kanton, Peking und Tientsin[30] mit japanischer Billigung um die Jahreswende 1942/1943 durch Oberstleutnant Eisenträger eingerichteten *Kurzwellen-Funkerfassungsstellen*[31] der

---

[23] Gellermann: ... und lauschten für Hitler, Bernard & Graefe, Bonn 1991, Seite 44 ff.

[24] Die militärische Abwehr wurde am 12.02.1944 durch einen Führerbefehl in das Reichssicherheitshauptamt(RSHA) eingegliedert. Siehe auch Höhne: *Canaris*, Bertelsmann, Gütersloh 1967, S. 528.

[25] Trenkle: *Die deutschen Funknachrichtenanlagen bis 1945,* Hüthig, Heidelberg 1990, Seite 154.

[26] Trenkle: *Die deutschen Funknachrichtenanlagen bis 1945,* Hüthig, Heidelberg 1990, Seite 154.

[27] Piekalkiwicz: *Arnhem 1944,* Herbig-Verlag, München/Berlin 1994, Seite 10 ff.

[28] Hinsley/Simkins: *British Intelligence in the Second World War,* HMSO, London 1990, Appendix 1: Abwehr & RSHA.

[29] Reile: *Der deutsche Geheimdienst im II. Weltkrieg – Westfront,* Weltbild-Verlag, Augsburg 1989, Seite 380 ff.

[30] Leverkühn: *Der geheime Nachrichtendienst der Wehrmacht im Kriege,* Athenäum-Verlag, Frankfurt 1964, Seite 182.

[31] Reile: *Der deutsche Geheimdienst im II. Weltkrieg – Ostfront,* Weltbild-Verlag, Augsburg 1989, Seite 426 ff.

Abwehr/RSHA Amt Mil[32] (Kriegsorganisation – (KO) Fernost), die den diplomatischen und militärischen Funkverkehr in dieser Region erfassten (bis zu 2000 Funksprüche, die von etwa 90 britischen, amerikanischen und russischen Sendern täglich verschlüsselt übermittelt wurden), und nach Entschlüsselung und Auswertung durch Hptm.d.R. Habenicht umfassende Erkenntnisse an das RSHA[33] melden konnten, liegen keine weiteren Erkenntnisse vor. Das Personal der Abwehrfunkstelle Hamburg-Wohlsdorf überlebte zum großen Teil und wurde im britischen Vernehmungslager Neuengamme bei Hamburg zu den Abwehrfunkverbindungen vernommen. Allein der Doppelagent »TATE bzw. 3725«[34] hatte unter Aufsicht des britischen ND mehr als tausend Meldungen an Wohlsdorf abgesetzt. Die Funkstelle F I der Abwehr, die nominell dem Reichssicherheitshauptamt Amt Mil unterstand, befand sich in Plön beim Ausweichgefechtsstand der Seekriegsleitung der Marine, Deckname: KROKODIL. Die Sende- und Empfangsstelle II der Abwehr (RSHA Amt Mil) befand sich bis 23. April 1945 im Führerhauptquartier (FHQ) Berlin. Danach verlegte diese Funkstelle zusammen mit dem Führungsstab B des OKH/WFSt nach Berchtesgaden und stand bis 2. Mai 1945 auf dem Gelände des Berghofes am oberen Kehlstein. Danach verlegte der Funkwagen in den Bereich des Klingelkopfgebietes mit seinen Bunkeranlagen. Diese Funkstelle hat noch bis zum 2. Mai 1945 verschlüsselte Sprüche abgesetzt. Dazu gehörte auch der letzte Funkspruch an deutsche Agentengruppen (Deckname: SARGO und LUNA) in Südamerika, die vermutlich für das Reichssicherheitshauptamt (RSHA) in Argentinien operierten. Nach Absetzen dieser letzten Sprüche verlegte der Funkwagen ohne zusätzlichen militärischen Schutz in das Tal nach Berchtesgaden. Von dort sollte der Funkwagen zusammen mit dem Rest des Führungsstabes B nach Zell am See weiterfahren. Auf dem Wege dorthin wurde der Funkwagen und das ihn begleitende Personal vermutlich von einem britischen Kommandotrupp unter *Wing Commander* Oscar Oeser, der offenbar nach dieser Funkstelle gezielt gesucht hatte, da sie schon seit Betriebsaufnahme am Obersalzberg durch britische Stellen eingepeilt war, ausgehoben. Der Funkwagen und das darin befindliche hochmoderne Schlüsselgerät (vermutlich Siemens-G-Schreiber und Lorenz SZ 40/42 SÄGEFISCH) fielen damit in britische Hand. Dem Vernehmen nach soll der Funkwagen der 7. US Armee, die das Gebiet erobert hatte, übergeben worden sein. Über den weiteren Verbleib des Personals und Materials liegen keine Erkenntnisse vor. Es ist jedoch anzunehmen, das die Anlagen danach sehr bald nach Bletchley Park gebracht wurden.[35] Die Abwehr-Überseefunkstelle in Hamburg-Wohlsdorf[36] fiel bei Einnahme der Stadt in die Hand der britischen Streitkräfte. Ob sie vorher zerstört wurde ist ungewiss,

32 Siehe auch Schellenberg/Fleming: *Walter Schellenberg, Aufzeichnungen,* Limes-Verlag, Wiesbaden/ München 1979, Seite 325 ff.

33 Es ist nicht bekannt, ob Bletchley Park (ULTRA) auch diese Funksprüche entschlüsselt hat. Der schwedische Generalstab unterstützte ULTRA durch den Einsatz von über 1000 Personen, die deutschen Schlüsselverkehr lösten. Die Ergebnisse wurden durch den schwedischen Generalstab an Bletchley Park weitergegeben. Quelle: Statement Mache in *Krieg der Buchstaben,* TV-Dokumentation, MDR 2002.

34 Alexander: *So ging Deutschland in die Falle,* Econ, Düsseldorf 1976, Seite 14 (Oberleutnant Wein, Funkausbilder der ASt)

35 Gellermann: *Tief im Hinterland des Gegners,* Bernard & Graefe, Bonn 1999.

36 Über Wohlsdorf wurde auch der Funkverkehr mit den deutschen, in England befindlichen Abwehragenten geführt, die im Rahmen eines großangelegten britischen Funkspiels seit 1941 durch das *»Doublecross-Committee«* gesteuert wurden und insgeheim für den britischen Nachrichtendienst arbeiteten und die deutsche Abwehr mit falschen Nachrichten in die Irre geführt haben. Insgesamt verfügte der britische ND über 39 Doppelagenten, von denen sechs bis zum Kriegsende aktiv blieben. Siehe hierzu Masterman: *Unternehmen Doppelspiel,* Molden, Wien 1972, Seiten 95 ff, 217-229.

auch ist der Verbleib des Personals nicht bekannt. Die Abwehr-Funkstellen Stahnsdorf und Belzig/Mark[37] bei Berlin wurden offenbar von vorrückenden sowjetischen Truppen, vermutlich der 3. sowjetischen Garde-Panzerarmee, überrannt. Über den Verbleib des Personals liegen keine Erkenntnisse vor. Die noch bestehenden Funkmeldeköpfe der Abwehr (RSHA Amt Mil) stellten bei Auflösung oder vor Einnahme durch den Gegner den Betrieb ein. Das in der »Alpenfestung« befindliche Personal der Nachrichtentruppe, darunter auch das der Nachrichtenzentrale des Führerhauptquartiers[38] auf dem Obersalzberg, der Abwehr und der OKW/WFSt-Abteilung »Fremde Heere Ost« unter dem damaligen General a.D. Gehlen, die bereits am 25.04.1945 durch Befehl des Wehrmachtsführungsstabes[39] (WFSt) aufgelöst war, wurde durch die US-Streitkräfte in Gewahrsam genommen und anschließend im US-Lager Augsburg intensiven Befragungen unterzogen. Die Forschungsabteilung (Abteilung III) des Reichspostzentralamtes[40] unter ihrem Referatsleiter Dipl.-Ing. Kurt Vetterlein, die für die Erfassung und Aufklärung der gesicherten transatlantischen Funk -Telefonverbindung der alliierten Führung zwischen London und Washington verantwortlich war, wurde Ende Mai 1945 von amerikanischen Truppen in Kehlheim an der Donau aufgespürt. Die letzten abgefangenen Meldungen über abgehörte transatlantische Funktelefongespräche wurden noch im April aus Kehlheim nach Berlin abgesetzt. Über den weiteren Verbleib der hochmodernen Geräte, Unterlagen oder des Personals konnte auch bis heute noch nichts in Erfahrung gebracht werden. Die Horch-Empfangseinrichtungen der Abwehr[41], des Forschungsamtes der Luftwaffe, der Kriegsmarine und der Ordnungspolizei (ORPO), soweit nicht bereits durch eigene Maßnahmen oder Kriegsereignisse zerstört, fielen in alliierte Hand. Soweit bekannt, stellten sich einige deutsche Spezialisten der Abwehr[42] für die Erfassung des sowjetischen verschlüsselten Fernschreib-Führungsfunksystems »ALMAS« mit unzerstörten Anlagen und Unterlagen bereits im Mai/Juni 1945 in Rosenheim[43] dem britischen und US-Nachrichtendienst zur Verfügung und wurden umgehend nach Bletchley Park (BP – Station X) gebracht, dem damaligen britischen Zentrum für die Erfassung und Auswertung hochrangiger HF-Funkverbindungen. Über deren Aufgaben und weiteren Verbleib ist bis heute keine Klarheit zu gewinnen. Es kann jedoch nicht ausgeschlossen werden, dass unter US- und britischer Regie sofort mit der Erfassung hochrangiger sowjetischer HF-Führungsfunkverbindung unter Nutzung des Wissens, der Kenntnisse und der Geräte der deutschen Spezialisten begonnen wurde. Die Ergebnisse dieser Maßnahmen blieben bis heute unter Verschluss, da die Bestimmungen des *Official Secrets Act* im Vereinigten Königreich erst in den siebziger Jahren gelockert wurden, nicht

---

[37] Trenkle: *Die deutschen Funknachrichtenanlagen bis 1945,* Hüthig-Verlag, Heidelberg 1990.

[38] Schulz: *Drei Jahre in der Nachrichtenzentrale des Führerhauptquartiers,* Christiana-Verlag, Stein am Rhein 1997, Seite 234-253.

[39] Schramm: *Kriegstagebuch des Oberkommandos der Wehrmacht,* Bernard & Graefe, München 1982 (Studienausgabe Pawlak-Verlag, Herrsching) Teilband II, Seite 1441.

[40] Faensen: *Hightech für Hitler,* Ch. Links Verlag, Berlin 2001, Seite 105-108.

[41] Die Horchstelle Lauf wurde Anfang Januar 1945 von Lauf an den Schliersee verlegt, wobei vor der Kapitulation im April 1945 ein Großteil der noch verbliebenen Horchausrüstung, u.a. Fu H.E.t.1 ESCORIAL 65 kHz-20.8 MHz, Fu.H.E.c »Horst C« 3.75-25.8 MHz Streifenschreiber, im Schliersee versenkt wurden. Ein Teil des Materials konnte später durch das Museum für historische Wehrtechnik geborgen werden und befindet sich jetzt in dessen Sammlung (Bau 4) in Röthenbach an der Pegnitz.

[42] Es kann nicht ausgeschlossen werden, dass es sich hier um Angehörige des Forschungsamtes der Luftwaffe gehandelt haben könnte.

[43] Möglicherweise handelte es sich hier um Angehörige des Forschungsamtes der Luftwaffe. Siehe auch Gellermann: *...und lauschten für Hitler,* Bernard & Graefe, Bonn 1991 Seite 44 ff.

zuletzt als Reaktion auf die Veröffentlichung von *Group Captain* (Oberst) der *Royal Air Force* Winterbotham, der erstmals den Schleier des Geheimnisses über »ULTRA« (der britischen Abhör- und Entzifferungsorganisation während der Krieges) lüften konnte.

Über die in den Jahren 1944 – 1945 im Lager Stegskopf bei Daaden im Westerwald befindliche **Reichsstelle für Hochfrequenzforschung**[44] liegen leider bis heute keine weiteren Erkenntnisse vor. Diese Einrichtung scheint bei Kriegsende untergegangen zu sein. Zu dieser Zeit befand sich ein Großteil der deutschen Soldaten (etwa 4.005.732 Mann) bereits als Kriegsgefangene, sowie etwa 3 Millionen deutsche Soldaten als *Disarmed Enemy Forces* (»Entwaffnete feindliche Streitkräfte«, also Soldaten, denen kein Kriegsgefangenenstatus zuerkannt wurde) in westalliiertem Gewahrsam. Genaue Zahlen der in sowjetische oder andere Hand (Rumänien, Bulgarien, Jugoslawien und Tschechoslowakei) gefallenen deutschen Soldaten sind auch heute noch äußerst spekulativ. Hierbei wird deutlich, dass die Westalliierten bereits zu dieser Zeit mit ernsthaften Versorgungsschwierigkeiten in Bezug auf die Verpflegung und Unterbringung der Kriegsgefangenen, denen nach der Genfer Konvention der gleichen Anspruch auf Versorgung wie den alliierten Soldaten zustand, zu kämpfen hatten, da auch das Internationale Komitee vom Roten Kreuz (IKRK) die Versorgung der Kriegsgefangenen beanstandete. Die Alliierten entschieden, die sich noch ergebenden deutschen Soldaten als *Disarmed Enemy Forces* (»Entwaffnete feindliche Streitkräfte«) zu behandeln, insbesondere die noch in Norwegen befindlichen, die so nicht unter dem Schutz der Genfer Konvention standen. Diese Entscheidung wurde jedoch von alliierter Seite nie veröffentlicht. Die von einer Minderheit begangenen Scheußlichkeiten und die Zustände in den Konzentrationslagern, welche die Alliierten bei der Befreiung der Lager antrafen, taten ein Übriges, um eine harte Behandlung der deutschen Kriegsgefangenen und des entwaffneten Wehrmachtspersonals aus Sicht der Alliierten zu rechtfertigen. Nur so können die Lager in den Rheinwiesen bei Remagen und anderen Orten mit mehr als 160.000 deutschen Kriegsgefangenen im Rheingebiet und den dort herrschenden ebenso scheußlichen Zuständen erklärt werden. Wie sich zeigen wird, hatte diese Behandlung auch einen nicht geringen, negativen Einfluss auf die spätere Bereitschaft ehemaliger deutscher Soldaten, sich dem Aufbau neuer deutscher Streitkräfte zur Verfügung zu stellen. Außerdem bestanden auf westalliierter Seite allergrößte Befürchtungen über mögliche deutsche Widerstandshandlungen nach der Kapitulation. In Schleswig-Holstein wurden aus Norwegen zurückgeführte (mehr als 100 000 deutsche Soldaten hatten sich am 8. Mai 1945 dort befunden) und in Dänemark befindliche deutsche Großverbände unter Belassung ihrer militärischen Befehlshaber und Stäbe endgültig entwaffnet und in zugewiesenen Räumen[45] unter vornehmlich britischer Aufsicht konzentriert, um dort demobilisiert oder in Arbeitseinheiten, die offiziell erst 1946 durch Kontrollratsbeschluss aufgelöst wurden, umgegliedert zu werden. Sie wurden unter deutscher Führung, jedoch unter alliierter Aufsicht zu Minenräum- und anderen Aufgaben herangezogen. Darunter befanden sich zum Teil noch personell intakte Fernmeldeverbände. Nach kurzem Gastspiel wurde die Regierung Dönitz in Flensburg am 23. Mai 1945 auf Druck von US-Oberbefehlshaber Eisenhower ihres Amtes enthoben und nach demütigender Behandlung ebenfalls als Kriegsgefangene interniert, ihre Mitglieder zum großen Teil in ein Lager der Alliierten nach Luxemburg (Lager Mondorf) verbracht.

Die Sicherheitslage in den westlichen Besatzungszonen war 1945/1946 geprägt vom Schwarzmarkt und umfangreichen Diebstählen alliierter Versorgungsgüter. Allein in der

---

[44] Armin: *Rund um den Stegskopf, Band 1* Westerwaldverein, Eigendruck 2002, Seite 279.

[45] Smith: *Churchills deutsche Armee*, Lübbe-Verlag, Bergisch Gladbach 1978, Seite 88 ff.

US-Besatzungszone wurden in dieser Zeit Versorgungsgüter im Wert von über 2 Millionen US-Dollar, immerhin 2% des Gesamtbestandes an alliierten Versorgungsgütern, durch *Displaced Persons,* Deutsche und unter Mithilfe alliierter Soldaten gestohlen. Ein großes zusätzliches Problem für die Besatzungsbehörden bestand in dem nach wie vor großen Bestand an Waffen und Munition aller Art in ziviler Hand. Im Jahre 1945 wurden im Rahmen einer großangelegten Operation »TALLY-HO« in den westlichen Besatzungszonen größere Mengen an Waffen und Munition sichergestellt; wobei es sich meist um in Friedenszeiten erworbene Sport- und Jagdwaffen handelte. Über 80.000 Deutsche wurden wegen unerlaubten Waffenbesitzes festgenommen. Nominell galt nach Besatzungsrecht auf dem Besitz von Waffen und Munition die Todesstrafe. Soweit bekannt, wurden jedoch im Zusammenhang mit dieser Aktion in den westlichen Besatzungszonen keine Todesurteile ausgesprochen. Beutematerial der Wehrmacht aller Art wurde in Lagern der Alliierten zusammengefasst, teilweise zerstört oder später durch alliierte Stellen verkauft oder von diesen selbst weiter verwendet (ENIGMA und Siemens G-Schreiber).

I. Die Situation in den westlichen Besatzungszonen von 1945 bis 1955

Der Übergang

Sehr frühzeitig, bereits vor und unmittelbar nach der Kapitulation der deutschen Wehrmacht am 8. Mai 1945, begannen die Westalliierten, allen voran die USA, im Rahmen der Operation »TICOM«[1] mit der Suche nach deutschen Horch- und Entzifferungsspezialisten in ihrem Bereich, da den entsprechenden Dienststellen der US- und britischer Streitkräfte der Umfang der deutschen Horch- und Entzifferungsbemühungen und deren Erfolge durch eigene Aufklärungsmaßnahmen im Rahmen des Programms »ULTRA«[2] sehr genau bekannt war. So konnte der mit dem Siemens G-Schreiber (T-52 E/T-52 D) verschlüsselte deutsche Fernmeldeverkehr höherer Kommandobehörden der Wehrmacht und Partei und des Reichssicherheitshauptamtes, insbesondere des RSHA-Amtes Mil der früheren Abwehr[3], der in Bletschley Park die Bezeichnung »FISH« erhielt und auch als »LORENZ-Machine«[4] bezeichnet wurde, über einen langen Zeitraum durch die britische Funkentzifferung mitgelesen werden und vermittelte dieser wertvolle Informationen während der Endphase des Krieges in Europa. Besonderes Interesse bestand an deutschen Horch- und Entzifferungsexperten, da die Westalliierten gut darüber informiert waren, dass die deutsche Funkaufklärung den verschlüsselten russischen Funkverkehr bereits über einen längeren Zeitraum mitlesen konnte. In Kaufbeuren fiel dem TICOM-Team[5] ein deutscher Konvoi mit vier Lastwagen einschließlich des dazu gehörenden Fernmeldepersonals in die Hand, das einen kompletten und betriebsfähigen Siemens-G-Schreiber vor den anrückenden US-Streitkräften in Sicherheit gebracht hatte. Der G-Schreiber wurde unter US-Aufsicht geborgen und samt Bedienungsmannschaft nach Blechtley Park, dem Zentrum der britischen Funkaufklärung, verbracht und dort ausgiebig getestet. Über den Verbleib des deutschen

---

1 TICOM – Target Intelligence Committee in Mache: Chiffriergeschichte: Wehrmachtschlüsselfernschreiber, Die F-Flagge, Beilage 01-2004, Fernmeldering, Meckenheim 2004,

2 F.W. Winterbotham *(Group Captain RAF): The Ultra Secret,* Weidenfeld, London 1974

3 Hinsley/Simkins: *British Intelligence in the Second World War,* Vol 2 Appendix 1, HMSO, London 1990.

4 Vermutlich LORENZ-SZ 40/-42 Schlüsselzusatz als Teil des »SÄGEFISCH-SYSTEMS«

5 Grabau: *Der Technische Erkundungsdienst der US Army im und nach dem Zweiten Weltkrieg,* F-Flagge 01-2004, Seite 52

Personals herrscht auch heute noch Unklarheit, es erscheint jedoch möglich, dass es mehr oder minder freiwillig für die britische Funkaufklärung weitergearbeitet hat. Im Mai 1945 gelang es dem TICOM-Team, in Rosenheim eine kleine Gruppe von deutschen Fernmeldespezialisten, die dort interniert waren, zu identifizieren. Dies führte zur Entdeckung einer Funkhorcheinheit des früheren Amtes Ausland/Abwehr[6] im Oberkommando der Wehrmacht, die über eine Empfangseinrichtung für den russischen Schlüsselfunkverkehr verfügte und diesen mitlesen konnte. Nach der Bergung der Geräte unter Aufsicht der US-Armee wurden diese durch deutsches Personal wieder betriebsfähig und die Ergebnisse den anwesenden amerikanischen und britischen Funkexperten zugänglich gemacht. Soweit bekannt, wurde diese Einrichtung zusammen mit ausgewählten deutschen Spezialisten ebenfalls nach England verbracht. Ihr weiterer Verbleib ist ungewiss. In der Folge der Suchaktionen nach deutschen Funkexperten konnten über 200 führende deutsche Spezialisten[7] durch die Westalliierten befragt werden. Über weitere Aktivitäten in diesem Bereich liegen auch bis heute noch keine gesicherten Erkenntnisse vor, da noch viele Unterlagen durch die *National Security Agency* (NSA) oder ihr britisches Pendant, das *Government Communications Headquarters* (GCHQ) nach wie vor unter Verschluss[8] gehalten werden. Über die Aktivitäten der französischen Streitkräfte zu dieser Zeit liegen wenig Informationen vor. Als sicher kann jedoch gelten, dass die sowjetischen Streitkräfte[9] unmittelbar nach der vollständigen Besetzung Preußens, Sachsens, Thüringens, Mecklenburgs und der Mark Brandenburg umfangreiche Suchaktionen nach deutschen Spezialisten durchführten und diese teilweise unmittelbar nach Kriegsende bereits in die Sowjetunion verbrachten. Ein Teil der im Wernerwerk der Siemens- und Halske AG in Berlin-Siemensstadt befindlichen Schlüsselfernschreiber (Siemens G-Schreiber) wurde durch die Russen erbeutet und anschließend in die Sowjetunion verbracht. Dort verbliebenes, nicht transportables Gerät wurde durch die britischen Streitkräfte nach Übernahme ihres Sektors in Berlin bei Siemens beschlagnahmt. Über den weiteren Verbleib ist nichts bekannt. Viele betriebsfähige Geräte (u.a. G-Schreiber) blieben in Norwegen und Frankreich und anderen Orten[10] noch lange nach Kriegsende im Betrieb. Ob die nach der *SHAEF Intelligence Directive N 7*[11] aufgestellten britischen und amerikanischen Funkpeileinheiten *(Mobile W/T Detection Units)* nach Kriegsende in ihren Besatzungszonen in die Erfassung sowjetischer Funkverkehre einbezogen wurden, ist auch heute noch nicht restlos geklärt. Jedoch kann nicht ausgeschlossen werden, das die *Special Communications Units* der *21. Army Group* und der *1st US Army Group* weiterhin aktiv blieben, um möglichen deutschen geheimen Funkverkehr zu überwachen, mit dem die Alliierten nach wie vor rechneten.

Der Neubeginn nach 1945

Sowohl die in Aufstellung begriffene Bundeswehr der Bundesrepublik als auch die Nationale Volksarmee der DDR waren zum Zeitpunkt ihrer Aufstellung bereits fest in das

---

[6] Möglicherweise handelte es sich auch um Teile einer Einheit des Forschungsamtes der Luftwaffe, die Abwehr war 1944 als Amt Mil in das RSHA eingegliedert worden. Die Abwehr selbst verfügte nur noch über Frontaufklärungskommandos.

[7] Domentat/Heimlich: *Heimlich im kalten Krieg*, Aufbau-Verlag, Berlin 2000, Seite 38 ff.

[8] So wurde die amerikanische »PURPLE«-Entzifferungseinrichtung erst Anfang der neunziger Jahre aus einem Depot der NSA geholt, wo sie seit 1945 unter Verschluss gelagert worden war und einem Fernsehteam zugänglich gemacht.

[9] W. Mache: *Chiffriergeschichte – Wehrmacht-Schlüsselfernschreiber*, Beilage, F-Flagge 01-2004.

[10] W. Mache: *Chiffriergeschichte – Wehrmacht-Schlüsselfernschreiber*, Beilage, F-Flagge 01-2004.

[11] Hinsley/Simkins: *British Intelligence in the Second World War*, Vol. 4, HMSO, London 1990, Seite 371.

jeweilige Bündnissystem integriert. Dies hatte zur Folge, das auch auf dem Gebiet der Aufklärung die jeweiligen technischen und operativen Verfahren der Bündnispartner anzuwenden waren. Für eigene nationale Wege, sowohl im Hinblick auf einzusetzende Technik als auch anzuwendende Verfahren, war hierbei kein oder nur wenig Spielraum vorhanden. Dies hatte auch Einflüsse auf die in diesem Bereich anzuwendende Fachterminologie. In der Bundeswehr konnte jedoch auf ein immer noch beträchtliches Potenzial weniger »Wissender« zurückgegriffen werden, die ihre in den Kriegs-und Nachkriegsjahren gemachten Erfahrungen prägend einbrachten. Ob dies auch in der Nationalen Volksarmee der Fall war, kann auch bis zum heutigen Zeitpunkt nicht mit letzter Gewissheit festgestellt werden. Gleichwohl kann davon ausgegangen werden, das bei der Aufstellung der Kasernierten Volkspolizei (KVP) der DDR, der Vorläuferorganisation der Nationalen Volksarmee(NVA), in Teilbereichen auch ehemalige Angehörige der Deutschen Wehrmacht verwendet wurden. Einzelheiten hierzu sind in den jeweiligen Kapiteln dieses Buches enthalten.

1. Die deutschen Dienste in den westlichen Besatzungszonen

Die Vorgeschichte

Die bedingungslose Kapitulation am 8. Mai 1945[12] – bereits am 4. Mai 1945 hatte die Regierung Dönitz mit der 21. britischen Heeresgruppe unter Feldmarschall B.L. Montgomery in Lüneburg eine Teilkapitulation und Waffenruhe für Holland, Nordwestdeutschland und Dänemark ausgehandelt –, verbunden mit der nun folgenden vollständigen militärischen Besetzung Deutschlands, führte zur vollständigen Auflösung der Wehrmacht und dem »automatischen Arrest« für alle Generalstabsoffiziere und Angehörigen der deutschen Nachrichten- und Sicherheitsdienste in den westlichen Besatzungszonen. Zu dieser Zeit begann auch eine großangelegte Suche der Alliierten nach deutschen Kriegsverbrechern, wobei die Definition sehr großzügig ausgelegt wurde. Die ehemalige OKH/WFSt Abteilung »Fremde Heere Ost« (FHO) unter General a.D. Gehlen erhält Kontakt zum Leiter der Generalstabsabteilung G-2 der US-Army, Brigadegeneral Edwin L. Sibert. Die ersten Gespräche des General a.D. Gehlen mit General Sibert ergeben die Möglichkeit für Gehlen, mit vier seiner Mitarbeiter in die Vereinigten Staaten zu gelangen. Dort kann Gehlen weitere Gespräche mit hochrangigen Angehörigen des US-Nachrichtendienstes führen. Auf Grund der politischen und militärischen Entwicklungen ergeben sich erste Anzeichen für Verschärfung des politischen Klimas zwischen den Westalliierten und der Sowjetunion in Europa, die ihre militärische Präsenz in der sowjetischen Besatzungszone verstärkt. Die US-Streitkräfte in Deutschland werden aus innenpolitischen Gründen in den USA drastisch reduziert. Viele Truppenteile wurden in die USA zurückgeführt und demobilisiert. Nach vertraulichen Verhandlungen zwischen Gehlen und US-Regierungsvertretern stimmt die US-Regierung der Aufstellung eines deutschen Nachrichtendienstes unter Aufsicht der Armee der Vereinigten Staaten zu. Die Sowjetunion verstärkt ihre Truppen in der Sowjetischen Besatzungszone Deutschlands (SBZ), damit beginnt auch die verdeckte Aufstellung neuer deutscher militärischer Verbände in der sowjetischen Besatzungszone unter sowjetischer Regie. Gehlen beginnt 1946 in CAMP KING In Oberursel bei Frankfurt mit der nachrichtendienstlichen Aufklärung gegen die sowjetischen Streitkräfte in der sowjetischen Besatzungszone, verbunden damit ist die Aufstellung der *Organisation Gehlen* (OG) in CAMP KING gegen starken Widerstand des *Counter Intelligence Corps* (CIC) des US-Heeres, das die OG nach Kräften bei der Werbung neuer Mitarbeiter und der Führung von Agenten im Ostblock behindert. Aus taktischen Gründen erfolgt bald die Verlegung der Führung der Organisation Gehlen (OG) nach München-Pullach in die ehemalige Rudolf-Hess-Siedlung (CAMP NIKOLAUS). Gehlen kann seine Auffassungen

[12] Die Kapitulationsbedingungen enthielten auch das kategorische Verbot der Vernichtung/Zerstörung von Waffen und Ausrüstung der Wehrmacht nach Inkrafttreten der Kapitulation. Die deutsche Seite hielt sich an diese Bestimmungen, insbesondere was die Zerstörung von Fernmeldeeinrichtungen aller Art anbetraf, so dass davon ausgegangen werden kann, das fast alle Anlagen und Einrichtungen im Bereich des Fernmeldewesens, soweit sie nicht durch Kriegseinwirkungen zerstört waren, nahezu unversehrt in alliierte Hand fielen. (P.E. Schramm: Kriegstagebuch des Oberkommandos der Wehrmacht, Teilband II, Seite 1484 ff).

hinsichtlich Gliederung und Aufgabenverteilung des künftigen Dienstes mit Duldung der Amerikaner gegen seinen Konkurrenten Oberstleutnant a.D. Baun durchsetzen. Damit übernimmt Baun die Beschaffung von Nachrichten, Gehlens früherer Mitarbeiter in der Abteilung FHO, Oberstleutnant a.D. Wessel übernimmt die Auswertung der beschafften Nachrichten. In Schloss Kransberg bei Bad Nauheim wird die erste HF-Horcherfassungsstelle der OG errichtet. Ergänzend hierzu nimmt im nahen Butzbach die erste Horch-Leitstelle der OG mit 50 Mitarbeitern ihren Betrieb auf. In dieser Zeit stoßen weitere ehemalige Mitarbeiter aus dem Bereich der Abwehr und des Forschungsamtes der Luftwaffe zur OG. Nachdem Oberst i.G.a.D. Leo Hepp die Leitung der Horcherfassung der OG übernommen hatte, erfolgt nach Weisung durch Gehlen die Ausweitung des Auftrages der Horcherfassung der OG. Im Rahmen der Nachrichtengewinnung zur Blockade West-Berlins erfolgt die erste VHF/UHF-Erfassung der 24. Sowjetischen Frontluftarmee durch die OG vom Hohen Meissner. Die zusätzliche Errichtung weiterer Peilstellen für die HF-Erfassung durch die OG in Deutschland wird durch die Ausweitung der Erfassungstätigkeit erforderlich. Im Hinblick auf die zu erwartende Wiederbewaffnung Westdeutschlands entwickelt General Heusinger bereits 1950 im Auftrag des Bundeskanzlers und unter Beteiligung von General a.D. Gehlen sein Konzept für die Schaffung eines einheitlichen deutschen Meldedienstes unter Einschluss der Horchaufklärung unter Führung der Organisation Gehlen. Erst im Jahre 1954 beginnt die OG mit britischem Gerät aus der Zeit des Krieges erstmals mit der mobilen Funkmess-(Radar)-Erfassung an der Grenze zur sowjetischen Besatzungszone. Die zu erwartende Remilitarisierung der inzwischen gegründeten Bundesrepublik zeichnet sich nach Scheitern der EVG-Verhandlungen in Paris ab. Bundeskanzler Konrad Adenauer bestellt General Graf Schwerin zum »Sachverständigen Berater in militärischen und Sicherheitsfragen«. Nach dessen Demissionierung und Entlassung aus innenpolitischen Gründen bestellt der Bundeskanzler den Abgeordneten Theodor Blank zum »Beauftragten des Bundeskanzlers für die mit der Vermehrung der alliierten Truppen zusammenhängenden Fragen«. Damit wurde erkennbar, das die Bundesrepublik in absehbarer Zeit Truppen zur Unterstützung der NATO bereitstellen musste. Im Jahre 1954 wurde die Bundesrepublik eingeladen, dem *Nordatlantischen Verteidigungsbündnis* (NATO) beizutreten. Nachdem alle Mitglieder dem zugestimmt hatten, wurde die Bundesrepublik Deutschland am 9. Mai 1955 Mitglied der NATO. Das bisherige *Amt Blank* wurde zum *Bundesministerium für Verteidigung* (BMVtdg), wenig später wurde der bisherige Leiter des *Amtes Blank* zum ersten Verteidigungsminister der Bundesrepublik Deutschland berufen. Die Aufstellungsphase der Bundeswehr und damit auch der elektronischen Aufklärung als Teil des Militärischen Nachrichtenwesens nahm ihren Anfang.

Die Organisation Gehlen (OG)

Die Abteilung »Fremde Heere Ost« des Oberkommandos des Heeres (OKH/WFSt) hatte unter der Führung ihres Leiters, des damaligen Generalmajors der Wehrmacht a.D.[13] Reinhard Gehlen, Kenntnis vom Plan der Alliierten Operation »ECLIPSE«. Dieser war auch im Wehrmachtsführungsstab bekannt, da das Original dieses Planes dort übersetzt wurde. Im Bezug auf die Ausdehnung der künftigen Besatzungszonen in Deutschland und die damit zusammenhängenden politischen Planungen der Alliierten wurden frühzeitig Vorbereitungen für eine Aufteilung und Verlegung der Akten der Generalstabsabteilung getroffen, um deren Aktenbestand nicht in sowjetische Hände fallen zu lassen. Aus diesem Grunde wurden die wichtigsten Mitarbeiter in zwei Gruppen aufgeteilt und kurz vor Ende der Kämpfe aus Zossen (Maybach I & II) bei Berlin in den Nordraum nach Plön/Flensburg (Anteil Führungsstab A) und in den Raum der imaginären »Alpenfestung« (Anteil Führungsstab B) nach Süden in Marsch gesetzt. Die Akten, zum großen Teil verfilmt und in Metallkisten verpackt, die alle damals verfügbaren Informationen zu sowjetischen Streitkräften enthielten, wurden in der Nähe vergraben. General a.D. Gehlen hatte sich die Entscheidung über die Weitergabe der Akten an die Westalliierten je nach Lageentwicklung persönlich vorbehalten. Der weitere Verlauf der Ereignisse um die Abteilung »Fremde Heere Ost« des OKH/WFSt ist in der Literatur gut dokumentiert. Daher sollen die künftigen Ereignisse nur insoweit geschildert werden, als sie Bezug zum Aufbau einer deutschen Horchorganisation in den Jahren nach 1945 bis 1955 haben. Ein sehr umfassendes Bild der damaligen Ereignisse, belegt durch Äußerungen noch lebender Zeitzeugen und Weggefährten des General a.D. Gehlen, zeichnet die Videodokumentation der Reihe *Visions of War.*[14] Ein nicht minder wichtiges Dokument zur Geschichte der deutschen Funkaufklärung nach 1945 stellt die umfassende Dokumentation[15] von Oberst a.D. (Bw) R. Grabau aus dem Jahre 1999 dar, die in sehr eindrucksvoller Weise die politischen und militärischen Hintergründe sowie die Rolle der Organisation Gehlen bei der Wiedererstehung der deutschen elektronischen Aufklärung nach 1945 darstellt. Entsprechende zusätzliche Unterlagen befinden sich zudem im Aktenbestand des Militärgeschichtlichen Forschungsamtes (Bundesarchiv/Miliärarchiv – MGFA BA/MA) in Freiburg i.B.. Nachdem sich Gehlen im Mai 1945 den Amerikanern gestellt hatte, wurde er zunächst wie jeder deutsche General oder Generalstabsoffizier als potenziell gefährlich für die Allliierten eingestuft und in Gewahrsam genommen. Die Alliierten begannen jetzt mit einer intensiven und umfassende Suche nach möglichen »Kriegsverbrechern« unter den Gefangenen, die später durch alliierte Militärtribunale abgeurteilt werden sollten. Angehörige des ehemaligen Generalstabes der Wehrmacht und der ehemaligen deutschen Nachrichtendienste wurden die Alliierten dem »Automatischem Arrest« in Lagern der jeweiligen Militärregierung unterworfen, da sie neben ehemaligen Angehörigen der Gestapo, des SD und der SS als besondere Gefahr für die alliierten Streitkräfte galten. Die Bestimmungen über den »Automatischen Arrest« für Generalstabsoffiziere und ehemalige

---

[13] Vergleichbarer Dienstgrad der Bundeswehr: Brigadegeneral.

[14] *Gehlen, Hitlers Superspy,* Visisons of War, VHS, s/w, 60 Minuten, Video Network b.v. Postbus 454, NL-AL Laren, ca. 1968 (Englisch mit niederländischen Untertiteln).

[15] Grabau: *Bundesnachrichtendienst oder Bundeswehrführung: Wer hatte den größten Einfluss auf den Aufbau der deutschen Fernmeldeaufklärung?* Beilage »Die F-Flagge« 28. Jahrgang Nr 3, September 2001, Fernmeldering des deutschen Heeres, Meckenheim/Bonn.

Angehörige des militärischen Nachrichtendienstes wurden durch die Westalliierten erst am 8. Dezember 1945 gelockert. Im Juni 1945 gelang es General a.D. Gehlen, mit dem damaligen *Assistant Chief of Staff, G-2 Intelligence* der US-Streitkräfte in Europa, Brigadegeneral Edwin L. Sibert in Kontakt zu kommen. Dieser erkannte sehr schnell den Wert, den die Kenntnisse und Unterlagen der ehemaligen Abteilung »Fremde Heere Ost« (FHO) für die Vereinigten Staaten im sich abzeichnenden Konflikt mit der Sowjetunion darstellen sollten. Aus politischen Gründen war jedoch offizielle Kontakte der US-Nachrichtendienste zu Gehlen und seinen Mitstreitern zu diesem Zeitpunkt noch nicht möglich, da die öffentliche Meinung in den Vereinigten Staaten die Sowjetunion immer noch als Verbündeten betrachtete. Im Laufe des Jahres 1945 wurden Gehlen und ein Teil seiner Mitarbeiter nach Fort Hunt (einem Vernehmungslager für wichtige Kriegsgefangene) bei Washington verlegt und dort erneut intensiv vernommen. Seinen Stellvertreter Wessel hatte Gehlen in Deutschland zurücklassen müssen, konnte ihn jedoch beauftragen, mit Hilfe des US-Militärnachrichtendienstes CIC[16] wichtige, ehemalige Mitarbeiter der FHO in den Gefangenenlagern ausfindig zu machen, um sie für eine künftige Mitarbeit zu gewinnen. Die von Gehlen an die US-Armee übergebenen FHO-Unterlagen wurden ebenfalls nach Fort Hunt gebracht und dienten der gemeinsamen Erstellung erster Lageeinschätzungen und der Erarbeitung eines Handbuchs über sowjetische Militärtaktik für die US-Streitkräfte. Als sich Mitte 1946 das politische Klima zwischen den westlichen Alliierten und der Sowjetunion verschärfte, waren interessierte politische Kreise in den Vereinigten Staaten schon eher geneigt, einer Zusammenarbeit mit Gehlen unter bestimmten Voraussetzungen zuzustimmen, da die Vereinigten Staaten zu diesem Zeitpunkt nicht über gleichwertige Informationen über die Sowjetunion verfügten. Augenscheinlich gelang es Gehlen, die amerikanischen Verantwortlichen von der Wichtigkeit nachrichtendienstlicher Operationen in der Tradition der Abteilung Fremde »Heere Ost« zu überzeugen. Denn Mitte 1946 kehrte er und seine Mitarbeiter an Bord eines Truppentransporters nach Deutschland zurück. Schriftliche Abmachungen hinsichtlich Kompetenzen und Abgrenzung der Zuständigkeiten des von Gehlen aufzustellenden Dienstes gab es nach den – bis heute verfügbaren – Quellen nicht, es handelte sich offensichtlich um ein mündlich abgeschlossenes *Gentlemen Agreement,* das wohl erst in späterer Zeit, zumindest teilweise, schriftlich fixiert wurde. In der Folgezeit begann Gehlen und sein inzwischen aus der Kriegsgefangenschaft entlassener Vertreter, Oberstleutnant a.D. Baun, in Camp King in Oberursel bei Frankfurt einen Nachrichtendienst unter amerikanischer Kontrolle aufzubauen. Offensichtlich hatte General Sibert von politischer Seite freie Hand bei der Organisation des sich nun etablierenden deutschen Nachrichtendienstes erhalten, denn Baun hatte die Gelegenheit genutzt, während der Abwesenheit Gehlens bereits Ende 1945 für General Sibert konzeptionelle Gedanken für einen künftigen Dienst, der aus einem Beschaffungs- und einem davon getrennten Auswertungszweig bestehen sollte, zu entwickeln. Dieses Konzept sollte auch die Reaktivierung noch in den Jahren 1944/1945 errichteter Agentennetze[17] der FHO[18]/RSHA Amt Mil in der Sowjetunion einschließen. Diese

---

[16] CIC – *Counter Intelligence Corps.*

[17] Ob die durch die Abwehr/Amt Mil RSHA im Jahre 1944 gebildeten Widerstandsnetze, besonders in der Ukraine und dem Baltikum, noch bestanden haben und als ansprechbar gelten konnten, mag auf Grund der politischen und militärischen Lage in der Nachkriegszeit ernsthaft bezweifelt werden. Siehe hierzu auch Schellenberg: *Aufzeichnungen, Unternehmen »ZEPPELIN«*, Seite 244 ff.

[18] Generalstabsabteilung im Wehrmachtsführungsstab (WFSt) »Fremde Heere Ost«, RSHA – *Reichssicherheitshauptamt*, Amt Mil (ehemaliges Amt Ausland/Abwehr des Oberkommandos der Wehrmacht

Planung entsprach jedoch nicht den Intentionen Gehlens, der seinerseits plante, alle Zweige nachrichtendienstlicher Aktivitäten unter einem Dach zu vereinen; dies in amerikanischem Auftrag, jedoch unter ausschließlich deutscher Führung. Ob und inwieweit Baun hätte tatsächlich nachrichtendienstliche Verbindungen in die Sowjetunion und den baltisch-polnischen Raum reaktivieren können, steht dahin. Immerhin existierten noch nach 1945 in den baltischen Staaten (sogenannte Waldbrüder), der Ukraine und dem ukrainisch-polnischen Grenzgebiet, sowie auf der Krim Strukturen örtlicher Widerstandsbewegungen, die zumindest in späteren Jahren durch den US- und britischen Nachrichtendienst auf dem Luftweg und mit Unterstützung der OG auf dem Seeweg versorgt wurden, bis deren Aktivitäten durch den sowjetischen Nachrichtendienst in den fünfziger Jahren nachhaltig beendet wurden. Möglicherweise verfügte auch Heinz Felfe als späterer Leiter der Spionageabwehr (IIIf) des BND, der in der OG und später im BND für den sowjetischen Nachrichtendienst tätig war, über Informationen über diese Widerstandsgruppen, die er dem sowjetischen ND zugänglich machte und damit wesentlich zur Zerschlagung dieser Gruppen beigetragen haben mag. Die Absichten Gehlens waren klar, er wollte einen einheitlichen Nachrichtendienst unter deutscher Führung aufstellen. Deswegen passte die von Baun entwickelte Konzeption nicht in den von Gehlen vorgegebenen Rahmen. Hier zeichnen sich schon in der Frühzeit des sich wieder allmählich organisierenden deutschen Nachrichtendienstes, wenn auch unter US-Ägide, deutliche Konflikte konzeptioneller Art ab, deren Wirkung sich schon bei den Vorbereitungen zur Aufstellung neuer deutscher Streitkräfte noch vor Errichtung des Amtes Blank zeigten, sich bis in die heutige Zeit fortsetzen und damit auch wesentlichen Einfluss auf Entwicklungen innerhalb der Streitkräften hatten und immer noch haben. Im August 1946 entschied sich die künftige Gliederung der *Organisation Gehlen* (OG). Mit Zustimmung der US-Seite übernahm General a.D. Gehlen die Gesamtleitung des Dienstes. Baun übernahm die Beschaffung und Wessel würde für die Auswertung zuständig sein. Damit waren die Aufgaben und Grundgliederung der OG, in der Absicht Gehlens, sie später bei Wiedererlangung deutscher Souveränität als einzigen deutschen Nachrichtendienst zu etablieren, für lange Zeit festgeschrieben. Die Führung der *Organisation Gehlen* nahm etwa ab 1946 von Oberursel (CAMP KING) die Arbeit als Nachrichtendienst unter US-Aufsicht auf und errichtete zunächst in der US-Besatzungszone getarnte nachrichtendienstliche Stützpunkte, über die in diesem Buch nur dann berichtet werden soll, wenn dies in ursächlichem Zusammenhang mit der künftigen elektronischen Aufklärung erforderlich wird. Über Aktivitäten der britischen und französischen Nachrichtendienste im Hinblick auf die Gewinnung ehemaliger deutscher Nachrichtendienstmitarbeiter und Spezialisten der Funkaufklärung liegen in der Literatur wenig Zeugnisse vor. Als sicher kann gelten, das der britische Nachrichtendienst zunächst die Absicht hatte, einen Teil des Personals und Material des dem ehemaligen Reichsluftfahrtministerium (RLM) zugehörigen *Forschungsamtes* zu reaktivieren. Diese Absichten wurden offensichtlich später nicht realisiert, über die Gründe kann nur spekuliert werden. Ausgeschlossen werden kann jedoch nicht, das die in Aussicht genommene Beschäftigung von Personal des *Forschungsamtes* aus politischen Gründe als belastet angesehen wurde und möglicherweise für die britische Seite ein größeres Sicherheitsrisiko darstellen konnte. Beweise für die Tätigkeit deutscher Horchaufklärungs-Spezialisten für den französischen Nachrichtendienst liegen hingegen auch bis heute noch nicht vor[19]. Das dem G-2 der US-Armee in Europa

[19] Möglicherweise war ein Angehöriger der früheren Luftnachrichtentruppe (7. LnAuswKp, LnRgt 353 als »Expert Analyse en Chef« von 1953-1957 in französischen Diensten (Geschichte des FmBer 70, Trier 1976, Seite 14).

Fernmeldebunker im FHQ Adlerhorst (Amt 600), Obermörlen/Ziegenberg, 2004.

unterstehende *Counter Intelligence Corps* (CIC) versuchte schon früh, ehemalige Experten der deutschen Funkaufklärung für eine Mitarbeit zu werben. In diesem Zusammenhang wurden auch Versuche unternommen, Personal des ehemaligen *Forschungsamtes des Reichsluftfahrtministeriums* für eine Zusammenarbeit mit dem CIC zu gewinnen. Diese Bemühungen blieben offensichtlich bis auf Einzelfälle erfolglos. Bereits im Sommer 1945 begann das *US-Army Signal Corps*[20] mit der Aufklärung sowjetischer HF-Funknetze aus Scheyern bei Pfaffenhofen an der Ilm. Die Maßnahmen scheinen jedoch weder mit dem CIC noch mit anderen US-Dienststellen koordiniert gewesen zu sein. Aus bisher nicht belegbaren Gründen scheint die *Organisation Gehlen* erstmals 1948 mit organisierter Funkaufklärung begonnen zu haben, nachdem Oberst i.G. a.D. Leo Hepp, ehemals Chef des Stabes beim General der Nachrichtentruppe *(Chef Heeresnachrichtenwesen/Wehrmachtsnachrichtenverbindungswesen – Chef HNW/WNV)* am 19. April diesen Jahres die Funktion eines *Leiters Nachrichtenwesen* der OG, deren Führung zwischenzeitlich von Oberursel nach Pullach verlegt hatte, übernommen hatte. Er löste den ehemaligen General der Nachrichtenaufklärung, Oberst a.D. Bötzel in dieser Funktion ab. Im gleichen Jahr wurde Schloss Kransberg[21] im Taunus, ein früherer Gefechtsstand des Reichsführers SS in der Nähe des damaligen Führerhauptquartiers »Adlerhorst« bei Ziegenberg in Hessen, durch ein Vorkommando der OG belegt.

»Adlerhorst« selbst, dessen wichtigste unterirdischen Teile amerikanische Pioniere im Jahre 1946 gesprengt hatten, dessen früherer Nachrichten-Bunker 3[22] (Amt 600) jedoch

---

20 Siehe hierzu Kapitel I.

21 Seidler/Zeigert: *Die Führerhauptquartiere,* Herbig, 2001.

22 Sünkel/Rack/Rhode: *Adlerhorst,* W. Sünkel-Verlag, Leinburg 1998, Seite 49 ff.

noch weitgehend betriebsfähig war und mit Personal der Post unter amerikanischer Aufsicht stand, konnte wohl durch die OG nicht genutzt werden. Das US-Heer hatte im weitläufigen, fast unzerstörten Komplex des ehemaligen FHQ[23] in Ziegenberg ein Nachschublager errichtet. Später sollte die Bundeswehr diese Anlage übernehmen und im angrenzenden Wald ein Depot errichten. Schloss Ziegenberg selbst jedoch wurde kurz vor Kriegsende durch einen Luftangriff völlig zerstört. Es sollte erst in späteren Jahren wieder errichtet werden. In Kransberg wurde die Horchstelle »A« der OG eingerichtet. Kransberg verfügte nach dem Ausbau zum Hauptquartier des Reichsführers SS[24] über sechs Bunker und zusätzliche Stollen unterhalb des Burghofs, der Turm des Schlosses war ausgebaut und wurde während des Krieges als Flakstellung genutzt. Unter Führung von Major a.D. Bödigheimer wurde im Schloss eine Funkstelle errichtet. Hierzu wurde der Turm des Schlosses als Antennenträger, beziehungsweise zum Abspannen[25] der für den HF-Empfang erforderlichen Langdrahtantennen benutzt. Ob, wie einige Quellen berichten, in der ersten Zeit von Kransberg lediglich Funkverbindung mit Mitarbeitern der OG im Ostblock gehalten wurde, oder ob zu diesem Zeitpunkt bereits Erfassung von HF-Funkverkehren stattfand, kann nicht mit hinreichender Sicherheit belegt werden. Später wurde auch die Funk – Auswertung von Obersursel nach Kransberg[26] verlegt. Es erscheint jedoch möglich, das in der Folge aus dieser Erfassungsstellung HF-Funkverkehr, vorwiegend aus dem vorderen Bereich der sowjetischen Streitkräfte und später der Nationalen Volksarmee, bis etwa 1961/1962 aufgeklärt wurde. Die Erfassung von VHF/UHF-Funkverkehr der 24. Sowjetischen Frontluftarmee in der DDR vom Standort Kransberg, wie einige Quellen berichten, scheidet aus technischen Gründen sicherlich aus, gleichwohl die Erfassung von VHF/UHF-Funkverkehr mit Einschränkungen hinsichtlich der Eindringtiefe und Abschattungen durch den Thüringer Wald bis zu einer gewissen Flughöhe möglich war. Danach verlegte diese Erfassungsstelle, die mittlerweile die Tarnbezeichnung *Bundesstelle für Fernmeldestatistik* (BFSt) trug, offensichtlich nach Butzbach. In Butzbach war jedoch bereits ab etwa 1948 eine Führungsstelle der Horchstelle »A« Kransberg der OG eingerichtet worden. Das Führungspersonal aus Butzbach verlegte etwa 1950 nach Pullach und wurde dort in die Zentrale der OG eingegliedert. Die Horchstelle »C« der OG wurde im oberbayerischen Söcking bei Starnberg, die Horchstelle »D« wurde etwa 1956 in Husum eingerichtet. Eine Interimserfassung scheint von Bremen/Bremerhaven, das sich in der US-Besatzungszone befand, durchgeführt worden zu sein. Die Horchstelle »B« wurde vermutlich ab 1950 mit amerikanischer Zustimmung in Berlin-Tempelhof eingerichtet und verlegte später in eine französische Liegenschaft nach Reinickendorf im französischen Sektor Berlins. Bereits 1948 scheint jedoch von Kransberg aus Probeerfassungsbetrieb auf dem Hohen Meissner durchgeführt worden zu sein. Dies hat offensichtlich die Erfassungsmöglichkeiten der VHF/UHF-Verkehre der sowjetischen Luftstreitkräfte in der DDR durch die OG wesentlich verbessert, insbesondere während der nun folgenden Luftbrücke der Alliierten nach Berlin. Nach längeren internen Verhandlungen zwischen den US-Diensten schied 1949 die *Organisation Gehlen* aus der Unterstellung unter dem G2-Nachrichtendienst der US-Armee aus und wurde der *Central Intelligence Agency* (CIA) formal unter-

[23] FHQ – *Führerhauptquartier.*

[24] Nach Speer war Kransberg zunächst 1939 als Hauptquartier für Reichsmarschall Herman Göring vorgesehen, bis es schließlich an Reichsführer SS Himmler fiel. Speer: *Erinnerungen,* Seite 506 in: Sünkel/Rack/Rhode: *Adlerhorst,* Seite 120.

[25] Sünkel/Rack/Rhode: *Adlerhorst,* Verlag W. Sünkel, Leinburg 1998, Seite 121.

[26] Gehlen: *Der Dienst,* von Hase & Köhler Verlag, Mainz 1971.

Torbereich der Wetterstelle Thurndorf 1964.

stellt. Die Aufgaben und Verantwortlichkeiten der OG wurden in Form eines zweiten *Gentlemen Agreement* am 13.05.1949 in englischer und am 23.05.1949 in deutscher Fassung präzisiert. 1950 verfügte die OG über etwa 50 Mitarbeiter in der Horcherfassung[27]. Der Aufgabenbereich der Elektronischen Aufklärung wurde durch den Leiter der Unterabteilung Nachrichtenwesen der OG, Oberst a.D. Hepp erweitert und umfasste nun:

Telefonie – Erfassen und Peilen im taktisch-operativen Bereich
Telegrafie – Erfassen und Peilen im operativen und strategischen Bereich
Funkabwehr – Erfassen und Peilen von Agentenfunkverkehren der Gegenseite
Agentenfunkdienst – Führung eigener Agenten im Einsatzraum
Führungsfunk – Führungsfunk der OG mit unterstellten Stellen

Die Steuerung der Horch-Erfassungsstellen erfolgte durch die in Pullach eingerichtete Horch-Leitstelle, die ihre Aufgaben im Hinblick auf die zu erfassenden Funkverkehre von der ebenfalls in Pullach befindlichen Auswertung, die zunächst auch das Teilgebiet

---

27 Müller/Mueller: *Gegen Freund und Feind – Der BND: Geheime Politik und schmutzige Geschäfte*, Rowohlt, 2002.

Der »Spieß« des VP-Fernmeldesektor E, Thurndorf, HptFw E.Egli, während des Krieges Rottenflieger des nachmaligen Generals Panitzki.1963.

Chiffriererwesen bearbeitete, erhielt. Die Chiffrierauswertung selbst befand sich anfangs in Forchheim, wurde aber dann nach Butzbach verlegt. Um Fernmeldeverkehre im HF-Bereich auch im Hinblick auf den Standort der Sendestelle lokalisieren zu können, wurde eine HF-Peilbasis erforderlich, deren Empfangsstationen aus technischen Gründen auf einer von Nord nach Süd verlaufenden Grundlinie in entsprechenden Abständen eingerichtet werden mussten, um ausreichende Genauigkeit bei der Peilung der Raumwelle, die hauptsächlich erfasst wurde, zu erreichen. Hierzu wurden im Raum Bremen (später Husum), bei Butzbach und am Chiemsee (Übersee?) HF-Peilstationen errichtet. Bodenwellen im HF-Bereich wurden durch den BND später aus technischen Gründen ausschließlich im Nahbereich aus grenznahen Erfassungsstellen erfasst und gepeilt. Die im Raum Bayreuth geplante HF-Peilstelle der OG wurde nicht errichtet, gleichwohl sich in Thurndorf bei Pegnitz, am Rande des Truppenübungsplatzes Grafenwöhr eine ehemalige *W-Wetterstelle* (Funkerfassungsstelle) der früheren Luftwaffe[28] befand, die zu dieser Zeit von den Amerikanern als Sanatorium genutzt wurde. Später wurde dort die erste VHF/UHF-Erfassungsstelle des neuaufgestellten *Fernmeldeführers Süd* (später Fernmelderegiment 72) der neuen Luftwaffe errichtet, der erste amtierende Kompaniefeldwebel dieser Einheit war, wie sich später herausstellte, Kriegskamerad des Generals Panitzki, der eine wichtige Rolle beim Aufbau der neuen Luftwaffe spielen sollte. Die OG nutzte für ihre Peileinsätze vier von der US-Luftwaffe überlassene Sichtpeiler, die wohl zu diesem Zeitpunkt nicht mehr letzter Stand der Technik gewesen sein mögen, aber aus Mangel an Mitteln bei der OG noch für weitere acht Jahre im Einsatz verbleiben mussten. Ab 1952 wurde die ehemaligen feste HF-Horchstelle der Wehrmacht in Lauf bei Nürnberg als *Funktechnische Versuchsanstalt Lauf-*

---

[28] Trenkle: *Die deutschen Funkpeil- und Horch-Verfahren bis 1945,* AEG-Telefunken, Ulm 1982.

US-VHF/UHF-Sichtpeiler. Diese Systeme wurden in beschränkter Anzahl auch später der Luftwaffe zur Verfügung gestellt.

Haberloh durch die US-Streitkräfte unter Leitung von Wilhelm Flicke[29], der diese Einrichtung bereits im Krieg geleitet hatte, wieder in Betrieb genommen. Zu einer Kooperation dieser Einrichtung mit der OG scheint es auf amerikanischen Druck bereits zu diesem Zeitpunkt gekommen zu sein, sie wurde offensichtlich fortgesetzt, bis Lauf 1956 durch den Bundesnachrichtendienst übernommen wurde. Die HF-Erfassungsstelle Lauf wurde noch bis etwa 1977/1978 durch die *Bundesstelle für Fernmeldestatistik* in Betrieb[30] gehalten und danach aufgegeben. Die Antennenmasten waren auch noch längere Zeit danach von der Autobahn Hof-Nürnberg in Fahrtrichtung Nürnberg rechts der Autobahn gut erkennbar, sie wurden später abgebaut. Zwischen 1948 und 1952 erfasste die Horchaufklärung der OG vorwiegend folgende Bereiche:

HF – Funknetze der sowjetischen Truppen in der DDR, (möglicherweise auch Funknetze der KVP[31] und des DDR-Staatssicherheitsdienstes), soweit zu diesem Zeitpunkt schon aktiv. Hier liegen jedoch keine konkreten Angaben vor.

HF – Funknetze der polnischen Grenzschutzverbände, des Korps der Inneren Sicherheit sowie Kommandobehörden des polnischen Heeres mit monatlich etwa 90 Sprüchen.

---

29 F. Flicke hatte bereits 1950 die Idee zu einem »Atlantischen Horchdienst« entwickelt, die aber bei Aufstellung der Funkaufklärung der OG, des späteren BND, und der Bundeswehr nicht weiterverfolgt wurde. Quelle: Grabau, R: *Fernmeldeelektronische Aufklärung,* Band 4, Fernmeldering e.V., Bonn 1995, Seite 103 ff.

30 Fahrzeuge der BFSt in Lauf trugen meist das amtliche Kennzeichen für Lauf – »LAU« – und eine vierstellige Zahl. Sie konnten dadurch leicht als Behördenfahrzeuge, auch bei gelegentlichen Fahrten zur Einsatzstellung Schneeberg, identifiziert werden.

31 KVP – *Kasernierte Volkspolizei.*

Russisches Radargerät »REDUT«.

Russisches Radargerät »PEGMATIT«.

In Kooperation mit der Horchstelle in Lauf[32] wurden vorwiegend HF-Netze des tschechoslowakischen Grenzschutzes und des tschechoslowakischen Staatssicherheitsdienstes mit monatlich etwa 2000 Sprüchen überwacht. Aus empfangstechnischen Gründen konnte der Südostraum (Ungarn und Rumänien) zu dieser Zeit wohl nur sporadisch aufgeklärt werden. Über Erfassung der sicherlich vorhandenen Heeres- und Luftwaffenfunkverkehre der tschechoslowakischen Streitkräfte liegen bedauerlicherweise keine Angaben vor. Möglicherweise konnten diese Verkehre durch die US-ASA-Erfassungsstellen in Scheyern bei Pfaffenhofen und später Herzogenaurach zusätzlich erfasst werden. Zu einer grenznahen Erfassung der Funkverkehre im VHF/UHF-Bereich durch die OG scheint es in dieser Periode, außer auf dem Hohen Meissner und in Berlin, nicht gekommen zu sein, dies scheint auch für die Erfassung von Radarsignalen, die eine, auch zu damaligen Zeit fortschrittliche Technik erforderten, zu gelten. Da es Deutschland auf Grund eines Kontrollratsbeschlusses bis 1955 verwehrt war, Forschung, Entwicklung und Produktion von Radargeräten zu betreiben, konnten derartige Einrichtungen ausschließlich von den Westalliierten zur Verfügung gestellt werden. Bereits 1945 verfügte das US-Heer über einen Analyseempfänger (SCR 587) dessen Empfangsbereich von 38 MHz bis 3300 MHz reichte. Die 1945 von der sowjetischen Luftwaffe in ihrer Besatzungszone eingesetzten Radargeräte GNEIS, RUS 2 (REDUT) und RUS 2S (PEGMATIT) sendeten auf Frequenzen zwischen 63.0 und 200 MHz. Über Aktivitäten der OG in der Zeit von 1948 bis 1955 mit dem Ziele, sowjetische Radarausstrahlungen zu erfassen und auszuwerten, liegen jedoch keine Erkenntnisse vor. In einem Vorschlag aus dem Jahre 1952 hatte der frühere Generalnachrichtenführer General a.D. Martini die Funkmess(Radar)-Beobachtung durch die OG angeregt, die von Hepp jedoch verworfen wurde, da er der Auffassung war, das dies Auftrag einer künftigen Luftwaffe als Teil neuer neuen deutscher Streitkräfte sei, deren Aufstellung im Rahmen der Remilitarisierungsbestrebungen Deutschlands durch die Westalliierten sich bereits zu diesem Zeitpunkt abzuzeichnen begann. Um jedoch den technologischen Anschluss nicht zu verlieren, initiierte die OG die Gründung des *Funkortungsausschusses* in Düsseldorf unter der Leitung von Leo Brandt, zum Geschäftsführer wurde General a.D. Wolfgang Martini berufen. Aus diesem Ausschuss ging später die *Deutsche Gesellschaft für Funkortung und Navigation* (DGON) hervor. Deren unbestrittener Verdienst ist es bis heute, wichtige deutsche Zeitzeugen zu Problemen der Funkortung befragt, die Ergebnisse dokumentiert und wichtige schriftliche Unterlagen zur Geschichte der deutschen Fernmeldeaufklärung im 2. Weltkrieg zusammengetragen zu haben, um sie so der interessierten Fachwelt zu erhalten. 1954, als der OG ausreichende finanzielle Mittel zur Verfügung standen und sich die britische Seite zur Unterstützung durch Geräteabgabe bereit erklärte, wurde entgegen der Planung von drei ortsfesten, grenznahen Erfassungsstellen lediglich eine mobile Einrichtung mit britischer Technik in Betrieb genommen. Über die Ergebnisse dieser Erfassung liegen keine gesicherten Erkenntnisse vor. Das ursprüngliche Ziel der OG, Radarausstrahlungen entlang der gedachten Linie Stralsund – Berlin – Leipzig – Dresden – Prag – Iglau – St. Pölten aufzuklären, wurde jedoch nicht erreicht. Unabhängig hiervon hatte die OG durch andere Quellen, so darf vermutet werden, von Rügen bis in das Vogtland 22 sowjetische Radarstellungen, meist an

[32] In dieser Anlage wurden während des Krieges Funksprüche des amerikanischen Heeresattachés in Kairo aufgenommen, deren entschlüsselte Inhalte für das *Deutsche Afrikakorps* von entscheidender Bedeutung waren, da sie Aufschluss über die Pläne der britischen 8. Armee in Nordafrika lieferten. Später erhielten die Alliierten Kenntnis vom Bruch des Schlüssels und änderten das Verfahren. Siehe hierzu Hinsley/Simkins: *British Intelligence in the Second World War,* Vol. 2, HMSO, London 1990, Seite 208 ff.

sowjetischen Flugplätzen in Mitteldeutschland, identifizieren können. Zu dieser Zeit klärte die US-Luftwaffe mit vorwiegend von Wiesbaden-Erbenheim aus startenden Spezialflugzeugen entlang der Zonengrenze und innerhalb der Luftkorridore nach Berlin sowjetische Radaranlagen mit Erfolg auf. Diese Maßnahme war jedoch nur ein Teil der amerikanischen Aufklärungseinsätze entlang der Westgrenzen des kommunistischen Machtbereichs über die, soweit Deutschland betroffen war, im Abschnitt 1.2. berichtet wird. Viele dieser Missionen[33] sind auch noch heute mit dem Schleier der Geheimhaltung umgeben. In der sich nun abzeichnenden Wiederbewaffnung Westdeutschlands erhielt die Frage, wer welche Aufklärungsaufträge künftig zu übernehmen habe, eine besondere Bedeutung. Dies galt besonders für die OG (dem späteren *Bundesnachrichtendienst*), deren Übernahme in den Bundesdienst sich ebenfalls abzuzeichnen begann. Bereits am 30. Dezember 1950 hatte der militärische Berater des damaligen Bundeskanzlers Konrad Adenauer, General a.D. Heusinger, Gedanken zur Schaffung und Gliederung einer neu zu errichtenden deutschen Funkaufklärung formuliert, die im Kern einen zentralen Meldedienst mit Funkaufklärungskomponente vorsah, der als staatliche Zentralbehörde eingerichtet werden und im Frieden Informationen aller Art sammeln sollte. Für eine künftige westdeutsche Armee waren lediglich mobile Funkaufklärungseinheiten vorzusehen.

---

[33] Siehe hierzu: *Der geheime Luftkrieg,* Videodokumentation, 55 Minuten, Farbe/sw, ZDF/Arte 2003.

Die Dienststelle Schwerin – Zentrale für Heimatdienst/Institut für Gegenwartsforschung

Als erkennbar wurde, das nach Scheitern der Beratungen zur Schaffung einer *Europäischen Verteidigungsgemeinschaft (EVG)* die Bundesrepublik einen eigenständigen Weg zur Schaffung neuer nationaler Streitkräfte suchen musste, ernannte der damalige Bundeskanzler Adenauer am 24. Mai 1950 den Grafen von Schwerin zu seinem »sachverständigen Berater in militärischen und Sicherheitsfragen«[34]. Er erhielt den Auftrag, erste Planungen für eine Bundespolizei, die den Kern künftiger deutscher Streitkräfte bilden sollte, vorzunehmen. Aus politischen Gründen und um jeden Anschein einer Remilitarisierung zu vermeiden, wurde diese Dienststelle im offiziellen Sprachgebrauch als *Zentrale für Heimatdienst* bezeichnet. Sie wurde dem Bundeskanzleramt unterstellt.

Ende Juli 1950 bestand die *Zentrale für Heimatdienst* aus vier Referaten (Polizei, Personelle Erfassung, Abwehr und Presse, Verwaltung). Bis Oktober wurde die Dienststelle auf zwölf Referate und Sachgebiete erweitert. Neu gebildet wurde unter Joachim Oster das *Institut für Gegenwartsforschung* (IfG), das den Kern eines künftigen militärischen Nachrichtendienstes bilden sollte. Die *Dienststelle Schwerin* schuf einen militärischen Expertenausschuss, der eine Tagung im Kloster Himmerod vorzubereiten hatte, in der die künftigen Strukturen deutscher Streitkräfte behandelt werden sollten (Himmeroder Erklärung bzw. Denkschrift). Beteiligt hierbei waren auch Persönlichkeiten von denen man annehmen kann, dass sie zu dieser Zeit der *Organisation Gehlen* sehr nahe standen. Konrad Adenauer hat die Ergebnisse dieser Konferenz später den drei westlichen Alliierten Hohen Kommissaren vorgetragen. Aus innenpolitischen Gründen, die hier nicht weiter erörtert werden sollen, wurde dem Grafen Schwerin die Demission nahe gelegt. Der spätere Staatssekretär im Bundeskanzleramt, Globke, löste die Dienststelle auf. Weder die *Zentrale für Heimatdienst* noch das *Institut für Gegenwartsforschung* konnten zu diesem Zeitpunkt noch wesentlichen Einfluss auf die künftige Gestaltung und Organisation der Nachrichtendienste in der Bundesrepublik Deutschland nehmen.

Institut für Gegenwartsforschung/Archiv für Zeitgeschehen – FWH-Dienst

Da das Bundeskanzleramt fürchten musste, dass die von der OG zur Verfügung gestellten nachrichtendienstlichen Informationen für den Kanzler und die Regierung durch amerikanischen Einfluss in der OG aus politischen Erwägungen der US-Seite nicht immer den tatsächlichen Gegebenheiten entsprachen, erwuchs das Bedürfnis der Regierung nach eigenen, möglichst ungefilterten Informationen für den Kanzler und seine Regierung. Das aus der *Dienststelle Schwerin* entstandene *Institut für Gegenwartsforschung* sollte nun die Aufgabe übernehmen, den Bundeskanzler und die Bundesregierung über alle bedeutsamen Entwicklungen zu unterrichten. Mit der Leitung wurde der ehemalige Mitarbeiter der Abwehr F.W. Heinz beauftragt, der seinerseits J. Oster unterstellt war. Dieser Dienst lieferte in aller Regel ausgezeichnete Analysen, da er über weitreichende nachrichtendienstliche Verbindungen verfügte und befand sich damit in direkter Konkurrenz zur OG. Da sich General a.D. Gehlen als Leiter der OG weitreichender Unterstützung aus politischen und Regierungskreisen sicher sein konnte, führte dies dazu, das der Dienst nur bis Ende 1955 Bestand hatte und seine Tätigkeit offiziell zum 31. März 1956 einstellen musste. Ein Großteil des verbliebenen Personals wurde in den militärischen Nachrichtendienst der neuaufgestellten Bundeswehr übernommen. Aufgaben der Funk-Horchaufklärung hat dieser Dienst zu keiner Zeit wahrgenommen.

---

[34] Krüger: *Das Amt Blank*, Einzelschriften zur Militärgeschichte, Rombach 1993.

Die Dienststelle Blank/Amt Blank

Nachdem die *Dienststelle Schwerin* aus innenpolitischen Gründen durch den Kanzler aufgelöst war, entschied sich Adenauer für einen zivilen Sicherheitsberater, weil er aus innenpolitischen Gründen damit klar das Primat der Politik bei der Bildung neuer Streitkräfte betonen wollte. Am 3. Oktober 1950 trat der Abgeordnete des Bundestages Theodor Blank sein Amt als »Beauftragter des Bundeskanzlers für die mit der Vermehrung der alliierten Truppen zusammenhängenden Fragen« an. Im allgemeinen Sprachgebrauch wurde diese Dienststelle als *Amt Blank* bezeichnet, wobei Eingeweihten durchaus klar war, dass es sich hierbei nur um die Aufstellungsorganisation für das künftige Verteidigungsministerium handeln konnte. Es würde den Rahmen dieses Buches sprengen, die mit der Entstehung neuer deutscher Streitkräfte auftretenden Fragen und Probleme in ihrer Mannigfaltigkeit schildern zu wollen. Von Interesse jedoch ist die Entstehung eigenständiger militärischer Horchaufklärungsformationen, da, wie bekannt, die Vorstellungen General a.D. Heusingers aus dem Jahre 1950, die offensichtlich auch den Intentionen Gehlens entsprachen, einen eigenständigen operativ-strategischen militärischen Horchdienst nicht vorsahen. Die sich nun abzeichnende Aufstellung der neuen deutschen Streitkräfte wurde durch das *Amt Blank* gesteuert. In der Gliederung dieser Dienstelle von 1951 finden sich jedoch noch keine Hinweise auf Planungen hinsichtlich der Errichtung eines Nachrichtendienstes, insbesondere keinerlei Hinweise auf Funkaufklärung. Mag sein, dass in der Unterabteilung II/2 im Jahre 1952 derartige Fragen bearbeitet wurden. In der Literatur finden sich jedoch keine Hinweise, dass zu diesem Zeitpunkt derartige Planungen bearbeitet wurden. In der Gliederung des *Amtes Blank* vom Mai 1955 findet sich in der Unterabteilung II/2 unter Führung des nachmaligen Generals de Maiziere erstmals ein Hinweis auf eine Abteilung, die Aufgaben des militärischen Nachrichtendienstes hätte planen können. Es handelt sich hierbei um die Gruppe II/2/41 »Wehraufklärung«. Gleichfalls im Mai 1955 ist erstmals in der Unterabteilung Streitkräfte II/3 unter Führung des späteren Brigadegenerals v. Zawadzki eine Gruppe II/3/41 »Fernmeldeaufklärung« nachweisbar. In der Übersicht der Unterabteilung Planung/Gruppe Heer aus dem gleichen Jahr findet sich unter der Gruppe »Fernmeldetruppen und -Dienste« ein Referat mit der Bezeichnung *Fernmeldeaufklärung.* Weitere Planungen, die Fernmeldeaufklärung des Heeres betreffend, scheinen im Mai 1955 durch die Unterabteilung Heer Gruppe II/5/7 im Referat II/5/75 Referat Fernmeldetruppe wahrgenommen zu sein. Oberst Panitzki übernahm im Mai 1955 die Unterabteilung II/6, in der allgemeine Luftwaffenangelegenheiten bearbeitet wurden. In dieser Unterabteilung sind zwei Referate nachweisbar, die sich mit Funk- und Radarfragen beschäftig haben: II/6/60 Fernmeldewesen und II/6/65 Radar- und Flugmeldedienst. Inwieweit hier konzeptionelle Vorarbeiten für eine eigenständige Fernmeldeaufklärung der Luftwaffe geleistet wurden, lässt sich aus der Quellenlage nicht ableiten. Interessant in diesem Zusammenhang ist jedoch der spätere General der Bundeswehr und damalige Oberst Henz,der 1954 unter Oberstleutnant Panitzki das Referat Fernmeldewesen in der Unterabteilung II/PL/L Luftwaffe leitete. Hier mögen ebenfalls zusätzliche Gedanken zur elektronischen Aufklärung entwickelt worden sein. Die zukünftige Marine bearbeitete im *Amt Blank* offensichtlich in der Unterabteilung II/PI/M unter Fregattenkapitän Zenker in den Referaten »Fernmeldewesen« und II/7/60 grundsätzliche Planungen des Fernmeldewesens. Inwieweit hierbei auch Aspekte der Horchaufklärung berücksichtigt wurden, konnte anhand der Quellenlage nicht eindeutig bestimmt werden. Daneben bestand in der Abteilung I OZ des *Amtes Blank* unter Führung von Dr.-jur. Wolfgang Cartelieri ein Referat I OZ 10, dessen Aufgaben zunächst als »Abwehr im Hause« bezeichnet wurden, das aber sehr wohl den Kern des künftigen *Militärischen Abschirmdienstes* der Bundeswehr gebildet haben könnte. Die Fernmeldeverbände bei den *Deutschen Dienstgruppen der Alliierten (Labor Service)* und die *Operational History (German Section)* der US-Streitkräfte in Heidelberg, in der sehr viele hochrangige ehemalige deutsche Militärs ihre Erfahrungen zu Papier brachten, spielten bei der Horchaufklärung der OG keine Rolle. Gleichwohl dienten die Dienstgruppen zum Teil als Personalreservoir für die neuen deutschen Streitkräfte. In der *History Section,* so könnte man heute vermuten, wurde das Erbe des deutschen Generalstabes verwaltet, um es einer künftigen deutschen Streitmacht im Anlassfalle wieder nutzbar machen zu können. Nachrichtendienstliche Organisationen wie das *Ostbüro der SPD* oder die *Kampfgruppe gegen Unmenschlichkeit (KgU)* haben sich ebenfalls nicht im Bereich der Horchaufklärung beteiligt und können daher außer Betrachtung bleiben, obgleich sicherlich Verbindungen unterschiedlicher Art auch zu anderen Nachrichtendiensten der Alliierten und der OG bestanden haben mögen. Mit dem erstmaligen Hissen der Bundesdienstflagge vor der Bonner Ermekeilkaserne am 5. Mai 1955 begannen die endgültigen Vorbereitungen zur Aufstellung neuer deutscher Streitkräfte am künftigen Dienstsitz des noch zu errichtenden Bundesverteidigungsministeriums, das aus dem *Amt Blank* hervorgehen sollte.

Das Bundesamt für Verfassungsschutz und die Funkabwehr durch den Bundesgrenzschutz

Zu den originären Aufgaben des *Bundesamtes für Verfassungschutz* (BfV) und der jeweiligen *Landesämter für Verfassungschutz* (LfV) gehört die Spionageabwehr.

Da sich gegnerische Agenten für die Verbindung zu ihren Führungsstellen, vornehmlich in Spannungs- und Kriegszeiten auch des Funks bedienen, ist es nur folgerichtig, dass die deutschen Behörden, aus den Erfahrungen der Kriegszeit lernend, Methoden entwickeln mussten, um gegnerische Agentenfunkstellen zu lokalisieren. Nur so ließen sich Funkagenten entweder neutralisieren oder deren Funkverbindungen im Rahmen von Gegenmaßnahmen für eigene Zwecke nutzen. Aus den Erkenntnissen der Jahre 1945 bis 1990 kann geschlossen werden, dass die Nachrichtendienste des Sowjetblocks[35], um die Gefährdung lokalisierter und enttarnter Funkagenten wissend, ihre eigenen Mitarbeiter im Operationsgebiet vorwiegend durch ungerichteten A3-Agentenfunk (Telefonie) geführt haben. Die Nachrichten wurden verschlüsselt und als 5er-Zahlengruppen, meist in deutscher Sprache, über Frequenzen im Kurzwellenbereich noch bis 1990 gesendet. Danach trat kurzzeitig eine gewisse Beruhigung in diesem Bereich ein, jedoch ist heute (2005) wieder ein Ansteigen derartiger Sendungen im Kurzwellenbereich zu beobachten. Der Agent wird hierbei sendeseitig nicht aktiv, kann also auch nicht angepeilt und lokalisiert werden. Da sich die Agenten meist handelsüblicher Empfangsgeräte bedienen, die zum A3-Empfang eingerichtet sind, fällt die Beweisführung im Entdeckungsfalle sehr schwer, wenn nicht die dazugehörigen Einmalschlüssel-Unterlagen gefunden werden können. Für den Spannungs- und Kriegsfall wurden durch den sowjetischen Nachrichtendienst und seine Partnerdienste so genannte *Schweigenetze* im Operationsgebiet (Westeuropa) eingerichtet, die mit entsprechendem Gerät für den zweiseitigen Agentenfunk (Senden/Empfangen im Kurzwellenbereich) ausgestattet wurden. Um die Entdeckungswahrscheinlichkeit bei Funksendungen zu minimieren, waren diese Geräte als Schnellsendegeräte (vorwiegend sowjetischer Herstellung) konzipiert. Soweit festgestellt werden kann, wurden derartige Schweigenetze überhaupt nicht oder nur in ganz seltenen Ausnahmefällen aktiviert. Für Friedenszeiten galt die Regel, Verbindungen über andere Wege herzustellen und aufrecht zu erhalten. Dies schloss natürlich nicht den einseitigen ungerichteten Agentenfunk zur Führung im Frieden aus, da hier nur eine geringe Gefahr der Entdeckung durch Abwehrstellen gegeben war. Soweit bekannt, konnte zwischen 1960 und 1975 lediglich ein kurzzeitig aktivierter Sender durch die Schweizer Behörden geortet werden, sein Funker und die mithelfende Ehefrau wurden festgenommen. Beide hatten für den tschechischen Nachrichtendienst gearbeitet. Ende der achtziger Jahre wurde bei Waldarbeiten in der Nähe Sigmaringens ein sowjetisches Sende-/Empfangsgerät gefunden, auch hier kann angenommen werden, dass es zur Ausrüstung eines Schweigenetzes gehört haben mag. Durch den Mitrokhin-Report[36] Ende[37] der neunziger Jahre wurden weitere Geräte in mit Sprengfallen gesicherten Erddepots in der Schweiz ausfindig gemacht und durch die zuständigen schweizerischen Behörden geborgen. Die Bergung gestaltete sich wegen der immer noch zündfähigen Sprengsätze als sehr schwierig. Auch der tschechoslowakische Nachrichtendienst war bei der Vorbereitung für Spannungs- und Kriegszeiten in seinem

---

[35] Welham/Quarrie: *Operation Spetsnaz*, Stephens Ldt, 1989.

[36] Andrew/Mitrokhin: *The Sword and the Shield*, Basic Perseus Group, 1999.

[37] HMSO, Intelligence & Security Committee, ISC 0148/2000, *The Mitrokhin Inquiry Report*, London 2000.

vorgesehenen Operationsgebiet, dem Südwesten Deutschlands, äußerst aktiv. Durch Überläuferaussagen wurde bekannt, das die Tschechen für ihre Schweigenetze eine Reihe von Depots mit Waffen, Munition und Funkgeräten in Südwestdeutschland angelegt hatte. Viele der Depots konnten bis heute nicht lokalisiert werden. Es kann als sicher angenommen werden, dass sowohl der sowjetische Nachrichtendienst als auch das Ministerium für Staatssicherheit ähnliche Vorbereitungen, sowohl in Deutschland als auch im übrigen Westeuropa, getroffen hatten. Im Zusammenhang mit der Offenlegung von Unterlagen der *Central Intelligence Agency* aus der unmittelbaren Nachkriegszeit konnten in den Jahren 1997/1998 auch 65 Depots in Österreich[38], die von der CIA vor 1955 angelegt worden waren, lokalisiert und der Inhalt geborgen werden. Hier handelte es sich vorwiegend jedoch um Waffen, Munition und sonstige Ausrüstung einschließlich Funkgeräten (AN/URC-4,VHF-Funkbake), die für eine westalliierte *Stay-Behind-Organisation* (SBO) Operation »EASEFUL« im Falle eines sowjetischen Angriffs in Mitteleuropa vorgesehen waren. Bis 1953 wurde das Aufspüren gegnerischer Funkagenten auf deutscher Seite offenbar durch die *Organisation Gehlen* wahrgenommen. Augenscheinlich entwickelten jedoch auch die Alliierten in Deutschland entsprechende Kapazitäten, über deren Ergebnisse jedoch bis heute keine gesicherten Erkenntnisse vorliegen. Im gleichen Jahr wurde diese Aufgabe an das *Bundesamt für Verfassungsschutz* übergeben, das seinerseits mangels technischer Möglichkeiten diesen Auftrag an den *Bundesgrenzschutz* (BGS) weitergab.

Der *Bundesgrenzschutz* errichtete in der Folge in Heimerzheim (Swistal-Heimerzheim) vermutlich eine Leitstelle und Peilhauptstelle (Grenzschutzfernmeldeabteilung – GSFMA), sowie Peilstellen in Lübeck, Leer und Rosenheim[39]. Die geografische Verteilung der Erfassungsstellen lässt darauf schließen, das es sich hier um die Peilbasis und Erfassungsstellen für den HF[40]-Agenten-Funkverkehr handelt. Unabhängig hiervon waren in dieser Zeit nahezu alle Führungsstellen[41] des BGS und der Länderpolizeibehörden mit HF-Funkeinrichtungen ausgestattet und betrieben ein HF-Funknetz. Später sollten durch den BGS noch zusätzliche *Fernmeldehundertschaften*[42] (FMAH – *Fernmeldeaufklärungshundertschaft*) in Oerlenbach, Fuldatal und Bad Bramstedt errichtet werden. Eine Zusammenarbeit mit der damaligen OG, zumindest im Hinblick auf die Entschlüsselung der Inhalte der ungerichteten A3(Telefonie)-Funksendungen des *Ministeriums für Staatssicherheit* kann bei der *Fernmelde-Versuchs-Auswertedienststelle* (FversADst) des BGS in Bonn-Duisdorf[43] angenommen werden. Eine originäre Horcherfassung im HF- sowie VHF/UHF[44]-Bereich entlang der innerdeutschen Grenze und an der Grenze zur Tschechoslowakei durch den BGS scheint wohl nur bis etwa 1956 stattgefunden zu haben, denn zu diesem Zeitpunkt wurde die Horcherfassung der tschechoslowakischen Grenztruppen durch den BGS eingestellt. Ob und inwieweit der BGS bei der Erfassung von Agentenfunksendern in der Bundesrepublik auch mit dem *Funkkontrollmessdienst* der Deutschen Bundespost zusammengearbeitet haben mag, kann nach der derzeitigen Quellenlage nicht abschließend bewertet werden. Jedoch ist anzunehmen, das der *Funkkontrollmessdienst* auf Grund seiner technischen

---

38 *Sorry guys, no gold,* Heeresgeschichtliches Museum, Wien 1998.

39 Hinweis eines N.N., der die Existenz der Horchstelle Übersee bei Rosenheim indirekt bestätigte.

40 HF – *Hochfrequenz-Kurzwellenfunkverkehr* 1.6 – 30 MHz.

41 Zum Beispiel Stab und Unterkunft der BGS – GSA II/2 (Grenzschutzabteilung) in Bayreuth-Laineck.

42 Merk: *(BMI) Innere Sicherheit,* Südwestdeutsche Verlagsanstalt, Mannheim 1977, Seite 40.

43 Merk: *(BMI) Innere Sicherheit,* Südwestdeutsche Verlagsanstalt, Mannheim 1977, Seite 40.

44 VHF – *Very High Frequency.* UHF- *Ultra High Frequency* (30 – 1000 MHz) nach EATON Frequency Designation Chart.

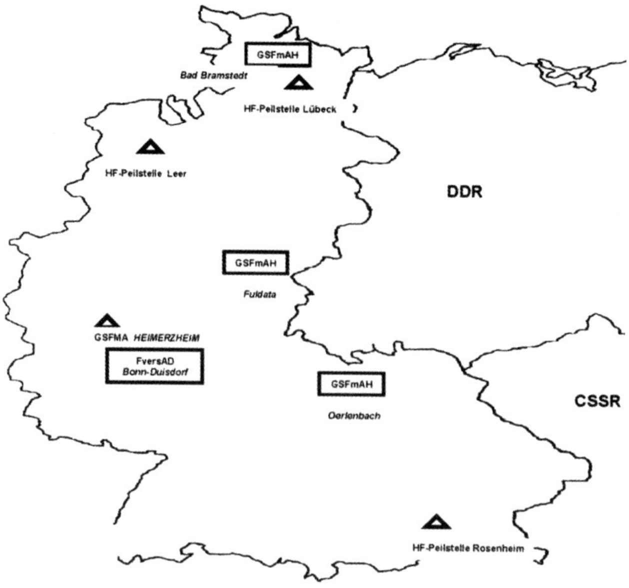

Dislozierung der Fernmeldeaufklärungskräfte des Bundesgrenzschutzes bis 1989.

Möglichkeiten durchaus in der Lage gewesen sein kann, den BGS bei der Ortung von Ausstrahlungen aller Art zu unterstützen. Sowohl die deutsche Polizei, nach bundesstaatlichen Prinzipien organisiert, als auch das Bundeskriminalamt und die Landeskriminalämter, verfügten seit den fünfziger Jahren offensichtlich zu keinem Zeitpunkt über Kapazitäten zur Horcherfassung im HF/VHF- und UHF-Bereich. Inwieweit die Polizeibehörden, das *Bundesamt für Verfassungsschutz* und die *Landesämter für Verfassungsschutz* in Maßnahmen der Telefonkontrolle und sonstigen Technischen Überwachungsmaßnahmen (TÜ) nach Artikel 10 GG eingebunden waren, soll hier nicht weiter behandelt werden. Fest steht jedoch, das in diesen Behörden Kapazitäten für die Überwachung eigener Funknetze und zur Störbehebung vorhanden waren und offenbar auch heute noch sind.

Der Funkkontrollmessdienst der Deutschen Bundespost und seine mögliche Rolle bei der Funkabwehr 1945 – 1955

Nach einer Weisung[45] der britischen Besatzungsbehörden erhielt die damalige Postverwaltung (Reichspostoberdirektion) am 20. März 1946 den Auftrag, in der britischen Zone eine Funküberwachungsstelle einzurichten. Zu dieser Zeit war die frühere umfangreiche Funküberwachung der ehemaligen Reichspost auf Grund der Kriegsereignisse und nachfolgenden Demontagen durch die Besatzungsmächte nicht mehr funktionsfähig.

Zunächst überwachte die in Nordoe bei Itzehoe eingerichtete Messstelle mit Empfängern aus Wehrmachtsbeständen und einer von Rohde & Schwarz gelieferten Frequenzmessanlage die Frequenzen des Nordwestdeutschen Rundfunks, des *British Forces Network* (BFN) und der posteigenen Überseesendestelle Elmshorn auf Einhaltung der zugewiesenen Frequenzen und Sendeleistung. Durch den Zulauf zusätzlicher Geräte (Telefunken E 104, E 108[46]) konnte die Überwachung bald auf die Küstenfunkstellen und

---

[45] Schüler: *Fünf...Vier... ruft Monitor, Hinter den Kulissen der deutschen Funküberwachung,* Franzis 1999.

[46] Trenkle: *Die deutschen Funkpeil- und Horchverfahren bis 1945,* AEG-Telefunken, Ulm 1982.

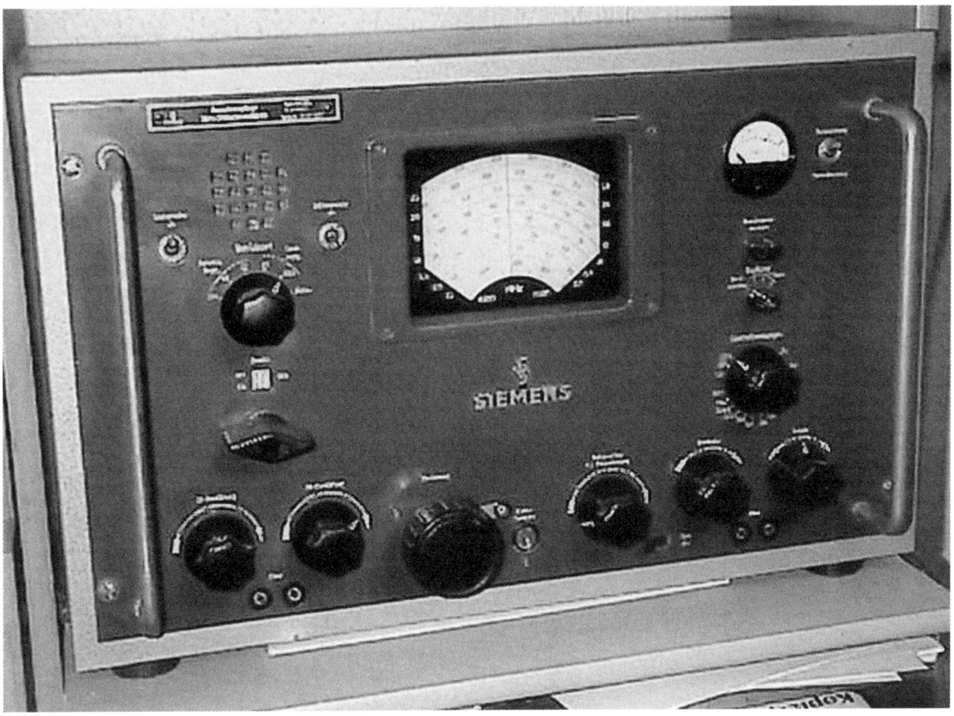

Siemens-Empfänger E-309, 255kHz–30MHz.

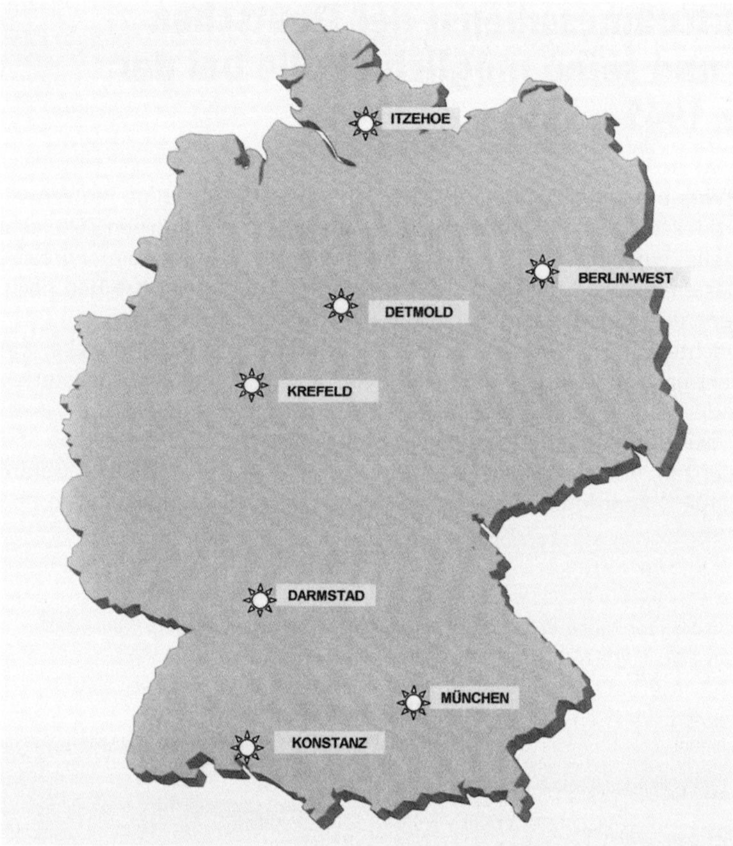

Übersicht über die Empfangsstellen des Funkkontrollmessdienstes der DBP im Jahre 1955.

polizeieigene Funkstellen ausgeweitet werden. In der US-Besatzungszone wurde am 21. Mai 1947 die Errichtung einer Funküberwachungsstelle mit Peilnebenstellen erlaubt. Zum gleichen Zeitpunkt verfügte die inzwischen für die britische und amerikanische Zone zuständige Hauptverwaltung für das Post- und Fernmeldewesen die Errichtung von weiteren Funküberwachungs- und Peilstellen in Frankfurt am Main, Krefeld, München und einer Nebenstelle in Lüchow. Am 2. Oktober 1947 wurden zwei weitere Funküberwachungsstellen in Detmold und Bayreuth eingerichtet. Anfang der fünfziger Jahre wurden die Funküberwachungsstellen Lüchow[47], Detmold und Bayreuth geschlossen. Neu eingerichtet wurden Funküberwachungsstellen in Berlin und Höchenschwand im Schwarzwald. Damit konnte das gesamte Bundesgebiet zumindest zunächst im HF-Bereich (Kurzwelle) überwacht werden. Vom neu errichteten *Bundesministerium für das Post- und Fernmeldewesen* (Bundespostministerium) wurde am 30.11.1953 angeordnet, dass der

---

[47] In der als »Rundlingsdorf« getarnten Anlage aus der Kriegszeit sollte später der Fernmeldesektor B des Fernmelderegiments 71 der Luftwaffe seine Truppenunterkunft einrichten. Während des Krieges wurde die Anlage auch kurzzeitig als Marinepeilstelle (MPS) genutzt, bis die Einheit 1945 nach Neumünster, später nach Flensburg verlegt wurde.

B Funkkontrollmeßstellen 71

Funkstörungs-Meßstellen

(nach Oberpostdirektionen geordnet)

OPD Braunschweig:	Braunschweig, Göttingen,
OPD Bremen:	Bremen, Osnabrück, Oldenburg, Emden, Bremerhaven,
OPD Dortmund:	Dortmund, Bochum, Hagen (Westf), Meschede, Siegen (Westf), Lüdenscheid,
OPD Düsseldorf:	Düsseldorf, Wuppertal, Essen, Duisburg, Wesel, Krefeld, Mönchen-Gladbach,
OPD Frankfurt (Main):	Frankfurt (Main), Darmstadt, Wiesbaden, Gießen, Fulda, Kassel,
OPD Freiburg (Breisgau):	Freiburg (Breisgau), Konstanz, Offenburg,
OPD Hamburg:	Hamburg, Lübeck, Lüneburg, Stade, Cuxhaven,
OPD Hannover:	Hannover, Nienburg, Hameln, Hildesheim, Celle, Uelzen,
OPD Karlsruhe (Baden):	Karlsruhe, Mannheim,
OPD Kiel:	Kiel, Flensburg, Heide (Holstein),
OPD Koblenz:	Koblenz, Bad Kreuznach, Mainz,
OPD Köln:	Köln, Aachen, Bonn,
OPD München:	München, Augsburg, Kempten, Weilheim, Traunstein,
OPD Münster (Westf):	Münster (Westf), Bielefeld, Recklinghausen, Minden,
OPD Neustadt (Weinstraße):	Neustadt,
OPD Nürnberg:	Nürnberg, Bamberg, Würzburg,
OPD Regensburg:	Regensburg, Landshut,
OPD Stuttgart:	Stuttgart, Ulm, Heilbronn,
OPD Trier:	Trier,
OPD Tübingen:	Tübingen, Ravensburg.

Funkkontroll-Meßstellen

Funkkontroll-Meßstelle Darmstadt (Ludwigshöhe)

Geographische Lage:	08° 39′ 58″ Ost, 49° 50′ 40″ Nord
Anschrift:	(16) Darmstadt, Ludwigshöhe
Fernsprecher:	Darmstadt 4378

Funkkontroll-Meßstelle München

Geographische Lage:	11° 18′ 47″ Ost, 48° 00′ 15″ Nord
Anschrift:	(13b) Söcking bei Starnberg
Fernsprecher:	Starnberg 2628

Funkkontroll-Meßstelle Itzehoe

Geographische Lage:	09° 30′ 35″ Ost, 53° 54′ 10″ Nord
Anschrift:	(24b) Itzehoe (Holstein), Elmshorner Str. 100
Fernsprecher:	Itzehoe 2652

Funkkontrollstellen der DBP im Jahre 1957.

bisherige Funküberwachungsdienst künftig als *Funkkontrollmessdienst* (FuKMD) zu bezeichnen sei, die Funküberwachungsstellen wurden in *Funkkontrollmessstellen* (FuKMSt) umbenannt. Zum gleichen Zeitpunkt wurde die in Höchenschwand im Schwarzwald eingerichtete *Funkkontrollmessstelle* aufgegeben und nach Konstanz-Staad an den Bodensee verlegt. Die bisher in Frankfurt am Main befindliche *Funkkontrollmessstelle* wurde nach Darmstadt verlegt und übernahm beim *Fernmeldetechnischen Zentralamt der Deutschen Bundespost* (FTZ) die deutschlandweite Koordination der Einsätze des *Funkkontrollmessdienstes.* Dieser verfügte zur Einsatzführung und als Peilkommandogeber über gesondert geschaltete ständige Fernsprech- und Fernschreibverbindungen zu allen *Funkkontrollmessstellen* in Deutschland[48]. Da die *Deutsche Bundespost* über ein eigenes Fernsprechnetz verfügte, ist davon auszugehen, dass alle *Funkkontrollmessstellen* an dieses Netz angebunden waren. Eine Zusammenarbeit mit der OG, dem späteren *Bundesnachrichtendienst,* auf fachlicher Ebene darf zu diesem Zeitpunkt angenommen werden, obwohl derzeit zur Verfügung stehende Quellen keine eindeutigen Hinweise darauf enthalten. Damit war gegen 1955 die Konsolidierungsphase innerhalb des *Funkkontrollmessdienstes der Deutschen Bundespost* erreicht. Spätestens im Jahre 1957 verfügte die *Deutsche Bundespost* über die auf der Abbildung gezeigten *Funkstörungsmessstellen* und *Funkkontrollmessstellen*[49]. Damit war eine flächedeckende Funküberwachung des Bundesgebietes im gesamten Frequenzspektrum, soweit dies die empfangsseitigen technischen Möglichkeiten ergaben, gewährleistet. Auf Grund seiner technischen Ausstattung war der *Funkkontrollmessdienst* zu dieser Zeit in der Lage, auch außerhalb der Landesgrenzen befindliche, weit entfernte Sender im Lang-, Mittel- und Kurzwellenspektrum zu lokalisieren und deren Aussendungen nach technischen Parametern zu klassifizieren.

Die militärische Bedrohung durch die Sowjetunion in den vierziger Jahren

Bereits ab 1946 mehrten sich nach Ansicht nachrichtendienstlicher Kreise in den USA die Anzeichen dafür, dass die Sowjetunion ihre Streitkräfte modernisierte und auf einen möglichen Konflikt mit den Westmächten vorzubereiten schien. Nach einer Bewertung des militärischen Nachrichtendienstes der USA aus dem Jahre 1950 konnte die Sowjetunion zwischen 1950 und 1952 in der Lage sein, den Westen mit einiger Aussicht auf Erfolg in Mitteleuropa anzugreifen. Im *National Intelligence Estimate*[50] wurde durch den amerikanischen Nachrichtendienst nochmals darauf hingewiesen, dass nicht ausgeschlossen werden konnte, dass sich die Sowjetunion für den »Großen Krieg« entschieden habe könnte und dafür bereits erste Vorbereitungen treffe. Die Ereignisse in der damaligen Tschechoslowakei mit ihren politischen Umwälzungen des Jahres 1948 schienen eine zusätzliche Überwachung der bayerisch-tschechischen Grenze durch alliierte Kräfte erforderlich zu machen. Diese Kräfte wurden durch den 1951 aufgestellten deutschen *Bundesgrenzschutz* und, soweit vorhanden, Grenzpolizei in Bayern verstärkt, die allerdings nicht über Funküberwachungskräfte verfügten. Kurzzeitig wurden die US-Grenzüberwachungskräfte am hessischen Teil der Demarkationslinie durch die neuaufgestellte *Hessische Grenzpolizei* verstärkt, die allerdings nach kurzer Zeit wieder aufgelöst werden sollte.

---

[48] Die Fernmeldeleitungen dieser Dienststelle wurden durch die HA III offenbar nur sporadisch überwacht, da sich in den Unterlagen der BStU keinerlei Hinweise dazu finden lassen.

[49] *Taschen-Jahrbuch für Funk und hochfrequente Elektronik,* Otto Elsner Verlagsgesellschaft, Darmstadt 1957.

[50] NIE – *(National Intelligence Estimate)* – 15 vom 11. Dezember 1950.

2. Die Aufklärungsdienste der westlichen Alliierten in ihren Besatzungszonen

Nach der bedingungslosen Kapitulation der deutschen Streitkräfte besetzten die Alliierten sehr schnell ihre Besatzungszonen und übernahmen dort viele militärische Einrichtungen der Wehrmacht in Besitz, um sie für Besatzungszwecke zu nutzen. Aus der Frühzeit der Besatzungszeit sind bis auf Bestände der US-Armee wenig Hinweise auf eine zielgerichtete elektronische Aufklärung überliefert. Eine Ausnahme bilden hier die Unterlagen der *Historical Section* der US-Armee in Deutschland, die den Aufbau einer Aufklärungsorganisation schon sehr früh dokumentieren[1]. Sowohl für die britische als auch die französische Besatzungszone sind nur wenig Unterlagen über die elektronische Aufklärung überliefert. Es kann jedoch davon ausgegangen werden, das insbesondere der britische Nachrichtendienst und die britischen Streitkräfte die Aufklärungsorganisation den neuen Erfordernissen angepasst haben und bereits sehr früh elektronische Aufklärung gegen die Sowjetunion betrieben haben. Vieles liegt auch heute noch im Dunkel, da die entsprechenden Archivbestände durch die britische Regierung auch heute noch nur sehr zögerlich der Öffentlichkeit zugänglich gemacht werden. Dies kann gleichermaßen für die französischen Archive gelten. Den Aufbau der amerikanischen Aufklärungskräfte in Deutschland nachzuvollziehen fällt nicht immer leicht, da im Laufe der Jahre von 1945 bis 1989 auf Grund politisch und militärisch bedingter häufiger organisatorischer Änderungen eine Vielzahl von Umgliederungen, Umbenennungen und Auflösungen von Verbänden und Einheiten nachweisbar sind. In die Betrachtung wurden neben den Kräften der elektronischen Aufklärung zusätzlich Kräfte der taktischen Aufklärung der Armee, *Constabluary Groups, Armored Cavalry Regiments* und Einheiten und Dienststellen des *Counter Intelligence Corps* (CIC) sowie später Kräfte der *Military Intelligence Batallions* (MIBn) und der MIGp *(Military Intelligence Groups)* mit einbezogen, da sie auf Grund der Zusammenarbeit mit deutschen und anderen alliierten Stellen wesentlich zur Verdichtung des Lagebildes beigetragen haben.

Es lassen sich bei der Bewertung des Einsatzes und der Ergebnisse auf westlicher Seite in Deutschland vier große Zeiträume erkennen (Phase I von 1945 bis 1955, Phase II von 1956 bis 1968, Phase III von 1969 bis 1980, Phase IV von 1981 bis 1990), in denen wesentliche Änderungen, sowohl im Auftrag als auch bei der Durchführung der Nachrichtengewinnung mit elektronischen Mitteln in Deutschland auch noch heute nachvollziehbar sind.

---

1 *Report on the Ocupation of Germany 1945 – 1953*, USAREUR Historical Section, Heidelberg 1953.

Die Militärverbindungsmissionen der Alliierten im besetzten Deutschland

Zur Überwachung der Kontrollratsbeschlüsse betreffend der Entwaffnung Deutschlands wurden bereits 1945 durch die vier Alliierten Oberbefehlshaber in Deutschland so genannte *Militärverbindungsmissionen* bei den jeweiligen Oberbefehlshabern der Besatzungsstreitkräfte eingerichtet. Die sowjetischen Streitkräfte entsandten Verbindungsmissionen zum Hauptquartier der US-Streitkräfte (USAREUR) nach Frankfurt am Main, zur *British Army on the Rhine* (BAOR), später *British Forces Germany*(BFG), nach Bünde in Westfalen und zu den *Forces Françaises en Allemagne* (FFA) nach Baden-Baden. Die sowjetischen Militärverbindungsmissionen bei den Westalliierten verfügten Mitte 1989 über einen Personalbestand von 63 Soldaten, zum großen Teil Offiziere. Im Gegenzug entsandten die US-Streitkräfte eine Verbindungsmission zur *Gruppe der Sowjetischen Truppen in Deutschland* (GSTD) mit deren Hauptquartier in Karlshorst bei Berlin, Dienstsitz der USAREUR[2] – *Military Liaison Mission* war Potsdam[3], die britische und französische Militärmission beim Oberkommandieren der GSTD waren ebenfalls in Karlshorst akkreditiert. Die französische Militärverbindungsmissison residierte in Potsdam in einer in der Seestraße gelegenen Villa, die häufig Mittelpunkt gesellschaftlicher Veranstaltungen war, an der auch sowjetische Militärs gerne teilnahmen. Die Angehörigen der Militärverbindungsmissionen genossen quasi-diplomatische Immunität, gleiches galt für die Fahrzeuge und sonstigen ortsfesten Einrichtungen in den jeweiligen Akkreditierungsbereichen. Das

Kraftfahrzeugkennzeichen der »Sowjetischen Militärmissionen« im Verantwortungsbereich der westlichen Alliierten.

---

2 USAREUR – *US Army Europe*

3 Offenbar hat das MfS in späteren Jahre die Kraftfahrzeuge der US-Mission mit Abhöreinrichtungen versehen können, da 1979 eine Tonbandaufnahme von einer Unterhaltung im Innenraum eines derartigen Fahrzeuges angefertigt wurde, auf der auch Geräusche zu hören waren, die den Schluss zulassen, dass sich in diesem Fahrzeug ein Spezialsender für impulsförmige *Chirp-Transmissions* befunden haben muss, der zur Verbindungsaufnahme mit US-Agenten in der DDR gedient haben mag.

Personal entstammte in der Regel den jeweiligen militärischen oder zivilen Nachrichtendiensten und besaß Offizierrang. Weder die deutsche Polizei, sowohl in der Bundesrepublik als auch die Volkspolizei in der SBZ, noch die Bundeswehr oder die NVA konnten gegenüber den Angehörigen der jeweiligen Missionen Befugnisse irgendwelcher Art wahrnehmen. Als eherne Regel beim Festhalten von Fahrzeugen der Militärverbindungsmissionen galt, unverzüglich die nächste Militärpolizei-Dienststelle der jeweilig zuständigen Besatzungsmacht zu verständigen, die dann alle weiteren Maßnahmen zu veranlassen hatte. Ein probates Mittel der Abschreckung war das Fotografieren der Insassen und Fahrzeuge, da die so dokumentierten und kompromittierten Mitglieder der Verbindungsmission, zumindest der sowjetischen, in der Regel damit rechnen mussten, durch ihre Dienststelle abgelöst und in die Sowjetunion zurück versetzt zu werden. Dies war für sie und ihre Familienmitglieder gleichbedeutend mit sozialem Abstieg und dienstlichen Nachteilen. Gleiches war jedoch von den Mitgliedern der westlichen Militärverbindungsmissionen bei den sowjetischen Truppen in der DDR nicht zu berichten. Gleichwohl kam im Laufe seines Einsatzes ein Offizier der USAREUR-Verbindungsmission in der DDR durch den Schusswaffengebrauch eines sowjetischen Soldaten ums Leben. Die jeweiligen Besatzungs-, später Stationierungsmächte richteten in ihren Zonen so genannte *Ständige Sperrzonen (Permanent Restricted Areas)* und *Zeitweilige Sperrzonen (Temporary Restricted Areas)*[4] ein, in denen sich militärisch bedeutsame Anlagen oder Einrichtungen befanden. *Zeitweilige Sperrzonen* wurden auch bei militärischen Übungen und Manöver eingerichtet. Das *Ministerium für Staatssicherheit* war im Rahmen der Amtshilfe für die GSTD[5] in die Überwachungsmaßnahmen gegen die Aktivitäten der westlichen Militärmissionen in der DDR eingebunden. Verschiedentlich traten dabei Angehörige des MfS sogar in sowjetischen Uniformen auf, um bei der Festsetzung von Mitgliedern der westlichen Militärmissionen unterstützend tätig zu werden. Formal betrachtet, hatte das MfS gegenüber den Militärmissionen keinerlei Rechte, da es sich um eine Angelegenheit der Vier-Mächte-Zuständigkeit handelte. Offizielle Einladungen zu größeren Übungen ergingen von Zeit zu Zeit an die entsprechenden Militärverbindungsmissionen, die häufig daran teilnahmen, um auf diese Weise Informationen zu gewinnen.

Alle Militärverbindungsmissionen spielten in ihren jeweiligen Bereichen eine äußerst wichtige Rolle in der offenen[6] Gewinnung von Nachrichten während der gesamten Zeit ihres Bestehens bis zu ihrer Auflösung 1990. Insbesondere die sowjetischen Militärverbindungsmissionen in den westlichen Besatzungszonen, später der Bundesrepublik, spielten in einigen spektakulären Spionagefällen in Westdeutschland eine wichtige Rolle, da es gelang, mit ihrer Hilfe einige enttarnte Agenten des sowjetischen Nachrichtendienstes in die DDR zu schleusen. Inwieweit die Militärverbindungsmissionen auch unterstützend bei der elektronischen Aufklärung in ihren jeweiligen Bereichen mitwirken konnten, kann bis heute nicht abschließend geklärt werden. Aus den Aktivitäten der sowjetischen Militärverbindungsmissionen und den dabei häufig begangenen Sperrgebietsverletzungen konnten sehr gut die Interessen- und Aufklärungsschwerpunkte des militärischen

---

4 Fast alle Einrichtungen und Anlagen der Fm/EloAufkl der Bundeswehr befanden sich damals in derartigen Sperrzonen.

5 *Gruppe der Sowjetischen Truppen in Deutschland,* wohl wurde die Bezeichnung aus politischen Gründen gewählt ,um die sowjetische Gesamtverantwortung als Siegermacht in Deutschland zu unterstreichen.

6 Ob die Missionen auch Nachrichtengewinnung aus verdeckten Quellen betrieben oder Operationen der Nachrichtendienste unterstützten, ist auch heute noch nicht klar.

Nachrichtendienstes der Sowjetarmee, des GRU[7] *(Glawnoje Rasweditelnyi Urpravleniye)* in den Stationierungsräumen der Besatzungsmächte und später der NATO in Deutschland abgelesen werden. Auch fiel den entsprechenden Dienststellen der Bundeswehr auf, dass bauliche Veränderungen oder Errichtung zusätzlicher Anlagen, insbesondere im Bereich der Fm/EloAufkl der Bundeswehr häufig »Besuche« der SMM nach sich zogen, was darauf schließen lässt, dass IM der GRU oder des MfS in der Nähe operierten und ihre Erkenntnisse an den militärischen Nachrichtendienst GRU weitergeben haben. Nicht auszuschließen ist auch, das die GRU in Amtshilfe für das MfS solche »Verifizierungsmissionen« durchgeführt hat. Gleichwohl waren auch hier gewisse Ansätze erkennbar, die darauf schließen ließen, dass es dem einzelnen betroffenen Offizier der sowjetischen Militärverbindungsmission primär um die Erfüllung des ihm durch seine Vorgesetzten auferlegten Aufklärungssolls ging. Nicht selten versuchten in Sperrzonen ertappte Offiziere der SMM, sich durch Bestechung mit Kaviar und Wodka freizukaufen. In späteren Jahren war auch eine mögliche ergänzende Zusammenarbeit der SMM mit Fahrern der sowjetischen staatlichen Spedition SOVTRANS in Deutschland und anderen westeuropäischen Ländern erkennbar, da die Besatzungen dieser Fahrzeuge, die in der Regel unter den Vorrechten der internationalen TIR-Vereinbarung relativ unkontrolliert durch Westeuropa rollen konnten und zumeist aus zwei Mann bestanden, von denen zumindest einer unter dem Veracht stand, Angehöriger des Nachrichtendienstes zu sein, dabei beobachtet werden konnten, wie sie Gewässerübergänge, insbesondere im deutsch-niederländischen Grenzraum, auch bei Nacht erkundeten und die Tragfähigkeit von Brücken feststellten. Nicht schlüssig bewiesen werden konnte jedoch bis heute, ob ein Lastwagen der SOVTRANS, der angeblich mit Torfmull aus der Sowjetunion beladen gewesen sein soll und sich über eine Woche in einem Manövergebiet der NATO in Norwegen aufhielt, tatsächlich Geräte zur elektronischen Aufklärung an Bord hatte. Der gezielte Einsatz von Besatzungen und Fahrzeugen staatlicher Transportunternehmen, so auch Personal und Fahrzeuge der DEUTRANS der DDR und anderer Unternehmen aus dem damaligen kommunistischen Machtbereich, mit dem Ziele der permanenten Nachrichtengewinnung muss jedoch angenommen werden. Über die Rolle der sonstigen halbstaatlichen Vertretungen der Länder des damaligen kommunistischen Machtbereichs, wie Handelsvertretungen, Reisebüros oder Versicherungen, und ihre Einbindung in die nachrichtendienstlichen Bemühungen der jeweiligen Dienste zur damaligen Zeit kann naturgemäß aus Platzgründen hier nicht berichtet werden.

[7] *Glawnoje Rasweditelnoje Upravlenie* (GRU) – der militärische Nachrichtendienst der sowjetischen Streitkräfte.

Der kalte Krieg beginnt (Phase I von 1945 bis 1955)

Die Aufbauphase war geprägt von der Aufstellung der *Army Security Agency Europe* und der Übergabe der Verantwortung für die Elektronische Aufklärung vom *Signal Corps* des US-Heeres an die *Army Security Agency,* daneben wurden Einheiten der *US-Constabulary* aufgestellt, die später in *Armored Cavalry Regiments* zur Grenzüberwachung an der innerdeutschen Grenze und der Grenze zur CSSR umgegliedert werden sollten. 1947 wurde die *US Air Force* als selbstständige Teilstreitkraft aufgestellt, dies hatte auch einen nicht unwesentlichen Einfluss auf den Aufbau einer eigenständigen Aufklärungsorganisation für die elektronische Aufklärung durch die Luftwaffe.

Mit Gründung der NATO 1949 wurden Spannungen zwischen Westalliierten und der Sowjetunion in Deutschland erkennbar, die in der Blockade Berlins mit der westalliierten Luftbrücke mündeten. Nach Ende des Korea-Konflikts 1950 wurden die US-Truppen in Europa verstärkt. Der mitteldeutsche Volksaufstand 1953 in der sowjetischen Besatzungszone hatte keinen wesentlichen Einfluss auf die Verteidigungsplanungen der Westmächte. Der 1955 geschlossene Staatsvertrag mit Österreich hatte die Rückführung der in Österreich stationierten ASA-Dienststellen nach Deutschland zur Folge. Die subversiven Aktivitäten der Sowjetunion, insbesondere in Westdeutschland, führten zur Intensivierung der Gegenspionage durch Aufstellung der *7970th CIC Group* in Frankfurt am Main. Der Aufstand in Ungarn 1956 konnte auf keinerlei Unterstützung aus den westlichen Demokratien rechnen, da zur gleichen Zeit Frankreich und Großbritannien in die Suez-Krise verwickelt waren. Als Folge des Ungarn-Aufstandes intensivierten die Nachrichtendienste der USA und Großbritanniens die Nachrichtengewinnung im Baltikum, der Ukraine und anderen Regionen der UdSSR durch Einschleusung von Angehörigen von Exilgruppen. Zur Unterstützung der westlichen Politik gegenüber der Sowjetunion nehmen Radio LIBERTY und Radio Free EUROPE in München den Sendebetrieb auf. In dieser Zeit beginnt auch die britische Armee mit der elektronischen Aufklärung gegen die in Mitteldeutschland stationierten Kräfte der 3. sowjetischen Stoßarmee Magdeburg. Die Grenzüberwachung und Sicherung in der amerikanischen Besatzungszone wird verstärkt. Der Bundesgrenzschutz übernimmt mit Zustimmung der Alliierten erste Funktionen im Rahmen der Grenzsicherung an der Demarkationslinie. Hierzu wird ein BGS-Verbindungskommandos zum Stab der 7. US-Armee in Stuttgart eingerichtet. Als Folge werden zwischen der US-Armee und dem BGS erste Vereinbarung über Zugang zu Grenzlageinformationen mit den Geheimhaltungsgraden US-SECRET und US-TOP SECRET[8] durch den Bundesgrenzschutz getroffen.

[8] Dass hier unter anderem auch Ergebnisse der elektronischen Aufklärung durch die US-Streitkräfte in Deutschland mit eingeflossen sein können, ist nicht auszuschließen.

Die US-Streitkräfte in Deutschland und deren Funkaufklärung bis 1955

1949 verlegte ein *Detachment* der *116th Signal Service Company* nach Rothwesten, einem ehemaligen deutschen Fliegerhorst in der Nähe von Kassel[9], und begann dort ebenfalls mit der Erfassungstätigkeit, vermutlich im Kurzwellenbereich. Auf Grund der sich im Sommer 1950 abzeichnenden krisenhaften Entwicklung in Korea fürchteten die verantwortlichen US-Militärs in Deutschland mit militärischen Entwicklungen an der Demarkationslinie zur sowjetischen Beatzungszone. Die bisher in ortsfesten Stellungen eingesetzten US-Aufklärungskräfte begannen, ihr Gerät auf 2,5-t-Fahrzeuge (GMC) zu verladen und als taktische Unterstützung der nun zuständigen 7. US Armee bei der Funkaufklärung in grenznahe Räume zu verlegen. Im Mai 1950 verlegte ein Teil der in Herzo-Base verbliebenen Kräfte der *114th Signal Service Company* in eine ehemalige Kaserne der Wehrmacht (II. Bataillon, InfRgt 45) am westlichen Ortsrand von Hof. Zu dieser Zeit waren diese Erfassungsstellen u.a. mit TC-9 und SCR-399 (Mobile HF-Station 2 – 20 MHz) ausgestattet. Nach Gründung der NATO 1949 am 24. August 1949 erfolgte die Aufstellung der ersten NATO-Kommandobehörden, die auch wesentlichen Einfluss auf die künftige Gliederung und Unterstellung der alliierten militärischen Verbände in Deutschland haben sollte. Am 21. September 1949 wurde die Bundesrepublik Deutschland gegründet. Zum gleichen Zeitpunkt trat das Besatzungsstatut, das die gegenseitigen Verpflichtungen der alliierten Truppen und der deutschen Verwaltung für eine lange Zeit regeln sollte, in Kraft. Am 7. Oktober folgte die sowjetische Besatzungszone und erklärte die Gründung der Deutschen Demokratischen Republik. Zu diesem Zeitpunkt verfügte die DDR bereits über Kaderverbände einer künftigen Streitmacht in Form der *Kasernierten Volkspolizei* (KVP), demgegenüber verfügte die Bundesrepublik Deutschland nur über leichtbewaffnete Verbände des *Bundesgrenzschutzes* (BGS). In den Jahren 1945 bis 1946 erfolgte auch die Aufstellung der *US-Constabulary,* einer schnell beweglichen Eingreiftruppe zur Grenzsicherung und Aufrecherhaltung der inneren Ordnung in der US-Besatzungszone. Sie war regional gegliedert und nahm von 1945 bis 1949 auch Aufgaben der Grenzüberwachung an der deutsch-tschechischen Grenze und der Demarkationslinie zur sowjetischen Besatzungszone vom Dreiländereck bei Prex, ostwärts Hof, bis zum Beginn der britischen Besatzungszone in der Nähe Bad Hersfelds wahr. Nach Auflösung und Umgliederung der *US-Constabulary*-Verbände in *Armored Cavalry Regiments* (ACR) im Laufe des Jahres 1949 übernahmen die *Armored Cavalry Regiments (11th ACR* Bad Hersfeld, *2nd ACR* Bayreuth und *6th ACR* in Straubing) die Aufgaben der Grenzüberwachung und Sicherung, teilweise in Zusammenarbeit mit der bereits damals aufgestellten *Bayerischen Grenzpolizei.* Für eine kurze Zeit auch mit der hessischen Grenzpolizei, lokalen Polizeidienststellen, dem Zoll und später nach Aufstellung, mit Einheiten des Bundesgrenzschutzes. Ein Austausch von Informationen über die Grenzlage zwischen den in Grenznähe eingesetzten Teilen der US-ASA und den ACR kann bereits in dieser Zeit als sicher angenommen werden. Hingegen dürften Erfassungsergebnisse der US-ASA in dieser Zeit nicht ungefiltert an die Stäbe der *Armored Cavalry Regiments* gelangt sein. Dies gilt auch für die Aufklärungsergebnisse der im Jahre 1949 in Frankfurt aufgestellten *7970th Counter Intelligence Group,* die bereits im gleichen

---

9 Später befand sich in Kassel eine Außenstelle der *Bundesstelle für Fernmeldestatistik,* eine sehr frühe Zusammenarbeit zwischen der *Organisation Gehlen* und dem *US Signal Service*, der späteren ASA, darf daher angenommen werden.

Jahr nach Stuttgart verlegte und dort in das *66th CIC Detachment* umgliederte und für die Gegenspionage *(Counterintelligence)* im gesamten US-Europa-Kommandobereich zuständig war.

In diesen Zeitraum fällt auch die Intensivierung der offenen und verdeckten Nachrichtengewinnung durch Kräfte des *Counter Intelligence Corps* (CIC) im Grenzraum zur sowjetisch besetzten Zone Deutschlands (SBZ), der späteren DDR, und entlang der bayerisch-tschechischen Grenze. Das CIC (später MI) richtete eine Reihe von Stützpunkten *(Resident Offices)* entlang der Grenzen ein. Hierzu wird im Kapitel 2.5 weiter berichtet[10]. Auch hatte das CIC im Rahmen der Operation »TOBACCO« unter Leitung von Leutnant Leo de Gar Kulka im Jahre 1946 mit der Erfassung[11] sowjetischer und tschechoslowakischer Agentenfunkverbindungen begonnen. Offenbar waren die Ergebnisse nicht so befriedigend, so dass später die Erfassung eingestellt wurde. Auch hier kann angenommen werden, dass Erkenntnisse, die durch Einrichtungen der US-ASA gewonnen wurden, nach entsprechender Quellenbereinigung in das Lagebild der Gegenspionage mit eingeflossen sind. Inwieweit die Ergebnisse der Funkaufklärung der US-ASA in die militärische Lagebewertung der Alliierten während der Berliner Blockade eingeflossen sind, konnte noch nicht geklärt werden, ist aber anzunehmen. Fest steht jedoch, dass die Vereinigten Staaten und Großbritannien Anfang der fünfziger Jahre im Rahmen verschiedener Operationen, die auch heute noch der Geheimhaltung unterliegen, damit begannen, die Sowjetunion mit Hilfe luftgestützter Plattformen aufzuklären. Im Jahre 1950 verletzte ein Aufklärungsflugzeug (P-2 NEPTUNE) der *US Air Force* sowjetischen Luftraum über der Ostsee an der Küste Lettlands und wurde vermutlich durch sowjetische Jagdflugzeuge abgeschossen. Keines der Besatzungsmitglieder überlebte. Eine PB4Y2 (CONSOLIDATED PRIVATEER B-24 LIBERATOR) sollte im Jahr 1950 einen Aufklärungsauftrag über der Ostsee ausführen, verletzte dabei möglicherweise sowjetischen Luftraum über Lettland und wurde dabei ebenfalls durch sowjetische Jagdflugzeuge abgeschossen. Die überlebenden Besatzungsmitglieder wurden nach übereinstimmenden Zeugenaussagen deutscher, österreichischer und japanischer Kriegsgefangener, die sich zu dieser Zeit in der Gegend von Workuta in sowjetischen Gewahrsam befanden, im Lager Nummer 20 in der Nähe von Taishet und der Kolchose Nummer 25 beobachtet. Eines der überlebenden Besatzungsmitglieder, das beim Abschuss der Maschine Verbrennungen im Gesicht erlitten hatte, teilte den gefangenen deutschen, österreichischen und japanischen Gewährsleuten mit, er und acht weitere Überlebende Besatzungsmitglieder eines abgeschossenen US-Flugzeuges, die teilweise beim Absprung Knochenbrüche erlitten hatten und deshalb an Krücken gingen, beziehungsweise auf Bahren transportiert wurden, seien wegen Spionage durch ein sowjetisches Tribunal zu 25 Jahren Haft verurteilt worden Die letzte verlässliche Nachrichten über diese Besatzung stammte aus dem Jahre 1953. Nach bisherigen Erkenntnissen wurde die Besatzung dieser Maschine der *US Air Force* später durch die US-Behörden für tot erklärt. Ebenfalls 1950 begannen die *US Air Force* und die *Royal Air Force* von der RAF-Station Sculthorpe an der Ostküste Englands unter dem Kommando von Oberst Sam Myers (USAF) mit gemeinsamen Aufklärungsoperationen, vornehmlich Fotoflügen durch RB-47 STRATOJET mit USAF- als auch RAF-Kennzeichen im Baltikum und den Bereich um Moskau. Am 1. Februar 1950 wurden sechs dem US-Heer unterstehende *Mutual Assistance Advisory Groups* (MAAG) unter Verantwortung der *US-EUCOM Joint*

---

[10] Siehe hierzu auch Stacy, William E.: *Army Border Operations in Germany 1945 – 1983,* USAREUR Military History Office, GSM 5-1-84, Heidelberg 1984.

[11] Höhne: *Der Krieg im Dunkeln,* Bertelsmann, München 1985.

Advisory Military Assistance Group (JUSMAG) in Deutschland aufgestellt, die offensichtlich die Wiederbewaffnung Deutschlands vorbereiten und unterstützen sollten.

Im September 1950 kommandierte der *US Air Force Security Service* (USAFSS) einen Oberleutnant und fünf Unteroffiziere von Darmstadt nach Berlin, mit dem Auftrag, eine Ortsbesichtigung und Empfangsversuche auf dem im amerikanischen Sektor gelegenen Flughafen Tempelhof durchzuführen. Mit einem Empfänger SP-600 und einem Oszilloskop wurden aus dem 6. Stockwerk des Verwaltungsgebäudes des Flugplatzes Tempelhof erste Empfangsversuche unternommen, von deren Existenz nicht einmal der Kommandeur des US-Flugplatzes in Tempelhof unterrichtet war. Später wurde dort die erste Erfassungsstelle der USAFSS, der *»Blue Room«,* bestehend aus vier bis fünf Erfassungsplätzen und entsprechenden Empfängern sowie Analyse- und Aufzeichnungsgeräten eingerichtet und im 24-Stunden-Dienst durch drei Ablösungen betrieben. Der hauptsächliche Auftrag dieser Erfassungsstelle bestand zu dieser Zeit in der Aufklärung der sowjetischen Flugfunkaktivitäten im Erfassungsbereich. Ob damals bereits eine Analyse der sowjetischen Radargeräte erfolgte, konnte noch nicht festgestellt werden. Die Erfassungsstelle blieb bis zur Errichtung der Aufklärungsstellung Teufelsberg im Betrieb. Ab 1951 intensivierte die USAF die elektronische Aufklärung entlang der Grenzen zum kommunistischen Machtbereich. Stellungen auf der Wasserkuppe, in Hof und auf dem Eckstein (Hoher Bogen) wurden in Betrieb genommen. Zu dieser Zeit verfügte der *US Air Force Security Service* (2 RSM Darmstadt) über vier Abteilungen *(Detachments)*, die wie folgt eingesetzt waren:

Detachment A	Linz/Österreich, später Detachment 21
Detachment B	Schleißheim bei München, später Detachment 22
Detachment C	Bremerhaven, später Detachment 23
Detachment D	Berlin, später Detachment 24

Das *12th RSM* befand sich zu dieser Zeit in Landsberg am Lech. Das *85th RSM* war zu dieser Zeit in Sembach stationiert und wurde am 8. Mai 1955 in *6914th RSM* umbenannt.

Auch heute noch sind viele Unterlagen über die Aktivitäten des *US Air Force Security Service* von 1950 bis 1990 für die Öffentlichkeit nicht freigegeben und daher einer Auswertung nicht zugänglich. Das *Detachment D* führte seine Aufträge bis zum 31.12.1953 durch. Es kann angenommen werden, das der Auftrag dieser Abteilung in der Erfassung sowjetischen Flugfunks bestand. Im Jahre 1952 erhielt die AFSA *(Armed Forces Security Agency)*, die spätere NSA *(National Security Agency)*, einen Rechner mit dem Codenamen »ABNER«, mit dem – ähnlich wie mit dem britischen »COLOSSUS Mark II« während des Krieges in Bletchley Park – sowjetische Codes bearbeitet werden konnten.

In dieser Zeit wurden durch die USAF erste Lehrgänge für Personal der elektronischen Aufklärung in Keesler Air Force Base, Biloxi, Missisippi durchgeführt, über deren Umfang und Ausbildungsinhalte auch heute noch der Schleier des Geheimnisses liegt.

Die in den fünfziger Jahren aus dem Fliegerhorst Wiesbaden-Erbenheim aus durchgeführten SIGINT- und andere Einsätze im Vorfeld der Sowjetunion können bis heute nicht restlos geklärt werden. Möglicherweise diente ein Teil der Flüge, hauptsächlich mit C-47 DAKOTA, später B-24 LIBERATOR, B-20 HAVOC und B-26 MARAUDER, der Versorgung britischer und amerikanischer Agentengruppen im Ostblock. Einsätze von Spezialmaschinen (B-26) unter Verantwortung der CIA aus Wiesbaden-Erbenheim mit Besatzungen osteuropäischer Herkunft sind zumindest bis Anfang der fünfziger Jahre nachweisbar. Später sollte auch die U-2 von Wiesbaden-Erbenheim zu Aufklärungsflügen über der Sowjetunion starten. Zeitweise erfolgte auch ein Zwischenstop der U-2 auf dem Fliegerhorst Bodoe in Nordnorwegen. Als Folge der Gründung der NATO wurden ab 1951 neue Kommandobehörden geschaffen, die einen Teil der bisherigen Verantwortung der alliierten Verbände in Deutschland übernahmen. Als ein SHAPE *(Supreme Headquartes Allied Powers Europe* in Roconcourt bei Paris) unterstehender Stab wurde 1951 *Allied Land Forces Central Europe* aufgestellt. Ihm wurde der Stab der *Central Army Group* (CENTAG) in Heidelberg sowie der neu aufgestellte Stab der *Northern Army Group* (NORTHAG) in Bad Oyenhausen (später Rheindalen/Mönchengladbach) unterstellt. Mit Aufstellung dieser Stäbe wurden auch belgische und niederländische Einheiten in der Bundesrepublik Deutschland in Nordwestdeutschland (Raum Aachen – Köln – Soest) stationiert.

Die United States Army Security Agency in Deutschland

Nachdem die 12. Armeegruppe mit der ihr unterstellten 1. und 3. US-Armee ihre Zonen im südlichen und südwestlichen Teil Deutschlands bis Juni 1945 endgültig und vollständig militärisch besetzt und die der sowjetischen Armee zugesprochenen Gebiete in Sachsen und Thüringen geräumt hatte, nicht ohne deutsche Wissenschaftler und Ingenieure und entsprechende industrielle Ausrüstungen und wichtiger technische Unterlagen mitzunehmen (z.B. aus dem Mittelbau in Nordhausen wesentliche Teile der A4-Produktion (V2), aus Jena Spezialisten der Zeiss-Werke), begannen bereits die ersten Demobilisierungen in den amerikanischen Streitkräften. Das während der Endkämpfe um Deutschland für die Funkaufklärung der US-Armee zuständige *Signal Service Detachment D Special Troops* der 12. Armeegruppe richtete sich in Rüsselsheim ein. Die ihr unterstehendenden Funkaufklärungseinheiten *114th Signal Radio Intercept Company* und *116th Signal Radio Intercept Company,* die aus jeweils einer *Intercept Platoon* (Erfassungszug), einer *Intelligence and Analysis Platoon* (Nachrichten- und Auswertezug), einer *Direction Finding Platoon* (Peilzug) und einer *Wire Platoon* (Drahtverbindungszug) bestanden und der 1. US-Armee beziehungsweise der 3. US Armee (Patton) zugeordnet waren, bezogen Stellung in Sontra *(114SRI Co)* und in Scheyern bei Pfaffenhofen an der Ilm *(116th SRI Co).* Zu ihrem bisherigen Kriegsauftrag gehörte das Erfassen von feindlichem deutschen

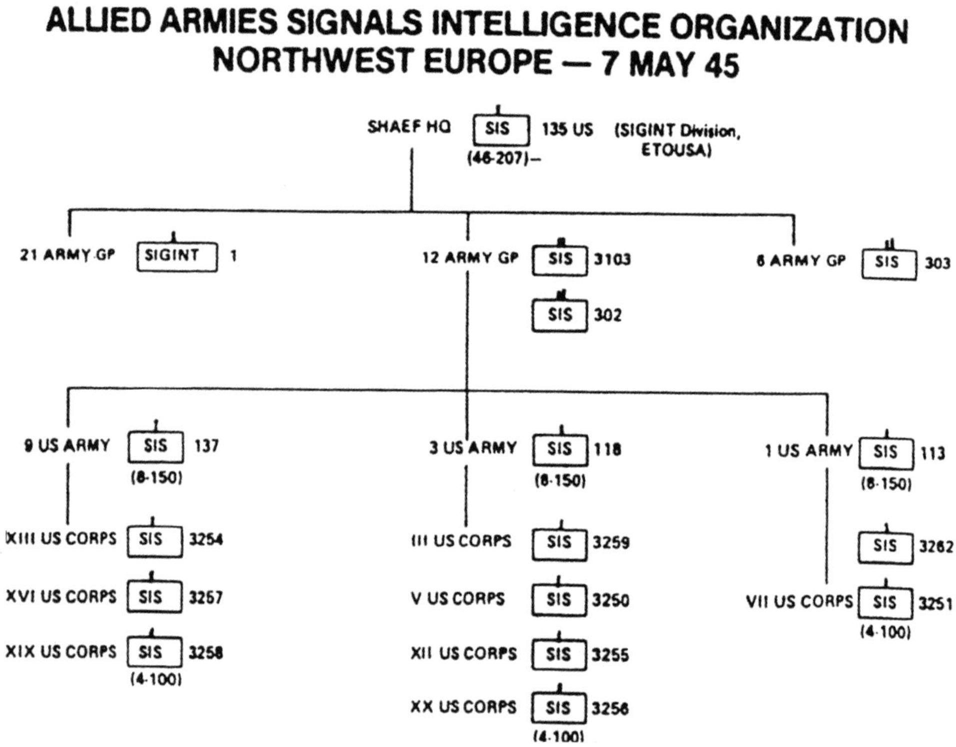

Gliederung der US – Signals-Intelligence (SIGINT) im Jahre 1944.

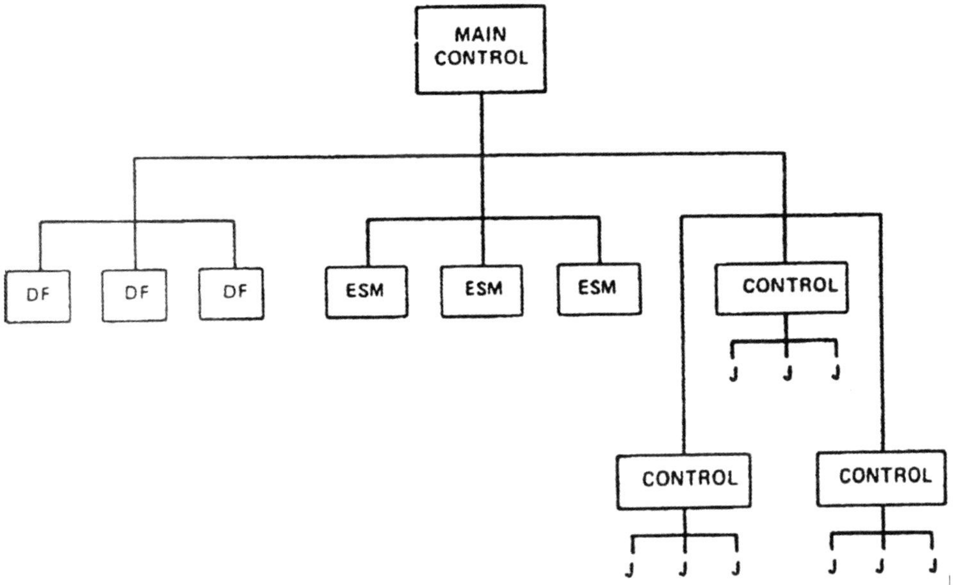

Gliederung der SIGINT-Anteile der 3.US-Armee im Jahre 1945.

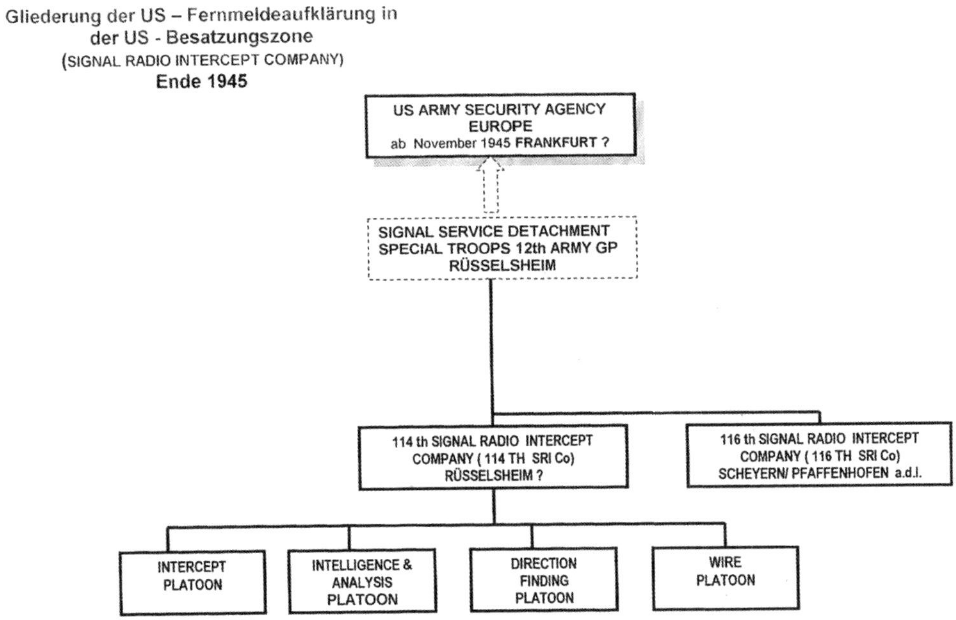

Gliederung der US-SIGNALS INTELLIGENCE in Deutschland im Jahre 1945.

Funkverkehr, das Lokalisieren der Sender durch Peilung und die Versorgung der höheren Stäbe mit Feindlageinformationen. Diese Aufgabe entfiel nun weitgehend, da deutsche Funknetze nicht mehr aufzuklären waren. Ob die Einheiten der ASA in Deutschland bereits

Gliederung der US – Fernmeldeaufklärung in
der US - Besatzungszone
1946

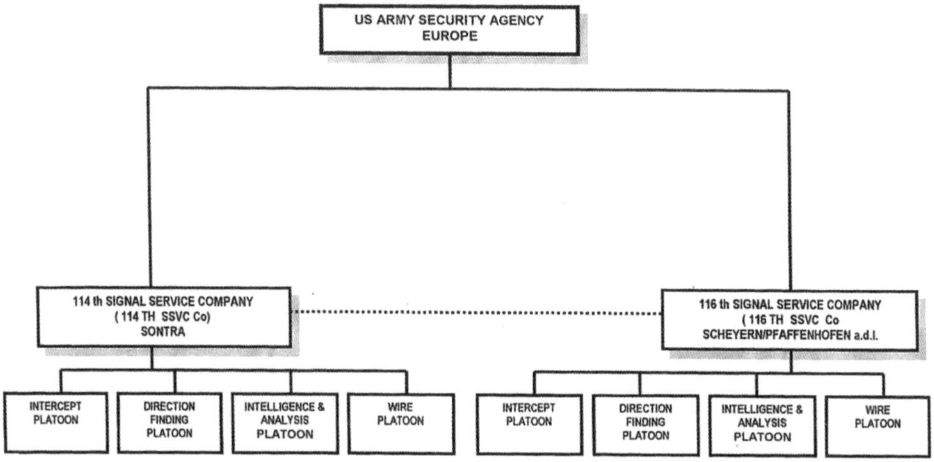

Gliederung der US-SIGNALS INTELLIGENCE in Deutschland nach Verlegung bzw.Auflösung der 3.US-Armee.

Dislozierung der US-SIGNALS INTELLIGENCE in Deutschland 1946–1955.

zu diesem Zeitpunkt über russischen sprechendes Personal verfügten, ist auch aus den jetzt zugänglichen Unterlagen nicht zweifelsfrei zu klären. In Scheyern besetzte die *116th SRI* die Anlagen und Einrichtungen der ehemaligen 7. Jagddivision der deutschen Luftwaffe, (Nachrichtenführer Oberst Scholdan) mit I. Ln Regiment 217 in Förnbach, 1. Fernsprech-und Fernschreib-Betriebskompanie in Uttenhofen, 2. Funk-Kompanie in Niederscheyern, 3. Flugmelde Auswerte- und Betriebskompanie in Pfaffenhofen, II. Ln Regiment 217 in Illmmünster, Ln-Jägerleit-und Auswertezug in Pfaffenhofen, die ihr offensichtlich unzerstört in die Hand gefallen waren und deren gut ausgebaute drahtgebundenen Fernmeldeverbindungen durch die US-Armee jetzt genutzt werden sollten. Dort begann zunächst der Erfassungs- und Peilbetrieb in den Bereichen von 1.5 MHz bis 12.0 MHz, da zu dieser Zeit ein Großteil des sowjetrussischen Funkverkehrs in diesen Frequenzbereichen abgewickelt wurde Es aber kann aber nicht ausgeschlossen werden, dass auch die etwa 16000 britischen und US-Funkgeräte, die im Rahmen des *Lend-Lease-Programms* während des Krieges an die Sowjetunion geliefert wurden, die Frequenzbereiche, zumindest im Kurzwellenbereich bis gegen 30 MHz, erweiterten. Die sowjetischen Luftraumüberwachungsradargeräte REDUT, PEGMATIT, SON 20 T nutzten den Frequenzbereich von 63.8 MHz bis 75 MHz), das ältere Gerät GNEIS den Bereich von 200 MHz. Jedenfalls verfügten die Amerikaner bereits zu diesem Zeitpunkt über die technischen Erfassungsmöglichkeiten im Frequenzbereich von etwa 100 kHz bis 3300 MHz (Analyseempfänger SCR 587, 38 MHz bis 3300 MHz). Es ist anzunehmen, dass die Sowjetarmee im Laufe des Jahres 1942 ihr Funkführungssystem grundlegend änderte und den sich ständig ändernden Bedingungen anpasste. Bei Kriegsende waren zumindest die sowjetischen Armee-Führungsverbindungen zwischen der *Stavka* (dem Oberkommando der Sowjetarmee) in Moskau und den Befehlshabern der jeweiligen Fronten auf Drahtwege umgestellt, um sie einer möglichen Aufklärung bei Nutzung von Funkverbindungen zu entziehen. Als gesichert kann gelten, dass die Rote Armee zu diesem Zeitpunkt ebenfalls über geschlüsselte Funkfernschreibverbindungen (Funksystem RAT in Verbindung mit dem Schlüsselsystem ALMAS[12]) verfügte, das die deutsche Abwehr bereits seit Längerem mitlesen konnte. Deutsche Spezialisten mit entsprechenden betriebsfähigen Erfassungs- und Auswertegeräten fielen bei Kriegsende in amerikanisch-britische Hand und wurden, wie bereits früher berichtet, nach Bletchley Park verbracht. Die Forschungsstelle des *Reichspostzentralamtes Referat II* unter Leitung von Dr. Vetterlein, die bis kurz vor Kriegsende die transatlantischen Funkgespräche zwischen Roosevelt/Truman und Churchill sowie weiterer hochrangiger Regierungsmitglieder der Vereinigten Staaten und Großbritanniens abgehört und entschlüsselt hatte, fiel den Amerikanern im Mai 1945 in Kehlheim unzerstört mit vielen Unterlagen in die Hand. Über den weiteren Verbleib des Personals, der Anlagen und des Materials ist nichts bekannt.

Bereits Mitte 1945 entsandten die westlichen Alliierten entsprechende Truppenkontingente in ihre Besatzungssektoren nach Berlin. Diese Truppen wurden später nach Gründung der NATO dieser nicht unterstellt, sondern verblieben unter nationalem Kommando.

Ende 1945 wurde das *Signal Service Detachment D* der 12. Armeegruppe in Rüsselsheim aufgelöst, das verbliebene Personal zur Neuaufstellung der *Army Security Agency Europe (ASA Europe)* in Frankfurt am Main verwendet. Mittlerweile war auch die 3. US-Armee aufgelöst und ein Großteil des Personals in die USA zurückverlegt worden. Bis Ende 1946 wurden 3.044.985 Soldaten der US-Streitkräfte aus Europa abgezogen und in den USA

[12] Siehe auch Heydorn a.a.O.

demobilisiert. Im Januar 1946 wurde die in Sontra stationierte *114th SRI* umgegliedert und in *114th Signal Service Company* umbenannt. Diese Kompanie verblieb bis Mai 1947 in Sontra, danach wurde das Fachpersonal der zwischenzeitlich umbenannten *116th Signal Service Company* in Scheyern zugewiesen. Das übrige Unterstützungspersonal verlegte nach Herzogenaurach in der Nähe Nürnbergs auf einen ehemaligen deutschen Fliegerhorst[13] und begann dort »Herzo Base« aufzubauen. Die Stellung in Sontra wurde aufgegeben. Am 20. Mai 1949 wurde die *Armed Forces Security Agency* (AFSA) aufgestellt, die unter dem Kommando der Vereinigten Stabschefs der US-Armee die Führung über die drei elektronischen Aufklärungskomponenten der Teilstreitkräfte – *Army Security Agency* (ASA), *Naval Security Group* (NSG) und *Air Force Security Service* (AFSS) – übernehmen, aber in Wahrheit wenig Einfluss auf den weiteren Verlauf der Aufklärungsoperationen in Deutschland haben sollte. Die AFSA verfügte über diesen Zeitpunkt über 4921 zivile Mitarbeiter sowie 1821 Angehörige mit militärischem Status und etwa 1821 Abhörstationen in aller Welt. In den darauf folgenden zwölf Monaten wurde die Personalstärke auf über 8500 Mitarbeiter gebracht, der zur Verfügung stehende Haushals betrug damals 60 Millionen US-Dollar.

[13] Hier waren im Dezember 1944 noch Me 262 der Nahaufklärungsgruppe (NAGr 6) stationiert. Quelle Jurleit: *Me 262 im Einsatz,* Motorbuch Verlag, Stuttgart 1995, Seite 161.

Das Counter Intelligence Corps der US Army in Deutschland bis 1949

Die mit den Amerikanern einrückenden Abteilungen des *Office of Strategic Services* (OSS)[14] errichteten unmittelbar nach dem Einmarsch[15] in Kassel, Erlangen, Stuttgart, Heidelberg, München, Bremen, Bad Wildbad (FFA[16]) und später in Berlin *Special Counter Intelligence Stations* (SCI)), die den Auftrag hatten, zunächst nach deutschen »Kriegsverbrechern« zu suchen, später sollten sie den Heeresnachrichtendienst *(Counter Intelligence Corps)* bei der Spionageabwehr unterstützen. Im Juni 1945 entsandte das OSS ein Team nach Wien, das Teil eines Netzes war, das Nachrichten in Österreich und den angrenzenden Staaten des Balkan sammeln sollte. Es war so erfolgreich, dass über neunzig Prozent der Informationen, die für den Stab der *United States Forces Austria* (USFA) anfielen, von diesem Netzt stammten. Andere Teile des OSS-Netzes, das von Masstricht aus gesteuert und von britischen und amerikanischen Agenten betrieben wurde, sollte die deutsche Bevölkerung unterwandern, um mögliche Widerstandshandlungen gegen die Besatzungsmächte früh neutralisieren zu können. Hierbei arbeiteten die Agenten auch mit den Armeenachrichtendiensten anderer Alliierter zusammen. Später wurden auch SCI-Stationen des OSS im besetzten Österreich in Salzburg/Zell am See, Innsbruck, Klagenfurt und Linz errichtet. In Österreich gelang es dem OSS, einen früheren Angehörigen[17] des Reichssicherheitshauptamtes (RSHA) Amt VI E ausfindig zu machen, der mit einigen früheren SD- und SS-Angehörigen in Alt-Ausee eine Nachrichtenzelle mit Funkverbindungen zu Agenten des SD in Rumänien, Bulgarien, Ungarn und anderen Ländern in der sowjetischen Einflusssphäre unterhielt. Trotz der zurückweichenden deutschen Front bestanden offenbar in den Jahren 1944 und 1945 noch Funkverbindungen zu diesen Agenten. Auf Weisung des OSS nahm die Nachrichtenzelle Verbindung mit den Agenten im sowjetischen Machtbereich auf. Es zeigte sich, dass die Verbindungen nach wie vor bestanden. Aus nicht mehr feststellbaren Gründen verzichtete das OSS jedoch auf eine Fortführung der Verbindungen. Es kann jedoch nicht ausgeschlossen werden, dass der Armeenachrichtendienst (CIC) später, nach Auflösung des OSS am 30. September 1945, diese Agenten übernommen haben könnte und später, nach deren Aufstellung, an die *Organisation Gehlen* (OG) übergeben hat. Als Armeenachrichtendienst, verantwortlich für die Abschirmung der US-Armee im Kriege, begann das CIC *(Counter Intelligence Corps)* bereits sehr früh nach dem Ende der Kampfhandlungen in Deutschland mit der Suche nach Kriegsverbrechern und der Abwehr kommunistischer Infiltrationsversuche in der US-Besatzungszone. Das CIC verfügte zu dieser Zeit über das Hauptquartier des *970. CIC-Detachments* in Frankfurt mit unterstellten zwölf Regionen und 132 Subregionen oder Feldbüros sowie 360 Residenturen und 288 Tagesbüros in der US-Besatzungszone und im amerikanischen Sektor von Berlin. Das CIC begann mit Hilfe deutscher Gewährsleute, vornehmlich ehemaligen Angehörigen der

---

14 Cave-Brown: *The Secret War Report of the OSS*, Berkeley, New York 1976, Seite 562 ff.

15 Über die mehr als 60 OSS-Teams, die unmittelbar vor dem Einmarsch in Deutschland meist per Fallschirm abgesetzt wurden, soll hier nicht weiter berichtet werden.

16 FFA – *Forces Françaises en Allemagne*

17 Es handelte sich hierbei möglicherweise um den ehemaligen Gruppenleiter Höttl alias Hagen des SD, der im RSHA für den Balkan zuständig gewesen war und später offenbar auch für die OG tätig wurde. Siehe auch Gunzenhäuser: *Geschichte des geheimen Nachrichtendienstes*, Teil B13 d, Bernard & Graefe, Frankfurt 1968, Seite 172-173.

Gestapo, des SD und der SS ein Netz von Informanten[18] aufzubauen, das den Auftrag hatte, Informationen aus der sowjetischen Besatzungszone zu beschaffen. Bis auf die vom CIC initiierte Operation »TOBACCO«, über die noch später berichtet wird, betätigte sich das CIC offensichtlich nicht in nennenswertem Umfang mit der Erfassung elektromagnetischer Ausstrahlungen aus dem sowjetischen Herrschaftsbereich.

---

[18] Höhne: *Der Krieg im Dunkeln,* Bertelsmann, München 1985.

Die US Army Special Forces in Bad Tölz, Lenggries und Berlin

Bereits in den frühen fünfziger Jahren (19. Juni 1952)[19] sind Sonderkräfte des US-Heeres für den unkonventionellen Krieg im Süden der Bundesrepublik in Bad Tölz (Flint Kaserne, ehemalige Junkerschule der Waffen-SS) und Lenggries (Prinz Heinrich Kaserne) nachweisbar. Diese *Special Forces (10 Special Forces Group)* hatten den Auftrag, im Falle kriegerischer Auseinandersetzungen in Mitteleuropa bei einem möglichen Ausweichen regulärer militärischer Kräfte der NATO auf die Rhein-Linie bei einem sowjetischen Angriff, sich überrollen zu lassen und mit Guerilla- und Kleinkriegsunternehmen hinter den sowjetischen Linien zu beginnen. In dieser Zeit verfügten die *Special Forces* in Bad Tölz und Lenggries auch über ein beachtliches Reservoir an staatenlosen Zivilpersonen und Soldaten der amerikanischen Armee, die Sprachen der möglichen Einsatzräume beherrschten und offenbar für den Kriegsfall für einen Einsatz hinter den feindlichen Linien vorbereitet wurden. Der erste Kommandeur der Einheit in Bad Tölz war der legendäre OSS-Offizier Aron Bank, der bereits während des Krieges 1944/1945 als Hauptmann im OSS verdeckte Operationen hinter den deutschen Linien in Italien und Österreich[20] geplant und geleitet hatte und dabei auch mit dem italienischen Widerstand und der österreichischen Widerstandsbewegung »O 5« eng zusammenarbeitete. Dabei erhielt er vom OSS den Auftrag, mit einer aus kriegsgefangenen deutschen Soldaten gebildeten Gebirgsjägerkompanie, die in Frankreich aufgestellt und in Italien ausgebildet wurde, Anfang Mai 1945 in der Nähe Innsbrucks abzuspringen um Hitler und andere Würdenträger des Dritten Reiches lebend in die Hand zu bekommen. Der Leiter des OSS, General »Wild Bill« Donovan entschied jedoch aus politischen Gründen, den Einsatz abzubrechen[21].

1956 wurden sechs operationelle *Detachments* der *10th Special Forces Group* (SFG) von Bad Tölz nach Berlin verlegt, um dort unter der Bezeichnung *7761 Army Unit,* später *39th Special Forces Operational Detachment (39th SFOD),* für den Kleinkrieg und unkonventionelle Einsätze hinter den sowjetischen Linien bereitzustehen. Es kann nicht ausgeschlossen werden, dass die Abteilungen der *39th SFOD* im Kriegsfall für den Einsatz in der DDR und Polen vorgesehen waren. Im Rahmen der *NATO-Stay-Behind-Organisation* (SBO), die auf deutscher Seite zunächst durch die OG, später nach 1955 durch den BND geführt wurde, gehörten auch entsprechende Vorbereitungen der amerikanischen Seite vor der Räumung Österreichs, da dort durch den amerikanischen Nachrichtendienst CIA im Rahmen der Operation »EASEFUL«[22] umfangreiche Waffen- und Munitionslager angelegt wurden, die erst nach Presseveröffentlichungen in den neunziger Jahren in erstaunlich gutem Zustand durch die österreichischen Behörden geräumt werden konnten. In ihren Besatzungszonen in Österreich hatten auch der britische und französische Nachrichtendienst entsprechende Lager angelegt, allerdings nicht in dem Umfang wie der US-Nachrichtendienst. In Oberammergau errichtete das US-Heer im Dezember 1945 in der ehemaligen Hölzerndorf-Kaserne, in der bei Beginn des Krieges das Gebirgsnachrichtenbataillon 54 der 1. Gebirgsdivisison der Wehrmacht stationiert gewesen war, eine Schule, die *European Theater Intelligence School (Hawkins Barracks).* Im Verlauf des Krieges wurde

---

[19] *USAREUR Units 10th SF Group* in: *USAREUR Units & Kasernes.*

[20] Persico: *Geheime Reichssache,* Molden, Wien 1979.

[21] Persico: *Geheime Reichssache,* Molden, Wien 1979, Seite 313 ff.

[22] *Sorry guys, no gold,* Heeresgeschichtliches Museum, Wien 1998.

die Kaserne, zu der auch ein über 20 km umfassendes Stollensystem gehörte, von den Messerschmidt-Werken für die Entwicklung der Me 262 genutzt. Die Kaserne und das Stollensystem, das heute noch existiert, fielen den US-Truppen bei Kriegsende unzerstört in die Hand. Bisher nicht nachgewiesen werden konnte, ob an dieser Schule in den vierziger Jahren Agenten der CIA für den Einsatz in Osteuropa ausgebildet wurden, die später mit Flugzeugen, meist B-24 LIBERATOR ohne Nationalitätskennzeichen, im Baltikum (»Waldbrüder«), der Ukraine, in Bessarabien und an anderen Stellen per Fallschirm abgesetzt wurden oder mit umgebauten ehemaligen Schnellbooten der deutschen Kriegsmarine unter britischer Flagge und dem Kommando der OG an der Ostseeküste und im Schwarzen Meer von See angelandet wurden. Zu den dort eingesetzten Ausbildern gehörte auch ein *Army Captain,* der beim Einsatz in Korea ein Bein verloren hatte, im Dienst verbleiben konnte und möglicherweise für den Unterricht in nachrichtendienstlichen Fächern verantwortlich war, da seine Ehefrau aus der Tschechoslowakei stammte. Die Schule verfügte auch über einen Schießstand im rückwärtigen Teil, der häufig durch das in der Schule befindliche Personal benutzt wurde. Im Übrigen umgab diese Schule, wie auch andere US-Einrichtungen in Garmisch-Partenkirchen, Bad Tölz und Lenggries, ein dichter Schleier der Geheimhaltung. Es kann nicht ausgeschlossen werden, dass zumindest anfänglich in dieser Schule auch *Stay-Behind-Personal* ausgebildet wurde. Über das an der Schule gelehrte Curriculum zu dieser Zeit ist auch heute, nach über 50 Jahren, noch nichts Konkretes in Erfahrung zu bringen. Am 1. November 1945 errichtete das US-Heer in Neuendettelsau bei Ansbach in einem ehemaligen Depot[23] der Luftwaffe die *Theater Signal Corps School* (Fernmeldeschule), die wenig später in die Gneisenau-Kaserne nach Ansbach verlegt wurde, wo sie bis 1958 verblieb. Im Rahmen einer Zusammenlegung mit der *US Army Quartermaster School* wurden beide Schulen als *US European Command Quartermaster and Signal School* am 15. Februar 1958 nach Lenggries in die Prinz Heinrich Kaserne verlegt und eröffneten dort den Lehrbetrieb. Das *Communications Electronics Department* der Schule nahm den Lehrbetrieb in der Flint-Kaserne in Bad Tölz auf, in der sich auch der Stab und Teile der *10th Special Forces Group* befanden. Es kann angenommen werden, dass der Auftrag des *Communications Electronic Departments* zu dieser Zeit im Wesentlichen in der Unterstützung der *10th SFG* auf dem Gebiet des Fernmeldewesens bestanden haben mag, wenn später der Lehrplan des Departments auch auf die üblichen Fächer erweitert wurde. In späteren Jahren wurden Lehrgänge für neu beim US-Heer in Europa eingeführte Fernmeldesysteme durchgeführt. Ein wesentlicher Bestandteil des Lehrbetriebs bestand auch in der Durchführung von Kursen in *Communications Security* (COMSEC; Fernmeldesicherheit) für Teilnehmer aus den US-Streitkräften und anderer Alliierter, darunter auch Fernmeldesoldaten der Bundeswehr. Über die tatsächlichen Aktivitäten der *10th SFG* wurde damals nur wenig in der Öffentlichkeit bekannt, so dass der Verband stets von einer Aura des Geheimnisvollen umgeben war. Dem kundigen Beobachter vermittelten die wenigen Presse- und Bildberichte jedoch Hinweise auf umfassende Übungsaktivitäten zusammen mit anderen Spezialkräften der NATO-Partner, der Bundeswehr und des Bundesgrenzschutzes. Bekannt geworden sind Übungen mit den Kräften des britischen SAS und der niederländischen 104. Kommandokompanie[24] im Rahmen von NATO-Manövern auf deutschem Boden. Wie noch zu berichten sein wird, wurden die Aktivitäten der *US Special Forces* und anderer Spezialkräfte der NATO durch das *Ministerium für Staatssicherheit* (Hauptabteilung III) unter umfassende elektronische Kontrolle genommen.

---

[23] Später wurde die Anlage durch die Zollverwaltung übernommen, die dort eine Schule für Diensthunde errichtete.

[24] *Corps Kommadotroeppen (KCT) Rosendael, 305.Bn KCT(MobTrT)* in Armed Forces Journal, August 1986.

Westalliierte Zusammenarbeit auf dem Gebiet der Funkaufklärung in Westeuropa

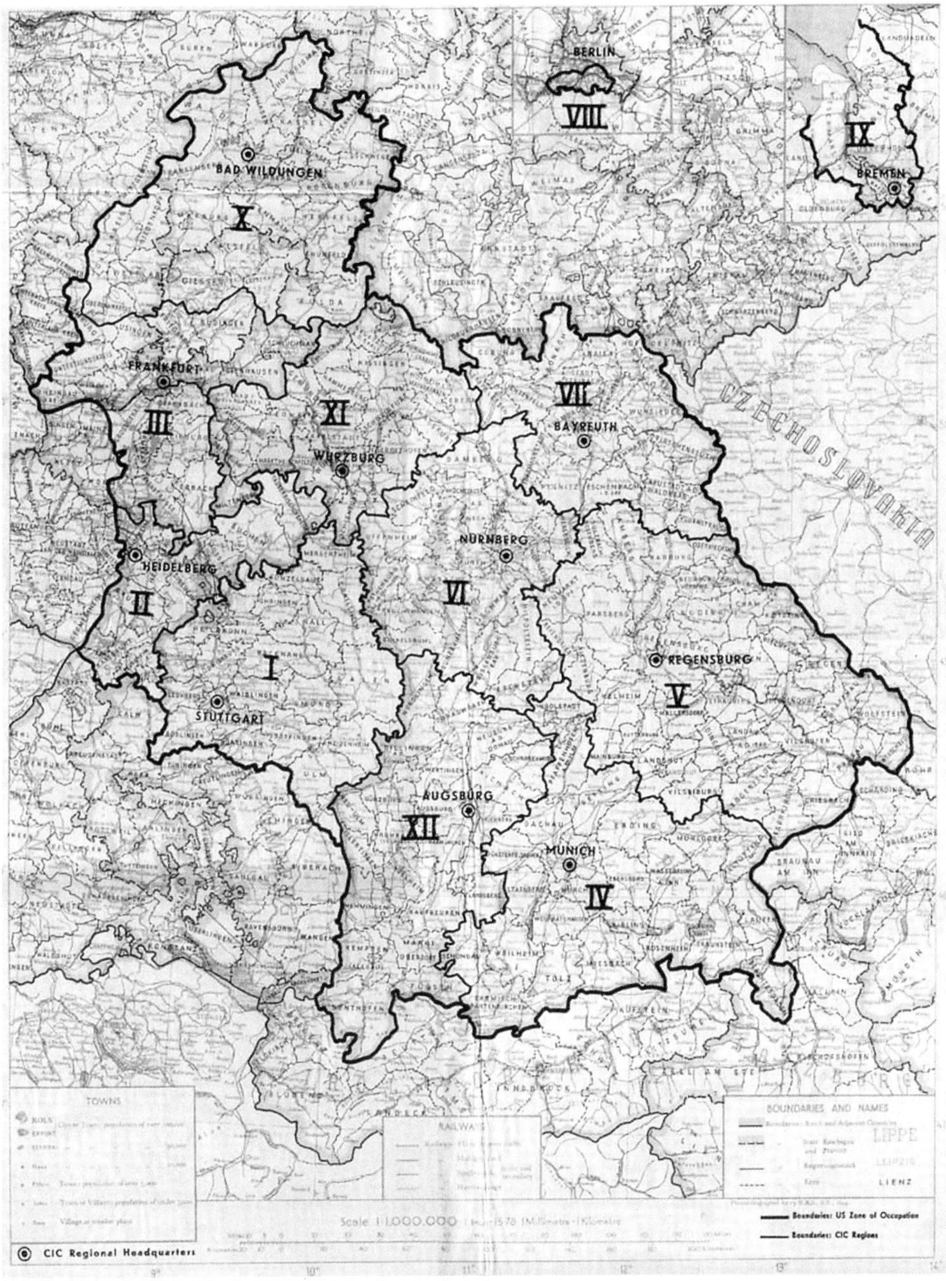

CIC-(US ARMY COUNTER INTELLIGENCE CORPS)-Regionen in Deutschland.

Im April 1952 wurden erneut drei Flüge, die von Sculthorpe über Deutschland mit RB-47 STRATOJET in das Baltikum, den Bereich Moskau und Südrusslands führten, ohne Zwischenfälle durchgeführt. Am 19. April 1952 konnte eine RB-47 STRATOJET der RAF einen 61/2 Stunden dauernden Radarfotoflug zur Identifizierung von Bombenzielen im Raum westlich und südwestlich von Moskau hinter sich bringen. Die Maschine erreichte unbehelligt ihre Heimatbasis in England. Es ist davon auszugehen, das sowohl die ASA als auch der britische Aufklärungsdienst GCHQ permanent die Funkverbindungen der sowjetischen Luftwaffe in den kritischen Bereichen der sowjetischen Luftabwehr und Jägerführung überwacht haben, soweit dies auf Grund der Entfernung möglich war. Am 24. Oktober 1952 löste der damalige Präsident der Vereinigten Staaten die *Armed Forces Security Agency* (AFSA) auf und unterstellte das gesamte Personal der ASA[25], der NSG und der AFSS der neugegründeten *National Security Agency* (NSA), die dem Verteidigungsministerium direkt unterstellt wurde. Die nun in rascher Folge stattfindenden Auflösungen und Umgliederungen und Verlegungen, insbesondere im Bereich der in Deutschland stationierten ASA-Verbände, sind eine Folge der Umorganisation. Bereits Ende 1951 zeichnete sich eine Reorganisation des 1949 aus der *7990th CIC Group* entstandenen *66th Counter Intelligence Corps Detachment* in Stuttgart ab, das 1952 endgültig in die *66th Counter Intelligence Corps Group* umgegliedert wurde und aus zwölf Regionen in Deutschland Aufgaben der Spionageabwehr und Gegenspionage für den Oberkommandierenden der US-Streitkräfte durchzuführen hatte.

Ob auch eine Kontrolle des deutschen Post- und Fernmeldeverkehrs auf Grund zu dieser Zeit in Deutschland gültiger alliierter Vorbehaltsrechte stattfand, ist nicht mit letzter Sicherheit auszuschließen. Am 1. August 1952 wurde das Hauptquartier des *United States European Command* unter der Führung von General Mathew B. Ridgeway in Frankfurt aufgestellt. Das bisherige EUCOM wird zum gleichen Zeitpunkt Hauptquartier der neu aufgestellten 7. US-Armee in Europa und verbleibt an seinem bisherigen Standort in Heidelberg.

---

[25] ASA – *Army Security Agency,* NSG – *Naval Security Group,* AFSS – *Air Force Security Service.*

Die British Government Code & Cypher School/ Government Communications Headquarters in Deutschland

Bei Kriegsende verfügten die verschiedenen britischen Dienste der elektronische Aufklärung *(Radio Security Service, General Post Office, RAF Y Service, Admirality Y Service, Army Y Service, Secret Intelligence Service (SIS), Special Operations Executive – SOE)* allein in Großbritannien über mindestens 32 HF-Abhörstationen. Soweit bekannt, wurde Bletchley Park (BP oder Station X) in der Folgezeit, vermutlich im Juni 1946[26] geschlossen, das Material, das von der vorhergehenden Vernichtungsaktion[27] in Bletchley übrig blieb, wurde nach Eastcote in Middlessex[28] verbracht. Nach Ende der Feindseligkeiten begann Anfang 1946 die Zersplitterung[29] der britischen Erfassungsdienste, die nun wieder ihren jeweiligen Ressorts unterstellt werden sollten. So verfügte das Luftfahrtministerium, dem die RAF unterstand, über eine Reihe von Erfassungsstationen, die meist auf Flugplätzen eingerichtet wurden. Im Folgenden konzentrierte sich die Luftwaffe mehr auf die luftgestützte SIGINT-Erfassung. Das Kriegsministerium *(War Office),* dem die britische Armee unterstand, errichtete für die Erfassung taktischer Kommunikationsverbindungen eigene Erfassungsstellen. Die *Government Code & Cypher School* (GC&CS), aus der später das *Government Communications Headquarters (GCHQ)* hervorgehen sollte, entwickelte sich nun unter amerikanischem Einfluss zu einer Behörde, die im Wesentlichen mit strategischen Problemen der *Signals Intelligence* (SIGINT) befasst werden sollte. Die über 10.000 Mitarbeiter der Station X (Bletchley Park) kehrten zum großen Teil in das Zivilleben zurück. Im Rahmen ihrer Funküberwachung mussten die Alliierten bereits 1944 feststellen, dass ihr sowjetischer Verbündeter über ein weltweites Spionagenetz verfügte, dessen erfasste Verkehre im HF-Bereich durch die britischen und amerikanischen Dienste mit dem Codewort »VENONA« gekennzeichnet wurden. Im sich bereits abzeichnenden Kalten Krieg machte sich jetzt die frühzeitige und unnötige Zerstörung der Entzifferungseinrichtung »COLOSSUS Mark II«, des ersten programmierbaren Rechners, der mit einem *Optical Character Reader* (OCR) ausgerüstet und in der Lage war, 5000 Zeichen auf einem Lochstreifen pro Minute zu lesen, nachteilig bemerkbar, da diese Einrichtung zur Entzifferung sowjetischer codierter Fernmeldeverkehre nicht mehr zur Verfügung stand. Mit der Lösung des »VENONA«-Codes beschäftigte sich das im Jahre 1946 aus GC&CS hervorgegangene GCHQ im Verein mit seinen amerikanischen Partnern bis 1980. Die Lösung der sowjetischen Codes führte später zur spektakulären Entdeckung der sowjetischen Atomspione in den USA und Großbritannien und soll im Rahmen dieses Buches nicht weiter verfolgt werden. Die Aufklärungsaktivitäten der britischen Dienste im sich abzeichnenden Kalten Krieg waren zwischen der Admiralität, die für die HF-Fernpeilung, der BAOR, die taktische Aufklärung im VHF/UHF-Bereich betrieb, und der RAF, welche die luftgestützte elektronische Aufklärung übernahm, aufgeteilt. Als zentrales Steuerelement fungierte GCHQ, das

[26] TV-Dokumentation Channel Four (UK), 1999.

[27] Die Vernichtung aller Unterlagen einschließlich der Entzifferungseinrichtung »COLOSSUS Mark II« und der über 100 »BOMBS« sowie des »CROSS REFERENCE INDEX« war von Premierminister Winston Churchill angeordnet worden. Quelle: TV-Dokumentation Channel Four (UK), 1999.

[28] West: *G.C.H.Q. – The Secret Wireless War 1900–1986,* Hodder & Stoughton, London 1986, Seite 318 ff.

[29] Hinsley/Stripp: *Codebreakers,* Oxford University Press, Oxford 1993, Seite 27 ff.

auch die Verbindung zur NSA übernahm. 1951 wurde das Hauptquartier des GCHQ von Eastcote nach Cheltenham verlegt. 1951 begann auch die *British Army on the Rhine* (BAOR) mit gezielter elektronischer Aufklärung an der innerdeutschen Grenze. In Langeleben in der Nähe von Braunschweig und Helmstedt auf dem Elm-Berg errichtete das *BAOR Number 1 Wireless Regiment* aus Münster die erste Aufklärungsstellung. Der Verband erhielt den Auftrag, die 3. sowjetische Stoßarmee in Magdeburg und deren Übungsgebiet Letzlinger Heide, dessen westlichster Punkt sich 15 km von der innerdeutschen Grenze (IDG) bei Langeleben befand, aufzuklären, um mögliche Vorbereitungen für sowjetische Überraschungsangriffe frühzeitig zu erkennen. Dazu wurde der *Wireless Troop 101* aus Hildesheim nach Langeleben verlegt. Die Stellung war bereits zwischen 1948 – 1949 während der Luftbrücke nach Berlin durch die RAF genutzt worden. Jetzt befanden sich dort eine Blechhütte und entsprechende Stromversorgung. In der Nähe waren die Ruinen eines Jagdhauses des Herzogs von Braunschweig erhalten, in dem auch Friedrich der Große öfter zu Gast gewesen sein soll. Daneben befand sich die Försterei und eine Waldschenke, später wurde dort ein Jugendheim der SPD errichtet. Im Sommer 1951 wurden die britischen Soldaten innerhalb der Stellung in Zelten untergebracht. Im Herbst und beginnenden Winter, der sehr feucht und kalt war, wurde die Stellung geräumt und das Personal nach Hildesheim zurückverlegt. Weitere drei Erfassungsstellen *(2nd Wireless Regiment/13 Signal Regiment* – Birgelen, Jever, Räbke und Teufelsberg/Berlin) wurden in Deutschland errichtet. Die *Royal Air Force* richtete Erfassungsstellen in Celle, Scharfoldendorf, Dannenberg und in Berlin-Gatow ein.

Der Number 101 Wireless Troop der British Army on the Rhine

Im Sommer 1952 entschied die Führung der *British Army on the Rhine* (BAOR) in Langeleben ein Holzgebäude zu errichten um von dort aus ganzjährig elektronische Aufklärung gegen die 3. sowjetische Stoßarmee durchzuführen. Unterstützt durch frühere *Displaced Persons* (DP's), die nun bei der britischen *Mixed Service Organisation* (MSO) als Wachpersonal Hilfsdienste versahen, wurde die Station eingerichtet. Disziplinare Probleme bei der Bewachung durch diese Einheit führten zu deren Ablösung durch Teile eines britischen Infanterieregiments, das zu dieser in Königslutter stationiert war. Mitte der fünfziger Jahre wurde die Anlage durch weitere Holzbauten erweitert, die es schließlich erlaubten, etwa 100 Soldaten ständig unterzubringen. Auf Grund der geografischen Lage kann davon ausgegangen werden, das diese Einheit der BAOR den zunächst begrenzten Auftrag hatte, vorrangig den taktischen Truppenfunk im HF, VHF- und UHF-Bereich der 3. sowjetischen Stoßarmee Magdeburg und das Übungsgebiet Letzlinger Heide aufzuklären und dortige Aktivitäten zu überwachen. In diesen Zeitraum scheint auch die Errichtung einer BAOR-HF-Peileinrichtung in Räbke in der Nähe von Langleben wahrscheinlich. Die weltweite strategische elektronische Aufklärung im Kurzwellenbereich, die bereits gute Dienste bei der Aufklärung des deutschen Funkverkehrs (ENIGMA, G- Schreiber u.a.) während des vergangenen Krieges geleistet hatte, wurde nun aus Eastcote, Middlessex, weitergeführt, um sowjetischen und sonstigen interessierenden Funkverkehr aufzuklären, dessen Inhalte meist mit durch GCHQ rekonditionierte und auf dem westlichen Zivilmarkt verkauften deutschen Beute-ENIGMA verschlüsselt waren. 1952 führte die *51 Sqn RAF* mit speziellen für diesen Zweck ausgerüsteten CANBERRA-Aufklärern von Watton und die *162 Sqn RAF* mit LINCOLNS von Wyton SIGINT-Flüge für das *Central Signals Establishment* über Deutschland durch. Nähere Einzelheiten hierzu sind auch heute noch nicht verfügbar.

Aktivitäten des Special Air Service nach Kriegsende in Deutschland

Das britische *Special Air Service Regiment* (SAS) suchte nach Kriegsende im Rahmen der Operation »SECRET HUNTER (War Crimes Investigation Teams)«[30] mit Drei-Mann-Untersuchungstrupps nach deutschen Kriegsverbrechern, die für die Liquidierung von SAS-Soldaten, die im Rahmen so genannter *Jedburgh-Teams* während der Kampfhandlungen im Westen subversiv als Sabotagetrupps tätig gewesen waren. Nach einem Führerbefehl von Oktober 1942 war den sich »besonders brutal und hinterhältig« benehmenden britischen, amerikanischen und französischen Kommandosoldaten als Angehörigen von Sabotagetrupps »der Pardon zu verweigern«; bei Agenten- und Sabotagetätigkeiten gefangene Kommandosoldaten mussten dem *Sicherheitsdienst* (SD) überstellt werden. Dort erwartete sie meist das Los von Agenten und Saboteuren – die standrechtliche Erschießung. Diese Behandlung galt gemäß *Kommandobefehl* vom 18.10.1942 allerdings nicht für alliierte Kommandosoldaten, die »im Rahmen normaler Kampfhandlungen ... im offenen Kampf gefangengenommen werden oder sich ergeben«.

Jedenfalls schienen diese SAS-Spürtrupps in Eigeninitiative bei der Suche, Identifizierung und Liquidierung von Leuten, die für den Tod von SAS-Soldaten verantwortlich gemacht wurden, erfolgreich gewesen zu sein, da aus dieser Zeit eine Reihe von ungeklärten Todesfällen überliefert sind, deren Opfer meist ehemalige Angehörige der SS, des SD und der Gestapo waren. Es ist anzunehmen, das die Teams zur Verbindung mit ihrer Führungsstelle entsprechende Funkgeräte eingesetzt haben. Nachweise über die Ausrüstung mit Funkmitteln und die bestehenden Führungsstellen des SAS in dieser Periode lassen sich jedoch auch heute noch nicht nachweisen. Bis 1957 sind nur wenig Aktivitäten des *Special Air Service* in Deutschland erkennbar, die sich meist in Übungen mit Truppenteilen der *British Army on the Rhine* (BAOR) vorwiegend in Norddeutschland erschöpften. Der geplante Einsatz von SAS-Kräften während des Aufstandes in Ungarn zur Nachrichtengewinnung aus dem Land war zwar geplant, wurde aber wegen des schnellen Ablaufs der Ereignisse in Ungarn und der vorhersehbaren Niederlage der Aufständischen nicht mehr durchgeführt. Nach der Umgliederung der bestehenden SAS-Verbände ab 1958 und Zuweisung neuer Aufgaben im Rahmen der NATO-Verteidigung in Mitteleuropa konnten vermehrte Aktivitäten des SAS[31] in Deutschland beobachtet werden, über die in Kapitel IV noch berichtet wird.

---

[30] Kemp: *The SAS-Savage Wars of Peace*, BCA, London 1994 Seite 111; Melton: *Der perfekte Spion*, Weltbild-Verlag, Augsburg, 2003, Seiten 30 und 138.

[31] White: *Eliteverbände der Welt*, Motorbuch Verlag, Stuttgart 1992, Seite 140.

Die elektronische Aufklärung der französischen Streitkräfte in Deutschland 1945 bis 1955

Über Aktivitäten der französischen Streitkräfte im Zeitraum 1945 – 1955 in Bezug auf die elektronische Aufklärung von deutschem Boden aus liegen bisher keine gesicherten Erkenntnisse vor. Es kann jedoch angenommen werden, dass französische Stellen in ihrer Besatzungszone zumindest partiell das deutsche und möglicherweise auch andere kabelgebundene Fernmeldenetze überwacht haben. Die in Konstanz[32] am Bodensee gelegene Abhöreinrichtung (B-Stelle, HF-Erfassung) des ehemaligen *Forschungsamts der Luftwaffe* wurde jedoch offensichtlich nicht wieder aktiviert. Gleiches scheint für die Funkstelle der Abwehr bei Sigmaringen[33] und die Funkempfangs- und Peilstelle der Marine in Langenargen[34] am Bodensee zu gelten. Gleichwohl die Anlage in Langenargen[35] bereits am 26. April 1945[36] von französischen Truppen besetzt wurde und vorher als *Marine-Haupt-Peilstelle* der Kriegsmarine diente und 1943/1944 einige Zeit auch für die Ausbildung der *Küstenjäger der Division »Brandenburg«* genutzt wurde. Die während der Kämpfe in Indochina auf französischer Seite aufgestellte *Compagnie Autonome d'Ecoute et de Radiogoniométrie* (C.A.E.R.), die nach Beendigung der Kämpfe aufgelöst wurde, bildete den Grundstock für zwei neuaufgestellte HF-Peilkompanien, die unter wechselnder Bezeichnung (5/45 in Algerien) in den nachfolgenden Kämpfen in Algerien und später in Deutschland (vermutlich als 9/42) eingesetzt wurden. Zusätzlich stellte die Algerien eingesetzte und dem Armeenachrichtendienst unterstellte *708ème Compagnie de Transmissions* (708e CT) mit ihrem HF-Peiltrupp eine zusätzliche Verstärkung der Ortungsfähigkeiten der französischen Streitkräfte dar, die sehr wirkungsvoll gegen die algerischen Aufständischen eingesetzt werden konnte. Die *708e CT* wurde 1954 aufgelöst, das Personal auf die Kompanien 4/45 und 9/42 aufgeteilt. Die beiden Kompanien 5/45 und 9/42 scheinen zumindest nach französischen Unterlagen bis 1967 bestanden zu haben. Nicht ausgeschlossen werden kann, dass zumindest Teile der Kompanien im Verband der späteren *11ème Compagnie légère de Transmission* (11e CLT) und innerhalb der *Direction de Télécommunications et Systemes d'Information* (DTS I) in Berlin eingesetzt waren. Auf dem durch die französischen Streitkräfte unter Mithilfe deutscher Baufirmen und Freiwilliger 1946/1947 errichteten und am 18. Dezember 1948 eröffneten Flugplatz Tegel der französischen Luftwaffe *(Base Aérienne 165 – Armee de l'Air)* können entsprechende Erfassungsanlagen für die Aufklärung des sowjetischen und später NVA-LSK-Flugfunks vermutet werden. Eine luftgestützte elektronische Aufklärung scheint zwischen 1945 und 1955 durch die französische Luftwaffe über Deutschland nicht durchgeführt worden zu sein.

---

32 Gellermann: *...und lauschten für Hitler,* Bernard & Graefe, Bonn 1991, Seite 65.

33 Die Abwehr unterhielt so genannte *Funkmeldeköpfe* in Wiesbaden, Stuttgart (Sigmaringen WK V?), Münster, Hamburg (Wohlsdorf Ast X), Breslau, Königsberg, Wien, Paris, Warschau, Athen, Oslo und an verschiedenen anderen Orten. Siehe auch Trenkle: *Die deutschen Funknachrichtenanlagen,* Hüthig, Heidelberg 1990, Seite 152.

34 Bonatz: *Seekrieg im Äther,* Mittler, Herford 1981; Kriegsheim: *Die Brandenburger,* Bernard & Graefe, Berlin 1958, Seite 309.

35 Das Barackenlager der Küstenjägerabteilung war Ende Januar 1945 noch mit 30 Mann belegt, die Peilstelle war noch mit sechs Soldaten besetzt. Balke: *Der Luftkrieg in Europa 1941–1945, Teil 2,* Bechtermünz, Augsburg 1997, Seite 373.

36 Thies/Daak: *Südwestdeutschland Stunde Null,* Droste-Verlag, Düsseldorf 1979, Seite 28.

Westalliierte Elektronische- und Luftaufklärung über Deutschland und dem Ostblock

Zu Jahresbeginn 1953 flog die *451 Sqn RAF* im Rahmen der Operation »ROBIN« mit einer speziell für diesen Zweck entwickelten RB-57 English Electric CANBERRA, Registriernummer WH 726, einen Aufklärungseinsatz, der von Sculthorpe über Zwischenlandung in Giebelstadt (in der Nähe Würzburgs) bis nach Kapustin Yar und zurück führte. Dabei sollten elektronische Ausstrahlungen im Zusammenhang mit Nukleartests der Sowjetunion in diesem Bereich gesammelt werden. Der Flug erfolgte in über 20.000 m Höhe, die vom damals modernsten sowjetischen Jäger, der MiG 15 mit 18.000 m Dienstgipfelhöhe nicht erreicht werden konnte. Das RAF-Flugzeug konnte seinen Heimathorst unbehelligt erreichen. Selbst heute unterliegen die Einzelheiten dieser Flüge noch der Geheimhaltung durch amerikanische und britische Stellen. Die Ereignisse um den 17. Juni 1953 haben in den Unterlagen der ASA so gut wie keine Spuren hinterlassen, da man auf amerikanischer Seite davon ausging, es handle sich um eine sowjetische Angelegenheit. Präsident Eisenhower reagierte zurückhaltend in der Absicht, die sowjetische Seite nicht zu reizen. Nach Einschätzungen der CIA konnte nicht ausgeschlossen werden, dass die sowjetische Führung dies zum Anlass nehmen könnte, einen bewaffneten Konflikt in Westeuropa zu beginnen, dessen Ausgang aus amerikanischer Sicht völlig ungewiss war. Die Vereinigten Staaten initiierten lediglich ein Lebensmittelverteilungsprogramm in Ost-Berlin, das nach der Verteilung von etwa 5,5 Millionen Päckchen nach etwa zwei Monaten wieder eingestellt wurde. Am 12. März 1953 wurde eine AVRO LINCOLN der *192 Sqn RAF*, die sich auf einem Routine-SIGINT-Flug befand, über der DDR von sowjetischen Jägern abgeschossen; wobei sechs der sieben Besatzungsmitglieder ums Leben kamen. Am 29. April 1954 starteten in Sculthorpe drei RB-47 STRATOJET mit dem Auftrag, die sowjetische Luftverteidigung in und um Moskau zu testen. Die Flüge wurden von ASA/USAF und GCHQ überwacht. Alle Maschinen konnten den Heimathorst unbehelligt erreichen. Die Durchführung der Flüge war jedoch den sowjetischen Behörden bekannt. Die sowjetische Luftwaffe konnte zu diesem Zeitpunkt nichts dagegen unternehmen, da die Dienstgipfelhöhe der MIG 15 nicht ausreichte, um gegenüber der RB-47 STRATOJET in eine günstige Abschusspositionen zu gelangen, und Flugabwehrraketen mit entsprechender Reichweite standen noch nicht zur Verfügung.

Nach Abschluss des österreichischen Staatsvertrages räumten die Alliierten Österreich, die *8618th AAU Detachment K, Fieldstation* der US-ASA in Wels wurde geräumt, das Personal nach Bad Aibling zurückgeführt, es verstärkte die dortige *Field Station* der ASA. Die Ereignisse im Zusammenhang mit der Erhebung in Ungarn und die endgültige Niederschlagung des Aufstandes durch sowjetische Truppen fanden in den bisher zugänglichen Unterlagen der ASA ebenfalls so gut wie keinen Niederschlag. Die Entwicklung in Ungarn, die mit Imre Nagys Erklärung der Unabhängigkeit endete und die Vereinten Nationen um Unterstützung bat, kam für die amerikanische Seite offensichtlich völlig überraschend. Die US-Regierung unterstützte Unabhängigkeitsbestrebungen, machte den Betroffenen jedoch keine Hoffnung auf unmittelbare Unterstützung, da die USA keinen globalen Krieg riskieren konnten. Bis Mitte der fünfziger Jahre führte die USAF von Frankfurt am Main und anderen Plätzen in ihrer Zone Aufklärungsflüge mit RB-29 über dem vorderen Luftraum der NATO durch. Bekannt sind auch Einsätze der USAF mit RB-69, C-47 und B-26 und Besatzungen, die aus dem Ostblock stammten, bis in den albanisch-rumänischen Raum. In einigen Fällen sollen die Maschinen dort gelandet sein, um Personal und Material auszuladen und Passagiere für den Rückflug mitzunehmen. Von Brize-Norton operierten RB-

36 über dem vorderen Luftraum der NATO, besonders über Deutschland und der Ostsee. Diese erste Phase der elektronischen Aufklärung durch die US-Streitkräfte und ihre britischen Alliierten war gekennzeichnet durch den Beginn des Kalten Krieges, dem Versuch der Ausweitung des sowjetischen Einflusses auf Mitteleuropa, der Zuführung zusätzlicher sowjetischer Truppen und neuen Geräts in den vorderen Raum und der Umgliederung der sowjetischen Kräfte. Die Ereignisse um Korea und die Blockade Berlins machten die Notwendigkeit verlässlicher Aufklärung des sowjetischen Potenzials in Mitteleuropa nachdrücklich deutlich. Die durch die ASA bisher ausschließlich durchgeführte strategische Aufklärung wurde nun, nach den Erfahrungen des Korea-Konfliktes, auf den taktischen und operativen Bereich ausgedehnt. Die technische Ausstattung der sowjetischen Streitkräfte mit Fernmeldemitteln, vorwiegend im HF-Bereich, erleichterte die Aufklärung bestehender Funkbeziehungen und erlaubte die Erstellung eines zunächst groben Lagebildes. Ob auch verschlüsselte Führungsfunkverbindungen der sowjetischen Streitkräfte in Deutschland durch die ASA mitgelesen werden konnten, ist bis heute wegen noch nicht freigegebener Quellen nicht eindeutig nachweisbar. Dies erscheint jedoch möglich, da im Rahmen des Unternehmens »TICOM« entsprechendes deutsches Personal, funktionsfähige Anlagen und etwa fünf Tonnen Material in die Hände der US- und britischen Nachrichtendienste gelangte. Inwieweit in dieser Zeit bereits durch die *Organisation Gehlen* gewonnene Erkenntnisse aus dem Bereich der Funkaufklärung mit in die Bewertungen der ASA einflossen, erscheint zumindest fraglich, da bereits zu diesem Zeitpunkt Rivalitäten der einzelnen US-Dienste in Deutschland erkennbar wurden und die OG zunächst dem Militärischen Nachrichtendienst der USA zuarbeitete und entsprechende elektronische Ausrüstung der OG nur in sehr begrenztem Umfange zur Verfügung stand. Über die Gründe hierfür kann nur spekuliert werden, da entsprechendes Gerät der US-Streitkräfte auch in Europa verfügbar war. Das *Counter Intelligence Corps* (CIC) war zunächst mit der Suche nach »Kriegsverbrechern« beschäftigt, ehe es sich seiner eigentlichen Aufgabe, der Gegenspionage und Spionageabwehr in Deutschland, widmen konnte. Die neu gegründete *Central Intelligence Agemcy* (CIA) begann Anfang der Fünfziger verstärkt im osteuropäischen Raum Aufklärung zu betreiben. Unterstützt wurde sie dabei von den Nachrichtendiensten der westlichen Alliierten und der *Organisation Gehlen,* soweit diese noch über Quellen im östlichen Bereich verfügte. In dieser Periode, etwa ab 1952, verstärkten die USA die Bemühungen, mit Hilfe luftgestützter Plattformen Erkenntnisse über Truppendislozierung, Fernmeldeverfahren und Geräteausstattung der sowjetischen Truppen in Mitteleuropa, besonders in der sowjetischen Besatzungszone Deutschlands, im Rahmen der elektronischen Aufklärung zu gewinnen, da spätestens seit Ende der vierziger Jahre die sowjetische Seite dazu übergegangen war, wichtige Kommunikationsverbindungen über Erdkabel zu führen, die der westlichen Aufklärung nicht zugänglich waren. Die Intensivierung der SIGINT-Einsätze wurde von der sowjetischen Seite sehr aufmerksam beobachtet, entsprechende Reaktionen konnten daher nicht ausbleiben. 1953 wurde eine amerikanische RF-84, die sich auf einem Aufklärungsflug befand und die offensichtlich sowjetischen Luftraum verletzte, von sowjetischen Jägern abgeschossen. Der Pilot überlebte nicht. Die näheren Umstände sind selbst heute noch nicht abschließend zu klären, da diese Unterlagen weiterhin der Geheimhaltung unterliegen. Die Aufklärungseinsätze der amerikanischen Luftwaffe und Marine, nicht nur in Europa, sondern auch an der sibirischen Küste und gegenüber China, mehrten sich. Auch aus diesen Bereichen sind eine Reihe von Abschüssen amerikanischer Aufklärungsflugzeuge bekannt, die teilweise zum Totalverlust der Besatzungen und Luftfahrzeuge führten. Die Aufklärungsflüge wurden jedoch verstärkt weitergeführt, teilweise wurden in Ergänzung zu den SIGINT-Unternehmungen entlang der Grenzen zum kommunistischen Machtbereich auch Fotoauf-

klärung mit Hilfe von Stratosphären-Ballons betrieben (Operation »MOBY DICK«), wenn die Windströmungen Flüge in Richtung Osten begünstigten. Viele dieser Aufklärungsballons konnten durch Flugzeuge der USAF nach Überquerung sowjetischen Territoriums über Norwegen und der Barents-See im internationalen Luftraum wieder eingefangen werden. Viele wurden jedoch auch durch sowjetischen Jagdflugzeuge abgeschossen, bevor sie die Sowjetunion in Richtung Osten überflogen, um über der Japanischen See durch speziell ausgerüstete Flugzeuge (C119 FLYING BOXCAR) aufgenommen zu werden. 1955 verlegte die Lockheed U-2 »AQUATONE« nach Lakenheath in Mittelengland, um von dort aus unter dem Deckmantel der *1st USAF Weather Squadron (Provisional)* Aufklärung über der Sowjetunion zu fliegen. In den nächsten fünf Jahren führte die CIA, der diese mindestens 20 Maschinen unterstellt waren, vermutlich um die 30 Einsätze von England, Deutschland, Norwegen, der Türkei und Japan über der Sowjetunion und angrenzenden Gebieten durch, bis eine U-2 mit ihrem Piloten Francis Gary Powers am 1. Mai 1960 über Swerdlovsk durch eine sowjetische Flugabwehrabwehrrakete abgeschossen wurde. Powers überlebte und wurde in Moskau vor ein Militärgericht gestellt, verurteilt und später in Berlin am 10. Februar 1962 gegen den in New York festgenommenen russischen Oberst Abel ausgetauscht. Durch den Abschuss der U-2 gelangten äußerst sensitive Aufklärungs- und Empfangssysteme der CIA und andere komplexe Antennensysteme, Frequenzverstärker, Erfassungssysteme für Funk- und Radarsignale, unzerstört in sowjetische Hand. Dies erlaubte den sowjetischen Technikern und Aufklärungsspezialisten Rückschlüsse auf den technischen Stand, Methoden und Ziele der CIA bei diesen Flügen.

Die militärische Situation in Deutschland im Jahre 1954

Nach einer Einschätzung der NATO aus dem Jahre 1954[37] verfügte die Sowjetunion und ihre Satellitenstaaten zu dieser Zeit auf Grund ihrer einheitlichen Kommandostruktur, der Konzentration der Streitkräfte auf der inneren Linie und dem Vorteil der Erstschlagsfähigkeit ohne größere erkennbare Vorbereitungen, sowie der Truppendislozierung im Vorfeld der NATO, über die Fähigkeit, die NATO ohne Vorwarnung (Überraschungsangriff) anzugreifen. Ergänzend stellten die NATO-Planer dazu fest, dass mit einer Vorwarnzeit oder mit Angriffsanzeichen nicht in jedem Falle gerechnet werden könne, wenn die Sowjetunion ihre Truppen westlich der Oder-Neiße-Linie sukzessive verstärken würde.

Mögliche Handlungsoptionen der sowjetischen Seite
Als mögliche Handlungsoptionen der sowjetischen Streitkräfte bei einem Überraschungsangriff gegen Westeuropa hielt die NATO folgende Szenarien für möglich:

»Angriff nach Mobilisierung, Teilmobilisierung zusätzlicher Kräfte gegen Westeuropa mit 75 – 120 Liniendivisionen unter Beteiligung der taktischen Luftstreitkräfte in Stärke von etwa 5000 Jagdflugzeugen und Jagdbombern unter Beteiligung von Teilen der Baltischen Rotbannerflotte aus der Ostsee.

Zeitgleicher Angriff gegen Skandinavien mit bis zu 17 Liniendivisionen und etwa 800 taktischen Luftangriffsflugzeugen unterstützt von Teilen der Nordflotte (Kola-Halbinsel) und der Baltischen Rotbannerflotte.

Angriff der Fernfliegerkräfte aus dem innerrussischen Raum mit etwa 350 mittleren und leichten Bombern gegen Ziele auf den britischen Inseln und ausgewählten Zielen auf dem europäischen Kontinent.

Angriff gegen den Balkan und die europäische Türkei mit bis zu 60 Liniendivisionen und unterstützt durch mindestens 2000 taktische Luftangriffsflugzeuge, unterstützt durch die Schwarzmeer-Flotte.

Nachdem Österreich und Jugoslawien militärisch besetzt sind, Angriff gegen Italien mit zunächst 15–20 Liniendivisionen, unterstützt durch etwa 800 taktische Luftangriffsflugzeuge, die von anderen Fronten (Türkei) abgezogen werden könnten und ebenfalls unterstützt durch Teile der Schwarzmeerflotte. Dies würde jedoch die sowjetische Herrschaft über die türkischen Meerengen erfordern.

Angriff gegen den asiatischen Teil der Türkei sowie Teile des nahen und mittleren Ostens mit etwa 30 Liniendivisionen und bis zu 1600 taktischen Luftangriffsflugzeugen, ebenfalls unterstützt durch Teile der Schwarzmeerflotte.

Angriffe gegen die Vereinigten Staaten und Kanada einschließlich Alaskas und der Aleuten als konventionelle und nuklear geführte Luftangriffe gegen Kanada und einen Großteil der USA, Verminung der Küsten sowie amphibische und Luftlandeoperationen gegen ausgewählte Ziele im Verbund mit Angriffen auf die Seeverbindungslinien der USA sowie subversive Aktionen, Sabotage und weltweiter unkonventioneller Krieg gegen die Interessen der Alliierten.«

---

[37] NATO COMMITTEE 1954 – TOP SECRET – COSMIC – N.C 33.

Aus dieser Lagebewertung erscheinen die verstärkten Bemühungen der westlichen Nachrichtendienste allzu verständlich, galt es doch, noch verlässlichere Indikatoren für die sowjetischen Absichten in Europa zu finden. In der nun beginnenden Debatte zur Bedrohung Deutschlands und dessen Wiederbewaffnung wurden in der Öffentlichkeit heftige Diskussionen geführt. Auch eine Reihe von Veröffentlichungen[38] zur Bedrohung und dem möglichen Ausbruch eines Konfliktes verschärften die politischen Auseinandersetzungen in Westdeutschland. 1954/1955 verfügten die Allliierten in der Bundesrepublik über folgende militärische Kräfte, die bei der Verteidigung Westeuropas gegen einen sowjetischen Angriff zur Verfügung gestanden hätten:

Kräfte der US ARMY IN EUROPE (USAREUR)
US Army Europe (USAREUR) mit der 7. US-Armee *(7th Army)* mit folgenden Großverbänden (Personalbestand etwa 13.500 Mann):

V. US-Korps Frankfurt mit

• 1. US-Infanteriedivision	Würzburg
• 2. US-Panzerdivision	Bad Kreuznach
• 4. US-Infanteriedivision	Frankfurt a.M.
• 19. US-Panzerkampfgruppe	Frankfurt a.M.
• 14. US-Panzeraufklärungsregiment	Fulda
• 30. US-Feldartilleriegruppe	Garnison unbekannt
• 36. US-Feldartilleriegruppe	Babenhausen
• 142. US-Feldartilleriegruppe	Wertheim
• 37. US-Pioniergruppe	Garnison unbekannt
• Korps-Unterstützungseinheiten	

VII. US-Korps Stuttgart mit

• 5. US-Infanteriedivision	Augsburg
• 9. US-Infanteriedivision	Göppingen
• 2. US-Panzeraufklärungsregiment	Nürnberg
• 6. US-Panzeraufklärungsregiment	Straubing
• 18. US-Feldartilleriegruppe	Ansbach
• 35. US-Feldartilleriegruppe	Schwäbisch Gmünd
• 115. US-Pioniergruppe	Garnison unbekannt
• Korps-Unterstützungseinheiten	

Der 7. US-Armee direkt unterstellt als Armeetruppen waren u.a.

- Nachschubgruppen und Nachschubbataillone
- Schwere Transportgruppen
- Instandsetzungsgruppen und -bataillone
- Abwehrbataillone (Chemische)
- Sanitätsgruppen und Sanitätsbataillone
- Fernmeldegruppen und Fernmeldebataillone
- Militärpolizeibataillone
- 1 Nachrichten- und Aufklärungsbataillon (532 MI Bn) — Stuttgart
- 1 Strategische Aufklärungsabteilung — Stuttgart

[38] Kirst: *Keiner kommt davon,* Ullstein, Berlin 1957, Seite 82 ff.

- 1 Spionageabwehr-Abteilung (427 th CIC Det) vermutl. Stuttgart
- 1 Feldpolizei-Abteilung (CID 175th MP Bn)
- US Army Security Agency Europe (Signals Intelligence) Frankfurt a.M
- 3 Armeepioniergruppen
- 1 Arbeitsdienstzentrum mit Fähr- und Brückenpioniereinheiten
- 1 Luftabwehrbrigade (Rohrartillerie)
- 2 Luftabwehrgruppen (Rohrartillerie)
- 1 Armee-Feldartilleriegruppe
- sowie eine Reihe von Verwaltungseinheiten

Aus verfassungsrechtlichen Gründen musste die US-Regierung 1954 fast alle Reserve-Verstärkungskräfte des Heeres (Nationalgarde und Einheiten der *US Army Reserve*), die sie während des Korea-Konflikts zur Verstärkung ihrer Truppen nach Europa verlegt hatte, zurückführen und gegen Truppenteile der *Regular Army* (RA) austauschen, da deren gesetzlich festgelegte Einsatzzeit abzulaufen drohte. Betroffen hiervon waren hauptsächlich Verbände der Panzertruppe, Fliegerabwehr, Chemischen Abwehr, der Artillerie, Nachschub-, Transport – und Instandsetzungseinheiten sowie Fernmelde-, Nachrichten- und Aufklärungseinheiten bzw. -verbände in Kompanie- und Bataillonsstärke, die durch Kräfte der *Regular Army* nach und nach ersetzt wurden. Betroffen waren auch die 28. und 43. US-Infanteriedivision, deren einzelne Bataillone auf unterschiedliche Divisionen der 7. US-Armee verteilt waren. Bis Ende 1955 wurden 73 Truppenkörper, hauptsächlich in Kompanie- bzw. Bataillonsstärke, in die Vereinigten Staaten rückgeführt. Bereits zu Beginn der fünfziger Jahre entwickelte die amerikanische Führung ein neues taktisches Konzept für den Einsatz von Panzer- und Infanterieverbänden entwickelt. Es hatte das Ziel, der möglichen Überlegenheit sowjetischer Landstreitkräfte auf dem Schlachtfeld in Europa durch erhöhte Mobilität, Feuerkraft und gestärkter logistischer Unterstützung der US-Heeresverbände zu begegnen. Außerdem sollten die Divisionen neuen Typs, die *Pentomic Divisions*[39] des US-Heeres, gegenüber Kernwaffenangriffen durch Auflockerung weniger verwundbar sein. In den Planungen des US-Verteidigungsministeriums und demzufolge auch der NATO spielte die nun bereits erkennbar werdende Aufstellung neuer deutscher Streitkräfte, die durch den geplanten Beitritt der Bundesrepublik Deutschland zum NATO-Bündnis möglich schien, eine bedeutsame Rolle. Diese Kräfte konnten, wenn auch nicht sofort, doch zumindest in absehbarer Zeit in das Kräftedispositiv der NATO mit einbezogen werden. Die bisher geplante hinhaltende Verteidigung und das Halten der Rheinübergänge durch die NATO unter möglicher Preisgabe des gesamten vorderen Raumes ostwärts des Rheins bei einem möglichen sowjetischen Angriff schien nun nicht mehr »Ultima Ratio« der NATO-Verteidigungsplanung für Westeuropa und Deutschland zu sein.

Kräfte der British Army on the Rine (BAOR)
Die *British Army on the Rhine* (BAOR) verfügte 1954/1955 vermutlich über:

HQ British Army on the Rhine	Mönchengladbach/Rheindalen
HQ I. (BR) Corps	Bielefeld

[39] Mataxis/Goldberg: *Nuclear Tactics,Weapons and Firepower in the Pentomic Division,* Military Service Publishing Co, Harrisburg, PA, 1958, Seite 213 ff *(The Soviet Forces Ahead).*

- 7. (BR) Armoured Divisison — Minden?
- 2. (BR) Infantry Divisison — Lübecke?
- 11. (BR) Armoured Divison — Verden?
- 6. (BR) Armoured Division — Herford?
- Unterstützungseinheiten
- British Berlin Brigade
  (nicht der NATO unterstellt)

Durch Abgaben und Auslandseinsätze und Rotation zwischen dem Vereinigten Königreich variierten die Truppenstärken in den Jahren 1945 bis 1955 zwischen 25.000 und 60.000 Mann. Der Truppenbestand der britischen Streitkräfte von 1945 bis 1955 ist durch häufige Verlegung der Truppenverbände nicht so gut wie die Kräfteordnung der 7. US-Armee in Deutschland dokumentiert. Dies mag auch mit dem britischen *Regimental System* unterschiedlicher Kommandobehörden und Unterstellungsverhältnisse zu tun haben. Armee-, Armeegruppen-, Korps- und Divisionsstäbe wurden je nach Bedarf aufgestellt und später wieder aufgelöst. Durch häufige Änderung der Bezeichnung und Umgliederungen sowie Auflösungen der Verbände und Einheiten ließen sich die Garnisonsorte für den Zeitraum 1945–1955 nicht mehr mit letzter Sicherheit feststellen. Der BOAR waren auch belgische und niederländische Truppenkontingente angeschlossen, die seit 1949 im Großraum Aachen-Köln stationiert waren. Die in Westfalen in den Jahren 1945/1946 stationierte, symbolischen norwegische Truppenkontingente (Bad Oyenhausen?) wurden bald zurückgezogen. Von 1950 bis 1958 operierten auch Teileinheiten der *Royal Marine Commando Special Boat Squadron* in Deutschland. Sie waren zunächst im Wesentlichen mit der Beseitigung deutscher Munition in der britischen Besatzungszone beschäftig. Später sollten noch Einsätze zur Unterstützung der britischen Rheinarmee (BAOR) folgen, bis die SBS SQN[40] No 2 und 3 im Jahre 1958[41] zurück nach Großbritannien verlegt wurden.

Kräfte der Forces Françaises en Allemagne (FFA)
Die *Forces Francaises en Allemagne* (FFA) verfügten 1954/1955 vermutlich über:

Etat Major des Forces Françaises en Allemagne (EM FFA) — Baden-Baden
Etat Major 1ère Armée Française (Stab 1. Armee) — Baden-Baden

- 1. (FR) Infanteriedivision (1ère DI)
- 2. (FR) Infanteriedivision (2e DIM)
- 3. (FR) Infanteriedivision (3e DIA)
- 4. (FR) Infanteriedivision (4e DMM)
- 9. (FR) Infanteriedivision (9e DIC)
- 10. (FR) Infanteriedivision (10e DI)
- 14. (FR) Infanteriedivision (14e DI)
- 1. (FR) Panzerdivision (1ère DB)
- 2. (FR) Panzerdivision (2e DB)
- 5. (FR) Panzerdivision (5e DB)
- Außerdem Einheiten der französischen Gendarmerie die dem Verteidigungsministerium unterstellt und für Ordnungsaufgaben in der Besatzungszone vorgesehen waren.

---

[40] *Special Boat Service Squadron.*

[41] Ladd: *SBS – The invisible Raiders,* Arms & Armour Press, London 1983, Seite 213 ff.

Die Dislozierung der Verbände lässt sich im Einzelnen nicht mehr nachvollziehen, jedoch befanden sich etwa ab 1950 größere Truppenkontingente in den Räumen: Freiburg i. B. – Konstanz, Friedrichshafen, Weingarten, Stetten a.K.M, Münsingen-Reutlingen. Es kann auch heute nicht mehr festgestellt werden, ob es sich bei den oben dargestellten Verbänden um voll aufgefüllte Verbände oder nur um Stabs- und Rahmenelemente gehandelt hat, da durch die Kämpfe in Indochina ständig Truppenabgaben und Reorganisationen stattgefunden hatten.

Aktivitäten westlicher Nachrichtendienste in Deutschland bis 1955

Über die Aktivitäten westlicher Nachrichtendienste in Deutschland liegen eine Reihe von Presseberichten und Buchpublikationen vor, auf die hier nicht näher eingegangen werden soll, da sie den Rahmen sprengen würden. Jedoch hat die Auswertung der durch die BStU zur Verfügung gestellten Materialien ergeben, dass sich das MfS und seine Vorläuferorganisationen schon sehr früh mit westlichen Agentenfunknetzen in der sowjetischen Besatzungszone, der späteren DDR, beschäftig hat und dabei eine Reihe von Erfolgen erzielen konnte, die zur Enttarnung und Festnahme von Funkagenten westlicher Dienste führten. Offenbar hat das MfS auch eine Reihe von Funkspielen mit westlichen Funkagenten initiiert, deren Ergebnisse leider noch nicht vorliegen.

3. Erfassungsmöglichkeiten und Ergebnisse der Dienste

Versuch einer Bewertung aus heutiger Sicht

Zusammenfassend kann aus heutiger Sicht festgestellt werden, dass die Alliierten erst relativ spät mit der elektronischen Aufklärung gegen das sowjetische Militärpotenzial in der sowjetischen Besatzungszone in Deutschland begannen. Zunächst als Reaktion auf die sich abzeichnenden Verschärfungen um Berlin und die damit zusammenhängende Blockade der Landwege und der beginnenden Luftbrücke, wurde die Aufklärung im Grenzraum mit den 1945–1948 zur Verfügung stehenden Geräten vermutlich im Frequenzbereich von 20–100 MHz durch die US-Streitkräfte begonnen. Über Aktivitäten der britischen und französischen Streitkräfte auf dem Gebiet der elektronischen Aufklärung sind aus dieser Zeit nur wenig Zeugnisse überliefert oder zugänglich. Sowjetische Führungsfernmeldeverbindungen im Kurzwellenbereich (HF) konnten offenbar durch die ASA mit Hilfe deutscher Erkenntnisse[1] bereits ab 1945[2] erfasst werden. Ab 1950 sind die ersten permanenten Erfassungsstellen der Alliierten im Grenzraum zur sowjetischen Besatzungszone nachweisbar. Die kontinuierliche Überwachung der interessierenden Frequenzbereiche bis 3000 MHz war spätestens in den Jahren ab 1950 durch grenznahe Erfassungsanlagen der *Army Security Agency* möglich. In diese Zeit fällt auch der verstärkte Einsatz luftgestützter Plattformen zur Erfassung von Signalen aus dem innersowjetischen Raum durch USAF/RAF-SIGINT-Flüge entlang der Grenzen zum Sowjetblock, die beabsichtigte Grenzverletzungen und Eindringen in den sowjetischen Luftraum mit einschlossen. Der Koreakonflikt und die sich abzeichnende Überlegenheit konventioneller sowjetischer Streitkräfte und Satellitenarmeen zu Beginn der fünfziger Jahre machten eine intensive Aufklärung erforderlich, insbesondere unter dem Aspekt einer Vorwarnung bei einem großangelegten sowjetischen Angriff in Mitteleuropa. Die sich abzeichnende Überlegenheit konventioneller Streitkräfte auf Seiten der Sowjetunion bewog die westliche Alliierten, ihre Streitkräfte in Mitteleuropa ab dem Jahre 1950 signifikant zu verstärken. Die DDR verfügte zu diesem Zeitpunkt bereits über die Kader einer neuen Armee in Gestalt der *Kasernierten Volkspolizei*, die bald darauf in *Nationale Volksarmee* umbenannt und den Kern der bewaffneten Macht der DDR bilden sollte. Die nur sehr zögerlich anlaufenden Aufklärungsaktivitäten der Vereinigten Staaten im Nachkriegseuropa können nur damit erklärt werden, dass nach Auflösung des *Office of Strategic*

---

[1] Die USA hatten bereits seit 1943 einen Teil ihrer Erfassungs- und Entzifferungskapazitäten für die Überwachung des sowjetischen Fernmeldeverkehr unter dem Codewort »VENONA« eingesetzt. Es ist fraglich, ob die britische Seite darüber informiert war, dass die USA über 1 Million erfasster sowjetischer Funksprüche verfügten. Die letzten sowjetischen Sprüche konnten durch die NSA erst 1980 gelöst werden. Bamford: *Body of Secrets,* Century, London 2001, Seite 20 ff.

[2] Offenbar waren die sowjetischen Sprüche in der unmittelbaren Nachkriegszeit mit Hilfe des deutschen G-Schreibers übermittelt worden, da für dieses System im US-Sprachgebrauch die Bezeichnung »FISH« gewählt wurde, unter der dieses Schlüssel-System bereits während des Krieges in der Operation »ULTRA« gelöst wurde. Die amerikanische Seite klärte während der Gründungsversammlung der Vereinten Nationen in San Francisco alle Fernmeldeverbindungen wichtiger Teilnehmer an dieser Veranstaltung auf. Bamford: *Body of Secrets,* Century, London 2001, Seite 20 ff.

Services (OSS) am 20. September 1945 durch Präsident Truman ein nachrichtendienstliches Vakuum entstand, das diesbezügliche Aktivitäten in Europa nicht förderte. Die in Europa bereits vorhandene G-2 Abteilung des *US Army European Command* (G2-US EUCOM) durfte und wollte diese Lücke wohl aus innenpolitischen Gründen offensichtlich nicht füllen. Überdies wurden ständig Kräfte aus Europa abgezogen, um demobilisiert oder im Kampf gegen Japan eingesetzt zu werden. Mitte des Jahres 1945 wurde unter Verantwortung des US-Verteidigungsministeriums die *Armed Forces Security Agency* (AFSA) aufgestellt, die bisher vom OSS wahrgenommene Aufgaben der elektronischen Aufklärung übernahm. Gegen Ende 1945 wurde die *United States Army Security Agency Europe* (USASA) aufgestellt und übernahm die Aufklärungsfunktionen, die bisher von den Kräften des *US Army Signal Corps* ausgeübt wurden. Erst die 1946 erfolgte Gründung der *Central Intelligence Group* (CIG)[3], dem Vorläufer der CIA, begünstigte Planungen für den Aufbau von Erfassungskapazitäten im Bereich der elektronischen Aufklärung in Europa. Die nur bis Mitte 1947 bestehende CIG wurde bereits im Juni 1947 in *Central Intelligence Agency* (CIA) umbenannt. Es sollte jedoch noch bis 1950 dauern, bis die Aufgaben und Aufgabenzuweisung für die bestehenden Nachrichtendienste definiert und entsprechende Strukturen geschaffen wurden. Dadurch konnten die alten Rivalitäten zwischen den Diensten jedoch nicht beseitigt werden und beeinträchtigten für einen sehr langen Zeitraum die Nachrichtengewinnung der Vereinigten Staaten in Deutschland und Europa. Erst mit Gründung der *National Security Agency* (NSA) und des *Central Security Services* (CSS) im Jahre 1952 wurden Strukturen für eine weltweite elektronische Aufklärung durch die Vereinigten Staaten geschaffen, deren Ausbau erst in den späten sechziger Jahren abgeschlossen werden konnte, jedoch bereits in den siebziger Jahren aus politischen Gründen das Opfer einer Reorganisation im Bereich des US-Verteidigungsministerium wurde. Da ein Großteil der Ergebnisse der damaligen elektronischen Aufklärung der Vereinigten Staaten in Europe bis heute der Forschung nicht zugänglich ist, können die Leistungsfähigkeit und die Ergebnisse der damaligen elektronischen Aufklärung der ASA und der CIA in Deutschland nur mit Hilfe von erst jetzt veröffentlichten Sekundärquellen bewertet werden. Dabei scheinen die Ergebnisse, gemessen an den zur Verfügung stehenden Einrichtungen in Deutschland, zumindest Grundlagen für eine Bewertung der Bedrohung durch die Sowjetunion geliefert zu haben[4]. Nach Scheitern der Verhandlungen zur Errichtung einer *Europäischen Verteidigungsgemeinschaft* (EVG) unter Einschluss deutscher Truppenkontingente auf französischen Druck, erfolgte 1954 die Einladung an die seit 1949 bestehende Bundesrepublik, der NATO beizutreten. Nach Ratifizierung der entsprechenden Vertragswerke erfolgte der Beitritt der Bundesrepublik zur NATO am 9. Mai 1955, zehn Jahre nach der bedingungslosen Kapitulation der Wehrmacht. Damit verbunden war auch die Aufstellung deutscher Streitkräfte im westlichen Teil Deutschlands. Damit erlangte die Bundesrepublik auch einen Teil ihrer staatlichen Souveränität zurück. Die Alliierten behielten sich jedoch eine Reihe von Rechten vor, insbesondere hinsichtlich der »Sicherheit ihrer Truppen in der Bundesrepublik«. Dies hatte einen nicht unerheblichen Einfluss auf die elektronische Aufklärung und die Spionageabwehr durch alliierte und deutsche Stellen in der Bundesrepublik in den Jahren bis zur deutschen Wiedervereinigung. Das die elektronische Aufklärung der OG erst relativ spät und in nur sehr bescheidenem Umfang mit der Horcherfassung, zunächst im HF-Bereich begann, mag daran gelegen haben, dass die sich

3 *94th Congress, 2d Session Senate Report No 94-755 Foreign and Military Intelligence-Final Report,* Washington 1976.

4 *War Department Intelligence Review Number 1,* Washington,D.C.,14 Feb 1946.

entwickelnden und um finanzielle Mittel kämpfenden US-Dienste in Deutschland kein großes Interesse daran hatten, einen konkurrierenden deutschen Dienst neben sich zu dulden. Persönliche und politische Ressentiments und offenkundige Ignoranz bestimmter Kreise, insbesondere im *Counter Intelligence Corps*, mögen hier auch dazu beigetragen haben, das die finanzielle Ausstattung der OG durch die US-Seite auf diesem Gebiet bis Ende 1955 eher bescheiden geblieben ist. Nicht nachvollziehbar aus heutiger Sicht ist daneben auch der technische Standard bei den Erfassungsgeräten, die der OG zu dieser Zeit (1947/1948) zur Verfügung gestanden haben. Technisch relativ hochwertiges Material (Empfangssysteme) der früheren Wehrmacht[5], die bereits während des Krieges über moderne Geräte verfügt hatte, die den Frequenzbereich von 10 KHz bis 11.0 GHz[6] abdecken konnten und offenbar nicht alle der Vernichtung zum Opfer gefallen sind (STEG[7]-Zentrallager Nürnberg und Elmshorn[8]. Oder aus Lagern der US-Seite, OMGUS[9]), hätte sicherlich zu Verfügung der OG gestellt werden können. Dass zu dieser Zeit in Europa auch neuwertige US-Empfangssysteme[10] bereits verfügbar waren, belegen entsprechende amerikanische Quellen. Auch heute lässt sich nur sehr schwer nachvollziehen, warum die OG die Radarerfassung mit antiquiertem britischen Gerät beginnen musste, obwohl die US-Streitkräfte bereits 1945 über entsprechende Analysesysteme im HF-VHF-Bereich (SCR-587) verfügten. Auch die ab Kriegsende 1945 verfügbaren US-Erfassungssysteme[11] im HF-Bereich waren auf dem Stand der Technik zu diesem Zeitpunkt und hätten spätestens 1948 durch die OG eingesetzt werden können, wenn sie von der US-Seite zur Verfügung gestellt worden wären. Stattdessen begann die Horcherfassung der OG, darf man den Quellen glauben, mit ehemaligem Wehrmachtsgerät, das nie in entsprechendem Umfang und ausreichender Anzahl zur Verfügung gestanden haben soll. Dies allein mit dem Mangel an finanziellen Mitteln auf Seiten der OG erklären zu wollen, scheint in letzter Konsequenz nicht schlüssig. Auch die deutsche Regierung trug in den Jahren 1950 bis 1955 nicht wesentlich zur finanziellen Ausstattung der OG bei, da wie General a.D. Gehlen[12] schreibt, die Finanzierung der OG bei immer wieder Anlass zu Besprechungen mit der deutschen Regierung gab. Vielmehr scheinen auch auf Seiten der OG zu dieser Zeit bereits konzeptionelle Schwächen in der Organisation im Hinblick auf den Ansatz der elektronischen Aufklärung erkennbar zu werden. Diese sind möglicherweise auf die Einschätzung unmittelbar Beteiligter zurückzuführen. Auch war die deutsche Industrie spätestens ab 1953 in der Lage, entsprechende Empfangssysteme, zumindest für den HF-Bereich, zu liefern.

Auch scheinen die Probleme, die sich für die OG aus der Personalgewinnung für den Horchdienst ergaben, wenn man zeitgenössischen Aussagen führender Beteiligter auf Seiten der OG glauben darf, angesichts des zur Verfügung stehenden Potenzials an

---

[5] *US War Department TM-E 30-451 Handbook on German Military Forces, 15 March 1945,* Seite VIII-20 bis VIII-62; McLean: *Illustrated Arsenal of the Third Reich,* Normount Technical Publications, Wickenurg, Az, 1973, Seite 334 ff.

[6] Trenkle: *Die deutschen Funknachrichtenanlagen bis 1945,* Hüthig, Heidelberg 1990, Seite 235 ff.

[7] STEG – *Staatliche Erfassungsstelle für öffentliches Gut.*

[8] Mache: *Chiffriergeschichte Wehrmacht-Schlüsselfernschreiber,* Beilage, F-Flagge 01-2004.

[9] OMGUS – *Office of the Military Government United States* bis 1946.

[10] Forty: *US Army Handbook 1939–1945,* Appendix 7: Ground Radios, Allan Ltd, London 1979, Seite 151–153.

[11] F. Ostermann: *Shortwave Receivers – Past & Present 1942–1997,* Universal Radio Research Reynoldsburg, Ohio, 1998.

[12] Gehlen: *Der Dienst,* v. Hase & Köhler-Verlag, Mainz 1971.

Personal der ehemaligen Nachrichteneinheiten der Wehrmacht, dessen größter Teil sich vermutlich in den westlichen Besatzungszonen aufhielt, mehr als fragwürdig. Abschließend bleibt festzustellen, dass die Funkaufklärung der OG trotz äußerst widriger Umstände in der Lage gewesen ist, ihren Erfassungsauftrag, soweit dies durch veröffentliche Quellen belegbar ist, von 1948 bis 1955 in einer Weise zu erfüllen, die auch heute noch Respekt abnötigt. Inwieweit in dieser Zeit sonstige deutsche Stellen an der Erfassung elektronischer Signale beteiligt gewesen sein könnten ist Spekulation. Fest steht jedoch, dass es – zumindest in der britischen- und in der US-Zone bereits ab 1946/1947 – einen aktiven Funkbeobachtungsdienst der damaligen Bi-Zonen-Postverwaltung *(Funkkontrollmessdienst)* gegeben hat, der zwar auch aus dürftigen Anfängen später ein beachtliches Niveau bei der Erfassung ungenehmigter Funkaussendungen entwickelt hat und spätestens zur Jahreswende 1955/1956 seine endgültige Struktur erhielt. Ob und in welchem Umfang der *Funkkontrollmessdienst der Deutschen Bundespost* an Erfassungsvorhaben im Interesse der OG beteiligt gewesen sein könnte, lässt sich auch bis heute nicht endgültig klären. Zu vermuten ist jedoch auf Grund der Dislozierung der HF-Peilstellen des *Funkkontrollmessdienstes* Ende 1957, dass hier gewisse unterstützende Funktionen für staatliche Stellen wahrgenommen wurden. Für die Zeit nach 1955 liegen hierüber für Teilbereiche nur sehr spärliche Erkenntnisse vor. Die Zusammenarbeit des BGS mit der OG und dem späteren BND auf dem Gebiet der HF-Erfassung hingegen ist verbürgt, gleichwohl ab etwa 1955 der BGS seine Aktivitäten in diesem Bereich nach Abstimmung mit dem BND eingestellt hat, soweit es die Überwachung von Grenzfunknetzen der damaligen CSSR betraf. Als gesichert kann gelten, dass der BGS auch heute noch im Rahmen der Funkabwehr bestimmte Aufträge wahrnimmt. Die im Vorfeld der Remilitarisierung bereits im *Amt Blank* auftretenden Divergenzen hinsichtlich Aufgabenzuweisung und Gliederung einer künftigen deutschen nachrichtendienstlichen Organisation zwischen den handelnden Persönlichkeiten, lassen weitreichende Einflüsse General a.D. Gehlens und seiner Umgebung bei der Planung für einen deutschen Nachrichtendienst erkennen, deren Gründe nicht in jedem Fall durch sachliche Erwägungen gerechtfertigt erscheinen. Die auf der politischen Seite erkennbare Tendenz, dem künftigen Militär, aus verständlichen historischen Gründen, den Zugang zu politischen Entscheidungen grundsätzlich zu verwehren, führte zu Entwicklungen bei der Aufstellung nachrichtendienstlicher Strukturen in der Bundesrepublik, deren Folgen auch heute noch in aller Schärfe nachwirken. General a.D. Gehlen und seinen Mitarbeitern, von denen viele später in das Bundesministerium der Verteidigung wechselten und wichtige Schlüsselstellungen, insbesondere im sich entwickelnden militärischen Nachrichtenwesen bekleideten und sich in aller Regel konform zu den Vorstellungen Gehlens verhielten, gelang es, den Ausschließlichkeitsanspruch des *Bundesnachrichtendienstes* bei der Beschaffung von Nachrichten bis heute zu wahren. Nicht zuletzt die bis heute fortwirkende Tendenz der politischen Seite, die militärische Stabsorganisation der sich zu dieser Zeit entwickelnden Bundeswehr auf das schärfste durch einen überbordenden ministeriellen Apparat von Verwaltungsbeamten kontrollieren und gängeln zu lassen, deren militärische Erfahrungen eher rudimentär waren und sind, führte bereits in den Anfangsjahren der Streitkräfte zu Fehlentwicklungen, deren Folgen bis heute nachwirken und die sich auch auf die Zukunft eines bedrohungsgerechten und lageorientierten nachrichtendienstlichen Berichtswesens zum Nutzen unseres Landes negativ auswirken werden. Dem erkennbaren Ressortegoismus auf der militärischen Seite, insbesondere auch im Nachrichtenwesen, wurde nicht mit aller Schärfe entgegengetreten. Dies führte dazu, dass personelle und finanzielle Ressourcen langfristig nicht wirtschaftlich genutzt wurden. Der BND, will man den verfügbaren Quellen folgen, war stets ein Kind der Politik und insbesondere parteipolitischen Einflüssen ausgesetzt. Es bleibt nur festzustellen, das ein Nachrichtendienst nicht parteipolitischer Ranküne zu folgen hat, sondern dem Staatswesen als Ganzes verpflichtet ist. Dies sollte oberste Maxime aller Mitarbeiter eines wie auch immer strukturierten Nachrichtendienstes sein, ob nun ziviler oder militärischer Ausprägung. Die weitere Entwicklung der elektronischen Aufklärung in der Bundesrepublik Deutschland wird im folgenden Kapitel II. geschildert.

II. Die Fernmelde- und Elektronische Aufklärung in der Bundesrepublik Deutschland von 1956 bis 1989

Die außen- und sicherheitspolitische Bedingungen in Deutschland zu Beginn des Jahres 1955

Zwischen dem 9. und 13. September 1955 führten die Sowjetunion und die Bundesrepublik Deutschland Verhandlungen, die zur Freilassung noch in sowjetischer Hand befindlicher deutscher kriegsgefangener Soldaten und Zivilinternierter sowie zur Aufnahme diplomatischer Beziehungen zwischen beiden Staaten führen sollten. Am 7. Juni 1955 erhielt das bisherige *Amt Blank* den Status als *Bundesministerium für Verteidigung* (BMVtdg). Am 7. Juli 1955 wurde das Wehrpflichtgesetz beschlossen, die Dauer des Grundwehrdienstes wurde mit dem Gesetz vom 24. Dezember 1956 auf die Dauer von zwölf Monaten festgesetzt. Am 1. Juli 1956 wurde die 1.Grenadierdivision in Hannover aufgestellt und bildete damit den Grundstock für drei noch aufzustellende Grenadierdivisionen des Heeres. Bisher in alliierten Diensten befindliche Angehörige der Dienstgruppen wurden im Rahmen von Einzelfallentscheidungen nach Durchlaufen eines Annahmeverfahrens in die Bundeswehr übernommen. Die Truppenstärke der in Deutschland stationierten Kräfte der Vereinigten Staaten verringerte sich seit 1952 stetig, während der Aufbau sowjetischer Kräfte in der DDR unübersehbar war, gleichwohl der FWH-Dienst berichtete, die sowjetischen Truppen in der DDR und die *Nationale Volksarmee* (NVA) hätten lediglich ein Verteidigungsdispositiv eingenommen. Dies ging einher mit dem Aufbau der NVA, deren Kader schon in der *Kasernierten Volkpolizei* (KVP), der *Volkspolizei Luft* und der *Volkspolizei See* für diesen Auftrag gegliedert und ausgebildet worden waren. Als Folge der Ereignisse vom 17. Juni 1953 ging die politische Führung der DDR zusätzlich dazu über, als Eingreifkräfte zum Schutz der Industrie so genannte *Betriebskampfgruppen der Arbeiterklasse,* leicht bewaffnet und unter Führung der *Sozialistischen Einheitspartei Deutschlands* (SED), auf Bezirksebene aufzustellen, die im Anlassfall als territoriale Verteidigungskräfte eingesetzt werden konnten.

Die Aufstellung der Bundeswehr

Am 2. Januar 1956 wurden die ersten 1000 freiwilligen Soldaten der Bundeswehr zum erst aufgestellten Lehrbataillon nach Andernach einberufen. Sie bildeten damit den Kern später noch aufzustellender Truppenschulen des Heeres. Am 18. Januar 1956 billigte die Volkskammer der DDR das Gesetz zur Aufstellung der *Nationalen Volksarme* (NVA) und der Bildung des *Ministeriums für Nationale Verteidigung* (MinfNatVtdg). Die NVA wurde dann am 1. März 1956 offiziell aufgestellt. Die Ereignisse in Polen im Sommer des Jahres 1956 zeigten deutlich, welchen Einfluss die sowjetische Politik auf Entwicklungen in Satellitenstaaten haben konnte. Die Fakten sind allgemein bekannt und sollen hier nicht wiederholt werden. Nach Abstimmung mit den Alliierten entsandte das Bundesverteidigungsministerium die ersten Offiziere in die NATO-Stäbe, so nach Roconcourt bei Paris, wo es nach anfänglichem Widerstand der französischen Seite erst einige Tage nach dem Dienstantritt der deutschen Soldaten zur zeremoniellen Hissung der deutschen Flagge kam. Als Leiter der *Ständigen Vertretung der Bundesrepublik Deutschland bei der NATO* in Paris fungierte Brigadegeneral Wolf von Zawadzky, als *Deutscher Militärischer Vertreter im NATO Military Committee* wurde Brigadegeneral Hans-Georg von Tempelhoff nach Washington entsandt. Nach seiner Umgliederung aus dem Amt Blank und Aufstellung als Bundesministerium für Verteidigung[1] verfügte dieses Mitte 1955 neben den zivilen auch über vier militärische Abteilungen:

Abteilung IV Streitkräfte	GenLt	Dr. Hans Speidel,
Abteilung V Heer	GenMaj	Hellmuth Laegeler
Abteilung VI Luftwaffe	BrigGen	Werner Panitzki
Abteilung VII Marine	KptzS	Karl-Adolf Zenker

Dem militärischen Führungsrat stand GenLt Adolf Heusinger vor.

Am 1. April 1956 wurde die bis dahin unter amerikanischer Obhut arbeitende *Organisation Gehlen* (OG) offiziell in den Bundesdienst überführt und dem Bundeskanzleramt unterstellt. Als erster Präsident der nun als *Bundesnachrichtendienst* (BND) bezeichneten Behörde wurde GenLt a.D.[2] Reinhard Gehlen berufen. In einer Direktive der Bundesregierung vom 11. Juli 1955 wurden die Aufgaben des BND festgelegt, sie sollten 1961 ergänzt und in den achtziger Jahren als BND-Gesetz den Rahmen der Tätigkeit des *Bundesnachrichtendienstes* endgültig, auch gesetzlich geregelt, präzisieren. 1957 wurde im BMVtdg die Unterabteilung IV I *Militärischer Abschirmdienst* (MAD) errichtet, ihr erster Leiter wurde der zum Brigadegeneral beförderte Gerhard Wessel, der in der OG für die Abteilung Auswertung zuständig gewesen war. Der Unterabteilung wurde das im gleichen Jahr errichtete *Amt für Sicherheit* (ASBw) und die nachgeordneten MAD-Gruppen I-VI und S in Bonn unterstellt. Gleichfalls 1957 wurde die Unterabteilung Fü B I – später Stabsabteilung I im *Führungsstab der Streitkräfte* (FüS I) – errichtet, die von 1957 bis 1959 für das »Militärische Nachrichtenwesen« der Bundeswehr verantwortlich war. Von 1957 bis 1962 wurde sie von Brigadegeneral Gerhard Wessel geleitet, der vorher als Unterabteilungsleiter UA IV I den MAD geführt hatte. 1971 erhielt sie ihre bis heute gültige Bezeichnung *Stabsabteilung II im Führungsstab Streitkräfte* (Fü SII); diese Abteilung ist für den

---

[1] Teuber: *Die Bundeswehr 1955–1995,* Schriftenreihe Führung und Truppe Nummer 5, Patzwall, Norderstedt 1996.

[2] Vergleichbarer Dienstgrad der Bundeswehr: Brigadegeneral

Gesamtaspekt »Militärisches Nachrichtenwesen der Bundeswehr« verantwortlich. Als Ausbildungsstätte für das »Militärische Nachrichtenwesen der Bundeswehr« wurde 1957 die *Schule für Nachrichtenwesen der Bundeswehr* (SNBw) in einer für die französischen Besatzungstruppen des Rheinlandes 1920 in Bad Ems errichteten Gendarmeriekaserne eingerichtet. Mit diesen Organisationsmaßnahmen waren in Grundzügen die Aufgaben und militärische Zuständigkeiten für Nachrichtengewinnung und Spionageabwehr in der BRD für die nächsten Jahre festgelegt und, wie sich zeigen wird, auch die daraus häufig resultierenden Unzulänglichkeiten. Dem »Militärischen Nachrichtenwesen« des Bundesministeriums für Verteidigung wurden keine Aufklärungsbefugnisse im Ausland zugestanden, dem *Militärischen Abschirmdienst* oblag lediglich die Spionageabwehr in der Truppe, offensive nachrichtendienstliche Gegenoperationen im Ausland waren dem MAD strikt untersagt. Wurden bei Ermittlungen des MAD innerhalb der Streitkräfte Bezüge zu Personen außerhalb des Bundeswehrbereiches offenbar, war der MAD gehalten, den Vorgang im Rahmen der »Unkeler Richtlinien« (Zusammenarbeitsrichtlinien) an das zuständige *Landesamt für Verfassungsschutz* abzugeben. Der BND[3] war und ist nach wie vor die Zentralbehörde der Bundesrepublik Deutschland, die auch gegenüber Partnerdiensten im Ausland die Interessen Deutschlands im Rahmen der Elektronischen Aufklärung wahrnahm. Sie war und ist auch heute noch Herr des Verfahrens bei der Erfassung, Auswertung und insbesondere Weitergabe und Zugang zu Ergebnissen der Fernmeldeelektronischen Aufklärung sowohl innerhalb der deutschen Regierung als auch innerhalb der NATO und sonstiger, befreundeter Dienste. Schon seit den fünfziger Jahren erhielten mit Billigung durch US-Stellen das *Bundesamt für Verfassungsschutz* und die *Landesbehörden für Verfassungsschutz* durch die OG Informationen über verfassungsfeindliche Bestrebungen und zur Abwehr der Spionage in Deutschland. Die Funkabwehr, das heißt das Aufspüren feindlicher Sender auf deutschem Boden, wurde dem *Bundesgrenzschutz* übertragen.

---

3 BMVg FüS II 2, Allgemeiner Umdruck 122: *SichhBestFmAufklBw (VS-NfD)*, Ausgabe 1983.

1. Der Bundesnachrichtendienst und seine technischen Aufklärungskomponenten

Mit Übernahme der *Organisation Gehlen* (OG) als BND unter Verantwortung des Bundeskanzleramtes, verfügte die Bundesrepublik offiziell über einen Auslandsnachrichtendienst, dem zu diesem Zeitpunkt von politischer Seite keine Zuständigkeiten im Inland und schon gar keine Exekutivbefugnisse zugebilligt wurden.

Mit der Übernahme der OG als BND wurden die Weichen für die Errichtung des *Amtes für Militärkunde* (AMK) im Jahre 1957 gestellt, dessen erster Leiter der langjährige OG-Mitarbeiter und spätere Brigadegeneral Hans-Heinrich Worgitzky wurde. Als Abteilungsleiter im AMK fungierte von 1957 bis 1961 Brigadegeneral Wolfgang Langkau.

Das *Amt für Militärkunde* »verwaltet« die zum BND als Dauer-oder Zeitverwender abkommandierten beziehungsweise versetzten Angehörigen des Verteidigungsressorts, die im BND unterschiedliche Funktionen, insbesondere in der Auswertung und im Bereich der *Technischen Aufklärung* wahrnehmen. Die während der Regierung Erhard von verschiedenen Seiten erhobenen Vorschläge, die drei deutschen Dienste[4] (BND, BfV und MAD) unter einem Minister zusammenzufassen, haben sich glücklicherweise aus innenpolitischen Gründen nicht materialisieren lassen. 1968 wurde General a.D. Gehlen mit Erreichen der Altersgrenze in den Ruhestand versetzt, sein Nachfolger wurde General Wessel. Die Erfolge und Misserfolge der OG, des späteren BND, wurden in einschlägigen Veröffentlichungen ausführlich behandelt und kommentiert, so dass keine Notwendigkeit besteht, sie hier nochmals zu vertiefen. Auch auf Behandlung der innenpolitischen Probleme im Zusammenhang mit der Tätigkeit des BND wird bewusst verzichtet. Gleichwohl fehlen auch bis heute noch verlässliche Informationen über den Aufbau der Fernmelde- und Elektronischen Aufklärung, der Technischen Aufklärung des BND[5]. Bereits seit Anfang der fünfziger Jahre wurde es für die Nachrichtendienste der westlichen Welt immer schwieriger, Mitarbeiter in den Staaten des Ostblocks zu etablieren und dort Quellen zu gewinnen, die in der Lage sein konnten, Informationen politischer und militärischer Art zu liefern, die nicht durch gegnerische Dienste initiiert waren. Natürlich verfügten die westlichen Dienste über teilweise hochrangige und ergiebige Einzelquellen. Für den Aufbau einer Organisation, die in der Lage sein musste, frühzeitig Indikationen für die Absichten der Gegenseite zu liefern, sowohl auf politischem Gebiet als auch im militärischen Bereich, reichten die sporadischen und auf enge Teilbereiche begrenzten Informationen selbst hochrangiger Quellen nicht aus. Deshalb hatte General a.D. Gehlen sehr frühzeitig entschieden, in der OG und später im BND eine *Technische Aufklärung* einzurichten, die in der Lage sein sollte, mit technischen Mitteln, insbesondere der Funküberwachung, zunächst kontinuierlich Informationen über Gliederung, Kräfteordnung, Ausrüstung und Absichten der sowjetischen und deutschen Streitkräfte in der DDR und des späteren Warschauer Paktes zu beschaffen. Der Auftrag sollte später mit dem Wachsen des BND und der weltweiten

---

[4] Gehlen: *Der Dienst,* v. Hase & Köhler, Mainz 1971.

[5] Müller/Mueller: *Gegen Freund und Feind,* Rowohlt, 2002.

Interessen der Bundesregierung wesentlich erweitert werden. Erst nach Übernahme des BND in den Bundesdienst konnten die aus finanziellen und anderen Gründen bisher nicht zur Verfügung stehende Ausrüstung für die Ausstattung eines Horchdienstes beschafft werden. Zu dieser Zeit waren in den Gruppen *ND-Technik und Forschung* sowie *Fernmeldewesen/Funkaufklärung* etwa 250 Mitarbeiter des BND beschäftigt. Eine genaue Zuordnung der Mitarbeiter zu den beiden Bereichen ist auch heute noch nicht möglich. Mitte der fünfziger Jahre war die Zentrale des BND[6] gegliedert in:

Abteilung I Beschaffung (Militärische Aufklärung, politische Aufklärung und Wirtschaftsaufklärung)
Abteilung II (Psychologische Kriegführung, Sabotage, Zersetzung, E-Fall)
Abteilung III (Auswertung) Unterabteilung III F-Gegenspionage

Im Regionalbereich verfügte der BND über so genannte *Generalvertretungen*:
B – Hamburg
L – Karlsruhe
H – Darmstadt
G – München
C – Stocking bei München

Es kann nicht ausgeschlossen werden, das der BND auch in Berlin über eine *Generalvertretung* verfügte. Unterhalb der Ebene *Generalvertretung* war der BND durch getarnte Außenstellen in Unternehmungen aller Art in der Fläche präsent.

Aus operationellen Gründen ist die von außen erkennbare Organisation eines Nachrichtendienstes durch Auflösung, Verlegung, Umgliederung und Umbenennung von Dienststellen, Tarnorganisationen, Niederlassungen immer in Bewegung, um die Aufklärung durch gegnerische Nachrichtendienste zu erschweren. Deswegen ist es auch heute noch nicht immer einfach, die Organisationsstruktur der *Technischen Aufklärung* des BND bis in letzte Einzelheiten aufzulösen. Fest steht jedoch, das sich der BND seit seiner Übernahme in den Bundesdienst mehr oder minder offiziöser Dienststellen bei der Abdeckung seiner Aktivitäten bedient hat. So war den gegnerischen Diensten seit langen Jahren die Funktion der *Bundesstelle für Fernmeldestatistik* (BFSt) als Teil der *Technischen Aufklärung* des BND bekannt. Nicht minder bekannt waren zumindest Eingeweihten Mitarbeiterverhältnisse beim *Bundesvermögensamt Abteilung Sondervermögen,* so zum Beispiel in Konstanz am Bodensee und in Bamberg, oder bei der *Hauptstelle für Befragungswesen* in Zirndorf bei Nürnberg wie auch der *Bundesverwaltungsamt Außenstelle*[7] in Hof, die der konspirativen Abdeckung der Tätigkeit für den BND dienten. Die *Bundesstelle für Fernmeldestatistik* nutzte in den sechziger Jahren in der Regel handelsübliche Fahrzeuge, die ein Amtskennzeichen der Zulassungsstellen Braunschweig (BS), Kassel (KS) und Lauf an der Pegnitz (LAU) sowie eine meist vierstellige Zahl trugen und als solche leicht zu identifizieren waren. In der Anfangsphase waren die meist in Bundeswehrobjekten untergebrachten Erfassungsstellen nicht im öffentlichen Telefonbruch verzeichnet. Später jedoch in der Regel unter der Eintragung »Bundesstelle für Fernmeldestatistik (BFSt)«. Auf Grund der technischen Anlagen (Antennenmasten, später auch Spezialantennen für der VHF/UHF-Bereich und Satel-

---

6 Mader: *Die graue Hand,* Kongress-Verlag, Berlin o.J.

7 Vermutlich eine Dienststelle der strategischen Postkontrolle des BND. Im gleichen Gebäude war bis 1945 eine Dienststelle des SD untergebracht, die ähnlichen Zwecken diente. Kahn: *Hitlers Spies,* Hodder & Stoughton, London 1978.

litenempfangsantennen) konnte die Legendierung dieser Einrichtungen nur noch in Einzelfällen aufrecht erhalten werden. Gleichwohl arbeiteten die Mitarbeiter der BFSt mit Klarnamen (KN) und Arbeitsnamen (AN) oder Decknamen (DN). Militärische Angehörige der BFSt führten nach Einführung der neuen Truppenausweise im Bereich der Bundeswehr teilweise Truppenausweise, deren untere Hälfte normalerweise die Truppenzugehörigkeit des Inhabers dokumentierte. Diese untere Hälfte fehlte hier aber und zeigte nur den Hinweis «auf Anordnung des BMVg entfernt«. Ob auch hier Truppen- und Dienstausweise auf Arbeitsnamen oder Decknamen ausgegeben wurden, ist nicht ganz klar. Der Klarname des Mitarbeiters der BFSt war den Gastgebern in Anlagen der Bundeswehr meist nicht bekannt, da er in der Regel seinen Arbeitsnamen benutzte und dafür auch über entsprechende Ausweispapiere verfügte. Auch enthielten die Partnerkontaktmeldungen, die durch eine Stelle in München an die aufnehmende Einheit per Fernschreiber gesandt wurden, gelegentlich Hinweise auf Klarnamen. Pikanterweise wurden diese Meldungen lange Zeit von dem später enttarnten BND-Mitarbeiter Alfred Spuhler einem IM des MfS, der zu dieser Zeit für die Anmeldungen der Besucher (Partnerkontaktmeldungen) zuständig war, als Genehmigender unterschrieben. Ob die Mitarbeiter der BFSt für ihre privateigenen Kraftfahrzeuge gesperrte Tarnkennzeichen, d.h. der Halter war einer Halteranfrage bei der Kfz-Zulassungsstelle in der Regel nicht unterworfen, erhielten, mag in Einzelfällen durchaus zutreffend sein. Ob dies die Regel war, kann nicht mit letzter Gewissheit festgestellt werden. In jedem Falle hat dies mit Sicherheit zur Enttarnung des einen oder anderen Mitarbeiters durch fremde Dienste geführt, da für den Kundigen allein schon der Hinweis der Kfz-Zulassungsstelle auf die Auskunftssperre des Kennzeichens Rückschlüsse auf eine mögliche sensitive Tätigkeit zuließ und deshalb, insbesondere im Grenzraum, weitere Nachforschungen des gegnerischen Dienstes initiierte. Entsprechende Fälle sind aus der Literatur und spätestens seit Zugang zu den Unterlagen des MfS nach der Wende nachweisbar. Dies mag auch zur Enttarnung mancher Mitarbeiter der Zentrale in Pullach durch das MfS geführt haben, deren Fahrzeuge im Bereich des damaligen Wehrbereichskommandos VI in München, Dachauer Straße 128, zu parken waren, da die Insassen die Fahrt in die Zentrale nach Pullach mit einem neutralen Bus durchführten. Dass der Dienst in diesem Bereich eine Dependance unterhielt, war eingeweihten Kreisen seit langem bekannt. Daran änderte auch die Präsenz des *Militärischen Abschirmdienstes* (MAD-Gruppe VI) in dieser Liegenschaft nichts. Von Mitte 1958 bis Ende 1959 wurden für die Erweiterung der *Technischen Aufklärung*[8] des BND an handelsüblichen Geräten beschafft:

- 94 Kurzwellen und Ultrakurzwellen-Sender
- 3 Funkfernschreibempfangsanlagen
- 3 UKW-Peilanlagen
- 6 Kurzwellenpeilanlagen
- 3 Heptagon-Antennenanlagen

Es darf daher vermutet werden, dass die sechs Kurzwellenpeilanlagen für den Ausbau folgender KW-Peilstellen des BND vorgesehen waren:

- Husum (Deckname KASTAGNETTE)
- Lauf a.d. Pegnitz
- Butzbach
- Berlin/Tegel? (Tarnbezeichnung: *Arbeitsgruppe für Vergleichsuntersuchungen*)
- Söcking bei Starnberg
- Kassel/Braunschweig (Bundeswehrkaserne?)
- Augsburg-Gablingen (späterer Deckname: DREHPUNKT)

Die Decknamen der Peilstellen: SENNHÜTTE/STEMMBOGEN/GIPFELKREUZ/HOCHWALD[9] konnten Objekten noch nicht zugeordnet werden. In Stockdorf (PLANET) befand sich die Entwicklungsabteilung für die *Technische Aufklärung* des BND. Eine der VHF/UHF(UKW)-Peilanlagen dürfte zumindest auf dem Hohen Meissner, die zweite in Berlin und die dritte Anlage könnte im Bayerischen Wald eingesetzt worden sein. Vermutlich wurden die Kurzwellensender zum Großteil für die Sendeanlagen des BND auf dem Truppenübungsplatz Baumholder[10] eingesetzt, um von dort aus Funkverbindung zu den eingesetzten Mitarbeitern des BND im Ostblock aufrechtzuerhalten. Offensichtlich hatte zu diesem Zeitpunkt die *Deutsche Bundespost* noch keine Sendekapazitäten bereitgestellt, obgleich zu diesem Zeitpunkt die Übersee-Sende-Funkstellen Elmshorn, Mainflingen, Bonames, Bad Vilbel auf Grund ihrer technischen Ausstattung für die Aussendung von weltweiten Signalen im Kurzwellenbereich zur Verfügung gestanden haben. Ob hier politische Gründe für eine Weigerung maßgeblich waren, kann nicht beurteilt werden, denn später wurde ein Teil der BND-Blindfunksendungen im ungerichteten A3-Telefonie-Verkehr über Sendestellen der DBP abgewickelt. Für eine kurze Zeit wurden auch Sprach-Schnellsende-Übermittlungen während normaler Hörfunksendungen durch die Rundfunkanstalten gesendet. Ob sich diese Übermittlungsart bewährt hat, mag bezweifelt werden. Zu dieser Zeit, etwa 1959, führte der BND, ähnlich wie sein Gegenspieler, das *Ministerium für Staatssicherheit*, sowie andere westliche und östliche Dienste, ihre Agenten mit Hilfe des Funkführungsdienstes im Kurzwellenbereich im individuellen Rundspruchdienst (A3-Telefonie). An bestimmte Zielpersonen gingen vermutlich Exklusiv-Frequenzen im Kurzwellenbereich oder Schnellinformationssendungen auf allen Kurzwellenfrequenzen (A3-Telefonie), die dem Dienst damals zur Verfügung standen. Der Sonderblindfunkdienst im A1 (Morseverkehr), blieb offensichtlich gut ausgebildeten Agenten vorbehalten. Soweit bekannt, wurden diese Sendungen von den Sendestellen MÜHLE in Kreuzholzhausen bei Dachau, KLEEFELD in Söcking, sowie ALPINA in Tutzing aus abgesetzt. Inwieweit das *Ministerium für Staatssicherheit* in die Funkbeziehungen des BND einbrechen konnte, wird im Kapitel IV. behandelt. Später kamen sicherlich noch Sendestellen der *Deutschen Bundespost* hinzu. Als Vorbereitung für den Ernstfall (Mob-Fall) war geplant, die Zentrale des BND auf die Iberische Halbinsel zu verlegen, die fernmeldetechnische Anbindung sollte über zwei Funkstellen erfolgen, die in der Nähe von Madrid errichtet wurden. Als Zwischenlösung wurden die vom US-Nachrichtendienst zur Verfügung gestellten leistungsfähigen Sende- und Empfangsanlagen in Spanien aufgestellt, bis die durch die damalige SEL (Standard Elektrik Lorenz AG) konstruierten deutsche Sende- und Empfangsanlagen endgültig errichtet werden konnten. Zu dieser Zeit wurden auch Planungen für die Errichtung einer BND-HF-Horchstation in Spanien in der Nähe von Manzanares aufgenommen. Allerdings konnte dieser Außenposten erst Anfang der siebziger Jahre endgültig in Betrieb genommen werden. Um eigene Agenten im Kriegsfall bei Aufgabe der Einrichtungen in und um München weiterhin über Funk führen zu können, entwickelte der BND bereits 1955 das System *Kurzsignalgerät* (KSG)[11], dessen Entwicklungsphase 1956 abgeschlossen war. Dieses Gerät ermöglichte auch ohne Morsekenntnisse die Übermittlung von Signalen an die Zentrale des BND, allerdings unter

8 Müller/Mueller: *Gegen Freund und Feind,* Rowohlt, 2002.

9 Schmidt-Eenbohm: *Der BND,* Econ, 1993.

10 In Baumhoder befand sich zu dieser Zeit ebenfalls eine amerikanische Sendeanlage in der Nähe der Einfahrt zur Militärsiedlung (Block 8819), aus der Funkbetrieb durchgeführt wurde und die mit einem hohen, durch Stacheldraht gekrönten Zaun umgeben war.

Verzicht auf ein allzu großes Vokabular an zu übermittelnden Begriffen, was jedoch für den Normalfall als ausreichend betrachtet wurde. Gegen Ende 1959 wurden etwa 90 Quellen des BND hinter dem Eisernen Vorhang auf diese Art fernmeldetechnisch an die Zentrale in Pullach angebunden. Sendestellen befanden sich seinerzeit möglicherweise in Tutzing (ALPINA), Stockdorf (FORSTHAUS?, PLANET), Söcking (KLEEFELD) und Kreuzholzhausen (MÜHLE). Allerdings ist festzustellen, dass die Entdeckungswahrscheinlichkeit bei diesen Geräten, selbst wenn sie in einem Gegenstand des täglichen Lebens verborgen waren, insbesondere bei Sendetätigkeit relativ hoch war, da der gegnerische Funküberwachungsdienst im Laufe der Zeit seine Methoden verfeinerte und über immer fortschrittlichere Geräte zur Erfassung derartiger Funkverkehre verfügte. Da jedoch die Spitzenquellen des BND weitaus umfangreichere und möglicherweise zeitkritischere Meldungen an die Zentrale abzusetzen hatten, begann der Dienst relativ früh mit den Entwicklungsarbeiten zum Schnellübermittlungssystem HARPUNE[12], dessen Entwicklung und Bau durch AEG/TST Ulm aber erst später in den siebziger Jahren abgeschlossen wurde. Das Gerät sollte nicht nur hochrangigen Quellen des BND, sondern auch Angehörigen einer bereits durch die OG und später unter Verantwortung des BND weitergeführten, zumindest bereits mit Rahmenpersonal aufgestellten *STAY-BEHIND ORGANISATION* (SBO) im Rahmen des NATO-Programms GLADIO, zur Kommunikation mit der Zentrale des BND übergeben werden. Für diese Organisation waren in den fünfziger Jahren etwa 75 Mitarbeiter des BND als Funker des Quellennetzes vorgesehen. In den späten sechziger Jahren wurde als Ergänzung zum bestehenden Kurzwellennetz des BND eine Funkstelle (HELIOS) in Italien errichtet. Möglicherweise verfügte der BND in dieser Zeit auch über Peilstellen in Frankreich und Spanien. Ob die zu einem späteren Zeitpunkt aufgestellten Fernspäheinheiten der Bundeswehr mit dem System HARPUNE oder später FS 5000[13] ausgerüstet wurden, ist nicht sicher, erscheint jedoch für Einzelfälle wahrscheinlich. Sicher ist jedoch, dass das System HARPUNE auch von befreundeten Diensten verwendet wurde. Der BND beschaffte bei AEG/TST zu diesem Zweck insgesamt 854 Systeme zu einem Stückpeeis von 29.274 DM. Vermutlich blieben 138 Systeme im Bestand des BND, die restlichen Systeme wurden offenbar an Partnerdienste (u.a. MI5 und die schweizerische SBO, Loge P 16 sowie an den italienischen Nachrichtendienst) abgegeben. Es ist jedoch davon auszugehen, dass ein großer Teil der beim BND verbliebenen Systeme HARPUNE für den Einsatz der BND-eigenen SBO vorgesehen war. Daraus kann gefolgert werden, dass der BND bis Mitte 1989 über ein »Quellennetz«[14] von etwa 200 Mitarbeitern in der Bundesrepublik verfügt haben könnte. In den achtziger Jahren entwickelte der BND das Übermittlungssystem SCHNELLBAHN[15], mit dem der Mitarbeiter des BND in der Lage war, größere Mengen an Daten verschlüsselt über jedes Telefon an einen beliebigen, unverfängliche Telefonanschluss mit Anrufbeantworter zu übermitteln. Die

---

[11] Möglicherweise handelt es sich hierbei um die Weiterentwicklung eines Schnellübermittlungsgerätes für Kurzwelle mit Sprachaufzeichnung, dessen Vorläufer bereits 1944 durch Techniker des RSHA für Übermittlungszwecke entwickelt wurde. In der Literatur wurde bisher über dieses Gerät noch nicht berichtet. Siehe auch Schellenberg: *Aufzeichnungen*, Seite 338 ff. Der Einsatz dieser Einrichtung erfolgte durch einen deutschen Agenten in Rom und erlaubte die Übermittlung von zwei DIN-A4 Seiten gesprochenen Textes, der auf einem Stahlband aufgenommen wurde und in weniger als einer Sekunde an die Empfangsstelle des RSHA übermittelt werden konnte.

[12] Mecklenburg: *Gladio,* Elefanten Press, Berlin 1997; Juretzko/Dietl: *Bedingt dienstbereit,* Ullstein, Berlin 2004.

[13] Juretzko/Dietl: *Bedingt dienstbereit,* Ullstein, Berlin 2004, Seite 93 (KW-Funkgerät: Reichweite 5000 km)

[14] Schmidt-Eenboom: *Der BND,* Econ, Düsseldorf 1993, Seite 380 ff.

[15] Juretzko/Dietl: *Bedingt dienstbereit,* Ullstein, Berlin 2004, Seite 317.

Hauptabteilung III des *Ministeriums für Staatssicherheit* war jedoch in der Lage, mit Hilfe computergesteuerter Systeme sowohl den gesprochenen Text als auch die verschlüsselte Nachricht zu erfassen. Ob es ihr allerdings gelungen ist, den BND-Schlüssel zu lösen, ist bis heute nicht klar. Mitte der fünfziger Jahre scheint sich eine feste Horchstelle in Krailling (Deckname DACAPO) befunden zu haben. Daneben wurden weitere Horchstellen u.a. in Kassel und Braunschweig errichtet. Bis Ende der fünfziger Jahre lag das Schwergewicht der Horcherfassung durch den BND beziehungsweise der *Bundesstelle für Fernmeldestatistik* vorwiegend im Bereich der Kurzwellenfunkverbindungen der sowjetischen und anderer Warschauer-Pakt-Streitkräfte im Vorfeld der NATO. Erst Mitte der sechziger Jahre sollte die grenznahe Erfassung von VHF/UHF-Verkehren im Verbund mit den Erfassungsanlagen des Heeres und der Luftwaffe einsetzen[16]. Aus dem Jahre 1958 datiert auch eine Vereinbarung zwischen dem BND und dem Verteidigungsministerium in Bonn, in der festgelegt wurde, dass die Bundeswehr die Erfassung der militärischen Funkverkehre im vorderen Raum aus der DDR, einschließlich der dort stationierten sowjetischen Truppen, Polen, der CSSR und Ungarns übernehmen sollte. Der BND sollte im Gegenzug die Erfassung der sowjetischen rückwärtigen Führungsverbindungen und Festsetzung von Prioritäten und die Verteilung der Ergebnisse sowie der Zusammenarbeit mit Partnerdiensten wahrnehmen. Die Vorbereitungen der DDR für die Abriegelung Westberlins am 13. August 1961 wurden durch den *Bundesnachrichtendienst*[17] und die Partnerdienste relativ frühzeitig erkannt. Nicht jedoch der zu erwartende Umfang der Maßnahmen der DDR und das genaue Datum der Operation. Da in diesem Zusammenhang so gut wie keine funkgebundenen Fernmeldeverkehre anfielen, konnte auch hier die Horcherfassung des BND keine konkreten Hinweise auf den Zeitpunkt der zu erwartenden Maßnahmen der DDR liefern. Offensichtlich verfügte der BND aber nicht über Quellen in der Nähe des Entscheidungszentrums der DDR-Regierung. Nicht auszuschließen ist, dass die *Berlin Operation Base* (BOB) der CIA durch ihre Kontakte und Quellen im sowjetischen Hauptquartier in Karlshorst oder Wünsdorf-Zossen über den Umfang der zu erwartenden Maßnahmen informiert war, jedoch auf Grund einer Entscheidung des damaligen Präsidenten John F. Kennedy, der die Angelegenheit als ausschließlich sowjetisches Problem betrachtete und amerikanische Rechte in Berlin nicht tangiert sah, den deutschen Dienst nicht ausreichend informierte. Im übrigen verfügten die Alliierten zu dieser Zeit in Berlin nicht über nennenswerte militärische Kräfte, die mit einiger Aussicht auf Erfolg gegen die Mauerbau hätten vorgehen können. Die sich abzeichnende technische Entwicklung bei der Übermittlung von Nachrichten mit Hilfe von Satelliten veranlassten den BND Mitte der sechziger Jahre, entsprechende Empfangs- und Analysesysteme zu beschaffen und an empfangstechnisch günstigen Orten einzusetzen. Auch zeichnete sich der vermehrte Einsatz der Richtfunktechnik durch die sowjetischen und ostdeutschen Streitkräfte in der DDR ab, so dass auch in diesem Bereich entsprechende Empfangs- und Analysesysteme zu beschaffen und auf Grund der empfangstechnischen Erfordernisse entlang der innerdeutschen Grenze, wenn möglich auf »Hohen Punkten«, zu errichten waren. Mit Hilfe dieser Einrichtungen konnten später auch Gespräche, die im unabhängigen Richtfunknetz der staatlichen Behörden der DDR geführt wurden, erfasst werden. Bei der Suche nach günstigen Aufbauplätzen nutzte die *Bundesstelle für Fernmeldestatistik* in der Regel geeignete Zivilfahrzeuge, allerdings üblicherweise mit Kasseler (KS) oder Braunschweiger (BS) Amtskennzeichen, so dass auch

---

[16] Grabau: *Bundesnachrichtendienst oder Bundeswehrführung,* Die F-Flagge, Beilage 02/3001

[17] Tolmein: *Aufmarsch gegen die Bundesrepublik Deutschland,* VPA, Landshut 1971; W. Smidt und V. Foertsch, ehemals BND, in der Fernsehdokumentation des WDR *Gegen Freund und Feind*, 2003.

diese Einsätze durch die gegnerische Aufklärung leicht zu identifizieren waren. Der Einsatz der zivilen Fahrzeuge durch die BFSt resultiert möglicherweise aus den Problemen, mit denen sich die Bundeswehr im Grenzgebiet auf Grund des »Grenzsicherungserlasses« konfrontiert sah, da Dienstfahrzeuge der Bundeswehr den 3-km-Streifen nur unter strengsten Auflagen, den 1-km-Streifen zur innerdeutschen und zur bayerisch-tschechischen Grenze nur im durch höhere Kommandobehörden zu genehmigenden Einzelfall und unter Begleitung des BGS oder der *Bayerischen Grenzpolizei* mit Einzelfahrzeugen befahren durfte. Die taktischen Kennzeichen der Fahrzeuge waren in einem solchen Fall unkenntlich zu machen. Mitte der sechziger Jahre wurde auch den entsprechenden Fachstellen des Verteidigungsministeriums klar, dass VHF/UHF-Fernmeldeverkehre auf Grund der Ausbreitungsbedingungen nur durch Erfassung aus grenznahen Stellungen aufgeklärt werden konnten. Hier zeichnete sich bereits in Grenzen eine Kooperation zwischen der *Technischen Aufklärung* des BND und der noch auszubauenden *Fernmelde- und Elektronischen Aufklärung* der Bundeswehr ab, über die im Teil Bundeswehr noch näher berichtet wird. Für die Aufklärung von Satellitensystemen und Troposphären-Scatter-Verbindungen des Hauptquartiers der *Gruppe der Sowjetischen Truppen in Deutschland* (GSTD) in Wünsdorf bei Berlin errichtete der BND in Monschau-Höven eine entsprechende Erfassungsanlage für satellitengestützte Kommunikationsverbindungen, in der etwa 90 Mitarbeiter mit der Erfassung der Kommunikationsinhalte (Telefon, Fax und Fernschreiben) beschäftigt waren. Ob und inwieweit hier eine Arbeitsteilung mit der im Objekt SEELAND in der Nähe von Mietraching/Bad Aibling befindlichen Erfassungsstelle des BND stattgefunden haben mag, ist nicht auszuschließen, da zumindest die Möglichkeit bestanden haben könnte, dass die in Bad Aibling befindliche *USASA Field Station* (Deckname WILDBORE) über entsprechende Empfangsmöglichkeiten verfügt haben könnte. Ob die in Zusammenarbeit mit dem französischen Dienst und dem *44e RT* in Achern betriebene Erfassungsanlage zu diesem Netz gehört hat, ist auch heute noch nicht mit letzter Sicherheit auszuschließen. Das *Ionosphäreninstitut* in Breisach, später Rheinhausen, scheint in die Erfassung mit eingebunden gewesen zu sein. Nachdem 1968 Generalleutnant Wessel die Führung des *Bundesnachrichtendienstes* übernommen hatte, wurde auch auf Grund von Untersuchungen, die im Auftrag des Bundeskanzlers durchgeführt wurden, sehr bald klar, das der BND entsprechend den Aufklärungsforderungen, die an ihn herangetragen wurden, restrukturiert werden musste. Er wurde daher in der Folgezeit in die Abteilungen[18]

I Beschaffung
II Technik
III Auswertung
IV Zentrale Aufgaben
Strategischer Dienst[19] gegliedert.

Daneben verfügte der BND in Deutschland über mindestens 100 Außenstellen, die mehr oder minder unter Legenden geführt wurden. Die Verbindungen zu einer Reihe von befreundeten und Partnerdiensten wurden entsprechend den Erfordernissen genutzt.

Im Ausland war der BND über Residenturen vertreten, teilweise unter legaler Abdeckung innerhalb der Botschaft, aber gelegentlich auch unter anderen Tarnungen. Mit den *Landesbehörden für Verfassungsschutz,* dem MAD und anderen Behörden wurde eine

[18] Zolling/Höhne: *Pullach intern,* Hoffmann & Campe, Hamburg 1971.
[19] Felfe, H.: *Im Dienst des Gegners,* Verlag der Nation, Berlin 1988.

institutionalisierte Kooperation gepflegt. In den Landeshauptstädten der Bundesländer wurden so genannte *Verbindungsreferenten des BND* etabliert. Der *Strategische Dienst* unterstand offensichtlich direkt dem Präsidenten des BND und bildete die Keimzelle für die spätere, weltweit ausgerichtete Aufklärung.

Die Ereignisse im Zusammenhang mit dem Prager Frühling und der darauf folgende Übungsaufmarsch der sowjetischen Truppen in der CSSR konnte sowohl durch den BND als auch die *Fernmelde- und Elektronische Aufklärung* der Bundeswehr relativ früh und umfassend aufgeklärt werden, weil die sowjetischen Truppen entgegen früher geübter Praxis ihren Aufmarsch funktechnisch nicht verschleierten, möglicherweise aus politischen Gründen, und es dadurch gelang, Kräfteordnung, Dislozierung der Truppen und Führungsstellen der Okkupationskräfte funktechnisch zu erfassen. Gleichwohl bestand die Gefahr, dass sowjetische Truppen, die parallel zur bayerisch-tschechischen Grenze vorrückten, unbeabsichtigt deutsches Gebiet verletzen konnten. Dies zeigte sich am Grenzübergang bei Schirnding[20], als ein sowjetischer Kampfpanzer vom Typ T 55 auf bayerisches Gebiet gerollt wäre, hätte der tschechische Grenzposten nicht geistesgegenwärtig die Schranke herabgelassen. Die Folgen, die sich aus einer Konfrontation zwischen sowjetischen Panzern und Kräften des *2nd ACR* des US-Heeres, die aus ihrem *Border Post* Haingrün bei Marktredwitz kommend, in der Nähe Stellung bezogen hatten, können auch heute noch nicht abgeschätzt werden. Einer vertraulichen Mitteilung zufolge sollen die in diesem Raum eingesetzten sowjetischen Truppen ausschließlich über Kartenmaterial des Grenzraumes aus dem Jahre 1941 verfügt haben. Weitere Einzelheiten zu den Ereignissen im bayerisch-tschechischen Grenzraum um den 21. August 1968 werden später behandelt. Bereits zu einem sehr frühen Zeitpunkt in den fünfziger Jahren übernahm der BND auch grundsätzliche Funktionen im Rahmen des Chiffrierwesens für die Bundesregierung und nachgeordnete Bundesbehörden. Zu diesem Zweck wurde die *Zentralstelle für Chiffrierwesen* (ZfChi) in Bonn errichtet. Aus dieser Zentralstelle sollte später das *Bundesamt für die Sicherheit im Informationswesen* (BSI) entstehen. Aufgabe dieser Zentralstelle, die das gesamte Chiffrierwesen der Bundesbehörden einschließlich der Bundeswehr kontrollierte, war die Entwicklung sicherer Verschlüsselungs- und Chiffriermethoden. Ob sich diese Stelle auch mit der Lösung komplexer fremder Codes und Chiffrierungen beschäftigt hat, kann nicht ausgeschlossen werden. Jedoch ist nicht bekannt, ob für diesen Zweck entsprechend leistungsfähige Rechenanlagen, die in den USA zu dieser Zeit nur der NSA verfügbar waren, beschafft wurden. Die Zentralstelle war auch maßgeblich an der Entwicklung von Schlüsselgeräten (ELCROVOX, ELCROTEL und ELCROBIT) für sensitive Regierungs- und Militärkommunikation in Deutschland in den siebziger Jahren beteiligt. Dies hat jedoch das *Ministerium für Staatssicherheit* nicht daran hindern können, zumindest im Wehrbereich VI München für einen gewissen Zeitraum Schlüsselverbindungen im Fernschreibnetz des Wehrbereichskommandos mitzulesen, da es die jeweiligen Schlüssel durch Verrat eines Soldaten in Besitz bringen konnte. Der Soldat wurde später enttarnt und erhielt eine langjährige Freiheitsstrafe. Gleiches gilt für einen Mitarbeiter (MfS-Deckname »TOPAS«) aus der Fernmeldezentrale der NATO in Brüssel, der die entsprechenden Schlüsselmittel an das MfS weitergab und so das Mitlesen äußerst sensitiver Kommunikation der NATO erlaubte.

Aus naheliegenden Gründen wurden zum Thema Kryptologie im BND in der Vergangenheit vereinzelt Fakten veröffentlicht und damit der Auswertung zugänglich. Die Unterstützung von Forschungsvorhaben und Intensivierung der Grundlagenforschung im

---

[20] Mitteilung einer amtlichen Gewährsperson im September 1968.

Bereich der *Elektronischen Kampfführung* wurde durch den BND maßgeblich forciert und in vielen Bereichen unterstützt. Dazu gehörten in den siebziger und achtziger Jahren eine Reihe von Instituten und anderen Forschungseinrichtungen in Deutschland, über deren Verbindungen zum BND auch heute noch der Schleier des Geheimnisses liegt. Auf Grund der technischen Weiterentwicklung auf dem Gebiet der Satellitenkommunikation sowohl in den westlichen Industriestaaten als auch in Deutschland kann davon ausgegangen werden, dass der BND seine Führungsverbindungen zu Spitzenquellen und Residenturen im Ausland spätestens seit Ende der achtziger Jahre auf satellitengestützte Verbindungen umgestellt hat. Dass sich der Dienst auch des Internets für die Kommunikation mit Agenten bedienen wird, steht außer Frage. Auch wird der Dienst moderne Chiffrier- und Kryptierverfahren, wie zum Beispiel Steganografie, für seine Kommunikation nutzen. Ob sich der BND mit weiteren modernen Kryptierverfahren, wie Quantum-Kryptografie[21] und damit zusammenhängender Fragen, beschäftigt, kann nur vermutet werden. 1969 wurde die seit der Vereinbarung von 1958 bestehende Abgrenzung der Aufklärungsbereiche zwischen BND und dem Verteidigungsressort durch die »Richtlinien für die Zusammenarbeit zwischen Bundeswehr und Bundesnachrichtendienst auf dem Gebiet der Fernmeldeaufklärung und Elektronischen Aufklärung«[22] neu geordnet. Danach war der Präsident des BND für Gesamtplanung, Aufgabenverteilung und Koordinierung der Fm/EloAufkl zuständig. In diese Zeit datieren auch die für diesen Bereich geltenden Sicherheitsbestimmungen, die das Übprüfungs- und Verpflichtungsverfahren für alle, mit Angelegenheiten der Fm/EloAufkl befassten Stellen regelte. Anfang 1970 wurde die Abteilung II *(Technische Aufklärung)* des BND unter Leitung von Robert Burchardt aufgestellt. Ab diesem Zeitpunkt begann der BND mit seiner *Bundesstelle für Fernmeldestatistik (BFSt)* und deren Erfassungsstellen, sein elektronisches Aufklärungsnetz entlang der innerdeutschen Grenze und der Landesgrenze zur Tschechoslowakei zu verdichten. Mitte der siebziger Jahre war der Personalbestand der Abteilung II so groß geworden, dass die *Zentrale für Ciffrierwesen* (ZfChi) ausgegliedert werden musste, denn die Abteilung II verfügte zu diesem Zeitpunkt über etwa 1600 Mitarbeiter. Dort wo sinnvoll und aus technischen Gründen möglich, nutzte die BFSt Anlagen und Einrichtungen des Heeres und der Luftwaffe und vermutlich auch der Marine in den schrittweise errichteten grenznahen Erfassungsanlagen, so z.B. auf dem Schneeberg, dem Hohen Bogen und an anderen Plätzen. Allerdings fand auf örtlicher Ebene keine offizielle betriebliche Zusammenarbeit zwischen den Dienststellen der BFSt und der Bundeswehr statt. Kontakte beschränkten sich auf Routinevorgänge, die sich aus der Nutzung der Anlagen ergaben, da der Bereich der BFSt ebenso wie die Dienstbereiche der Bundeswehr innerhalb der Anlagen gegeneinander abgeschottet waren und Zutritt nur der erhielt, dessen Sperrzonenausweis die entsprechende Kennzeichnung enthielt.

Geriet ein Horchfunker der Bundeswehr bei seinem Suchbetrieb in bestimmten Frequenzbereichen doch einmal an eine Frequenz, deren Erfassung für die BFSt reserviert war, durften derartige Nachrichteninhalte nicht aufgezeichnet werden. Tatsache ist jedoch, dass die Bundeswehr in keinem Falle zivile westliche Frequenzen, z.B. D-Netz Autotelefone und den »nichtöffentlichen beweglichen Landfunk« (nöbL), überwacht, geschweige denn deren Nachrichteninhalte aufgezeichnet hat. Anfang der siebziger Jahre verdichteten sich in eingeweihten Kreisen die Anzeichen, dass höheren Ortes darüber nachgedacht wurde, die gesamte *Fernmelde- und Elektronische Aufklärung* zu zentralisieren. Dabei kursierten

---

21 Singh: *Codebook,* Fourth Estate, London 1999.

22 Müller/Mueller: *Gegen Freund und Feind,* Rowohlt, Reinbeck 2002.

auch Gerüchte über die Schaffung einer neuen Teilstreitkraft, in der die Fm/EloAufkl der Bundeswehr zentralisiert werden sollte. Andere Quellen sprachen von der Möglichkeit, die Fm/EloAufkl-Einheiten dem Heer anzugliedern. Ein diesbezüglicher Versuch des BND, die gesamte *Fernmelde- und Elektronische Aufklärung* der Bundeswehr in eigener Regie zu übernehmen, scheiterte offensichtlich an politischen Widerständen innerhalb der Regierung. Damit waren zwar die Fronten geklärt, aber, wie sich später zeigen sollte, der Konflikt noch nicht endgültig gelöst. Diese Frage wird in späteren Jahre nochmals das »Militärische Nachrichtenwesen der Bundeswehr« in seiner Gesamtheit berühren und letztendlich zur Aufstellung des *Kommandos Strategische Aufklärung* in Rheinbach bei Bonn führen. Hierüber wird im Teil Bundeswehr noch näher berichtet.

Mitte der siebziger Jahre stellte die Führung des BND in einer Mitteilung an den Generalinspekteur der Bundeswehr fest, dass die vom Koordinierungsausschuss Fm/EloAufl festgelegten und durch die Fm/EloAufkl der Bundeswehr aufzuklärenden Bereiche:

- Fernmeldeverbindungen der sowjetischen Truppen in der DDR und CSSR
- Fernmeldeverbindungen der Nationalen Volksarmee
- Luftstreitkräfte und Luftverteidigung

aus personellen[23] und materiellen Gründen, die in der Verantwortung der Streitkräfte lagen, auch auf längere Sicht nur schrittweise vom BND an die Bundeswehr übergeben werden könnten. Die Bundeswehr setzte für diesen Auftrag (Tarnbezeichnung: KOLCHOSE und CONCORDIA I), der Aufklärung der NVA, der sowjetischen Streitkräfte in der DDR und der CSSR in ihren Heeres-, Luftwaffen- und Marineaufklärungsverbänden zu dieser Zeit etwa 4000 aktive Soldaten ein. Die Erfassung der richtfunkgestützten SED-Parteinetzes in der DDR, strategischer Fernmeldeverkehre und der nach Moskau und den innerrussischen Raum reichenden Fernmeldeverbindungen (Deckbezeichnung: ORLOG), behielt sich der BND auch dieses Mal vor. Die Marine verfügte ab 1971 über vier BREGUET ATLANTIC Seefernaufklärer, die zu SIGINT-Plattformen umgerüstet wurden und von Nordholz und anderen Plätzen mit gemischten Besatzungen (Heer, Luftwaffe, Marine und BND) zu Flügen entlang der innerdeutschen Grenze (IDG), der bayerisch-tschechischen Grenze und über der Ostsee starteten. Über die Versuche der Luftwaffe, frühzeitig mit den Mustern PEMBROKE, C-47 DAKOTA, NORATALAS, HFB-320 und C-160 TRANSALL luftgestützte Erfassung zu betreiben, wird an anderer Stelle berichtet. Dies gilt auch für den Einsatz der Marine-Messschiffe der OKER-, OSTE-und TRAVE- Klasse. Der BND hingegen musste wegen der scheinbar im Bundeswehrbereich vorhandenen Engpässe bei Erfassungskapazitäten in der Erfassung aus dem vorderen Raum weiterhin gut ein Viertel seiner personellen Kapazitäten für die Vorfeldaufklärung einsetzen. Ob die Begründung des BND für eine Weiterführung der Vorfeld- und Tiefenaufklärung tatsächlich einer kritischen Prüfung standgehalten hätte, muss bezweifelt werden. Denn zu dieser Zeit verfügte insbesondere die Luftwaffe über gute taktische, operative und sogar strategische Erfassungsansätze, sowohl im VHF/UHF- als auch im HF-Bereich, dies gilt gleichermaßen für die Erfassung durch das Heer. Möglicherweise zeichnen sich hierbei schon die ersten Konflikte zwischen BND und dem Verteidigungsressort um die Verteilung knapper werdender finanzieller Ressourcen ab. Durch Übungen der sowjetischen Truppen und der NVA, die etwa ab 1972 unter der Bezeichnung »UDAR« in der DDR abliefen und denen ein Szenario zugrunde lag, das einen überraschenden Angriff der Warschauer Pakt-Truppen ohne wesentliche Vorbereitung vorsah, wurde die Früherkennung von entsprechenden Aufmarschbewegungen in der DDR,

---

[23] Müller/Mueller: *Gegen Freund und Feind,* Rowohlt, Reinbeck 2002.

Polen und der CSSR immer wichtiger. Nach längeren Verhandlungen mit der amerikanischen Seite, ohne Beteiligung der Fachstellen des Verteidigungsministeriums, wurde am 5. Februar 1974 im Hauptquartier der *National Security Agency* (NSA) der DREHPUNKT-Vertrag geschlossen, der es dem BND erlaubte, mit etwa 75 Empfangs- und Peilplätzen die Anlage der NSA in Augsburg-Gablingen mitzunutzen. Der BND firmierte dort unter der Bezeichnung *Fernmeldestelle Süd der Bundeswehr.* Allerdings sollte sich später zeigen, dass der BND bei der Nutzung der Systeme durch die Hausherren als Juniorpartner betrachtet wurde und häufig, insbesondere bei zeitkritischen Aufträgen, in der zweiten Reihe stand. Auch wurde den Mitarbeitern des BND der Zugang zu vielen anderen Räumen in der unterirdischen Anlage in Gablingen verwehrt. Dies lässt darauf schließen, dass die Anlage nicht ausschließlich der Erfassung elektromagnetischer Signale gedient haben könnte, sondern das von dort durch die NSA Überwachungsoperationen des deutschen drahtgebundenen Fernmeldenetzes gesteuert wurden, wie dies auch von einem amerikanischen Objekt in Frankfurt am Main bekannt wurde. Richtfunkverbindungen, zumindest im Großraum Augsburg-München waren von Gablingen aus durchaus aufklärbar, zumal die *ASA Field Station* Bad Aibling ebenfalls über entsprechende Kapazitäten verfügt haben dürfte. Zu Anfang 1976 zeigte sich, dass Partnerdienste des BND im Rahmen der Operationen »LAUS« und »ROMAN« daran interessiert waren, vermutlich auch aus Kostengründen, mit dem BND eine engere Kooperation im Bereich der Fm/Elo-Aufkl einzugehen. Bei diesen Gesprächen wurden auch Möglichkeiten erörtert, die Aufklärung aus dem Weltraum gemeinsam zu intensivieren. Interessant ist auch, dass zu diesem Zeitpunkt Absprachen zwischen dem BND und seinen Partnerdiensten (NSA und GCHQ) über die Verteilung der Aufgaben bei der Erfassung der Fernmeldeverkehre aus der DDR stattfanden. Über die Ergebnisse liegen jedoch keine konkreten Angaben vor. Die Versuche Frankreichs, in die Kooperation zwischen BND, NSA und GCHQ einbezogen zu werden, waren trotz des *Joint Venture* mit dem BND in Berlin (Erfassungsstelle Tegel, Deckname »SANDWÜSTE«) nicht von Erfolg gekrönt. Augenscheinlich wurden die BND-Erfassungsstellen in Spandau und Tegel in den achtziger Jahren in den Zoologischen Garten West-Berlins verlegt. Bis 1977 wurden die einzelnen Abteilungen des BND[24] entsprechend der wachsenden Aufklärungsforderungen der politischen Seite personell verstärkt, so dass sich folgende Gliederung ergab:

• Präsident des BND	
• Vizepräsident des BND	
• Inspekteur des BND	(dem Präsidenten direkt unterstellt)
• Verbindungsstab Bonn	(dem Präsidenten direkt unterstellt)
• Verbindungsreferenten zu den Landesregierungen	(dem Präsidenten direkt unterstellt)
• Lagezentrum	
• Abteilung I	Beschaffung
• Abteilung II	Technik
• Abteilung III	Auswertung
• Abteilung IV	Zentrale Aufgaben

Die Abteilungen verfügen über entsprechende Unterabteilungen und Referate, die nach geografischen Gesichtspunkten oder nach dem jeweiligen Auftrag gegliedert sind.

---

[24] Mader: *Nicht länger geheim,* Militärverlag der DDR, Berlin 1978.

Die Leistungsfähigkeit des Dienstes konnte der BND während des Falkland-Krieges 1982 unter Beweis stellen, als in Husum (KASTAGNETTE) aufgenommener, verschlüsselter Funkverkehr der argentinischen Streitkräfte entschlüsselt und an das britische GCHQ weitergegeben wurde. 1976 zeichnete sich ab, dass der BND, wenn er den Anschluss an den technologischen Entwicklungen nicht verlieren wollte, seine Anstrengungen intensivieren musste, den Weltraum in die Aufklärung mit einzubeziehen. Zu diesem Zwecke wurden in der bilateralen deutsch-amerikanischen Arbeitsgruppe ASMARA Gedanken formuliert, die zu einer umfassenden Studie des BND über »Raumfahrt- und Satellitenaufklärung« führte. Später sollte dies zu einer heftigen internen Diskussion über die künftige Gestaltung der deutschen Aufklärung führen, die bis heute (2005) noch nicht endgültig abgeschlossen ist. Da diese Fragestellungen weit über das Jahr 1989 hinausreichen, soll darüber im Teil Ausblick ab Seite 461 berichtet werden. In den siebziger und achtziger Jahren führte der BND die Erfassung aus grenznahen Stellungen fort, wobei auch hier festgestellt werden kann, das entsprechend den technischen Fortschritten die Systeme verfeinert wurden, Erfassungsstellen aufgegeben oder neu eingerichtet wurden. Es zeichnete sich jedoch schon Anfang der achtziger Jahre eine Umorientierung des BND in Bezug auf die weltraumgestützte Aufklärung ab, die spätestens mit der Wiedergewinnung der staatlichen Einheit in Deutschlands in einer strategischen Neuausrichtung der *Fernmelde- und Elektronischen Aufklärung* kulminierte. Schon in den fünfziger Jahren hatte der BND im Rahmen der »Strategischen Kontrolle« teilweise in Zusammenarbeit mit den Alliierten, denen auf Grund der »Vorbehaltsrechte« Maßnahmen der Telefon- und Postkontrolle in Deutschland zustanden, intensive Ausforschung bestehender Post- und Telefonverbindungen[25] mit Ländern des Ostblocks betrieben. Da die Postkontrolle nicht originär mit der *Fernmelde- und Elektronischen Aufklärung* verbunden ist, soll sie hier auch nicht weiter betrachtet werden. Die Überwachung grenzüberschreitender Telefonverbindungen in den Ostblock ergänzte jedoch die Erkenntnisse, die der BND auf Grund seiner intensiven Überwachung bestehender Richtfunkverbindungen, vorzugsweise in der DDR und CSSR, gewinnen konnte. Zu diesem Zweck wurden unter der Tarnung *Stelle für Spezielle Datenverarbeitung* Außenstellen zur Telefonüberwachung eingerichtet, deren Ergebnisse in die Lagebeurteilungen des Dienstes mit einflossen. Diese Kontrollmaßnahmen wurden jedoch erst 1990 offiziell eingestellt. 1983 veranstaltete die NATO[26] in Brüssel im Hauptquartier der NATO ein Symposium zum Thema *»Towards a Coherent NATO Electronic Warfare Capability«* unter Beteiligung entsprechender Stellen aus den Mitgliedsländern der NATO. Geleitet wurde diese Veranstaltung vom *Stellvertretenden Generalsekretär für Verteidigungsunterstützung der NATO,* Dr. V. Garber. Zu den Themen der Tagung gehörten u.a.:

- *Perspektiven des Land -, Luft-und Seekrieges*
- *Die Rolle der EloKa (Elektronischen Kampfführung) im Frieden und in der Krise zur Aufklärung und Überwachung*
- *Technologische Perspektiven*
- *Die Bedeutung der EloKa im Land-, Luft- und Seekrieg im Lichte des technologischen Fortschrittes*

Es ist anzunehmen, dass in dieser Veranstaltung auch durch das *NATO Electronic Warfare Advisory Committee* (NEWAC)[27] und die *Multi Service Electronic Warfare Support*

---

[25] Müller/Mueller: *Gegen Freund und Feind,* Rowohlt, Reinbeck 2002.

[26] Kretschmer: *Elektronische Kampfführung, eine alternative Waffe,* Wehrtechnik 4/83, Bonn 1983.

[27] *The North Atlantic Treaty Organisation – Facts and Figures,* NATO Information Service, Brüssel 1989.

Group (MEWSWG; umgangsprachlich in Insiderkreisen auch »MUSIC« genannt) erarbeitete Konzeptionen und Thesen zur Diskussion gestellt wurden. Über Teilnehmer auf deutscher Seite und die Ergebnisse der Tagung gelangte naturgemäß nichts an die Öffentlichkeit. Es ist aber davon auszugehen, dass Vertreter des BND und des Verteidigungsministeriums an dieser Tagung teilgenommen haben. Ein weiter gehender Austausch vollzog sich auch bei den alljährlich an wechselnden Orten, zumeist in Deutschland, stattfindenden »REGENBOGENTAGUNGEN« der an bestimmten EloKa-Programmen beteiligten Nationen. Der bestimmende Einfluss bestimmter befreundeter Nationen und der NATO auf die deutsche *Fernmelde- und Elektronische Aufklärung* soll im Teil »Bundeswehr« behandelt werden.

Wegen der weit gespannten Interessen der politischen Seite und aus militärischen Gründen wurden Ende der achtziger Jahre die Aufklärungsschwerpunkte und Prioritäten bei der Beschaffung durch den BND neu festgelegt:

Aufklärungsschwerpunkte des BND in den achtziger Jahren

Aufklärungsziele des Bundesnachrichtendienstes	Priorität
Überregionale Fragen Warschauer Pakt	
Politische Integrationsbestrebungen	1
Militärdoktrin, Militärstrategie, Streitkräfte	
Militärpolitik	1
Elektronische Kampfführung	1
Streitkräfte	1
Rat gegenseitiger Wirtschaftshilfe(RGW) politische Integration	2
KSZE-Nachphase	4
Rüstungskontrolle/Rüstungsbegrenzung	2
Nord-Süd-Konflikt	3
Internationale Erdöl- und Rohstoffpolitik	2
Terrorismus im Ausland	2
Gegnerische (Nachrichten)-Dienste	2
Internationale Verschuldung	2
Länderfragen Warschauer Vertrag	
DDR Außenpolitische und innerdeutsche Beziehungen	1
DDR Innenpolitik /Machtstruktur	1–2
DDR Wirtschaftspolitik/Wehrtechnik	2
UdSSR Außen – und Innenpolitik	1
UdSSR Militärpotenzial	1
UdSSR Wirtschaftspolitik /Außenhandel	1
UdSSR Zukunftstechnologie	1
CSSR Außen – und Innenpolitik	3
CSSR Militärpotenzial	2
CSSR Wirtschaft	3
Polen Außen- und Innenpolitik	2
Polen Militärpotenzial	2

Polen Wirtschaft	3
Polen Wehrtechnik	3
Ungarn Außen- und Innenpolitik	4
Ungarn Militärpotenzial	3
Ungarn Wirtschaft	3
Ungarn Wehrtechnik	4
Bulgarien Außen- und Innenpolitik	4
Bulgarien Militärpotenzial	3
Bulgarien Wirtschaft	4
Bulgarien Wehrtechnik	4
Rumänien Länderpriorität	3–4
Jugoslawien Länderpriorität	3
Albanien Länderpriorität	4–5
Militärpolitische Lage Ostsee	2

Westliche Staaten	
USA Politik im Bezug auf Deutschland und Europa-Konzept der USA	2
USA Wirtschafts- und Technologiepolitik, Lieferung von Uran	2
Großbritannien EG-Politik	2
Kanada Uranexport	2
Frankreich deutsch-französische Zusammenarbeit, EG-Politik	2

Lateinamerika	
Brasilien Rohstoffe/Uran/Militärpolitik/Wehrtechnik	2
Kuba Länderpriorität	3
Argentinien Kerntechnologiepolitik	3
Venezuela Erdölpolitik (OPEC)	2–3
Chile Kupferpolitik	3
Mexiko Länderpriorität (Erdölpolitik 3)	3–4

Fernost	
VR China – Politische Beziehungen zu Westeuropa/USA/Warschauer Pakt	2–3
VR China Militärpolitik, Wehrpotenzial/Grenzlage zur UdSSR	2
Indien Politische Beziehungen zur Bundesrepublik und der DDR	3
Indien Militärpolitische Beziehungen in der Region	3
Naher und Mittlerer Osten	
Ägypten Länderpriorität	2
Syrien Länderpriorität	2–3
Iran Länderpriorität	2–3
Irak Länderpriorität	3
Saudi-Arabien Länderpriorität	2
Afghanistan Länderpriorität	5
Libyen politisch – militärischer Einfluss der UdSSR	2

Afrika

Organization for African Unity (OAU)	3
Zaire Rohstoffausfuhrpolitik	3
Nigeria Erdölpolitik	2
Angola Länderpriorität	3–4
Sambia Rohstoffpolitik	3
Republik Südafrika Schwarzafrikapolitik, Rassenpolitik(3), Rohstoffpolitik	2
Südatlantik Wasserstraßen und Wirtschaftszonen	2–3
Antarktis Kontinentenpriorität	2–3

Anmerkung des Autors: Es fällt auf, das in dieser Prioritätenliste der gesamte MAGHREB-Gürtel (Nordafrika) nicht enthalten ist, gleichwohl bereits zu dieser Zeit klar wurde, dass sich dieser Bereich in absehbarer Zeit zu einer potenziellen Gefahr für Westeuropa entwickeln könnte.

Prioritätsstufen bei der Beschaffung durch den BND

Priorität	Definition der Prioritätsstufen
1	Höchstes Interesse, absolut vorrangiger Ansatz von Kapazität und Mitteln
2	Hohes Interesse, absolut vorrangiger Ansatz von Kapazität und Mitteln
3	Interesse, Ständiger Ansatz von Kapazität und Mitteln
4	Eingeschränktes Interesse, Ansatz von Kapazität nur bei besonderen Anlass
5	Geringes Interesse, kein aktiver Ansatz, Weiterleitung anfallender Informationen
6	Ohne Interesse, keine Aktivitäten des BND, Weiterleitung anfallender Informationen

Gliederung des BND
Mitte der achtziger Jahre

Mitte der achtziger Jahre verfügte der BND, nach einigen inzwischen erfolgten Änderungen, über nachstehende Gliederung:

Präsident und Vizepräsident des BND

Abteilung 1: Operative Aufklärung mit den Unterabteilungen

11 Zentrale Aufgaben, Überregionale Operative Aufklärung
12 Russland, GUS, Nachfolgestaaten?
13 Westliche und übrige Welt
14 Rezeptive Aufklärung
16 Mittelmeerraum

Abteilung 2: Technische Aufklärung

20 A Führungsunterstützung
22 Technische Aufklärung 1 – Funküberwachung
23 Technische Aufklärung 2 – Funküberwachung[28]
24 Unterstützung Nachrichtentechnik

Abteilung 3: Auswertung

31 Zentrale Aufgaben, Stab
32 Auswertung Politik
33 Auswertung Militärpotenziale
34 Auswertung Wirtschaftspotenziale
35 Auswertung Technik und Wissenschaft

Abteilung 4: Verwaltung und Zentrale Dienste

41 Organisation
42 Personal & Sozialwesen
43 Verwaltung & Recht

Abteilung 5: Sicherheit & Abwehr[29]

51 Grundsatz & Zentrale Angelegenheiten
52 Geheimschutzbeauftragter/Personelle & materielle Sicherheit/Operative Sicherheit

Abteilung 6: Zentrale Aufgaben

60 Sonderaufgaben
61 Datenverarbeitung/Dokumentation
62 Zentralstelle für das Chiffrierwesen[30]
63 ND-Technik und technische Unterstützung[31]

---

[28] Die BFSt dürfte zu dieser Zeit auch Analysetechnik für die weltweite HF-Fax- und Fernschreiberfassung verwendet haben, u.a. Anlagen wie WAVECOM W4100DSP/ W40 PC/W41 PC /W4050DSP und ähnliche Systeme.

[29] In Fachkreisen auch als »Hauskapelle« bezeichnet.

Die sich ab Ende der achtziger Jahre abzeichnende Erosion der politischen Strukturen, begründet durch die wirtschaftlichen und politischen Entwicklungen in den Ländern des Ostblocks, wurde durch den BND sicherlich wahrgenommen, gleichwohl für jeden Kundigen die Schwierigkeit eines Nachrichtendienstes immer darin bestehen wird, frühzeitig entsprechende Entwicklungen zu konstatieren und sie der eigenen politischen Führung zugänglich zu machen. Wie eine Regierung diese Informationen bewertet und sie in politische Aktionen umzusetzen bereit ist, hängt nicht zuletzt auch von innenpolitisch bestimmten Faktoren ab. Die Gefahr einer Missinterpretation entsprechender Signale aus geschlossenen Gesellschaften, insbesondere wenn die politischen Entscheidungsgremien sehr stark gegen Außenstehende abgeschottet sind, ist immer gegeben. Die nicht vorhersehbare Entwicklung in der DDR, die zur unumkehrbaren Öffnung der deutsch-deutschen Grenzen und zur Wiedervereinigung Deutschlands führte, kann nur als historischer Glückfall betrachtet werden. Allerdings muss bemerkt werden, das dem BND möglicherweise gravierende operative Fehler und Versäumnisse bei der Sicherstellung der Aktenbestände seines Gegenspielers, dem *Ministerium für Staatssicherheit,* unterlaufen sind, da den Mitarbeitern des MfS, dem späteren *Amt für Nationale Sicherheit* (AfNS) und dem *Militärischen Nachrichtendienst der Nationalen Volksarmee* ausreichend Zeit gelassen wurde, belastendes Material, das mit Sicherheit zur Enttarnung vieler *Inoffizieller Mitarbeiter* (IM) der östlichen ND-Strukturen in der Bundesrepublik geführt hätte, zu vernichten oder beiseite zu bringen.[32] Dies allein mit politischen Rücksichtnahmen auf die noch amtierende Regierung der DDR und rechtlichen Bedenken begründen zu wollen, reicht nicht aus. Auf dem Verhandlungswege hätte hier sicherlich eine einvernehmliche und den Interessen der Strafverfolgungsbehörden der Bundesrepublik Rechnung tragende Lösung gefunden werden können. Nicht ausgeschlossen werden kann auch, dass wichtige Aktenbestände des MfS/AfNS und des *Militärischen Nachrichtendienstes der DDR* an das damalige KGB übergeben wurden und damit auf exterritorialem Gebiet dem Zugriff deutscher Sicherheitsbehörden auf Dauer entzogen wurden. Dies stellt auch aus heutiger Sicht eine nicht zu unterschätzende Gefahr dar. Es kann davon ausgegangen werden, dass die Nachfolgedienste des KGB und des militärischen Nachrichtendienstes der sowjetischen Streitkräfte im Bedarfsfalle auf bereits damals im Hinblick auf den baldigen Abzug angelegte nachrichtendienstliche Strukturen auf dem Gebiet der ehemaligen DDR und möglicherweise auch im alten Bundesgebiet[33] in Zukunft zurückgreifen könnten. Ob und inwieweit hier auch ehemalige Angehörige nachrichtendienstlicher Strukturen der DDR verstrickt sein könnten, kann nicht abschließend bewertet werden und erscheint im Einzelfall nicht ausgeschlossen. Um so gravierender ist die Tatsache zu bewerten, dass wichtige Unterlagen, die Aufschluss über Klarnamen der *Inoffiziellen Mitarbeiter* des MfS im Bundesgebiet geben konnten, erst nach längeren Verhandlungen zu einem sehr späten Zeitpunkt und unter bestimmten Auflagen an die deutsche Seite übergeben wurden. Die Unterlagen wurden dennoch nicht im Original übergeben und scheinen redigiert. Es bleibt abzuwarten, ob die in den »ROSENHOLZ«-Dateien enthaltenen Informationen tatsächlich

---

[30] Wird *Bundesamt für die Sicherheit in der Informationstechnik* (BSI).

[31] Auch der BND führte seine Agenten über klassische A-3-Funkverbindungen, siehe hierzu Stiller: *Im Zentrum der Macht,* Hase & Koehler, Mainz 1986, Seite 16.

[32] Inwieweit hier übergeordnete Interessen der damaligen Bundesregierung eine besondere Rolle gespielt haben mögen, kann nicht abschließend geklärt werden.

[33] Vermehrtes Auftreten russisch sprechender Zivilpersonen mit Kraftfahrzeugen, die Kennzeichen der ehemaligen DDR trugen, auch im südlichen Bundesgebiet, insbesondere auch in Südwestdeutschland im Sommer des Jahres 1990 (Grenzübergang zur Schweiz in Konstanz am Bodensee).

noch zur Enttarnung bisher nicht entdeckter Mitarbeiter des MfS in Deutschland führen werden.

Der BND und die militärische *Fernmelde- und Elektronische Aufklärung* führten die Beobachtung der noch in der ehemaligen DDR befindlichen sowjetischen Truppen bis zu deren endgültigem Abzug 1994 weiter. Als einer der letzten sowjetischen elektronischen Lauschposten in Deutschland wurde die auf dem Brocken befindliche Erfassungseinrichtung erst kurz vor dem Abzug der sowjetischen Truppen geräumt und an die BRD zurückgegeben. Die dort gelegene Einrichtung der MfS-Abteilung III, in Insiderkreisen der ehemaligen DDR-Fernmeldeaufklärung als »Moschee« bekannt, war zu diesem Zeitpunkt bereits geräumt. Viele der Erfassungseinrichtungen der Bundeswehr, die teilweise durch die *Bundesstelle für Fernmeldestatistik* mitgenutzt wurden, stellten ihre Erfassungstätigkeit ein und wurden anschließend ebenfalls geschlossen. Im Zuge der Reorganisation des gesamten Aufklärungswesens in Deutschland wurden auch andere Einrichtungen des BND geschlossen, aufgelöst und das Personal anderweitig eingesetzt. Im Jahre 2001[34] verfügte die *Bundesstelle für Fernmeldestatistik* noch über folgende Einrichtungen, deren Aufzählung sicher nicht vollständig ist, da erfahrungsgemäß spezifische Einrichtungen eines Nachrichtendienstes häufig unter Tarnbezeichnungen tätig sind:

Die Einrichtungen der Bundesstelle für Fernmeldestatistik

- Bundesstelle für Fernmeldestatistik, Hauptverwaltung, Großhesselohe
- Bundesstelle für Fernmeldestatistik, Starnberg (Stocking)
- Bundesstelle für Fernmeldestatistik, Kassel
- Bundesstelle für Fernmeldestatistik, Brühl
- Bundesstelle für Fernmeldestatistik, Prüfstelle, Husum
- Bundesstelle für Fernmeldestatistik, Prüfstelle, Monschau (Höfen)
- Bundesstelle für Fernmeldestatistik, Prüfstelle, Starnberg (Stocking)
- Bundesstelle für Fernmeldestatistik, Messstelle, Butzbach
- Bundesstelle für Fernmeldestatistik, Versuchsstation, Schöningen
- Bundesstelle für Fernmeldestatistik, Fernmeldetechnisches Institut, Stockdorf

Damit erscheint die *Fernmelde- und Elektronische Aufklärung* gegnerische Potenziale im Osten durch den BND in Deutschland abgeschlossen. Als Folge der politischen Entwicklungen seit 1990 und den gewachsenen Bedrohungen durch Terrorismus, Proliferation von Massenvernichtungswaffen und der internationalen organisierten Kriminalität, denen sich Deutschland und seine Partner seit dem 11. September 2001 gegenüber sehen, ist jedoch davon auszugehen, dass der BND »die Herausforderungen[35] annehmen wird«, um sich im Rahmen seines Aufgabenbereiches aktiv an der Bekämpfung zu beteiligen.

---

[34] Telefonbuch für Deutschland, 2001.

[35] Im Sommer 2000 hatte der BND täglich zwischen 4000 bis 6000 Meldungen zu verarbeiten. Seipel: *Die Spione*, Fernsehdokumentation des ZDF vom 2. November 2000.

2. Die Bundeswehr und die Organisation ihrer Fernmelde- und Elektronischen Aufklärung

Planungsabsichten und Konzeptionen in den Jahren 1948 bis 1955

Durch entsprechende Vorarbeiten in der *Organisation Gehlen* (OG), dem späteren *Bundesnachrichtendienst*, wurden schon etwa Anfang 1950 die Weichen für konzeptionelle Planungen auf dem Gebiet der Fernmeldeaufklärung eines künftigen deutschen Nachrichtendienstes gestellt, der nach den Vorstellungen der damaligen Planer (General Heusinger) in *»Gedanken über eine zukünftige deutsche Funkaufklärung«* für das *Amt Blank* (dem späteren Verteidigungsministerium) die Aufgaben eines geheimen Meldedienstes unter Einschluss der Funkaufklärung durch den damaligen Oberst a.D. L. Hepp[1] formulierte, der zu dieser Zeit der *Organisation Gehlen* angehörte.

Der deutschen Regierung sollte nach diesen Planungen ein *Deutscher Geheimer Meldedienst* unterstellt werden, dem auch das Element »Funkaufklärung« im politischen, militärischen und wirtschaftlichen Bereich zugeordnet werden sollte und dem aus damaliger Sicht so genannte *Feste Horchstellen,* wie sie bereits früher in der Wehrmacht mit Erfolg eingerichtet waren, unterstellt werden sollten. Die Federführung der gesamten Aufklärung lag bei dieser Konzeption ausschließlich bei dem noch zu errichtenden *Geheimen Meldedienst*, durch die *Organisation Gehlen* (OG) unter amerikanischer Aufsicht wahrgenommen. Dem noch zu aufzustellenden Verteidigungsministerium sollte eine *Abteilung Fremde Heere* unterstellt werden, ähnlich wie im früheren *Oberkommando der Wehrmacht* (OKW), die im Kriegsfalle eine *Horchleitstelle* mit ausschließlich mobilen Elementen der militärischen Erfassung fachdienstlich führen, aber truppendienstlich einem *Fernmeldechef* unterstellt werden sollte. Aus heutiger Sicht liegen hier viele der Ursachen der späteren Konflikte zwischen BND und dem Militärischen Nachrichtenwesen begründet, die möglicherweise auf die damaligen politischen Verhältnisse in Deutschland, bei den Alliierten und dem unbedingten Führungsanspruch einflussreicher Kreise des BND im künftigen Nachrichtenwesen zurückzuführen sind. Bei den Verhandlungen zur *Europäischen Verteidigungsgemeinschaft* (EVG) in Paris wurden von französischer als auch anderer alliierter Seite erhebliche Widerstände gegen die Einrichtung einer deutschen Horchorganisation entgegengesetzt, die auch nach dem Beitritt der Bundesrepublik zur NATO noch lange nachwirken sollten. Trotzdem fand die unter General Heusinger formulierte Konzeption Eingang in die Planungen des *Amtes Blank* und wurde bis zur Aufstellung der Bundeswehr fortentwickelt. Zur Quellenlage muss bis heute festgestellt werden, dass auf Grund der rigiden und sicher unbedingt erforderlichen Sicherheitspolitik der *Organisation Gehlen* offene Quellen über die Fernmeldeaufklärung des BND und der Bundeswehr in nur

---

[1] Grabau: *Bundesnachrichtendienst oder Bundeswehrführung,* Beiträge zur F-Flagge 03/2001.

sehr geringem Umfange zur Verfügung stehen. Eine dankenswerte Ausnahme bildet hier die von Oberst a.D.(Bw) R. Grabau, dem Nestor der Geschichtsschreibung der Fm/EloAufkl des Heeres vorgelegte, umfangreiche Dokumentation. Für die FmEloAufkl der Luftwaffe und die der Marine fehlen vergleichbare Unterlagen bis heute. Nicht zuletzt fordern die durch den BND als zentrale Behörde initiierten und auf bilateralen Vereinbarungen mit Partnerdiensten basierenden, auch heute noch geltenden nationalen Sicherheitsbestimmungen[2] ihren Tribut, soweit Offenlegung und Weitergabe von Erkenntnissen und Informationen über Meldewege und Strukturen betroffen sind. Daher sind alle Personen, die in diesem Bereich einer besonderen Verpflichtung zur Geheimhaltung auf unbestimmte Zeit im Bezug auf Sachverhalte aller Art in Verbindung mit der *Fernmelde- und Elektronischen Aufklärung* auch nach Beendigung ihrer Tätigkeit unterworfen, deren Bruch strafrechtlich sanktioniert ist. Diese äußererst restriktiven Sicherheitsvorkehrungen können auch bei anderen Nationen beobachtet werden und bilden daher keine nationale Ausnahme. Daher wird in diesem Werk nur auf allgemein bekannte Sachverhalte, die bereits veröffentlicht wurden oder offenkundig sind, Bezug genommen. Die Zusammenarbeit von Partnerdiensten auf dem Gebiet der *Fernmelde- und Elektronischen Aufklärung* wird maßgeblich von den Interessen der einzelnen Partner und deren technischen Möglichkeiten im Hinblick auf Erfassung, Auswertung der Inhalte und Verarbeitung der Informationen bestimmt. Besondere nationale Vorbehalte einzelner Partnerdienste bei der Zusammenarbeit werden immer wieder für Irritationen unter den Beteiligten führen, da nicht in jedem Falle die Interessen der Parteien deckungsgleich sein werden. Hinzu kommen Vorbehalte auf der politischen Ebene des jeweiligen Dienstes, die nicht vernachlässigt werden dürfen und unter Umständen zu gravierenden politischen und militärischen Folgen führen können.[3]

Die Organisationsstruktur des Militärischen Nachrichtenwesens (MilNw) und der Fernmelde- und Elektronischen Aufklärung (Fm/EloAufkl) im Jahre 1955

Die Organisationsstruktur im Bundesministerium für Verteidigung für den Aufbau einer *Fernmelde- und Elektronischen Aufklärung* der Bundeswehr im Jahre 1955 stellt sich wie folgt dar:

- Abteilung IV Streitkräfte — GenLt Dr. Hans Speidel,
- Unterabteilung IV F Fernmeldewesen — BrigGen Gustav Adolf Kuntzen
- Unterabteilung IV I Sicherheit — Oberst Gerhard Wessel
- Abteilung V Heer — GenMaj Hellmuth Laegeler
- Abteilung VI Luftwaffe — BrigGen Werner Panitzki
- Unterabteilung VI D Fernmeldewesen — Oberst August Hentz
- Abteilung VII Marine — KptzS Karl-Adolf Zenker

1957 wurde die Unterabteilung Führungsstab B (Fü B) unter Brigadegeneral Gerhard Wessel aufgestellt, die damit die Federführung für das *Militärische Nachrichtenwesen* in der Bundeswehr bis zu ihrer Reorganisation im Jahre 1959 übernehmen sollte. Das Heer, die Luftwaffe und Marine sollten erst 1971 in ihren jeweiligen Führungsstäben/Stabsabteilungen erhalten, die für die Wahrnehmung von Aufgaben im Zusammenhang mit dem

2 *Sicherheitsbestimmungen für die Fernmelde – und elektronische Aufklärung,* BMVg (AU 122 VS-NfD).

3 Krüger: *Das Amt Blank,* Rombach, Freiburg 1993, Teuber: *Die Bundeswehr 1955–1995,* Patzwall, Norderstedt 1996.

Militärischen Nachrichtenwesen verantwortlich waren (Fü H II, Fü L II und Fü M II). Zur teilstreitkraftübergreifenden Ausbildung des Nachrichten- und Sicherheitspersonals der Bundeswehr wurde die *Schule für Nachrichtenwesen* (SNBw) 1956 unter dem Kommando von Brigadegeneral Hans Meisner in Bad Ems aufgestellt. Hier erfolgten auch in der Folgezeit die Lehrgänge für den *Militärischen Attache-Dienst* und den MAD. Auch befand sich eine Lehrgruppe für den *Frontnachrichtendienst* (FND) in Bad Ems. Die von 1956 bis 1977 aufgestellten MAD-Gruppen I–VI (analog der Dislozierung der Wehrbereichskommandos) und die MAD-Gruppe S in Bonn unter der Führung des *Amtes für Sicherheit in der Bundeswehr* (ASBw) in Köln, spielten im *Militärischen Nachrichtenwesen* nicht die entscheidende Rolle, da der MAD ausschließlich Abwehraufgaben in den Streitkräften zu erfüllen hatte. Offensive Nachrichtenbeschaffung, sowohl im In- als auch im Ausland, war dem *Militärischen Abschirmdienst* seit seiner Aufstellung strikt untersagt. Gleichwohl flossen die Erkenntnisse des MAD in die entsprechenden Lagebilder der Kommandobehörden auf den unterschiedlichen Ebenen ein. Der MAD war jedoch maßgeblich an der Durchführung der zunächst durch die Zentralen Dienstvorschriften 2/31 bis 2/33 (später in der ZDv 2/30 *Sicherheit in der Bundeswehr* zusammengefasst) geregelten Sicherheitsüberprüfung für Geheimnisträger in der Bundeswehr beteiligt. In einem äußerst aufwändigen Verfahren, das bei Überprüfungen der Stufe II (STRENG GEHEIM) generell die Befragung von Referenzpersonen und sonstigen Auskunftspersonen einschloss, wurde der sicherheitsmäßige Hintergrund eines potenziellen Geheimnisträgers intensiv überprüft. Natürlich waren dem MAD in seinen Ermittlungsmethoden rechtliche Grenzen auferlegt, die gegnerische Nachrichtendienste bei der Einschleusung von Agenten in die Streitkräfte nutzten und die der MAD aus rechtlichen Gründen nicht überwinden konnte. Dies hat in einigen Fällen dazu geführt, dass durch gegnerische Dienste aufwändig »legendierte« Mitarbeiter eines fremden Dienstes die Sicherheitsüberprüfungen durchliefen ohne entdeckt zu werden. Erst später angebahnte Agenten des gegnerischen Dienstes, die bereits eine Sicherheitsüberprüfung durchlaufen hatten, konnten ohne größeres Entdeckungsrisiko arbeiten, da periodische Folgeüberprüfungen zu diesem frühen Zeitpunkt nicht vorgesehen waren, sondern erst später folgen sollten, nach Weiterentwicklung des Verfahrens und Beseitigung rechtlicher Hürden. Entdeckung war auch hier ausschließlich durch eigene Fehler oder Überläuferaussagen zu befürchten, wie sich später zeigen sollte.

System der Nachrichtengewinnung in der Bundeswehr

Nach der damals geltenden Zentralen Dienstvorschrift *Der Militärische Nachrichtendienst in Kommandobehörden und Stäben*[4] wurde festgelegt, dass für den Bereich der Bundeswehr folgende Organisationselemente des Verteidigungsressorts für Aufgaben des *Militärischen Nachrichtenwesens* zuständig sein sollten:

- Der Militärische Nachrichtendienst in Kommandobehörden und Stäben der Teilstreitkräfte und der Territorialen Verteidigung (G2/A2-Dienst)
- Der Militärische Abschirmdienst (MAD)
- Der Militärische Attache-Dienst (MillAttDst)

Als Aufgabe des *Militärischen Nachrichtenwesens* wurde festgelegt die Bearbeitung der G2/A2-Lage mit den Teillagen:

- Wehrlage fremder Staaten
- Feindlage
- Sicherheitslage
- Psychologische Lage im eigenen Bereich

Im Frieden lag der Schwerpunkt der Lagebearbeitung auf der umfassenden Erkenntnisgewinnung über das Wehrpotenzial fremder Staaten. In Spannungszeiten erhielt die Erkenntnisgewinnung über das Wehrpotenzial und die Absichten möglicher Feindstaaten erhöhte Bedeutung. In Spannungszeiten und im Krieg lag der Schwerpunkt des *Militärischen Nachrichtenwesens* auf der Bearbeitung der Feindlage.

Die Sicherheitslage enthielt im Frieden, Spannungszeiten und im Krieg, Erkenntnisse über offene, verdeckte und geheime Tätigkeit eines möglichen Gegners. Im Bereich der Territorialen Verteidigung sollte die Sicherheitslage Kernstück der Territorialen G-2 Lage werden. Ziel der Bearbeitung der Sicherheitslage im Frieden, Spannungszeit und im Krieg war, die Militärische Sicherheit, d.h. die Operationsfreiheit eigener und verbündeter Kräfte zu gewährleisten. Die Psychologische Lage im eigenen Bereich enthält Erkenntnisse über den Kampfwert eigener und verbündeter Truppen sowie den Wehrwillen der eigenen Bevölkerung im Frieden, in Spannungszeiten und im Krieg. Als Kräfte zur Nachrichtengewinnung waren zu dieser Zeit für den Bereich der Bundeswehr im Frieden, in Spannungszeiten und im Krieg vorgesehen:

Für den Bereich der obersten militärischen Führung (Regierung und BMVtdg)

- Verbände der Fernmelde- und Elektronischen Aufklärung (Fm/EloAufkl)
- Frontnachrichtendienst (FND)
- Militärattachedienst (MilAttDst)
- Militärischer Abschirmdienst (MAD)
- Bundesnachrichtendienst (BND)

[4] (ZDv) 2/11 VS-NfD – VERSCHLUSSACHE – NUR FÜR DEN DIENSTGEBRAUCH

Für die obere militärische Führung (nationale Korps- und Divisionsstäbe) u.a.

- Verbände der *Fernmelde- und Elektronischen Aufklärung* (Fm/EloAufkl)
- Frontnachrichtendienst (FND)
- Fernspäheinheiten (FSp)
- Militärischer Abschirmdienst (MAD)
- Aufklärungsverbände des Heeres
- Aufklärungsverbände der Luftwaffe

Die Aufklärungsziele des *Militärischen Nachrichtenwesens* wurden in den *Aufklärungsforderungen Ost* vom 1. März 1958 präzisiert und bildeten die Grundlage für die in den Auswertungen von Heer (G2-Auswertung beim Führungsstab des Heeres H II 2) und der Luftwaffe (A2-Auswertung des Allgemeinen Luftwaffenamtes) zu führenden »Indikations-Liste(n)«, die ihrerseits an den Führungsstab der Luftwaffe (BMVtdg Fü L II 2) des Bundesministeriums für Verteidigung zu melden hatten. Die Meldungen des Heeres und der Luftwaffe wurden zusammengefasst an den Führungsstab B des BMVtdg gemeldet, der zu dieser Zeit ein »Lagezimmer« betrieb, in dem auch die Erkenntnisse anderer Bundesbehörden (Wirtschaftsministerium, Innen- und Außenministerium) mit einflossen. Ob hier auch Erkenntnisse des BND verarbeitet wurden, mag bezweifelt werden, da der BND zu dieser Zeit über eine eigene Vertretung mit direktem Zugang zum Bundeskanzleramt verfügte. Einer vertraulichen, zeitgenössischen Studie[5] zufolge, waren die Meldewege lang; es sind auch heute noch Zweifel angebracht, ob die zur Verfügung stehenden Informationen ausreichten, um ein einigermaßen zutreffendes Lagebild für die politische Führung zu erstellen, wenn der Zeitfaktor zwischen Erfassung, Auswertung und Übermittlung angemessen berücksichtigt wird. Zu dieser Zeit waren Fernschreibmaschinen, meist Lorenz Lo 15 und Mischer Mi 54 die einzig sicheren Mittel der Übermittlung.

Generell wurde festgelegt, dass zu den Kräften für die Nachrichtengewinnung auch zu rechnen sind:

- Die Ämter für Verfassungsschutz
- Der Bundesgrenzschutz
- Weitere Stellen des zivilen Bereichs

Als Träger der *Fernmelde- und Elektronischen Aufklärung* in der Bundesrepublik Deutschland wurden bestimmt:

- Bundesministerium für Verteidigung
- Bundesministerium des Innern
- Bundesnachrichtendienst

Die *Fernmelde- und Elektronische Aufklärung (Signal Intelligence* – SIGINT) ist die Zusammenfassung aller Tätigkeiten und Maßnahmen zur Aufklärung feindlicher Ausstrahlungen mit und ohne Nachrichteninhalt und die Abgabe der Ergebnisse, sie erfüllt ihre Aufgaben durch:

- Fernmelde-Aufklärung durch Erfassen gegnerischer Fernmeldeverkehre und deren Auswertung *(Communication Intelligence* – COMINT)
- Elektronische Aufklärung durch Erfassen und Auswerten gegnerischer elektromagnetischer Ausstrahlungen der elektronischen Ortungs- und Leitgeräte *(Electronic Intelligence* – ELINT)

---

[5] N.N. Privatbesitz, datiert 27. Juni 1962.

- Akustische Aufklärung durch Erfassung und Auswertung hydroakustischer Fernmeldeverkehre und Ortungssignale *(Acoustic Intelligence* – ACOUSTINT)

Als Zentrale Dienstelle der Bundeswehr für die Belange der *Fernmelde- und Elektronischen Aufklärung* wurde die *Fernmeldedienststelle der Streitkräfte* (FmDstStKr) in Ahrweiler aufgestellt, die später im *Amt für Fernmeldewesen der Bundeswehr* (AFmBw) aufgehen sollte. Die Sprachausbildung des Fachpersonals, hauptsächlich in den Ostsprachen, erfolgte zu Anfang in der *Sprachenschule der Bundeswehr* in Euskirchen, bis die Sprachenschule in das *Bundessprachenamt* integriert wurde, das sich heute in Hürth bei Köln befindet.

Um die Wichtigkeit eines aktuellen und zeitnahen Meldewesens zur damaligen Zeit zu demonstrieren, eine elektronische Datenverarbeitung war zu dieser Zeit noch nicht verfügbar, gleichwohl einige Stellen (BND und ZfChi) versuchsweise bereits mit Lochkartensortieranlagen zu arbeiten begannen, kam der Autor einer vertraulichen Untersuchung[6] im Bereich des BMVtdg im Jahre 1962 zu dem Schluss, dass die Entscheidungsfähigkeit der politischen und militärischen Führung Deutschlands im Falle von bedrohlichen Indikationen im Vorfeld der NATO folgende Zeitnormen der sowjetischen Streitkräfte in ihre Bewertung einbeziehen mussten, wahrscheinlich nicht zuletzt wegen der bei der Kuba-Krise[7] des Jahres 1962 offenkundig gewordenen Defizite im Gesamtsystem der Nachrichtengewinnung der Bundeswehr und damit auch des BND:

»Die sowjetischen Landstreitkräfte in der DDR waren auf Grund ihres hohen Bereitschaftsgrades nach damaliger Einschätzung westlicher Stellen in der Lage, etwa eine Stunde nach Erteilung des Alarmbefehls ihre Verfügungsräume für den weiteren Aufmarsch zu beziehen. Für die sowjetischen Luftstreitkräfte im vorderen Raum galt die Annahme, das die fliegenden Verbände der sowjetischen Luftwaffe im Vorfeld spätestens vier Stunden nach Auslösung entsprechender Befehle in der Lage waren, vorgeplante Ziele im westlichen Deutschland und BENELUX anzugreifen. Westliche Planer rechneten zu dieser Zeit mit einem sowjetischen und nationalen Potenzial von 1000 Jagdbombern und 500 leichten und mittleren Bombern im vorderen Bereich des Warschauer Paktes, die in konventioneller Rolle zum Einsatz gebracht worden wären. Im Falle eines nuklearen Überraschungsschlages der anderen Seite gingen Planer auf Seiten der NATO von einem Einsatz von mindestens 500 nuklearfähigen Luftfahrzeugen und einem begleitenden Einsatz von etwa 1000 Jagdbombern des Warschauer Paktes gegen Europa-Mitte (Central Region) aus. Dabei sind Maßnahmen des »Funkelektronischen Kampfes«, die weite Teile des NATO Luftverteidigungs- und Führungssystems schon vor den Angriffen und während der Kampfhandlungen partiell oder gänzlich außer Funktion gebracht hätten, noch nicht berücksichtigt. Berücksichtigt sind ferner nicht Maßnahmen des großangelegten subversiven Kampfes in Westeuropa mit dem Ziele, den Aufmarsch der NATO -Truppen zu verzögern, die Versorgung, sowohl der Truppen als auch der Zivilbevölkerung nachhaltig zu beeinträchtigen und die Führungsfähigkeit der militärischen Kräfte herabzusetzen. Die möglichen politischen Zielsetzungen des Warschauer Paktes im Hinblick auf die

---

[6] N.N. Privatbesitz, datiert 27. Juni 1962.

[7] Über die auf Seiten der deutschen Streitkräfte veranlassten Maßnahmen während der Kuba-Krise liegen, soweit bekannt, keine offenen Informationen vor. Offenbar wahren die US-Streitkräfte zu dieser Zeit in Alarmstufe 3, dabei befanden sich 500 mit Nuklarwaffen bestückte US-Bomber B-52 Bomber in Alarmbereitschaft. Quelle: ZDF-Dokumentation, 2002.

Beeinflussung der Bevölkerung sollen hier nicht weiter betrachtet werden. Für die Seestreitkräfte des Warschauer Paktes in der Ostsee, insbesondere im westlichen Teil an der Küste Polens und in der DDR galt, dass sie innerhalb kürzester Zeit in der Lage waren, auszulaufen und Ziele an den Küsten Schleswig-Holsteins und Dänemarks anzugreifen. Allerdings hätte die Versammlung entsprechender amphibischer Kräfte einen entsprechenden Vorlauf erfordert, der den westlichen Aufklärungsdiensten sicherlich nicht verborgen geblieben wäre. Für die in Mitteleuropa stationierten Raketenstreitkräfte des Warschauer Paktes galt, dass sie spätestens 30 Minuten nach Erhalt entsprechender Befehle in der Lage gewesen wären, Ziele in der Bundesrepublik und BENELUX anzugreifen.«

Für den mitteleuropäischen Raum (NATO und möglicherweise Neutrale) rechnete der Autor der Studie mit mindestens 300 Zielen die einem sowjetischen Potenzial von mindestens 1100 Nuklearwaffenträgern im Falle des Falles ausgesetzt gewesen wären. Die britischen Inseln sowie die übrigen NATO-Staaten blieben hierbei außer Betracht, da sich die Studie ausschließlich auf die deutschen, nationalen Vorkehrungen bezog. Noch 1962 stellte der Autor dieser Studie, nach den Erfahrungen im Zusammenhang mit dem 13. August 1961 fest, dass erheblicher Handlungsbedarf bei der Aktualisierung der »Indikations- Liste(n)« bei den Auswertungen von Heer und Luftwaffe auf der Ebene der Kommandobehörden bestand, die Meldewege gestrafft und vereinfacht werden sollten, da sonst zu befürchten war, dass wichtige Meldungen die Auswertezentralen nicht rechtzeitig erreichten. Die Marine verfügte zu dieser Zeit noch nicht über eine Auswertezentrale. Überdies war es dringend erforderlich, langfristig für angemessene, fachlich qualifizierte Personalergänzung, sowohl im Bereich der Erfassung als auch in den Auswertungen zu sorgen. Die materielle Ausstattung, insbesondere der Horch- und B-Funk-Erfassung, sollte dem technischen Standard der damaligen Zeit entsprechen, den noch immer befanden sich Geräte aus dem II. Weltkrieg und dem Koreakonflikt im Bestand der Fm/EloAufkl der Bundeswehr. Da das Lagezimmer des BMVtdg über keinen Schutz gegen Luftangriffe verfügt und dessen Ausfall ernsthafte Konsequenzen gehabt hätte, wurde auch hier eine Verlegung und entsprechende Härtung gegen Luftangriffe empfohlen. Wie auch die Überarbeitung der »Indikations-Liste(n)« für dringend erforderlich gehalten wurde. Dies galt auch für die »Ergänzende Liste für Anzeichen von Angriffsvorbereitungen in der Fernmeldeaufklärung«.

Die Aufstellung von Verbänden und Einheiten der Fernmelde- und Elektronischen Aufklärung in den Teilstreitkräften

Die Aufbauphase 1955–1967

Es ist nicht immer möglich, den gesamten Aufbau der *Fernmelde- und Elektronischen Aufklärung* (Fm/EloAufkl) in den Teilstreitkräften nachzuzeichnen, da in vielen Fällen die Quellenlage eine in die Tiefe gehende Untersuchungen nicht zulässt, sicherlich ist dies auch auf die strikte Geheimhaltung in der damaligen Zeit zurückzuführen. Insbesondere Fotomaterial aus der Frühzeit der Fm/EloAufkl ist in den wenigsten Fällen verfügbar, da bereits damals ein strenges Fotografierverbot erlassen und bis auf wenige Ausnahmen auch beachtet wurde. An Geräten für die Fm/EloAufkl wurden zu dieser Zeit verfügbare Systeme zugeführt, die nicht immer dem letzten technischen Entwicklungsstand entsprachen, soweit sie von den Alliierten zur Verfügung gestellt wurden.

Im Übrigen wurden vorwiegend national verfügbare Systeme[8] eingesetzt. Offenbar bereitete auch die Gewinnung von qualifiziertem Personal mit entsprechenden Erfahrungen aus der Kriegszeit erhebliche Probleme. Denn auch heute noch nachvollziehbar, war der Anteil der »Ehemaligen« aus der Wehrmacht nicht so hoch, wie das bereits eingangs geschilderte Potenzial an früheren Spezialisten der Funkaufklärung der Wehrmacht erwarten ließ. Insbesondere im Bereich des Führungspersonals, zumindest für den Bereich der Luftwaffe, überwogen die militärischen Führer, die Erfahrungen auf anderen Gebieten gesammelt hatten. Vielfach waren jedoch Kenntnisse in Ostsprachen ein entscheidendes Kriterium für die Versetzung in die Fm/EloAufklLw. Nicht immer gingen damit auch entsprechende militärische Kenntnisse einher, die für eine derartige Verwendung unabdingbare Voraussetzung waren. Es fällt auf, dass gerade in der Fm/EloAufkl der Luftwaffe der Anteil früherer Soldaten der Nachrichten- beziehungsweise Luftnachrichtentruppe vergleichsweise gering war. Allerdings muss in diesem Zusammenhang auch der Anteil der fachkundigen Zivilisten in der Fm/EloAufkl betrachtet werden, der einen nicht unwesentlichen Einfluss auf die Methodik der Erfassung und Auswertung in der Anfangszeit der Fm/EloAufkl hatte. Er begann jedoch später, nach Zuruhesetzung der Betroffenen, nachzulassen, da eine neue Generation von Fachleuten nachzuwachsen begann. Die nachwachsende Generation an Horch- und Beobachtungsfunkern, ausgebildet von den wenigen »Ehemaligen«, konnte viel aus deren Erfahrungen lernen. Dass hier im Laufe der kommenden Jahre ein neuer Typus von Soldaten heranwuchs, der nicht immer die von vielen Vorgesetzten erwarteten althergebrachten militärischen Tugenden verinnerlichte, führte zu mancherlei Spannungen. Die Forderung der Traditionalisten nach einem gut ausgebildeten »Infanteristen der Luftwaffe«, der auch in der Lage sein sollte, neben den Forderungen des normalen Gefechtsdienstes die in seinem speziellen Fach unter Belastungen von den Vorgesetzten erwarteten entsprechenden speziellen fachlichen Leistungen zu erbringen, konnte auch bis in die achtziger Jahre nicht verwirklicht werden. Andererseits konnten diese Soldaten, wurden sie vernünftig gefordert, erstaunliche Leistungen im Fachdienst erbringen. Demgegenüber waren die Leistungen im Infanteriegefechtsdienst eher mäßig. Die wache Bereitschaft, sich ständig auf neue Situationen ein-

[8] Siehe hierzu auch Mügge: *Fernmeldetechnik,* Mittler & Sohn, Berlin/Frankfurt a.M. 1957.

stellen zu müssen, um auch gegenüber den Kameraden zu bestehen, brachte gut motivierte Soldaten hervor, die wirkliche Spezialisten ihres Faches waren und in anderen Armeen mit Sicherheit einen ihren Kenntnissen und Erfahrungen angemessenen Dienstgrad erhalten hätten. Daran änderte auch die im »Schnelldurchgang« eingeführte Laufbahn der *Offiziere des Militärfachlichen Dienstes* (OffzMilFD) nichts, da hier in aller Regel nach Opportunitätsgründen der höheren Führung (Bedarf an Personal) ausgewählt wurde. Dies führte später dazu, dass erfahrene Unteroffiziere im Dienstgrad Hauptfeldwebel mit langer Praxis in der Fm/EloAufkl, die überwiegend vorher als Wachleiter oder Schichtführer eingesetzt gewesen waren, nun wieder in das Glied zurücktraten, um von lebensjüngeren Vorgesetzten mit sehr wenig Erfahrung im Fachdienst geführt zu werden. Hier haben sich die überholten Grenzen des deutschen Laufbahnrechts sehr bald selbst ad absurdum geführt und eine Inflation an Dienstgraden hervorgebracht, die zu dieser Zeit auch in der übrigen öffentlichen Verwaltung zu beobachten war. Ohne Zweifel war der Aufstieg der damaligen Oberstabsfeldwebel in die Laufbahn der Offiziere des militärfachlichen Dienstes[9] ein wohlverdienter Schlusspunkt ihrer Laufbahn. Dass mit der Aufgabe des Spitzendienstgrades der Unteroffiziere zum damaligen Zeitpunkt den übrigen Unteroffizieren jegliche Chance des Aufstiegs in der Laufbahn genommen wurde und damit ein wesentlicher Motivationsfaktor wegfiel, ist den militärischen Planern offenbar nie in den Sinn gekommen. Daran änderte auch der Hinweis nichts, »man« könne sich ja für die Laufbahn des OffzmilFD bewerben. Allein die beim Auswahlverfahren der Luftwaffe an der Truppenschule von vielen Teilnehmern gemachten Erfahrungen ließ diese Auswahl zur Farce werden. Die halbherzigen, späteren Einweisungen von Soldaten im Dienstgrad Hauptfeldwebel in die Besoldungsgruppe A9, die unter äußerst byzantinischen Bedingungen und Umständen stattfanden, haben sehr viel Unruhe in die Truppe gebracht und waren als Motivationsanreiz nicht unbedingt geeignet. Der Zustand änderte sich erst später als die Spitzendienstgrade Stabsfeldwebel und Oberstabsfeldwebel für die Laufbahn der Unteroffiziere wieder eingeführt wurden. Nun jedoch unter den Vorgaben der Auswahl in die Fördergruppen 1–3, wobei eine Einstufung in die Fördergruppe 3 das »Ende der Fahnenstange« für den Betroffenen bedeuten konnte.

Auch schien die Einstufung in Fördergruppen durch die Personalführung als Prognose der individuellen Entwicklung für den Betroffenen nicht immer nachvollziehbar und von sachfremden Erwägungen der Personalführung getragen. Die spätere Einführung des Dienstgrades »Stabshauptmann« in der Besoldungsgruppe A 13 g – dem Äquivalent zum Dienstgrad Major – für die Offiziere des Militärfachlichen Dienstes in Stabsverwendungen, unterstreicht nochmals das Unvermögen der Militärbürokratie, unter Hinweis auf geltendes Laufbahnrecht bewährten Soldaten den ihnen nach Leistung und Bewährung zustehenden Dienstgrad zu gewähren. Andere Armeen in westlichen Demokratien haben damit weit weniger Probleme, wie dies unschwer in den britischen Streitkräften festgestellt werden kann.

---

9 Unter dem damals kursierenden Schlagwort »Opa wird Leutnant«.

Die Fernmelde- und Elektronische Aufklärung im Heer (Heeresmodell 1), 1955 bis 1968

Das Heer[10] begann im Rahmen des Heeresmodells 1 (1955–1958) zügig mit der Aufstellung von Fernmeldeverbänden, die für einen Einsatz in der Fm/EloAufkl vorgesehen waren. In den Jahren ab 1955 wurden aufgestellt:

- **Fernmeldeschule des Heeres** Sonthofen, später Feldafing
- **FmBtl 225** Bergisch-Gladbach (Fernmeldefernaufklärungsbataillon)
- **6. /FmBt 211** Bergisch-Gladbach (Fernmeldenahaufklärungskompanie, diese wurde im Zuge der Aufstellung des FmBtl 220 aufgelöst).
- **FmBtl 220** Ansbach-Katterbach[11] (Fm-Nahaufklärungsbattaillon II. Korps, Ulm)
- **FmBtl 120** Rotenburg/Hannover (Fm-Nahaufklärungsbattaillon I. Korps, Münster)
- **FmBtl 320** Frankenberg/Eder (Fm-Nahaufklärungsbattaillon III. Korps, Koblenz)

Der 1956 eingerichtete *Inspizient der Fernmeldetruppe* im Truppenamt des Heeres führte die Fachaufsicht über alle Fernmeldeverbände des Heeres, er war verantwortlich für die Ausbildung, Organisation und Weiterentwicklung seiner Waffengattung und des Fernmeldewesens in anderen Waffengattungen des Heeres.

Die Ausbildung des Fachpersonals der Fernmeldetruppe erfolgte ab 1961 in den Fernmeldeausbildungskompanien in drei verschiedenen Ausbildungsgängen:

Fernmeldeverbindungsdienst
- Elektronische Kampfführung
- Fachgebiet A: Fernmeldeaufklärung mit zwei Fachgruppen
- Fachgebiet B: Elektronische Aufklärung mit einer Fachgruppe
- Fernmeldeversorgung

Der Führernachwuchs der Fernmeldetruppe (Offiziere und Unteroffiziere) wurde in der *Fernmeldeschule Sonthofen,* die später 1959 nach Feldafing verlegte, ausgebildet.

Daneben wurden später für EloKa-Personal auch Lehrgänge an der *Schule für Nachrichtenwesen der Bundeswehr*[12] in Bad Ems durchgeführt.

---

[10] Grabau: *Die Fernmeldetruppe EloKa des Heeres 1956–1990,* Band 1, Fernmeldering, Bonn 1995; Berrenberg: *Geschichte der Fernmeldetruppe des Heeres in der Bundeswehr,* Fernmeldering, Meckenheim 1999; Fernmeldering (Hsg.): *Telegraphen-, Nachrichten-,Fernmeldetruppen und Führungsdienste,* Fuck, Koblenz 1999.

[11] Das Bataillon bezog die Unterkünfte des ehemaligen Fliegerhorstes der Luftwaffe, der Flugplatz selbst und die unzerstörten Hallen wurden durch das *US Forces European Exchange System* als Lager genutzt. Noch 1975 trugen die Hallenfenster den blauen Verdunkelungsanstrich aus der Kriegszeit.

[12] Hier befand sich auch eine Lehrgruppe des *Militärischen Abschirmdienstes* und des damaligen *Frontnachrichtendienstes* (FND) der Bundeswehr. Die Lehrgruppe unterhielt in den Lahnauen ein »Vernehmungszentrum«, in dem die Befragung von Kriegsgefangenen geübt wurde. Der FND der Luftwaffe war in einem mit Stacheldraht abgeteilten Gebäude des Fliegerhorstes Wahn zwischen Stabsgebäude LwFüDstKdo und der Abt IV des späteren ANBw untergebracht. Die Reservisten des Luftwaffen-FND fielen meist durch linkisches Verhalten auf, wenn sie bei Übungen Uniform trugen.

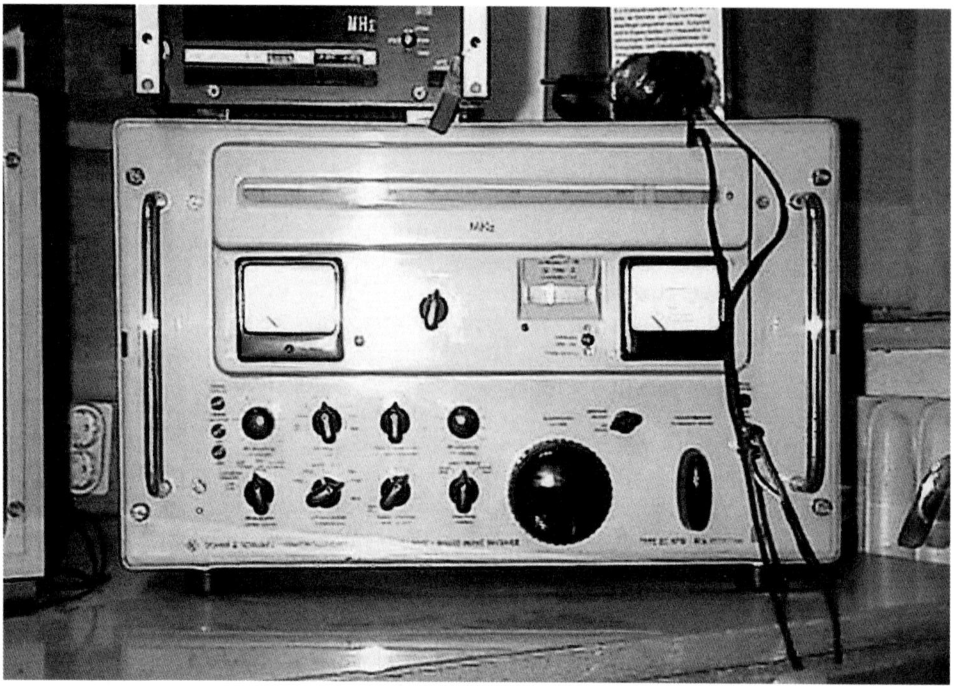

Rhode & Schwarz Kurzwellenempfänger EK07. Empfangsbereich 500 kHz–30.1 MHz.

Zur Ausbildung des EloKa-Personals und dem Einsatz der Fernmeldeaufklärungsverbände standen in der Anfangsphase hauptsächlich Gerät aus Beständen der ehemaligen Wehrmacht, des BGS und des BND, wenn auch nicht immer in ausreichender Anzahl, zur Verfügung. Auch konnten zu diesem Zeitpunkt bereits wieder kommerzielle Empfänger (Telefunken, Siemens, Plath, Rohde & Schwarz) beschafft werden. Problematisch war auch die Gewinnung von Personal mit Ostsprachen-Kenntnissen für die Erfassung von Sprechfunkverkehren. Weniger Probleme bereitete der Einsatz versierter Tast- und Peilfunker für die Erfassung von HF (Kurzwellen-Netzen), da es hier in der Regel nicht darauf ankam, die Sprache umfassend zu beherrschen. Starthilfe, insbesondere im Rahmen der Weitergabe betriebliche Erkenntnisse, gab hier der BND, auch durch die Fernmeldedienststelle in Ahrweiler wurde im Rahmen der Möglichkeiten Unterstützung geleistet. Wegen noch fehlender Ausstattung, insbesondere mit Empfangsgeräten im VHF-Bereich, begann das Heer zunächst mit der Erfassung von sowjetischen Funknetzen mit minimaler technischer Ausstattung im HF-Bereich aus den Friedensunterkünften. Peilbetrieb im HF-Bereich konnte zu diesem Zeitpunkt durch das Heer noch nicht durchgeführt werden.

Erst im Jahre 1960, nach beendeter Aufstellung der Fernmeldebataillone 120, 220 und 320, konnte mit einer ernsthaften und kontinuierlichen Erfassung des HF-Funkverkehrs begonnen werden, da nun auch HF-Peiler (Telefunken Telegon III) zur Verfügung standen.

Zu dieser Zeit wurden für die HF-Erfassung vorwiegend Siemens E 309 und Rohde & Schwarz EK 07-Empfänger verwendet, wobei auch auf ausländische Fabrikate zurückgegriffen wurde (RA 17L Racal), ein britischer Empfänger. Im Beobachtungsdienst, der Radarerfassung, der späteren Elo-Aufklärung wurden mit Unterstützung des BND, der Luftwaffe und befreundeter Nationen Geräte beschafft und das Personal in nationalen

Telefunken HF-Goniometer-Peiler 1 (1.5–30.0 MHz).

Dienststellen und in Lehrgängen bei britischen und amerikanischen Einrichtungen geschult.Im gleichen Jahr wurde der Fernmeldestab 60 in Bergisch-Gladbach aufgestellt. Er hatte den Auftrag, die durch den Führungsstab des Heeres erteilten Aufklärungsaufträge umzusetzen, die Einsätze der unterstellten Bataillone (FmBtl 120, 220, 320) zu koordinieren und Erfassungsansätze im Bereich der Fm/EloAufkl des Heeres zu vereinheitlichen und zu intensivieren. Gleichzeitig war FmStab 60 für die personelle und materielle Ergänzung der unterstellten Verbände verantwortlich. Für den Einsatz wurde dem FmStab 60 das bereits 1956 aufgestellte FmBtl 51, ebenfalls in Bergisch-Gladbach stationiert, unterstellt. Eine grenznahe Erfassung durch deutsche Fernmeldeaufklärungsverbände war aus personellen, materiellen und technischen Gründen jedoch in dieser Zeit noch nicht möglich.

Gleichwohl wurden im Rahmen von »Herbstübungen« grenznahe Aufbauplätze im Hinblick auf ihre Eignung als Erfassungsstellungen technisch erkundet. Im Frühjahr 1961 wurden erstmals Einsätze aus dem Aufbauplatz THURAUER BERG ostwärts LÜCHOW durchgeführt. Der FmStab 60 wurde 1961 wegen Infrastrukturbedarfs des FmBtl 51 innerhalb des Standortes Bergisch-Gladbach nach Köln-Bayenthal in eine Zwischenunterkunft verlegt, denn als Endstandort war bereits damals Daun in der Eifel geplant. Ab 1960 trug das FmBtl 51 die Hauptlast der Erfassung sowjetischen HF-Funkverkehrs aus der DDR, da die FmBtl 120 und 220 primär Aufgaben der Nahaufklärung zu erfüllen hatten. In der Folge wurde durch FmBtl 51 die Schreibfunkerfassung (Funkfernschreiber) der sowjetischen und NVA-Verbände intensiviert. Inwieweit hier auch die Erfassung tschechischer und polnischer Schreibfunkverkehre erfolgte, konnte nicht in Erfahrung gebracht werden. 1962 nahm das FmBtl 120 erstmals an einer Übung des I. Korps teil und wurde dabei mobil im Rahmen einer Stabs- und Rahmenübung gegen eigene Truppe zur Fernmeldeaufklärung eingesetzt. In den sich nun abzeichnenden Spannungen im Zusammenhang mit der Kuba-Krise im Herbst 1962 wurde das FmBtl 120 in grenznahe Räume im Bereich des I. Korps zur Aufklärung eingesetzt. Die Verzögerungskräfte des I. Korps (Pionier- und Panzeraufklärungsverbände) hielten sich bereit, ostwärts der Weser-Linie im Bereich des *Vorderen Randes der Verteidigung* (VRV) Brücken und sonstige Engstellen unpassierbar zu machen, um das mögliche Vordringen sowjetischer Kräfte bei einem Angriff zu verzögern. Nach Abflauen der Spannungen wurde das Bataillon wieder in seinen Friedensstandort verlegt. Es kann angenommen werden, dass die Fernmeldebataillone 220 (II. Korps) und 320 (III. Korps) ähnliche Aufträge erhielten.

Vom Fernmeldebataillon 220 sind im Zusammenhang mit der Kuba-Krise Erfassungseinsätze auf dem GROSSEN KORNBERG/REHAU und auf dem SCHNEEBERG/BISCHOFSGRÜN sowie dem DACHSRIEGEL im Bayerischen Wald für diese Zeit nachweisbar. Die Ergebnisse dieser Aufklärung sind, falls das Schriftgut hierzu nicht vernichtet wurde, frühestens 20 Jahre nach Offenlegung im Bundesarchiv/Militärarchiv verfügbar. Herausragend sind auch die 1962 durchgeführten mobilen HF-Peil- und Spüreinsätze gegen eigene Fernspäh-HF-Funkverbindungen, die nicht restlos aufgeklärt – d.h. die Sender nicht lokalisiert – werden konnten. Als besonders schwerwiegend müssen auch die Aufklärung und der Einbruch in HF-Funknetze der deutschen atomaren Artillerie betrachtet werden, denn es gelang, offen übermittelte Einsatzverfahren mitzulesen. Dieser Zustand änderte sich erst nach Einführung entsprechender Schlüsselgeräte in späteren Jahren. Dieser Mangel war nicht ausschließlich auf nationale Bereiche beschränkt. Die Funkaufklärung der DDR konnte über Jahre das »CEMETERY-NETWORK« der US Army in Europa mitlesen, das den Auftrag hatte, den Einsatz nuklearer Gefechtsfeldwaffen der US-Streitkräfte in Deutschland zu ermöglichen. Über Jahre hinweg konnten diese Funkaktivitäten im HF-Bereich beobachtet und ausgewertet werden und bildeten damit für die Gegenseite einen wichtigen Indikator für die Höhe des Bereitschaftsstandes dieser Waffe[13]. Die Folgen der Spannungen im Zusammenhang mit der Kuba-Krise 1962 machten deutlich, dass auf eine grenznahe Erfassung sowjetischer, ostdeutscher und tschechischer Fernmeldeverkehre, vorzugsweise im VHF -Bereich, nicht verzichtet werden konnte. Deswegen blieben nach Beendigung der Herbstübung folgende erkundete Aufbauplätze durch Kräfte des FmBtl 120 besetzt:

- PEVESTORF bei HÖBECK/ELBE
- CLENZE (HÖHE 122.7)
- THURAUER BERG bei LÜCHOW
- BARWEDEL

Ab 1963 begann der Dauereinsatz des FmBtl 120 aus diesen Stellungen mit VHF-Erfassung und B-Dienst (Radarbeobachtung). Am Heimatstandort Rotenburg/Hannover wurde weiterhin HF-Erfassung betrieben, eine Auswertung eingerichtet und erste HF-Peilversuche unternommen. Erkundet und zeitweise zur Verdichtung der Erfassungsmöglichkeiten wurden im Bereich des FmBtl 120 zusätzlich folgende Stellungen technisch erkundet und bei Bedarf zeitweise besetzt:

- POGETZ
- SCHUTSCHUR/HITZACKER
- SCHÖNINGEN
- KITTLITZ/MUSTIN bei RATZEBURG
- MÖLLN
- MÜSSINGEN westlich SALZWEDEL (DDR)
- RADENBECK südostwärts WITTINGEN
- LAPPWALD nordostwärts HELMSTEDT
- ESBECK nordwärts SCHÖNINGEN
- JERXHEIM südwestlich SCHÖNINGEN

---

[13] Siehe hierzu MfS Hautptabteilung III und ZFD Dessau.

Die Fernmeldebataillone 220 Donauwörth und 320 Frankenberg/Eder intensivierten in der Folgezeit die technische Erkundung grenznaher Aufbauplätze in ihrem Aufklärungsbereich, sodass folgende Stellen, die teilweise später zur ständigen Erfassung genutzt werden konnten, bekannt sind:

Fernmeldebattaillon 320 FRANKENBERG/EDER
- HOHER MEISSNER
- RAVENSBERG südwestlich STÖBERHAI/HARZ
- STEINBERG nordostwärts KASSEL
- SCHIENBERG nördlich HERLESHAUSEN
- WASSERKUPPE (HOHE RHÖN)
- HEIDELSTETTEN südostwärts WASSERKUPPE

Fernmeldebattaillon 220 DONAUWÖRTH
- MELLRICHSTADT
- REICHENBACH
- BERG bei BAD STEBEN/FRANKENWALD
- BAD STEBEN
- STEINBACH
- NORDHALBEN
- HOHE SAAS bei HOF
- GROSSER KORNBERG bei REHAU
- WARTBERG ostwärts SELB
- POPPENREUTHER BERG nordostwärts TIRSCHENREUTH
- KOSTENBERG/ASCHBERG bei TIRSCHENREUTH
- OBERFAHRENBERG bei WEIDEN
- AMEISENBERG südostwärts WEIDEN
- WEINGARTENFELS bei STADLERN/OBERVIECHTACH
- ALTENSCHNEEBERG bei OBERVIECHTACH
- KLEEBERG nordwärts WALDMÜNCHEN
- MEIGELSRIED ostwärts NEUNBURG v. WALD
- GIESSENBERG westlich FURTH i.W.
- DACHSRIEGEL westlich FURTH i. WALD
- GROSSER ARBER nordwärts ZWIESEL
- ESCHENBERG südostwärts REGEN
- ALMBERG nordostwärts FREYUNG
- PHILLIPSREUTH nordostwärts FREYUNG
- SULZBERG ostwärts FREYUNG

Ob das FmBtl 220 zu dieser Zeit bereits auf dem HOHEN BOGEN/ECKSTEIN bei KÖTZTING eine provisorische Erfassungsstelle betrieb, ist nicht mehr zu klären, erscheint jedoch für den Probebetrieb möglich.*

---

* **Anmerkung des Autors**: Ob diese Stellungen ausschließlich zur Erfassung von VHF/UHF-Verkehren der GSTD (Gruppe sowjetischer Truppen in Deutschland), der NVA (Nationale Volksarmee der DDR) oder der CVA (Tschechoslowakischen Volksarmee) aus Richtung Norden bzw. Osten oder im Rahmen eigener Manöverbeobachtung mit Erfassungsrichtung West und Süd genutzt wurden, ist heute nicht mehr fest-

Planungen der Luftwaffe zur Erfassung im vorderen Bereich

Bereits in den sechziger Jahren plante die Luftwaffe[14], bedingt durch technische Gegebenheiten, insbesondere in der UHF-SHF- Erfassung für den Bobachtungsfunk, auf empfangstechnisch günstig gelegenen Hohen Punkten entlang der innerdeutschen Grenze und der Grenze zur CSSR, Fernmeldetürme für die VHF-SHF-Flugfunk-Erfassung zu errichten. Für die Fm/EloAufkl des Heeres bot sich hier die Möglichkeit der Mitnutzung von Einrichtungen der Luftwaffe in grenznaher Lage. In der Folgezeit fanden auf höchster Ebene im Bundesverteidigungsministerium Verhandlungen statt, da auch der BND entsprechendes Interesse an einer Mitnutzung der Fernmeldetürme bekundete. Als Prototyp wurde der Fernmeldeturm E der Luftwaffe auf dem SCHNEEBERG bei BISCHOFSGRÜN geplant und der Bau im Jahre 1962 begonnen. Der Turm sollte Mitte 1965 an den Nutzer übergeben werden.

Von 1965 bis 1967 wurden die von der Luftwaffe geplanten Fernmeldetürme A, B, C, E, F fertiggestellt und an die Nutzer der Luftwaffe übergeben.**

Vordere Erfassung der Luftwaffe

Nach Übernahme der Fernmeldetürme durch die Luftwaffe[15] bis 1967 ergab sich folgende Nutzung:

Fernmeldeturm	Standort	Nutzer Luftwaffe	Sonstige Nutzer
A	GROSSENBRODE	FmSkt A /FmRgt 71	3. /FmBtl 120 (6 VHF-ArbPl)
B	THURAUER BERG	FmSkt B /FmRgt 71	3. /FmBtl 120
C	STÖBERHAI	FmSktC /FmRgt 71	3./FmBtl 320
E	SCHNEEBERG	FmSktE /FmRgt 72	3./FmBtl 220[16] /BFSt
F	HOHER BOGEN	FmSktF /FmRgt 72	3./FmBtl 220 /BFSt

stellbar, erscheint jedoch nicht ausgeschlossen. Eine Mitnutzung von oder Anlehnung an ortsfeste Einrichtungen des Tiefflieger Melde- und Leitdienstes (TMLD) der Luftwaffe, der zu dieser Zeit noch unmittelbar an den Ostgrenzen der Bundesrepublik mit Tieffliegermelderadar seinen Auftrag durchführte, kann nicht gänzlich ausgeschlossen werden. Die erkundeten Stellungen wurden auch in den Folgejahren im Rahmen von Schwerpunkt-Erfassungseinsätzen durch Kräfte des Amtes für Nachrichtenwesen (ANBw) aus Ahrweiler sporadisch genutzt. Die Fernmelde- und Elektronische Aufklärung des Heeres sollte aus empfangstechnischen Gründen, zur Verdichtung der Erfassungsmöglichkeiten bald grenznahe Erfassungsanlagen erhalten.

[14] Entsprechende Einflüsse der interessierten deutschen und amerikanischen Industrieunternehmen an der Gestaltung der damaligen Konzeptionen können zu dieser Zeit nicht gänzlich ausgeschlossen werden, da die alternative Aufstellung mobiler Erfassungseinrichtungen der Luftwaffe offenbar nie ernsthaft erwogen wurde.

****Anmerkung des Autors**: Vermutlich trug der für die Marine in PELZERHAKEN errichtete Fernmeldeturm gleichen Typs die Planungsbezeichnung »Fernmeldeturm D« dies ist heute jedoch nicht mehr zu klären.

[15] Nähere Einzelheiten sind im Teil Luftwaffe enthalten.

[16] Mit gleichzeitiger Erfassung aus der Stellung GROSSER KORNBERG.

Erfassungskapazitäten des Heeres
Zu Anfang 1968 verfügte die Fm/EloAufkl des Heeres über folgende Kapazitäten:

Bezeichnung	Standort	Auftrag
FmStab 60	Daun	Zentrale Auswertung & Steuerung
FmBtl 51	Daun	HF-Erfassung, Peilung, Auswertung
Peilstelle	Riepe	HF-Peilstelle FmBtl 51
Peilstelle	Langenargen	HF-Peilstelle FmBtl 51
Peilstelle	Pocking	HF-Peilstelle FmBtl 51[17]
FmBtl 120	Rotenburg Hann.	HF-Erfassung?
3./ FmBtl 120	Grossenbrode	VHF-Erfassung[18]
3./FmBtl 120	Thurauer Berg	VHF-Erfassung
3./FmBtl 120	Barwedel	VHF-Erfassung
Peilstelle	Fritzlar	HF-Peilstelle
FmBtl 220	Donauwörth	HF-Erfassung?
3./FmBtl 220	Schneeberg	VHF-Erfassung
3./FmBtl 220	Großer Kornberg	VHF-Erfassung
3./FmBtl 220	Hoher Bogen	VHF-Erfassung
Peilstelle	Pocking/Chiemsee	Peilstelle FmBtl 220
FmBtl 320	Frankenberg/Eder	HF-Erfassung?
3./FmBtl 320	Stöberhai	VHF-Erfassung
3./FmBtl 320	Hoher Meissner	VHF-Erfassung
Peilstelle	Linter /Dietz a.L.	HF-Peilstelle

[17] Offensichtlich nur während der CSSR-Okkupation genutzt.
[18] Nur bei Bedarf durch 3./FmBtl 120 (Nutzung während CSSR-Okkupation fraglich).

Die Fernmelde- und Elektronische Aufklärung der Luftwaffe 1955 bis 1968

Für die Aufstellung der geplanten Luftwaffenverbände wurden im Laufe des Jahres 1956 unter Führung des *Bundesministeriums der Verteidigung (BMVtdg) Abteilung VI (Luftwaffe)* mit den nachgeordneten Unterabteilungen VI A (Führung und Ausbildung), VI B (Organisation), VI C (Logistik), VI D (Fernmeldewesen) unter anderem neben den Fliegerkorps Nord (Münster) und Fliegerkorps Süd (Karlsruhe?) jeweils zwei Luftverteidigungskorps (Nord und Süd) sowie die Kommandos der Bodenorganisation Nord und Süd aufgestellt, unter deren Zuständigkeit die Aufstellung von Fernmeldeverbänden aller Art fallen sollte. Um fachlich geeignetes Personal zu finden, wurde im Juli 1956 auf dem Fliegerhorst Ütersen bei Pinneberg[19] im Rahmen der Luftwaffeneinführungslehrgänge »C« frühere Angehörige der Luftnachrichtentruppe der ehemaligen Luftwaffe, der ehemaligen Nachrichtentruppe des Heeres sowie Nachrichtenpersonal der früheren Kriegsmarine zusammengefasst. Im Laufe der Zusammenführung wurden Spezialzüge im Nachrichtenwesen gebildet, darunter ein Zug Horchfunker und ein Zug Auswerter. Nach Beendigung des Einführungslehrganges wurden zwei Offiziere und 42 Unteroffiziere des H(Horch)-Zuges nach Nörvenich auf den dortigen Flugplatz versetzt. Dort wurde die *Fernmelde Lehr- und Versuchskompanie der Luftwaffe* (FmLuVsKpLw) am 3.September 1956 aufgestellt. Die Horchfunker und Auswerter wurden im 4. Zug der FmLuVsKpLw zusammengefasst. Dieser 4. Zug bildet demnach die Keimzelle der künftigen *Fernmelde- und Elektronischen Aufklärung der Luftwaffe* (Fm/EloAufklLw). Im Laufe des Oktober 1956 wird zusätzliches, qualifiziertes Personal auf Initiative des BMVtdg nach Nörvenich zuversetzt. Damit kann die provisorische Erfassung im Kurzwellenbereich (HF) in Nörvenich beginnen. Gleichzeitig beginnt die Sprachausbildung der Horchfunker in Nörvenich, zeitgleich wird dort auch eine Zelle zur Auswertung der erfassten HF-Verkehre gebildet. Am 10. Januar 1957 befiehlt das Kommando der Luftwaffenbodenorganisation Nord Abteilung A3-A5 die Aufstellung des Vorauspersonals Fernmeldeabteilung 711 (VP-FmAbt 711). Der 4. Zug FmLuVsKpLw (4./ FmLuVsKpLw) wird auch durch zugeführtes Personal des BGS verstärkt. Die *Fernmelde Lehr- und Versuchskompanie der Luftwaffe* (FmLuVsKpLw) erhält den Status einer Abteilung (Bataillon) und wird nach Sonthofen verlegt. Im Januar 1957 wird durch die Führung des VP-FmAbt 711(4./ FmLuVsKpLw) der Großraum Braunschweig – Ülzen – Göttingen auf Unterbringungsmöglichkeiten für die noch aufzustellende Fernmeldeabteilung 711 erkundet. Mit Abteilungsbefehl 1 wird am 17. Januar 1957 die künftige Gliederung der FmAbt 711 befohlen. Zunächst werden VP-Stab Fernmeldeabteilung 711 und die 5. Kompanie der Abteilung (5./FmAbt 711) in Nörvenich aufgestellt. Der Stab VP-FmAbt 711 war wie folgt provisorisch gegliedert:

VP-FmAbt 711 NÖRVENICH
Einsatz-Auswertung, Sprachausbildung
Endauswertung
Betriebsauswertung
Peilauswertung
Empfängereinsatz

---

[19] FmRgt 71 (Hsg): *Chronik Fernmelderegiment 71*, Osnabrück 1980.

Die *Funkbeobachtungsstelle* und die *Auswertezelle* werden in Halle 3 des Platzes weiter ausgebaut, der HF-Peiler wird abseits im Fliegerhorstbereich errichtet. Ob bereits zu diesem Zeitpunkt erste Ergebnisse der Erfassung und Auswertung an Bedarfsträger im Bereich des BMVtdg gemeldet wurden, muss bezweifelt werden, da sich zu diesem Zeitpunkt das *Militärische Nachrichtenwesen der Luftwaffe* ebenfalls im Aufbau befand. Zumindest sind keine Hinweise auf eine institutionalisierte Erfassung und Auswertung in der Luftwaffe für diese Zeit erhalten. Am 1. Februar 1957 befiehlt das Bundesministerium für Verteidigung (Abt VI 3 Lw) mit Aufstellungsbefehl 39 die Aufstellung der Fernmeldeabteilung 711. Am 7. Februar 1957 ordnet der Chef des Stabes Luftwaffenbodenorganisation Nord die Verlegung der Abteilung an die Standorte Osnabrück und Bückeburg an. Nach Verlegung des Stabes und der 5./FmAbt 711 mit rund 100 Soldaten nach Osnabrück am 24.Februar 1957 und einem sehr kühlen Empfang durch die dortige Bevölkerung, wird in Bückeburg die 1. Kompanie Fernmeldeabteilung 711 (1. /FmAbt 711) in der ehemaligen Heeresmusikschule aufgestellt. Sie wächst relativ schnell auf etwa 84 Soldaten an, die dort Sprach- und Tastfunkausbildung erhalten. Am 5. März 1957 wird der FmAbt 711 die von-Stein-Kaserne an der Artilleriestraße übergeben. Teile der FmAbt 711 befinden sich bereits in der ehemaligen Flak-Kaserne am Hauswörmannsweg, die in der Folgezeit vorwiegend als Betriebsgebäude dienen sollte. Nach ausgedehnten Erkundungsfahrten und entsprechender peiltechnischer Vermessung wird am 5. März 1957 in Westerkappeln der erste HF-Peiler der FmAbt 711 mit fünf Peilfunkern in Betrieb genommen. Nachdem die Kasernenanlage in Bückeburg, die von der 1./FmAbt 711 mitgenutzt wurde, wegen dringenden Raumbedarfs anderer Verbände geräumt werden soll, wird in Göttingen eine neue Unterkunft erkundet und am 20. Mai 1957 in der Ziethen-Kaserne bezogen. Zur gleichen Zeit laufen erste Erkundungseinsätze im Raum Feuchtwangen, dem späteren Standort des Fernmeldeführers B Süd (FmAbt 712?), dem Schwesterverband der FmAbt 711, zum Aufbau einer Peilstelle für die FmAbt 711. Im Mai 1957 treten Teile der 5./FmAbt 711zur 1./FmAbt 711 in Göttingen und verstärken dort das HF-Erfassungspersonal. Die HF-Funkempfangsstelle wird im Gebäude 14 der Ziethen-Kaserne provisorisch errichtet. Bisher war die FmAbt 711 vorrangig mit dem Aufbau einer HF-Erfassungs-Peil- und Auswerte-Organisation beschäftigt. Da der Auftrag der FmAbt 711 zu dieser Zeit naturgemäß auch die Erfassung von Flugfunkverkehren im VHF-Bereich und Radarausstrahlungen umfasste, die aber aus technischen Gründen am Standort Osnabrück nicht wahrgenommen werden konnten, mussten geeignete Aufbauplätze in Grenznähe gesucht werden. Im Gegensatz zum Heer hat die Luftwaffe die Bereiche Fern- und Nahaufklärung nicht so scharf getrennt und war wohl auch aus Haushaltsgründen gezwungen, beide Aufträge durch die entsprechenden Verbände wahrnehmen zu lassen. Gleichwohl festzustellen ist, dass die HF-Erfassung auch in späteren Jahren grundsätzlich, von Ausnahmen abgesehen, immer in den rückwärtigen Standorten Osnabrück, später auch Feuchtwangen, durchgeführt wurde. Im Mai 1957 erfolgten Erkundungseinsätze in Ostholstein, Vermessung von Peilplätzen und Empfangsversuche im VHF-Bereich, die zur Auswahl Großenbrodes als künftiger Standort für die VHF-Erfassung durch FmAbt 711 führen sollte. Daraus folgend fanden im Juni 1957 ebenfalls Empfangsversuche sowohl im VHF-Bereich als auch bei der Radarbeobachtung im Raum Göttingen statt, wobei sich zeigte, dass der Aufbauplatz »Mackenroder Spitze« optimale Bedingungen für die Errichtung einer Erfassungsstellung bot. Im September 1957 wird zu der bereits bestehenden 1. und 5. Kompanie die 4. Kompanie FmAbt 711 in Osnabrück aufgestellt, sie soll künftig die Funkbeobachtung (B-Funk- Radarerfassung) übernehmen. Die am 15.August 1957 in Bückeburg aufgestellt 2. Kompanie wird ebenfalls nach Osnabrück verlegt. Seit Oktober 1957 wird am Standort Osnabrück die Aufstellung der VHF-Erfassungskomponenten verstärkt vorangetrieben. Im November 1957 beginnt der

VHF- und Beobachtungs-Erfassungsbetrieb von der Mackenroder Spitze aus einer provisorischen Erfassungsstellung. Gleichfalls im November 1957 übernimmt die 2./FmAbt 711 die zuvor von den britischen Streitkräften übergebene Kasernenanlage in Hambüren . Bis Mitte Januar hat sich die 2./FmAbt 711 dort eingerichtet. Mit Wirkung vom 1. Mai 1958 wird durch Organisationsbefehl des inzwischen aufgestellten Luftwaffengruppenkommandos Nord (LwGrpKdo N-Münster) die Fernmeldeabteilung 711 in *Fernmeldeführer B Nord* umbenannt. Zum gleichen Zeitpunkt erhielten die bisher bestehenden Kompanien die Bezeichnung *Fernmeldebeobachtungssektoren* (FmBeobSkt).

Fernmeldeführer Nord und Süd

Der Fernmeldeführer B Nord (FmAbt 711) verfügt damit im Mai 1958 über folgende Gliederung:

Stab FmFhr B Nord (FmAbt 711)	Osnabrück (Führung)
FmBeobSkt A (3./FmAbt 711)[20]	Großenbrode (VHF/B-Erfassung)
FmBeobSkt B (2./FmAbt 711)	Hambüren (HF-Erfassung)
FmBeobSkt C (1./FmAbt 711)	Göttingen (VHF/B-Erfassung)
FmBeobSkt D (4./FmAbt 711)	Osnabrück (B-Erfassung?)
AuswZentr Nord (5./FmAbt 711)	Osnabrück (HF/VHF/B-Auswertung)
LwSanStff	Osnabrück (Sanitätsdienstliche Betreuung)

Zur Ergänzung des Personalbestandes beim *Fernmeldeführer Süd B – Mannheim-Neuostheim* gibt Fernmeldeführer B Nord im Mai 1958 Teile des Personals ab, die den Grundstock für den späteren, Schwesterverband FmFhr B Süd bilden werden[21].

1959 wird die Peilstelle Langenargen eingerichtet, das Personal bezieht Quartier in der von der französischen *2e Escadron de Recherche, 13e Régiment de Dragons Parachutistes* (2e ER, 13e RDP), Regimentsstandort Dieuze (Fernspähverband), belegten ehemaligen Peilstelle der Marine in Langenargen, die während des Krieges auch einige Zeit der *Küstenjäger-Abteilung* der *Divisison »Brandenburg« z.b.V. 800* als Unterkunft gedient hatte. Später sollte für das Personal der von Heer, Luftwaffe und Marine gemeinsam betriebene Peilzentrale in Eriskirch eine Unterkunft[22] errichtet werden. Die Peilstelle selbst befand sich in einem teilversenkten Bunker, der später im Ried der Argenmündung errichtet wurde. Weitere HF-Peilstandorte sollten später, teils allein von der Luftwaffe, teils noch gemeinsam von Heer und der Marine, aufgebaut werden.

Fernmeldeführer Süd

An dieser Stelle soll der Aufbau des Fernmeldeführers B Süd[23], des späteren Fernmelderegiments 72, geschildert werden.

Die offizielle Aufstellung des Verbandes erfolgte mit Aufstellungsbefehl 79 des mittlerweile eingerichteten Führungsstabes der Luftwaffe im BMVtdg (BMVtdg-FüL) vom 1. April 1958 in Mannheim-Neuostheim, einem ehemaligen Fliegerhorst der Luftwaffe[24].

---

[20] 3./FmAbt 711 war nur in den planerischen Unterlagen vorhanden, wurde jedoch nicht aufgestellt. Personal für FmBeobSkt A wurde aus den übrigen Teileinheiten zugeführt.

[21] Cecile: *Le Reseignement Français a L`Aube du XXe Siècle,* Lavauzelle, Paris 1998.

[22] Hier wurden später häufig Tagungen im Regimentsrahmen abgehalten.

[23] FmBer 70 (Hrsg.): *40 Jahre Fernmelderegiment 72,* Feuchtwangen 1995.

[24] Ries/Dierich: *Fliegerhorste und Einsatzhäfen der Luftwaffe*, Motorbuch Verlag, Stuttgart 1993.

Zur Ergänzung gab der bereits aufgestellte Fernmeldeführer B Nord Personal und Material an den neuaufgestellten Verband nach Mannheim ab. Im November 1958 hatte die Abteilung folgende Gliederung eingenommen:

- Stab Fernmeldeführer B Süd Mannheim-Neuostheim
- FmBeobSkt H Mannheim-Neuostheim
- Sanitätsstaffel A Mannheim-Neuostheim

Der durch die FmAbt 711 (FmFhr B Nord) bereits früher in der Nähe Feuchtwangens bei Banzenweiler errichtete HF-Peiler wurde durch Angehörige des Stabes FmFhr B Süd im November 1958 besichtigt. Zur gleichen Zeit erfolgten erste Erkundungsfahrten zu den künftigen Standorten der grenznahen VHF- und Beobachtungsfunk-Erfassung zum Schneeberg bei Bischofsgrün im Fichtelgebirge, der zu dieser Zeit schon durch eine Erfassungsstellung der *US Army Security Agency* (ASA) besetzt war, zum Hohen Bogen im Bayerischen Wald, so sich auf dem Nachbargipfel, dem Eckstein, ebenfalls bereits eine Stellung der ASA befand, und zum Untersberg bei Berchtesgaden, dessen Gipfel noch nicht durch Aufklärungskräfte belegt war. Mitte 1960 erfolgte die Umbenennung des Fernmeldeführers B Süd in Fernmelderegiment 72. Fernmeldeführer B Nord war bereits im Januar des Jahres in Fernmelderegiment 71 umbenannt worden.
Es war wie folgt gegliedert:

- **Stab FmRgt 72** Mannheim-Neuostheim[25] (Führung)
- Fernmeldesektor H Mannheim-Neuostheim (HF-Erfassung)
- Fernmeldesektor S Mannheim-Neuostheim (Auswertung)
- LwSanStaffel Mannheim-Neuostheim
- VP-FmSkt E Thurndorf bei Pegnitz (provisorische VHF-Erfassung)
- Peiltrupp FmSkt H Feuchtwangen (HF-Peiler)
- Peiltrupp FmSkt H Langenargen/Eriskirch (HF-Peiler)[26]

Nach Fertigstellung der seit 1960 im Bau befindlichen Kasernenanlage 1961 konnte das Fernmelderegiment 72 geschlossen von Mannheim-Neuostheim nach Feuchtwangen verlegen. Nach Verlegung an den Standort verfügte Fernmelderegiment 72 damit über folgende Gliederung:

- **Stab FmRgt 72** Feuchtwangen (Führung)
- Fernmeldesektor H Feuchtwangen (HF-Erfassung)
- Fernmeldesektor S Feuchtwangen (Auswertung)
- LwSanStaffel Feuchtwangen (Sanitätsdienst)
- VP-FmSkt E Thurndorf bei Pegnitz (provisorische VHF-Erfassung)
- VP-FmSkt F Furth i.W.? (provisorische VHF-Erfassung)
- Peiltrupp FmSkt H Feuchtwangen (HF-Peiler Tauberschallbach)
- Peiltrupp FmSkt H Langenargen/Eriskirch (HF-Peiler)[27]

In Feuchtwangen befand sich auch eine, noch vor dem Krieg eingerichtete Durchgangs-Vermittlungsstelle der früheren Luftwaffe, die offensichtlich nach 1945 an die *Deutsche Bundespost* übergeben wurde. Möglicherweise hat sie ein gewisse Zeit die Funktion der später außerhalb Feuchtwangens verbunkert errichteten *Grundschaltvermittlung der*

[25] Zeitweise auch in einem Objekt in der Nebeniusstraße in Mannheim.
[26] Ob zu diesem Zeitpunkt der HF-Peiler Wahn (Porz-Wahn) bereits im Betrieb war, ist nicht ersichtlich.
[27] Ob zu diesem Zeitpunkt der HF-Peiler Wahn (Porz-Wahn) bereits im Betrieb war, ist nicht ersichtlich.

Luftaufnahme der Wetterstelle Thurndorf (Avn Co 2nd US ACR) 1963.

Beim Horchfunklehrgang in Thurndorf eingesetzter Assmann-Tonschreiber.

Teilnehmer des Horchfunkerlehrgangs (HoFu russ.Tn) in Thurndorf 1964.

Vor der Verlegung des Personals in die Einsatzstellung Schneeberg zur Ausbildung am Arbeitsplatz (AAP), Sommer 1964.

Gesamtansicht der Wetterstelle auf dem Kalvarienberg bei Turndorf, 1964.

Noch verbliebener Betonmast der ehemaligen Luftwaffe, errichtet 1936 in der Wetterstelle.

Teilnehmer des Horchfunkerlehrganges, in der Mitte der Leiter K.S, ehemals Sonderführer der Abwehr.

Bundeswehr 63 (GSVBw 63) erfüllt. Organisatorisch gehörte diese Vermittlung jedoch nicht dem Fernmelderegiment 72 an, sondern unterstand bis zu ihrer Auflösung dem Bereichsfernmeldeführer (BerFmFhr) Nürnberg. Um das Jahr 1961/1962 begannen die Planungsarbeiten für die Fernmeldetürme E (Schneeberg) und F (Hoher Bogen), die nach ihrer Fertigstellung die Sektoren der vorderen Erfassung E und F aufnehmen sollten. In diesem Zeitraum wurde auch die bisher in Sonthofen befindliche FmL/uVsKpLw nach LAGER-LECHFELD bei Augsburg verlegt und sollte später das *Fernmelde Lehr- und Versuchsregiment 61* (FmL/VsURgt 61) der Luftwaffe werden, das später in den Folgejahren einen nicht unwesentlichen Anteil an der technischen Unterstützung beider Fernmelderegimenter haben sollte. In der Zwischenzeit wurde die provisorische VHF-Erfassung aus der Stellung THURNDORF am Rand des Truppenübungsplatzes GRAFENWÖHR, einer ehemaligen Wetter-Stelle (Funkaufklärungsstellung) der Luftwaffe aufgenommen. Dort befanden sich anfänglich drei im Jahre 1938 errichtete Beton-Gittermasten, die sich für den Aufbau der VHF-Antennen eigneten. Die Erfassungsstelle und die Fernsprech-/Fernschreibstelle wurden im Betriebsgebäude eingerichtet. Die Erfassungsplätze (VHF/UHF) waren vermutlich mit Telefunken UK 149-Empfängern und Assman-Tonschreibern ausgestattet. Das Personal wurde in Feldhäusern, dem so genannten *H-Bau*, untergebracht, in dem sich auch die Kantine befand. Die Sektorführung, das provisorische Revier und die Küche befanden sich in zwei, bereits zu Zeiten der Luftwaffe errichteten festen Gebäuden. Bewacht wurde die Anlage, die sich etwa zwei Kilometer nordostwärts des Ortes auf einem langgezogenen Rücken, dem 645 m hohen KALVARIENBERG befand, durch Personal einer Zivilwache aus Bayreuth. Der in der Nähe befindliche Fliegerabwehrstand, vermutlich für 2-cm-Flak aus der Kriegszeit, wurde abgebaut, dabei fand sich noch ein funktionsfähiges MG 42 samt

Munition aus der Kriegszeit. Der nächste Bahnanschluss befand sich in ENGELMANSREUTH an der Bahnstrecke Pegnitz–Kirchenlaibach, öffentliche Verkehrsmittel standen zu dieser Zeit nicht zur Verfügung. Für die zurückkehrenden Wochenendurlauber bedeutete dies ein Fußmarsch von mindestens einer Stunde durch unwegsames Gelände und kaum befestigte Waldwege bis zur »Wetterstelle«. Als Orientierungshilfe während der Nacht diente die rote Hindernisbefeuerung der Türme in der Stellung, die bei Nacht weithin sichtbar war.

Provisoriche Erfassungsstellung Schneeberg

Gelegentliche Probeerfassungen im VHF-Bereich und provisorischer Beobachtungsdienst (VHF/UHF-Flugfunk und Radarerfassung) wurden etwa ab 1961/1962 durch zum Schneeberg verlegtes Personal, das in Privatunterkünften in Bischofsgrün (Gasthof Waldlust, Gasthof Post) untergebracht war, aus dem US-Stellungsbereich durchgeführt. Zu dieser Zeit stellte der US-Nutzer die ehemalige Diensthütte in der Nähe des BACKÖFELE auf dem 1053 m hohen Schneeberggipfel zur Verfügung. Die Sektorführung, Innendienst, Versorgung sowie Ausbildung des Ersatzpersonals wurde aber weiterhin aus der Wetterstelle in Thurndorf durchgeführt. Intern wurde diese Hütte von den amerikanischen Soldaten als »Kennel-*Hundehütte*« bezeichnet. Die deutschen Luftwaffensoldaten übernahmen diese Bezeichnung. Soweit bekannt, verfügte die provisorische Errfassungsstelle des Fernmeldesektor E zu dieser Zeit über acht bis zehn VHF-Empfänger Telefunken UK 149, später auch ESM von Rhode & Schwarz, einer entsprechenden Anzahl von Assmann-Tonschreibern mit Zeitgeber, einem HF-Empänger Siemens 745 E 310 a, der später gegen einen Telefunken-Empfänger E 127 KW/5 ausgetauscht wurde. Die Telefunken-Empfänger UK 149[28] wurden später mit Panorama-Geräten nachgerüstet, die eine Überwachung der Bandbelegung in einem zu bestimmenden Segment des Bandes erlaubte, Antennenverteiler und eine in Richtung Nord-Nordost ausgerichtete Doppelwendelantenne auf Dreibeingittermast auf Betonfundamenten im US-

UHF-Versuchsempfang auf dem Schneeberg (1962–1963).

[28] Diese Geräte wurden später Ende der siebziger, Anfang der achtziger Jahre ausgesondert und durch einen bekannten bayerischen Surplushändler auf dem freien Markt verkauft.

UHF-Versuchsempfang auf dem Schneeberg Winter 1963. Rechts im Bild der provisorische Empfangsplatz »KENNEL (Hundehütte)«.

Einsatzstellung Schneeberg, Kennel mit Asenturm (1975).

Stellungsbereich. Später sollte noch eine drehbare Einfach-Wendel-Antenne auf einem Mast hinzukommen, die sich jedoch nur bedingt für Peilzwecke eignete. Um das Jahr 1964 wurden zusätzliche Erfassungsplätze für der NVA-Flugfunk in einem NATO-Ford, der neben dem »Kennel« abgestellt war, geschaffen. Die Erfassungsstelle verfügte zudem über eine FF-OB/ZB-Zehnervermittlung mit Anschluss an das ELOKA-Sondernetz, einem Lorenz Lo 54 Mischer und zwei Fernschreibmaschinen zum Absetzen der Meldungen an die Fernschreibstelle des Fernmelderegiments 72, Deckname »KATZE«, in Feuchtwangen. Die Erfassungsstelle auf dem Schneeberg erhielt den Decknamen »HAMSTER«, die Erfassungsstelle des Fernmeldesektor F auf dem Hohen Bogen war unter dem Decknamen »BIBER« erreichbar. Die Nachbarsektoren FmSkt F, Hoher Bogen, Stöberhai (Fernmeldesektor C) im Harz, Deckname »SEEGRAS«, und der Fernmeldesektor B in Lüchow-Dannenberg, Deckname »BAMBUS«, waren über Direktleitungen an die 10er-Vermittlung auf dem Schneeberg angeschlossen. Zu dieser Zeit verfügte die Erfassungsstelle auf dem Schneeberg über zwei Maschinenpistolen UZI MP 1 A mit Holzschulterstütze samt Munition, die in einem kleinen, im Kennel aufgestellten Panzerschrank gelagert waren und bei Übergabe der Ablösung nachzuweisen waren. Während der Sommermonate des Jahres 1962 muss auch eine Erkundung und VHF-Probeerfassung durch Personal aus Thurndorf vom Gipfel des Großen Waldsteins (880 m), nordwestlich WEISSENSTADT stattgefunden haben.

Offensichtlich brachte die Erfassung nicht die erwarteten Ergebnisse, denn der Aufbauplatz sollte später nur noch sporadisch bei Übungen durch die Luftwaffe belegt werden. In späteren Jahren nutzte auch das Heer, vermutlich Teile des FmBtl 220 Donauwörth, den Waldstein für einzelne Erfassungseinsätze. Der spätere Fernmeldesektor

Provisorische Erfassung auf dem Waldstein 1961.

Provisorische Erfassung auf dem Waldstein. Errichtung eines 20-Meters-Mastes für die UHF/VHF-Antenne, 1961.

Provisorische Erfassung auf dem Waldstein. Errichtung des 38-Meter-Mastes.

F verlegte1962 mit Vorauspersonal zunächst in ein ehemaliges Barackenlager des Arbeitsdienstes nach Furth i.W. in die Nähe der Grenze zur damaligen Tschechoslowakei. Der VHF-Probe-Erfassungsbetrieb wurde provisorisch aus ein einer Forstdiensthütte in der Nähe der Gipfelregion des HOHEN BOGEN aufgenommen, in deren Nähe die Antennenanlagen errichtet wurden. Gegen Ende 1963 erhielten beide Erfassungsbereiche, die zunächst die Bezeichnung »Vorauspersonal Fernmeldesektor E/F« trugen, die endgültige Bezeichnung *Fernmeldesektor E – Thurndorf* beziehungsweise *Fernmeldesektor F – Furth i.W.*. Damit waren auch die beiden Sektoren E und F der vorderen Erfassung in das Gesamtsystem der Fernmelderegimenter 71 Osnabrück und Fernmelderegiment 72 Feuchtwangen eingebunden. Im Juni 1963 erhielt Fernmeldesektor H innerhalb der Kaserne Feuchtwangen seine Spezial-HF-Empfangsantennen (vier Gittermasten mit Verspannung entsprechend abgestimmter Langdrahtantennen für 360 Grad Rundempfang). Da sich Feuchtwangen in einem Tieffluggebiet befand, erhielten die Antennenmasten eine rote Hindernisbefeuerung, die während der Nacht weithin sichtbar war und unter Eingeweihten den Namen »Zirkus Pusch« trug. Namensgeber war der damalige Regimentskommandeur, Oberst Otto Pusch; es ist anzunehmen, dass er von dieser Bezeichnung Kenntnis hatte.

Bei beiden Regimentern (FmRgt 71 Osnabrück und FmRgt 72 Feuchtwangen) wurde in den Folgejahren die HF-Erfassung (FmSkt D, Hambüren und FmSkt H, Feuchtwangen) intensiviert und die Auswertungen FmSkt D Osnabrück und S in Feuchtwangen ausgebaut und personell aufgestockt. Die Fernmeldetürme der Luftwaffe, mit deren Bau zu Anfang der sechziger Jahre begonnen worden war, wurden nun zügig fertiggestellt, sodass sich bis Mitte 1966 folgender Ausbauzustand bei den Fernmeldetürme der Luftwaffe ergab:

Betriebsaufnahme der Fernmeldetürme der Luftwaffe

Fernmeldeturm	Ort	Fertigstellung	Betriebsaufnahme
A	KLAUSTORF/GROSSENBRODE	1965	1967
B	THURAUER BERG	1966	1967
C	STÖBERHAI	1966	1967
E	SCHNEEBERG	1964	1965
F	HOHER BOGEN	1965	1966
G	UNTERSBERG[29]	Geplant	Nicht gebaut

Die Betriebsaufnahme wurde erschwert durch zusätzliche Umrüstarbeiten in den einzelnen Türmen, die bis weit in die achtziger Jahre durch Einrüstung neuer Geräte und Sensoren und Erweiterungen innerhalb der Türme ständige Baustelle blieben. Die anfänglich fehlenden Unterkunftsgebäude innerhalb der Stellungen wurden nachträglich im Laufe der Jahre errichtet. Beispielsweise erhielt Fernmeldesektor E erst in den siebziger Jahren ein Unterkunftsgebäude im Stellungsbereich mit Bunker (Bw50) für das Personal, in dem dann auch der Gefechtsstand für die Sicherungskräfte errichtet wurde. In der Zwischenzeit wurde das Personal des Fernmeldesektor E, da mit dem Bau der

[29] Jedoch wurden in den sechziger und siebziger Jahren Erfassungseinsätze auf dem Untersberg durchgeführt, an dem auch Personal von FmSktE / F (FmRgt 72) aus Wunsiedel/Kötzting teilgenommen hat. Eine Filmdokumentation befindet sich im Besitz des Traditionsvereins der Fm/EloAufkl in Trier.

Fernmeldeturm Schneeberg im Rohbau, Herbst 1964.

Kasernenanlage erst später in Wunsiedel begonnen wurde, provisorisch in Stadtsteinach, einer ehemaligen Ausbildungsstätte der Reichspost, in Bad Berneck im Krankenhaus, auf dem Schneeberg im amerikanischen Unterkunftsbereich, und in einem durch die Stadt Wunsiedel bereitgestellten ehemaligen Wohnheim für Schülerinnen untergebracht. Die Sektorführung verlegte nach Wunsiedel in dieses Wohnheim, der Nachschub- und Kraftfahrzeugbereich wurde in Wunsiedel in der Nähe des Schlachthofs untergebracht. Für den Transport des Schichtpersonals standen zunächst nur ungeheizte UNIMOG mit Kofferaufbau zur Verfügung, da die eingebauten Schwingfeuerheizungen in diesen Fahrzeugen aus Sicherheitsgründen nicht in Betrieb gesetzt werden durften. Besonders während des im Fichtelgebirges langandauernden Winters war dies eine besondere Belastung für das Fachpersonal. Die Einrichtung in Thurndorf wurde später durch Fernmelderegiment 72 als Ausbildungsstätte genutzt, teilweise nutzte eine mobile ASA-Einheit aus Darmstadt die Stellung während der Sommermonate zur Erfassung. Diese Zeit war geprägt von ständigen Improvisationen in allen Bereichen, besonders erschwerend wirkten die langen und umfangreichen Ablösungsfahrten für das in Stadtsteinach, Bad Berneck und Thurndorf untergebrachte Personal. Dies hatte zur Folge, dass die einzelnen Unterkunftsbereiche begannen, ihr Eigenleben zu führen, da ständige Dienstaufsicht nicht mehr in jedem Falle sicherzustellen war. Zu dieser Zeit führten die Soldaten des Sektors ihre persönliche Waffe (Gewehr G 1, später Gewehr G 3) sowohl in der Unterkunft als auch bei Kommandierungs- und Versetzungsreisen noch am Mann mit. Problematisch waren dabei Reisen mit der Bahn und das Problem der Aufbewahrung der Waffen bei Fahrtunterbrechungen. In einem Fall wurden Soldaten von Feuchtwangen nach Thurndorf kommandiert und führten die gesamte Ausrüstung einschließlich der Waffe bei dieser Reise mit. Während einer Fahrtunterbrechung in Nürnberg besuchten die Soldaten ein Kaufhaus, um ihr Frühstück einzunehmen, da ihnen von der entsendenden Dienststelle Marschverpflegung in Form eines EPA (Einmannpackung) mitgegeben wurde, deren Zubereitung einen Esbit-Kocher erforderte, der aber nach dem damaligen Ausrüstungssoll nicht zur persönlichen Ausrüstung gehörte. Daher der bewaffnete Gang in das Kaufhaus, der glücklicherweise zu keinen Weiterungen führte. Später wurde diese Praxis, zumindest bei Kommandierungs- und

Versetzungsreisen, wieder aufgegeben. Nicht aber die Aufbewahrung der persönlichen Waffe im Spind der Unterkunft, was dem Vernehmen nach damals auch gelegentlich dazu führte, dass jagdlich Ambitionierte ihre Waffe über das Wochenende mit nach Hause nahmen, um damit dem mehr oder minder genehmigtem Weidwerk nachzugehen. Probleme ergaben sich allerdings im aufgelassenen und zur dienstlichen Unterkunft umfunktionierten Krankenhaus in Bad Berneck, als ein Soldat, der dort im ehemaligen Operationssaal untergebracht und den früheren Operationstisch als Bett zugewiesen bekommen hatte, in seiner Freizeit ergänzenden Waffenunterricht durchführte und bei dieser Gelegenheit seine Waffe mit Platzpatronen aufmunitioniert hatte. Bei den Ladebewegungen löste sich ein Feuerstoß, der bei Anwohnern des Krankenhauses damals zu erheblichen Irritationen führte und auch die zuständige Polizei (damals noch mit polizeigrünem VW-Käfer) aus Bayreuth auf den Plan rief. Diese sah aber nach Feststellung des Sachverhalts keinen Grund zum Einschreiten, da das Krankenhaus bereits früher zum »Militärischen Sicherheitsbereich« erklärt und mit Schildern entsprechend gekennzeichnet worden war.

Es erfolgte jedoch eine Mitteilung auf dem »kleinen Dienstweg« an die Einheit in Wunsiedel, was zur sofortigen Versetzung des Soldaten in die Unterkunft auf dem Schneeberg führte, da diese damals im Gegensatz zum Krankenhaus in Bad Berneck über einen »Kommandoführer« verfügte, der für Ruhe und Ordnung zu sorgen hatte und zumindest die Dienstaufsicht über die dort befindlichen Soldaten im Dienstgrad (Flieger bis Feldwebel) wahrzunehmen hatte. Die Dienstaufsicht wurde nach Dienst durch den damaligen Offizier vom Dienst (OvD), in der Regel ab dem Dienstgrad Stabsunteroffizier mit bestandenem Feldwebellehrgang bis einschließlich Hauptfeldwebel ausgeübt. Zu diesem Zweck musste er damals, allen Witterungsbedingungen trotzend, mit dem Kraftfahrer vom Dienst (KvD) und dem damals als Dienstfahrzeug eingesetzten DKW MUNGA alle Unterkunftsbereiche (Wunsiedel, Schneeberg, Bad Berneck, Stadtsteinach und Thurndorf) kontrollieren, was in der Regel dazu führte, das der OvD ab etwa 20.00 Uhr bis in die frühen Morgenstunden nicht mehr erreichbar war. Einzig die Unterkunft in Wunsiedel verfügte über einen Unteroffizier vom Dienst. Das Kommando Schneeberg, das Unterkünfte auf dem Gipfel in einer Holzbaracke (POOLROOM)[30] der US-Streitkräfte bezogen hatte, war fernsprechmäßig über ein provisorisch offen verlegtes Feldkabel mit Feldfernsprecher (FF OB/ZB) an die Unterkunft in Wunsiedel angebunden. Häufig traten Störungen auf, die zu jeder Tages- und Nachtzeit durch einen Störungssucher zu beseitigen waren. Insbesondere im Winter bei Schneehöhen bis zu vier Metern konnte die Störungssuche problematisch werden, da das Kabel abseits vom Weg verlegt war. Dies wurde aber im darauf folgenden Frühjahr geändert, das Kabel wurde parallel zur Straße verlegt, was dazu führte, dass es im darauf folgenden Winter häufig durch das Räumfahrzeug der Standortverwaltung beschädigt wurde. Die Unterkunft selbst bestand aus relativ dünnen Brettern, deren Isolationswirkung gegen Kälte und Wind nicht optimal war, so dass die Baracke trotz zweier Öfen (Holz- und Ölofen) erst dann warm wurde, als der angewehte Schnee die Wetterseite vollständig abschloss. Staub auf den Spinden und den darauf befindlichen Stahhelmen und Betten, für die durch die StOV aus Fürsorgegründen eine

[30] Dort befand sich ein Billardtisch, daher *Pool-Room*, und ein Klavier, das leider verstimmt war aber noch ab und an zu bereits vorgerückter Stunde »bedient« wurde. Die Unterkunft verfügte über Blechspinde und Stockbetten der US-Armee und wurde durch einen Kohle- und einen Ölofen beheizt. Die Sanitären Anlagen befanden sich in etwa 50 m Entfernung im *US Operations Building*. Gelegentlich musste die Unterkunft wegen akuter Vergiftungsgefahr geräumt werden, wenn die Öfen den Rauch in die Unterkunft leiteten.

Die Unterkunft der deutschen Horchfunker auf dem Schneeberg. Inneres des »POOL-ROOM«,1965.

zusätzliche Decke bereitgestellt wurde, war bei den Heizverhältnissen nicht zu vermeiden, was prompt im Frühjahr bei der Inspektion durch einen General des Heeres, der die Unterkunft unvermutet betrat, zu äußerst heftigen Reaktionen führte. Diese wurden anschließend in einem Bericht aktenkundig gemacht, was dazu führte, dass der Kommandoführer Stellung nehmen musste. Die Tatsache, dass das Dach dieser Baracke nicht mehr regendicht war und dies auch dem General während der Inspektion gemeldet wurde, war dabei nicht von so großer Bedeutung. Da Abhilfe höheren Ortes nicht zu erlangen war, entschloss sich der Kommandoführer zu Selbsthilfe. Da bei dem bereits in unmittelbarer Nähe im Bau befindlichen Fernmeldeturm eine Teerkochmaschine und ausreichend Teer verfügbar war, wurde dem Kraftfahrer vom Dienst am Wochenende aufgegeben, die Teerkochmaschine an den Haken zu nehmen und sie in den Stellungsbereich, einschließlich eines entsprechenden Vorrats an Teer, zu transportieren. Dort angekommen, feuerten Freiwillige der Stammbesatzung die Maschine an, erhitzten den Teer und machten das Dach in Eigenregie dicht. Anschließend wurde die Teerkochmaschine soweit möglich gesäubert und an ihren ursprünglichen Platz zurück gebracht. Im Dienstbuch des Kommandoführers wurde die Aktion einschließlich der Anzahl der verbrauchten Anzahl von Teersäcken schriftlich vermerkt. Da der Club der amerikanischen Besatzung geöffnet hatte, wurde dort anschließend die beendete Aktion bei einigen Flaschen Heinecken-Bier zu 10 US-Cent die Flasche besprochen, als auch Lob und Tadel verteilt. Offensichtlich war diese Aktion auch von höheren Dienstgraden der im »Kennel« diensttuenden Ablösung bemerkt worden, die ihrerseits die Bauleitung des Finanzbauamtes Bayreuth über diese Zweckentfremdung des der Bauleitung unterstehenden Materials informierten. Dies hatte zur Folge, dass der Kommandoführer am Morgen des darauffolgenden Montags zum Bauleiter des FBA zitiert wurde, bei dem sich bereits der Kompaniedienstoffizier des Sektors befand. Der Bauleiter verwies auf die Zweckentfremdung des Baumaterials und machte deutlich, dass dem Bund hier ein Vermögensschaden entstanden sei, für den der Kommandoführer gerade zustehen habe und möglicherweise in Regress genommen würde. Das Schaden wurde damals auf über 1000.– DM beziffert. Der Kompaniedienstoffizier schloss sich den Ausführungen des Bauleiters an und wies auch auf die Möglichkeit einer disziplinaren Würdigung durch den Sektorchef hin. Bei dieser

Gelegenheit wurde dem Kommandoführer in Gegenwart des Bauleiters eine ordentliche und lautstarke »Zigarre« verpasst. Anschließend befahl der Kompaniedienstoffizier eine Objektbesichtigung, auf die Teilnahme durch den Bauleiter verzichtete er. Nach der Besichtigung nahm der damalige Kompaniedienstoffizier, der später noch Oberst und Regimentskommandeur werden sollte, den Kommandoführer zur Seite und meinte: »Hast Du gut gemacht, Junge«, damit war auch die vorher verpasste Zigarre vergessen. Zu einer disziplinaren Würdigung dieser Begebenheit ist es nicht gekommen. Die militärische Sicherung der Einsatzstellungen war von Anfang an problematisch, da alle Fernmeldesektoren nicht über eigene infanteristische Sicherungskräfte verfügten und alle Stellungsbereiche sich in grenznaher Lage, in vielen Fällen noch vor dem *Vorderen Rand der Verteidigung* (VRV) befanden, und das Verbleiben des Personals in der Stellung im Kriegsfall bis zur Auflösung der Stellungen von den höheren Kommandobehörden nie richtig und ernsthaft durchgeplant wurde. Die Begleitumstände werden im Teil Auftrag und Auftragsdurchführung behandelt. In den Jahren 1966/1967 wurden die meisten Truppenunterkünfte fertiggestellt, die noch verstreut auf verschiedene Liegenschaften untergebrachten Teileinheiten an den Sektorstandorten endgültig zusammengeführt. Die Luftwaffensoldaten, die bisher auf dem Schneeberg untergebracht waren, mussten ihre Unterkünfte schweren Herzens räumen, es fiel ihnen besonders schwer, da die amerikanische Verpflegung, an der sie wie alle anderen amerikanischen Soldaten auch teilnahmen, damals einen Standard hatte, den die Bundeswehr auch später nicht erreichen konnte. Dabei musste auch »Pauline«, eine kleine Mischlingshündin der deutschen *»Pool-Room«*-Besatzung, an ein befreundetes amerikanisches Ehepaar in Bindlach abgegeben werden, da die Tierhaltung in einer deutschen Kaserne nicht erlaubt war. Auch hatten sich Freundschaften mit den US-Soldaten ergeben, die nicht ausschließlich auf deren Zugriffsmöglichkeiten in der *Post Exchange* (PX) und die dort gegeben Einkaufsmöglichkeiten zurückzuführen waren. Dies allerdings hatte bereits früher deutsche Zolldienststellen auf den Plan gerufen, die hier zwischen deutschen und amerikanischen Soldaten eine regen Handel mit zollpflichtigen und hochsteuerbaren Waren vermuteten (was aber tatsächlich nie der Fall gewesen ist) und deshalb ein wachsames Auge auf diesen Bereich hatten, gelegentlich auch Durchsuchungen durchführten, die in keinem Fall den Verdacht von Vergehen gegen das Truppenzollgesetz erhärten konnten.Der Zusammenhalt zwischen den jungen deutschen und amerikanischen Soldaten zeigte sich auch im gemeinsamen Besuch von Gaststätten, besonders in Bischofsgrün, wo deutsch-amerikanische Gruppen zum Alttagsbild gehörten und erstaunlicherweise es in dieser Zeit nie zu Auseinandersetzungen um die Gunst junger Damen gekommen ist, möglicherweise auch deshalb, weil der Unterschied zwischen der Kaufkraft eines jungen wehrpflichtigen Deutschen und einem jungen Amerikaner damals bei einem Kurs von 1:4 für den US-Dollar eindeutig zu Gunsten des jungen Amerikaners ausfiel. Dies tat der deutsch-amerikanischen Freundschaft zu diesen Zeit jedoch keinen Abbruch. Größere gemeinsame Veranstaltungen in Bischofsgrün fanden häufig im allseits beliebten Cafe »Dancing« statt. Die Veranstaltungen wurden meist noch vor 22.00 Uhr verlassen, da zu dieser Zeit der *»Pass-Run«* der Amerikaner, ein offener 2,5-t-Truck mit Planenvererdeck, als einziges dienstliches Verkehrsmittel die noch in Bischofsgrün wartenden Soladten beider Nationen abholte. Wer später auf den Schneeberg wollte, musste entweder zu Fuß gehen (etwa 4–5 km), verfügte über ein eigenes Fahrzeug oder war auf eine mitleidige Seele angewiesen, die zu später Stunde noch in die Stellung fuhr und ihn mitnahm. Gelegentlich bestand auch die Möglichkeit, an der oberhalb der Bundesstraße B 303 gelegenen ehemaligen Lungenheilstätte (»Hustenburg«) in das Abösungsfahrzeug des Zivilpersonals, das gegen 23.00 Uhr abgelöst wurde, zuzusteigen. Mit Änderung der Ablösungspläne entfiel aber auch diese Möglichkeit. Besonders problematisch wurde dies im Winter, wenn junge Soldaten, die den *»US Pass-Run«* nicht mehr erreicht hatten, zu Fuß in die Einsatzstellung wanderten und gelegentlich sich, da bierseelig, in Schneewehen am Rande der zur Einsatzstellung führenden Straße zu einem kleinen Nickerchen hinlegten, das bei den dann herschenden Temperaturen von teilweise 15 bis 20 Grad unter dem Nullpunkt bei längerem Verweilen unweigerlich zum Tode durch Erfrieren geführt hätte. Glücklicherweise wurden diese Kameraden von in die Stellung fahrenden amerikanischen Soldaten gefunden und mitgenommen. Aber auch das Hinterzimmer des Gasthofs »Zur Post« wurde häufig von bestimmten deutsch-amerikanischen Gruppen aufgesucht, die dort ihre zuweilen auch bierseligen Zusammenkünfte abhielten, in deren Folge eines Nachts jemand auf die Idee kam, auf dem Hauptplatz von Bischofsgrün vor der Post ein deutsch-amerikanisches Wettexerzieren stattfinden zu lassen. Da dies nicht ohne entsprechend laute Kommandos in deutscher oder englischer Sprache verlief, wurden die Anwohner (es war mittlerweile gegen 1 Uhr in der Nacht geworden und die Feriengäste schliefen ihren wohlverdienten Schlaf) unsanft geweckt. Am nächsten Tag wurde der deutsche Kommandoführer zum damaligen Bürgermeister »gebeten«, der gleichzeitig auch die Funktion des Schulrektors innehatte und um Abstellung »ersucht«. Dies wurde dann auch in gegenseitigem Einvernehmen eingehalten. Zu einer Meldung an die Einheit durch den Bürgermeister ist es nicht gekommen. Auch sonst verhielten sich die Soldaten beider Kommandos sehr friedlich, Schlägereien wie in anderen kleineren Garnisonen sonst üblich, hat es zwischen deutschen und amerikanischen Soldaten nie gegeben. Einer der Höhepunkte des Jahres war das amerikanischen Fest des *»Thanskgiving Day«*, der in der Regel mit einem überaus opulenten Mal in der unterhalb des Berggipfels gelegenen *Mess-Hall* unter Teilnahme der deutschen Soldaten gefeiert wurde und nicht selten im auf der anderen Seite der Straße gelegenen »Club« bei einigen Heinecken-Bieren endete. Noch heute wohnen einige der ehemaligen amerikanischen Soldaten, inzwischen seit langem mit deutschen Ehefrauen, in der Nähe Bischofsgrüns. Das Band der Kameradschaft ist so stark, dass sich die alten »Kämpfer« der ASA wenigstens alle zwei Jahre in einer der ehemaligen Garnisonen Bischofsgrün, Rimbach oder Herzogenaurach zu treffen pflegen.

Damit war die Aufbauphase der Einsatzstellung um die Jahreswende 1965/1966 im Wesentlichen abgeschlossen. Dies bedeutet jedoch nicht, dass im Laufe der Folgejahre eintretende organisatorische Änderungen und der Einbau zusätzlicher Technik in den Erfassungsstellungen den Druck von den Einheiten genommen hätte. Der Aufbau des *Militärischen Nachrichtenwesens* schritt sowohl im Heer als auch bei Luftwaffe und Marine weiter fort, allerdings von dem in den Sektoren der vorderen Erfassung der Luftwaffe oder den grenznahen Erfassungseinrichtungen des Heeres eingesetzten Soldaten weniger wahrgenommen.

Zur fachlichen Steuerung der Erfassungsansätze (HF,VHF,UHF und Beobachtungsfunk) der Fm/EloAufkl der Luftwaffe wurde 1963 die *Zentrale für Funkanalyse* (ZFu) in Porz-Wahn bei Köln aufgestellt. Doch bereits 1964 zeichnete sich die Verlegung der ZFu nach Trier ab, die dort eine *Zentrale Luftwaffen-Auswertung* aufbauen sollte. Die ersten Auswerter wurden 1965 nach Trier versetzt, um dort die Rechenanlage für die geplanten Auswertung aufzubauen. Bis 1967 war der Aufbau der *Fernmelde- und Elektronischen Aufklärung der Luftwaffe* soweit abgeschlossen, dass sich im Aufgabenbereich folgende Gliederung der Führungs- und Erfassungselemente ergab:

Gliederung der Fernmelde- und Elektronischen Aufklärung der Luftwaffe 1967
Zentrale für Funkanalyse Porz-Wahn, mit VP (Vorauspersonal) Trier

Fernmelderegiment 71		**Osnabrück**
FmSkt A	Klaustorf	
FmSkt B	Hambüren	
FmSkt C	Stöberhai	
FmSkt D	Osnabrück	
FmSkt N	Osnabrück	
Peilstelle	Westerkappeln	

Fernmelderegiment 72		**Feuchtwangen**
FmSkt H	Feuchtwangen	
FmSkt S	Feuchtwangen	
Peilstelle	Feuchtwangen	
Peilstelle	Langenargen, Unterkunft: Eriskirch	
FmSkt E	Schneeberg, Unterkunft: Wunsiedel	
FmSkt F	Hoher Bogen, Unterkunft: Kötzting	

In den sechziger Jahren wurde durch das Fm/LVsuRgt 61 auch versuchsweise fliegende Erfassung zunächst mit HUNTING PEMBROKE C Mk.54, später C-47 DAKOTA vom Fliegerhorst Lechfeld aus durchgeführt, an der auch Angehörige der Fernmelderegimenter 71 und 72 beteiligt waren.

Nachgewiesen sind bis jetzt jedoch nur Einsätze mit einer C-47 DAKOTA[31] der Flugvermessungsstaffel des FmLuVsRgt 61 von Wunsdorf mit VHF-Erfassungsplätzen, besetzt durch Horchfunker des FmRgt 71; Ergebnisse hierzu liegen jedoch nicht vor. In späteren Jahren wurde in Zusammenarbeit mit dem BND die Möglichkeit eines Einsatzes der C-160 TRANS-

[31] TradVerein FmEloAufklLw Nummer 18, Seite 5 ff, Trier 2000. Die Quelle gibt an CH-47, dies scheint nicht zutreffend, da CH-47 CHINOOK nicht in der Bw eingeführt war, und ein Einsatz in US CH-47 unwahrscheinlich ist. Bell G 47 scheidet ebenfalls aus, da nur Zweisitzer.

Hunting C, Mk54, PEMBROKE, mit der luftgestützte Erfassungseinsätze von Lechfeld und Wundsdorf für die Luftwaffe geflogen wurden. Eine Maschine dieses Typs befindet sich jetzt im Luftwaffenmuseum Gatow bei Berlin.

Erfasser mit R&S Empfänger ESM 180 (30MHz–180MHz) in der C-47. Empfänger dies Typs befinden sich in der Sammlung des Traditionsvereins der FmEloAufklLw in Trier und wurden auch durch die HA III des MfS benutzt.

C47 »SKYTRAIN/DAKOTA« der Luftwaffe, mit der weitere luftgestütze Erfassungseinsätze an der Innerdeutschen Grenze (IDG) geflogen wurden.

ALL als fliegende Aufklärungsplattform erwogen, aber aus nicht näher bekannten Gründen wieder verworfen. Augenscheinlich stand der Einsatz der NORATLAS für SIGINT-Missionen analog zu den Einsätz der französischen Luftwaffe nie zur Diskussion. Über den Einsatz der HFB 320 als EloKa-Flugzeug und den späteren Planungen im Zusammenhang mit LAPAS *(Luftgestütztes, abstandsfähiges Primäraufklärungs-System)* wird später berichtet. Es liegen bis heute keine Erkenntnisse darüber vor, ob das Heer, die Marine oder auch die Luftwaffe jemals Versuche unternommen haben, von Hubschraubern aus Erfassung im VHF/UHF-Bereich zu betreiben.

Verfahren der Erfassung und Sofortauswertung im Bereich der Fm/EloAufklLw von 1961 bis 1967

In der Anfangszeit hatte die Fm/EloAufklBw für die Auswertung der eingegangenen Informationen noch nicht die technischen Hilfsmittel, über die sie ab den siebziger Jahren verfügen sollte. Der Meldefluss soll anhand eines Beispiels aus einem Sektor der vorderen Erfassung der Luftwaffe in der Anfangszeit (1961–1965) geschildert werden. Die Stellung selbst verfügte über ein provisorisches Betriebsgebäude mit einer Grundfläche von etwa 8 x 10 m, der Innenraum war unterteilt in den Betriebsraum und ein kleines Abteil, etwa 2 x 2 m, in dem sich die Fernschreibmaschine, die 10er-Feldvermittlung und der Lorenz-Mischer 54 (LoMi 54) zur gesicherten Fernschreibübermittlung befanden. Im Betriebsraum standen sechs bis acht durchstimmbare VHF-Empfänger unterschiedlicher Fabrikate, meist Telefunken UK 149, die später noch einen Panoramazusatz zur besseren Frequenzüberwachung erhalten sollten. Jeder Platz verfügte zusätzlich über einen Assmann-Tonschreiber mit einer dünnen, magnetisierten Tonfolie, Durchmesser etwa 30 cm, sowie später einem Zeitgeber, der auf allen Tonschreibern Zeitmarken setzte, sobald die Anlasssteuerung den Tonschreiber auf Aufnahme schaltete. Meist war zusätzlich noch ein

Provisorische Einsatzstellung Schneeberg Winter 1963 mit NATO-Ford, vermutlich mit Fernschreibstelle und Vermittlung.

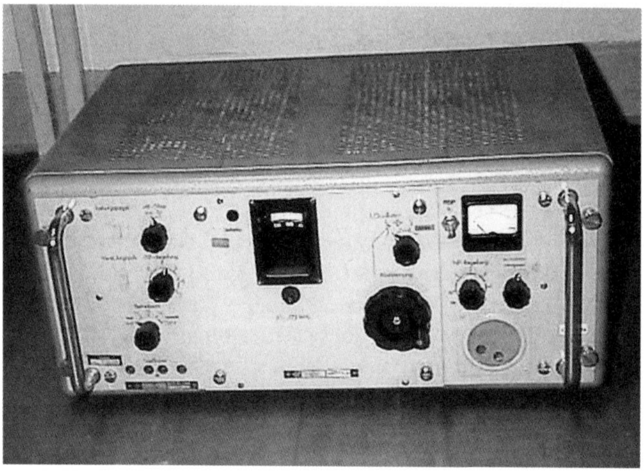

Telefunken VHF-Empfänger UK-149 (30 MHz–180 MHz).

Panoramasichtgerät zur besseren Frequenzüberwachung. Das auf der Abbildung gezeigte PAG ist eine Version für die HF-Frequenzband-Überwachung.

NATO-Ford. Das hier gezeigte Fahrzeug mit Kofferaufbau wurde für die Einrichtung mehrerer Empfangsplätze für die Erfassung der NVA-Flugfunkfrequenzen genutzt, da im Erfassungsgebäude Kennel nicht ausreichend Platz zur Verfügung stand. Im Winter erfolgte die Beheizung durch elektrische Heizöfen, da die Benutzung der Schwingfeuerheizung als äußerst gefährlich galt und daher verboten wurde.

Kurzwellenempfänger, meist ein Telefunken E 127 KW/5, später auch Rohde & Schwarz EK 07 mit einer provisorischen Langdrahtantenne vorhanden, der aber nur selten eingeschaltet wurde. Leider wurde hier die Möglichkeit nicht genutzt, Sprechfunkfrequenzen in HF-Bereich, meist zwischen 3.5 bis 9.0 MHz, insbesondere bei kombinierten Übungen sowjetischer Land- und Luftstreitkräfte, die der Verbindung zwischen Bodentruppen und der Fliegerleitorganisation dienten, ergänzend zu erfassen und damit eigene Erkenntnisse vor Ort zu vertiefen. Auch heute ist noch nicht ganz klar, ob die HF-Erfassungssektoren an den Regimentsstandorten zu dieser Zeit bereits tatsächlich HF-Sprechfunkverkehre aufgenommen haben. Diesbezügliche Bemühungen führten ins Leere, erst Mitte der achtziger Jahre sollte der HF-Sprechfunkverkehr, der insbesondere bei Einflügen von Transport- und Aufklärungsflugzeugen aus dem innersowjetischen Raum von Bedeutung war, zumindest mit einem Arbeitsplatz im vorderen Sektor der Erfassung durchgeführt werden. Die VHF-Empfänger waren über einen Antennenverteiler an eine Doppelwendel(Helical)-Antenne in Hauptempfangsrichtung, die auf einem Dreibeingestellt auf Betonfundamenten errichtet war, angeschlossen. Die Stromversorgung erfolgte aus dem normalen Netz, über eine Notstromversorgung verfügte die Einsatzstellung in der Anfangszeit nicht, erst später sollten entsprechende Aggregate bereitgestellt werden. Beheizt wurde das Betriebsgebäude durch einen Ölofen. Der Öltank befand sich außerhalb des Gebäudes. Im Winter konnte es schon vorkommen, dass das Heizöl gelierte, da vergessen worden war, dem Öl entsprechende Zusätze beizumischen. Der Blitzschutz für das Gebäude wurde durch einen normalen Blitzableiter sichergestellt, die Antennen waren zusätzlich durch eine Erdleitung abgesichert. Um das Mithören Unbefugter zu erschweren, wurde insbesondere in der

Die UNIMOG mit Kofferaufbau wurden vorwiegend im Winter für Ablösungsfahrten genutzt. Während der Fahrt von Wunsiedel (Dauer zwischen 30 und 40 Minuten) in die Einsatzstellung Schneeberg wurden die Fahrzeuge nicht beheizt.

AN/MLQ 24 SIGINT-Erfassungssystem der US-Army/ Air Force. Zuführung in die Einsatzstellung Schneeberg im Laufe des Jahres 1965.

Lorenz Mischer Mi 54 für die gesicherte Fernschreibübermittlung der Erfassungsergebnisse. Dieses Gerät befindet sich in der Sammlung des Traditionsvereins FmEloAufklLw in Trier.

Sommerzeit, da das Gebäude über keine Klimaanlage verfügte und sich durch die Abwärme der Röhrenempfänger sehr schnell aufheizte, ein Lautsprecher in ein geöffnetes Fenster gestellt, der an einen Empfänger angeschlossen und das normale Rundfunkprogramm zur Geräuschkulisse nach außen übertrug. Üblicherweise waren die Empfänger an den Arbeitsplätzen auf Kopfhörerempfang geschaltet. Nur gelegentlich bei der Aufnahme wichtiger Vorgänge wurde auf Lautsprecher geschaltet, damit der Wachleiter und andere Horchfunker die Sendung mithören konnten. Später wurden die Erfassungsmöglichkeiten durch Beistellung eines NATO-Ford mit Kofferaufbau, in dem zwei bis drei VHF-Erfassungsplätze für die NVA/LSK zusätzlich eingerichtet wurden, einem UNIMOG mit Kofferaufbau, der die taktische Fernsprechvermittlung und die Fernschreibstelle mit Mischer, später Kryptogerät beherbergen sollte, und einem Zelt für das Aggregat der Notstromversorgung erweitert.

Mitte 1964 wurde erstmals provisorische B-Funkerfassung (Radar) mit Hilfe des neu zugeführten AN/ MLQ -24 aus dieser Stellung durchgeführt. Offensichtlich waren jedoch die Erfassungsbedingungen für die Frequenzen im UHF/SHF-Bereich wegen der zu geringen Antennenhöhe des MLQ-24, das zwar über drei ausfahrbare Maste mit etwa 10 m Höhe verfügte, nicht optimal. Weitere Aufstellungsmöglichkeiten in der Stellung, die eine Empfangsverbesserung gebracht hätten, bestanden nicht oder hätten nur mit unverhältnismäßigem Aufwand realisiert werden können. Der abgesetzte Einsatz der Antenne des MLQ hätte wegen möglicher Leistungsverluste auch keine wesentliche Verbesserung der Empfangsbedingungen erbracht. Dies sollte sich jedoch nach Beziehen der Erfassungsräume im 11. OG des Fernmeldeturmes ändern, der ab Mitte 1964 durch ein Kommando aus Thurndorf verkabelt wurde. Die Ablösung der FmAufkl-Horchfunker bestand in der Regel aus einem Wachleiter, meist ein Feldwebeldienstgrad oder Stabsunteroffizier mit bestandenem Lehrgang und zivilen Sprachmittlern, die im Tagedienst eingesetzt waren und über die muttersprachliche Expertise verfügten, und Horchfunkern-Telefonie (HoFuTn), meist Mannschaftsdienstgrade mit unterschiedlichem Grad an Sprachbeherrschung. Eine sprachliche Vorausbildung der künftigen Horchfunker erfolgte gelegentlich am Regimentsstandort in Feuchtwangen durch einen ehemaligen Unterleutnant der Sowjetarmee, der 1941 in deutsche Gefangenschaft geraten und später in die Wlassow-Armee eingetreten war. Nach Kriegsende, er war der Auslieferung an die Sowjetarmee entgangen, hat er wohl zeitweise für einen nicht näher bekannten Dienst gearbeitet, bis er als Angestellter in die Bundeswehrverwaltung übernommen wurde. Nach einiger Zeit, er musste auf dem Kasernenhof in Zivilkleidung deutsche Kommandos üben, wurde er als Hauptfeldwebel in die Luftwaffe übernommen. Ihm oblag die Sprachausbildung der »Horchfunk-Eleven«. Er nahm diese Ausbildung auch sehr ernst, was dazu führte, dass er seinen Zöglingen auch russische Soldatenlieder beibrachte, die diese dann beim »Marsch mit Gesang« auf dem Kasernenhof der Allgemeinheit zu Gehör brachten. An der Qualität der Darbietung schien es nicht gelegen zu haben, dass der Regimentskommandeur sich das Absingen russischer Lieder in deutscher Uniform in seiner Kaserne lautstark verbat. Damit endete eine kurze Episode des Eintauchens in die russische Seele für die meist als Wehrpflichtige einberufenen jungen Soldaten aus allen Gegenden Deutschlands.

Dass auch höheren Ortes die Beherrschung der deutschen Sprache manchmal ein Problem sein konnte, mussten die Lehrgangsteilnehmer sehr bald feststellen, als beim Antreten beim Fernmeldesektor S in Feuchtwangen und der obligaten Meldung durch einen höheren Vorgesetzen durch diesen kommandiert wurde *»Kompanie um!«*, er sich aber dann unverzüglich mit den Worten korrigierte *»Verdammt, habe ich vergessen rechts oder links!«* Unvergessen sind jedoch die Kameradschaftsabende der Lehrgangsteilnehmer im Lehrsaalgebäude der nachmaligen Hochmeister-Kaserne, die nicht selten nach Absingen entsprechender russischer Lieder in elegischer Stimmung endeten, was möglicherweise auch auf den Umfang der genossenen Wodkarationen zurückzuführen war. Jedoch führte dies selten zu Ausfallerscheinungen, da während der Feier angemessene Verpflegung (Sakuska) zur Verfügung stand. Die weitere Sprachausbildung erfolgte zu dieser Zeit an der *Sprachenschule der Bundeswehr* in Euskirchen[32] für unterschiedliche Sprachbeherrschungsebenen durch »*Native-Speaker*«; vorwiegend für Russisch, Polnisch und Tschechisch. Hatte der angehende Horchfunker seine Sprachprüfung abgelegt, erfolgte in der Regel noch eine *Ausbildung am Arbeitsplatz* (AAP) in der Einsatzstellung, früher auch als »*On the Job Training*« (OJT) bezeichnet, bis er das erste Mal in eine Ablösung eingeteilt wurde und unter Aufsicht zunächst weniger schwierige Erfassungsaufgaben, meist den Start- und Landekanal eines aufzuklärenden Verbandes der sowjetischen Luftwaffe in der DDR, zu überwachen hatte. Andere Sektoren der Erfassung waren für die Aufklärung der ostdeutschen, sowjetischen und polnischen Luftwaffenverbände in ihrem Aufklärungsbereich verantwortlich. Der Nachbarsektor klärte mit Schwerpunkt den Funkverkehr der tschechoslowakischen Luftstreitkräfte und sporadische Einflüge der sowjetischen und ostdeutschen Fliegerkräfte in seinem Bereich auf. Die Horchfunker-Meldungen der Flugfunk-Erfassung wurden entsprechend den Vorgaben (zu beobachtende Verbände der sowjetischen und NVA-Luftstreitkräfte und deren Frequenzen) an den Arbeitsplätzen durch den Horchfunker auf die im Abzugsverfahren hergestellten Meldeformulare im DIN- A5 Format übertragen. Sie enthielten in der Regel ein Zahlenquadrat von 00–99, hier konnten die Bordnummern der erfassten Luftfahrzeuge angestrichen werden, dann einen Hinweis auf die erfasste Frequenz, Rubriken für erfasste Rufnamen, sowohl der Bodenstelle als auch die Bordnummer/ Sonderrufnamen des Luftfahrzeugs, und Rubriken für die Tätigkeiten des Luftfahrzeuges während seines Einsatzes. Im freien Text konnten zusätzlich Bemerkungen eingetragen werden. Zu dieser Zeit nutzten die sowjetischen Luftstreitkräfte häufig die Platzfrequenz, die Start- und Landefrequenz und eine Arbeitsfrequenz während ihres Fluges. Während der Übungen unterschiedlicher Verbände mussten deren Frequenzen je nach Priorität zusätzlich überwacht werden. Aus dem erfassten Funkverkehr konnte in der Regel sehr schnell festgestellt werden, welche Aufträge der oder die Piloten zu erfüllen hatten. Beispielsweise den Abwurf von Übungsbomben auf einem Bombenabwurfplatz wie die Letzlinger Heide in der Nähe Magdeburgs, Abriegelung des Luftraums – »Sperre fliegen«, »Arbeit in den Zonen«, Einsatz als Artilleriebeobachter, Abfangeinsätze gegen einen angenommenen Gegner, der durch ein anderes sowjetisches oder ostdeutsches Flugzeug dargestellt wurde. Auch Luftraumüberwachungseinsätze und tatsächliche Abfangeinsätze gegen NATO-Luftfahrzeuge, die sich innerhalb der ADIZ *(Air Defense and Identification Zone)* der Grenze zur DDR oder CSSR näherten, wurden erfasst. Hierbei konnten sehr gut die Abfangverfahren, das Heranführen des Piloten an das Ziel und dessen Bestätigung -«Sehe Ziel« (entweder Radarbeobachtung oder optische Identifizierung durch den sowjetischen Piloten) – durch den Horchfunker aufgenommen werden. In der Regel

[32] Die Lehrgangsteilnehmer waren auf eine Reihe von Quartieren in Euskirchen verteilt. Dazu gehörte auch die »Erftbastei«, ein ehemaliges Ausflugsrestaurant in der Nähe des Schlachthofes, die auch über eine große Küche verfügte, in der die Soldaten gelegentlich ihre Malzeiten zubereiteten. So war der Unteroffizier Sascha W. gelegentlich beim Zubereiten des polnischen Gerichts Bigosz zu beobachten. Die Verwaltung des militärischen Anteils befand sich im Gutshof an der alten Kessenicher Straße. Die Schule verfügte im Garten über eine Reihe von Feldhäusern, in der Sprachenunterricht abgehalten wurde. Das Sprachlabor hingegen befand sich im Hauptgebäude des Gutshofes.

überwachte der Horchfunker zwei Frequenzen, so zum Beispiel den Start- und Landekanal und den Arbeitskanal des betreffenden Verbandes und konnte dabei die Tätigkeiten des sowjetischen oder ostdeutschen Verbandes sehr schnell aufklären. Mit der Zeit waren gute Horchfunker in der Lage, sogar Piloten an Hand ihrer Stimme zu identifizieren.

Besonders interessant waren Luftkampfübungen, bei der die Piloten an das Ziel herangeführt wurden und der Horchfunker die Spannung des Piloten fast körperlich spürte, bis die Meldung des Flugzeugführers kam »Ziel erkannt, Abschuss«. Es handelte sich hierbei in der Regel um den simulierten Abschuss von Luft-Luft-Raketen oder Bordwaffeneinsatz, aber gelegentlich fanden auch an der Ostseeküste Scharfschießübungen mit Bordwaffen und Raketen auf Schleppziele statt, die aufgeklärt werden konnten. Auch konnten Angriffe auf Bodenziele mit Bomben, Raketen und Bordwaffen in den Übungsräumen, meist Truppenübungsplätze in der DDR und der CSSR, beobachtet werden. In der Anfangszeit wurde Übungen mit Beteiligung der NVA-Luftstreitkräfte seltener beobachtet. Aber mit der Einführung neuer Flugzeugmuster bei den NVA/LSK stieg auch deren Übungsbeteiligung, die häufig durch Sprachprobleme beeinträchtigt war. Vielfach führten die Piloten der NVA ihren Funksprechverkehr in Deutsch, wenn es aber zu gemeinsamen Übungen kam, in russischer Sprache. Dabei waren sie durch den etwas anderen Akzent leicht zu identifizieren. Häufig wurden auch Luftnotfälle und Abstürze sowjetischer und ostdeutscher Flugzeuge aufgeklärt, was bei den Horchfunkern trotz aller Routine doch zur Nachdenklichkeit führte. Bei den Horchfunkern beliebt waren die Tage vor und nach großen Feiertagen der sowjetischen Streitkräfte, da vorher in der Regel nur eingeschränkter Flugbetrieb oder gar Flugruhe herrschte. Nach den Feiern zum 1. Mai wurde üblicherweise erst ein bis zwei Tage später wieder mit dem Flugbetrieb begonnen, da man den sowjetischen Besatzungen offenbar die Möglichkeit zur Ausnüchterung geben wollte – so wurde in Horchfunkerkreisen jedenfalls gemutmaßt. Ob dies zutrifft entzieht sich auch heute noch der Nachprüfung, scheint aber nicht ganz ausgeschlossen, da wie später festgestellt werden konnte, komplette Verbände den Flugbetrieb einstellen mussten, da der erforderliche Enteisungsalkohol möglicherweise anderen Zwecken zugeführt worden war.

Zu Beginn des Frühjahrs und bis in den Herbst hinein wurden in den aufzuklärenden Verbänden der sowjetischen Luftwaffe kleinere und größere Übungen, teilweise in Unterstützung der sowjetischen und NVA-Bodentruppen durchgeführt, die auch die Horchfunker der Fm/EloAufkl besonders belasteten, da die Übungstätigkeit teilweise über Wochen lief. Als besonders schwierig zeigte sich dabei der routinemäßig vorgenommene Rufzeichen und Frequenzwechsel, entweder vor großen Übungen oder ohne besonderen erkennbaren Anlass, meist jedoch im Frühjahr und Herbst. Dies führte bei der gesamten Erfassung zu hohen Belastungen, da zwar das damalige Frequenzraster der sowjetischen und NVA-Fliegerkräfte bekannt war, aber in der Regel die Frequenzen neu verteilt und die Rufnamen gewechselt wurden. Die Schwierigkeit bestand darin, da der Flugbetrieb nun mit erhöhten Aktivitäten weiterlief, zunächst alle, auch die nur sporadisch genutzten Frequenzen zu finden, und sie anhand der mühsam festgestellten Rufnamen[33] zuzuordnen, die ja auch nicht ohne weitere Klärung zugeordnet werden konnten. Wenn nun zusätzlich die einzelnen Luftfahrzeuge, deren Identifizierung sich aus der Bordnummer und der benutzen Frequenz bei Start- und Landung ergab, auf fremden Plätzen landeten, war die Verwirrung groß.

[33] Hinweise auf die neuen Rufnamen kamen auch gelegentlich aus anderen Quellen. Es darf vermutet werden, dass hier Erkenntnisse der Technischen Aufklärung des BND mit eingeflossen sind.

Erstaunlicherweise dauerte es in der Regel weniger als eine Woche, bis eine provisorische Zuordnung von Frequenzen, Rufnamen und Bordnummern auf Seiten der FmEloAufklLw vorgenommen werden konnte. Zusätzlich mussten auch die Bewegungen der Transportfliegerkräfte aus dem innersowjetischen Raum, die in der Regel über das Funkfeuer SLUBICE bei Frankfurt an der Oder einflogen, beobachtet werden. Hier kam es darauf an, die Maschinen, die gelegentlich auch unter zivilen Flugnummer einflogen und sich kurz vor Passieren der Grenze bei SCHÖNEFELD-CONTROL auf der allgemeinen Flugsicherungsfrequenz auf 124.0 MHz, dem »Grünen«, auch meldeten, zu identifizieren und ihren weiteren Flugweg zu verfolgen. Dazu war es auch erforderlich, die Flugsicherung der sowjetischen 24. Frontluftarmee in der DDR, die den Rufnamen »ALDAN« trug, ständig zu überwachen. Über diese Frequenz wurden nicht nur allgemeine flugsicherungstechnische Anweisungen, sondern auch VIP-Flüge, Luftnotfällen oder sonstige wichtigen Ereignisse identifiziert. Die Erfassung der sowjetischen Funksprechverkehre forderte vom Horchfunker ständige Aufmerksamkeit, da diese in »Echtzeit« erfolgte. Was nicht gehört wurde oder auf Grund atmosphärischer Störungen oder wegen zu späten Anschalten des Kehlkopfmikrophons beim sowjetischen Piloten, das ja auch nur einen bestimmten Frequenzbereich aufnahm, nicht aufgenommen werden konnte, war unwiderbringlich verloren. Selbst ein Nachhören auf der Assmann-Platte, so denn der Horchfunker die Zeit gehabt hätte, denn der Funksprechverkehr lief ja weiter, hätte kaum zusätzliche Aufschlüsse gebracht. Erfahrene Horchfunker waren in der Lage, zwei Frequenzen parallel abzuhören, wenn sich der aufzunehmende Funkverkehr in Grenzen hielt, so z.B. mit dem linken Ohr den »Start- und Landekanal«, mit dem rechten Ohr den Kanal für die« Arbeit in den Zonen«. So war der Horchfunker in aller Regel über den Ablauf der von ihm zu überwachenden Frequenzen unterrichtet. Unabhängig hiervon wurden die Platten, zumindest in der Anfangszeit, in bestimmten Abständen an die Auswertung der Regimenter 71 und 72 gesandt und dort von äußerst fachkundigen Sprachmittlern einer Nachauswertung unterzogen, die gelegentlich recht überraschende Ergebnisse zeitigte und endgültige Bestätigungen erbrachte. Dies zeigte sich auch bei dem vermehrten Einsatz automatisierter Führungsverfahren der sowjetischen Luftstreitkräfte in der DDR, die bereits damals Geräte der Datenübermittlung (Datalink[34]) einsetzten, insbesondere bei Luftraumüberwachungseinsätzen und Abfangübungen. Der Pilot wurde beim Startvorgang im Funksprechverkehr erfasst, meldete sich dann zu seinem Auftrag ab und bestätigte über Sprechfunk nur noch die per Datalink übermittelten Angaben bezüglich Kurs und Höhe des angenommenen Luftgegners oder tatsächlichen Luftraumverletzers. Hatte er das Ziel identifiziert, meldete er dies mit »Ziel erkannt« und erhielt nun, möglicherweise auch per Datalink, den Befehl zum Einsatz seiner Waffen, den er mit »Schuss/Abschuss« über Sprechfunk quittierte. Im Übrigen wurde insbesondere bei Übungen und in besonderen Situationen durch die Piloten sehr viel und sehr schnell gesprochen, was für den Horchfunker eine besondere Belastung darstellte, da er gar nicht so schnell mitschreiben konnte, wie die Piloten ihre Meldungen absetzten. Meldete der Pilot seinen Treibstoffrest, war dies für den Horchfunker die Indikation, dass der Pilot seinen Auftrag beendet hatte, dies meldete er auch in der Regel an die Leitfunkstelle mit »Arbeit beendet, gehe nach Hause«, worauf er bald darauf bei der Meldung am Heimatplatz im Anflugverfahren erfasst werden konnte. Die erfassten Aktivitäten notierte der Horchfunker auf dem Meldeformat, das er innerhalb bestimmter Zeitabschnitte an den Wachleiter weitergab. Dieser, der häufig auch selbst in die erfassten Frequenzen hineinhörte oder die wichtigste Frequenz bei Übungen selbst überwachte,

---

[34] WOSDUCH 1 P?

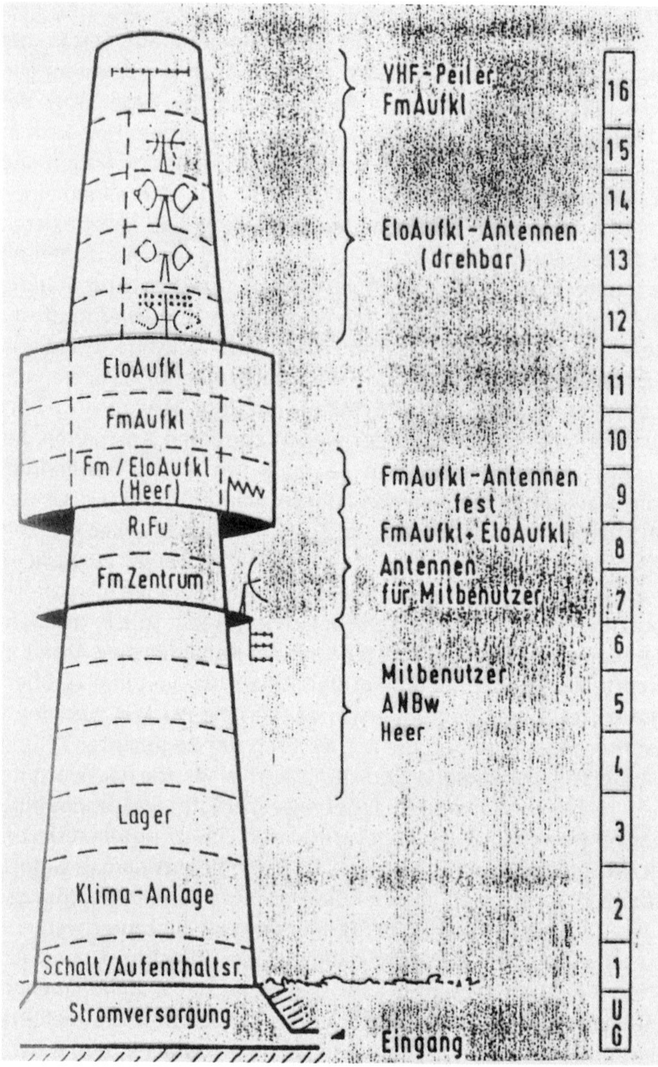

Verteilung und Nutzung der Betriebsräume im Fernmeldeturm E. Schneeberg, 1975.
Im 4. Obergeschoss befand sich eine Erfassungsstelle der Bundesstelle für Fernmeldestatistik, eine Einrichtung des BND für die technische Aufklärung. Im 6. OG hatte sich das damalige Amt für Nachrichtenwesen (FmRadar Stelle Hof) eingerichtet. Das Heer (FmBtl 220 Katterbach/Donauwörth) verlegte bald in die GFAst Großer Kornberg.

überprüfte die Meldung nochmals auf Plausibilität und gab sie dann zur Übermittlung and das Regiment an die Fernschreibstelle weiter, die je nach Arbeitsanfall und Wichtigkeit der Meldung, diese nun mit Hilfe der Fernschreibmaschine in das Meldeformat auf Lochstreifen übertrug. Zur Stichzeit wurden die Meldungen mit Hilfe des Lorenz-Mischers verschlüsselt und an die Auswertung am Regimentsstandort per Fernschreiber übermittelt.

Die Bedienung des Mischers war nicht ganz unproblematisch, da er auf Grund mechanischer Probleme häufig zu Störungen bei der Übermittlung der Schlüsseltexte neigte, was den Abbruch der Verbindung erforderlich machte und die Neusynchronisierung mit der Empfangsstelle erforderte. Hierzu wurde telefonisch mit dem diensthabenden Fernschreiber in der Empfangsstelle Verbindung aufgenommen und festgelegt, bei welchem nummerierten Segment des Schlüssellochstreifens die Verbindung neu gestartet werden sollte – die klassische Betriebsanweisung *»set me new number…«* ist jedem, der in dieser Zeit im Einsatz war, nur zu gut bekannt. Die taktische Vermittlung war damals in das EloKa-

Sondernetz eingebunden, was alle Erfassungsstellen der Eloka im »handvermittelten« Fernsprechdienst verband. Die einzelnen Erfassungstellen als auch die Regimenter trugen Deckbezeichnungen[35] beziehungsweise Rufnamen, mit der die entsprechenden Stellen gerufen wurden. Das Netz selbst war nicht abhörgeschützt und wurde zu großen Teilen im Netz der *Deutschen Bundespost* geführt, so dass der Nutzer nicht sicher sein konnte, über welchen leitungstechnischen Weg ein Gespräch geführt wurde. Es kann nicht ausgeschlossen werden, dass eine Reihe von postalischen Stromwegen dieses Netzes auch über Richtfunkverbindungen der *Deutschen Bundespost* geführt wurden und damit in den Erfassungsbereich der HA III gerieten. In der Erfassungsstelle wurde zu dieser Zeit keine Lagekarte geführt, da weder das Personal noch der Platz ausreichte. Gedanklich plottete jeder Wachleiter die Ereignisse während seiner Schicht mit, so dass er bei Schichtübergabe seinen Nachfolger in die Lage einweisen konnte. Die Horchfunker am Arbeitsplatz führten ebenfalls eine kurze Übergabe an den Nachfolger durch. Die im Tagedienst eingesetzten Sprachmittler behielten ohnehinden Überblick über die vergangenen Ereignisse, so dass sie in Zweifelsfällen unterstützend einspringen konnten. Die durch die Erfassungsstellen abgesetzten Meldungen wurden von FmRgt 71 bei FmSkt D und bei FmRgt 72 bei FmSkt S ausgewertet, die Einzelinformationen nochmals auf Plausibilität[36] hin untersucht, mit den Informationen der HF-Erfassung korreliert und dann in einer Tagesmeldung zusammengefasst und den höheren Kommandobehörden vorgelegt. Anfang 1965 wurde die provisorische Erfassungsstelle des Fernmeldesektor E im »Kennel« aufgegeben und in das 10. Obergeschoß des Fernmeldeturmes verlegt.

Der Beobachtungsfunk (B-Funk) belegte das 11. Obergeschoss, im 8. OG wurde eine provisorische Richtfunkerfassung eingerichtet, im 6. OG zog das AfmBw, in das 4. OG die *Bundestelle für Fernmeldestatistik* (BFSt) ein und nahmen dort den Erfassungsbetrieb auf.

Die Fernmelde- und Elektronische Aufklärung der Marine 1955 bis 1967

Über den Aufbau der *Fernmelde- und Elektronischen Aufklärung* in der Bundesmarine liegen aus der Frühzeit so gut wie keine schriftlichen Überlieferungen vor. In der Teil-Vorläuferorganisation der Marine, dem *Seegrenzschutz*[37], scheint auch in Ansätzen, keine *Fernmelde- und Elektronische Aufklärung* betrieben worden zu sein.

Am 01.Juli1956 übernahm die neuaufgestellte Bundesmarine die erste Schiffseinheiten des Bundesgrenzschutz – See, um damit den ersten Bedarf an schwimmenden Einheiten zu decken. Im März 1956 wurde das Kommando der Flotte aufgestellt.Am 01.Juli 1955 wurde mit Aufstellungsbefehl Nummer 33 (Marine) vom 04.Juni 1955 die »1. Marinefernmeldeabteilung« aufgestellt. Das US-Naval Service Detachment No 3 wurde aufgelöst und das Personal in die »Funkaufklärungskompanie« übernommen. Ob das von der US-Seite bereitgestellte Gerät des US-Naval Service Detachments mit übernommen wurde ist ungewiss. Die bereits bestehende Funkaufklärungskompanie der Marine wurde am 01. April 1957 in

[35] Siehe hierzu: *Auszug aus der Rufnamenliste BesAnFmBw 16,* etwa 1970

[36] Hierbei wurde auch eine Fehlinterpretation eines VHF/UHF-Flugfunkerfassers aufgedeckt, der gemeldet hatte: *»Regierungsstaffel Marwalde wirft Koffer aus 10.000 m Höhe ab«*. Die Meldung wurde natürlich berichtigt.

[37] Proske: *Der Seegrenzschutz 1951–1956,* Bernard & Graefe, München 1982.

»Marinefunklaufklärungsgruppe« umbenannt und in den »Marinefernmeldeabschnitt Ostsee« eingliedert. Damit beginnt die eigentliche Geschichte des Fernmeldestabs 70 der deutschen Bundesmarine, der lange Jahre die Fernmelde- und elektronische Aufklärung der Bundesmarine prägen sollte[40].

Mitte der sechziger Jahre verfügte die Bundesmarine über drei Messboote[38] (Flottendienstboote der Klasse 422 B):

A 50 Alster ex **Mellum**	Baujahr 1960, Bauwerft SG Unterweser, Bremerhaven
A 52 Oker ex **Hoheweg**	Baujahr 1960, Bauwerft SG Unterweser, Bremerhaven
A 53 Oste ex **Puddefjord**	Baujahr 1943, Bauwerft Akers, Oslo[39]

Ein Messboot der Bundesmarine für die Fm/Elo-Aufklärung in küstennahen Gewässern.

Diese Boote wurden vorwiegend für die küstennahe Erfassung und Manöverbeobachtung außerhalb der Territorialgewässer der Staaten des Warschauer Paktes in der Ostsee eingesetzt und waren unbewaffnet. Aus den sechziger Jahren sind erste Einschiffungen von Horchfunkern der Fernmelderegimenter 71 und 72 auf diesen Messbooten bekannt, die vermutlich zur Unterstützung der Spracherfassung im VHF-Bereich bei der Beobachtung amphibischer Übungen des Warschauer Paktes an der Küste Mecklenburgs und Pommerns dienten. Auch hierzu sind keine Unterlagen verfügbar. Einige der sehr speziellen,vorgeplanten Einsätze wurden durch die Bundesmarine unmittelbar nach Beginn abgebrochen, da die erwarten Übungsvorhaben auf der östlichen Seite gar nicht stattfanden oder unmittelbar nach Beginn abgebrochen wurden. Eine mögliche Erklärung hierfür ist, dass die Planungsabsprachen zwischen den beteiligten Dienststellen der Bundeswehr, die über ganz Deutschland verstreut waren und aus administrativen Gründen (Kommandierungsverfügungen für das Personal, Reisekostenabrechnungen, Unterkunftswünsche und sonstige Absprachen) auch die Beteiligung fachfremder Dienststellen erforderte, zwar über das

[38] Weyers Flottentaschenbuch, 54. Ausgabe, Bernhard & Graefe, München 1977.

[39] Weyers Flottentaschenbuch 1994/1996, Bernard & Graefe, Bonn 1994, Seite 412.

[40] Offenbar hatten ehemalige Angehörige des B-Dienstes der Kriegsmarine bereits 1954 mit amerikanischer Duldung und Unterstützung begonnen, aus ihren Privatwohnungen im norddeutschen Küstenbereich die Erfassung sowjetischen Marinefunkverkehrs mit deutschen Wehrmachts-Empfängern aus dem Beutebestand der USA durchzuführen. Auf Betriebsunterlagen des ehemaligen B-Dienstes der Kriegsmarine konnten diese jedoch nicht zurückgreifen. Es ist ungewiss, ob bereits zu diesem Zeitpunkt eine Erfassung im VHF/UHF-Bereich durchgeführt werden konnte. Es ist eher anzunehmen, das sich die Erfassung ausschließlich auf sowjetischen Marinefunkverkehr im HF-Bereich erstreckte. Im Juni 1955 bezog die Gruppe Räume in der oberen Etage des Offizierheimes der ehemaligen Nachrichtenschule der Kriegsmarine in Flensburg und wurde danach als »US-Naval Service Detachment No 3« geführt. Quelle: 40 Jahre Marinefernmeldestab 70 – 40 Jahre Marineaufklärung –, Flensburg, o.J. (Freundlicher Hinweis von FK Kremp, FmBer 92 v. Juni 2005).

Dienstnetz der Bundeswehr bzw. das EloKa-Sondernetz führten, sich aber der Erfassungs- und Abhörmöglichkeiten der Gegenseite (MfS Abteilung III) nicht bewusst waren und auch nicht realisierten, das die Führung der F-Stromwege im Netz der *Deutschen Bundespost* auch die Nutzung von postalischen RV-Verbindungen einschloss, die grenznah geführt, oder die über die südliche DDR (Thüringer Balkon) führten und damit für das MfS aufklärbar waren. Da auf Grund der Interessenlage zu dieser Zeit anzunehmen ist, dass sich die Marine mit Schwerpunkt zunächst auf die Erfassung und Aufklärung des HF-Funks der Marinen des Warschauer Paktes konzentrierte, wurde eine entsprechende HF-Erfassungs- und Auswerteorganisation geschaffen, die zunächst aus einer Truppenunterkunft den Betrieb aufnahm. Später wurde an der Nordküste der Insel Fehmarn die Erfassungsstelle MARIENLEUCHTE errichtet, die den Bereich der westliche Ostsee überwachte. Dass diese Signalstelle in die Fm/Elo-Erfassung der Marine mit eingebunden war, ist nicht gänzlich auszuschließen. Eine Zusammenarbeit mit der durch die *US Naval Security Group* (USNSG) auf dem Schießplatz TODENDORF bei Lütjenburg betriebenen Anlage ist wohl auszuschließen. Mitte der sechziger Jahre wurde im Zuge der Errichtung der Fernmeldetürme der Luftwaffe auch der Fernmeldeturm der Marine in PELZERHAKEN bei Neustadt in Holstein errichtet. Ob die Marine jemals vor Einführung der Messflugzeuge BREGUET ATLANTIC luftgestützte Aufklärung über der Ostsee betrieben hat, ist nicht ganz auszuschließen, da zumindest das U-Jagdflugzeug FAIRY GANNET, das sich zu dieser Zeit im Bestand der Bundesmarine befand, über die technischen Voraussetzungen verfügte (lange Verweildauer im Aufklärungsraum, drei Besatzungsmitglieder) und möglicherweise für SIGINT-Einsätze durch Außenlasten *(Pods)* modifiziert werden konnte. Ob das damals auch verfügbare Muster GRUMMAN HU ALBATROS (Amphibisches Seenotrettungsflugzeug) für diese Zwecke eingesetzt wurde, ist nicht überliefert. Spätestens mit der Einführung der BREGUET ATLANTIC erledigte sich dieses Problem. Da der Bedarf an einer luftgestützten Aufklärungsplattform für die *Fernmelde- und elektronische Aufklärung* von der Bundesmarine erkannt wurde, fiel sehr bald die Entscheidung, parallel zum U-Boot-Aufklärer BREGUET ATLANTIC auch für Zwecke der SIGINT geeignete ATLANTIC zu beschaffen, die dann gemeinsam von der Marine, der Luftwaffe und im Bedarfsfall auch vom Heer genutzt werden sollten. 1971 wurde die erste BREGUET ATLANTIC SIGINT in Dienst gestellt und dem *Marinefliegergeschwader 3* (MFG 3) in Nordholz unterstellt. Die fachliche Steuerung der Einsätze zu dieser Zeit erfolgte auf Seiten der Marine vermutlich durch das Kommando Marineführungsdienste in Wilhelmshaven, dem später das Marineführungsdienstkommando in Kiel bis zu seiner Umgliederung zur Marineführungsdienstflottille im Jahre 1995 folgen sollte. Die BR ATLANTIC 1150 ATL SIGINT war zu dieser Zeit in der Lage, bodengestütze und Signale über See bei einer Flughöhe von 30.000 ft (9140 m) bis zu einer Eindringtiefe von 400 km zu erfassen. Sie verfügte jedoch zu dieser Zeit noch nicht über DV-gestützte Erfassung im VHF/UHF/SHF-Bereich. Durch entsprechende Umrüstungen sollte die BR 1150 ATL SIGINT später in die Lage versetzt werden, im Rahmen der ELINT-Erfassung Signale von 200 MHz bis 30 GHz zu erfassen und zu analysieren. Im COMINT-Bereich war eine Mehrkanalerfassung von 500 MHz bis 15 GHz geplant. Die Einkanalerfassung sollte den Bereich von 20 MHz bis 800 MHz abdecken.

In den sechziger Jahren war die *Fernmelde- und Elektronische Aufklärung der Marine* wie folgt gegliedert :

• Kommando der Marineführungsdienste	Wilhelmshaven
• Marinefliegergeschwader 3 (MFG 3 »Graf Zeppelin«)	Nordholz
• Marinefernmeldekompanien 71 – 75	
• Peilzentrale Nord	Husum?/Lunden?
• Marinefernmeldestelle	Marienleuchte

Der Prager Frühling und die Okkupation der CSSR

Die Zäsur für die Fernmeldeelektronische Aufklärung der Bundeswehr?

Die politische Vorgeschichte des Prager Frühlings und seine Wirkungen auf das Gefüge des Warschauer Paktes unter besonderer Berücksichtigung seines Einflusses auf die DDR unter Ulbricht wird als bekannt vorausgesetzt und soll daher hier nicht wiederholt werden.

Die militärische Ausgangssituation[40] auf Seiten des Warschauer Paktes zu Beginn des Jahres 1968 stellt sich aus heutiger Sicht wie folgt dar:

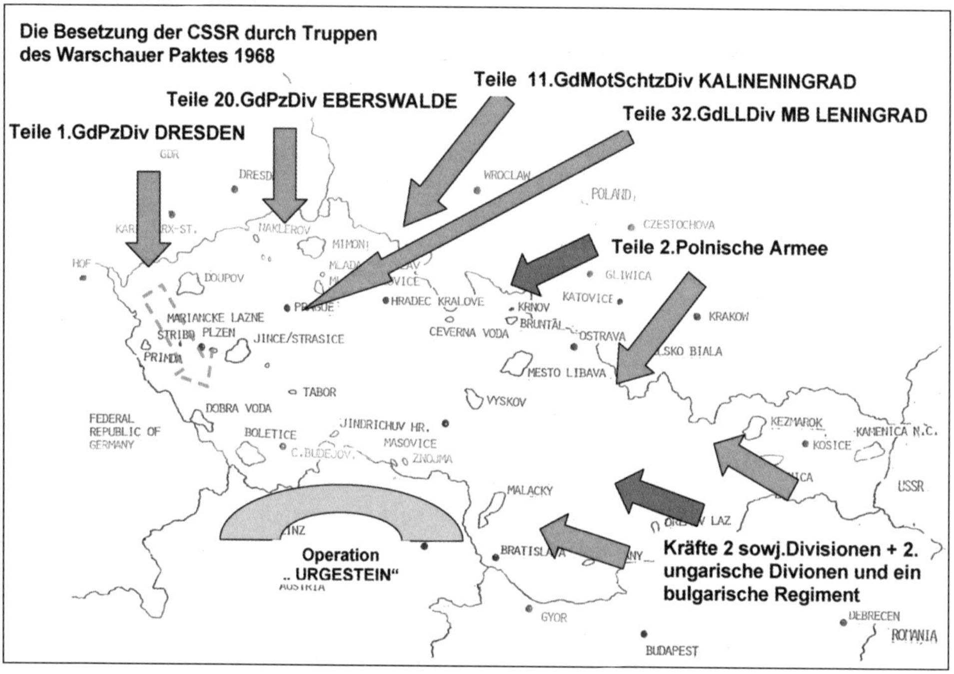

Der Aufmarsch der WP-Streitkräfte für die Besetzung der CSSR im August 1968. Soweit heute bekannt, haben sich Truppenteile der NVA nicht am Einmarsch beteiligt.

In Vorbereitung der für den Zeitraum 20. bis 30. Juni 1968 auf dem Territorium der CSSR geplanten Stabsrahmenübung »SUMAVA« wurden bereits Anfang Mai 1968 in Südpolen (Militärbezirk SLASK) Truppenbewegungen polnischer Kräfte in Richtung auf die CSSR-Grenze registriert. Vom 17. bis 22.Mai 1968 hielt sich eine sowjetische Militärdelegation unter Führung von Marschall Gretschko in der CSSR zu Besprechungen auf, die durch

[40] H. Frommer: *Der 20./21. August 1968 – Die Intervention der WP-Truppen in der Tschechoslowakei – Sternstunde der FmEloAufkl?*, Traditionsverein der FmEloAufklLw, Trier 2000.

Gliederung der US – Fernmeldeaufklärung
im Bereich USAREUR
AUGUST 1968

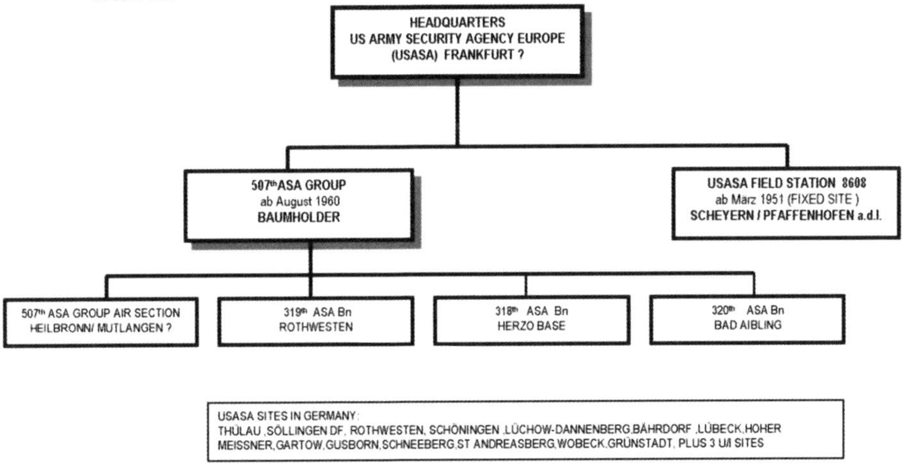

Gliederung der US SIGINT-Kräfte des UNITED STATES ARMY COMMAND EUROPE (USAREUR) im Sommer 1968.

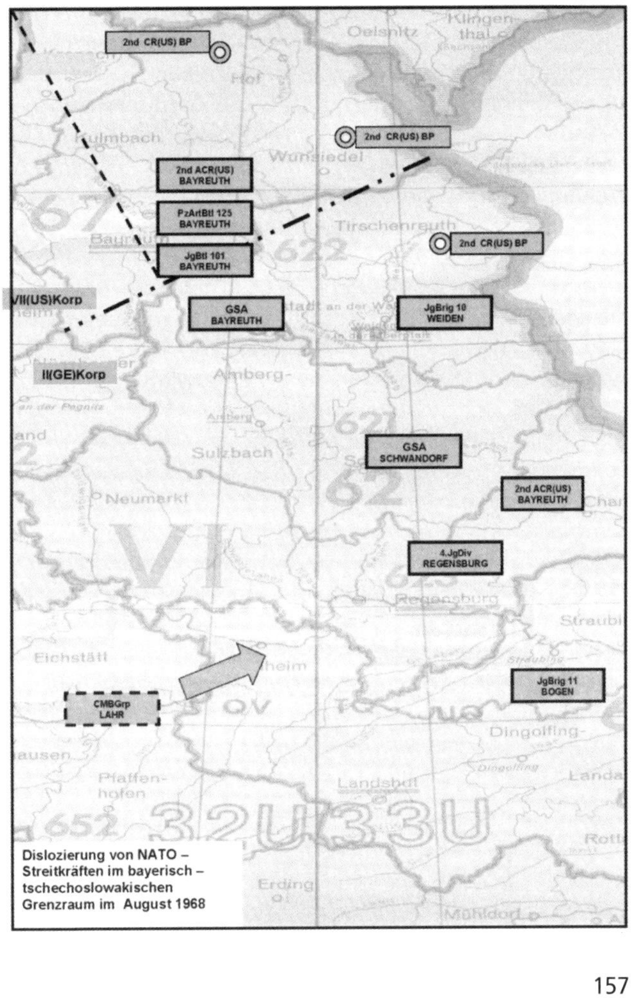

Dislozierung von NATO – Streitkräften im bayerisch – tschechoslowakischen Grenzraum im August 1968

Dislozierung der NATO-Kräfte im bayerisch-tschechischen Grenzraum Sommer 1968. Zusätzlich befand sich die Bayerische Grenzpolizei und Kräfte des Zolls in der Grenzüberwachung und verdichteten diese in Zusammenarbeit mit dem 2nd Armored Cavalry Regiment (2ndACR), Stab in Nürnberg, Fliegerstaffel des 2nd ACR auf dem Feucht Army Air Field. Die Bundeswehr befand sich nicht im Grenzeinsatz.

Gespräche des sowjetischen Ministerpräsidenten Kossygin[42], der wenig später ebenfalls in Prag eingetroffen war, noch ergänzt wurden. Die westliche Aufklärung[43] hatte mittlerweile festgestellt, dass auf Seiten der Manövertruppen des Warschauer Paktes etwa 16.000 Soldaten und etwa 4500 Fahrzeuge sowie zahlreiche Flugzeuge beteiligt waren. Soweit dem Autor erinnerlich, wurden zumindest im Bereich der Bundeswehr zu diesem Zeitpunkt keine lageverschärfenden Maßnahmen wie erhöhte Bereitschaftsstände grenznaher Truppenteile oder Auslösung einzelner Alarmbefehle aus dem Alarmsystem getroffen. Soweit bekannt, wurden auch auf Seiten der Fm/EloAufklLw, hier besonders in den Sektoren der vorderen Erfassung, keine zusätzlichen Bereitschaftsmaßnahmen angeordnet. Die für den Sommer geplante große Übung des Deutschen Heeres in Bayern wurde aus naheliegenden politischen Gründen kurzfristig nach Baden-Württemberg auf die Übungsplätze Münsingen und Stetten a.k.M. verlegt.

Im Gegensatz hierzu stehen die Vorbereitungen unseres südlichen Nachbarn, der Republik Österreich vom 24. Juli 1968[44], die entsprechende Vorbereitungen zum Schutz ihrer Landesgrenzen getroffen hatte und mit der Weisung BMfLV Zl.331-str.geh-Stb/68 *»Weisung für vorbereitende Maßnahmen zum Einsatz des Bundesheeres zur Sicherung der Grenze gegenüber der Tschechoslowakei«* entsprechende militärische Vorbereitungen getroffen hatte. Der Einsatz des österreichischen Bundesheeres sollte auf das Stichwort »URGESTEIN« erfolgen und enthielt den Auftrag, die Grenze zu Österreich gegen Überschreiten bewaffneter militärischer Kräfte zu sichern, übertretende Militärpersonen zu entwaffnen und Flüchtlingsbewegungen zu kanalisieren. Die Weisung wurde am 21. August 1968 dahingehend erweitert, dass die Garnisonsbereiche des Bundesheeres südlich der Donau im Sicherungseinsatz zu verstärken sind. Es gilt als sicher, dass sowohl das *Heeresnachrichtenamt* (HNA) als auch das *Heeresabwehramt* (HAA) des österreichischen Bundesheeres zu dieser Zeit über entsprechende Erkenntnisse über den Umfang des Truppenaufmarsches verfügten. Inwieweit hier eine Zusammenarbeit mit befreundeten Diensten stattgefunden haben mag, kann nicht bewertet werden, muss jedoch als sicher gelten. Möglicherweise war es der CIA oder der DIA gelungen[45], einen ihrer Agenten im mitteldeutsch-tschechich- polnischen Grenzgebiet (vermutlich Raum Bautzen) zu platzieren, der über die militärische Entwicklung in diesem Raume berichten konnte. Anfang Juni 1968 erreichten die ersten sowjetischen Manövertruppen aus Polen kommend Ostböhmen und richteten sich dort ein. Unterdessen fanden im gesamten Bereich des Warschauer Pakts, insbesondere an den Westgrenzen, Manöver unter Beteiligung der *Polnischen Volksarmee* (PVA), der *Nationalen Volksarmee der DDR* (NVA) und der *Ungarischen Volksarmee* (UVA) statt. Ergänzend hierzu wurde durch die sowjetische Nordflotte unter Leitung von Admiral Gorschkow vom 11. bis 19. Juli 1968 eine großangelegte Übung »SEVER« im Nordmeer und angrenzenden Seebereichen durchgeführt, die in der Rückschau betrachtet schon ein gewisses Drohpotenzial in Richtung transatlantische Seewege der NATO erkennen ließ. Vom 23. Juli bis 10. August führten die Rückwärtigen- und Versorgungstruppen der sowjetischen Armee in Weissrussland und der Ukraine eine Versorgungsübung unter dem Decknamen »NEMAN« durch, die offensichtlich der Überprüfung des Versorgungssystems für die sowjetischen Okkupationskräfte in der

---

[42] W. Horlacher: *Zwischen Prag und Moskau,* Seewald-Verlag, Stuttgart 1968.

[43] Emde: *Die geheimen Nachrichtendienste der Bundesrepublik Deutschland,* Bastei-Lübbe-Verlag, Bergisch-Gladbach 1979, Seite 8–17.

[44] Rauchensteiner: *Das Bundesheer der Zweiten Republik,* Österreichischer Bundesverlag, Wien 1980.

[45] Tully: *Superspione,* Diana-Verlag, Zürich o.J., Seite 102 ff.

CSSR dienen sollte. Am 24. und 15. Juli 1968 wurde unter Leitung von Marschall Batitzkij eine großangelegte Luftverteidigungsübung im Vorfeld der NATO durchgeführt. Darauf folgte vom 11. bis 20. August 1968 eine gemeinsame Übung der NVA und PVA in Südpolen und der südlichen DDR unter der Bezeichnung »ELEKTRONIK 68«. Eine Kartenübung der NVA, die den Decknamen »ÄTHER« trug, schloss sich von 11. bis 20. August an. Eine Truppenübung sowjetischer und ungarischer Truppen begann in Westungarn am 15. August 1968. Vom 1. bis 16. August fanden eine Reihe hochrangiger Gespräche der Prager Führung unter anderem mit Marschall Tito, Ulbricht und Ceaucescu statt. Das MfS der DDR[46] begann schon sehr früh mit der Beobachtung der Entwicklung in der CSSR und hatte zu diesem Zweck die Tätigkeit seiner *Operativgruppen* (OG) in Prag, Bratislava und Karlovy Vary (Karlsbad) in der CSSR unter Einsatz von etwa 70 verfügbaren *Informellen Mitarbeitern* (IM) zur Gewinnung von Informationen aus der CSSR vor Einmarsch der Okkupationstruppen intensiviert.

In der Bundesrepublik wurden mindestens 23 *Informelle Mitarbeiter* beauftragt, Informationen über die Reaktionen der Bundesregierung und militärische Vorbereitungen der Bundeswehr und der NATO zu beschaffen. Auf dem Territorium der DDR wurden Vorbereitungen getroffen, die Grenzen sowohl zur CSSR als auch zur Bundesrepublik abzuriegeln und militärisch zu sichern. In den Grenzregionen der DDR zur CSSR wurden Bereiche festgelegt, in denen Reisende mit Ziel CSSR auf unbestimmte Zeit festgehalten werden sollte. Dies wurde auch praktiziert, wie sich später zeigen sollte. Es kann auch davon ausgegangen werden, dass die »Marschaufklärer« des militärischen Nachrichtendienstes der NVA[47] (Verwaltung Aufklärung) zu dieser Zeit im Grenzbereich zur DDR und CSSR auf westlicher Seite aktiv waren. Zu dieser Zeit wurden auch militärische Requisiten, unter anderem einige US-Panzer SHERMAN aus dem 2. Weltkrieg und Handwaffen der Muster *US Rifle Garand M1, Carbine M1* und *Colt M 1911 A1* in die CSSR transportiert, die bei der Herstellung des Films »Die Brücke von Remagen« durch eine amerikanische Filmgesellschaft benötigt wurden, da der Film in der CSSR gedreht werden sollte. Alle diese Fahrzeuge und Waffen waren demilitarisiert, d.h., sie waren nicht gebrauchsfähig. Das Filmteam hielt sich zu dieser Zeit ebenfalls in der CSSR auf. In Drehpausen traten die Schauspieler in US-Uniformen des 2. Weltkrieges auf, was dazu führte, dass die sowjetische und ostdeutsche Propaganda behauptete, amerikanische Streitkräfte befänden sich bereits in der CSSR[48]. Dies wurde sofort durch den Direktor der staatlichen tschechoslowakischen Filmagentur, Alois Polednak, dementiert. Dazu passte auch der Fund eines »konterrevolutionären Waffendepots« in Sokolov (Falkenau)[49] durch die sowjetischen Militärbehörden am 19. Juni 1968[50]. Es stellte sich später heraus, dass die Waffen aus dem 2. Weltkrieg stammten und erst vor kurzer Zeit dort deponiert worden sein mussten. Denn sie trugen noch das typische Konservierungsfett, mit dem üblicherweise sowjetische Waffen behandelt werden. Mittlerweile ergab die Aufklärung der Manöverbewegungen, dass sich ein großer Teil der Manövertruppen erst nach wiederholten Aufforderungen der CSSR-Regierung vom Territorium der CSSR zurückgezogen hatte, sich aber offenbar in

46 Tantscher: *Maßnahme »Donau« und Einsatz »Genesung«*, BStU Abteilung Bildung und Forschung (BStU Reihe B Nummer 1/94), Berlin 1998.

47 Bedauerlicherweise wurden die Unterlagen der VA des MfNV kurz vor der Wende auf Geheiß des damaligen Ministers für Verteidigung und Abrüstung Eppelmann wahrscheinlich im Einverständnis des Bundeskanzleramtes in Bonn gänzlich vernichtet.

48 Bittman (Major CSSR-ND): *Geheimwaffe D*, Verlag SOI, Bern 1972.

49 Bertleff: *Mit blossen Händen*, Molden-Verlag, Wien 1969.

50 Tully: *Superspione*, Diana-Verlag, Zürich o.J., Seite 115 ff.

grenznahen Verfügungsräumen in Polen, der DDR und Ungarns befanden. Einzelne Stäbe und Führungseinrichtungen der sowjetischen Armee aber waren offensichtlich zurückgeblieben. Es kann als sicher gelten, dass mit den Manövertruppen auch Spezialkommandos der Nachrichtendienste KGB und GRU in die CSSR einsickerten und dort auch nach Manöverende verblieben, um beim später erfolgenden Einmarsch als Wegweiser zu fungieren oder um wichtige Punkte (Brücken) im Handstreich zu nehmen. Aufmerksamen Beobachtern war auch nicht entgangen, dass fast alle Fahrzeuge der Manövertruppen, insbesondere die Kampfpanzer und Schützenpanzer, eine weithin sichtbare weiße Markierung trugen; dies, um sie möglicherweise später von Kampffahrzeugen der CSSR-Armee unterscheiden zu können. Übereinstimmend erklären auch heute noch ehemalige NVA-Angehörige[51], die 7. Panzerdivision (DRESDEN) und die 11. Motorisierte Schützendivision (HALLE) hätten sich zwar in »Voller Gefechtsbereitschaft« befunden, hätten aber in keinem Falle an der Okkupation der CSSR teilgenommen. Dies wird übereinstimmend auch durch eine Reihe anderer Quellen bestätigt. Mittlerweile hatte zumindest die bayerische Staatsregierung erkannt, dass sich an der Ostgrenze Bayerns eine problematische Lage ergeben könnte, wenn die CSSR militärisch besetzt würde und sich Truppenteile der CVA, möglicherweise gegen sowjetische Truppen kämpfend, auf bundesdeutsches Gebiet zurückzögen[52]. Die damalige *Bayerische Grenzpolizei,* der die Wahrnehmung der Grenzüberwachung oblag, verdichtete ihre Grenzbeobachtung[53] im Verbund mit dem BGS und den Dienststellen des *Zoll-Grenzaufsichtsdienstes.* Jedes Ereignis musste sofort an das Präsidium der *Bayerischen Grenzpolizei* nach München gemeldet werden. Täglich mit Stichzeit 19.00 Uhr waren so genannte *Grenzlagemeldungen* (GLM) nach München abzusetzen. Die Kräfte der *Border-Control* (Panzeraufklärungsverbände der 7. US Armee) intensivierten ihrerseits die Grenzüberwachung. Auch die CSSR-Grenzpolizei *Pogranitchny Stras* (PS) verstärkte ihre Überwachungsaktivitäten. Es ist anzunehmen, dass die CSSR-Seite zu dieser Zeit über ein gut ausgebautes Netz von V-Leuten auf bundesdeutschem Gebiet verfügte, da sich auch in der Folgezeit zeigte, dass die CSSR-Grenzsicherungskräfte über Personalien, Organisationsstruktur und Vorkommnisse bei den deutschen Grenzsicherungskräften bestens unterrichtet waren. Hier kann der Einsatz von Funkgeräten zur schnellen Nachrichtenübermittlung durch diese V-Leute nicht gänzlich ausgeschlossen werden, zumal die Entdeckungswahrscheinlichkeit bei nur kurzzeitigen Sendungen auf unverfänglichen Frequenzen sehr gering war. So berichtete eine Gewährsperson[54], dass sie im Zuge späterer offizieller Kontakte mit einem Major der PS[55] mit Namen und Dienststellung angesprochen wurde und sich der Major der PS auch bestens über die persönlichen Verhältnisse der Gewährsperson unterrichtet zeigte. Die grenznah eingesetzten Kräfte der Bundeswehr (Panzergrenadierbrigade 10 Weiden, Panzergrenadierbrigade 11 Bogen, Panzerbrigade 12 Amberg) die allesamt der 4. Jägerdivision in Regensburg und dem II. Korps in Ulm unterstellt waren, verblieben in ihren Standorten. Ob der Kommandeur der 4. Jägerdivision[56] die ihm unterstellten Verbände tatsächlich in Alarm- und Gefechtsbereit-

[51] Dr. W. Wünsche über Wenzke: *Die NVA und der Prager Frühling,* in »Arbeitsgruppe für die Geschichte der NVA«, Information Nummer 2, Berlin 1997.

[52] Diese Befürchtung herrschte auch auf Seiten des BMVg, das in diesem Zusammenhang entsprechende Weisungen per Fernschreiber an die grenznahen Einheiten und Dienststellen übermittelt hatte.

[53] Mitteilung eines unmittelbar Beteiligten im Bereich Oberviechtach.

[54] Mündliche Mitteilung an den Autor.

[55] PS – *Pohranicni Straz* (Grenzwache) – Grenzpolizei der CSSR, besonderes Kennzeichen: Hundekopf an der Mütze.

[56] Schmidt: *Chronik des Bundesgrenzschutzes an der innerdeutschen Grenze,* Fiedler- Verlag, Coburg 1995.

schaft versetzt hat, erscheint auf Grund eigener Erkenntnisse zu den damals im Vorlauf des 21. August nicht ausgelösten Alarmbefehlen des formalen Alarmsystems der Bundeswehr fraglich. Von nennenswerten Aufklärungsaktivitäten der Bundeswehr im Grenzraum ist auch heute noch nichts bekannt. Gelegentliche Besuche in Zivilkleidung bei Grenzdienststellen der Polizei blieben wohl eher die Ausnahme. Hingegen kann die Herstellung der Gefechtsbereitschaft in den grenznahen Standorten des *Bundesgrenzschutzes* durchaus erfolgt sein, da der BGS zu dieser Zeit den Auftrag hatte, die Grenze gegen bewaffnete Angriffe zu schützen und er zu diesem Zweck auch über den Kombattantenstatus verfügte. Dieser wäre allerdings erst nach der Verkündung des Spannungsfalles wirksam geworden. Der *Bayerischen Grenzpolizei,* die nicht über diesen Status verfügte, hätte nur die Aufgabe zufallen können, den einmarschierenden Okkupationstruppen die Straßen durch Verkehrsregelung freizuhalten. Diese Befürchtungen wurden später auch, wenn nicht öffentlich, so zumindest in Kreisen der Betroffenen, ausgiebig diskutiert. Inwieweit das *Ministerium für Staatssicherheit* seine im bayerisch-thüringischen Grenzraum auf westlicher Seite befindlichen V-Leute (IM) zu erhöhter Aktivität angewiesen hat, ist auch heute noch nicht bekannt. Nachdem das Personal der 15. Verwaltung[57] des *Ministeriums für Nationale Verteidigung* (in der Bundesrepublik mindestens 86 IM) 1962 an das *Ministerium für Staatssicherheit* abgegeben worden war, kann angenommen werden, dass die in Analogie zu den Wehrbereichen der Bundeswehr eingerichteten Gebietsleiter der ehemaligen 15. Verwaltung entsprechende Aufklärungsaufträge erhielte. Als sicher kann auch gelten, dass die grenznahen Bezirksverwaltungen des MfS und die Einheiten des *Kommandos Grenze der NVA* entsprechende Aufklärungsaktivitäten auf bundesdeutschem Gebiet entfalteten. Bekannt ist, dass das MfS auch über die Gegebenheiten in einem Fernmeldeturm der Bundeswehr[58] aufs Beste unterrichtet war, in der Nähe des Objekts möglicherweise auch über eine V-Person verfügte, die den ausschließlichen Auftrag hatte, das Objekt zu beobachten und Veränderungen unverzüglich zu melden. Interessant in diesem Zusammenhang ist auch das totale Sendeverbot[59] für alle Amateurfunker der DDR, das am 19. August 1968 durch die Behörden verfügt wurde. Die Tage vor dem 21. August 1968 verliefen auf westlicher Seite eher ruhig, da sich ein Großteil der westdeutschen Bevölkerung im Urlaub befand oder sich bereits darauf vorbereitete. Da sich der Bundestag in Parlamentsferien sonnte und nur wenige Politiker Stallwache hielten, waren auch – soweit erinnerlich – von politischer Seite keine größeren Entscheidungen zu erwarten. Die ohnehin im 24-Stunden-Dauereinsatz grenznah eingesetzten Kräfte der *Fernmelde- und Elektronischen Aufklärung* des Heeres und der Luftwaffe verrichteten ihre Dienst nach Dienstplan. Die »Verstärkte Erfassung« in der Fm/EloAufklBw war, wie in späteren Zeiten bei erhöhtem Aufklärungsinteresse, in diesem Tagen nicht befohlen.

Der 21. August 1968 war ein warmer Tag. Allerdings sagte der 20.00-Uhr-Wetterbericht im Fernsehen einen Wetterwechsel für die kommenden Tage voraus. In den Fernmeldesektoren der Fernmelderegimenter 71 und 72 der vorderen Erfassung (Fernmeldesektor E, Schneeberg, und Fernmeldesektor F, Hoher Bogen) sowie in der grenznahen *Fernmeldestelle des Heeres* (GFAST) auf dem Großen Kornberg herrschte Routinebetrieb.

Ob allerdings schon seit einigen Tagen auf der Gegenseite Funkstille geherrscht haben mag, erscheint auch heute noch höchst zweifelhaft. Die Flugfunk-Horchfunker im

---

[57] Fingerle/Giesecke: *Partisanen des Kalten Krieges,* BStU (BF informiert Nummer 14), Berlin 1996.

[58] Mitteilung einer Gewährsperson über ein Gespräch im Jahre 1989 mit einem ehemaligen MfS-Mitarbeiter zu diesem Thema, der in der »Moschee« (MfS-Erfassungsanlage) auf dem Brocken eingesetzt gewesen war.

[59] Mitteilung eines damals Betroffenen aus der damaligen DDR im Jahre 2004.

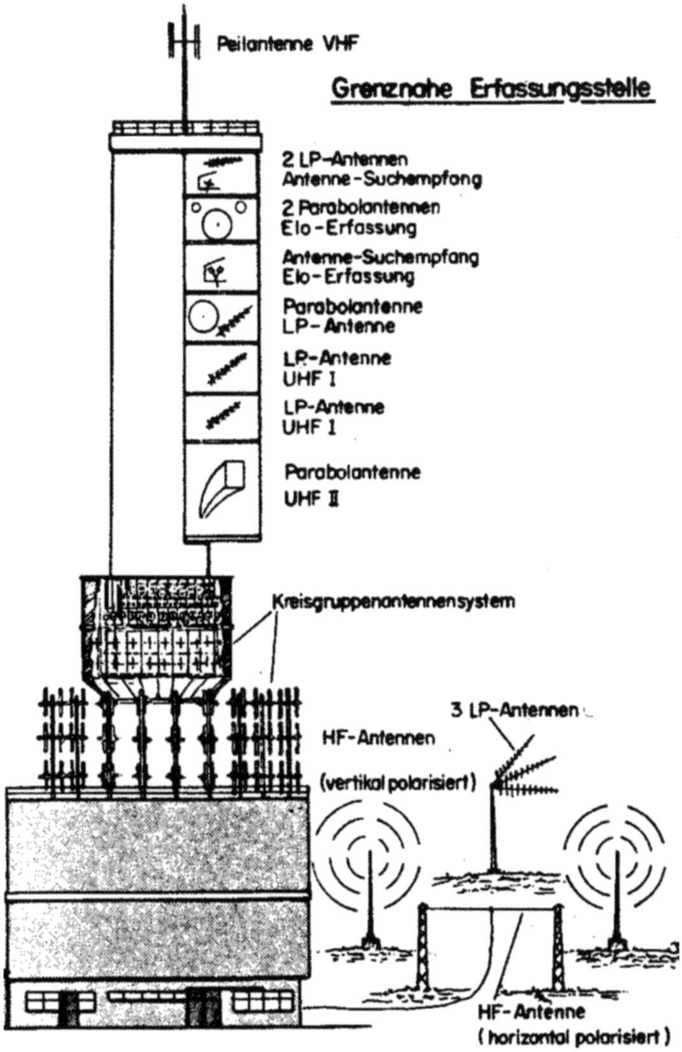

Nutzung einer »Grenznahen Fernmeldeaufklärungsstellung (GFASt)« des Heeres. Die der Einsatzstellung Schneeberg nächstgelegene GFASt befand sich auf dem Großen Kornberg bei Marktleuthen.

10. Obergeschoss der Fernmeldetürme E und F überwachten die ihnen zugewiesenen Frequenzen, auf denen sich keine abnormale Aktivität abzeichnete. Üblicherweise herrschte vor großen Übungen der Gegenseite Funkstille oder es fand ein Frequenzwechsel (»Wäschewechsel«) statt, der in aller Regel zunächst die Flugfunkerfassung für einige Zeit lahm legte, da üblicherweise die den Verbänden auf östlicher Seite zugewiesenen Frequenzen neu zugeteilt wurden und durch den Horchfunker anhand der bereits bekannten Rufnamen neu zugeordnet werden mussten. Hierbei wurde er durch die Teileinheit KSM *(Kontrolle, Steuerung, Meldung)* unterstützt. Wenn aber zeitgleich zum Frequenzwechsel auch die Rufnamen geändert oder gar neu zugewiesen wurden, war das Problem noch größer. In der Anfangszeit verfügte die FmAufkl der Luftwaffe über durchstimmbare VHF-Empfänger, mit deren Hilfe die durch die Gegenseite belegten Ferquenzen auf dem Flugfunkband (108.0–136.0 MHz) erst gefunden werden mussten, da sie ja auch nicht

ständig belegt waren. War eine Frequenz gefunden, musste sie anhand des Rufnamens erst noch zugeordnet werden. War der Rufname nicht bekannt, musste dieser Sender erst noch gepeilt werden, ein äußerst zeitaufwändiges Verfahren. Damit konnte zumindest eine grobe geografische Zuordnung vorgenommen werden. Die im 11. Obergeschoss befindliche B-Funk-Erfassung (Radarerfassung) empfing die ausgestrahlten Signale von Radargeräten und sonstiger Geräte, die im östlichen Bereich eingesetzt waren, klassifizierte sie anhand ihrer Merkmale, wie Frequenz, Modulationsart, Pulswiederholungsfrequenz (PRF), und konnte die Aussendungen auch peilen. Entgegen anderen Quellen[60] setzten die sowjetischen Streitkräfte offenbar keine Breitband- und Düppelstörer ein, um die westliche Aufklärung an der Erfassung zu hindern. Zumindest war beim Fernmelderegiment 72 mit seinen Sektoren in Wunsiedel (ESt Schneeberg) und Körtzing (ESt Hoher Bogen) über umfangreiche Störungen nichts bekannt. Zu diesem Zeitpunkt verfügte die Fm/EloAufkl noch nicht über Informationen bezüglich des zu erwartenden zivilen Luftverkehrs im befohlenen Aufklärungsbereich. Auch wurden zivile Sprechfunk-Flugsicherunsgfrequenzen auf der östlichen Seite (z.B. Tower, Flugsicherungsbereichszentralen) in der Regel nicht überwacht. Regelmäßig wurde natürlich die Flugsicherungsfrequenz der 16. Frontluftarmee (Rufname »ALDAN«) überwacht, über die der überregionale militärische Sprechfunkverkehr in der DDR und später auch der CSSR abgewickelt wurden. Gegen 21.00 Uhr[61] meldete sich eine sowjetische Maschine mit zivilem Kennzeichen bei der Flugsicherung in PRAG-RUZYNE und bat um Landeerlaubnis. Der Flug war nicht gemeldet, das heißt, er war nach dem internationalen ICAO-Verfahren nicht angemeldet. Da offensichtlich ein Notfall vorlag, reagierte der Tower von Prag RUZYNE entsprechend. Es hätte aber dem zuständigen Verantwortlichen der Flugsicherung bereits jetzt auffallen müssen, dass der Flug überhaupt nicht angemeldet war, denn hätte die Maschine CSSR-Luftraum auch nur durchqueren wollen (Transit), hätte die entsprechende Anmeldung erfolgen müssen. Die Landegenehmigung wurde erteilt und gegen 21.30 Uhr landete die Maschine, eine ANTONOW 24 COOK, verhielt kurz auf der dem Tower entgegengesetzten Seite der Landebahn und rollte dann zu der vom *Controller* zugewiesenen Parkposition. Ob sich zu diesem Zeitpunkt bereits KGB oder GRU-Agenten[62] auf dem Tower befunden haben, ist bis heute nicht nachzuweisen, erscheint jedoch im Lichte der folgenden Ereignisse als sehr wahrscheinlich. Der Tower wurde durch sowjetische Soldaten[63] – vermutlich Angehörige eines *Speznas-Kommandos* der sowjetischen 103. Garde-Luftsturmdivisison – besetzt, die Fernmeldeverbindungen unter Kontrolle gebracht und damit war der Flugplatz in sowjetischer Hand. In den Auswertesektoren der Fernmelderegimenter 71 und 72[64] herrschte die abendliche Ruhe, als am 20. August 1968 gegen 21.00 Uhr auf der durch FmSkt H überwachten Luftraumüberwachungsfrequenz der CVA-LSK im Kurzwellenbereich eine Reihe von Kursen aus der westlichen Sowjetunion, Polens und der DDR, die alle in Richtung CSSR zeigte, im Tastfunk[65] abgesetzt wurden. Der den WZD-Funkkreis überwachende Soldat meldete dies an die Auswertung des FmSkt S, die sich im Nebenraum im

60 Guthardt/Dörnerburg in *Elektronischer Kampf,* Kapitel 5, AEG-Telefunken, Ulm 1986.

61 H. Frommer in *Information Traditionsverein FmEloAufklLw,* Nummer 8, Trier 2000.

62 Vermutlich Angehörige eines Speznas-Kommandos der 103. sowjetischen Luftlandedivisison. Welham/ Quarrie: *Operation Speznaz,* Stephens Ltd, Wellingsbourough, UK, 1989, Seite 31 ff.

63 White: *Eliteverbände der Welt,* Motorbuch Verlag, Stuttgart 1998, Seite 121.

64 H. Frommer, *Information Traditionsverein Nummer 10,* Trier 2001.

65 Später sollten LSK/LV-Kräfte der NVA zusätzlich dafür Sprecher einsetzen, die in unglaublich schnellem Tempo die Kursangaben auf Kurzwellefrequenzen im Rundspruchverfahren durchgaben.

Erdgeschoss des Betriebsgebäudes des Fernmeldesektor H in Feuchtwangen befand. Der dort Diensthabende setzte sich unverzüglich telefonisch mit den Sektoren der vorderen Erfassung E auf dem Schneeberg und F auf dem Hohen Bogen in Verbindung. Aber auch dort war anscheinend nichts Ungewöhnliches aufgefallen. Einige Zeit später brach die Übermittlung der Flugdaten über Kurzwelle durch den *Luftraumüberwachungsdienst* (LRÜ) der CVA/LSK plötzlich ab. Die Auswerter der Regimenter 71 Osnabrück und 72 Feuchtwangen hatten damals noch keine Verbindung zur Luftverteidigungsorganisation der NATO in den *Combat Reporting Centers* (CRC's), um gegebenenfalls über die Radarerfassung durch die *Reportings Posts* (RP, vorgelagerte Radarstationen in Grenznähe) Aufschluss über die Flugbewegungen im Lauftraum der der DDR und CSSR zu erhalten. Die damalige Erfassungsreichweite der aktiven Radargeräte der NATO-Luftverteidigung betrug etwa 300 km. Bei Fernmeldesektor E kam es offensichtlich auch niemand in den Sinn, bei dem benachbarten *Reporting Post* (RP) Döbraberg, der sich in Sichtweite des Fernmeldeturmes E befand, Auskünfte über die Luftlage einzuholen. Später, lange nach den Ereignissen, sollte ein Tochter-Sichtgerät[66] mit Anbindung an den RP Döbraberg in einem kleinen Nebengelass im 8. Obergeschoss des Turmes Schneeberg installiert werden. Es fristete dort jedoch ein Schattendasein, wurde kaum benutzt und später wieder abgebaut, da der Platz offensichtlich für das Dienstzimmer des LdE *(Leiter der Erfassung)* benötigt wurde.

Gegen 22.30 Uhr wurde eine Meldung von Radio Wien aufgefangen, die den Einmarsch der Warschauer Pakt Truppen meldete. Daraufhin setzte sich der diensthabende Unteroffizier des Auswertesektors in Feuchtwangen telefonisch mit dem Wachleiter des damaligen *Amtes für Nachrichtenwesen* (ANBw) in Ahrweiler in Verbindung. Das ANBw betrieb ebenfalls eine Auswertung im 24-Stunden-Dienstbetrieb in einem provisorischen Lagezentrum, das in einer ehemaligen Sektkellerei untergebracht war. Der Stabsoffizier vom Dienst des ANBw, offenbar kein Nachrichten *(Intelligence)*- Fachmann, da erst vor kurzem zuversetzt, schien über die Ereignisse nicht informiert zu sein. Auch die damalige Auswertung der Luftwaffe in Porz-Wahn verfügte offensichtlich nicht über weiterführende Informationen. Möglicherweise war auf sowjetischer Seite mit dem Beginn der Operationen gegen die CSSR auch ein kompletter Rufnamen- und Frequenzwechsel bei den Luftstreitkräften verfügt worden, der die Erfassung des Flugfunks im VHF-Bereich durch die Fm/EloAufkl der Luftwaffe stark behinderte, da – wie bereits geschildert –, Rufnamen und Frequenzen mühsam durch Peilung zugeordnet werden mussten, bis sich nach einigen Tagen das Lagebild klärte. Ab 22.30 Uhr landeten im 50-Sekunden-Abstand ANTONOW 12 CUB (Transportkapazität: 100 Fallschirmjäger mit persönlicher Ausrüstung) der sowjetischen Transportfliegerkräfte. Dabei soll eine komplette sowjetische Luftlandedivision (vermutlich die 32. GLLDiv aus dem Militärbezirk Leningrad) in die CSSR verlegt worden sein. Später sollten noch zwei sowjetische Luftlandedivisionen[67] in die CSSR folgen. Für die erste Luftlandedivision wurden etwa 250 Einsätze mit AN-22 COCK und anderen sowjetischen Mustern geflogen. Zeitgleich wurden auch die übrigen Flugplätze von nennenswerter Bedeutung in der CSSR durch sowjetische Truppen besetzt. Gegen 24.00 Uhr wurde das Parteipräsidium der KPC, das unter Dubcek tagte, durch eine sowjetische KGB-Einheit verhaftet und weitere wichtige Regierungsgebäude durch KGB- und GRU-Einheiten umstellt. Am 22. August gegen 01.00 Uhr konnte Radio Prag noch einen Aufruf an die

---

[66] Dieses Verfahren (Landbriefträger) wurde bereits im II. Weltkrieg von der deutschen Luftnachrichtentruppe angewandt.

[67] Wiener (Hsg.): *Die Armeen der Warschauer Pakt Staaten,* Bernard & Graefe, München 1979.

Bevölkerung senden, bevor es von sowjetischen Truppen eingenommen wurde und den Sendebetrieb einstellen musste. In den frühen Morgenstunden des 22. August nahm eine unbekannte Rundfunkstation unter der Bezeichnung »RADIO VLTAVA« (Radio Moldau) auf Mittelwelle den Sendebetrieb auf. Es stellte sich sehr bald heraus, dass der Sender vermutlich im Raum Dresden stationiert war und im Auftrag der Okkupationsmacht versuchte, die Bevölkerung der CSSR politisch zu beeinflussen. Der staatliche Rundfunk und das Fernsehen der CSSR nahmen aus versteckt gelegenen Sendestellen alsbald den Sendebetrieb wieder auf, ständig von Peiltrupps der Okkupationsmacht verfolgt, denen es aber erst relativ spät durch den Einsatz moderner Ortungstechnik gelang, einige dieser Stationen ausfindig zu machen und zum Schweigen zu bringen. Bald darauf sendete zumindest der CSSR-Rundfunk wieder auf anderen Frequenzen und aus anderen Sendestellen, so dass das Spiel für die sowjetischen Peiltrupps von neuem begann. Westliche Radiostationen wie RADIO FREE EUROPE und RADIO LIBERTY verstärkten ihren Sendebetrieb auch in russischer Sprache mit dem Ziel, die sowjetischen Soldaten direkt anzusprechen. Auch andere Stationen, unter anderem vom NTS (einer Emigrantenorganisation mit Verbindungen zu Partnerdiensten) in München, initiierte Sendungen begannen nun verstärkt auf Kurzwelle die sowjetischen Soldaten direkt und gezielt anzusprechen. Tschechische Amateurfunker unterstützten den CSSR-Rundfunk, indem sie Sendungen im Relaisbetrieb, insbesondere auch auf Kurzwelle übernahmen, oder eigene Sendungen mit Lokalberichten ausstrahlten.

Zwischen 23.00 und 24.00 Uhr überschritten die Okkupationstruppen an mindestens 18 Stellen die Grenze zur CSSR. Die Masse der Kräfte konzentrierte sich auf den Norden und Nordwesten des Landes an der Grenze zu Polen und der DDR. Schon Tage vorher rollten im Elbtal zwischen Dresden, Pirna[68] und Bad Schandau lange Transportzüge mit gepanzerten Fahrzeugen aus dem Innern der DDR, die offensichtlich in Grenznähe »Konzentrierungsräume« bezogen. Ob sich die DDR bereits zu diesem Zeitpunkt entschlossen hatte, die Grenze zur CSSR zu sperren, ist nicht belegbar, erscheint jedoch wahrscheinlich. Am 21. August gegen 01.17 Uhr hatte das *Ministerium für Nationale Verteidigung der DDR* für die gesamte NVA »Erhöhte Gefechtsbereitschaft« befohlen, die Überwachungsmaßnahmen an der innerdeutschen Grenze und der Grenze zur CSSR wurden durch Grenztruppen der NVA verstärkt. Offensichtlich hatten die NVA-Luftstreitkräfte den Schutz des DDR-Luftraumes im so genannten *Diensthabenden System* (DHS) übernommen, da große Teile der 16. sowjetischen Frontluftarmee, die in der DDR stationiert waren, Aufträge im Rahmen der Besetzung der CSSR zu erfüllen hatten.

Aus Ungarn und der Ukraine kommend, überschritten die Invasoren die CSSR-Grenze in den südöstlichen Teilen des Landes. Die sowjetische Führung verfügte mit der ersten strategischen Staffel, der Prager Gruppierung, über die 1. sowjetische Gardepanzerarmee (1. GdPzArmee) aus Dresden mit 4 MotSchtzDiv, welche die Grenze zur Bundesrepublik militärisch sichern sollte und parallel zur bayerisch-tschechischen Grenze vorstieß, und über die 20. sowjetische Gardepanzerarmee (20. GdPzArmee) aus Eberswalde mit 3 MotSchtzDiv, die in Richtung Prag vorstoßen sollte. Der 20. GdPzArmee wurde die 7. Panzerdivisison (7.PzDiv) Dresden der NVA als 2. Operative Staffel (Reserve) zugeteilt, die jedoch auf Grund des schnellen Vorstoßes der sowjetischen Truppen auf Prag offensichtlich nicht zum Einsatz gekommen ist. Ob vordere Teile und Stäbe der 7. NVA PzDiv die Grenze zur CSSR tatsächlich überschritten haben, ist bis heute ungeklärt, möglicherweise befanden sich Verbindungskommandos der NVA (Funktrupps) bei den einrückenden sowjetischen MotSchtzDiv. Die

[68] Mitteilung eines Augenzeugen.

sowjetische 11. Garde MotSchtzDiv(?) aus dem Raum Kaliningrad (Königsberg), die im Eisenbahntransport bis in die süliche DDR zugeführt worden war, befand sich ebenfalls unter den ersten sowjetischen Truppenteilen, welche die Grenze zur CSSR überschritten. Die in Reserve gehaltenen Verbände der NVA verblieben weiter in ihren Bereitstellungsräumen in der südlichen DDR. Ein polnischer Verband unter Führung der polnischen 2. Armee mit drei Divisisonen besetzte den ostböhmischen Raum im Bereich Mlada Boleslav – Pardubice – Hradec Kralove. Die Reserve des Oberkommandierenden der sowjetischen Streitkräfte bestand aus der in der DDR bei Bernau stationierte und der ebenfalls der 20. GdArmee Eberswalde unterstehenden 6. sowjetischen MotSchtzDiv, der 4. polnischen MotSchtzDiv und der 11. MotSchtzDiv der NVA aus Halle. Ob diese Kräfte, insbesondere die 11. MotSchtzDiv der NVA, tatsächlich in der CSSR eingesetzt wurden, ist auch heute noch umstritten und erscheint wenig wahrscheinlich. In den mährischen und slowakischen Landesteilen der CSSR wurden fünf sowjetische Divisionen, vermutlich MotSchtzDiv aus dem sowjetischen Militärbezirk Karpathen, im Raum Olomuc – Zilina – Presov eingesetzt. Zwei sowjetische Divisionen, zwei ungarische Divisionen sowie ein bulgarisches Regiment stießen aus Ungarn kommend über Bratislava in Richtung Brno und Presov vor, ohne auf nennenswerten Widerstand tschechoslowakischer Truppen zu stoßen. Wie bereits geschildert, wurden wichtige Flugplätze der CSSR-Luftwaffe handstreichartig durch sowjetische und, in einem Fall, durch sowjetische und bulgarische Fallschirmjäger besetzt. Insgesamt sollen mehr als 15 sowjetische Divisionen an der Okkupation der CSSR beteiligt gewesen sein, die von mindestens fünf sowjetischen Armeestäben geführt wurden. Ob später noch zusätzliche sowjetische Kräfte nachgeführt wurden, kann heute nicht mehr mit Sicherheit festgestellt werden[69]. Die tschechoslowakischen Streitkräfte leisteten, soweit bekannt, den einrückenden sowjetischen, polnischen, ungarischen und bulgarischen Truppen keinen nennenswerten Widerstand, von sporadischen Aktionen des gewaltlosen Widerstands abgesehen. Vereinzelte Kämpfe zwischen sowjetischen Kräften und tschechoslowakischen Widerstandskämpfern flammten in Prag um das Rundfunkgebäude auf, die aber bald durch die sowjetischen Truppen beendet wurden. Operativgruppen des KGB, unterstützt von tschechoslowakischen Kollaborateuren, besonders aus dem Nachrichtendienst StB, begannen nun mit der Jagd nach tschechoslowakischen Oppositionellen, die zum Teil unter Lebensgefahr das Land verlassen mussten, da die tschechoslowakischen Grenztruppen PS ihre Grenzsicherung durch zusätzliche Streifentätigkeit und Überwachung des ohnehin schon menschenleeren Grenzhinterlandes auf CSSR-Seite intensivierten. An der bayerisch-tschechoslowakischen Grenze im Raum Oberviechtach[70] wurden sowjetische Offiziere in Begleitung von PS-Offizieren bei der Grenzüberwachung beobachtet. Am Grenzübergang Schirnding bezogen unmittelbar am CSSR-Schlagbaum sowjetische T-55 Kampfpanzer Stellung. Wenn der PS-Posten nicht geistesgegenwärtig bei Eintreffen der Panzer die Schranke herabgelassen hätte, wären diese Panzer auf das Gebiet der Bundesrepublik Deutschland gerollt, mit daraus unabsehbaren Folgen, da zu dieser Zeit Kräfte des *2nd ACR*[71] mit Kampfpanzer M 551 SHERIDAN aus Bayreuth-Bindlach gefechtsbereit Stellung im Grenzbereich bezogen hatten. Kräfte des BGS (GSA I/2?) aus Bayreuth-Laineck und GSA II/1 aus Schwandorf führten im Rahmen ihrer Aufträge verstärkte

---

[69] Wiener (Hsg.): *Die Armeen der Warschauer Pakt Staaten,* Bernhard & Graefe, München 1979.

[70] Mitteilung eines unmittelbar auf bayerischer Seite beteiligten Polizeibeamten der Bayerischen Grenzpolizei an den Autor.

[71] Mitteilung eines unmittelbar beteiligten Zollbeamten der Grenzaufsichtsstelle (GASt) Schirnding im September 1968 an den Autor.

Grenzüberwachung durch, die durch den Einsatz der *Zoll-Grenzaufsichtsstellen* (GASt) noch verdichtet wurde. Im Verlaufe der folgenden Wochen blieb es an der bayerisch-tschechoslowakischen Grenze relativ ruhig, durch gelegentliche kurzfristige Luftraumverletzungen (vermutlich sowjetische Kampfflugzeuge) abgesehen. Die CSSR-Luftwaffe hatte offensichtlich immer noch Startverbot, um mögliche Fluchtabsichten der Piloten schon im Keime zu ersticken. Zu dieser Zeit (21. August 1968) hatte die Bundeswehrführung noch keinerlei Alarmbefehle hinsichtlich Erhöhung des Einsatzbereitschaftsstandes oder der Sicherung erteilt. Auch konnten keine Aktivitäten der Wallmeistertruppe, die für die Ladung der im Grenzraum vorbereiteten Sprengstellen in den wichtigen Straßen verantwortlich war, festgestellt werden. Für die Zeit ab dem 21. August 1968 sind folgende provisorische Sicherungsmaßnahmen in der Einsatzstellung des Fernmeldesektor E auf dem Schneeberg verbürgt. Am 21.08.68 gegen 10.30 wurde die Einsatzstellung von sämtlichen Zivilpersonen, die sich nicht in einem Dienstverhältnis zur Bundeswehr befanden, aus Sicherheitsgründen geräumt. Es handelte sich hierbei vorwiegend um Handwerker, die Renovierungsarbeiten durchführten, und technische Spezialisten anderer Firmen, die an Systemeinrüstungen und Modifikationen bereits bestehender Systeme arbeiteten. Ein Firmenvertreter eines amerikanischen Unternehmens mit US-Staatsangehörigkeit, der ständig im Turm anwesend war, durfte, da sein Status nicht eindeutig zu klären war, in der Einsatzstellung bleiben. Der Fernmeldeturm Schneeberg wurde zu dieser Zeit durch Personal eines zivilen Wachunternehmens bewacht, dessen Status im Falle möglicher bewaffneter Auseinandersetzungen nicht klar war und folglich auch zwingend dessen Herauslösung erforderlich gemacht hätte. Die Einsatzstellung verfügte nur über einen etwa 2,50 m hohen Doppelzaun, dessen Krone mit S-Draht-Rollen gegen Übersteigen gesichert waren. Kampfstände für eine infanteristische Nahverteidigung waren nicht vorhanden und hätten bei der Topographie des Gipfels ohnehin nicht viel Nutzen gebracht. Der Sektorchef hatte entschieden, als Erstmaßnahme die Bewachung der Zivilwache durch Soldaten zu verstärken. Hierzu wurden 9-mm-

Das hier gezeigte PRC 6/6 Sprechfunkgerät kleiner Leistung (Sechs Kanäle im Frequenzbereich 47.0–55.4 MHz) diente in der Anfangsphase als Verbindungsmittel für Notverbindung zwischen Einsatzstellung Schneeberg und Truppenunterkunft Wunsiedel bis es durch ein stationäres Funkgerät FuG7a (75.275-87.525 MHz) ersetzt wurde.

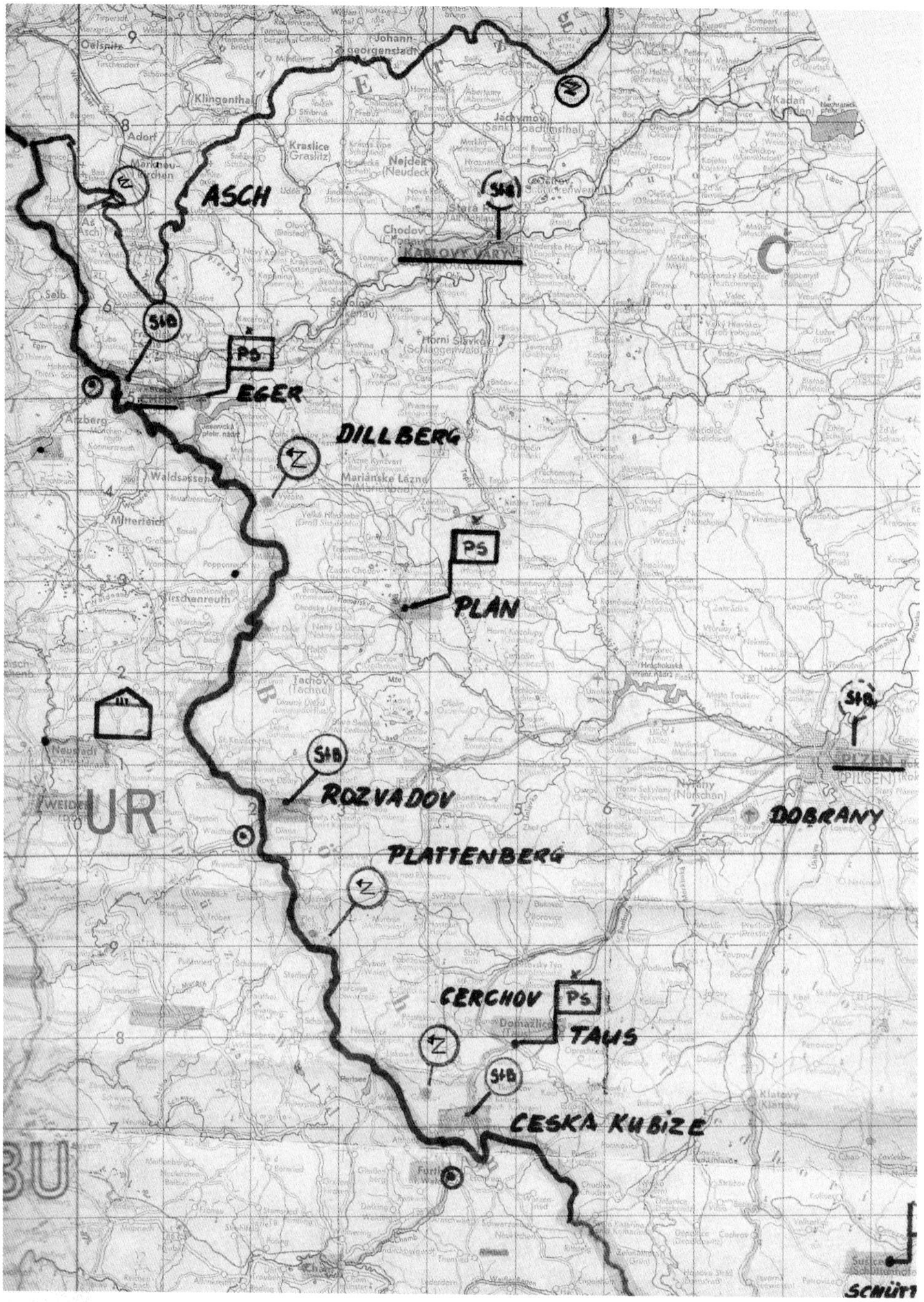

Im Jahre 1968 verfügte die Gegenseite über die auf der Originalabbildung dargestellten Anlagen, Einrichtungen und Stützpunkte des Nachrichtendienstes, soweit dies damals auf westlicher Seite bekannt war. Ein umfassender Austausch der Erkenntnisse zwischen BGS, Zoll, Bayerischer Grenzpolizei, Kräften des 2nd US ACR, US Military Intelligence (MI) und anderer Dienste während der Krise erfolgte nicht.

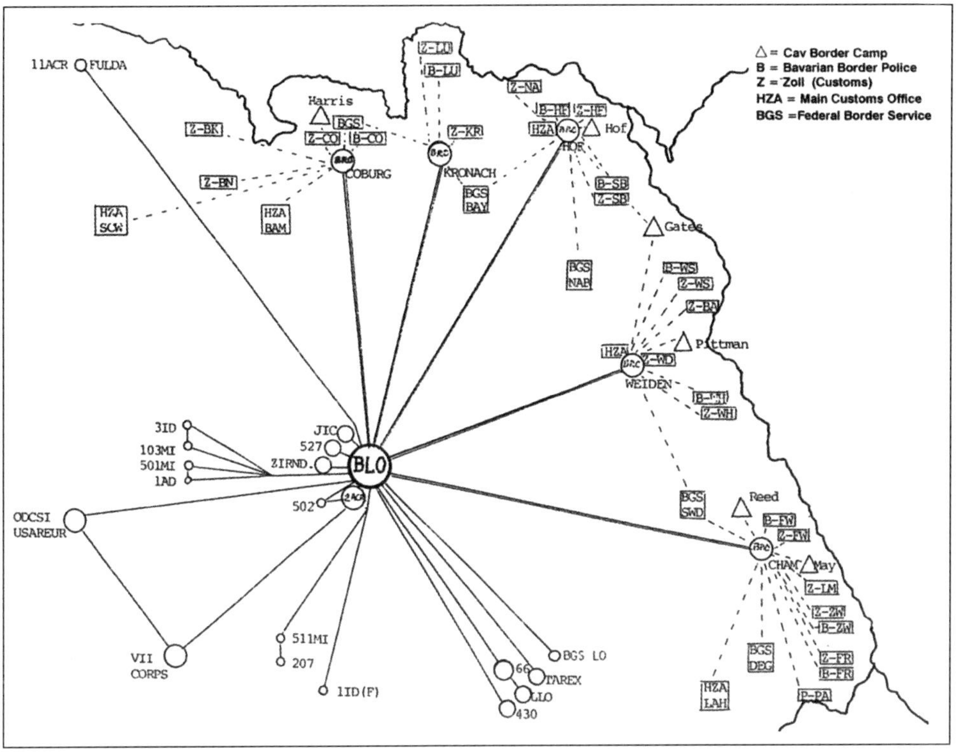

Nachrichtengewinnung durch die Border-Resident-Offices der US-MI während der Krise 1968 im bayerisch-tschechischen Grenzraum.

Munition und Maschinenpistolen in die Einsatzstellung gebracht, Personal eingewiesen, Waffen und Munition ausgegeben und ein militärischer Wachhabender eingeteilt. Die zur Einsatzstellung führende Straße konnte wegen nicht vorhandener Kraftfahrzeugsperren gegen Fahrzeuge, die ohne weiteres das Tor zur Einsatzstellung hätten durchbrechen können, nicht gesperrt werden. Problematisch waren, abgesehen vom Personalmangel, auch Streifen außerhalb des Stellungsbereiches wegen damals nicht klarer Rechtslage und fehlender zweckmäßiger Fernmeldeausrüstung. Der Sektor verfügte damals nur über Feldfunksprecher PRC 6/6 »*Walkie Talkie*«[72] mit begrenzter Reichweite, die bei den Geländeverhältnissen keine ständige Verbindung garantierten.

Später sollten die Einsatzstellung und die Truppenunterkunft je ein Funksprechgerät FuG 7a als unabhängiges Verbindungsmittel bei Ausfall der Drahtverbindungen erhalten. Dieses Funkgerät hätte auch im Bedarfsfall die Verbindung zum Polizeifunknetz herstellen können, da die Polizei über die gleichen Geräte verfügte, jedoch andere Frequenzen benutzte. Die Einsatzstellung verfügte neben dem Posthauptanschluss, der allerdings öffentlich nicht bekannt war, nur über Fernschreib- und Fernsprechverbindungen im Rahmen des EloKa-Sondernetzes, die über das damalige Postamt in Bischofsgrün liefen und bei deren Ausfall die Einsatzstellung nur noch über einen, zur damaligen Zeit in der

[72] Der Fernmeldesektor E erhält später noch ein FuG 7a (74.215 – 87.255 MHz) und ein GRC 26 (3.8 – 6.5 MHz).

Truppenunterkunft Wunsiedel abgestellten Schreibfunktrupp 400 W verfügte, der aber in möglicherweise unklarer Lage erst in die Einsatzstellung hätte verlegt werden müssen. Die Ablösungsfahrten des Personals von Wunsiedel in die Einsatzstellung wurden zu regelmäßigen Zeiten durch Omnibusse und andere Fahrzeuge aufrecht erhalten. Sie konnten nicht gesichert werden, da entsprechende Fahrzeuge nicht verfügbar waren. In der Einheit herrschte eine etwas gespannte Stimmung, von Nervosität oder gar Panik allerdings keine Spur. Die Ablösungsstärken im Schichtdienst innerhalb der Einsatzstellung wurden erhöht und die Erfassung im 24-Stunden-Dauereinsatz betrieben. Inzwischen konnten durch die Erfassung der Funksprechverkehre und Auswertung der Radarausstrahlungen aus der CSSR immer mehr Einzelheiten der militärischen Besetzung des Landes gewonnen werden. Auf Seiten des Deutschen Heeres, insbesondere aus der Stellung GROSSER KORNBERG, konnten die vorwiegend sowjetischen Landstreitkräfte bei der Besetzung der CSSR aufgeklärt werden. Hierbei wurden Gefechtsstände und Stäbe lokalisiert und zugeordnet und bildeten damit die Grundlage der Erkenntnisse über den Ablauf der Besetzung der CSSR und die dabei erzielten Fortschritte der Gegenseite. Bei der Betrachtung der von sowjetischer Seite getroffenen Maßnahmen fällt auf, dass die Fernmeldeverkehre relativ offen abgewickelt wurden, fast so, als ob die Gegenseite deutlich machen wollte, dass es sich ausschließlich um die Besetzung der CSSR handelt und dabei keine weitergehenden politischen und militärischen Ziele, etwa die Besetzung von Teilen Bayerns, verfolgt würden. Soweit bekannt, wurden nur in vereinzeltem Umfang bei Beginn des Einmarsches Maßnahmen der Funktäuschung und Tarnung durch die sowjetische Seite angewandt. Gleichwohl die Kräfte des Warschauer Paktes, im geschichtliche Abstand betrachtet, sicherlich nicht stark genug gewesen wären, einen ernsthaften Konflikt herbeizuführen, konnte zur damaligen Zeit nicht gänzlich ausgeschlossen werden, dass die sowjetische Seite möglicherweise noch andere Ziele verfolgt haben könnte. Die später in den einschlägigen politischen und militärischen Kreisen diskutierte »Faustpfandtheorie«, das Nehmen und Halten eines bestimmten Teiles bundesdeutschen Territoriums durch Truppen des Warschauer Paktes mit anschließenden Verhandlungen, hätte, günstige politische Umstände vorausgesetzt, einige Aussicht auf Erfolg haben können, da die bekannt schwerfällige Bürokratie der NATO in einer solchen Lage möglicherweise sehr spät und zögerlich gehandelt hätte. Ob die Bundesregierung in einem solchen Fall überhaupt handlungs- und entscheidungsfähig gewesen wäre, bleibt Spekulation. Ob es zutrifft, das der Kommandeur der Panzergrenadierbrigade 10 in Weiden seine Truppe in Reaktion auf den Einmarsches der WP-Streitkräfte in die CSSR tatsächlich in die Verfügungsräume nach dem damals geltenden *General Defense Plan* (GDP-Räume) grenznah verlegt und dort in Bereitschaft versetzt hatte, kann heute nicht mehr nachgeprüft werden. Dem Vernehmen nach soll er dafür später ernsthaft gemaßregelt worden sein[73]. Aus späterer Sicht sicherlich eine äußerst mutige Entscheidung des Kommandeurs, die auch heute noch Respekt verdient, gleichwohl sie bei einem tatsächlichen Einsatz zum Verlust der Truppe geführt hätte, da die übrigen Sicherungskräfte des II. Korps sich noch in den Heimatstandorten befanden und sicherlich nicht schnell genug einsatzbereit gemacht werden konnten. Wie lange sich die Kräfte des *2nd ACR* in einer solchen Lage hätten halten können, muss glücklicherweise unbeantwortet bleiben, zumal zu dieser Zeit von amerikanischer Seite auch über den Einsatz von *Atomic Demolition Means* (ADM)[74] zur Sperrung wichtiger Engstellen im

---

[73] Mitteilung eines unmittelbar Beteiligten aus dieser Zeit.

[74] Siehe hierzu GDP V.US Korps /USCINCEUR OPLAN NR: 100-6 ANNNEX A in Neuberger/Opperkalski: *CIA in Westeuropa*, LAMUV, Bornheim-Merten 1982, Seite 116 ff.

Verteidigungsfall nachgedacht wurde und die grenznahen Verbände der ACR über entsprechende Sperrzüge *(Detachments)* verfügten. Auch war in späteren Jahren durch die US-Seite beabsichtigt, den Sendeturm des bayerischen Rundfunks auf dem Ochsenkopf in die Sperrplanungen der US-Streitkräfte für die Bundesstraße B 303 Bischofsgrün – Tröstau mit einzubeziehen. Diese Absicht wurde offenbar später nicht weiterverolgt, da die konventionelle Spengung dieses Turmes nicht möglich war. Über diese Probleme[75] und auch das mögliche Schicksal der Soldatenfamilien im Ernstfall, für deren Evakuierung durch die Bundeswehr,vermutlich auch aus politischen Gründen, auch später keinerlei Vorbereitungen getroffen wurden, wurde intern in sehr kleinem Kreis ausgiebig diskutiert. Und so blieb es jedem Soldaten selbst überlassen, seine Vorbereitungen für einen solchen Fall zu treffen. Erschwerend trat hinzu, dass damals aus politischen und nicht zuletzt auch aus militärischen Gründen die «*Stay Put*« – »Bleib wo Du bist« – Politik propagiert wurde, was in der Praxis bedeutete, dass jeder an seinem Ort zu bleiben hatte, um die möglichen Aufmarschvorbereitungen und den Aufmarsch im Landesinnern und an der Grenze zu behindern. Im Falle Schneeberg kam noch dazu, dass sich die Stellung vor dem VRV in der Verzögerungszone befand, in der im Falle eines feindlichen Angriffs nur hinhaltend durch die Verzögerungskräfte des *2nd ACR* gekämpft worden wäre. Die Stellung hätte – wenn überhaupt – erst sehr spät auf Befehl der vorgesetzten Kommandobehörde geräumt werden können. Der VRV befand sich in Höhe Bayreuth, dort hätten Kräfte des VII. US Korps Stuttgart die Verteidigung übernommen.

Hier haben auch bereits vorher angestellte Planungen der Führung, die Truppe im Fußmarsch zurückzuführen, wenig genutzt. Tatsächlich hatte eine Gruppe bereits im Sommer 1965 den Marsch von Thurndorf, der früheren Stellung, durch die Fränkische Schweiz nach Feuchtwangen, dem Regimentsstandort, angetreten und benötigte hierfür im Nachtmarsch fast eine Woche. Auch aus heutiger Sicht ein äußert unrealistischer Ansatz, wenn man das damalige zu erwartende Marschtempo motorisierter sowjetischer Verbände in Rechnung stellt, die mit Sicherheit noch vor der Marschgruppe am Regimentsstandort eingetroffen wären. Die Haltung der Zivilbevölkerung im Grenzraum zu dieser Zeit verdient auch heute noch Respekt und Anerkennung. Panikartige Zustände oder Hamsterkäufe traten zu keiner Zeit auf. Auch wurden größere Absetzbewegungen der Zivilbevölkerung nicht bemerkt. Da die Luftwaffenführung sehr bald feststellen musste, dass die eigenen Sicherungskräfte der Fernmeldesektoren der vorderen Erfassung der Luftwaffe für einen längeren Einsatz weder personell noch materiell ausreichten (die Sektoren verfügten lediglich über STAN-Bewaffnung Gewehr G3, Pistole P1, MP 2 (UZI), MG 1, Leuchtpistole und Panzerfaust, Bildverstärkergeräte oder Nachtsichtgeräte waren nicht vorhanden), wurden Kräfte des Heeres eingesetzt. Darunter befanden sich ein Zug des Panzeraufklärungsbataillons 12 (PzAufklBtl 12) Ebern, später Kräfte des Panzerartilleriebataillons 125 (PzArtBtl 125) und des Jägerbataillons 102 (JgBtl 102) mit gepanzertem Manschaftstransportwagen (MTW M 113) aus Bayreuth, welche die Einsatzstellung Schneeberg sicherten und dort auch untergebracht waren. Der Sicherungseinsatz dauerte etwa bis Anfang 1969, danach wurden die Sicherungskräfte wieder abgezogen. Für die

---

[75] Dieses Problem war auch 1983 noch nicht gelöst, da während der Endphase der Übung«WINTEX-CIMEX« in der Übungs-Lagebesprechung beim damaligen Luftwaffenführungsdienstkommando ausgiebig Lösungsmöglichkeiten diskutiert wurden, so z.B. Abholung des Personals in Bayreuth-Bindlach durch C-160 TRANSALL oder UH-1 D. Bindlach hätte sich nach der Übungslage zu dieser Zeit bereits in der »Vorderen Kampfzone« befunden. Die Luftfahrzeuge wären mit Sicherheit im Ernstfall in den Wirkungsbereich der gegnerischen Truppenluftabwehr geraten.

Einsatzstellung F wurden Kräfte der 4. Jägerdivision Regensburg (4.JgDiv), vermutlich zunächst vom Panzeraufklärungsbataillon 4 Roding, zur Sicherung der Einsatzstellung eingesetzt. Dass dies offensichtlich erforderlich war, sollte sich einige Jahre später zeigen, als bei Holzarbeiten in der Nähe des Hohen Bogen-Gipfels[76] voll aufmunitionierte Magazine gefunden wurden, die entweder zum AK 47 (Kaliber 7,62 x 39) oder zum tschechoslowakischen Maschinenkarabiner VZOR M 58 P (Kaliber 7,62 x 39 mm) gehörten und offensichtlich in Verlust geraten waren. Soweit bekannt, trug die Munition keinen Bodenstempel, war also nicht zuordenbar. Dies lässt darauf schließen, dass zumindest durch die östliche Seite das Gelände um die Einsatzstellung F auf dem Hohen Bogen erkundet[77] worden ist, ob nun in Vorbereitung der Okkupation oder danach, ist nicht mehr feststellbar. Aus dem Bereich des Schneebergs ist dies zwar nicht bekannt, kann aber grundsätzlich nicht ausgeschlossen werden, da auch diese Einsatzstellung im August 1968 einen wichtigen Teil des Erfassungssystems der *Fernmelde- und Elektronischen Aufklärung der Luftwaffe* bildete. Dass die Befürchtungen, die Stellungen der vorderen Erfassung könnten zum Ziel von handstreichartigen Kommandounternehmen entsprechender Einheiten der NVA oder GSTD oder Kräften der CVA bereits vor Beginn eigentlicher Kampfhandlungen werden, nicht ganz unbegründet waren, lässt sich mit Erkenntnissen aus Aussagen eines Überläufers[78] der NVA-Grenztruppen aus dem Jahre 1983 belegen. Demzufolge trafen die Grenztruppen der NVA Vorbereitungen für Einsätze gegen grenznahe Anlagen und Einrichtungen der Fernmelde- und Elektronischen Aufklärung der Bundeswehr. Es musste damit gerechnet werden,

»dass im Falle begrenzter Aktionen der NVA gegen die Bundesrepublik (ohne Beteiligung anderer WP-Streitkräfte) handstreichartige Unternehmungen gegen die grenznahen FmEloAufkl-Stellungen ausgeführt würden, um die weitere Aufklärung zu unterbinden und sich in den Besitz von geheimen Unterlagen und Erkenntnissen dieser Einrichtungen zu setzen«.

Inwieweit hier auch Kräfte der Hauptverwaltung XXIII (Terrorabwehr), der früheren AGM/S, eingebunden gewesen waren, steht dahin. Aus den in der BStU vorliegenden Akten zu *»Objekten der Funk- und funktechnischen Aufklärung im Operationsgebiet«* lässt sich jedoch ein beachtlicher Kenntnisstand über diese Anlagen der Bundeswehr, zumindest für Mitte der achtziger Jahre, ablesen. Auch kann nicht gänzlich ausgeschlossen werden, dass IM des MfS im oder in der Nähe der Objekte der FmEloAufklBw als Helfer hätten agieren können. Bis jetzt sind jedoch noch keine Unterlagen bekanntgeworden, die eine derartige Annahme erhärten könnten. Tatsache ist jedoch, und dies lässt sich an Hand bestimmter Vorgänge um eine Einsatzstellung[79] belegen, dass Dienste der DDR versucht haben, Informanten in dieser Einheit zu gewinnen.

---

[76] Mitteilung eines sachkundigen und unmittelbar Beteiligten aus dem Fernmeldesektor F, etwa im Jahre 1970 an den Autor.

[77] Siehe hierzu auch Lisitschko: *Die Taktik der sowjetischen unteren Führung*, Band II, Wehr und Wissen, Darmstadt 1965, Seite 141–145.

[78] R. Grabau: *Fernmeldeelektronische Aufklärung*, Band 4, Fernmeldering e.V., Bonn 1998, Seite 74–75.

[79] 1975 wurden in einer in der Nähe der Einsatzstellung befindlichen Pension hinter einem Spiegel versteckt schriftliche Hinweise gefunden, die den Schluss zulassen, dass die Einsatzstellung Schneeberg das Ziel einer Erkundung eines DDR-Nachrichtendienstes wurde. Entsprechende Ermittlungen der zuständigen Stellen verliefen offenbar ergebnislos, da die meldende Einheit keine weiteren Informationen über den Sachstand oder das Ergebnis erhielt.

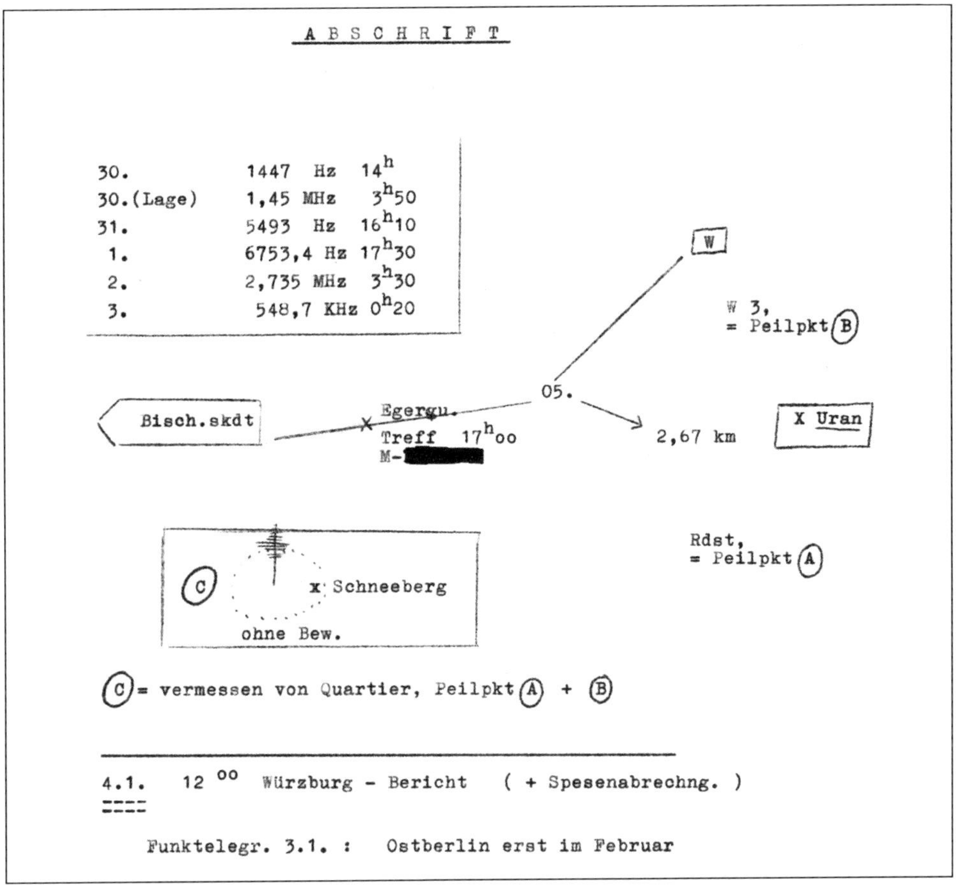

Das Original dieser Skizze wurde zufällig, hinter einem Spiegel versteckt, in einer Pension in der Nähe der Einsatzstellung Schneeberg gefunden. Auf der Frequenz 5493 kHz und 6733.4 kHz konnte darauf tatsächlich A3-Führungsfunk der östlichen Dienste erfasst werden. Die Ermittlungen durch die zuständigen Stellen verliefen jedoch, soweit den damals Beteiligten bekannt, im Sande.

Ob es ihnen schließlich gelungen ist, kann auch heute noch nicht mit Bestimmtheit ausgeschlossen werden. Allerdings bedurfte es zur Einstellung des Erfassungsbetriebes in den grenznahen Einsatzstellungen nicht unbedingt brachialer Methoden. Es hätte zur damaligen Zeit ausgereicht, die »drahtgebundenen Fernmeldeverbindungen«, die im Netz der *Deutschen Bundespost* geführt wurden, partiell oder zeitgleich gänzlich zu unterbrechen, um die FmEloAufkl zeitweise zu unterbrechen. Denn eine Abstützung auf Richtfunk-Verbindungen war zu dieser Zeit nicht gegeben. Die in den Sektoren der grenznahen Erfassung der Luftwaffe verfügbaren Schreibfunktrupps 400 W (R&S) hätten eine Notverbindung zu den Regimentsstandorten Feuchtwangen und Osnabrück herstellen und unterhalten können, waren jedoch für einen kontinuierlichen Meldefluss, wie er in Spannungszeiten oder bei einem bewaffneten Konflikt zu erwarten gewesen wäre, nur eingeschränkt geeignet.

Nach den ersten hektischen Tagen des sowjetischen Einmarsches stabilisierte sich auch die Erfassungslage, da immer mehr und detaillierte Informationen über die Fortgang der

Operation in der CSSR gewonnen werden konnten, die der politischen und militärischen Führung der Bundesrepublik ein sehr genaues Bild der Lage und zu erwartenden weiteren Entwicklung in der CSSR vermittelten. Das führte dazu, dass sich die Erfassung der vorderen Sektoren bis Oktober wieder auf Normalmaß einpendelte, aber trotzdem nicht zur Routine wurde. Aus Sicht eines unmittelbar Beteiligten mutet auch heute noch die Gelassenheit der damals durchweg noch jungen Soldaten in der Einheit, in dieser doch sehr gespannten Situation erstaunlich an. Dies ist möglicherweise darauf zurückzuführen, dass den meisten der jüngeren Soldaten der Ernst der Lage gar nicht zum Bewusstsein kam, da sie in ihre täglichen Aufgaben so sehr eingespannt waren, dass keine Zeit zum Überlegen blieb. Die vier noch kriegsgedienten Unteroffiziere der Einheit, Fernschreibmeister Oberstabsfeldwebel Josef Z., AuM-Bearbeiter Karl G., der »Kammerbulle« Toni T, und der »kriegsgediente« Horchfunkmeister Emil K. taten ihr Übriges, um durch vorbildliches Verhalten den jüngeren Kameraden zu helfen. Auch die Zivilangestellten, unter ihnen der aus Lettland stammende M.S., der ehemalige Hauptmann der königlich jugoslawischen Luftwaffe F.C., seine Ehefrau und viele andere, wie der ehemalige Sprachmittler der Heeresgruppe Mitte, I.K., erfüllten ihre Pflicht, wohl um ihr mögliches Schicksal wissend, wenn es tatsächlich zum Einmarsch der Okkupationstruppen in Deutschland gekommen wäre. Zu keiner Zeit waren in dieser Einheit Spannungen zu erkennen, die sich auf die Dienstdurchführung negativ ausgewirkt hätten. Auch von den übrigen Sektoren sind keine Vorkommnisse bekantgeworden, die auf interne Spannungen hinweisen würden. Gleichwohl hat wohl jeder der damals Beteiligten die psychische Belastung und Ungewissheit gespürt. Dies wurde wohl in den langen Nachtstunden der Schicht oder in der Bereitschaft jedem Einzelnen klar. Rückschauend bleibt festzustellen, dass diese Zeit der Bewährung den Stamm der Einheit zusammengeschweißt hat und die militärischen und fachlichen Erfahrungen aller, sei es nun im Fachdienst oder sonstigen administrativen Teilbereichen, wesentlich vertieft und letztendlich die Generation der unmittelbar Beteiligten Horchfunker, B-Funker und andere, die ebenfalls in einer oder der anderen Form beteiligt waren, nachhaltig geprägt haben. Der Erfolg ist möglicherweise auch darauf zurückzuführen, dass in dieser Lage bürokratische Verfahren und Hemmnisse zugunsten eines effektiven Einsatzes hintangestellt wurden, teilweise nicht ohne ein gewisses Risiko für den Befehlenden, was in späteren Jahren nicht mehr so ohne weiteres möglich sein sollte. Bei der Aufarbeitung der Erfahrungen, die im täglichen Erfassungsbetrieb gemacht wurden, wurden natürlich auch Problembereiche erkannt, insbesondere bei Meldeverfahren und in der Auswertung, über die im folgenden Teil berichtet werden soll. Aus heutiger Sicht war die Okkupation der CSSR und der dabei erfolgte erste große und nach einigen Anlaufschwierigkeiten im wesentlichen erfolgreiche Einsatz der *Fernmelde- und Elektronischen Aufklärung* der Bundeswehr eine bedeutende Zäsur, die später noch bestimmend für den weiteren Ausbau der elektronischen Aufklärung in den Teilstreitkräften sein sollte. Allerdings fällt es auch heute noch sehr schwer, die fehlenden Vorbereitungen des militärischen Nachrichtenwesens der Bundeswehr und hier besonders der Luftwaffe im Bezug auf die zu erwartende Okkupation der CSSR nachzuvollziehen, da die mittleren Ebenen der Fm/EloAufklLw bereits sehr früh Indikationen erkannt und diese auch auf dem »Dienstweg« in Berichten und Meldungen[80] weitergegeben hatten. Zumal auch andere, befreundete Quellen über authentische, diesbezügliche Informationen aus aufgefangenen Funksprüchen der sowjetischen Seite aus dem polnischen Raum, vermutlich Legnica (Liegnitz), Sitz eines Frontstabes der sowjetischen Landstreitkräfte und des

[80] K. Bohr in *Informationen Traditionsverein FmEloAufklLw*, Nummer 10, Trier 2001.

Kommandos der 37.sowjetischen Frontluftarmee, verfügten, die allerdings erst mit 24-stündiger Verzögerung übersetzt und den Bedarfsträgern zugänglich gemacht wurden. Aus dieser Information war der zu erwartende Einmarsch klar erkennbar, da die beiden Gesprächspartner äußerten »*... und morgen gehen wir in die CSSR*« Ergänzt wurden diese Erkenntnisse durch die im Klartext durchgegebene Aufklärungsmeldung eines Piloten des sowjetischen Aufklärungsverbandes der 16. Frontluftarmee aus Welzow, der am 21. August 1968 gegen 22.30 Uhr die Ergebnisse der Wetteraufklärung über dem Raum Prag durchgab und dabei wörtlich meldete: *»Das Wetter bis zur Goldenen Stadt ist klar, die Sicht ist gut«.* Spätestens zu diesem Zeitpunkt hätten zumindest Maßnahmen der »Erhöhten Einsatzbereitschaft« in der Fm/EloAufkl der Bundeswehr verfügt werden müssen. Diese hätten von der Öffentlichkeit nahezu unbemerkt durchgeführt werden können, um außen- und bündnispolitische Implikationen für die deutsche Regierung zu vermeiden. Soweit bekannt, wurden sowohl von militärischer als auch politischer Seite der Bundesrepublik keine Maßnahmen zur Aufklärung der Vorgänge in der Fm/EloAufkl der Bundeswehr um den 21.August getroffen, von einigen eher oberflächlichen Befragungen auf der Arbeitsebene im Bereich der Auswertung[81] des Fernmelderegiments 72 in Feuchtwangen abgesehen. Noch längere Zeit nach dem Einmarsch sowjetischer Truppen in die CSSR konnten Rundfunksendungen westlicher Sender (Radio Freies Europa, NTS u.a.) in russischer Sprache, hauptsächlich im Kurz- und Mittelwellenbereich, beobachtet werden, die offenkundig der politischen Beeinflussung der sowjetischen Soldaten dienen sollten. Soweit bekannt, erfolgten jedoch keine Flugblattaktionen, wie in früheren Jahren, als russische Emigrantenorganisationen und der amerikanische Nachrichtendienst[82] bei günstigem Wind aus der Gegend um Mitterteich in der Oberpfalz und an anderen Stellen Ballons mit Flugblättern aufsteigen ließen.

Nach einigen Wochen stabilisierte sich die Lage an der Grenze und die Routine des Erfassungsbetriebes kehrte wieder in die grenznahen Erfassungsstellen von Heer und Luftwaffe ein. Allerdings erforderten die in der CSSR zurückgebliebenen sowjetischen Truppen und Stäbe, die später die *Zentrale Gruppe der Truppen* (ZGT) bilden sollten, eine weitere intensive Beobachtung seitens der Bundeswehr. Der Stab der ZGT richtete sich später in MILOVICE für längere Zeit ein. Die nachgeführten Kräfte der sowjetischen Luftwaffe entfalteten im Luftraum über der CSSR und der angrenzenden DDR eine umfangreiche Übungstätigkeit,die für die *Fernmelde- und Elektronische Aufklärung der Luftwaffe* von besonderer Bedeutung war, da aus den Aktivitäten der sowjetischen Luftwaffenkräfte auch entsprechende Indikationen abgleitet werden konnten. Leider haben in der Folgezeit Zwänge des Verteidigungshaushalts, Ressort- und Teilstreitkraftegoismen sowie unterschiedliche Ansätze und Konzeptionen (z.B. LAPAS) zu strukturellen Veränderungen geführt, die nicht zuletzt mit der Auflösung wesentlicher Teile der grenznahen Aufklärung nach der Wende einhergingen und zu substantiellen Verlusten von fachlicher Expertise in diesem Bereich geführt haben. Es mag politische Gründe gegeben haben, das Personal der Fm/EloAufkl der NVA, das über einen ebenso reichen Erfahrungsschatz und mindestens ebenso gute russische wie engliche Sprachkenntnisse verfügte, nicht in den Prozess der Nachrichtengewinnung, wenn auch nur auf Zeit, einzubinden. Auch hier ist Expertise unwiederbringlich verloren gegangen, auf die eine gute Aufklärungsorganisation auch in der Zukunft besonders angewiesen sein wird.

---

81 H. Frommer: *Information Traditionsverein Nummer 10,* Trier 2001.

82 Mitteilung NN, der als Mitinhaber eines deutschen zivilen Bewachungsunternehmens aus Nürnberg, das die Anlagen zum Ballonstart abzusichern hatte.

Der Auftrag der Elektronischen Kampfführung der Bundeswehr nach 1968

Nachdem im Laufe der Einsätze zur Aufklärung der Besetzung der Tchechoslowakei insbesondere in den Bereichen Erfassung, Meldeverfahren, Meldeerstattung und Auswertung Handlungsbedarf erkennbar wurde, begann die Bundeswehrführung, diese Verfahren zu untersuchen und zu verbessern. Dieser Prozess war Anfang der siebziger Jahre abgeschlossen und führte zu einer organisatorischen Straffung der bisher praktizierten Verfahren, so dass die *Fernmelde- und Elektronische Aufklärung* der Bundeswehr folgenden Auftrag erhielt, der am Beispiel der Luftwaffe[83] dargestellt werden soll:

Der Auftrag der Elektronischen Kampfführung der Luftwaffe (EloKaLw)
- Aufklären und Bekämpfen der elektronischen Ausstrahlungen des Gegners.
- Schutz eigener elektromagnetischer Ausstrahlungen vor Aufklärung durch den Gegner.

Hieraus folgte:

»Bereitstellen und Betrieb ortsfester, mobiler und fliegender Systeme zur Erfassung elektromagnetischer Ausstrahlungen gegnerischer Fernmelde-, Ortungs- und Leitsysteme mit dem Ziel, sie technisch, betrieblich und taktisch auszuwerten und die Ergebnisse verfügbar zu machen.

Bereitstellung aktueller Informationen über die elektronische Bedrohung mit dem Ziel, eigene Luftstreitkräfte dadurch unmittelbar zu unterstützen;

Beeinträchtigung elektromagnetischer Ausstrahlungen gegnerischer Fernmelde-Ortungs- und Leitsysteme mit dem Ziel, den Einsatz eigener Waffensysteme zu sichern und zu unterstützen, Schutz des Einsatzes eigener Fernmelde-, Ortungs- und Leitsysteme bei Anwendung elektronischer Gegenmaßnahmen des Gegners.

Da die Notwendigkeit der Überwachung des Raumes (auch durch Satelliten) und der Bedarf an Informationsmöglichkeiten weiter zunehmen wird, so wird die Elektronische Kampfführung als Führungsmittel an Bedeutung gewinnen.«

Die Elektronische Kampfführung als Teil der Gesamt-Kriegsführung umfasst:
- Fernmelde- und Elektronische Aufklärung(Fm/EloAufkl)
- Elektronische Unterstützungsmaßnahmen (EloUM)
- Elektronische Gegenmaßnahmen (EloGM)
- Elektronische Schutzmaßnahmen (EloSM)

Die *Fernmelde- und Elektronische Aufklärung* (Fm/EloAufkl) ist Teil der Elektronischen Kampfführung, der die elektromagnetischen Ausstrahlungen der Fernmelde-, Ortungs- und Leitdienste des Gegners erfasst, ortet und analysiert mit dem Ziel:

»Erkenntnisse für die Feststellung und Beurteilung der Feindlage auf allen Führungsebenen,

Erkenntnisse über die Führungs- und Einsatzgrundsätze des Gegners,

---

[83] Besondere Anweisung für die Ausbildung Nummer 4001 (BA – Ausb 4001) – Führungsdienste der Luftwaffe – LwFüDstKdo A3, Az 32-54-00 VS-NfD v. 18. Mai 1972.

Erkenntnisse über die elektromagnetische Bedrohung und Unterlagen für die Anwendung eigener Elektronischer Gegen- und Schutzmaßnahmen zu gewinnen.«

Die Ergebnisse der Fm/EloAufkl waren und sind auch heute noch wichtige Entscheidungsgrundlagen der politischen und militärischen Führung und können die Dauer der Vorwarnzeiten maßgeblich beeinflussen.

Aus dieser Konzeption folgend, ergaben sich für die Auftragsdurchführung im Bereich der Fm/EloAufkl (*Signals Intelligence* – SIGINT) der Luftwaffe in Analogie zu den Fm/EloAufkl-Kräften des Heeres und der Marine folgende Aufträge, und daraus abgeleitet, Aufgaben :

»Die Fernmeldeaufklärung (Communication Intelligence – COMINT) erkennt Gliederung, Dislozierung und Absichten des Gegners aus der Abwicklung seines Fernmeldeverkehrs,

Die Elektronische Aufklärung (Electronic Intelligence – ELINT) erkennt Gliederung, Dislozierung und Absichten des Gegners durch Beobachten des elektronischen Ortungs- und Leitdienstes, ...«

Zur Erfassung gehören Suche, Aufnahme und Peilung und Aufnahme in verwertbarer Form. Hierzu muss die Erfassung nach folgenden Kriterien gesteuert werden:

»Auswahl von erfassbaren und schwerpunktmäßig benutzten Frequenzen und Frequenzbereichen, Festlegung eines (geografischen) Aufklärungsraumes,

Auswahl der die eigene Führung interessierenden Kräfte und Organisationen, Schwerpunkte je nach taktischer Lage beim Gegner.«

Die Ortung erfasst elektromagnetische Ausstrahlungen und peilt sie aus verschiedenen Standorten, um den Standort des gepeilten Senders mittels mathematischer Verfahren zu ermitteln. In der Auswertung werden Erfassungsergebnisse gesammelt, verglichen, analysiert und anhand bereits vorliegenden Grundlagen bewertet. Aus einzelnen Erfassungsergebnissen entstehen durch Kombination und Analyse Aufklärungsergebnisse.

Zur Gesamterkenntnis und damit zum Beitrag für das Feindlagebild und für die Beurteilung der Lage gelangt man durch:

»Rekonstruktion der gegnerischen Fernmelde- und Schlüsselunterlagen,

Auswertung der Inhalte gegnerischer Fernmeldeverkehre,

Auswertung der technischen Parameter gegnerischer Fernmelde-, Führungs- und Leitsysteme und

Feststellung des Verhaltens des Gegners in allen Bereichen.

Die Auswerteergebnisse wurden in verschiedenen Melde- und Berichtsformen zusammengefasst und an die Bedarfsträger verteilt[84].

---

[84] Elektronische Unterstützungsmaßnahmen, Elektronische Schutzmaßnahmen, Elektronische Gegenmaßnahmen sowie Kryptowesen werden hier nicht behandelt, da sie den Rahmen des Buches sprengen würden und zum großen Teil offenes Schrifttum, insbesondere im Schlüsselwesen, nicht verfügbar ist.

Organisation der Elektronischen Kampfführung der Luftwaffe

Die Führung des Elektronischen Kampfes wurde national auf Weisung des *Führungsstabes der Luftwaffe* (BMVg FüL) vom *Luftflottenkommando* (LFlKdo) und vom *Luftwaffenführungsdienstkommando* (LwFüDstKdo) wahrgenommen, mit den Einschränkungen, die sich aus der Zuständigkeit der NATO auf den Gebieten *Elektronische Unterstützungs- und Gegenmaßnahmen* (EloUM und EloGM) ergaben. Im Einzelnen waren verantwortlich[85]:

»Für die FmAufkl und EloAufkl ist das Luftwaffenführungsdienstkommando (LwFüDstKdo) mit Abteilung Nachrichtenwesen im Luftwaffenamt (AbtNw/LwA) auf fachliche Zusammenarbeit angewiesen.«

Einsatz der Elektronischen Kampfführung

Die Forderungen an die *Elektronische Kampfführung der Luftwaffe* (EloKaLw) bestimmen Art, Umfang und Organisation ihrer Mittel und Kräfte. Sie wurden ständig den Einsatz-, Betriebs- und technischer Verfahren gegnerischer Fernmelde –, Ortungs- und Leitsysteme angepasst und in hoher Einsatzbereitschaft gehalten. EloKa wurde durchgeführt von festen, beweglichen und fliegenden Plattformen aus. Ihre Dislozierung und Aufgabenzuordnung wurden bestimmt durch:

»Die Einsatzgrundsätze der gegnerischen Luftstreitkräfte,
die militärgeographische und politische Lage,
die Ausbreitungsbedingungen elektromagnetischer Ausstrahlungen,
den Stand der Technik,
die eigenen personellen und materiellen Möglichkeiten.«

Mittel und Kräfte der Elektronischen Kampfführung der Luftwaffe

Die Mittel der Fm/EloAufklLw waren in einem auftragsgerechten Funktionssystem zusammengefasst, dazu gehörten:

- Feste Erfassungsstellen an den ostwärtigen Grenzen der Bundesrepublik Deutschland und in weiter rückliegenden Gebieten, feste Peilstellen, in den grenznahen Erfassungsstellen integriert und deren Lage den besonderen Ausbreitungsbedingungen angepasst ist;
- Luftfahrzeuge, welche die Erfassungs- und Peilstellen am Boden ergänzen;
- eine zentrale Stelle für die Erfassungssteuerung und Auswertung aller Erfassungsergebnisse und das *Sonderfernmeldenetz EloKa*[86], welches die einzelnen Komponenten des Funktionssystem fernmeldetechnisch verband.

In diese Zeit fällt auch die Intensivierung der Zusammenarbeit[87] mit dem *Radarführungsdienst.* Die Radarstellung in Freising (MOLETRAP) und der Auswertung (Fernmeldesektor S) des Fernmelderegiments 72 arbeiteten im Rahmen des *»CROSSTELLING«*[88] bei der Identifizierung von Flugzielen eng zusammen. Kurse von interessierenden Flugzielen (ZOMBIES), meist im Grenzraum an der bayerisch-tchechoslowakischen Grenze, wurden über eine ungesicherte Fernsprechleitung nach GEORF-Koordinaten[89] an die

---

[85] Es folgen Zuständigkeiten für EloUM/EloGM/EloSM, die hier nicht behandelt werden sollen.

[86] Auch heute ist noch nicht klar, ob alle Stromwege ausschließlich in Erdkabeln geschaltet waren.

[87] N.N. Mitteilung einer Gewährsperson zu diesem Komplex, 2004.

[88] *Crosstelling* wird auch im Bereich des Fernmelderegiments 71 Osnabrück stattgefunden haben, leider liegen jedoch hierüber keine gesicherten Informationen vor.

[89] GEOGRAPHICAL REFERENCE SYSTEM (Meldesystem der NATO-Luftwaffen)

Auswertung in Feuchtwangen übermittelt, dort mit anderen Informationen korreliert und danach mit dem Sektor der vorderen Erfassung in Kötzting verglichen. Gelegentlich, so im Winter 1967, meldete Freising einen verdächtigen Flugkurs in etwa 1200 m Höhe, der langsam direkt auf die bayerisch-tchsechische Grenze zulief und über dem Grenzort Bayerisch-Eisenstein verharrte. Eine Anfrage des Fernmeldesektor F beim Bahnhofsvorstand in Bayerisch-Eisenstein ergab, dass dort der planmäßige Zug von Prag nach Nürnberg einen Halt eingelegt hatte. Die Dampfwolke der Lokomotive war aufgestiegen und hatte bei der herrschenden kalten Witterung ein Flugziel generiert, das durch das CRC Freising erfasst werden konnte. Die grenznahen[90] Erfassungssektoren hatten als Funktionseinheit je einen Fernmeldeturm, in dem alle Anlagen und Geräte einschließlich der Arbeitsplätze für die Erfassung integriert waren. Die rückwärtigen[91] Erfassungssektoren verfügten über das Betriebsgebäude, Antennenanlagen, Funkempfangs-Arbeitsplätze und Wachleiterplatz-Anlagen zur Steuerung der VHF/UHF-Peiler[92] (soweit vorhanden). Die Rohdaten der Fm/EloAufkl wurden schnell und formatiert der Einsatz- und Auswertezentrale zugeführt. Nach ihrer Verarbeitung mit Hilfe der EDV wurden die Ergebnisse den Bedarfsträgern zeitgerecht zugeleitet oder auf Abruf bereitgestellt. Für den Ausfall der vorderen Einsatzstellungen im V-(Verteidigungs-)Fall ist Ersatz geplant, der bereits im Frieden den Aufklärungsraum soweit wie möglich überlagert und Aufklärungslücken schloss[93].

Kräfte und Träger der Fernmelde- und Elektronischen Aufklärung der Luftwaffe

Die Fernmeldeverbände der Elektronischen Kampfführung der Luftwaffe (EloKaLw) arbeiten eng mit Bundeswehr- und anderen EloKa-Diensten im militärischen und im nichtmilitärischen Bereich zusammen; so z. B. mit Taktischen Verbänden der Luftwaffe. Als zentrale Dienststelle für die Auswertung und Analyse der Aufklärungsergebnisse der Fernmelderegimenter 71 und 72 und anderer mitarbeitender Stellen wurde der »Fernmeldebereich 70« eingerichtet. Hier wurden Maßnahmen zur technischen-betrieblichen Auswertung und Analyse mit dem Ziel der taktischen Sofortauswertung durchgeführt. Im Fernmeldebereich 70 waren Elektronische Datenverarbeitungsanlagen eingesetzt, mit denen die umfangreich anfallenden Informationen nach betrieblichen und taktischen Gesichtspunkten ausgewertet werden konnten.

---

90 VHF/UHF, Richtfunk (RiFu) sowie Boeobachtungsfunk-Erfassungsplätze.

91 HF-Erfassungsarbeitsplätze.

92 Nach Einführung der Vielkanal-Erfassungsanlage (VKEA)im COMINT-Bereich war das Peilen im VHF/UHF-Bereich durch die Konfiguration der Antennen nur noch begrenzt möglich, so dass später ein zusätzlicher Peilarbeitsplatz (11. OG?) eingerichtet werden musste.

93 Dies schien wohl von Wunschdenken höherer Ebenen bestimmt zu sein, denn erst in den Jahren 1983/1984 wurde über eine Erfassung aus der zweiten Linie, die sich auf die Regimentsstandorte abstützen sollte, nachgedacht. Geeignetes Gerät fehlte jedoch, da die bisher verwendeten Empfänger an die VEBEG zur Verwertung abgegeben waren. Ob und inwieweit hier das neu eingeführte System »STAGECOACH« zum Einsatz gebracht werden sollte, kann auch heute noch nicht nachvollzogen werden. Zu dieser Zeit soll auch über die Nutzung der C 160 TRANSALL als fliegende Aufklärungsplattform nachgedacht worden sein. Dieser Ansatz wurde im Gegensatz zu den französischen Aufklärungskräften(C-160 GABRIEL) nicht weiterverfolgt.

Die Entwicklung der Fernmelde- und Elektronischen Aufklärung in den Teilstreitkräften nach 1968

Errichtung zentraler Auswertekomponenten

Die Ereignisse bei der Besetzung der CSSR und deren Aufklärung durch die *Fernmelde- und Elektronische Aufklärung* hatten der politischen und militärischen Führung der Bundesrepublik deutlich gemacht, dass insbesondere bei der grenznahen Erfassung durch das Heer, der Auswertung der Informationen und bei der Melde- und Berichtserstattung sowohl bei Heer, Luftwaffe als auch Marine noch Handlungsbedarf bestand. Deshalb soll der weitere Verlauf, die Teilaspekte bei Heer, Luftwaffe und Marine berücksichtigend, dargestellt werden.

Beim Heer (FmStab 60 Daun) wurden die Bemühungen vorangetrieben, eine *Zentrale Auswertung Heer* (ZAW H) zu schaffen, deren Aufstellung nach den Erfahrungen der CSSR-Besetzung nun um so leichter durchzusetzen war. War die bisherige, im Umfang wesentlich kleiner strukturierte *Einsatzauswertung Heer* (EAW (H) nach erfassungstechnischen Schwerpunkten gegliedert gewesen (HF-Tastfunk, Schreibfunk, Sprechfunk), wurde die ZAW (H) nach Aufklärungsgebieten der Fm/EloAufkl in den Teilstreitkräften

- Gruppe sowjetischer Truppen in Deutschland (GSTD)
- Nationale Volksarmee der DDR (NVA)
- Grenztruppen der DDR und CSSR[94]

unterteilt.

Einführung der Elektronischen Datenverarbeitung in der Fernmelde- und Elektronischen Aufklärung

Um den Anfall täglich eingehender Informationen bewältigen zu können, wurde bei FmStab 60 durch die Firma Siemens eine Datenverarbeitungsanlage (Siemens 4004) errichtet. Der Erste Rechner »WALDKÖNIG I« (Siemens 4004-50) mit einer Kernspeicherkapazität von 128 KB wurde 1970 übergeben und begann die Nutzung im 24-Stunden-Dauerbetrieb. Wenig später wurde dieser Rechner durch »WALDKÖNIG II« mit einer Kernspeicherkapazität von 512 KB ersetzt. Zeitgleich damit wurde eine Forderung auf den Datenverbund in der EloKa des Heeres »WALDKÖNIG III« gestellt.

Allerdings sollte es noch bis 1980 dauern, bis die grenznahen Erfassungsstellen des Heeres Datenstationsrechner erhalten sollten. Die Luftwaffe intensivierte ihre Bemühung um Schaffung einer zentralen Auswertung in Trier, deren Aufbau zu diesem Zeitpunkt durch die Zentrale für Funkuntersuchungen (ZFU) vorbereitet wird. Ab 1967 wurde auch die Ausbildung der Beobachtungsfunker intensiviert, entsprechende Lehrgänge wurden sowohl an der Technischen Schule der Luftwaffe 2 (TSLw 2) in Lechfeld (»Stellung Konrad«), als auch an der Technischen Schule der Luftwaffe 1 (TSLw 1) in Kaufbeuren durchgeführt (»Idiotenviereck«, ein mit Drahtzaun abgegrenztes Areal innerhalb der Schule, in dem vorwiegend an amerikanischen Geräten Ausbildung betrieben wurde). Gelegentlich besuchten angehende Bobachtungsfunker auch Lehrgänge auf dem Luftwaffenstützpunkt

[94] Kräfte der *Tschechoslowakischen Volksarmee* (CVA) und *Luftwaffe* sowie *Zentrale Gruppe der Truppen* (ZGT) kamen später hinzu.

Keesler AFB in den USA. Daneben lief die Sprachausbildung für die Horchfunker weiter in Euskirchen[95], bis die Schule in das Bundessprachenamt eingegliedert wurde. Aus der bisherigen Inspektion Führungsdienste im Luftwaffenamt wurde Anfang 1970 das Luftwaffenführungsdienstkommando (LwFüDstKdo) in Porz-Wahn aufgestellt, das künftig neben anderen Aufgaben im Bereich der Führungsdienste der Luftwaffe auch die Fachaufsicht über die Fernmelde- und Elektronische Aufklärung der Luftwaffe wahrnehmen sollte. Zeitgleich damit wurde in Trier das Fernmelderegiment 70 aufgestellt, das kurz darauf in Fernmeldebereich 70 umbenannt wurde. Die Fernmeldesektoren N, Fernmelderegiment 71, und Fernmeldesektor S, Fernmelderegiment 72, sowie die aus Porz-Wahn zugeführte Zentrale für Funkanalyse (ZfFu) bildeten die Auswertekomponente der Fm/EloAufkl der Luftwaffe und wurden in Trier zusammengeführt. Im Bereich der Marine war das Beschaffungsvorhaben für die BREGUET ATLANTIC SIGINT soweit gediehen, dass für 1971 mit dem Zulauf der ersten Maschinen gerechnet werden konnte, die dann dem Marinefliegergeschwader 3 »Graf Zeppelin« in Nordholz unterstellt werden sollten. Auch hier liefen bereits Teilstreitkraft-übergreifende Planungen für den Betrieb des Systems, die später realisiert werden sollten.

Nach den auf Grund des »Blankeneser Erlasses« erfolgten Umgliederungen im gesamten Bereich der Streitkräfte, stellte sich die Gliederung der Fernmelde- und Elektronischen Aufklärung zu Beginn der siebziger Jahre wie folgt dar Nachdem im Bereich der Fm/EloAufklBw vermehrt Datenverarbeitungsanlagen zu Einsatz kamen, mussten die bisherigen Meldeformate und Meldeverfahren aus Gründen der maschinellen Ver-

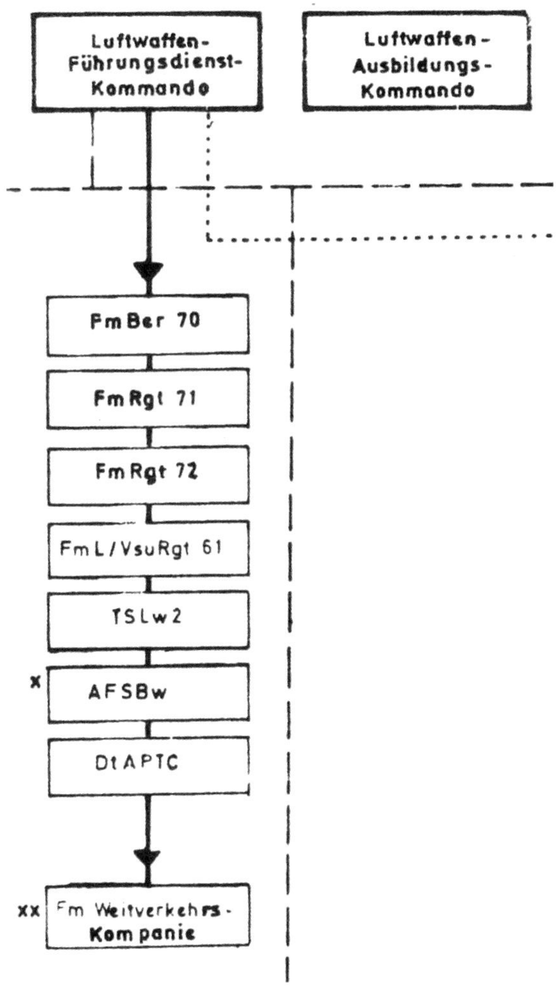

Gliederung der Fernmelde- und elektronischen Aufklärung der Luftwaffe Anfang1970.

[95] Die Schule verfügte über einen Stamm an Muttersprachlern, oftmals ehemalige Angehörige der Wlassow-Armee, die der gewaltsamen Übergabe an die Sowjetarmee durch britische und amerikanische Streitkräfte 1945 entgangen waren. Zu ihnen gehörte auch Herr W., ein ehemaliger sowjetischer Hauptmann, der auch gelegentlich Waffenausbildung mit einer sowjetischen PPSH-41 (»Balalaika«) für die angehenden Horchfunker in einem Feldhaus der Schule durchführte. Siehe auch Tolstoy: *Die Verratenen von Jalta,* Heyne-Verlag, München 1977, Seite 421 ff.

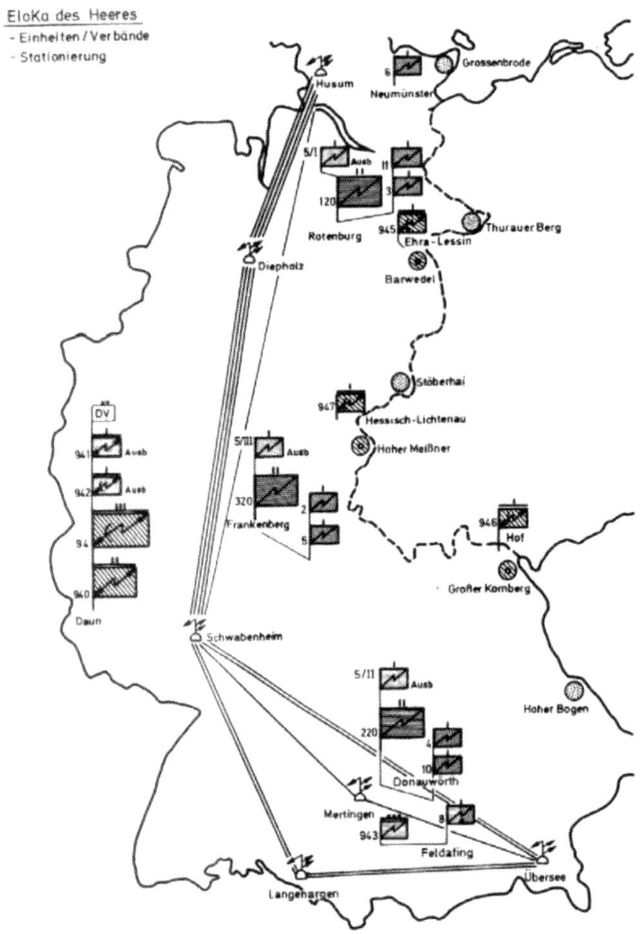

Die Verbände der Fm/EloAufkl des deutschen Heeres im Heeresmodell 4 , Anfang der siebziger Jahre.

Quelle: Grabau, Die Fernmeldetruppe EloKa des Heeres in den Jahren 1957 bis 1990,Fernmeldering e.V.,Bonn,1995

Gliederung der Fernmelde- und elektronischen Aufklärung des Heeres Anfang 1970.

arbeitung, auch wegen der zunehmenden Zusammenarbeit mit anderen Partnern, neu geordnet werden. Mitte 1971 konnte der Fernmeldebereich 70 in Trier sein *Rechnergestütztes Auswertesystem FmlEloAufklLw* in Betrieb nehmen. Das Heer verfügte zu dieser Zeit bereits über die *Zentrale Auswertung Heer (ZAW(H) – »WALDKÖNIG II«* beim Fernmeldestab 60 in Daun. Bereits Anfang der siebziger Jahre wurde den Verantwortlichen klar, dass auf Grund der technischen Entwicklung und der ständigen Zuführung neuen Geräts vermehrt mit dem Auftreten von Richtfunkbeziehungen im VHF/UHF-Bereich bei den in der DDR und der CSSR eingesetzten WP-Streitkräften gerechnet werden musste. Zur Erfassung derartiger Signale wurden im grenznahen Bereich vermehrt an günstig gelegenen Punkten Probeerfassungseinsätze[96] durchgeführt, wobei das Heer die Vorreiterrolle übernahmen. Durch entsprechende Erfassungsergebnisse der EloKa des Heeres konnte der Beweis für die Aufklärbarkeit von Richtfunk-Signalen der Gegenseite geführt werden. Dies veranlasste die Luftwaffe, aus ihren Sektoren der vorderen Erfassung gleichfalls Versuche in dieser Richtung zu unternehmen, die offensichtlich auch von Erfolg gekrönt waren. Die Festlegung taktisch/technischer Forderungen für ein solche Erfassungssystem zogen sich etwas in die Länge, jedoch konnte auch die Luftwaffe 973 mit der organisierten und kontinuierlichen RiFu-Erfassung[97] aus den Sektoren der vorderen Erfassung beginnen. Auf Grund der sich nun fortentwickelnden Erfassungs-, Beobachtungs- und Auswerteverfahren entstanden neue Meldeformate und Verfahren, die für den Bereich des Heeres[98] hier beispielhaft erläutert werden sollen. Im Bereich der Luftwaffe gab es analoge Meldungen und Meldeverfahren, allerdings bezogen auf luftwaffenspezifische Belange, im Bereich der Marine mögen allein schon auf Grund der langsam entstehenden Bw-EloKa-Systemarchitektur, die hier allerdings nur in groben Zügen beschrieben werden soll, ähnliche Formate entstanden sein. Wurden zu Anfang des Einsatzes der EloKa »Tagesmeldungen« mit taktischen, technischen und betrieblichen Inhalten an die entsprechenden Auswertungen per Fernschreiber abgesetzt, wurden bald typisierte Meldeformate entwickelt, wie

- SEDSCAF *(Standard ELINT System Code)*
- SCODAF *(Standard COMINT Data Aquisition Format)*
- SCOREF *(Standard COMINT Reference Format)* und später
- SIGREP *(Signal Report),*

die auch von den entsprechenden Partnern weiterverarbeitet werden konnten.

Im täglichen Erfassungsbetrieb spielte sich bald das Routinemeldewesen ein, dass zu dieser Zeit aus folgenden Elementen bestand:

Sofortmeldung »ALFA«	ereignisorientierte Meldung zur Unterrichtung der Führung
Sofortmeldung »BRAVO«	zusammenfassende Meldung über Ereignisse in einem fest gelegten Zeitrahmen
Teilmeldung »ALFA«	festgelegte Meldeinhalte
Teilmeldung »BRAVO«	festgelegte Meldeinhalte
Lagebeitrag »WEST«	Bewertung des Funklagebildes im Aufklärungsbereich
ELOKALAGEMELDUNG	zusammenfassende Lagebeurteilung des eigenen Bereiches

Im Rahmen des Meldewesens mussten zusätzlich folgende Meldungen bearbeitet und an die vorgesetzten Dienststellen abgesetzt werden:

INTREP (Intelligence Report)	formatierte Feindlagemeldung
SITREP (Situation Report)	formatierte Meldung über die eigene Lage
MIJI-Reports, Meaconing and Jamming-Report(s)	

und sonstige, gemäß nationalen und NATO-Meldevorgaben (F-Meldewesen/V-Meldewesen gemäß Meldehandbuch der Teilstreitkraft (TSK)) zu bestimmten Stichzeiten

---

[96] Grabau: *Ergänzungsband zu Fernmeldeelektronische Aufklärung in den Jahren 1957–1999,* Fernmeldering des Deutschen Heeres, Much 1998.

[97] NN. Information Traditionsverein der FmEloAufklLw (Hsg), Nummer 8, Trier 2000.

[98] Grabau: *Ergänzungsband zu Fernmeldeelektronische Aufklärung in den Jahren 1957–1999,* Fernmeldering des Deutschen Heeres, Much 1998.

vorzulegende formatierte und Freitext-Meldungen an vorgesetzte Stellen. Einen guten Überblick der Erkenntnisse der Luftwaffe, soweit Ausrüstung des »Funkelektronischen Kampfes« der Gegenseite betroffen war, gibt die *Orientierung L Teil C – Radar- und Fm-Gerät! (VS-NfD)* mit Stand Juni 1978 des *Luftwaffenamtes Abteilung Nachrichtenwesen der Luftwaffe*[99]. Allerdings waren hier nur Informationen mit dem Geheimhaltungsgrad VS – NUR FÜR DEN DIENSTGERBRAUCH (VS-NfD) verfügbar. Technische Parameter der Systeme fehlten weitgehend. Weitergehende Informationen waren damals im *Luftwaffen/A2-Handbuch IV, Teil C* enthalten, das allerdings als geheime Verschlusssache eingestuft war.

Die Einführung der BREGUET ATL 1150 SIGINT bei der Bundesmarine

Nach längerer Vorlaufzeit wurden 1971 die ersten BREGUET 1150 ATL SIGINT an das *Marinefliegergeschwader 3* (MFG3) ausgeliefert. Die Maschine verfügte zu diesem Zeitpunkt über Systeme nach dem damaligen Stand der Technik zur:

* Erfassung, Peilung und Analyse fremder elektromagnetischer Ausstrahlungen
* ELINT-Erfassung,
* Erfassung für einkanalige taktische Sprechverkehre im HF/VHF/UHF-Bereich,
* Eingeschränkte Erfassung von Command-, Communications- und Controlsystemen,
* Manuelle Erfassung und Überwachung von Frequenzen und Frequenzbändern,
* Manuelle Signalsuche,
* Eingeschränkte Aufzeichnungsmöglichkeiten bei der Signalerfassung.

Auch waren die Möglichkeiten, während der Flüge Erfassungsergebnisse verzugsarm und sicher auf dem Funkweg an die Bedarfsträger weiterzugeben, aus technisch bedingten Gründen eingeschränkt. Umfassende bordeigene Auswerte- und Analysekapazitäten wurden erst später nach weiteren Definitions- und Entwicklungsphasen beschafft.

Das Einsatzkonzept sah vor, dass die BR 1150 ATL SIGINT im gesamten Einsatzbereich unter allen Wetterbedingungen über Land und See zeitgerecht Informationen zur Lagerstellung gewinnen, verarbeiten und an die Bedarfsträger melden sollte:

* *Air Order of Battle* (AOB)	Luftwaffenlage
* *Anti Air Order of Battle* (AAOB)	Flugabwehrlage
* *Electronic Order of Battle* (EOB)	Elektronische Lage
* *Communications Order of Battle* (COB)	Fernmelde-, Fernmeldeverbindungslage
* *Ground Order of Battle* (GOB)	Lage der Landstreitkräfte
* *Naval Order of Battle* (NOB)	Lage der Seestreitkräfte
* *Missile Order of Battle* (MOB)	Lage der Raketenkräfte

Sonstige Lagebeiträge:

- Informationen über technische Parameter als Grundlage für den Elektronischen Kampf und den Kampf gegen gegnerische Ortungs-, Leit- und Führungssysteme
- Klärung von Signalzuordnungs-Mehrdeutigkeiten
- Systemklärung gegnerischer und fremder Fernmelde- und Waffensysteme
- Erkenntnissen zu fremden/gegnerischen Absichten
- Gewinnung von Erkenntnissen zu fremden/gegnerischen Einsatzgrundsätzen, Verfahren und Abläufen

---

[99] LwA/AbtNwLw-Dez Technik-, Az 04-10-01 VS.NfD v. 01.07.1978.

Spezielle lagerelevante Erfassungsergebnisse sollten weitgehend, auch in einer fremden Signal-Umwelt, schnell und flexibel erbracht werden können.

Dazu verfügte die BR 1150 ATL SIGINT[100] über folgende Erfassungskomponenten:

- ELINT-Erfassungssystem[101] 500 MHz–30? GHz
- COMINT-Erfassungssystem 20 MHz–16? GHz Funk und Sondersignale
- DV-Analyse und Auswertesystem
- Kommunikationseinrichtungen (HF/VHF/UHF/SVCS) sowie entsprechende DV-Komponenten mit *Secure Voice Command System* (SVCS) am Boden.

BREGUET 1150 ATL SIGINT der deutschen Marine. Dieses System wird auch durch Personal der Luftwaffe mitgenutzt.

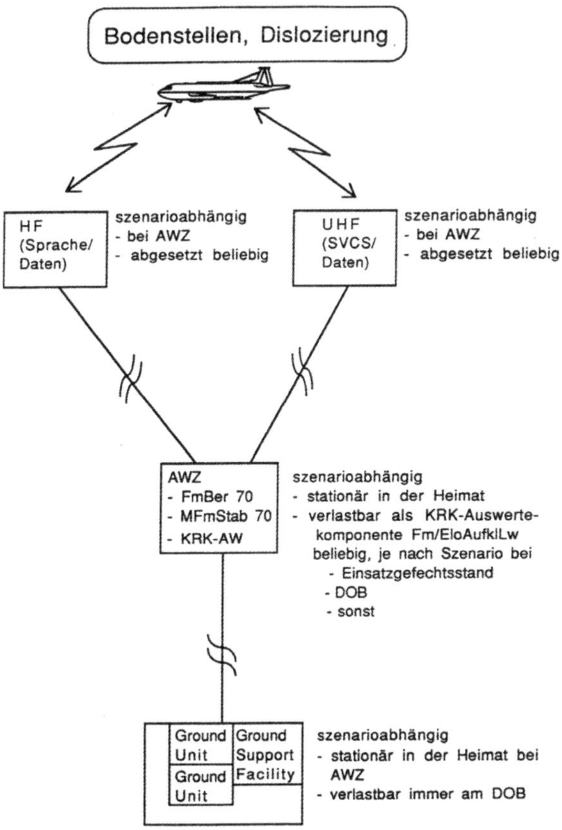

Meldewege und Fernmeldeverbindungen während des Einsatzes der BREGUET ATLANTIK SIGINT um die Jahreswende 1989/1990.

[100] Besatzung: 2 + 10 – 12, Dienstgipfelhöhe: 9100 m, Höchstgeschwindigkeit in 6000 m Höhe: 658 km/h, Fluggeschwindigkeit in 8000 m Höhe: 584 km/h, Fluggeschwindigkeit bei Aufklärung in 600 m Höhe: 315 km/h, Einsatzreichweite: 1110 km, Überführungsreichweite 7970 km. Krivinyi: *Warplanes of the World,* Bernard & Graefe, München 1983.

[101] Teile hiervon sind im Museum des Traditionsvereins der Fm/EloAufkl beim FmBer 92 inTrier ausgestellt.

In den neunziger Jahren war noch eine Funktionseinheit (LINK 11?) für die Datenübermittlung Schiff-Luftfahrzeug und *Airborne Warning and Control System* (AWACS) zum Einbau vorgesehen, um das elektronische Lagebild der NATO-E3 A (AWACS) mit in die eigene Lagedarstellung übernehmen zu können. Ob JTIDS *(Joint Tactical Data Distribution System)* und ERCS-Anteile später eingebaut wurden, kann nicht ganz ausgeschlossen werden, da diese die Kommunikation mit Schiffen im NATO-Bereich wesentlich verbessert hätte. Damit verfügten Marine und Luftwaffe über je zwei fliegende SIGINT-Plattformen, die fünfte Maschine war als Kreislaufreserve eingeplant. Daneben setzte die Bundesmarine nach wie vor auf den Einsatz schwimmender Erfassungsplattformen, es wurden hierbei in den Anfangsjahren die Messboote TRAVE (A 51) und OSTE (A 52), später die ALSTER (A 50) und OKER (A 53) eingesetzt. In der Folgezeit wurden Erfassungseinsätze entlang der innerdeutschen Grenze (IDG), meist innerhalb der ADIZ *(Air Identification and Warming Zone)* und dem Hauptinteressenbereich der deutschen Marine, der östlichen Ostsee, in internationalem Luftraum geflogen, über die Erkenntnisse liegen naturgemäß auch noch keine Ergebnisse vor. Der Einsatz der BREGUET an der Nordflanke der NATO über der Norwegen- und Barentssee erscheint möglich, da eine BR 1150 den sowjetischen U-Jagd-Kreuzer KIEW im Nordmeer[102] beim Rückmarsch zur Kola-Halbinsel aufklären konnte. Soweit bekannt, haben die ATLANTIC bei ihren Einsätzen jedoch nie östlichen Luftraum verletzt. Eine Zusammenarbeit mit der später eingeführten NATO-AWACS hat, wenn überhaupt, nur bei größeren maritimen Übungen stattgefunden, denn die NATO-E3 A war ausschließlich als Luftraumüberwachungsflugzeug ohne eigene SIGINT-Komponenten geplant. Dass im Laufe der späteren Weiterentwicklung des AWACS-Systems entsprechende Selbstschutz-Systeme zur Identifizierung feindlicher Waffensysteme, die eine Bedrohung der NATO-E3A darstellen konnten, die Ausrüstung vervollständigten, erscheint nur logisch. Die nachträglich an den Seiten der NATO-E3 A angebrachten *»Blister«* scheinen zu diesem System zu gehören. Soweit bis heute bekannt, hat zwischen der BR 1150 ATL und der NATO-E 3A keine Zusammenarbeit auf dem Gebiet der Nachrichtengewinnung im Bereich der Fm/EloAufkl stattgefunden. Dass die E-3 A später im Rahmen von Versuchen tieffliegende sowjetische, ostdeutsche und tschechoslowakische Hubschrauber über dem Gebiet der DDR und der CSSR entdecken konnte, geschah nicht im Rahmen der Nachrichtengewinnung, sondern hing mit der wachsenden Bedrohung, insbesondere vorderer NATO-Flugabwehrraketenstellungen (FlaRak) durch östliche Kampfhubschrauber (Mi 24 HIND, Mi 8 HIP) zusammen. Diese hätten im Angriffsfalle durchaus den NATO-Radargürtel an günstigen Stellen im Konturenflug unterfliegen und die FlaRak-Stellungen der NATO ausschalten oder zumindest Breschen in den FlaRak-Gürtel der NATO schlagen können.

Aufgaben der Fernmelde- und Elektronischen Aufklärung im Rahmen der Frühwarnung nach 1968

Während der NATO zu Zeiten der »Schwert- und Schild-Strategie« mit überraschen Angriffen durch die sowjetischen und nationalen Streitkräfte des Warschauer Paktes rechnete, auch unter Anwendung taktischer Gefechtsfeld-Nuklearwaffen durch die Sowjetunion, hatte die UdSSR bis Anfang der siebziger Jahre konventionell fast gleichgezogen und besaß im vorderen Raum das Übergewicht an konventionellen Streitkräften. Hatte das Alarmierungssystem der NATO bisher im Rahmen des »Militärischen-Gegen-Überraschungs-Systems« *(Counter Surprise State Orange/State Scarlet)*[103] das Ziel

---

[102] Wiener: *Taschenbuch der Landstreitkräfte,* Bernhard & Graefe, München 1979.

[103] MinfNatV, NVA der DDR, A 043/1/005, Funkaufklärungsmerkmale, GVS, Berlin 1973.

verfolgt, bei ersten bedrohlichen Anzeichen schnell die Überlebensfähigkeit der Streitkräfte herzustellen, und dies wurde bei den mindestens zwei mal jährlich stattfindenden Alarmübungen »QUICK TRAIN« der NATO und der nationalen Streitkräfte, dem die Annahme eines überraschenden Angriffs zugrunde lag, geübt, so galt es nun, im Rahmen der *»Flexible Response«* entsprechende abgestufte Reaktionsmuster zu entwickeln. Hierzu war jedoch eine entsprechende Kenntnis der Disloszierung der Kräfte, der Verfahren und Aktivitäten auf der Gegenseite unbedingt erforderlich.

Im Rahmen dieser Entwicklung wurde auch das NATO-Alarmsystem, wenn auch nicht grundlegend verändert, so doch den veränderten Gegebenheiten angepasst.

Das Alarmsystem der NATO

Das Alarmsytem der NATO bestand zu dieser Zeit aus folgenden Teilsystemen:

- STATE MILITARY VIGILANCE
- MILITARY COUNTER SURPRISE
- STATE ORANGE
- STATE SCARLET
- FORMAL NATO ALERT SYSTEM
- SIMPLE ALERT
- REINFORCED ALERT
- GENERAL ALERT

Es war sowohl national als auch bei der NATO kalendermäßig vorbereitet und wurde bei Bedarf durch entsprechende Änderungen ergänzt wurde. Das System war im so genannten *Alarmkalender* in Loseblattform enthalten. Der Kalender selbst war STRENG GEHEIM eingestuft und durfte nur durch entsprechend ermächtigtes Personal bearbeitet werden.

Hinzu kam die *Jährliche Mobilmachungsweisung* (JährlMobWsg) für die Gesamtbundeswehr und die jeweiligen Teilstreitkräfte sowie eine Reihe weiterer Anweisungen, die zur Bearbeitung des Gesamtgebietes notwendig waren. Die damaligen Maßnahmen waren aufgeteilt

a) in nationale Vorbehaltsmaßnahmen (d. h. Auslösung nur nach Vorliegen bestimmter rechtlicher Voraussetzungen im Zusammenhang mit den Notstandsgesetzen, z. B. Bundesleistungsgesetz, Arbeitssicherstellungsgesetz u. ä.) und

b) Alarmmaßnahmen, die ohne Vorbehalt für die gesamten Streitkräfte unter Berücksichtigung teilstreitkraftspezifischer Belange galten.

Im Einzelnen enthielt die Stufe MILITARY VIGILANCE Maßnahmen zur Herstellung der »Erhöhten Gefechtsbereitschaft«, die schloss gegebenenfalls auch das Verlassen der Friedensstandorte mit ein, diese Maßnahmen hatten jedoch nur geringe Auswirkungen in politischer und wirtschaftlicher Hinsicht. Diese Stufe konnte mehrere Wochen lang aufrecht erhalten werden, einzelne Maßnahmen, wie als Folge der CSSR-Besetzung, auch über einen längeren Zeitraum.

Die Stufe COUNTER SURPRISE war darauf angelegt, die Überlebensfähigkeit der Streitkräfte so schnell als möglich herzustellen und bis zu zwei Tagen zu halten. Die Friedensunterkünfte wurden in der Regel nicht verlassen, »Erhöhte ABC-Selbstschutz-Einsatzbereitschaft« (Erhöhte Se-Bereitschaft) war jedoch in jedem Falle herzustellen. Üblicherweise wurden in solchen Fällen die Schutzräume (Bw 50) aufgesucht und die Gefechtsstände aktiviert.

Wurde COUNTER SURPRISE STATE ORANGE ausgelöst, ging die »Übungs-Annahme« von einem Nuklearangriff innerhalb der nächsten zwei bis drei Stunden aus.

Wurde hingegen STATE SCARLET ausgelöst, war die damalige Annahme, ein Nuklearangriff könnte innerhalb der nächsten Minuten bis etwa zu 11/2 Stunden stattfinden.

Das formale Alarmsystem, dessen Maßnahmen einzeln und parallel zu MILITARY VIGILANCE bzw. COUNTER SURPRISE STATE ORANGE/SCARLET ausgelöst werden konnten, enthielt im wesentlichen die Maßnahmen, die bei MILITARY VIGILANCE vorzubereiten und nun beschleunigt fortzuführen und bis zu einem festgelegten Zeitpunkt abzuschließen waren.

Die Stufe SIMPLE ALERT diente der Herstellung der Verteidigungsbereitschaft und dem Übergang von der Friedens- zur Verteidigungswirtschaft, zu der auch die Bereitstellung von kalendermäßig vorbereiteten Leistungen durch den Leistungspflichtigen gehörte.

Wurde die Stufe REINFORCED ALERT ausgelöst, waren die Vorbereitungen aus MILITARY VIGILANCE und SIMPLE ALERT beschleunigt mit Herstellung der vollen Einsatzbereitschaft und dem Beziehen der GDP-Räume abzuschließen. Auch hier konnten zivile Ressourcen entsprechend den Planungen in Anspruch genommen und zusätzlich erforderliche Leistungen mit Leistungsbescheid über die Leistungsbehörden angefordert werden. Der Verteidigungsaufmarsch der Streitkräfte begann.

Bei Auslösung der Stufe GENERAL ALERT waren alle bereits vorher befohlenen Einzelmaßnahmen abzuschließen, mit Vorrang jedoch diejenigen, welche die Herstellung der vollen Operationsfreiheit der Streitkräfte beinhalteten. Angemerkt werden muss jedoch auch, dass einzelne Maßnahmen oder ganze Stufen auch wieder zurückgenommen, d. h. ihre Durchführung aufgehoben werden konnten, wenn es die politische oder militärische Lageentwicklung erforderlich machen sollte. Später sollte die Übung »QUICK TRAIN« von der Übung »ACTIVE EDGE«[104] abgelöst werden. Sowohl der Alarmkalender der Bundeswehr als auch die Übungsweise »ACTIVE EDGE« wurden lange Jahre in der Druckerei auf dem Fliegerhorst in Porz-Wahn gedruckt. In einem spektakulären Landesverratsfall wurde später aufgedeckt, dass ein leitender Mitarbeiter[105] der Druckerei sowohl den Alarmkalender als auch andere Unterlagen, darunter auch die nationalen Unterlagen für die in zweijährigem Turnus stattfindenden Übung »WINTEX/CIMEX« der NATO, an das *Ministerium für Staatssicherheit* weitergebenen hatte. Da das Alarmsystem der NATO auch national auf seine Funktionsfähigkeit geprüft werden musste, entwickelte sich ab Ende der sechziger Jahre ein fast eigenständiges »Übungsalarmwesen« (ACTIVE EDGE/ROTE VOGELBEERE) in der Bundeswehr, das teilstreitkraftbezogene Alarm-Übungsaktivitäten entfaltete, was zu einer nicht geringen Belastung der Truppe, auch den Kräften der Fm/EloAufkl führte, die neben der Erfassung der Aktivitäten auf der Gegenseite nun zusätzlich unter angenommenen Ernstfallbedingungen zu agieren hatte. Wenn im Bereich einer GFAST des Heeres im täglichen Routinebetrieb Erfassungsmeldungen im Umfang von etwa 645 DIN A4 Seiten erstellt wurden und in einem Sektor der vorderen Erfassung der Luftwaffe etwa täglich 200-300 SEDSCAF/SOREF/SCODAF-Meldungen anfielen, ist die Belastung des Personals, das nach der Ablösung im Übungs-Alarmfall unter Umständen zur Sicherung, als ABC-Se-Personal oder anderweitigen Diensten (z.B. Verpacken der persönlichen Ausrüstung, Wachbelehrung, Einweisung, Verpacken der Friedens-Zusatz-Ausstattung und Übergabe an die Standortverwaltung) herangezogen wurde, schon beträchtlich. Um die echten Alarmkalender nicht im Übungsfalle bloßzustellen, mussten ab

---

[104] Kabus: *Auftrag Windrose,* Verlag Neues Leben, Berlin 1993.

[105] Der Umfang des verratenen Materials ist in Richter: *Der militärische Nachrichtendienst der Nationalen Volksarmee,* Peter-Lang, Frankfurt 2004, Seite 336–348, enthalten und umfasst allein 15 Positionen *Alarmplan der Bundeswehr von 1980–1988* mit der Einstufung »STRENG GEHEIM«.

Mitte der siebziger Jahre so genannte *Übungsalarmkalender* durch die Bearbeiter der kalenderführenden Dienststellen erstellt werden, die im Wesentlichen auf Basis des echten Alarmkalenders und nach dessen Gliederung übungsfähige Maßnahmen zu enthalten hatten. Hierzu mussten auch, falls erforderlich, Übungsauflockerungsräume außerhalb der Truppenunterkünfte für das Abstellen der Kraftfahrzeuge und die Einrichtung zusätzlicher Erfassungsplätze erkundet und entsprechende Absprachen beziehungsweise Leistungen bei den Grundeigentümern über die Wehrbereichsverwaltung angefordert werden. Für den Alarm-Ernstfall und den Übungsalarmfall waren nach entsprechenden Vorgaben durch die vorgesetzten Kommandobehörden örtlich geltende Identifizierungs-, Authentisierungs- und Auslöseverfahren zu erarbeiten, die als äußerst sensitiv zu behandeln waren und dem Gegner keinesfalls in die Hand fallen durften. Auch zeigte sich die Erstellung und Aktualisierung der Alarmlisten des Personals als äußerst zeitaufwändig, da ständige Veränderungen (Urlaub, Kommandierung, Lehrgänge und Übungseinsätze) des betrof-

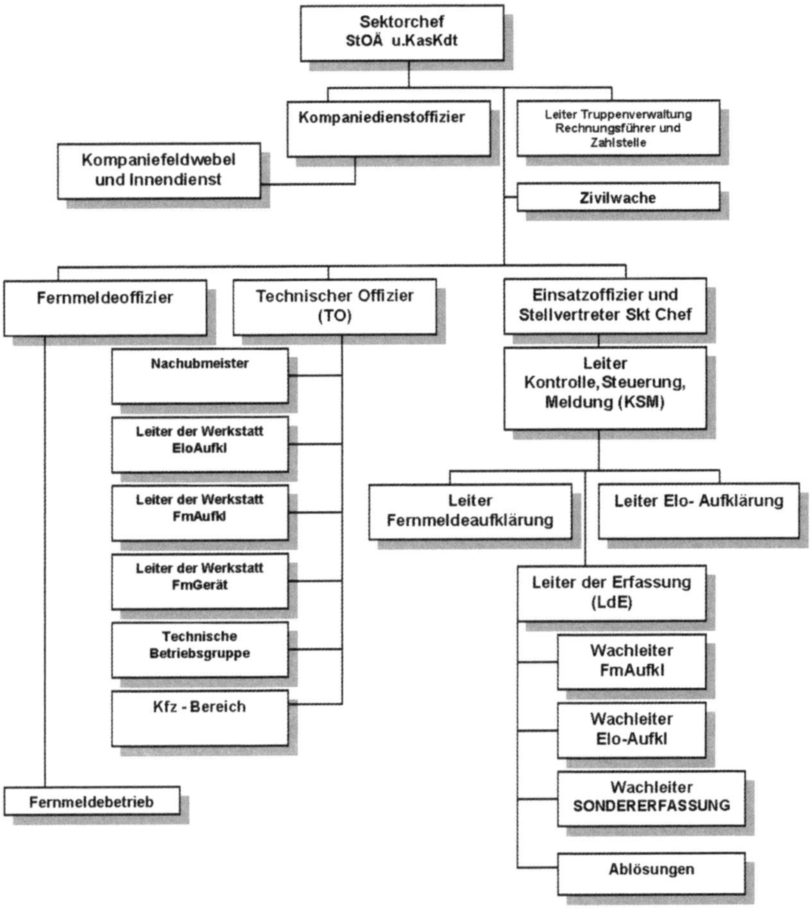

Grobgliederung des Fernmeldesektor E /FmRgt 72 Anfang 1970.Wahrnehmungsdienstposten und Zweitfunktionen sind nicht berücksichtig.

fenen Personenkreises zu berücksichtigen waren und nicht jeder Soldat und Zivilangestellte zur damaligen Zeit über ein Telefon verfügte. In einem Falle wurde während eines Übungsalarms durch den diensthabenden Offizier vom Wach- und Alarmdienst die echte, für den Ernstfall gültige »Alarmunterlage zur Authentisierung eingehender Alarmbefehle«[106] geöffnet, die dann aus Gründen der schnellen und verzugslosen Weitergabe offen über Funk und das Fernschreibnetz übermittelt wurden. Dies hatte zur Folge, dass die betreffende Unterlage sofort bundeswehrweit außer Kraft gesetzt werden musste und eine Reserveunterlage zu benutzen war. Parallel dazu wurden nach dem Muster der fliegenden Verbände der Luftwaffe, unter anderem für die FmEloAufklLw, so genannte *Taktische Überprüfungen (Tactical Evaluations)* entwickelt, die anhand von mehr oder minder realistischen Übungsszenarien die Fähigkeiten der jeweiligen Einheit über einen Zeitraum von sieben Tagen mit für den Teilbereich zuständigen Prüfern überprüfte. Im Anschluss daran fand mit den beteiligten Führern aller Ebenen eine Abschlussbesprechung statt, in der Stärken und Schwächen zur Sprache gebracht wurden. Die »Taktische Überprüfung« schloss mit einer, für den Chef des Verbandes wichtigen Gesamtnote ab, die für sein Weiterkommen von entscheidender Bedeutung war. Deshalb erhielten diese Überprüfungen, zumindest auf Sektorebene, in der Luftwaffe durch die Regiments- und Sektorführung absolute Priorität.

Auch noch aus heutiger Sicht stellen diese »Taktischen Überprüfungen« ein überaus unnötiges Verfahren dar, da die Einheiten ohnehin ihren Verteidigungs-Auftrag aus den Friedens-Stellungen erfüllten, und die Planungen für den Verteidigungsfall äußerst rudimentär[107] blieben, zumindest für den Bereich der Luftwaffe. Die gesamten Alarmvorbereitungen der Verbände wurden ohnehin mindestens einmal jährlich durch die zuständige Kommandobehörde anhand der vorbereiteten Kalender und Einzelbefehle minutiös auf Plausibilität und Durchführbarkeit überprüft, ganz zu schweigen von den jährlichen Sicherheitsinspektionen[108] und den Inspektionen im *Dienstbereich für die Fernmeldeaufklärung* (DFmA), die ebenfalls äußerst umfassend und bis in Einzelheiten gehend, den Zustand in diesen Bereichen überprüften. Vor diesem Hintergrund bekam der Dauereinsatz der Kräfte der Fm/EloAufkl der Bundeswehr eine auch heute noch nicht zu unterschätzende Bedeutung für die Nachrichtengewinnung. Jede zusätzliche Belastung der Truppe in der Aufklärung konnte Einbußen in der Erfassung bedeuten. Zwar klärten auch andere Kräfte die Dislozierung und Truppenbewegungen und Übungen auf der anderen Seite auf, das Abweichen vom Normverhalten der Verbände im Aufklärungsbereich konnte jedoch sehr schnell festgestellt werden, da die Verbände der Fm/EloAufklBw ständig »in der Lage lebten«. Dies ging so weit, dass sich die Ablösungen mit den von ihnen aufzuklärenden Verbänden so weit identifizierten, dass es in einer Lagebesprechung unter Beteiligung von Vertretern vorgesetzter höherer Kommandobehörden so weit kam, dass der *Leiter der Erfassung* (LdE), der die Gesamtverantwortung während seines Dienstes trug, im Vortrag erwähnte »*Unsere Division in Merseburg hat heute Flugbetriebsruhe, da die*

---

106 Zifferncode zum Alarmplan der Bundeswehr (ZiCoAplBw).

107 Später sollten noch nur leichtbewaffnete Sicherungskräfte aus dem Luftwaffenausbildungsregiment 3 Roth in Kompaniestärke für den Einsatz zum Schutze der Stellung Schneeberg eingeplant werden. Da die Maßnahme nach den Planungen erst spät in MILITARY VIGILANCE ausgelöst werden konnte, erscheint fraglich, ob die Truppe im (geplanten) Eisenbahntransport (Eb-Trsp) den Einsatzort in der geplanten vorderen Kampfzone hätte noch erreichen können.

108 Hierbei wurde auch die gelbe Objektschutz-Karteikarte für das Objekt mit überprüft, änderte aber nichts an fehlenden oder zu spät eingeplanten Objektschutzkräften für den Ernstfall.

Start- und Landebahn unbenutzbar ist ...«. Der Vertreter der höheren Kommandobehörde reagierte hierauf aber ziemlich gelassen. Dies zeigt, wie sehr sich das Fachpersonal mit seiner Aufgabe identifizierte und auch bereit war, mehr als das Geforderte zu leisten. Um so weniger verständlich, auch heute in der Rückschau, muten die ständigen zusätzlichen Belastungen mit absolut fachfremden Aufgaben an, die das Fachpersonal neben seinem unregelmäßigen Dienst zu leisten hatte. Es ist auch heute noch schwer nachzuvollziehen, dass ein Horch- oder Beobachtungsfunker mindestens die gleichen Leistungen im Gefechts- oder Formaldienst zu erbringen hatte wie der Grenadier, der dafür ausgebildet wurde. Auch ist heute verständlich, dass die Horchfunker, wenn sie von der Nachtschicht kamen, etwas unmutig reagierten, wenn sie anschließend noch an einer Belehrung teilnehmen mussten oder sich beim Pfarrer zur Teilnahme am vorgeschriebenen lebenskundlichen Unterricht zu melden hatten. Ganz zu schweigen vom Dienstsport, der am Nachmittag nach einer Nachtschicht stattfand und – wenn der Soldat Pech hatte –, in die Nachtschicht mündete. Die jahrelangen Belastungen des unregelmäßigen Schichtdienstes forderten auch in den späteren Jahren Tribut, die meisten der früheren Horchfunker litten später jahrelang unter Schlafstörungen und Magenproblemen. Nicht zuletzt der Ablösungsdienst während der Wintermonate führte dazu, dass die Soldaten bei ungünstiger Gestaltung der Ablösungen teilweise wochenlang kein Tageslicht sahen. Der Dienst begann meist in der Dunkelheit gegen 07.00 Uhr und endete nicht selten erst gegen 17.00 Uhr, als die Sonne bereits wieder untergegangen war. Im Fernmeldeturm verfügten nur das 7. und 8. Obergeschoss über Fenster nach außen. Nicht vergessen sind auch die Mannschaftsdienstgrade, die am Freitag Nachmittag am obligaten Stuben- und Revierreinigen mit anschließender Revier-, Stuben- und Spindabnahme teilzunehmen hatten. Auch hier war vielfach festzustellen, das dem allgemeinen Personal häufig das Verständnis für die besonderen Belastungen des Schichtdienstes fehlte und insbesondere die Kompaniefeldwebel fast immer ein gestörtes Verhältnis zu den Belangen des Fachdienstes hatten. Endlose Plänkeleien und Animositäten auf beiden Seiten waren die Folge, die nicht immer zum Vorteil der Einheit gerieten. Vielfach tat sich eine Kluft zwischen Fach- und Tagesdienst auf, die nur sehr schwer zu überbrücken war, da auch die im Tagesdienst eingesetzten Vorgesetzten häufig auf die Durchsetzung ihrer Vorstellungen bestanden. Nicht zuletzt bedeutete die Beförderungssituation in den mittleren Rängen eine zusätzliche Belastung. Beurteilungen fanden alle zwei Jahre statt und der Beurteilte wurde am Durchschnitt seiner zur Beurteilung heranstehenden Dienstgradkameraden gemessen. Bei nachträglicher Betrachtung genoss das Fachpersonal in jedem Falle Vorteile gegenüber allen anderen, die nicht im Fachdienst eingesetzt waren. Gleichwohl führten die häufig sehr unterschiedlichen Beurteilungsnoten, die entscheidend für die Beförderung des Betroffenen oder für seine Übernahme in das Dienstverhältnis des Berufssoldaten waren, auf Grund des möglichen »Nasenfaktors« und anderer, nicht nachzuvollziehender Umstände häufig zu Irritationen bei den Betroffenen. Von den zuständigen Personalbearbeitern nie zugegeben, müssen aber trotzdem Quoten für Beurteilungsnoten, die letztlich zu Beförderungen und Übernahmen führten, auch im Regimentsrahmen bestanden haben. Auch hier konnte schon der Eindruck eines gelegentlichen »Flaschenzug-Systems« für bestimmte Verwendungen nicht verwischt werden.

Die Bedrohung der NATO durch die Streitkräfte des Warschauer Paktes nach der CSSR-Okkupation

In der Folge der militärischen Besetzung der CSSR war es im vorderen Raum der Warschauer Paktes zu massiven quantitativen und qualitativen Verstärkung der Kräfte gekommen, die nach Auffassung der NATO[109] die Bedrohung für Mitteleuropa erheblich verstärkte. Ab etwa 1970/1971 verfügten die sowjetischen und verbündeten Landstreitkräfte[110] im Warschauer Pakt über die:

NORDGRUPPE DER TRUPPEN (NGT), Polen
2 sowjetische und 15 polnische Divisionen

GRUPPE DER SOWJETISCHEN TRUPPEN IN DEUTSCHTAND (GSTD), DDR
20 sowjetische und 6 NVA-Divisionen[111]

ZENTRALE GRUPPE DER TRUPPEN (ZGT), CSSR
5 sowjetische (3 Panzer- und 3 MotSchtz-Div) sowie 10 – 11 tschechoslowakische Divisionen

SÜDGRUPPE DER TRUPPEN (SGT), Ungarn[112]
2 sowjetische Panzer- und 2 Mot-Schützen-Divisionen sowie 6 ungarische Divisionen

Bereitschaftsstände der Warschauer-Pakt-Streitkräfte

Die sowjetischen Divisionen hielten in der Regel einen hohen Bereitschaftsstand, die nationalen Kräfte waren nach kurzer Mobilisierung relativ kurzfristig verfügbar.

Insgesamt verfügten die Warschauer-Pakt-Streitkräfte zu dieser Zeit im Vorfeld der NATO über etwa 15.500 einsatzbereite Panzer verschiedener Typen, meist T-55 und T-62, sowie zusätzlich über etwa 7000 verschiedener Panzer meist älterer Typen in deutschen Depots. Die Luftstreitkräfte des Warschauer Paktes (WP) verfügten zu dieser Zeit gegenüber dem NATO-Mittelabschnitt über etwa 250 leichte Bomber, 1500 Jagdbomber, 2100 Abfangjäger und etwa 500 Aufklärer. Das Luftkriegspotenzial des Warschauer Paktes konnte durch Zuführungen aus dem innersowjetischen Raum im Spannungsfall relativ schnell verstärkt werden. Überdies hatte der Warschauer Pakt im Vorfeld (baltischer Raum, DDR, CSSR und Ungarn) zusätzlich ein engmaschiges Netz von Luftabwehrraketen-Stellungen eingerichtet, die durch das *Diensthabende System* (DHS) überwacht und gesteuert wurden und im Verbund mit den Luftstreitkräften den Luftraum des Warschauer Paktes gegen mögliche Angriffe der NATO zu schützen hatte. Von 1969 bis 1982 führten die sowjetischen und die mit ihnen verbündeten Truppen mindestens 91 große Manöver[113]

---

109 de Maiziere: *Verteidigung in Europa Mitte,* Lehmanns Verlag, München 1975.

110 Wiener: *Taschenbuch der Landstreitkräfte – Die Armeen der Warschauer Pakt-Staaten,* Bernard & Graefe, München 1979.

111 Suvorov: *Inside the Soviet Army,* Berkeley Books, New York 1983, Seite 146 ff.

112 Die SGT konnte im VHF/UHF-Bereich durch die Fm/EloAufkl der Bundeswehr nur sporadisch erfasst werden. Es erscheint möglich, dass Partnerdienste hier unterstützend tätig wurden.

113 Simon: *Evaluation and Integration of Non-Soviet Warsaw Pact Forces into Combined Armed Forces,* AFCEA Signal, Fairfax, VA, USA 1985.

mit unterschiedlicher Beteiligung an Warschauer-Pakt-Truppen im Vorfeld der NATO durch. Daneben fanden immer wieder größere oder kleiner Luftverteidigungsübungen des Warschauer Paktes im Vorfeld der NATO statt. Hier war es besonders wichtig, die Verstärkung des Luftkriegspotenzials des WP im Vorfeld zu beobachten und frühzeitig auf bedrohliche Indikationen hinzuweisen. Auch mussten die Übungen der Bodentruppen in Grenznähe, die meist im Divisions- oder später auch im Armeerahmen stattfanden, erfasst und ausgewertet werden. Nach 1968 verstärkte auch die *Sowjetische Militärmission* ihre Aufklärungstätigkeit in der Bundesrepublik merklich. Zu ihren besonderen Aufklärungszielen zählten in der Folgezeit Manöver der Bundeswehr und der verbündeten Streitkräfte in der BRD wie auch die Überprüfung von Einrichtungen nach baulichen Änderungen. Der Grundgedanke der Planungen eines Manövers namens »UDAR«[114] war, so sickerte später durch, die überraschende Besetzung westlichen Territoriums durch Streitkräfte des Warschauer Paktes. Diese Überlegungen wurden auch in westlichen Militärkreisen unter dem Stichwort »Faustpfand-Theorie« ausgiebig diskutiert, jedoch von einflussreichen westlichen politischen Kreisen nicht weiter ernst genommen. Später wurde ebenfalls bekannt, dass im Rahmen dieser Planungen konkrete Übungen auf dem Truppenübungsplatz »Letzlinger Heide« stattfanden, die auch das Überschreiten einer auf dem Übungsgelände markierten »Demarkationslinie« unter Gefechtsbedingungen einschloss. Es war weiter bekannt, dass Sonderverbände der sowjetischen Streitkräfte und der NVA[115], teilweise sogar in westlichen Uniformen, auf einem mitteldeutschen Übungsplatz den Einsatz gegen westliche, besonders nukleare Kampftechnik übten (Honest John, Pluton und Pershing). Auch gaben die alarmmäßig ausgelösten Marschübungen sowjetischer und NVA-Verbände, meist jedoch in Nord-Süd-Richtung innerhalb der DDR verlaufend, Anlass zu Überlegungen. Denn die Berechnung der Marschwege und Marschzeiten ließ erkennen, dass es sich hierbei um die Übung von Marschbewegungen in Richtung auf die innerdeutsche Grenze handelte, aus deren Verlauf gute Erkenntnisse über das Zeit-Raum-Kalkül der östlichen Planer gewonnen werden konnten. Häufig wurden auch die Funk-Führungsnetze der sowjetischen Land- und Luftstreitkräfte plötzlich und ohne erkennbaren Grund aktiviert und über einen längeren Zeitraum betriebsbereit gehalten. Dies führte auf westlicher Seite zu erhöhten Beobachtungsaktivitäten, da die NATO nicht gänzlich ausschließen konnte, dass es sich dabei um den Beginn einer militärischen Aktion mit ungewissem Ausgang handeln könnte. Als besonders kritisch galten zu dieser Zeit und auch später die häufigen Hochgeschwindigkeitseinflüge *(High Speed, High Altitude Recce Missions)* sowjetischer Flugzeuge aus dem Baltikum[116] und dem innersowjetischen Raum an die Grenzen des westlichen Luftverteidigungsgürtels, die, wenn man die Kurse der eindringenden Flugzeuge auf westliches Gebiet verlängerte, auf die verbunkerten Luftverteidigungsgefechtsstände (*Sector Operation Centers,* SOC, und *Control and Reporting Centers*[117], CRC) der NATO in der Bundesrepublik zeigten und den Schluss zuließen, dass es sich um simulierte Angriffe mit abstandsfähigen Nuklearwaffen handelte. Im Falle eines überraschenden Angriffs wären diese SOC uind CRC als Erstes ausgeschaltet worden, um die NATO-Luftverteidigung zu lähmen. Auch nahmen die Einflüge hochfliegender Aufklärer MiG 25 R (FOXBAT-B) in

114 Sawkin: *Grundzüge der operativen Kunst und Taktik,* Militärverlag der DDR, Berlin 1974, Seite 319 ff.

115 Fallschirmjägerbataillon 40 der NVA, später Fallschirmjägerregiment 40, danach Luftsturmbataillon 40.

116 Tolmein: *Aufmarsch gegen die Bundesrepublik,* VPA, Landshut 1976.

117 Gemäß ANBw-Abkürzungsverzeichnis Bad Neuenahr-Ahrweiler, o.J, Wiener: *Fremde Heere – Die Armeen der NATO-Staaten,* Ueberreuther-Verlag, Wien 1984, Seite 199, definiert demgegenüber CRC als *Control and Reporting Center.* Siehe auch: LwA BA 1/73 *Abürzungen für den Gebrauch im MilNw,* Köln 1973.

Sowjetische Aufklärungsmaschine COOT ALFA (Ilushin 18) beim Landeanflug auf Sperrenberg.

Sowjetisches Frühwarnflugzeug MOSS Tupolew-TU-126). Dieses Flugzeug trat häufig bei großangelegten Luftverteidigungsübungen des Warschauer Paktes über der DDR auf.

Sowjetische Frühwarnflugzeug MAINSTAY (IL 76). Die MOSS wurde später durch die MAINSTAY ABGELÖST.

den vorderen Bereich signifikant zu, was nahe legte, dass die sowjetischen Luftstreitkräfte zur Ergänzung ihrer Satellitenaufklärung auch Fotoaufklärung und ELINT-Erfassung einsetzten. Als sich dann zu Beginn der siebziger Jahre großangelegte Luftverteidigungsübungen zu häufen begannen, sowohl im vorderen Bereich als auch im Luftraum über den westlichen Militärbezirken unter Führung eines luftgestützten Gefechtsstandes (IL 18 – COOT-BRAVO) und der luftgestützten Führungssysteme TU 126 MOSS (später IL 76 MAINSTAY), die eine Beteiligung des gesamten *Diensthabenden Systems* und entsprechende Bereitschaftsgrade der gesamten Luftabwehr im vorderen Bereich einschlossen, mussten die Erfassungsaktivitäten der Fm/EloAufkl der Bundeswehr den sich verschärfenden Bedingungen Rechnung tragen. Später wurde bekannt, dass die sowjetischen Luftstreitkräfte im Verbund mit Luftlandetruppen die »handstreichartige Besitznahme« eines NATO-Flugplatzes an einem Fliegerhorst in der CSSR, der in Lage und Ausdehnung dem Flugplatz »LECHFELD« glich, zwar nicht im »scharfen Schuss« aber zumindest den Realitäten weitgehend angeglichen geprobt hatten. In diesem Zusammenhang sind die späteren mehr oder minder »zufälligen« Luftraumverletzungen durch WP-Flugzeuge im westlichen Vorfeld einzuordnen. Bei Inversionswetterlagen, vorzugsweise im Februar bis März, konnten im Fichtelgebirge bei Sichtweiten bis zu 200 km die Kondensstreifen östlicher Aufklärer, die von Norden kommend im weiten Bogen bis NÜRNBERG flogen, sehr gut beobachtet werden. Im Gegenzug verflogen sich schon einmal niederländische F-104 G bis in den Luftraum über Prag, um danach, durch die tschechoslowakische Luftabwehr unbehelligt, wieder zurückzukehren. Auch die US-Seite verstärkte in dieser Zeit ihre Aufklärungsaktivitäten, insbesondere an der Grenze zur CSSR, um deren Luftverteidigungssystem zu testen. In einem Fall flog, wie bereits schon früher berichtet, ein US-Hubschrauber (vermutlich UH-1D[118]) in den CSSR-Luftraum. Dieser wurde auch erfasst und im *Diensthabenden System* gemeldet und weiter verfolgt. Der Hubschrauber landete aber dann offensichtlich bei Einbruch der Dunkelheit auf einer Waldlichtung, gegen Luftsicht gedeckt, in der Nähe von Pilsen, um am nächsten Morgen relativ unbehelligt seinen Rückweg anzutreten. In dieser Zeit erfolgten auch häufig Grenzverletzungen, insbesondere im Grenzraum südlich Weiden, bei denen uniformierte und bewaffnete Kräfte der CSSR-Grenzwache (PS) weit auf Bundesgebiet vorstießen, um Flüchtlinge zu verfolgen. Da die Grenze durch Kräfte des Zolls, des BGS oder der *Bayerischen Grenzpolizei* nicht lückenlos überwacht wurde, erlebten Zivilpersonen groteske und bedrohliche Situationen. So bedrohten PS-Kräfte Anwohner der bayerischen Seite mit Waffengewalt und durchsuchten deren Häuser und Anwesen nach Grenzflüchtigen. Diese mussten den *Bundesgrenzschutz* telefonisch um Hilfe bitten. Die PS-Kräfte zogen sich erst bei Erscheinen des BGS zurück. Ähnliche Vorkommnisse traten auch an der innerdeutschen Grenze sporadisch auf, als es wegen des teilweise ungeklärten Grenzverlaufs zu Übertritten durch NVA-Grenztruppen auf bundesdeutsches Gebiet kam. Glücklicherweise kam es dabei nicht zu Schießereien. Dass so genannte *Grenzschleusen* an der innerdeutschen Grenze auch in der Nähe sensitiver Anlagen der Fm/EloAufkl existierten, konnte erst nach dem Fall der Mauer und der Auflösung des MfS festgestellt werden. So wurde eine Grenzschleuse in Ullitz in der Nähe Hofs identifiziert[119], die offensichtlich zum unkontrollierten Grenzübertritt durch das MfS in beiden Richtungen genutzt werden konnte. Hierdurch wurden bereits damals bei Fernmeldesektor E in Wunsiedel langgehegte Vermutungen endgültig bestätigt. War die Anfangszeit der Fm/EloAufkl vorwiegend gekennzeichnet vom Erfassen vorhandener HF- und Sprechfunkverkehre sowie Verkehrsbeziehungen, der Analyse, Kategorisierung und Zuordnung der Signale und sonstigen Parameter (durch Nichtfachleute oft als pures »Schwänze zählen« apostrophiert), änderte sich die Signalumwelt[120] durch Zuführung neuer Geräte und Systeme sowie die Anwendung neuer Verfahren auf der Gegenseite in

---

118 Möglicherweise auch eine riskante Abholaktion für einen US-Agenten in der CSSR (Information durch N.N.).

119 BStU: *Dokumentation Notübergang*, BStU-Registriernummer 000017/1995, Berlin 1995.

120 Ergänzend siehe hierzu Horak: *Elektronische Aufklärungsmittel,* Truppendienst-Taschenbuch, Lehmanns-Verlag, München 1971.

Schlüsselsystem ELCROVOX. Dieses System wurde zur Verschlüsselung als ELCROVOX für Sprachverschlüsselung, als ELCROBIT für Datenverschlüsselung von Datenverbindungen benutzt.

Mobiles US ELINT-Aufklärungssystem »STAGECOACH/ SCHWARZE DROSCHKE«, das auch durch die Sektoren der vorderen Erfassung der Luftwaffe bei mobilen Einsätzen oder Systemausfällen eingesetzt wurde.

einem schnellen Tempo, das die verstärkte Aufklärung auf westlicher Seite zwingend erforderte. Sowohl das Heer mit seinen mobilen EloKa-Kräften als auch die Luftwaffe, die bisher nicht über nennenswerte mobile Erfassungskapazitäten verfügte, verstärkten ihre Übungen mit mobilen Erfassungseinsätzen, teils im nationalen Rahmen, teils gemeinsam mit der *US Air Force.* Das bei der Luftwaffe beschaffte System mit der Bezeichnung »STAGECOACH« diente der mobilen Erfassung von Radar- und verwandten Ausstrahlungen und wurde, soweit heute noch nachvollziehbar, u.a. auf der Wasserkuppe zusammen mit *US Air Force* eingesetzt. Über die Ergebnisse liegen auch heute naturgemäß noch keine Unterlagen vor. Es kann aber angenommen werden, dass diese den Umständen entsprechend gut ausfielen. Auf Grund der sich verändernden Gegebenheiten musste auch die Luftwaffe neue Schwerpunkte in der Erfassung setzen. Die Aufgaben wurden insoweit erweitert, als die Luftwaffe weiterhin systematisch und flächendeckend, soweit dies aus technischen Gründen möglich war, den VHF-, später auch den UHF-Sprechfunkverkehr der sowjetischen, ostdeutschen, tschechoslowakischen und, wenn möglich, polnischen Luftstreitkräfte erfasste, analysierte und vorauswertete. Die Südflanke in der Zentralregion, Ungarn, wurde zu dieser Zeit nicht aufgeklärt, selten erfasste VHF-Verkehre soweit möglich gemeldet. Daraus kann geschlossen werden, dass dieser Bereich möglicherweise bereits ausreichend von einem Partnerdienst aufgeklärt wurde und die Ergebnisse in die Gesamtlage mit einflossen, ohne dass eigentlich klar wurde, aus welcher Quelle diese Erkenntnisse stammen. Über die Art der Quelle kann auch heute nur spekuliert werden. Besonderes Augenmerk wurde auch auf Einflüge jeder Art aus dem innersowjetischen Raum, insbesondere hochfliegender Aufklärer, strategischer Luftangriffskräfte und elektronischer Aufklärungsmissionen im Vorfeld der NATO gelegt. Derartige Vorkommnisse wurden als Sofortmeldung ALFA oder BRAVO fernmündlich voraus an die Auswertung des FmBer 70 in Trier gemeldet. Denn mittlerweile verfügte die Bundeswehr in Gestalt der ELCROVOX, ELCROTEL und ELCROBIT über relativ sichere geschlüsselte Fernmeldeverbindungen für den Sprach-, Fernschreib- und Datenverkehr, abgesehen davon, dass bei E-VOX-Gesprächen im Anfang eine gewisse Gewöhnungsbedürftigkeit wegen des langsamen Sprachflusses zu überwinden war und die Güte der Sprachverständigung mit einer normalen, digitalen Sprachverbindung nicht zu vergleichen war. Auch wurden jetzt häufiger SIGINT-Aufklärungsflüge der 24. Frontluftarmee (später 16. Frontluftarmee) und der 37. Frontluftarmee, vielfach mit IL 18 COOT, im vorderen Bereich der NATO über der DDR und CSSR beobachtet. Auch wurde der beschleunigte Aufbau ortsfester Erfassungsstellungen der Gegenseite an der innerdeutschen Grenze und an der Landesgrenze zur CSSR festgestellt, die ihrerseits die Aktivitäten der NATO zu erfassen hatten. Hierzu wird jedoch im Kapitel IV. gesondert berichtet. Auch flogen jetzt amerikanische OV-10 BRONCO GUARDRAIL im Grenzraum vermehrt Aufklärung mit Seitensichtradar (*Side Looking Airborne Radar*, SLAR), die das Lagebild und Erkenntnisse über die Aktivitäten auf der Gegenseite ergänzten. Ob allerdings alle durch GUARDRAIL gewonnenen Informationen auch in das deutsche nationale Lagebild mit einflossen, ist ungewiss. Mitte 1971 übernahm das *Amt für Fernmeldewesen* (AFmBw) in Ahrweiler die bisher von der US-Luftwaffe in Hof betriebene Wullenwever -Erfassungsanlage und übergab sie der neu aufgestellten *Fernmelde- und Radarstelle der Bundeswehr* (FmRadStBw) unter Kapt.z.S. Maihofer (später durch die Presse als »Kapitän zur Saale« apostrophiert). Die *US Air Force* zog sich darauf aus Hof gänzlich zurück. Der Stellungsbereich »Hohe Saas«, westlich der Kaserne am Ortsrand von Hof gelegen, wurde durch Bau zusätzlicher Betriebsgebäude erweitert und später, während Umbauarbeiten im Fernmeldeturm E-Schneeberg, auch aus Ausweich-Erfassungsstellung für den Beobachtungsfunk (Radarerfassung) des Fernmeldesektor E genutzt.

Die Bedrohung durch Waffensysteme des Warschauer Paktes und deren Signalumwelt in den Jahren nach 1968 bis 1980

Durch die Zuführung neuer Waffen und Geräte[121] im Bereich der *Gruppe der Sowjetischen Truppen in Deutschland* (GSTD)[122], darunter neuer Ortungs- und Leitsysteme, änderte sich das elektromagnetische Spektrum signifikant. Diese Entwicklung stellte eine ständige

---

[121] Siehe hierzu auch Hubatschek/Farwick: *Entscheidung in Deutschland,* 2. Aufl., Vowinckel-Verlag, Berg 1978, Seite 10–15.

[122] Siehe auch US Department of Defense (DOD): *Soviet Military Power,* Washingtoon, D.C., USA, März 1987, UNCLAS.

Herausforderung für die *Fernmelde- und Elektronische Aufklärung* der Bundeswehr dar, da ohne umfassende Kenntnis der Verfahren, Parameter und Wirkungsweise der östlichen Systeme, besonders der Fliegerabwehrwaffensysteme und nuklearfähigen Trägersysteme der WP-Bodentruppen, eine verlässliche Bewertung der Bedrohung nicht möglich gewesen wäre. Da die Luftstreitkräfte des Warschauer Paktes in der DDR und CSSR relativ grenznah disloziert waren und innerhalb kurzer Zeit auf einen hohen Stand der Einsatzbereitschaft[123] gebracht werden konnten, gewann die Erfassung und Aufklärung des offensiven und zum Nukleareinsatz befähigten Luftangriffspotenzials des WP im vorderen Bereich durch die Fm/EloAufkl der Luftwaffe besondere Bedeutung. Unabhängig davon waren auch die Fähigkeiten der Luftverteidigung im vorderen Raum des WP von eminenter Bedeutung für die Luftstreitkräfte der NATO, da sich bereits jetzt erste Anzeichen für die *Air Land Battle Doktrin* der USA und NATO und der darin eingebetteten *Follow on Forces Attack*-Konzeption (FOFA) zeigten. Diese hatten zum Ziel, im Falle eines großangelegten Angriffs des WP die sowjetische Streitkräfte der 2. Strategischen Staffel schon beim Anmarsch in der Tiefe des ostpolnischen Raumes durch Luftangriffe zu zerschlagen. Zu diesem Zwecke hätten die Luftangriffskräfte der NATO zunächst die Luftverteidigungszone im westlichen Vorfeld des WP überwinden müssen, um zu einem wirksamen Waffeneinsatz zu kommen. Für die Fm/EloAufkl der Luftwaffe kam es zu dieser Zeit darauf an, frühzeitig Indikationen für den Einsatz nuklearfähiger Luftangriffsmittel auf östlicher Seite zu erkennen.

Einschätzung der Bedrohung durch die NATO

1978 erschien ein Werk[124], das unter Mitwirkung namhafter Autoren aus britischen- und NATO-Kreisen die Umstände schildert, die zu einem Kriege im August 1985 hätten führen könnten. Es darf angenommen werden, das die Quintessenz des Werkes die Anschauungen der NATO-Planer und mancher nationaler Regierungen[125] im Hinblick auf die Bedrohung durch den Warschauer Pakt und des auf Seiten der NATO erwarteten Ablaufs einer kriegerischen Auseinandersetzung zwischen WP und NATO in Mitteleuropa reflektierte. Aus den nun folgenden Diskussionen auf allen politischen und militärischen Ebenen der NATO entwickelte sich im Laufe der Jahre das FOFA-Konzept der Vereinigten Staaten, das bald von der NATO übernommen werden sollte.

Wichtige Waffensysteme des Warschauer Paktes im Vorfeld der NATO

Sowjetische Flugzeuge mit strategischer Einsatzrolle

Diese Flugzeuge waren den *Strategischen Luftarmeen* beziehungsweise der *Nordflotte* zugeordnet und bildeten eine besondere Bedrohung für den zentraleuropäischen Raum und die überlebenswichtigen maritimen Verbindungswege über den Nordatlantik (SLOC)[126]:

TU 26 BACKFIRE mit AS- 4 KITCHEN konventioneller/nuklearer Gefechtskopf 350 kT
TU 22 BACKFIRE C MIT AS- 4 KITCHEN konventioneller/nuklearer Gefechtskopf 350 kT
TU 22 BACKFIRE mit AS-16 KICKBACK konventioneller/nuklearer Gefechtskopf 350 kT
TU 22 BLINDER B mit AS- 4 KITCHEN konventioneller/nuklearer Gefechtskopf 350 kT

---

123 Close: *Das Ungleichgewicht des Schreckens,* Molden, Wien 1981, Seite 156 ff.
124 Hackett, General Sir John: *The Third World War.* Sidgwick & Jackson, London 1978.
125 Hierzu siehe auch François: *Wenn die Russen angreifen,* Goldmann-Verlag, München 1980, Seite 7 ff.
126 SLOC – *Sealines of Communication.*

BACKFIRE (Tupolew-TU 26). Strategischer Bomber der sowjetischen Luftwaffe, der bei »Forward Area Penetration Missisons« eingesetzt wurde um die Reaktionen der NATO-Luftverteidigung zu testen.

TU 95 BEAR mit AS- 4 KITCHEN konventioneller/nuklearer Gefechtskopf 350 kT
TU 95 BEAR H mit AS-15 KENT nuklearer Gefechtskopf 200 kT
TU 95 BEAR H mit AS-16 KICKBACK konventioneller/nuklearer Gefechtskopf 350 kT
TU 16 BADGER mit AS-6 KINGFISH konventioneller/nuklearer Gefechtskopf 350 kT

Nuklearfähige taktische Einsatzflugzeuge der sowjetischen und nationalen Frontfliegerkräfte

Die nachfolgend aufgeführten Flugzeuge der sowjetischen und nationalen Frontfliegerkräfte konnten mit taktischen Nuklearwaffen ausgerüstet werden:
MiG 25 FOXBAT mit AS-11 KILTER (Kh 58) konventioneller/nuklearer Gefechtskopf ? kT
MiG 27 FLOGGER mit AS-11 KILTER konventioneller/nuklearer Gefechtskopf ? kT
Su 17 FITTER C mit AS-11 KILTER (Kh 58) konventioneller/nuklearer Gefechtskopf ? kT
Su 22 FITTER E mit AS-11 KILTER (Kh 58) konventioneller/nuklearer Gefechtskopf ? kT
Su 24 FENCER mit AS-11 KILTER (Kh 58) konventioneller/nuklearer Gefechtskopf ? kT
Su 25 FROGFOOT AS-11 KILTER (Kh 58) konventioneller/nuklearer Gefechtskopf ? kT

FOXBAT (MiG-23) Sowjetisches Aufklärungsflugzeug, das häufig im vorderen Luftraum des Warschauer Paktes bei Aufklärungseinsätze beobachtet werden konnte und gelegentlich auch in den NATO-Luftraum eindrang.

Die Aktivitäten dieser Muster waren sowohl im Luftraum der westlichen Militärbezirke als auch im vorderen Raum gezielt und permanent zu überwachen, um für die NATO bedrohliche Anzeichen zu erkennen. Da der westlichen Seite bekannt war, dass die sowjetischen Streitkräfte im vorderen Raum auch über ein umfangreiches Arsenal an chemischen Waffen verfügten, war auch hier von überragender Bedeutung, entsprechende Indikationen für einen möglichen, frühzeitigen Einsatz chemischer Waffen durch die

Luftstreitkräfte des WP aufzuklären, um auf westlicher Seite Gegenmaßnahmen einleiten zu können. Der Bereitschaftsstand des *Diensthabenden Systems*, das aus Luftraumüberwachungsradar, Frühwarnradar-, Jägerleitradar-, Flugsicherungsgroßradar-, Höhenmess- und Anflugradargeräten sowie den dazu gehörigen Führungsmitteln – HF/VHF/UHF – und Richtfunkverbindungen bestand, musste ständig auf seine Aktivitäten hin überwacht und von der Norm abweichendes Verhalten erkannt werden. Die Radarleiteinrichtungen des stationären Fliegerabwehrraketensystems, wie Zielsuch-, Zielbeleuchtungs- und Zielzuweisungsradar und andere Radarsysteme, mussten ebenfalls auf ihre Aktivitäten hin überwacht werden, um von der Norm abweichende Verhalten frühzeitig zu erkennen. Die Radargeräte der Truppenluftabwehr der Großverbände des Warschauer Paktes mussten bei Aktivitäten erfasst und lokalisiert werden, um aus der Dislozierung und den dabei beobachteten Aktivitäten die entsprechenden Schlüsse im Hinblick auf eine mögliche bedrohliche Entwicklung ziehen zu können. Nicht zuletzt die gesamte Führungsorganisation der Luftstreitkräfte und ihr Zusammenwirken mit anderen Führungselementen des Warschauer Paktes musste soweit möglich erfasst und nahezu zeitverzugslos analysiert werden, um im Bedarfsfall entsprechende Gegenmaßnahmen initiieren zu können.

Folgende Fliegerabwehrraketen-Systeme (*Surface to Air Missile* – SAM)[127] traten im Vorfeld des Warschauer Paktes ab Ende der sechziger Jahre auf[128]:

Flugabwehrraktensysteme des Warschauer Paktes[129]

M-1 GUILD
M-2 GUIDELINE / GUIDELINE mod
M-3 GOA
M-4 GANEF
M-5 GAMMON
M-6 GAINFUL
M-8 GECKO
M-9 GASKIN

Hinzu kamen noch Systeme der Rohr-Fliegerabwehr, wie ZSU 23-4 und ZSU 75-2, die teilweise an Flugplätzen zum Objektschutz eingesetzt waren.

Ein weiterer wesentlicher Aspekt bei der Aufklärung war die Gewinnung von Parameterdaten östlicher Radarausrüstung aller Art, um für eigene elektronische Schutz- und Gegenmaßnahmen über geeignete Daten zu verfügen. Zusätzlich mussten noch die Führungsnetze der Luftstreitkräfte und Luftverteidigung permanent überwacht werden, um bedrohliche Entwicklungen frühzeitig zu erkennen. Insbesondere gaben auch die unerwarteten Aktivierungen luftgestützter Gefechtsstände (IL 18 COOT A/B sowie TU 126 MOSS, später IL 76 MAINSTAY) immer wieder Anlass zu erhöhten Erfassungsaktivitäten auf westlicher Seite. Mitte der siebziger Jahre gingen die sowjetischen Streitkräfte dazu über, den Austausch von Personal (Frühjahrs- und Herbst-Truppenrotation) mit Hilfe großangelegter Lufttransporteinsätze der Transportfliegerkräfte *(Vosduschnaja Transportnaja Aviatsia* – VTA) und der *Aeroflot* in den vorderen Bereich durchzuführen, hauptsächlich auf

127 USAREUR PAM 30-60-1, *Identification Guide, Ordnance Equipment Warsaw Pact Countries,* July 1968.

128 Wiener (Hrsg.): *Taschenbuch der Landstreitkräfte Band 2,* Bernhard & Graefe, München 1979.

129 Siehe auch *Field Manual (FM) 30-40 Handbook on Soviet Ground Forces,* Chapter 4, HQ Department of the Army, Washington D.C. 1975.

Plätze in der DDR und CSSR sowie Polens. Diese wurden durch die Fm/EloAufklLw erfasst und aufgeklärt, um Erkenntnisse über den Truppenbestand der Gegenseite zu gewinnen. Die oben geschilderten sowjetischen Aktivitäten dürfen nicht isoliert mit Blickrichtung auf den Kommandobereich Europa-Mitte der NATO betrachtet werden, da die Sowjets zeitgleich und sicherlich auch abgestimmt rege Aufklärung an den NATO-Flanken betrieben, die allerdings von der deutschen Fm/EloAufkl auf Grund der technischen Gegebenheiten höchstens im HF-Bereich erfasst und aufgeklärt werden konnte. Die Bundesmarine hat sich sicher am Austausch *(Interfleet Exchange)* der Flottenverbände im NATO-Verbund beteiligen können. Die Aufklärungsflüge der sowjetischen Marineluftwaffe von Basen auf der Kola-Halbinsel entlang der norwegischen Küste, teilweise bis in die Nordsee, durch Tu 95 BEAR, Tu 16 BADGER und IL 18 COOT, oder die simulierten U-Boot- und Schiffsbekämpfungseinsätze durch Tu 95 BEAR, wurden ergänzt durch Aufklärungseinsätze (Tu 95 BEAR und IL 38 MAY) über dem Nordatlantik, die teilweise bis kurz vor die kanadische und amerikanische Küste führten. Derartige Aktivitäten deuteten immer wieder auf beginnende großräumige sowjetische Seemanöver im Nordmeer und dem Nordatlantik hin, aber auch auf den Austausch von Schiffseinheiten zwischen der sowjetischen Nordflotte und der im Mittelmeer operierenden sowjetischen 5. Eskadra[130], die durch entsprechende Flüge (vorwiegend IL 38 MAY) von syrischen und libyschen Flugplätzen unterstützt wurden und die Bewegungen der 6. US-Flotte überwachen sollten. Auch Kräfte der sowjetischen Schwarzmeerflotte unterstützten die 5. sowjetische Eskadra. In den Wintermonaten verlegten die Flugzeugträger der KIEW- und MOSKVA-Klasse häufig ins Mittelmeer, um dort die besseren Wetterbedingungen für die Operationsausbildung zu nutzen. Allerdings muss festgestellt werden, dass die Sektoren der vorderen Erfassung der Luftwaffe diese Erkenntnisse nicht erhielten, sondern die rückfließenden Informationen sich ausschließlich auf deren Aufklärungsbereich bezogen. Die grenznah eingesetzten Kräfte der Fernmelde- und Elo-Aufklärung des bundesdeutschen Heeres richteten ihr Hauptaugenmerk zu dieser Zeit zunächst auf die Aktivitäten der nuklearen Mittel- und Kurzstrecken-Trägermittel der sowjetischen Landstreitkräfte im vorderen Raum, die zur damaligen Zeit über folgende, schnell einsetzbare Systeme[131] verfügten, die eine latente Bedrohung[132] des NATO-Abschnitts Europa-Mitte darstellten:

Ballistische Waffensysteme des Warschauer Paktes:

- FROG *(Free Rocket over Ground)* 1, 2, 3, 4 und 7
- SDUD A, SCUD B
- SCALEBOARD
- SCAMP/SCAPEGOAT
- SHADDOCK
- SCOOGE
- SS-20 *(Surface to Surface)*
- SS-21 SCARAB (in späteren Jahren)
- SS-23/24 (in späteren Jahren)

---

130 SOVMEDRON – *Soviet Medditerranean Squadron* (Sowjetische Mittelmeerschwadron)

131 HQ Department of the Army, FM 30-40, *Handbook on Soviet Ground Forces,* Washington D.C. 1975.

132 Eine Bewertung der Situation Mitte der achtziger Jahre aus nationaler Sicht enthält Ebeling: *Schlachtfeld Deutschland,* Podzun-Pallas, Friedberg 1986, Seite 14 ff. und Seiten 116 -179.

Das sowjetische Raketensystem SS-20, das zu einer Bedrohung der NATO führte.

Das sowjetische Nachfolgesystem SS-21, das bis zum Abzug der russischen Truppen in der damaligen DDR stationiert war.

Daneben mussten die Führungskreise der entsprechenden sowjetischen und nationalen Ebenen (NGT, GSTD, ZGT, SGT mit unterstellten Armeen, Divisionen und Spezialverbänden), soweit erfassbar, aufgeklärt werden. Die häufig stattfinden Übungen mit Volltruppe auf allen Ebenen und in allen Bereichen des NATO-Vorfeldes mussten ebenso erfasst werden wie die umfangreichen Fernmeldeübungen aller Ebenen sowie Bereitschaftsgrade der Truppenluftabwehr, die zu dieser Zeit und später über folgende Systeme verfügte:

Truppenluftabwehr

- ZSU 57-2 *(Zenitnaja Samochadnaja Ustanovka),* 57 mm Fliegerabwehr-Zwillingsgeschütz auf Fahrgestell Kampfpanzer T-54
- ZSU 23-4 *(Zenitnaja Samochadnaja Ustanovka),* 23 mm Fliegerabwehr-Vierlingsgeschütz auf Fahrgestell PT-76, radargesteuert (System GUN DISH),
- M-8 GECKO Fliegerabwehrraketenpanzer auf Sechsrad-Sonderfahrgestell
- M-9 GASKIN Fliegerabwehrraketenpanzer auf Fahrgestell BTR-40 P

Daneben verfügte die sowjetische Armee und die Armeen der WP-Staaten im Vorfeld damals auch noch über Fliegerabwehrwaffen unterschiedlicher Kaliber, z.B. 14,5 mm Fla-

ZSU 23-4, hochmobiles und radargesteuertes Rohrwaffensystem (4 x 23mm) der Truppenluftabwehr des Warschauer Paktes, das mit den Panzerverbänden des WP eingesetzt werden sollte und für die westlichen Luftangriffskräfte bei der Gefechtsfeldabriegelung eine Bedrohung darstellen konnte.

MG KPV/ZPU, 23 mm FlaMaschKan ZU 23-2, 30 mm FlaKanone, 37 mm FlaKanone M-38/M-39, 57 mm FlaKanone M-50, 85 mm FlaKanone M-44, 100 mm FlaKanone M-49, 130 mm FlaKanone M-55, die meist ortsfest im Objektschutz eingesetzt waren und kaum noch in den Verbänden auftraten. Besondere Aufmerksamkeit der Horchfunker verlangte die Aktivierung von Führungsnetzen nach Funkstille und die Durchgabe von »Deckworten« auf Sprechfunkverbindungen sowohl im HF- als auch Verbindungen im VHF/UHF- und RiFu-Bereich, da in solchen Fällen in aller Regel mit dem Beginn größerer Übungen oder anderen Ereignissen auf der Gegenseite gerechnet werden musste und im Frühstadium der Erfassung nie ganz ausgeschlossen werden konnte, dass es sich hierbei um ein Abweichen von der Norm handelte und sich daraus eine nicht erwartete Entwicklung ergeben hätte können. Erschwert wurde die Erfassung von Sprechfunkverbindungen in späterer Zeit, da die sowjetische Seite vermehrt dazu überging, die Verbindungsaufnahme in HF- und VHF/UHF-Netzen offen durchzuführen. War die Verbindung hergestellt, wurden jedoch Sprachschlüsselgeräte[133] eingesetzt, die ein Mithören des Funkverkehrs unmöglich machten. Hier konnten dann nur noch die Analyse der Funkbeziehung(en) und Rufnamen einen Lösungsansatz bieten. Bis Ende der siebziger Jahre war die Entwicklung im Bereich der Erfassung sowjetischer Signale (und der anderer WP-Truppen) geprägt von Zuführungen neuer Geräte und dem Einsatz bisher unbekannter Verfahren, die eine ständige Anpassung der Erfassungstechnik auf westlicher Seite erforderlich machte und die Sektoren der vorderen Erfassung, hier besonders die der Luftwaffe, zu ständigen Baustellen werden ließ. Auch wurden die Melde- und Auswerteverfahren der sich schnell entwickelnden Datenverarbeitungstechnik, dort wo entsprechende finanzielle Mittel durch den Haushalt bereitgestellt wurden, mit Hilfe der deutschen Industrie verbessert. Gleichwohl bleibt festzustellen, dass auch die Vereinigten Staaten an dieser Entwicklung partizipierten, beispielsweise bei der Beschaffung eines neuartigen VHF/UHF-System für die vordere Erfassung der Luftwaffe. Ein damals nur in zwei Exemplaren verfügbares System (Kreisgruppe Watkins-Johnson?) soll dem Vernehmen nach bei Aufgabe der vorderen Erfassung der Luftwaffe in den neunziger Jahren nach Ungarn abgegeben worden sein.

133 Vermutlich sowjetische SAS-Systeme, siehe hierzu auch Kapitel IV.

Die Bedrohung der NATO durch Spezialkräfte der Warschauer-Pakt-Staaten

Wie bereits im Abschnitt über die *Alliierten Militärverbindungsmissionen* dargelegt, nutzte der Warschauer Pakt eine Vielzahl von Möglichkeiten, um Informationen aus dem Operationsgebiet Westeuropa zu beschaffen, die alle in irgend einer Weise mit der Funk- und Funktechnischen Aufklärung, insbesondere der DDR und der in Deutschland stationierten sowjetischen Truppen und nachrichtendienstlichen Diensteinheiten der GRU und des KfS verbunden waren. Dass beim Einmarsch der sowjetischen und anderen Truppen in die CSSR offenkundig »Truppen der besonderen Verwendung« (*Voiska Spezialnoye Naznachenia* – Speznas)[134] als Wegbereiter eine nicht unwesentliche Rolle gespielt hatten, wurde nun mehr und mehr offenkundig. Daher musste sich die NATO darauf einstellen, dass der Warschauer Pakt bereits lange vor einem möglichen Konflikt in Zentraleuropa mit Kräften des verdeckten Kampfes wichtige militärische und zivile Ziele in Westeuropa angreifen würde, um diese beim Ausbruch von offenen Feindseligkeiten schlagartig auszuschalten. Wie aus den zusammengefassten Aufklärungsmeldungen des MilND der NVA zu Ende der achtziger Jahre ersichtlich ist, verfügte der Warschauer Pakt über ausreichend präzise Informationen über Schlüsselobjekte der Landesverteidigung und wichtiger zivile Objekte in der Bundesrepublik. Ob die Gegenseite auch geplant hat, wichtige politische und militärische Entscheidungsträger in der Bundesrepublik zu eliminieren muss Spekulation bleiben, erscheint aber im Lichte der sehr umfassenden Planungen des MfS in diesem Bereich als wahrscheinlich. Die Nachrichtendienste der DDR als auch anderer WP-Staaten verfügten offenbar in der Bundesrepublik über eine unabhängig und abgeschottet agierende Unterstützungsorganisation für den Ernstfall, die den Auftrag hatte, im Operationsgebiet verdeckt operierende Kräfte zu unterstützen. Die NVA verfügte im *Fallschirmjägerregiment 40 »Willi Sänger«* (später *Luftsturmregiment 40*) über eine Truppe, die intensiv auf verdeckte Einsätze in der Bundesrepublik vorbereitet wurde. Auf dem Truppenübungsplatz Lehnin[135] soll sich eine Anlage befunden haben, die wichtige Details von NATO-Waffensystemen darstellte, an der die Angehörigen des Luftlandeverbandes ausgebildet wurden. Später sollte noch eine Einheit in Burg bei Magdeburg (FschJgBtl 5?[136]) aufgestellt werden, die einen ähnlichen Auftrag haben konnte. Es darf angenommen werden, dass die den Militärbezirken[137] III und VI unterstellten *Spezialaufklärungskompanien* 3 in Rudolstadt und 5 in Glöwen (SAKIK-3 bzw. -5) Aufträge erhielten, die handstreichartige Kommandounternehmen und Aufklärungseinsätze nach Art der *Raidoviki* der sowjetischen Fallschirmjägertruppe[138] im jeweiligen Angriffstreifen der Armee durchzuführen hatten. Ob hierbei die *Grenzaufklärer* (GAK) der *Grenztruppen der NVA* Einweiserdienste zu leisten hatten, kann nicht mit Bestimmtheit ausgeschlossen werden.

---

[134] Walmer: *Modern Elite Forces,* Salamander Books, London 1984, Seite 54 ff.

[135] Walmer: *Modern Elite Forces,* Salamander Books, London 1984, Seite 72 ff.

[136] Diese Einheit soll aus der FjgKp 5 Cottbus aufgestellt worden sein.

[137] Die Umgliederung in Armeestäbe und Zuführung von Mob-Aufstellungen waren für den Kriegsfall geplant.

[138] Die sowjetischen Streitkräfte verfügten in den westlichen Militärbezirken über die 7. GdLLDiv Kowno, 76. GdLLDiv Pskow, 103. GdLLDiv Witebsk. Boger: *Elite- und Spezialeinheiten international,* Motorbuch Verlag, Stuttgart 1993. (DokZentBw DD 4705), siehe auch: ANBw Abt II – *Gegenüberstellung NATO – WP,* (1990) VS-NfD.

Ob jedoch die Spezialkräfte der Hauptabteilung XXII (Terrorabwehr) des MfS eigenständige Unternehmen durchgeführt oder gemeinsam mit anderen Spezialkräften im Operationsgebiet agiert hätten, kann auf Grund der Aktenlage nicht mehr festgestellt werden. Welche Rolle die auf dem Flugplatz »ROTE JAHNE«[139] bei Eilenburg stationierte Einheit spielte, die über AN-2 COLT verfügte und die ominöse Bezeichnung »DYNAMO-KETTE« trug, ist auch heute noch nicht eindeutig zu bestimmen. Soweit bekannt, war diese Einheit der *Gesellschaft für Sport und Technik* (GST) zugeordnet und soll die Fallschirmspringerausbildung des Sportklubs »Dynamo Hoppegarten« unterstützt haben. Der Sportklub »Dynamo« war offenbar Teil des *Ministeriums für Staatssicherheit.* Es kann deshalb nicht gänzlich ausgeschlossen werden, dass diese Einrichtung[140] in Ausbildungsvorhaben der späteren *Hauptabteilung XXII (Terrorabwehr) des MfS* für den subversiven Kampf im Operationsgebiet eingebunden war.

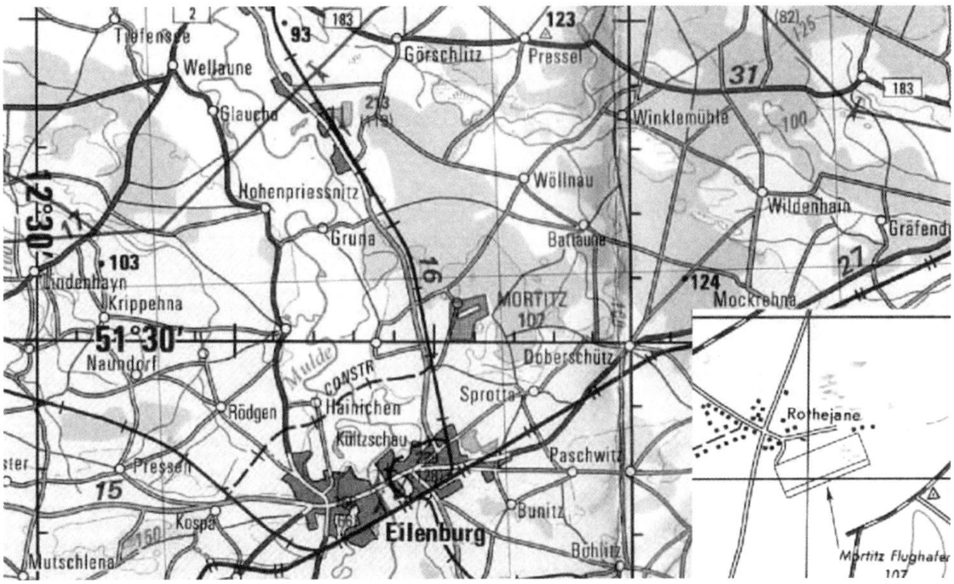

Lageplan des Flugplatzes ROTEJAHNE bei Mörtitz/Eilenburg, auf dem die AN-2 »DYNAMO-Kette« stationiert war. Während der Wende war auf diesem Platz auch eine IL 18 mit Interflug-Markierungen abgestellt.

Soweit bekannt, befand sich auf dem Platz oder in dessen Nähe auch eine Bunkeranlage, die der Bezirksverwaltung Leipzig des MfS als Ausweichgefechtsstand im Falle eines Krieges dienen sollte. Es kann jedoch auch nicht ausgeschlossen werden, dass die Bunkeranlage dem Kommando des Militärbezirkes III Leipzig zuzuordnen ist. Der Hauptgefechtsstand der BV Leipzig soll sich in Machern befunden haben. Am 3. Oktober 1990 befand sich offenbar auch eine ILJUSCHIN 18 (IL 18 COOT) auf dem Platz. Wem dieses Maschine zuzuordnen war, ist heute nicht mehr eindeutig zu klären. Im Bestand der

[139] Eilenburg-Mörtitz, auch unter Roitschjohra bekannt.

[140] Karte 1:250.000, Serie 1501, SHEET NM 33-1, Edition: 4-GSGS

Interflug befanden sich zu dieser Zeit wahrscheinlich noch sechs Maschinen dieses Typs[141]. Die Landung der IL 18 auf diesem Platz erscheint wahrscheinlich, da er über eine Grasnarbe verfügte und bereits während des letzten Kriegs als Feldfluplatz[142] gedient hatte. Über den weiteren Verbleib dieses Luftfahrzeuges ist nichts bekannt. Nicht zuletzt hatte auch die sowjetische Armee Anfang der achtziger Jahre mindestens eine *Speznas-Brigade*[143] auf deutschem Boden stationiert.

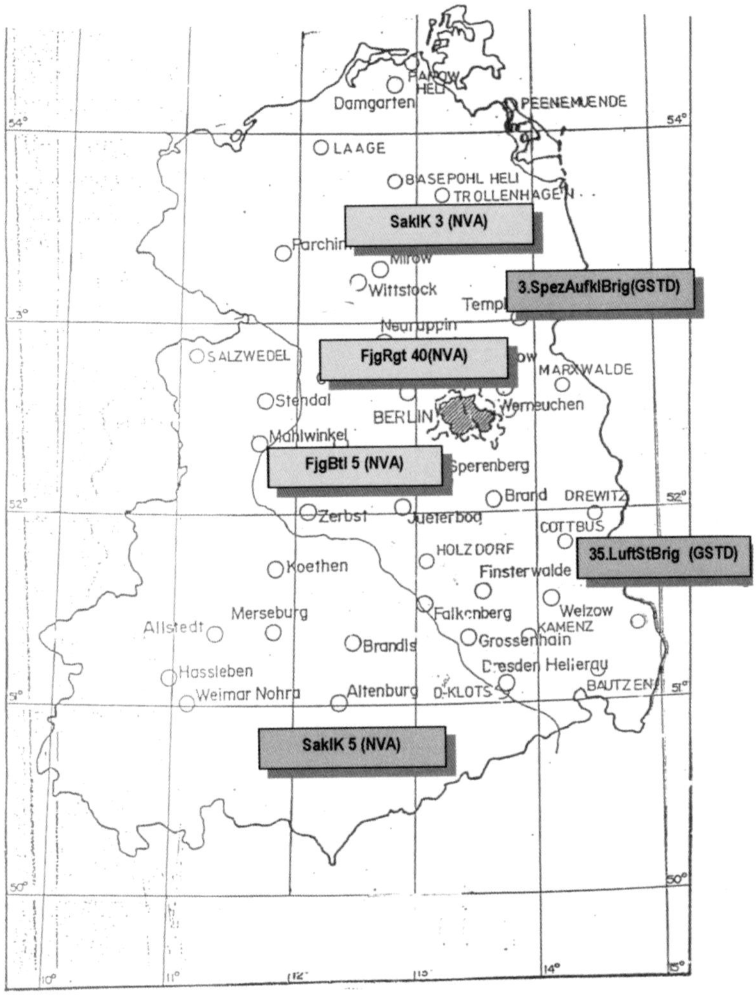

Dislozierung von Spezialkräften in der DDR.

---

141 Zivile-/Militärische Kennung DM-STD(493), DM-STP(497), DM-STE (499), DM-STH, DM-STI, DM-STM (Interflug-Bemalung). Kopenhagen: *Die Luftstreitkräfte der NVA*, Motorbuch Verlag 2002, Seite 136.

142 Flugplatz Mensdorf in Ries/Dierich: *Fliegerhorste und Einsatzhäfen der Luftwaffe,* Motorbuch Verlag, Stuttgart 1993, Seite 48.

143 Welham/Quarrie: *Operation Speznaz,* Stephens Ltd, Wellingsbourough, UK, 1989, Seite 34 ff. Wiener: *Taschenbuch der Landstreitkräfte – Die Armeen des Warschauer Paktes,* Bernard & Graefe, München 1979, Seite 78 ff, vermutlich die 3. sowjetische Spezialaufklärungsbrigade in Neuthymen bei Fürstenberg a.d. Havel.

Ob die in Cottbus garnisonierende *35. sowjetische Luftsturmbrigade*[144] in das System der Spezialkräfte der GSTD eingebunden war, kann nicht abschließend bewertet werden, erscheint aber wahrscheinlich. Sowohl die tschechoslowakischen Streitkräfte (FallschJg Rgt 7 in Holeslov bei Prerov) als auch die polnischen Streitkräfte (Luftlandedivision) verfügten ebenfalls über entsprechende Formationen. Ob dies für Ungarn und Rumänien zu dieser Zeit gelten kann, bleibt fraglich. Hinzu zu rechnen sind noch die Spezialkräfte der *Baltischen Rotbannerflotte* und der polnischen Seekriegsflotte, die über Marineinfanterie- und Spezialkräfte verfügten (»Marine-Speznas«). Ende der achtziger Jahre gingen NATO-Planer[145] davon aus, dass einer Armee des Warschauer Paktes im Angriff mindestens eine Speznas-Kompanie mit Führungselement und neun Speznas-Gruppen zur Verfügung gestanden hätten. Für den Einsatz im Rahmen einer Front (Armeegruppe) des Warschauer Paktes rechnete die NATO mit dem Einsatz von mindestens fünf Speznas-Brigaden[146], die insgesamt über etwa 80 Einsatzgruppen verfügt hätten.

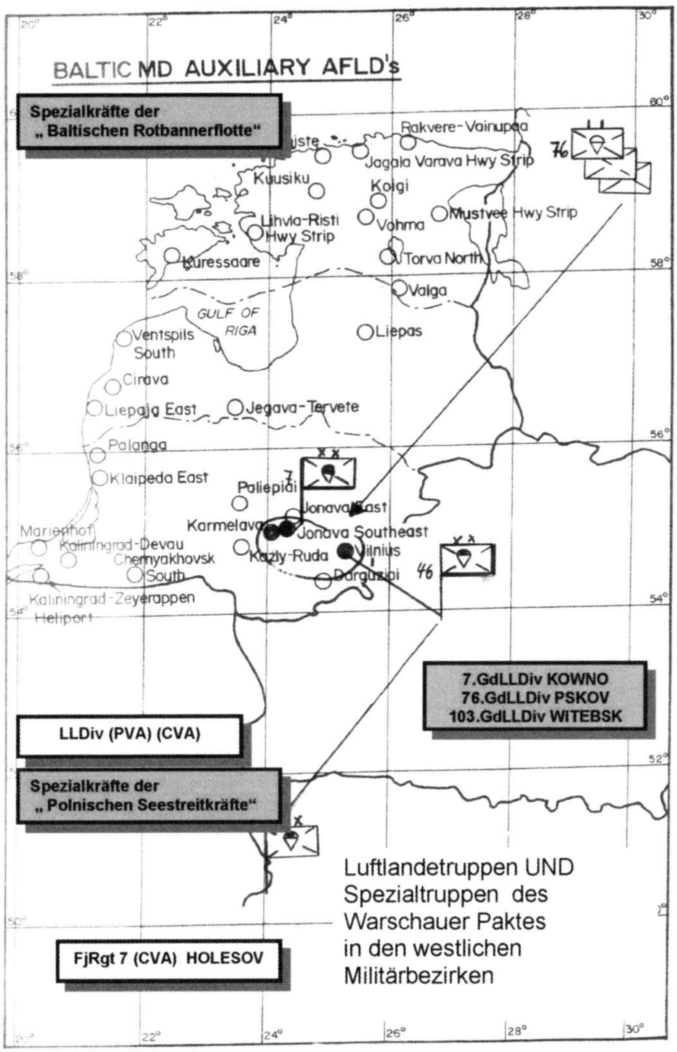

Dislozierung von Spezialkräften in den westlichen Militärbezirken, Polen und der CSSR.

144 Suworow geht von der Annahme aus, dass in der damaligen DDR ein zweiter, getarnter sowjetischer Frontstab existiert hat. Dies würde durch die 35. sowjetische Luftsturmbrigade bestätigt, da einer Front jeweils eine Speznas-Brigade für den Kriegsfall unterstellt war. Suvorov: *Inside the Soviet Army,* Berkeley, New York 1982, Seite 144 ff.

145 SACEUR, MAJOR NATO COMMANDERS GENERIC ENEMY FORCES CATALOGUE(GEFC), NR, JAN 1991.

146 Schofield: *Inside the Soviet Army,* Headline, London 1991, Seite 196 ff.

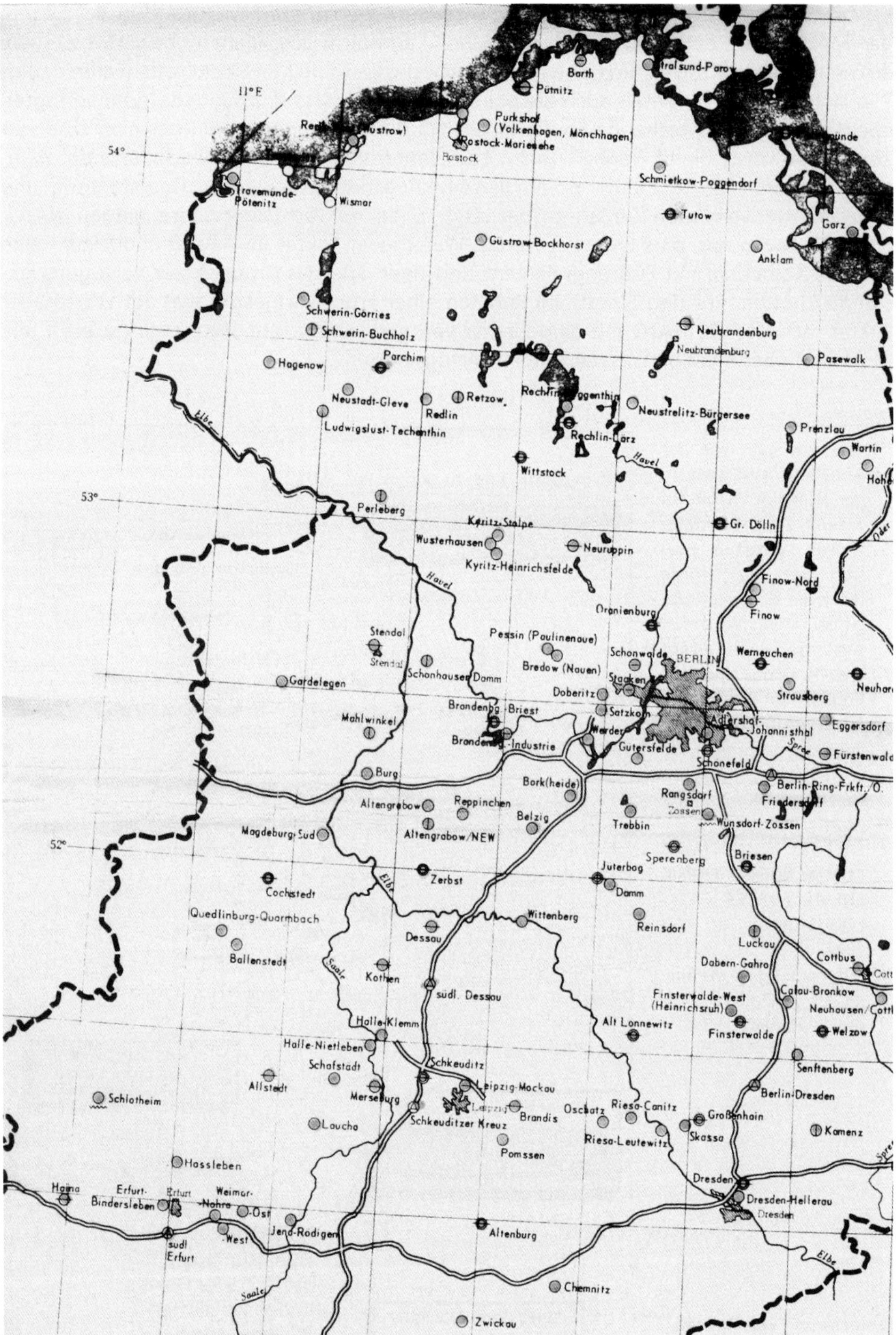

Flugplätze in der DDR (Originalabbildung aus dem Jahre 1975).

Über den möglichen zusätzlichen Einsatz von Spezialaufklärern der GRU, des militärischen Nachrichtendienstes der Sowjetarmee, die in der Regel im Einzeleinsatz geführt wurden, bestanden, soweit bekannt, keine konkreten Vorstellungen auf westlicher Seite. Auch liegen über die Vorbereitungen des KfS (KGB) für einen solchen Fall keine konkreten Hinweise aus westlichen Quellen vor. Aus entsprechenden Quellen des MfS, die bei der BStU verfügbar sind, wird jedoch deutlich, dass der sowjetische zivile Nachrichtendienst (KfS/KGB) sich ebenfalls auf verdeckte Einsätze im Operationsgebiet BRD vorbereitet hatte. Nach entsprechenden Untersuchungen auf westlicher Seite galten etwa 300 Anlagen[147] und Einrichtungen der NATO im Kriegsfall als potenzielle Angriffsziele der Spezialkräfte des Warschauer Paktes. Würden diese Ziele ausgeschaltet, hätte die Führung der NATO nachhaltig beeinträchtigt werden können. Über die in der DDR bei den GSTD, später bei der WGT, vermutete Speznas-Brigade[148] liegen auch bis noch keine offenen Erkenntnisse vor. Es kann aber davon ausgegangen werden, dass diese Brigade unauffällig in der Nähe[149] eines oder mehrerer Flugplätze in Mitteldeutschland stationiert gewesen sein muss. Da die Speznas-Einheiten immer normale sowjetische Armeeuniform zu tragen pflegen, ist eine Identifizierung auch nur sehr schwer möglich. Mitte der achtziger Jahre mehrten sich die Anzeichen dafür, das sowjetische Speznas-Angehörige in mancherlei Tarnungen (z.B. als Mannschaftsangehöriger sowjetischer Trawler in westlichen Häfen, Beifahrer von Transportfahrzeugen der Transportunternehmen SOVTRANS, CSAD, HUNGARCAMION, DEUTRANS (und anderer) Erkundungen im Operationsgebiet Westeuropa durchgeführt haben. Besonders augenfällig wurde dies, wenn größere NATO-Manöver anstanden. Dann war ein Anwachsen der Aktivitäten dieser Transporte unschwer zu erkennen. So auch auf der Bundesstraße B 303, die vom deutsch-tschechoslowakischen Grenzübergang Schirnding zur Autobahnzufahrt bei Bad Berneck im Fichtelgebirge führte. Hier waren besonders häufig CSAD- und SOVTRANS-Fahrzeuge[150] zu beobachten, die auch ohne ersichtlichen Grund längere Zeit auf den an der B 303 gelegenen Parkplätzen verweilten. Von Bayreuth konnte gut das mögliche Aufmarschgebiet der Kräfte des VII US-Korps Stuttgart, das für die Verteidigung in diesem Abschnitt zuständig war, unter visueller Kontrolle gehalten werden. Ernstzunehmende Quellen berichten auch, das Angehörige des *Fallschirmjägerregiments 40* noch in den achtziger Jahren mögliche Angriffsobjekte in der Bundesrepublik in ziviler Kleidung erkundet haben sollen. Gelegentlich fielen im Grenzraum Oberfrankens auch Privatfahrzeuge mit CSSR-Kennzeichen auf, die, meist gesteuert von Männern im Alter zwischen 20 und 40 Jahren, über eine ungewöhnlich lange, für UKW-Empfangszwecke weniger geeignete Kfz-Antenne verfügten. Ein derartiges Fahrzeug konnte auch im Sommer 1984 auf einem Parkplatz in der Schweiz in der Nähe des Bodensees beobachtet werden. Es steht zu vermuten, dass mit den Spezialantennen und modifizierten Autoradios ungerichteter A3-Funk empfangen werden konnte. Zu dieser Zeit führte offenbar der *Bundesnachrichtendienst* die Aufklärung der Spezialkräfte des Warschauer mit elektro-

---

147 Ob sich unter diesen potenziellen Zielen auch Anlagen und Einrichtungen der Elektronischen Kampfführung befunden haben könnten, ist nicht nachweisbar, da die Studie als »GEHEIM« galt. Die NATO rechnete jedoch auch mit der Unterbrechung des NATO-Pipeline-Systems zu Beginn eines Konflikts.

148 Diese ist auch in der Übersicht *Handbuch der bewaffneten Organe der DDR – Im Dienste der Partei,* Links-Verlag, Berlin 1998, Seite 622, nicht enthalten.

149 Möglicherweise vorher in Neuruppin bei der 12. sowjetischen Panzerdivision im Norden der DDR als »unabhängiges Fallschirmjägerregiment« getarnt.«

150 Die Fahrer der SOVTRANS-Züge und deren Begleiter machten häufig einen sehr professionellen Eindruck, insbesondere hinsichtlich ihres Auftretens und Bekleidung. Besonders schien der Haarschnitt sehr militärisch kurz, wie dies der Autor öfter selbst auf Parkplätzen der B 303 beobachten konnte.

nischen Mitteln. Jedenfalls enthielten die einschlägigen zusammenfassenden Lageberichte auf nationaler militärischer Seite keinerlei Hinweise auf die Aktivitäten der »Truppen besonderer Verwendung« des Warschauer Paktes. Auch die *Intelligence*-Publikationen der NATO zu dieser Zeit enthielten keine Hinweise zu diesem speziellen Komplex. Daher muss angenommen werden, dass Übungen und Übungseinsätze dieser Kräfte unter strengster Geheimhaltung und ausschließlich über gesicherte Fernmeldeverbindungen, die westliche Dienste offenbar nicht erfassten oder erfassen konnten, abgewickelt wurden.

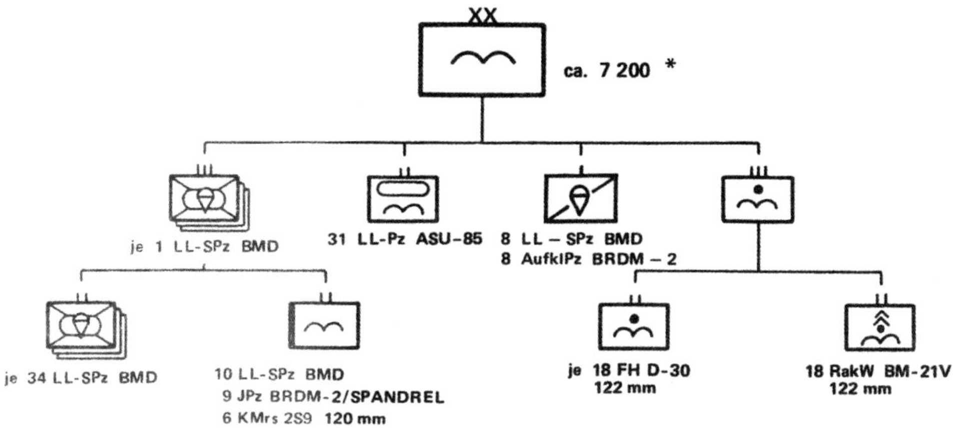

* Im Einsatz Unterstützung durch **Front-/Armeetruppen (u.a. Art, Pi, Log)**

Gliederung der Luftlandekräfte im NATO-Vorfeld.

Der Indikations- und Warnungsprozess der NATO 1968 bis 1989

im Lichte möglicher sowjetischer Täuschungsoperationen des Funkelektronischen Kampfes

Da beim Einmarsch in die CSSR keine nennenswerten Maßnahmen des *Funkelektronischen Kampfes* oder der *Funkelektronischen Täuschung* angewandt wurden, gingen westliche Planer von einer geringen Wahrscheinlichkeit künftiger Täuschungsmaßnahmen zur Verschleierung eigener Absichten auf der sowjetischen Seite aus. Mitte der siebziger Jahre jedoch, nach eingehenden Diskussionen in den entsprechenden militärischen und politischen Zirkeln, ging die militärische Führung der NATO davon aus, das die sowjetische Seite in einem möglichen künftigen Konflikt vorausschauend schon sehr frühzeitig Maßnahmen der strategischen Irreführung *(Deception)* einsetzen könnte. Diese nahmen im sowjetischen militärstrategischen Denken breiten Raum ein und waren in der Vergangenheit (Operation »BAGRATION«) gegen die deutsche Heeresgruppe Mitte 1944) auch mit Erfolg angewandt worden. Im Folgenden soll jedoch aus naheliegenden Gründen nur auf die Aspekte des *Funkelektronischen Kampfes* im Rahmen der sowjetischen *Maskirovka*-Gesamtkonzeption[151] eingegangen werden, soweit der NATO-Kommandobereich Europa-Mitte *(Central Region)* hätte betroffen sein können. In einem sich entwickelnden möglichen Konflikt hätte die Sowjetunion schon sehr frühzeitig mit politischen und militärischen Täuschungs- und Irreführungsoperationen auf dem elektronischem Gebiet, eingebettet in eine Gesamtstrategie, beginnen müssen, um die Fm/EloAufkl der NATO zu täuschen.

Da die *Fernmelde- und Elektronische Aufklärung* innerhalb der NATO generell unter nationalem Vorbehalt betrieben wurde und die Ergebnisse ausschließlich in quellenbereinigter Form unter Beachtung nationaler Interessen in die NATO-Stäbe weitergeben wurden, war damit zu rechnen, dass derartige Indikationen zunächst in der Vielzahl der Informationen untergegangen wären. Allein bei der *Intelligence Division* des *Supreme Headquarters Allied Powers Europe* (SHAPE)[152] liefen zu dieser Zeit täglich zwischen 600 und 1000 *Intelligence*-Informationen aus dem Gesamtbereich der NATO ein, die auszuwerten einen hohen personellen Aufwand erforderten, vom zusätzlichen Zeitfaktor für die Einordnung und Bewertung in das Gesamtlagebild abgesehen. Auch kann nicht ausgeschlossen werden, dass diese Informationen zunächst auf nationaler Ebene unter Vorbehalten zur Kenntnis genommen worden wären, vom Bewertungsprozess innerhalb der NATO mit all seinen politischen Implikationen einmal abgesehen. Aus heutiger Sicht hätten langfristige und in das Gesamtgeschehen eingebettete Täuschungsmaßnahmen der sowjetischen Seite durchaus Teilerfolge erzielen können, da jeder der damals 16 Regierungen der NATO-Mitgliedsstaaten für sich hätte entscheiden müssen, ob und in welchem Umfang national auf eine steigende Bedrohung hätte reagiert werden müssen, um die NATO zu einer gemeinsamen Reaktion zu veranlassen. Eine gute Indikation für sich abzeichnende Ereignisse von »*Intelligence*-Wert« auf der Gegenseite war das oft zu beobachtende Versiegen des nationalen Meldewesens aus *Special Handling Detachments*-Quellen (SHD – Fernmelde-/EloAufklärung) der unterschiedlichen NATO-Staaten, das immer dann zu beobachten war, wenn sich signifikante Ereignisse, die ausschließlich durch

151 *Deutsches Militär Lexikon*, Deutscher Militärverlag, Berlin 1961.

152 NN. Privatbesitz, Anfang 1979 datiert.

nationale Mittel aufgeklärt werden konnten, auf der Gegenseite abzeichneten und deren Erfassung den nationalen Diensten Vorteile beim Austausch der späteren Ergebnisse mit Partnern bot. Bei Kenntnis dieser Zusammenhänge durch die sowjetische Seite hätte dies sicherlich im möglichen Konfliktfalle zu einem *Intelligence Gap* – einer Erkenntnislücke – führen müssen, die durch die sowjetische Seite zu ihrem Vorteil hätte ausgenutzt werden können. Nicht zuletzt die langen und zeitaufwändigen Konsultations- und Koordinationsprozesse innerhalb der politischen NATO hätten bei der Bewertung kritischer Situationen zu Verzögerungen, im Ernstfalle zu unabsehbaren Folgen für die Allianz führen können. In einer möglichen Spannungssituation, die mit Sicherheit durch die nationalen Aufklärungskräfte hätte aufgeklärt werden können – immer unter dem Vorbehalt der Bewertung durch die eigene politische und militärische Führung, die Regierungen der Mitgliedsstaaten der Allianz, der politischen und militärischen Führung der NATO und nicht zuletzt durch den Seniorpartner der NATO, den Vereinigten Staaten – hätten auch Maßnahmen der operativen Täuschung im Rahmen der sowjetischen *»Maskirovka2*[153] zur Täuschung genutzt werden können. Insbesondere dann, wenn ein gewisser Gewöhnungseffekt bei den auswertenden westlichen militärischen und zivilen Nachrichtendiensten durch ständige Veränderungen des Lagebildes auf der Gegenseite eingetreten wäre (Aktionen wie Truppenbewegungen, häufige Alarmübungen, Einflüge in den vorderen Raum, auch im Rahmen des Truppenaustausches im Frühjahr und Herbst, größere und kleinere Manöver und damit zusammenhängende Aktivitäten der Landstreitkräfte, sowie Manöver mit unterschiedlicher Beteiligung der Seestreitkräfte). Aus heutiger Sicht waren die Einflüge sowjetischer strategischer Bomber im Zusammenhang mit Luftverteidigungsübungen im vorderen Raum des Warschauer Paktes, Übungen der sowjetischen Nordflotte außerhalb der Heimatgewässer in Verbindung mit dem Auslaufen der sowjetischen Nuklear-U-Boote und deren Übungen im Nordatlantik mit Unterstützung durch Überwasserstreitkräfte der sowjetischen Nordflotte und Seeluftstreitkräfte mit Einflügen bis in die Deutsche Bucht und vor die niederländische Küste, die Aktivitäten der sowjetischen 5. Eskadra im Mittelmeer, immer eine ernst zu nehmende Indikation. Auch diese Maßnahmen der sowjetischen Seite hätten Teil eines größeren strategischen Täuschungsplans *(»Maskirovka«)* sein können. Nicht zuletzt die ständige Präsenz sowjetischer, polnischer und DDR-»Trawler« in der Nähe von NATO-Seeübungen und wichtigen Stützpunkten der NATO (z.B. vor Holy Loch oder Faslane, den Nuklear-U-Boot-Basen in Schottland) stellten damals einen wichtigen Indikator für die Interessen der sowjetischen Seite dar. Auch polnische und DDR-Messboote beteiligten sich an der Erfassung westlicher Signale in der westlichen Oststee, dem Kattegat und der Nordsee. In einem möglichen Konflikt in Zentraleuropa hätte mit einem Teilspektrum der Maßnahmen des *Funkelektronischen Kampfes* lange vor Beginn der Feindseligkeiten, wenn auch in verdeckter Form, gerechnet werden müssen. Nach Ausbruch der Kämpfe war mit dem gesamten Spektrum der gegen die Führungssystem der NATO gerichteten Maßnahmen des *Funkelektronischen Kampfes* insbesondere zur Niederhaltung der Führungssysteme der alliierten Luftverteidigung in jedem Fall zu rechnen, einschließlich der bestehenden Radaranlagen durch Breitband-Störung bestimmter Frequenzbänder, Punkt-Störung der Radarfrequenzen, Störung der VHF/UHF-Frequenzen im Flugfunkbereich und Ausschalten wichtiger Führungsanlagen durch Kräfte des verdeckten Kampfes. Nicht zuletzt Maßnahmen der Spezialkräfte des Warschauer Paktes gegen die Führungsfähigkeit der nuklearen Einsatzmittel der NATO waren frühzeitig zu erwarten gewesen. Großräumige

---

[153] Nationale Volksarme (NVA), *Deutsches Militär Lexikon,* Deutscher Militärverlag, Berlin 1961.

Maßnahmen der Funktäuschung waren ebenso vorhersehbar wie die Beeinflussung durch gezielte Radio- und Fernsehsendungen und, wo erforderlich, Ausschaltung der elektronischen Führungsmittel der Behörden (Polizei und Katastrophenschutz). Zu dieser Zeit verfügten die sowjetischen Streitkräfte[154] im vorderen Raum über eine entsprechende Anzahl spezieller Truppen für den *Funkelektronischen Kampf*, über die im Teil sowjetische Streitkräfte in Deutschland noch zu berichten sein wird.

Abschießend bleibt festzustellen, dass die militärischen und zivilen Nachrichtendienste des Westens in der damaligen Zeit auf Grund ihrer technischen Ausstattung und moderner Auswerteverfahren, soweit diese mit der *Fernmelde- und Elektronischen Aufklärung* befasst waren, durchaus in der Lage gewesen sind, auch langfristige Entwicklungen im Bereich des *Funkelektronischen Kampfes* auf der Gegenseite festzustellen. Die Bewertung durch die politische und militärische Führung der einzelnen Mitgliedstaaten der NATO (und bei dieser selbst) hätte jedoch sicherlich langwieriger Abstimmungsprozesse bedurft, die im Endeffekt die Erfassungserfolge wertlos gemacht hätten. Denn kurzfristige Entscheidungen waren durch die systemimmanenten Schwächen der Prozeduren innerhalb der NATO nicht erreichbar, außer vielleicht bei einem überraschenden Angriff des Warschauer Paktes. Die bundesdeutsche Seite trug der Bedrohung Rechnung, indem sie von Zeit zu Zeit, hauptsächlich in den für die Öffentlichkeit bestimmten Weißbüchern, Angaben über die Stärkeverhältnisse zwischen NATO und Warschauer Pakt veröffentlichte, die den tatsächlichen Verhältnissen ziemlich nahe kamen. Unabhängig hiervon wurden die entsprechenden Unterlagen (Handbücher für den G2/A2-Dienst, so z.B. das geheim eingestufte *Handbuch der Landstreitkräfte der WP-Staaten*) laufend berichtigt, teilweise unter Einbeziehungen der mit der NATO in Konferenzen abgestimmten Zahlenwerke (z. B. die jährliche *Air Order of Battle Conference* – AOBAC), die reihum in den Hauptstädten der NATO-Staaten unter Beteiligung der militärischen und zivilen Nachrichtendienste stattfanden, soweit diese mit der Beschaffung militärischer Informationen beauftragt waren. Nicht zuletzt befasste sich die nationale Seite eingehend mit den Auswirkungen des *Funkelektronischen Kampfes* in gesonderten, meist geheim eingestuften Publikationen; so z.B. in der *G2-Information Ost – Sonderheft 28 – »Der Funkelektronische Kampf bei den WP-Landstreitkräften«* und der *Sonderinformation Ost – »Tarnung und Täuschung bei den WP-Landstreitkräften in Krise und Krieg«*.

---

[154] Martin: *Electronic Warfare and Soviet Theater Warfare Capabilities*, International Counter Measure Handbook, Palo Alto, USA, o.J.

Die Bundeswehr und ihre Einbindung in das »Militärische Intelligence-Wesen« der NATO

Da das Nachrichtenwesen in der Bundesrepublik auf Grund seiner Entstehungsgeschichte nach 1945 unter dem Patronat des Nachrichtendienstes der US-Streitkräfte, dem später aus mannigfachen Gründen die CIA folgen sollte, niemals Selbstzweck sein konnte, war seine Einbindung in die NATO-Struktur ein zwangsläufiges Ergebnis mit all seinen positiven und negativen Aspekten. Die deutschen Nachrichtendienste hatten anfänglich Probleme, in die Nachrichtendienststruktur der NATO integriert zu werden, da auf Seiten der nunmehrigen Alliierten, der früheren Kriegsgegner, doch noch teilweise gewisse Vorbehalte gegenüber den, zum großen Teil aus der Wehrmacht überkommenen ersten Nachrichtenoffizieren der Bundeswehr erkennbar waren. Vielleicht für die heutige Generation nicht mehr nachvollziehbar, waren diese Männer der ersten Stunde im neuen Nachrichtendienst, von ehemaligen Angehörigen der SS und des SD in der damaligen *Organisation Gehlen*, dem nachmaligen BND, abgesehen, geprägt von einer Vergangenheit, die bereits im Kaiserreich begonnen hatte. Die Belastungen des Krieges, des ungewissen Schicksals nach dessen Ausgang, die oft fragwürdige Behandlung durch die Siegermächte und den Neubeginn unter meist ärmlichen Voraussetzungen hatten sie tapfer ertragen bzw. gemeistert und ein entsprechendes Selbstbewusstsein entwickelt, das auf Lebenserfahrung beruhte. Gleichwohl ist festzustellen, dass in den Jahren bis zum Weggang der kriegsgedienten Angehörigen im militärischen Nachrichtenwesen häufig eher wertkonservative Tendenzen erkennbar waren und von den Zuständigen auch gepflegt wurden, unabhängig von deren fachlicher Qualifikation, die sicherlich auch heute noch außer Frage stehen. Aus heutiger Sicht und eigenem Erleben des Autors ist dies nur durch die unmittelbaren Kriegserlebnisse und deren Folgen bei den Betroffenen erklärbar. Damit herrschte zumindest im militärischen Nachrichtenwesen der Bundeswehr bis in die siebziger Jahre, wenigstens auf der Ebene der Regimenter der Luftwaffe, eine eher konservative Grundstimmung vor, die sich auch im Umgang, insbesondere mit dienstgradniedrigeren Soldaten und dem Festhalten an Formen zeigte, die als teilweise überholt gelten konnten. So ist die Äußerung eines höheren Dienstgrades überliefert, dass »Fachoffiziere nicht taktisch denken können«. Gleichwohl sind auch sehr viele positive Beispiele bekannt, die deutlich machten, das kriegsgediente Vorgesetzte häufiger dazu neigten, interne Probleme auf ihre Art zu regeln, wenn dies möglich war, anstatt den Vorgang womöglich an höhere Instanzen zur weiteren Verfolgung des betroffenen Soldaten abzugeben. Die unterstellten Soldaten stellten sehr bald fest, welcher Art der Vorgesetzte war und richteten sich danach. Unter diesem Aspekt war am Anfang der NATO-Mitgliedschaft der Bundesrepublik die beginnende Integration deutscher Offiziere, Unteroffiziere und Mannschaften (die beiden letzteren Gruppen werden in der einschlägigen Literatur auch heute noch gerne negiert), von einer nicht leicht zu überwindenden Hypothek begleitet. Es muss aber festgestellt werden, dass sich die Ressentiments bald legten und es über alle möglichen Vorbehalte der damaligen Zeit bald zu einer fruchtbaren und gedeihlichen Zusammenarbeit zwischen den beteiligten Nationen kam, soweit nicht nationale Vorbehalte oder bestimmte Regelungen eine Teilnahme deutscher Vertreter und der anderer Nationen kategorisch ausschloss, wie dies auch noch in den achtziger Jahren bei Planungsgruppen für den Bereich bestimmter nationaler Nukleareinsätze bei SHAPE galt. Die NATO selbst verfügte damals – wie auch noch heute – über keine eigenen Mittel zur Nachrichtengewinnung. Die NATO war und ist deshalb darauf angewiesen, im Rahmen entsprechender Vereinbarungen von den betei-

Das NATO Situation Centre (SITCEN) im International Military Staff (IMS) der NATO in Brüssel, 1985.

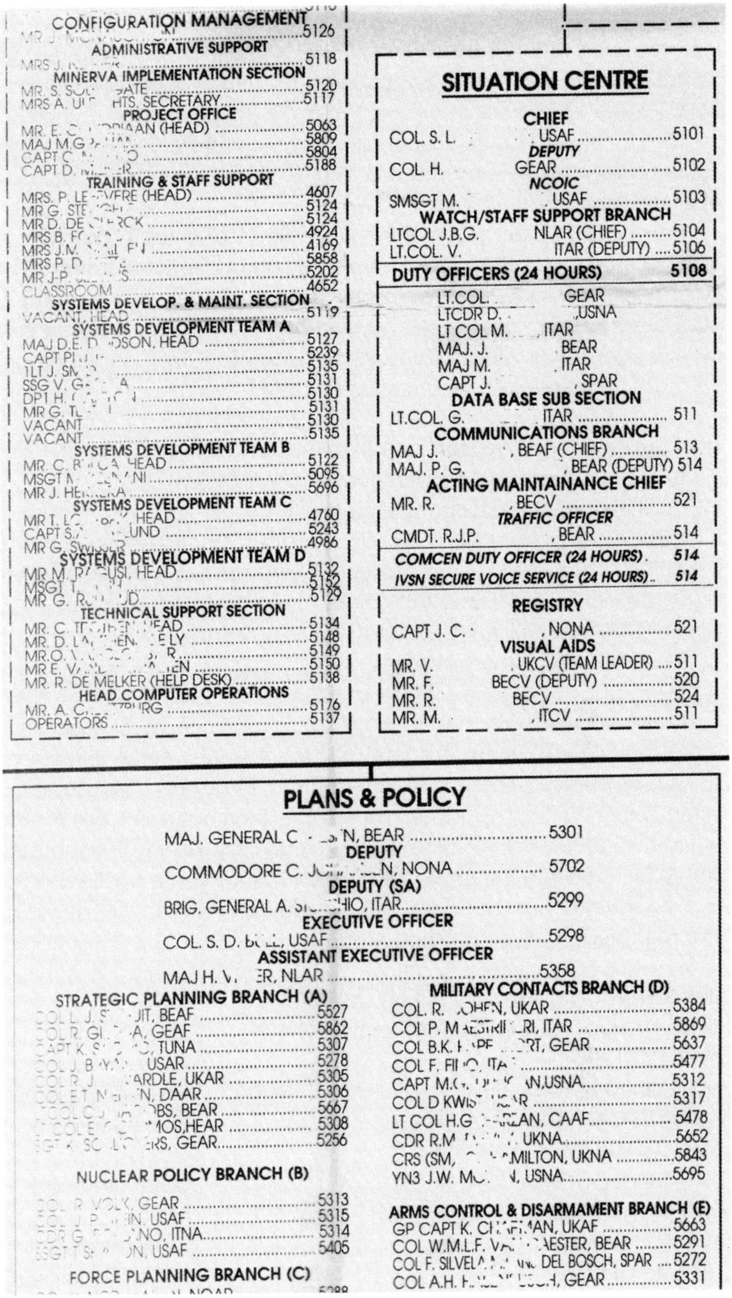
CONFIGURATION MANAGEMENT
MR J. MC 5126
ADMINISTRATIVE SUPPORT
MRS J. 5118
MINERVA IMPLEMENTATION SECTION
MR. S. SOU GATE 5120
MRS A. U HTS, SECRETARY 5117
PROJECT OFFICE
MR. E. AAN (HEAD) 5063
MAJ M.G 5809
CAPT C 5804
CAPT D. ER 5188
TRAINING & STAFF SUPPORT
MRS. P. LE VRE (HEAD) 4607
MR G. STE 5124
MR D. DE RCK 5124
MRS B. F 4924
MRS J.M. 4169
MRS P. D 5858
MR J-P. S 5202
CLASSROOM 4652
SYSTEMS DEVELOP. & MAINT. SECTION
VACANT, HEAD 5119
SYSTEMS DEVELOPMENT TEAM A
MAJ D.E. D DSON, HEAD 5127
CAPT PI 5239
1LT J. SM 5135
SSG V. G A 5131
DP1 H. 5130
MR G. T 5131
VACANT 5130
VACANT 5135
SYSTEMS DEVELOPMENT TEAM B
MR. C. B HEAD 5122
MSGT M NI 5095
MR J. HE A 5696
SYSTEMS DEVELOPMENT TEAM C
MR T. L , HEAD 4760
CAPT S. UND 5243
MR G. SW R 4986
SYSTEMS DEVELOPMENT TEAM D
MR M. R USI, HEAD 5132
MSGT T. 5152
MR G. R D 5129
TECHNICAL SUPPORT SECTION
MR. C. T EAD 5134
MR. D. L EN LY 5148
MR.O. \ R 5149
MR E. V EN 5150
MR. R. DE MELKER (HELP DESK) 5138
HEAD COMPUTER OPERATIONS
MR. A. C RG 5176
OPERATORS 5137

SITUATION CENTRE
CHIEF
COL. S. L. , USAF 5101
DEPUTY
COL. H. GEAR 5102
NCOIC
SMSGT M. , USAF 5103
WATCH/STAFF SUPPORT BRANCH
LTCOL J.B.G. NLAR (CHIEF) 5104
LT.COL. V. ITAR (DEPUTY) 5106
DUTY OFFICERS (24 HOURS) 5108
LT.COL. GEAR
LTCDR D. ,USNA
LT COL M. , ITAR
MAJ. J. BEAR
MAJ M. ITAR
CAPT J. , SPAR
DATA BASE SUB SECTION
LT.COL. G. ITAR 511
COMMUNICATIONS BRANCH
MAJ J. , BEAF (CHIEF) 513
MAJ. P. G. , BEAR (DEPUTY) 514
ACTING MAINTAINANCE CHIEF
MR. R. , BECV 521
TRAFFIC OFFICER
CMDT. R.J.P. , BEAR 514
COMCEN DUTY OFFICER (24 HOURS). 514
IVSN SECURE VOICE SERVICE (24 HOURS).. 514
REGISTRY
CAPT J. C. , NONA 521
VISUAL AIDS
MR. V. . UKCV (TEAM LEADER) 511
MR. F. BECV (DEPUTY) 520
MR. R. BECV 524
MR. M. , ITCV 511

PLANS & POLICY
MAJ. GENERAL C N, BEAR 5301
DEPUTY
COMMODORE C. J N, NONA 5702
DEPUTY (SA)
BRIG. GENERAL A. S HIO, ITAR 5299
EXECUTIVE OFFICER
COL. S. D. B , USAF 5298
ASSISTANT EXECUTIVE OFFICER
MAJ H. V ER, NLAR 5358

STRATEGIC PLANNING BRANCH (A)
COL L. J. S JIT, BEAF 5527
COL R. GI A, GEAF 5862
CAPT K. S , TUNA 5307
COL J. B USAR 5278
COL R. J ARDLE, UKAR 5305
COL E.T. N N, DAAR 5306
LTCOL C. J BS, BEAR 5667
LT COL E MOS,HEAR 5308
SGT K. SC RS, GEAR 5256

NUCLEAR POLICY BRANCH (B)
COL R. VOLK, GEAR 5313
COL J. P IN, USAF 5315
CDR G NO, ITNA 5314
SSGT T S N, USAF 5405

FORCE PLANNING BRANCH (C)

MILITARY CONTACTS BRANCH (D)
COL. R. OHEN, UKAR 5384
COL P. M RI, ITAR 5869
COL B.K. H RT, GEAR 5637
COL F. FI 5477
CAPT M.G N,USNA 5312
COL D KWIS R 5317
LT COL H.G AN, CAAF 5478
CDR R.M UKNA 5652
CRS (SM) MILTON, UKNA 5843
YN3 J.W. M N, USNA 5695

ARMS CONTROL & DISARMAMENT BRANCH (E)
GP CAPT K. C AN, UKAF 5663
COL W.M.L.F. V AESTER, BEAR 5291
COL F. SILVEL DEL BOSCH, SPAR 5272
COL A.H. H H, GEAR 5331

ligten Nationen mit Informationen auf festgelegten Meldewegen und im Rahmen abgestimmter Verfahren[155] versorgt zu werden. Bestimmend und maßgeblich für das

155 AINTP-1 Intelligence Doctrine (NU), August 1984 (Privatbesitz).

Militärische Nachrichtenwesen – Military Intelligence war damals – und ist heute noch – der *Internationale Militärstab (International Military Staff* – IMS) der NATO im Hauptquartier Brüssel. Der IMS verfügte damals wie auch heute über einen multinationalen *Intelligence Staff*[156] und ein *Situation Centre*), das die eingehenden Intelligence-Informationen rund um die Uhr im 24-Stunden-Dienst sichtete, bewertete und in das Lagebild einfügte und falls erforderlich, den Direktor des IMS und den Generalsekretär der NATO in einem »Briefing« über die Lage unterrichtete.

Dem *Intelligence Staff* unter der Führung eines türkischen Admirals (die Stellenbesetzungen wechselten im Rotationsprinzip in der Regel innerhalb von zwei Jahren), dem ein *Stellvertretender assistierender Direktor (Deputy Assistant Director)* unterstand, verfügte zusätzlich über einen *Intelligence Coordinator* im Rang eines Obersten, der etwa die Funktion eines Einsatzstabsoffiziers ausfüllte. Des weiteren verfügte der *Intelligence Staff* des IMS über eine *Intelligence Division*.

Die Intelligence Divisison des International Military Staff (IMS)

- BASIC BRANCH (Nachrichtendienst – Grundlagen)
- CURRENT BRANCH (Lageführung)
- INDICATING & WARNING BRANCH /SHED[157] (Indikationen & Warnung)
- NATO ACSI BRANCH (Fernmeldeverbindungen und Datenverarbeitung)
- DOCUMENTS/CONFERENCES (Dokumente und Konferenzen)
- AUTOMATED DATA PROCESSING (EDV-Anwendung)
- REGISTRY (Geheimregistratur)

Insgesamt verfügte der *Intelligence Staff* über 25 Planstellen, die *Branch-Chiefs* im Dienstgrad Oberst/Oberstleutnant (einzige Ausnahme: die *Registry,* sie verfügte mit einem *US Senior Master Sergeant*, vergleichbarer deutscher Dienstgrad; Hauptfeldwebel, über einen *Senior-Noncommissioned Rank.*) Die *Basic-* und *Current Branches* waren ausschließlich mit Soldaten verschiedener Nationen im Dienstgrad Oberst besetzt, was die Bedeutung dieser Teileinheiten innerhalb der Struktur des IMS nur unterstreicht.

Das *Situation Centre*[158] des IMS bestand bis Anfang der neunziger Jahre, gelegentlich umorganisiert, im Wesentlichen aus:

Das Situation Centre (SITCEN) des IMS

CHIEF NATO SITCEN (Situation Centre)	Oberst
DEPUTY CHIEF	Oberst
NONCOMMSIONED OFFICER IN CHARGE (NCOIC)	Stabs-/Oberstabsfeldwebel
WATCH/STAFF SUPPORT BRANCH	Oberstleutnant
DUTY OFFICER (24 HOURS) 6 x	Oberstleutnant/Major
DATA BASE SUB SECTION	Oberstleutnant
COMMUNICATIONS BRANCH	Major
ACTING MAINTENACE CHIEF	Zivilpersonal
TRAFFIC OFFICER	Major/Hauptmann

156 N.N. Privatbesitz, datiert 1980.

157 SHED – *Special Handling Executive Detachment*; bearbeitete Fm/EloAufklärungs-Informationen aus den nationalen Nachrichtendiensten, die der NATO übermittelt wurden, war jedoch nicht mit Nuklearplanungen befasst.

158 N.N. Privatbesitz, datiert 1980.

REGISTRY	Hauptmann
VISUAL AIDS 4 x	Zivilpersonal

Im *NATO SITCEN* liefen die von der *Intelligence Division* des IMS erstellten Lageberichte und Lageinformationen ein, außerdem die im Rahmen des *NATO-Reporting Systems* von nachgeordneten Kommandobehörden der NATO einlaufenden Meldungen und Berichte. Sie wurden dort kontinuierlich in die bestehende Lage eingeführt und lieferten damit ein aktuelles und aussagekräftiges Bild der Situation für den Generalsekretär der NATO und den Direktor des IMS. Das Personal wechselte in regelmäßigen Abständen, üblicherweise nach zwei bis drei Jahren einer »*Tour of Duty*«. Die Qualifikation der eingesetzten Soldaten variierte von Nation zu Nation. Es gab Nationen, die nur ausgezeichnetes, fachlich qualifiziertes Personal mit hervorragenden Sach- und Sprachkenntnissen in diese Bereiche entsandten. Andere Länder legten darauf weniger Wert, was schlussendlich darauf zurückzuführen war, dass diese Verwendungen meist als Belohnung für den betroffenen Personenkreis betrachtet wurde. Ein Aufenthalt bei der NATO war meist mit finanziellen und anderen Vorteilen verbunden, z.B. steuerbegünstigter, häufig steuerbefreiter Einkauf auf Grund des NATO-Truppenstatuts und der entsprechenden lokalen, mit den jeweiligen Gasgebernationen vereinbarten Regeln. In der militärischen Hierarchie der Kommandobehörden der NATO folgte auf den IMS das oberste Hauptquartier in Europa SHAPE[159] in Casteau bei Mons, das nach der Verlegung aus Frankreich auf dem Gelände eines ehemaligen belgischen Munitionslagers errichtet und 1967 bezogen wurde. Dieses Hauptquartier verfügte über eine relativ große *Intelligence Division* unter Führung eines kanadischen Generalmajors als *Assistant Chief of Staff (Intelligence)* (ACOS (I)), der dem *Deputy Chief of Staff Operations* (DCOSO) direkt unterstand, und dem als Vertreter des ACOS (I) ein amerikanischer Oberst als *Deputy Assistant Chief of Staff (Intelligence)* (DACOS (I)) beigegeben war. Der *Deputy Chief of Staff* (DCSO) war zu dieser Zeit ein deutscher Dreisterne-General, der seinerseits dem *Chief of Staff SHAPE* (COFS), einem amerikanischen Viersterne-General, direkt unterstellt war. Da die amerikanische Armee den Rang eines Fünfsterne-Generals, den der *Supreme Allied Commander Europe* (SACEUR) tatsächlich und nominell bekleidete, in Friedenstzeiten nicht vergab[160], war der COFS ebenfalls ein amerikanischer Viersterne-General. Dies änderte an der Seniorität des SACEUR nichts, da er zugleich die Dienststellung des *Commander in Chief United States Army in Europe* mit Dienstsitz in Stuttgart-Vaihingen[161] inne hatte (*US European Command* – USEUCOM). Die täglichen Verwaltungsgeschäfte im Vorzimmer des ACOS(I) führte ein kanadischer *Chief Warrant Officer* (CWO), vergleichbarer deutscher Dienstgrad Oberstabsfeldwebel, nicht zuletzt deswegen, weil der ACOS(I), ein kanadischer General, durch diesen auch nationale Unterstützung erhielt und der CWO auch die nationalen »*Eyes Only*« und »*National Business*«-Unterlagen zu verwalten hatte, die durch Stabsangehörige anderer Nationen nicht eingesehen werden durften. Jede Nation hielt sich auf dieser Ebene an diese Regel. Nachfolgend der Aufbau der *Intelligence Division* (INTEL) bei SHAPE nach einigen vorhergehenden Reorganisationsmaßnahmen (die bisher selbstständige *Emergency Action Unit* (EAU), das Gegenstück zum IMS-SITCEN, wurde z.B. aufgelöst).

---

159 N.N. SHAPE ORGANIZATION CHART (NU) (Privatbesitz), 1980.

160 Einzige Ausnahme war General Douglas Mc Arthur, aber dieser hatte seinen Rang bereits im 2. Weltkrieg erhalten.

161 Nationale US-Unternehmen, z.B. die Operation in Libyen, wurden immer durch den US EUCOM aus diesem Hauptquartier geführt.

Die SHAPE Intelligence Division

- SPECIAL HANDLING ASSISTANT (vermtl. NUCLEAR PLANNING)
- PRODUCT SUPPORT
- SPECIAL ACCESS SECTION (vermtl. NUCLEAR PLANNING)
- BASIC BRANCH
- STRATEGY AND ASSESSMENT GROUP
- LAND SECTION
- CURRENT BRANCH
- CURRENT ACTIVITIES SECTION (frühere EAU)
- SPECIAL HANDLING DETACHMENT (Signals Intelligence)
- REQUIREMENTS SECTION
- TARGETS SECTION
- CI & SECURITY BRANCH (Counterintelligence & Security – Gegenspionage und Sicherheit NATO-weit)
- CI-SECTION (Gegenspionage – NATO-weit)
- SECURITY SECTION (Absicherung NATO – weit)
- AUTOMATED DATA PROCESSING
- POLICY & REQUIREMENTS BRANCH
- PLANS SECTION EXERCISE & TRAINING SECTION

Daneben wurde unter britischer Führung die *Allied Communications Security Branch* (ACE COMSEC) betrieben, die auch für die Überwachung sämtlicher SHAPE-Diensttelefone und sonstiger Fernmeldemittel zuständig war.

Die US-Streitkräfte betrieben unter Führung eines Oberstleutnants des Heeres die selbstständige *Allied Command Europe Counterintelligence Activity* (ACE CI), der die AC CI

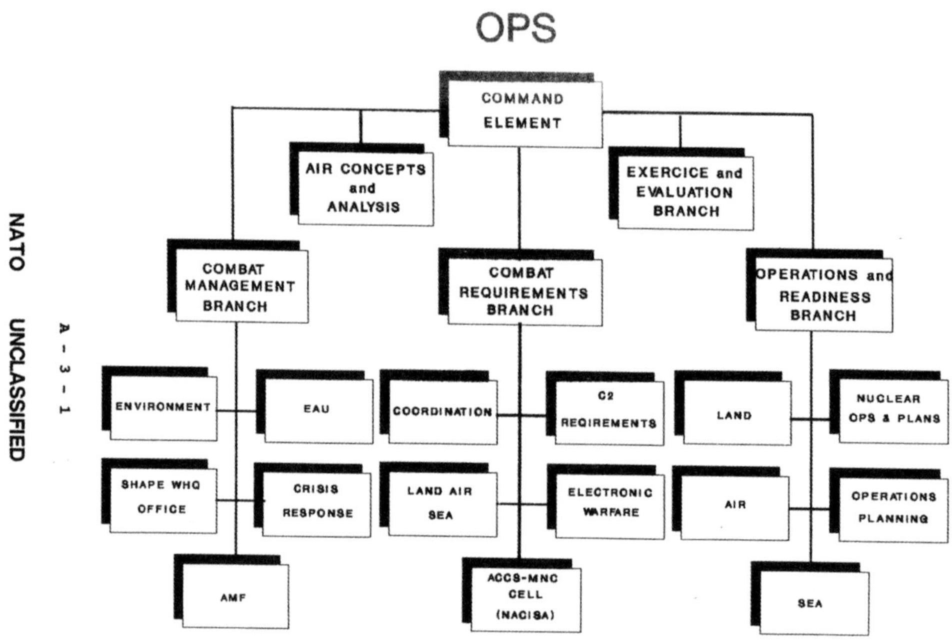

Gliederung der SHAPE Operations Divisison, 1985

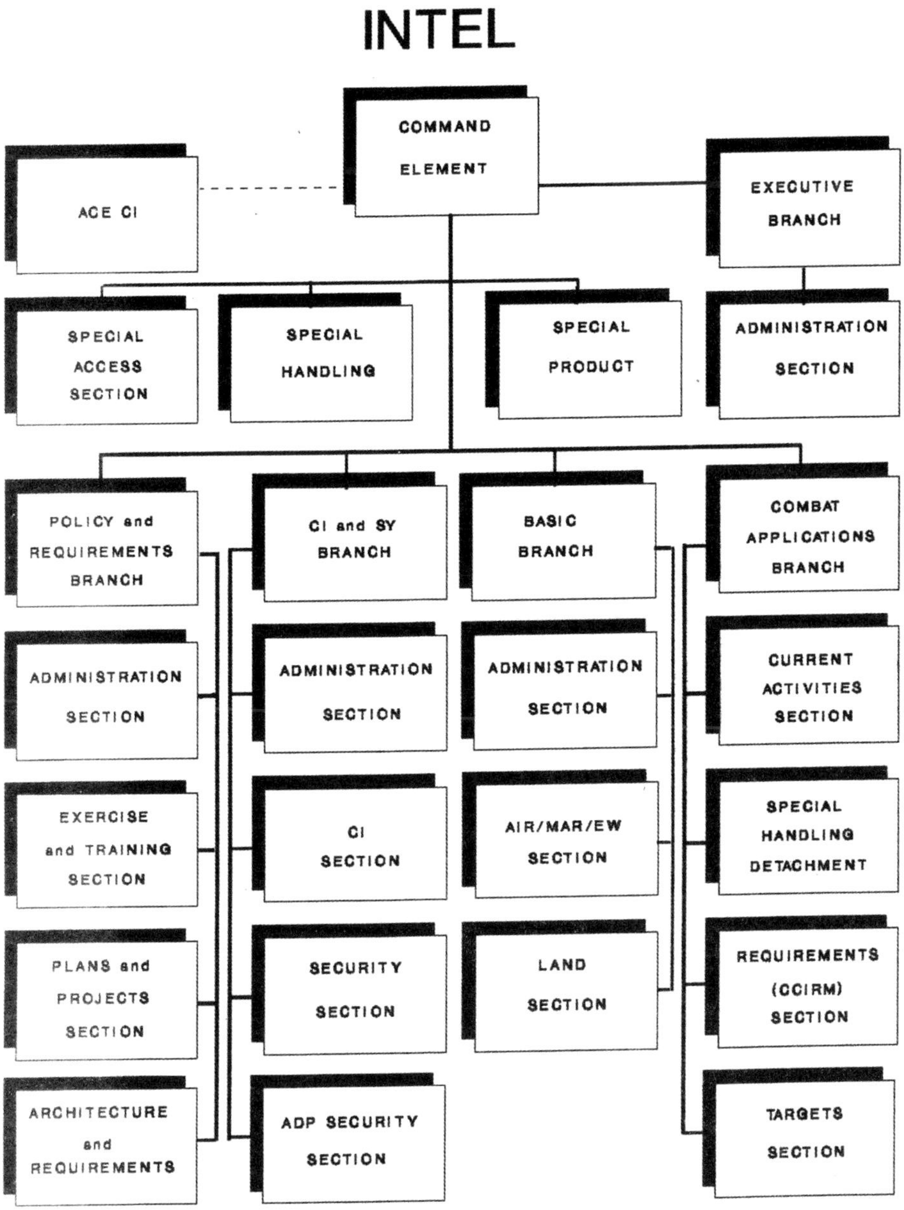

Gliederung der SHAPE INTEL-Division, 1985.

Region V[162] in Chièvres unterstand, die im Bereich Benelux für Gegenspionage und Abwehr verantwortlich war. Auf dem in der Nähe befindlichen Flugplatz wurde die dem Oberbefehlshaber (SACEUR) von der US-Luftwaffe zur Verfügung gestellte Maschine abge-

[162] Siehe hierzu auch Kapitel II. – *US Military Intelligence* in Deutschland.

					ROOM	EXT
ACOS	MAJ GEN	LALONDE	CA	A	101-B-326	411
DACOS	COL	S	US	AF	101-B-330	448
EXEC	LT COL	S ARKE	UK	A	101-B-327	444
ADMIN OFFICER	CWO	G	CA	AF	101-B-332	378
SP HANDLING / SASH /						
SP ASST	MR		US	CIV	101-B-313	347
SP PRODUCT SUPPORT / SASPS /						
SP ASST	MR		US	CIV	101-B-313	347
SPECIAL ACCESS SECTION / SHIS /						
CHIEF	WG CDR		UK	AF	101-B-311	339
BASIC BRANCH / SHIB /						
CHIEF	COL		UK	A	101-B-320	328
STRATEGY AND ASSESSMENT GROUP / SHIBJ /						
CHIEF	LT COL		GE	AF	101-B-315A	514
LAND SECTION / SHIBO /						
CHIEF	LT COL		TU	A	101-B-323	397
CURRENT BRANCH / SHIC /						
CHIEF	COL		US	A	SCC-A-124C	714
CURRENT ACTIVITIES SECTION / SHICC /						
CHIEF	COL		GE	A	SCC-A-110	714
SPECIAL HANDLING DETACHMENT / SHICH /						
CHIEF	LT COL		DA	A	SCC-A-127	716
REQUIREMENTS SECTION (CCIRM) / SHICR /						
CHIEF	CDR		US	N	SCC-A-130	717
TARGETS SECTION / SHICT /						
CHIEF	MAJ		US	AF	SCC-A-110	711
CI & SECURITY BRANCH / SHII /						
CHIEF	COL		IT	A	101-A-339	397
CI SECTION / SHIIC /						
CHIEF	LT COL		US	A	101-A-342	40[illegible]
SECURITY SECTION / SHIIS /						
CHIEF	WG CDR		UK	AF	101-A-341	39[illegible]
ADP SECTION / SHIIA /						
CHIEF	MAJ		US	A	101-A-341	43[illegible]
POLICY & REQUIREMENTS BRANCH / SHIP /						
CHIEF	CAPT		GE	N	101-B-334A	327
PLANS SECTION / SHIPR /						
CHIEF	LT COL		NL	AF	101-B-303	409
EXERCISE & TRAINING SECTION / SHIPE /						
CHIEF	LT COL		GR	A	101-A-343	434

Stellenbesetzung SHAPE-INTEL, 1985.

stellt, eine VIP-Version der Boeing 707, und von Personal der *US Air Force* gewartet und bewacht. Es kann auch nicht gänzlich ausgeschlossen werden, dass sich die belgischen Behörden zu dieser Zeit auch an der Telefonüberwachung der zivilen und für den belgischen zivilen Nachrichtendienst *Sécurite de l'Etat* sowie den Militärsicherheitsdienst *Service Général et de la Sécurite* (SGRS) interessanten Anschlüsse beteiligt hat. Für die Absicherung von SHAPE und mögliche Spionageabwehroperationen verfügte die belgische *Königliche Gendarmerie* über ein sehr starkes *Détachment,* das in einem eigenen Gebäude innerhalb des SHAPE-Bereiches untergebracht war. Diese Abteilung arbeitete sehr eng mit der dem *International Headquarters & Support Command* angegliederten und amerikanisch geführten *Provost & Security Branch* zusammen, dem auch das *US SACEUR Security Detachment* angehörte (Personenschutzkommando des SACEUR, ausschließlich amerikanisches Personal).

Die *SHAPE Police & Security Company* wurde traditionell durch einen italienischen *Carabiniere*-Hauptmann geführt, der auch bei offiziellen Anlässen die multinationale

SHAPE Honour Guard in seiner *Carabiniere*-Gala-Uniform, zu der auch ein Degen und ein eindrucksvoller Hut mit Federbusch gehörten, zu kommandieren hatte. Soweit bekannt, hat sich bisher noch kein *Carabiniere-Capitano* bei Ausübung seines Amtes und beim Präsentieren des Degens verletzt, gleichwohl (so berichteten seriöse Zeugen später) bei einigen Gelegenheiten durchaus die Gefahr der Selbstverstümmelung auftrat. Ähnliche Gefahren konnten beim traditionellen Anschnitt des Kuchens durch den rangältesten Offizier des US-Marineinfanteriekorps bei der Feier zum Stiftungstag des USMC[163] auftreten. Dieser war nämlich ebenfalls mit dem Degen durch den *Senior Representative*, meist ein Oberst des USMC unter Assistenz eine Unteroffiziers, öffentlich anzuschneiden. Auch hier sind bisher keine ernsthaften Verletzungen bekannt geworden.

Bis 1987 befand sich die *SHAPE Intelligence Division* in der *H-Wing*, einem Hochsicherheitstrakt in der Mitte des Hauptquartiers[164] *(Building 101)* zwischen den A, B, G und F-*Wings*. Die *Division* sollte später in das *SHAPE Command Center*, einem Bunker in der Nähe des *Main Building*, mit dem der Bunker durch einen unterirdischen Versorgungsgang verbunden war, verlegt werden. Der Zutritt zur *H-Wing* war nur über den mit einem Doppelposten der *SHAPE Police*, einer multinationalen Militärpolizeitruppe, kontrollierten Zugang möglich. Für den Zugang war eine zusätzliche Kennzeichnung im *SHAPE Security Pass* erforderlich.

---

[163] USMC – *United States Marine Corps* (Marineinfanterie)

[164] SHAPE, NATO STAFF OFFICERS HANDBOOK (NU), Privatbesitz, 1988.

ACE CI ACTIVITY

SHE

			ROOM	EXT
HEADQUARTERS				
COMMANDER	COL	US A	213-115	4598
DEPUTY COMMANDER	LT COL	US A	213-113	4598
SERGEANT MAJOR	SGM	US A	213-111	4598
OPERATIONS OFFICER	LT COL	US A	213-109	4870
ADMIN OFFICER	MAJ	US A	213-118G	5347
LOGISTICS OFFICER	CW3	US A	213-123	4477
REGION V				
COMMANDER	LTC	US A	213-120B	5306
LIAISON OFFICER	MR	US CIV	213-120B	5306
OPERATIONS OFFICER,	S/A	US A	213-120B	4795
CHIEF, TECH BR	S/A	US A	213-120B	4559
SAIC, SHAPE FIELD OFC	S/A	US A	102-204C	3699

Stellenbesetzung Allied Command Europe (ACE) Counterintelligence Activity (Gegenspionage und Abwehr) bei SHAPE, 1985.

JOHN J. O[redacted]

SPECIAL AGENT

CHIEF, TECHNICAL INVESTIGATIONS **BRANCH**

REGION IV
ALLIED COMMAND EUROPE
COUNTERINTELLIGENCE ACTIVITY
AKERSTRAAT 7
6445 CL BRUNSSUM, NL

TELEPHONE:
IVSN: **244-3124**
CIVILIAN: **31-45-263124**
31-45-263138
TELEFAX: **31-45-270420**

Mitarbeiter ACE-CI Region IV Activity (Belgien, Luxemburg und die Niederlande), 1985.

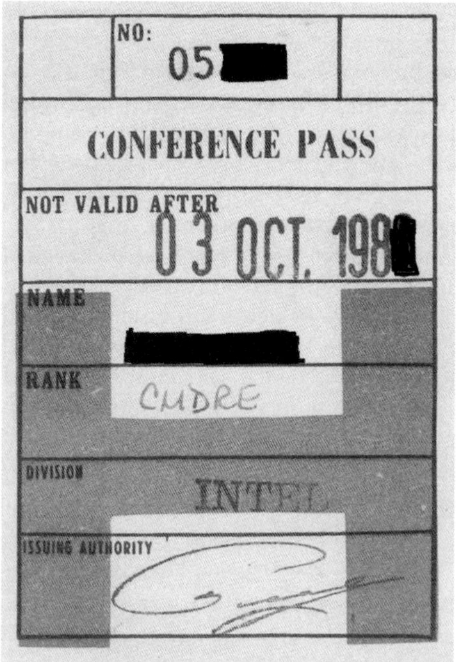

NO: 05[redacted]

CONFERENCE PASS

NOT VALID AFTER 03 OCT. 198[redacted]

NAME [redacted]

RANK CMDRE

DIVISION INTEL

ISSUING AUTHORITY

1986 1[redacted]

SHAPE TEMPORARY ENTRY PASS

TDY PERSONNEL

VALID TO: 04 OCT 1986

NAME: [redacted]

ISSUED BY: INTELLIGENCE DIVISION

SHAPE Form 342

Oben: SHAPE Sonderausweis für Dienstreisende. Ausschließlich dieser Ausweis berechtigte Dienstreisende zum Aufenthalt auf SHAPE-Territorium.

Links: SHAPE SECURITY PASS für Konferenzteilnehmer, 1985.

Der erste Eindruck für den unbefangenen Besucher war überwältigend. In der *H-Wing* befanden sich auf zwei Stockwerken eine Vielzahl von Räumen, deren Türen zusätzlich meist noch mit elektronischen Zahlenkombinationsschloss und einer Rufanlage abgesichert waren. Zu den meisten Räumen, in denen die hochsensiblen Informationen und Daten der NATO bearbeitet wurden, erhielt der Besucher erst Zutritt, nachdem er sich an der Tür identifiziert hatte. Kernstück war damals die *Emergency Action Unit* (EAU), das virtuelle Lagezentrum von SHAPE. Dort wurde die Lage im gesamten NATO-Kommandobereich Europa mit dem angrenzenden Bereich des *Supreme Allied Commanders Atlantic* (SACLANT) geführt, dessen Stab sich in Norfolk, Virginia, befand. Zu allen wichtigen Kommandobehörden, einschließlich des NATO-SITCEN in Brüssel, bestanden gesicherte Fernmeldeverbindungen über das *Secure Phone – STU II,* meist ein blauer Telefonapparat mit Knöpfen, mit denen nach Betätigung in den *Secure Mode* geschaltet werden konnte. Der Gesamtbereich war nach Auskunft von Fachleuten damals *Tempest Proof*, das bedeutete so viel wie »abhörsicher«. Deswegen durften in diesen Bereich auch keinerlei ungeprüften elektrischen und elektronischen Geräte eingebracht oder gar genutzt werden. Das Fotografieren war dort, ebenso wie im gesamten *Main Building*, generell verboten. Die *Intelligence Division* hatte eine Reihe von Räumen belegt, deren Rechner damals schon innerhalb der *H-Wing* vernetzt waren. Großer Anziehungspunkt für alle berechtigten Besucher war der große *SACEUR Briefing Room* in der Mitte des Gebäudes, ein Raum von den Ausmaßen eines mittleren Kinos mit etwa zehn Sitzreihen, die in Richtung der überdimensionalen Leinewand absteigend angeordnet waren. Vor der Leinewand befanden sich an beiden Seiten zwei Sprecherpulte. Hinter der Leinewand befand sich die *Projektion Booth,* ausgestattet mit Projektoren, Filmgeräten und einer Anzahl von Tonbandgeräten. Die Projektoren wurden von jeweils zwei Soldaten, meist Mannschaftsdienstgraden unter Leitung eines deutschen Hauptfeldwebels, bedient, der

Gliederung des wöchentlichen SHAPE-Intelligence Briefings, das auch dem obersten alliierten Befehlshaber vorgetragen wurde.

```
SHAPE WEEKLY INTSUM STRUCTURE

SUMMARY AND ASSESSMENT

1.    WARSAW PACT GENERAL AND USSR

2.    SOVIET BLOC MILITARY SITUATIONS AND OPERATIONS
      A. FACING NORTHERN REGION
         (1) GROUND
         (2) AIR /MISSILE
             (A) ACTIVITY WEST OF 30 DEGREES EAST
             (B) ACTIVITY EAST OF 30 DEGREES EAST
         (3) NAVY
                 ATLANTIC
                 BALTIC
      B. FACING CENTRAL REGION
         (1) GROUND
             (A) GDR
             (B) CSSR
             (C) USSR

         (2) AIR/MISSILE
      C. FACING SOUTHERN REGION
         (1) GROUND
         (2) AIR/MISSILE
         (3) NAVY

3.    OTHER AREAS
      (A)
      (B)

4. ASSESSMENT
      A. GROUND
      B. AIR/MISSILE    NR/CR/SR
      C. NAVY           NR/SR
      D. OTHER AREAS
```

seinerseits Verbindung zu den beiden Sprecherpulten hatte, um das Auflegen der Folien zu koordinieren. Denn er folgte dem Verlauf des *Briefings* über Kopfhörer, hatte den *Briefing*-Text vorliegen und konnte so möglichen Abweichung folgen und damit auch reagieren. Für die Präsentationen wurden damals Folien benutzt (Power Point kam erst später), die in einer genau festgelegten Sequenz auf Kommando des Vortragenden abgerufen und aufgelegt werden mussten, was absolute Aufmerksamkeit bei allen Beteiligten erforderte. Wenn während des *Briefings*, das in der Regel jeden Freitag Morgen 09.00 Uhr stattfand und an dem in jedem Fall der *SHAPE Chief of Staff* (COFS), die zuständigen *Divisions Chiefs* und, wenn anwesend, der *Supreme Commander Europe* (SACEUR) teilnahmen, Fragen zu vorhergehenden Folien gestellt wurden, führte dies regelmäßig zu Problemen, die der Zeremonienmeister hinter der Leinwand auf elegante Art zu lösen hatte. Für alle, die Funktionen bei dieser Veranstaltung wahrzunehmen hatten, seien es die »Briefer« bei den Vorträgen zu ihren Arbeitsgebieten, seien es die *Divisison Chiefs* und deren wichtigsten Mitarbeiter, seien es die hilfreichen Geister im Hintergrund, war das *Briefing* mit einer immensen Anspannung verbunden. Vor Beginn war die Anspannung der Beteiligten direkt körperlich zu spüren. Das *Briefing* begann in der Regel mit dem Vortrag des Meteorologen und, da es meist auf einen Freitag fiel, enthielt es auch einen Hinweis auf das Golfwetter. Zu dieser Zeit waren sowohl SACEUR als auch COFS passionierte Golfer. Äußerst wichtig beim Vortrag der Briefings war die exzellente Beherrschung der englischen Sprache durch den vortragenden »Briefer«, wobei manche *Divsion Chiefs* »Briefer« ins Feuer schickten, deren Sprachbeherrschung nicht unbedingt der Ebene der Zuhörer entsprach. Dies führte gelegentlich zu äußerst harschen Kommentaren des *Chief of Staff.* In einem Fall brach er den Vortrag ab und empfahl dem Vortragenden, erst dann wiederzukommen, wenn sich sein Englisch verbessert hätte. Ein eher ungewöhnlicher Fall, da üblicherweise bei SHAPE auf »*Politeness*« geachtet wurde und in diesem Fall die entsendende Nation, immerhin war der Vortragende Oberst, auf das

Empfindlichste desavouiert wurde. Das *Briefing*[165] wurde fortgesetzt durch den Vortrag der *Intelligence Division*, meist gehalten von einem Major oder Oberstleutnant, der in der Lage sein musste, auch auf Zwischenfragen des SACEUR oder COFS entsprechende Auskünfte zu geben. Das *INTEL-Briefing* dauerte in der Regel zwischen zwölf und 15 Minuten und enthielt einen Gesamtüberblick der Situation beim Warschauer Pakt, aufgegliedert nach Kommandobereichen der NATO. Dem schloss sich üblicherweise eine kurze Diskussion über einzelne Punkte an, die geklärt und beim nächsten *Briefing* vorzutragen waren. Danach folgten die übrigen Divisionen des Hauptquartiers, die in der Regel nur Vorträge von fünf bis sieben Minuten Dauer hatten, wobei es unbedingt darauf ankam, die Dauer der Präsentation nicht zu überziehen. Das *Intelligence Briefing* bei SHAPE enthielt keine konkreten Angaben zu Sachverhalten, die mit Mitteln der *Fernmelde- und Elektronischen Aufklärung* gewonnen wurden, es wurden lediglich Fakten vorgetragen, ohne auf die Quellen einzugehen. Nachdem bei der Lektüre der täglichen Lageberichte und dem wöchentlichen Lagebericht deutlich wurde, dass zu bestimmten Sachverhalten nur Informationen, die aus der *Signals Intelligence* der Partnernationen stammen konnten und diesbezügliche Fragen auch bei anderen *Briefings* auftauchten, war die Frage zu klären, auf welchem Wege diese Informationen auf die Ebene bei SHAPE und des COFS NAEW-FC[166] gelangten. Bei intensivem Studium der *SHAPE Organisation Chart* konnte sehr schnell festgestellt werden, dass dort eine *Special Handling Branch* vorhanden war, über die alle diesbezüglich Angesprochenen nur vage Auskünfte geben konnten oder schlicht nicht wussten, was sich dahinter verbarg. Ein Telefonanruf beim damals dort als NCOIC[167] amtierenden *Warrant Officer* der *Royal Air Force* klärte die Situation. Für den Zugang zu diesem Bereich war eine *Special SHD-Clearance* erforderlich, die beim zuständigen Referat im nationalen Verteidigungsministerium des Betroffenen zu beantragen war. Die Forderung konnte auf Grund guter Kontakte innerhalb der Stabsorganisation bei SHAPE und NAEW-FC und dem Ministerium in Bonn, da der Antragsteller beim Referenten persönlich bekannt war und über die sicherheitsmäßigen Voraussetzungen verfügte, bald erfüllt werden. Nach einigen Wochen erfolgte die Einladung durch SHD zu einem ersten Kontakt, bei dem die vorgeschriebene schriftliche »*Indoctrination*« durchgeführt wurde, erst dann konnte der Zutritt erfolgen, natürlich auch unter Beachtung des Grundsatzes »Kenntnis nur wenn nötig«. Im Gespräch stellte sich sehr bald heraus, dass ein Großteil der multinationalen SHD-Mannschaft (Amerikaner, Briten, Dänen, Italiener und Deutsche) aus dem Eloka-Geschäft kamen und über langjährige Erfahrungen bei der Nachrichtengewinnung durch Fm/EloAufkl verfügten. Auch hier machte sich der »Stallgeruch« bemerkbar, der den Anfang der Arbeitsbeziehungen ungeheuer erleichterte, da alle die gleiche Sprache, im übertragenen und wörtlichen Sinne sprachen. Sehr bald wurde klar, dass SHD aus den zur Verfügung stehenden SIGINT-Informationen aller Art aus dem gesamten NATO-Bereich einen gesonderten Tagesbericht (DAILY INTSUM) als auch einen wöchentlichen Lagebericht *(Weekly INTSUM)* und bei Bedarf, zusätzliche Berichte für die Führungsebene bei SHAPE erstellt, die pünktlich jeden Donnerstag Nachmittag, kurz vor Beginn des *COFS-Briefing Rehearsals* durch einen Stabsoffizier von SHD[168] als »*The Blue Book*« (da es ein blau eingebundener Schnellhefter war) persönlich dem Empfänger unter Umgehung des Vorzimmers ausgehändigt wurde. Der Stabsoffizier wartete im Vorzimmer, bis der

165 NN. SHAPE COFS/SACEUR INTELLIGENCE BRIEFING CONTENT(NU), Privatbesitz, 1986.

166 COFS-NAEW-FC – *Chief of Staff NATO Airborne Early Warning Force Command (Headquarters).*

167 NCOIC – *Noncomissioned Officer in Charge* (Unteroffizier im Dienst).

168 SHD – *Special Handling Department.*

Empfänger Kenntnis genommen und abgezeichnet hatte. Danach begab er sich auf seiner Runde zum nächsten Empfänger. Die letzten Anlaufstellen auf dieser Runde waren der COFS[169] und/oder SACEUR[170]. Aus Sicherheitsgründen durfte das »*Blue Book*« niemals unbeaufsichtigt bleiben oder gar im Vorzimmer abgegeben werden. Der Umfang betrug je nach Informationsaufkommen bis zu 20 Seiten und enthielt die wichtigsten Ergebnisse mit Kommentierung in Kurzform, so dass die *Divisison Chiefs,* der COFS und SACEUR über Hintergrundwissen für das am nächsten Tage stattfindende *Briefing* verfügten.

Wie bereits dargestellt, erstellte SHAPE INTEL die *Daily INTSUMS*, den *Weekly INTSUM* und *Special Interest Briefings* und leitete diese Publikationen an den nachgeordneten NATO-Kommandobereich und die nationalen Verteidigungsministerien als auch die nationalen militärischen und zivilen Nachrichtendienste auf dem Fernschreibweg über gesicherte Fernmeldeverbindungen zu bestimmten Stichzeiten weiter. Auf diese Weise waren die Nationen und die *Intelligence*-Abteilungen der NATO-Kommandobehörden immer über den Kenntnisstand und die Bewertung der Lage durch SHAPE informiert. Die Nationen ihrerseits setzten zu bestimmten, festgelegten Zeiten ihre *Daily* und *Weekly INTSUMS* mit aus nationalen Quellen gewonnenen Informationen aus ihrem Aufklärungsbereich an die NATO-Kommandobehörden ab. Im Falle der Bundeswehr wurde diese Aufgabe damals durch das *Nachrichtenzentrum der Bundeswehr* (NZBw) beim Amt für *Nachrichtenwesen* (ANBw) in Bad Neuenahr-Ahrweiler wahrgenommen, die als nationale Schnittstelle zum Nachrichtenwesen der NATO fungierte. Was natürlich nicht ausschloss, dass NATO unterstellte (assignierte) nationale Verbände, z. B. der Luftverteidigung, zusätzlich zum nationalen Meldewesen ebenfalls auf ihrem NATO-Strang an ihre vorgesetzte Kommandobehörde der NATO zu melden hatten. Ein überaus kompliziertes Verfahren, da das Meldehandbuch zur damaligen Zeit über den Umfang eines prallgefüllten DIN A-4 Ordners verfügte. War dieses Verfahren schon im Frieden höchst kompliziert und setzte ständig verfügbare und funktionsfähige Fernmeldeverbindungen voraus, um wie viel problematischer hätte es in einer Spannungs- und Kriegssituation sein können, wenn es auf die ständige Funktionsfähigkeit der Fernmeldeverbindungen angekommen wäre, die durch gegnerische Maßnahmen sicherlich schon zu einem frühen Zeitpunkt zumindest partiell unterbrochen worden wären? *Intelligence* war und ist kein Selbstzweck. Dies wurde auch bei den jährlich stattfindenden Übungen der NATO deutlich, »EXERCISE ABLE ARCHER« im Herbst in geraden Jahren und »EXERCISE WINTEX/CIMEX« im Frühjahr ungerader Jahre (zuletzt 1989). Diesen Übungen unter Beteiligung sämtlicher NATO-Stäbe und ausgewählter militärischer und ziviler Stäbe im nationalen Bereich unter Aktivierung des Bundeskanzlers/Üb., der mit seinem Übungsstab (Der Bundesregierung/Üb) den Bunker im Ahrtal bezog und von dort aus teilnahm, lag die Annahme einer großangelegten Aggression der Sowjetunion und des Warschauer Paktes zugrunde. Soweit aus der Teilnahme an diesen Übungen in den Jahren 1981 bis 1989 auf Ebene nationaler Kommandobehörde und SHAPE erinnerlich, gab es selten einen Sieger. Glücklicherweise war sich die deutsche Öffentlichkeit dieser Szenarien tatsächlich nie zur Gänze bewusst, denn die Kenntnis der Vorbereitungen auf den möglichen Ernstfall durch die damaligen amtierenden Bundesregierungen waren alles andere als umfassend. Bezeichnenderweise wurde die tatsächlich amtierende Bundesregierung und die Bundesregierung/üb bei der letzten Übung »WINTEX/CIMEX« 1989 nicht über den geplanten Nukleareinsatz/Üb[171] der

---

169 COFS – *Chief of Staff.*

170 SACEUR – *Supreme Allied Commander Europe.*

171 Kabus: *Auftrag Windrose,* Verlag Neues Leben, Berlin 1993, Seite 106.

NATO an der innerdeutschen Grenze konsultiert, der dann auch tatsächlich auf dem Papier erfolgte. Auch die deutschen Teilnehmer an der Übung wurden durch diese Entwicklung völlig überrascht. Damit war eine äußerst heikle politische Situation entstanden, die der amtierende deutsche Minister des Auswärtigen dadurch löste, dass er das Außenministerium von der weiteren Teilnahme an dieser Übung befreite.

Etwas verkürzt dargestellt, dienen die Feindnachrichten der eigenen Führung zur Bewertung der Lage und Planung eigener Maßnahmen. Die Wichtigkeit der *Intelligence*-Informationen und der immer zeitkritische Aspekt bei der Auswertung, dabei besonders die aus SIGINT-Quellen, wurde durch die Ereignisse um den amerikanischen Angriff auf Libyen im April 1986 besonders deutlich. Dabei zeigte es sich, dass neben den üblichen Aufklärungsmeldungen aus den an das Mittelmeer grenzenden NATO-Staaten auch eine Vielzahl von SIGINT-Meldungen als einzig verlässliche Quelle für Informationen über die Reaktionen der Libyer zu erkennen waren, insbesondere mögliche Angriffsvorbereitungen der libyschen Luftwaffe gegen Ziele in Italien, Griechenland, Frankreich und Israel. Auch waren die mit SIGINT-Quellen gewonnenen Informationen über das Verhalten der 5. sowjetischen Eskadra im Mittelmeer äußerst aufschlussreich. Libyen[172] verfügte damals über vier sowjetische Tu 22 BLINDER[173] und 60 MiG 25 FOXBAT A, die in einem *Low-Low*-Flugprofil bei einem angenommenen Aktionsradius von 1200 km (BLINDER) und 950 km (FOXBAT A) zumindest im »Kamikaze-Angriff mit chemischen oder biologischen Kampfstoffen« große Teile Italiens, Griechenlands, des südwestlichen Frankreich und Israel erreichen konnten, wenn es ihnen gelungen wäre, die Luftverteidigungssysteme an den Grenzen der NATO oder Israels zu unterfliegen. Frankreich verstärkte darauf unverzüglich seine Luftverteidigung an der südfranzösischen Küste, die italienische Luftwaffe räumte einige Luftwaffenbasen im südlichen Italien und auf Sardinien. Über Reaktionen in Griechenland lagen keine wesentlichen Erkenntnisse vor. Das israelische Luftverteidigungssystem befand sich ohnehin in permanenter Alarmbereitschaft. Die damals über dem Mittelmeer im Rahmen der Seeüberwachung operierende NATO-E-3A mit einer multinationalen Besatzung erhielt ständigen Geleitschutz durch Jäger der 6. US-Flotte, obwohl zu diesem Zeitpunkt nicht klar war, ob die 6. US-Flotte im nationalen Auftrag operierte. In einem solchen Fall hätte die E-3A nach den Regeln nicht zur Unterstützung der 6. Flotte eingesetzt werden dürfen. Aber der Generalsekretär der NATO bestätigte nach Anfrage durch NAEW-FC nachträglich diesen Einsatz.

Bei einer Vielzahl von Ereignissen in der Folgezeit, z.B. sowjetische Großmanöver im westlichen Vorfeld des Warschauer Paktes, Einflüge sowjetischer strategischer Bomber in den Luftraum der DDR und CSSR, strategische Übungen der sowjetischen Nordflotte mit simulierten Anflügen auf Kanada und die USA bis zum Jahre 1989, zeigte es sich, dass die Unterstützung im Bereich des militärischen Nachrichtenwesens durch die Bundeswehr ein nicht mehr wegzudenkender Faktor bei der Lagebewertung durch die NATO war, da ein Großteil der Informationen über die im Vorfeld befindlichen Kräfte des Warschauer Paktes durch die Aufklärungskräfte der Bundeswehr gewonnen wurden. Der Bereich Fm/EloAufklBw erfasste zunächst staubsaugerartig alle erreichbaren elektromagnetischen Ausstrahlungen der Gegenseite und wertete sie aus, um diese Information dann anschließend auf etablierten Meldewegen an Partnerdienste und die NATO, teilweise nach Quellenbereinigung, weiterzugeben. Dies schloss jedoch schwerpunktartige Erfassung elektromagnetischer Ausstrahlungen durch alliierte Partnerdienste von deutschem Boden nicht grundsätzlich aus.

---

172 Krivinyi: *Warplanes of the World 1983/1984,* Bernard & Graefe, München 1983.

173 *Military Balance 1985,* International Institute or Stategic Studies (IIS), London 1985.

Bei vielen Gelegenheiten zeigte sich die Präzision der Erkenntnisse aus dem Bereich der Fm/EloAufkl, die zum Teil wesentliche Einfluss auf Entscheidungen der obersten alliierten Führung hatte. Später sollte der deutsche Einfluss in der *Intelligence Community* der NATO partiell wachsen, als eine Reihe von Schlüsselstellungen auf verschiedenen Ebenen und unterschiedlichen Kommandobehörden durch qualifiziertes deutsches Personal[174] besetzt und später auch regeneriert werden konnten. Im Laufe der Zeit erwarben sich deutsche *Intel*-Spezialisten aller Dienstgrade innerhalb der NATO einen guten Ruf. Bedauerlich ist allerdings, dass in dieser Zeit nicht allzu viele Angehörige der Fm/EloAufkl die Gelegenheit erhielten, ihr immenses Fachwissen und Erfahrungen in das *Intelligence*-Wesen der NATO einzubringen, um dort den deutschen Einfluss und nationale Anschauungen verstärkt zur Geltung zu bringen, wie dies andere Nationen von Anbeginn getan haben und heute noch tun. Nachträglich betrachtet, ein bedauerliches Versäumnis der nationalen Seite. Dies war auch bei der Aufstellung eines Stabes der NATO auf deutschem Boden, bei dem Deutschland die Funktion der *Lead-Nation* – also der Führungsnation – übernahm und bei der Ausplanung der Stellenbesetzung für den Stab auf die Funktion des *Chief Intelligence Section* verzichtete, trotz Hinweis auf die Implikationen. Die Stelle ging an eine andere Nation ging, dafür aber durfte Deutschland die Funktion des *Executive Officers* als Gehilfen eines amerikanischen Zweisterne-Generals und eines britischen *Chief of Staff* der RAF (Einsterne-General) besetzen. Die Aufgabe des *Executive Officers* erfüllte sich damit im Auszeichnen und Weiterleiten der täglichen Dienstpost des *Directors* und seines Vertreters. Entscheidungen von Tragweite konnte er damit nicht beeinflussen. Hier kann nur festgestellt werden, welche Möglichkeiten auf deutscher Seite in diesem speziellen Fall aus immer noch nicht nachvollziehbaren Gründen vergeben wurden. Abschließend sei festgestellt, dass zumindest in den Bereichen der *NATO-Intelligence Community,* die hier geschildert wurden, tatsächlich ein Nationalitäten-übergreifendes Gemeinschaftsgefühl bei der täglichen Arbeit geherrscht hat, das nicht verglichen werden kann mit dem, was danach auf nationaler Ebene vorgefunden wurde. Die vorbehaltslose Zusammenarbeit, das nicht Zurückhalten von Informationen, Zusammengehörigkeitsgefühl und das entgegengebrachte Vertrauen der »*Intel-Guys*« beeindruckt auch noch heute. Dies ist vielleicht auch darauf zurückzuführen, dass die Bedrohung für alle gleichermaßen hoch war und wesentlich zur Motivation aller Beteiligten beigetragen hat. Mannigfaltige Belastungen wurden gemeinsam getragen, wobei auch aus persönlicher Kenntnis niemals Vorbehalte nationaler Art bei der Arbeit und im privaten Umfeld gegenüber deutschen Soldaten deutlich wurden. Die Lageinformationen der deutschen Seite durch das ANBw waren immer qualitativ hochstehend und erfreuten sich allgemeiner Beachtung bei der NATO, dies kann auch durch eigene Erfahrungen bei SHAPE hinreichend bestätigt werden. Dies sollte auch bis zum Rückzug der sowjetischen Streitkräfte aus der ehemaligen DDR so bleiben. Nach Aufgabe der Aufklärung im vorderen Bereich und der Reorganisation der *Fernmelde- und Elektronischen Aufklärung* Deutschlands wird sich die Fm/EloAufklBw im Bündnis und bei Auslandseinsätzen neu bewähren müssen. Es bleibt nur zu hoffen, dass der hohe Kredit, den sich die Fm/EloAufklBw bei der NATO und anderen Partnern in der zurückliegenden Zeit erworben hat, nicht durch erkennbare militärische Konzeptionslosigkeit und politisch opportune Mittelkürzungen durch die politischen und militärischen Führungen auf lange Zeit verspielt wird. Dies kann zu nicht absehbaren Folgen für unser Land und seine Streitkräfte führen und mindert auch nationale deutsche Einflussmöglichkeiten in internationalen Einsätzen.

---

174 Allerdings suchte man hier Vertreter der Fm/EloAufkl der Bundeswehr vergebens.

Erfassungsmöglichkeiten der Fernmelde- und Elektronischen Aufklärung der Bundeswehr 1956 bis 1989

Durch ihre grenznahe Lage waren die *Erfassungssektoren der Luftwaffe* und die *Fernmeldeaufklärungsstellungen* (GFAST) des Heeres geradezu prädestiniert für den Empfang von elektromagnetischen Ausstrahlungen aller Art im gesamten Frequenzspektrum von 30 MHz bis hinauf in den Gigahertz-Bereich. Restriktionen für die Erfassung ergaben sich aus den topografischen Gegebenheiten der Erfassungsstelle, den zum Einsatz kommenden Empfangssystemen und deren Antennencharakteristiken, sowie aus den allgemeinen und besonderen Bedingungen des Funkwetters, das sich in diesem Frequenzbereich auch deutlich bemerkbar machen konnte. Bei Inversionswetterlagen waren Empfangsreichweiten im VHF/UHF-Bereich zu beobachten, die auch über einen längeren Zeitraum weit nach Osten und Südosten hineinreichten. Nicht zuletzt beeinträchtigen teilweise umfangreiche Störungen auf bestimmten Frequenzen oder in Frequenzbereichen, hervorgerufen durch Energieversorgungsunternehmen und Industriebetriebe auf westlicher Seite, massiv den Empfangsbetrieb und verursachten umfangreiche Mess- und Peilaktionen unter Beteiligung der zuständigen Funkkontroll-Messstellen der *Deutschen Bundespost.* Beispielsweise traten bei Fernmeldesektor E, Schneeberg, umfangreiche und periodisch auftretende Störungen in einem bestimmten Frequenzbereich und aus einer bestimmten Empfangsrichtung auf, welche die Überwachung einer wichtigen Frequenz nachhaltig beeinträchtigte. Nach längeren Messreihen wurde festgestellt, dass es sich um das Prüffeld eines zu einem bekannten Unternehmen gehörenden Herstellers für Isolatoren handelte. Es erfolgten eingehende Absprachen mit dem Unternehmen, dessen Leitung Verständnis für die Belange der Landesverteidigung hatte, die daraus folgenden technischen Änderungen lösten das Problem.

Zum anderen traten bei bestimmten Wetterlagen immer wieder Störungen durch Frequenzen des benachbarten Fernseh- und Rundfunksenders des Bayerischen Rundfunks auf dem Ochsenkopf aus. Sie stellten sich in bestimmten Abständen kaskadenartig auf den zu überwachenden Frequenzen darstellten und überlagerten dort befindliche Sender. Schließlich klärten Messungen, dass die um den Stellungsbereich zum Schutz verlegten S-Drahtrollen nach Erreichen eines bestimmten Korrosionsgrades im Verbund mit dem die Stellung umgebenden Maschendrahtzaun als Schwingkreis wirkten und die Frequenzen des Senders auf fast allen harmonische Frequenzen abstrahlten. Die Feldstärke des benachbarten Senders war so stark, dass nach Aussagen von Fachleuten vor Ort, »ein nasser Finger in der Luft zum Empfang des Radioprogramms«[175] ausreichen sollte. Die meisten Fernmeldetürme der Luftwaffe, ausgenommen Turm A in Großenbrode und Turm B Thurauer Berg, waren auf »Hohen Punkten« errichtet, die entsprechende Empfangsmöglichkeiten für die Flugfunkerfassung im VHF/UHF-Bereich boten. Die B-Funk-Erfassung im UHF/SHF-Bereich musste zum Zeitpunkt der Errichtung der Türme aus technischen Gründen ihre Erfassungsgeräte wegen der damals verwendeten Hohlleiter für die Weiterleitung der erfassten Signale in die Nähe der Empfänger bringen. Deswegen wurde dieser Bereich im 11. Obergeschoss eines jeden Turmes eingerichtet, der bei entsprechenden Windgeschwindigkeiten in fühlbare Schwingungen geriet. Aus Gründen des Witterungsschutzes

[175] NN. Mitteilung eines Gewährsmannes.

waren fast alle Antennen hinter einer Schutzhülle aus einem speziellen Isolationsmaterial eines bekannten Unternehmens aus Ludwigshafen am Rhein errichtet. Diese Abschirmung bereitete in der Folgezeit immer wieder Probleme im Hinblick auf Abdichtung gegen Witterungseinflüsse und der Abschirmung der einfallenden Signale, die aber später zufrieden stellend gelöst werden konnten. Auch die GFAST des Heeres waren, bis auf Ausnahmen im Bereich nordwärts des Hohen Meissner, auf »Hohen Punkten« errichtet. Auch hier traten ähnliche Probleme im Hinblick auf Störungen durch Stellen auf westlicher Seite auf, die aber auch in der Regel schnell und unbürokratisch gelöst werden konnten. Demgegenüber waren die Antennenanlagen der BFSt und der Heeres-Mitnutzer auf der unverkleideten Außenplattform der Luftwaffentürme im 7. Obergeschoss eingerichtet.

Sie bestanden in der Regel aus drehbaren Parabolspiegeln in der Hauptempfangsrichtung, die, für jeden Fachmann sichtbar, Rückschlüsse auf Empfangsfrequenz und Empfangsrichtung erlaubten. Die Luftwaffe errichtete zusätzlich noch, meist in Hauptempfangsrichtung, auf einem Gittermast eine Doppelwendelantenne, die im Winter elektrisch beheizt werden musste, da die Eisbildung an den Wendeln zu Empfangs- und Sicherheitsproblemen führte. Dies galt im Übrigen für alle den Witterungseinflüssen ausgesetzten Antennen, was im Winter wegen Vereisung und abfallender Eisstücke häufig zur Sperrung der gesamten Turmumgebung führte.

Erfassungsreichweiten der vorderen Erfassung der Luftwaffe

Auf Grund ihrer exponierten Lage konnten die Stellungen der Luftwaffe im VHF-Bereich (108–144 MHz) bei günstigen Bedingungen stationäre Bodenstellen des Flugfunks in der DDR und CSSR bis zu einer Entfernung von etwa 200 km[176] erfassen.

Die Erfassung der Flugziele war in der Regel von der Flughöhe des zu erfassenden Flugzeugsenders abhängig und betrug etwa 300 km. Über die Funkfeuer SLUBICE bei Frankfurt an der Oder auf der polnische Seite und BEESKOW in der DDR aus Osten einfliegende Maschinen konnten beispielsweise bei Fernmeldesektor E (ESt Schneeberg) regelmäßig dann erfasst werden, wenn sich die ein- oder ausfliegenden Maschinen auf der Flugsicherungsfrequenz der sowjetischen 16. Frontluftarmee, 124.0 MHz, Rufname »ALDAN«, meldeten. Flog die zu erfassende Maschine in einer Flughöhe von 1000 m über der DDR und der CSSR, war sie auch hier ohne größere Verluste an Qualität erfassbar. Problematisch waren in Bodennähe oder auf dem Boden, aber auch hier konnte bei günstigen Wetterbedingungen der Funkverkehr der noch am Boden rollenden Maschinen erfasst werden. Probleme ergaben sich aus den Abschattungen des Erzgebirges bei Überwachung der in der südöstlichen DDR gelegenen Plätze wie KAMENZ und BAUTZEN. Auch der Flugbetrieb über den an der Grenze zur VR Polen gelegenen Plätzen der NVA konnte erst ab einer bestimmten Flughöhe erfasst werden. Flogen die Maschinen im Luftraum der mittleren und westlichen DDR, waren sie einfach zu erfassen. Selbst mit handelsüblichen Empfängern konnte der Flugfunk über der LETZLINGER HEIDE aus einer Erfassungsstelle nordwärts HAMBURG einwandfrei empfangen werden, ohne großen Antennenaufwand zu treiben. Dies galt auch für den UHF-Flugfunkbereich, den die sowjetischen und NVA-Luftstreitkräfte Ende der siebziger Jahre vereinzelt zu benutzen begannen. Sofern strategische Bomber bei ihren Einflügen aus dem Osten und dem Baltikum keine Funkstille hielten, konnten sie beim Einflug bereits über der Mitte Polens erfasst werden. Dies galt

---

176 Bei günstigen Inversionswetterlagen war auch durch »*Short Skip*« mit Überreichweiten im VHF-Bereich zu rechnen, die gelegentlich zur Erfassung des Taxifunks eines weißrussischen Stadt führte. Auch war der »Patscherkofel« mit seinem »VOLMET« gut zu erfassen.

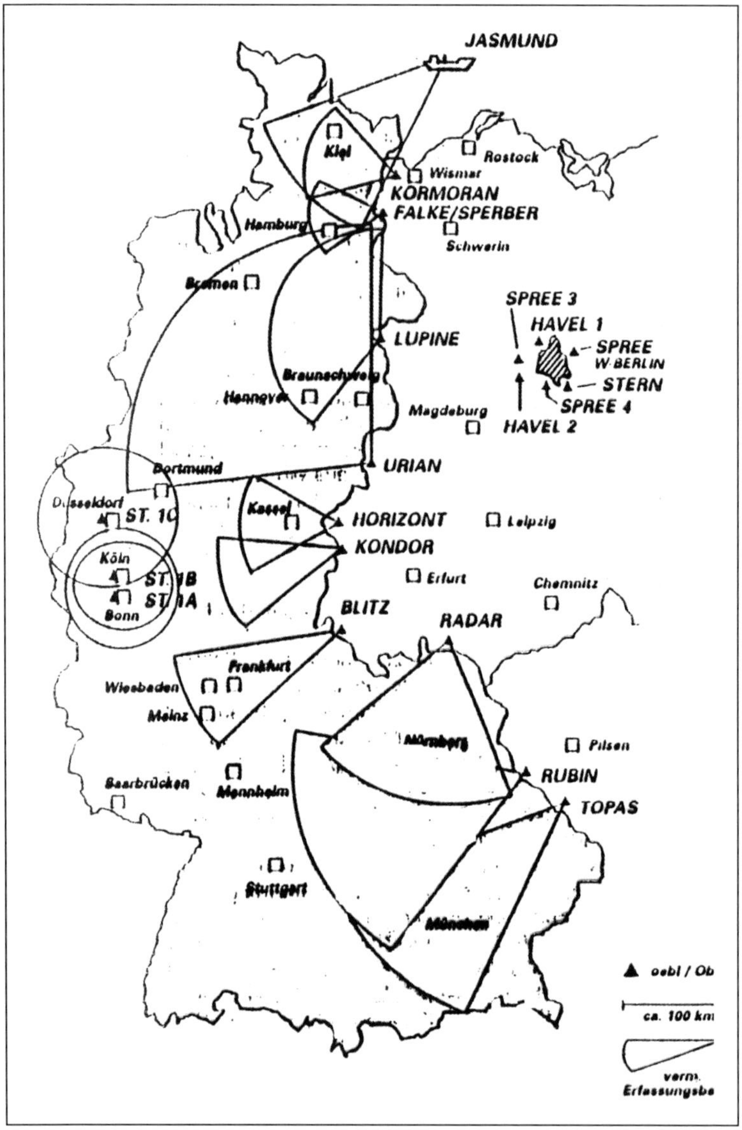

Erfassungsreichweiten der östlichen Dienste aus Erkenntnissen des Bundesamtes für Verfassungsschutz aus dem Jahre 1990.

auch für die Maschinen der *Aeroflot* und der sowjetischen Transportflieger (*Vosduschnaja Transportnaja Aviatsia* – VTA) und die luftgestützten Gefechtsstände (IL 18 COOT) der Heimatluftverteidigung (*Protivovosduchnaja Oboronaja Strany* – PVO), sofern sie im vorderen Bereich Luftverteidigungsübungen durchführten. Da die SIGINT-Maschinen der sowjetischen und NVA-Luftstreitkräfte meist Funkstille hielten, konnten sie nur mit Hilfe der Ausstrahlungen ihrer Bordradargeräte oder Radarhöhenmesser durch den Beobachtungsfunk (Elo-Erfassung) erfasst und identifiziert werden. Die Erfassung im Bereich des Beobachtungsfunks wurde wesentlich beeinflusst durch die Leistungsfähigkeit der Empfangssysteme, der Antennencharakteristik und den technischen Parametern der zu erfassenden Geräte. Flugzeugradargeräte, Radarhöhenmesser und ähnliche Systeme konnten in Analogie zur Erfassung der Flugfunksignale im VHF-Bereich ab entsprechenden Flughöhen erfasst werden. Bodenradargeräte wurden dann erfasst, wenn die Erfassungsbedingungen günstig waren und das System mit entsprechenden Sendeleistungen strahlte. Auch hier konnten durch die fortschreitende Entwicklung der empfangsseitigen Technik in den späteren Jahren erhebliche Gewinne in der Signalausbeute beobachtet werden. Die Erfassung von Richtfunksignalen der bodengebundenen Netze in der DDR und CSSR wurde durch die gleichen Faktoren beeinflusst, wie sie für die Elo -Erfassung galten. Höhere Empfindlichkeit der Empfangssysteme, Verbesserung der Antennencharakteristiken und die Nutzung fortschrittlicher Filtertechniken erlaubten das Erfassen bestimmter, günstig gelegener Richtfunkstrecken in der DDR und CSSR. Grundsätzlich ist jedoch festzustellen, dass die Erfassung ihre Grenzen an den physikalischen Gegebenheiten der Wellenausbreitung in den entsprechenden Frequenzbereichen fand. Auch konnten die stationären Richtfunkverbindungen der NVA im Grenzraum, soweit sich die Erfassungsstellung in einer empfangsgünstigen Position befand, erfasst und ihre Inhalte, soweit nicht verschlüsselt, aufgeklärt werden.

Erfassungsreichweiten der GFAST der vorderen Erfassung des Heeres

Die GFAST des Heeres waren auf Grund ihrer technischen Ausstattung in der Lage, den bodengebundenen Truppenfunk des Warschauer Paktes im vorderen Raum bis zu einer durchschnittlichen Tiefe von bis zu 100 km zu erfassen. Einschränkungen ergaben sich hin und wieder durch Abschattungen des Thüringer Waldes, des Erzgebirges und des Bayerischen Waldes. Auch hier konnten bei besonderen Inversionswetterlagen, Überreichweiten[177] im VHF-Frequenzband beobachtet werden.

Relativ selten konnten mobile RiFu-Verbindungen der sowjetischen und NVA-Truppen registriert werden. Es ist zu vermuten, dass die Gegenseite die Prinzipien der »gedeckten Truppenführung« anwandte und die Sendeleistungen entsprechend reduziert hatten, um eine Erfassung durch die Fm/EloAufkl des Heeres zu vermeiden. Dagegen gelang es mit erheblichem empfangsseitigen Aufwand, stationäre *Puls-Phase-Modulation* (PPM) (RiFu-Verbindungen) der sowjetischen und ostdeutschen Streitkräfte im Frequenzbereich von 1,5 bis 2,2 GHz zu erfassen. Ob und inwieweit auch CSSR-RiFu-Verbindungen vom Schneeberg/Kornberg und Hohen Bogen aus erfasst werden konnten, ist ungewiss, erscheint aber für bestimmte Strecken in der CSSR möglich. Die meisten bodengebundenen Radargeräte der Truppenluftabwehr und der Luftverteidigung im Aufklärungsraum DDR konnten durch das Heer erfasst werden. Wenngleich Radarausstrahlung von Gefechtsfeldradargeräten, Wetterradargeräten, Artillerieradargeräten und Feuerleitgeräten nur sporadisch aufgeklärt werden konnten, da ihr Einsatz häufig nur im Inneren der DDR und CSSR erfolgte. Die Erfassung des DDR-weiten *Schmalband-Richtfunknetzes* der *Sozialistischen Einheitspartei Deutschlands* (SED) gehörte nicht zu den Aufgaben der GFAST des Heeres. Dieses Netz wurde durch die *Bundestelle für Fernmeldestatistik* (BFST) des BND erfasst und ausgewertet.

Erfassungsreichweiten der ortsfesten HF- Erfassung des Heeres und der Luftwaffe

Die Erfassungsreichweiten in der HF-Erfassung waren wesentlich bestimmt von den Ausbreitungsbedingungen im gesamten HF-Bereich, die in Abhängigkeit von der jährlichen Sonnenfleckentätigkeit variierte. Auch war die Empfangsfrequenz und die Tageszeit bestimmend für die Empfangsgüte. Nicht zuletzt wurden die Erfassungsreichweiten von den auf Grund der örtlich Gegebenheiten errichteten Antennenanlagen und den benutzten Empfangssysteme bestimmt. Generell kann davon ausgegangen werden, dass

[177] Grabau: *Ergänzungsband zu Fernmeldeelektronische Aufklärung...*, Much, Mai 1998.

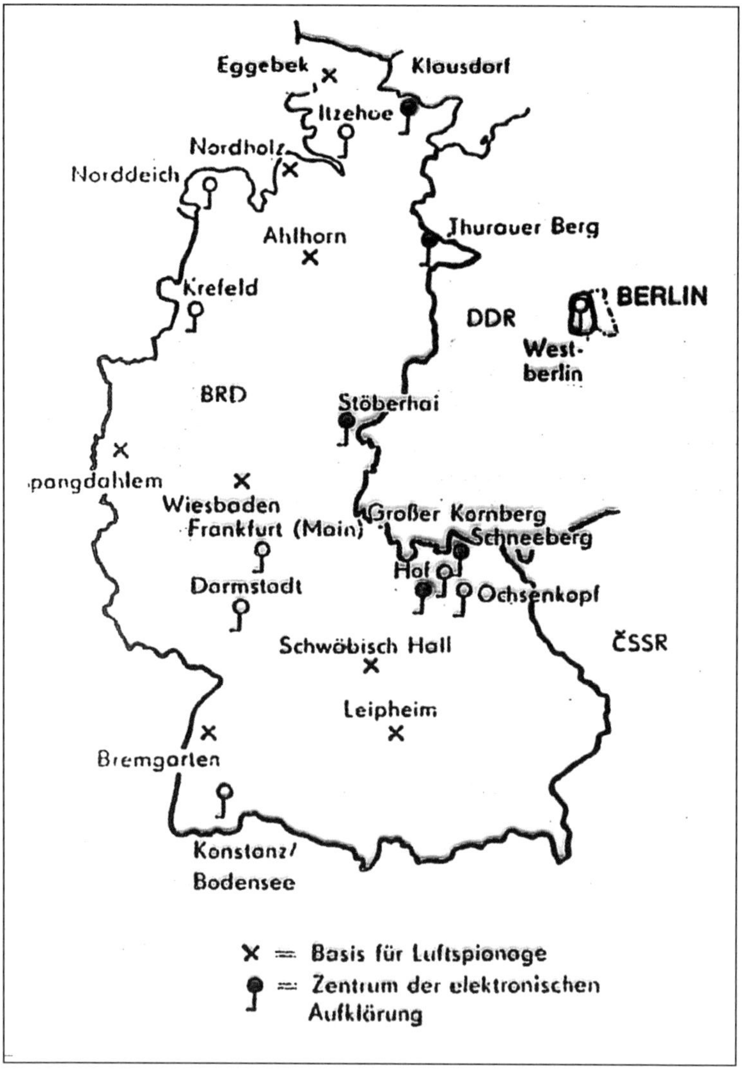

Westliche Erfassungsstellen aus Sicht der Dienste der DDR 1970.

unter empfangstechnisch günstigen Voraussetzungen eine weltweite Erfassung möglich gewesen ist. So konnte zum Beispiel mit einem Empfänger R&S EK 07 mit einfacher Langdrahtantenne (20 m) die sibirische Waldfeuerwehr östlich des Urals im A3-Telefonieverkehr einwandfrei erfasst werden. Ähnliches galt für Bodennetze der sowjetischen Landstreitkräfte, die mit der gleichen Empfangsanlage damals bei Übungen in der Ukraine beobachtet werden wurden.

Bei den HF-Empfangsantennen der Fernmelderegimenter 71 und 72, die als Logarithmisch-Periodische-Empfangsantennen mit Hauptempfangsrichtung Nordost-Südost optimiert waren, muss auf Grund der technischen Gegebenheiten angenommen werden, dass hier ein weltweiter Empfang in späteren Zeiten nicht auf allen Frequenzen gegeben war, da die Antennen in der Hauptempfangsrichtung aufgebaut waren.

Inwieweit die in Augsburg bei der ASA errichtete und durch den BND mitbenutzte

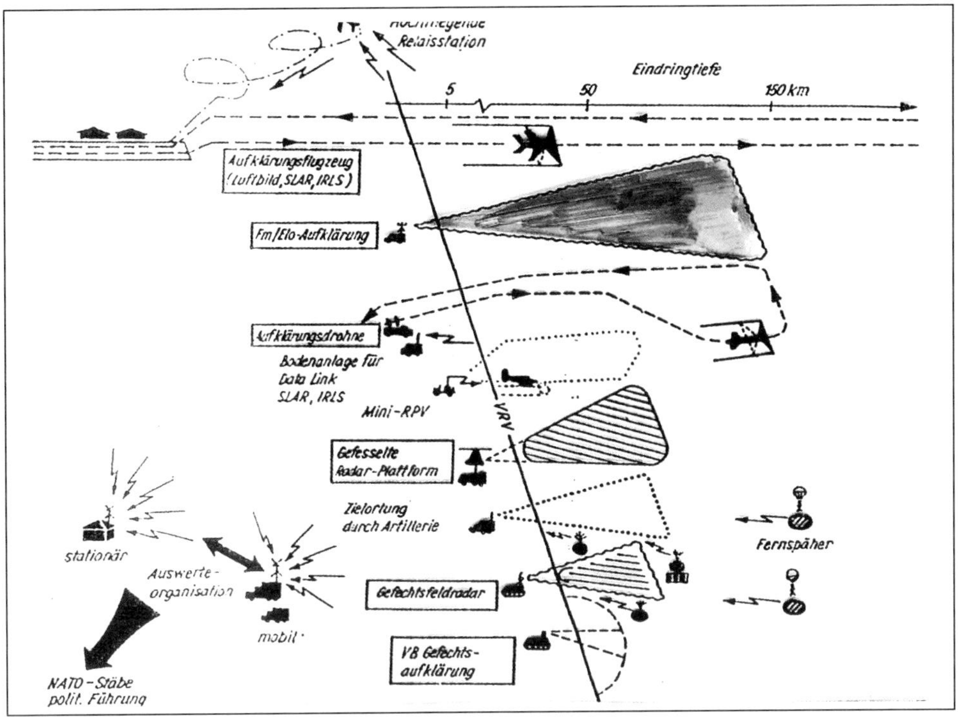

Erfassungsreichweiten westlicher Dienste aus Sicht des Ministeriums für Staatssicherheit (1970).

Wullenwever-Anlage für den weltweiten Empfang von HF-Signalen gebraucht wurde, kann nicht abschließend belegt werden, erscheint aber auf Grund der technischen Möglichkeiten dieses Systems vorstellbar. Fest steht jedoch, dass die festen HF-Peilstellen von Heer, Luftwaffe und Marine die weltweite Peilung von HF-Signalen erlaubten.

Erfassungsreichweite der BREGUET 1150 ATLANTIC SIGINT, mögliche Erfassungsreichweiten des geplanten LAPAS-Systems

Die Erfassungsreichweite fliegender SIGINT-Plattformen ergibt sich primär aus der Flughöhe und dem Abstand zum Aufklärungsraum und den eingesetzten Erfassungssystemen, so dass hier nur eine näherungsweise Schätzung der Erfassungsreichweiten angebracht erscheint. Um die technischen Erfassungsmöglichkeiten des geplanten *Luftgestützten, Abstandsfähigen Primäraufklärungssystems* (LAPAS) unter den Bedingungen Mitteleuropas an den Grenzen zum Warschauer Pakt effektiv nutzen zu können, insbesondere bei der Erfassung bodengebundener Strahlungsquellen, hätte LAPAS unmittelbar an der vorderen Begrenzung des WP-Luftraumes oder über der Ostsee im internationalen Luftraum eingesetzt werden müssen. Bei einem Einsatz in unmittelbarer Nähe der innerdeutschen Grenze hätte sich LAPAS, wie auch die NATO E-3A, in unmittelbarer Reichweite der sowjetischen Flugabwehrraketensystems S-A 5 GAMMON (Einsatzhöhe: 30.000 m, Einsatzreichweite: 250 km) befunden. Aus diesen Gründen war die geplante Einführung von LAPAS durch die Luftwaffe eine politische Entscheidung, die aus Kenntnis der zu erwartenden Erfassungsreichweiten auch heute noch nicht unbedingt nachvollziehbar ist.

Erfassungsreichweite der Messboote der Bundesmarine

Im VHF/UHF-Bereich kann bei bodengebundenen Sendern von einer Erfassungsreichweite, die der quasi-optischen Sicht entspricht, ausgegangen werden. Im SHF-Bereich ist die Erfassung von den Ausbreitungsbedingungen in diesem Frequenzbereich und der Sendeleistung abhängig. Für in Flugzeuge eingebaute Sender im VHF/UHF/SHF-Bereich ist die quasi-optische Sicht und die verwendete Sendeleistung für die Erfassung durch das System des Messbootes ausschlaggebend. Der Erfassung von Signalen im HF-Bereich ist dagegen abhängig von der zur Verfügung stehenden Empfangsanlage einschließlich der Antenne, den Bedingungen des Funkwetters im HF-Bereich, das die Ausbreitungsbedingungen maßgeblich beeinflusst. Beispielsweise ist die Erfassung des Grenzwellen/Kurzwellen-Funkverkehrs bis etwa 3000 kHz bei Tageslicht nur in unmittelbarer Nähe zum Sender möglich, da dieses Frequenzband sich erst bei Dunkelheit öffnet. Hingegen sind höhere HF-Frequenzen in Abhängigkeit der Richtung einfallender Signale erfassbar, so dass sich hier keine generelle Aussagen über die Erfassungsmöglichkeiten von HF-Signalen auf See oder in Küstengewässern tätigen lassen. Demgegenüber ging die damalige Gegenseite[178] von Erfassungsreichweiten der FmEloAufklBw aus wie in der Abbildung auf Seite 233 dargestellt.

[178] Charisius/Mader: *Nicht länger geheim*, Militärverlag der DDR, Berlin 1969.

Die Aufgaben der Fernmelde- und Elektronischen Aufklärung im Rahmen der Frühwarnung nach 1980

Entwicklungstendenzen bei der Bedrohung durch Streitkräfte des Warschauer Paktes im NATO-Kommandobereich Europa-Mitte

Durch die Zuführung von mehr als 300 Su 19 FENCER[179] zu den sowjetischen taktischen Luftangriffskräften im vorderen Bereich der Warschauer Paktes und der mehr als 700 neu in Dienst gestellten Mi 24 HIND Kampfhubschrauber hatte das sowjetische Luftangriffspotenzial die Fähigkeit erreicht, ohne wesentliche Umgruppierungen direkt aus dem Stand die Luftverteidigung der NATO bei einem möglichen Konflikt entscheidend zu beeinträchtigen. Zudem befanden sich die sowjetischen Fliegerkräfte und anderer WP-Staaten in einer Umrüstungsphase auf Flugzeuge der 3. Generation, die Anfang der achtziger Jahre bereits zu zwei Dritteln abgeschlossen war, während auf Seiten der NATO erst sehr zögerlich mit der Umrüstung auf die 3. Generation begonnen wurde.

Einhergehend damit war auch die Verbesserung des sowjetischen Arsenals bei den strategischen Raketenkräften zu beobachten. Verbunden mit der Einführung neuen Fluggeräts auf Seiten des Warschauer Paktes war die generelle Verbesserung der Avioniksysteme in den Luftfahrzeugen und der Ortungs- und Leitsysteme bei den Fliegerabwehrraketen. Als besondere Bedrohung hochfliegender westlicher Maschinen wurde das im Zulauf in die DDR und CSSR befindliche SA-5 GAMMON System betrachtet, zumal zu dieser Zeit nicht eindeutig geklärt werden konnte, ob die SA-5 möglicherweise auch einen nuklearen Gefechtskopf kleiner Leistung tragen konnte.

Damit war insgesamt erkennbar, dass sich die sowjetischen Frontfliegerkräfte (und mit ihnen auch die einiger WP-Staaten) von der reinen Unterstützungswaffe der Landstreitkräfte zu lösen begannen und künftig zu eigenständigen Offensivoperationen gegen die NATO befähigt sein würden. Hieraus ergaben sich schwerwiegende Folgen für die gesamte Strategie der NATO in Europa-Mitte, da nach Lageeinschätzung höchster NATO-Kreise damit zu rechnen war, dass die Fronfliegerkräfte des Warschauer Paktes im vorderen Raum ohne größere Vorbereitungen, insbesondere Zuführung weiter Kräfte aus den westlichen Militärbezirken, Offensivoperationen gegen Europa-Mitte zu jeder Zeit durchführen konnten. Der gesamte Verteidigungsraum der NATO einschließlich der rückwärtigen Räume in Europa-Mitte war im Falle von Operationen des Warschauer Paktes ständig luftgefährdet, das heißt, es musste auch in der Tiefe des Raumes (der NATO) mit gegnerischen Luftschlägen gerechnet werden. Wie die *Central Region* wären auch die Flanken der NATO, Nordnorwegen, die Ostseeausgänge sowie die Südflanke mit Bosporus, Straße von Otranto und der Meerenge von Gibraltar, Ziele möglicher Offensivoperationen geworden. Damit wäre das gesamte Abschreckungspotenzial der NATO, seine Führungs- und Versorgungseinrichtungen in Gefahr geraten. Da davon auszugehen war, dass der vordere Raum aus der Luft abgeriegelt würde, war auch der Aufmarsch und das Nachführen weiterer Kräfte sowie deren Operationsfähigkeit in Frage gestellt. Damit war auch die bewegliche Kampfführung der NATO insgesamt auf das schwerste beeinträchtigt. Im

---

179 Eimler: »*Die NATO-Luftverteidigung unter besonderer Berücksichtigung des Bereiches Europa Mitte*« in *Elektronik in der Luftverteidigung*, Bernard & Graefe, München 1983.

Verbund mit den Luftangriffsoperationen der Warschauer Luftstreitkräfte war der massive Einsatz von *Maßnahmen des Funkelektronischen Kampfes* im gesamten Frequenzspektrum zur Niederhaltung westlicher Luftverteidigungs- und Führungssysteme zu erwarten. Daraus ergab sich für das *Militärische Nachrichtenwesen der Bundeswehr* die Forderung nach verstärkter Nachrichtengewinnung im Hinblick auf die Früherkennung von Indikationen für bedrohliche Entwicklungen auf Grund der drastisch verkürzten Vorwarnzeiten, insbesondere im Bereich der Luftwaffe. Auch Fm/EloAufkl des Heeres musste wegen der zunehmend steigenden ständigen Gefechtsbereitschaft der Verbände der GSTD und der NVA in der DDR, der CVA und ZGT in der CSSR ihre Erfassungs- und Auswertemöglichkeiten den gewandelten Bedingungen anpassen. Dies führte zum vermehrten Einsatz der Elektronischen Datenverarbeitung bei der Erfassung, Vorauswertung, Weiterleitung und Endauswertung der von den vorderen Sektoren der Erfassung und den GFAST gewonnenen Informationen. Neben dem weiterhin bestehenden generellen Auftrag, Informationen über Gliederung, Dislozierung, Ausrüstung und Verfahren der WP-Streitkräfte im Aufklärungsbereich zu gewinnen, bekam der Aspekt, Abweichungen vom Normverhalten und Indikationen für mögliche Bedrohungen zeitnah zu erfassen und ohne Verzug an die zuständige Auswertung zu melden, besonderes Gewicht. Die Auswertungen ihrerseits verfeinerten ihre Auswerteverfahren und passten sie den gewandelten Bedingungen an.

Nach wie vor bestand für die gesamte Fm/EloAufkl der Bundeswehr die Gefahr, bei möglichen Kampfhandlungen, insbesondere für die Sektoren der vorderen Erfassung der

Erfassungsstellen der US Army Security Agency (ASA) von 1956 bis Ende 1965.

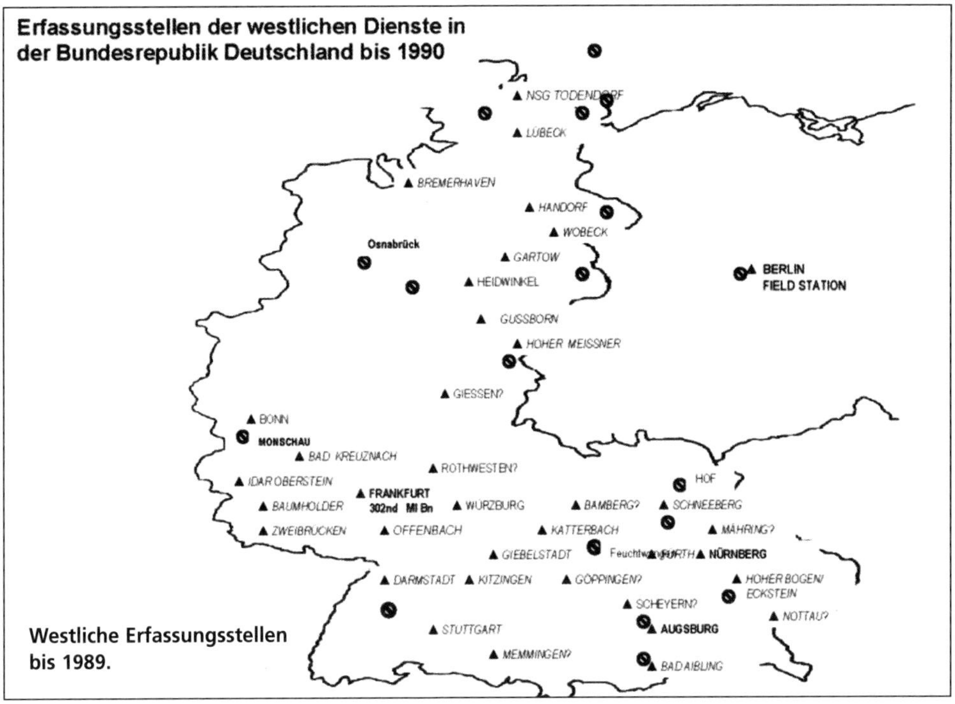

Westliche Erfassungsstellen bis 1989.

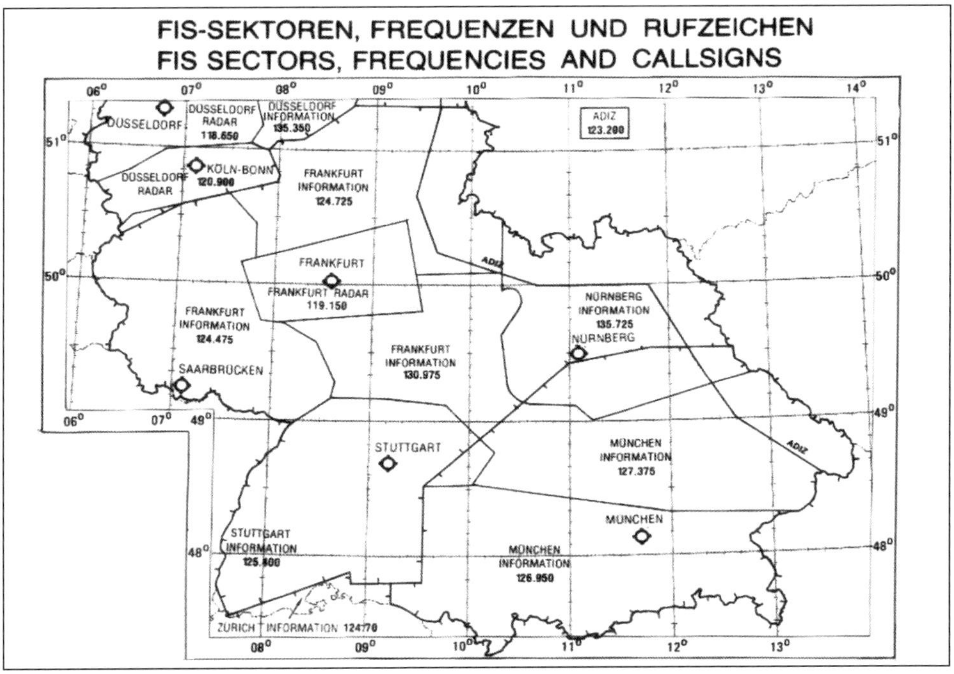

Die Air Defence and Identification Zone (ADIZ). In dieser Zone war nur kontrollierter Flugbetrieb zugelassen. Hatte ein Luftraumverletze die rückwärtige Grenze der ADIZ überflogen, konnte er abgefangen werden.

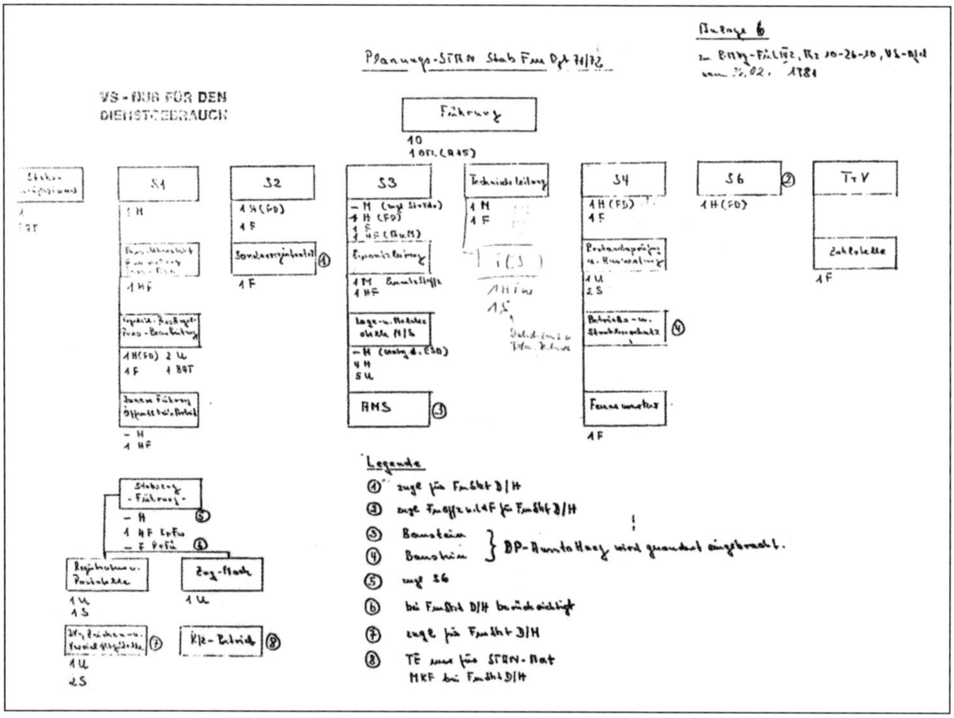

Planungs-Stärke- und Ausrüstungsnachweisung (STAN) für Fernmeldesektor E 1982.

Luftwaffe und den GFAST des Heeres, frühzeitig wichtige Sensoren zu verlieren, da davon auszugehen war, dass diese Einrichtungen dem möglichen Gegner bekannt waren und daher sehr früh ausgeschaltet werden würden. Hier hätte allein bei den vorderen Sektoren schon die Unterbrechungen der drahtgebundenen Fernmeldeverbindungen ausgereicht. Der als Ersatz für den Ausfall der Drahtverbindungen vorgesehenen Schreibfunktrupp 400 W (Kurzwelle) hätte wahrscheinlich nur kurze Zeit eingesetzt werden können, da der Ausfall der Senderöhre, für die nur eine Ersatzröhre im Sektor verfügbar nicht auszugleichen gewesen wäre. Auch die Rückführung des Personals im Landmarsch, unter Zurücklassung der Familienangehörigen in ein ungewisses Schicksal, war offensichtlich durch die Führung nie ernsthaft erwogen worden, denn die Vorstellung, wichtige Bauteile aus den Systemen auszubauen, um sie bei der Wiedergewinnung der Türme in die dort befindlichen »gelähmten« Systeme einzubauen, ließ Zweifel an der Ernsthaftigkeit dieser Planungen aufkommen. Daran ändert auch der schon vorher geschilderte Marsch von Thurndorf nach Feuchtwangen nichts, bei dem bewiesen werden konnte, das allein schon aus Zeitgründen, ein solcher Rückmarsch höchst illusorisch war. Die Führungsorganisation des Nachrichtenwesens war zu dieser Zeit, Mitte der achtziger Jahre, an den Friedensstandorten disloziert und verfügte bis auf wenige Ausnahmen nicht über gehärtete Gefechtsstände. Die Bunker für die Auswertungen in Daun und Gelsdorf sollten erst später fertiggestellt werden. Im Jahre 1982 gliederte das Fernmelderegiment 72 befehlsgemäß ab 1.10. um. Damit verloren die unterstellten Fernmeldesektoren E und F ihren Status als *Kalenderführende Dienststellen* (KalFüDst) für das Alarm- und Mobilmachungswesen. Positiv zu bewerten war jedoch die Ausbringung von zusätzlichen Dienstposten in der *Drehzahlerfassung (Richtfunk)* für die Sektoren der vorderen Erfassung. Zusätzlich wurden die Sektoren der vorderen Erfassung umgegliedert und nahmen ihre neue Organisation ein.

Im Zuge der Reorganisationsmaßnahmen wurde nun erstmals eine »rückwärtige Erfassung« geplant. Soweit noch nachvollziehbar, sollte dafür Personal aus der »vorderen Erfassung« frühzeitig herausgelöst und in die »Rückwärtige Erfassung »eingegliedert werden. Ob dieses Verfahren im Anlassfalle tatsächlich wie geplant hätte durchgeführt werden können, mag bezweifelt werden. Einhergehend damit wurden weitere Planungen in dieser Zeit bekannt, die eine komplette Aufgabe der Fernmeldesektoren der vorderen Erfassung und Rückführung des gesamten Personals an den Standort des Fernmelderegiment 72 nach Feuchtwangen vorsahen. Die Türme der vorderen Erfassung sollten ähnlich wie beim späteren US-System »LA FAIRE VITE« (Eckstein/Hoher Bogen) des US-INSCOM lediglich als Antennenträger dienen. Die Wartung war durch Personal vor Ort geplant. Die erfassten Daten sollten per Datenfernübertragung an das Fernmelderegiment 72 weiter geleitet werden. Möglicherweise war im Endausbau beabsichtigt, auch die Fernmelderegimenter 71 und 72 aufzulösen und alle vorderen Erfassungsstellen an Fernmeldeberich 70 in Trier direkt anzubinden. Bei dem Ende der achtziger Jahre zum Einsatz kommenden Verfahren *Trier Remote Air Picture* (TRAP) – Übermittlung des Echtzeitradarbildes aus dem *Reporting Post* (RP) des Radarführungsdienstes zur Korrelation von Flugbewegungen – ist dies mit Erfolg durchgeführt worden.

Reorganisationsmaßnahmen der Fernmelde- und Elektronischen Aufklärung

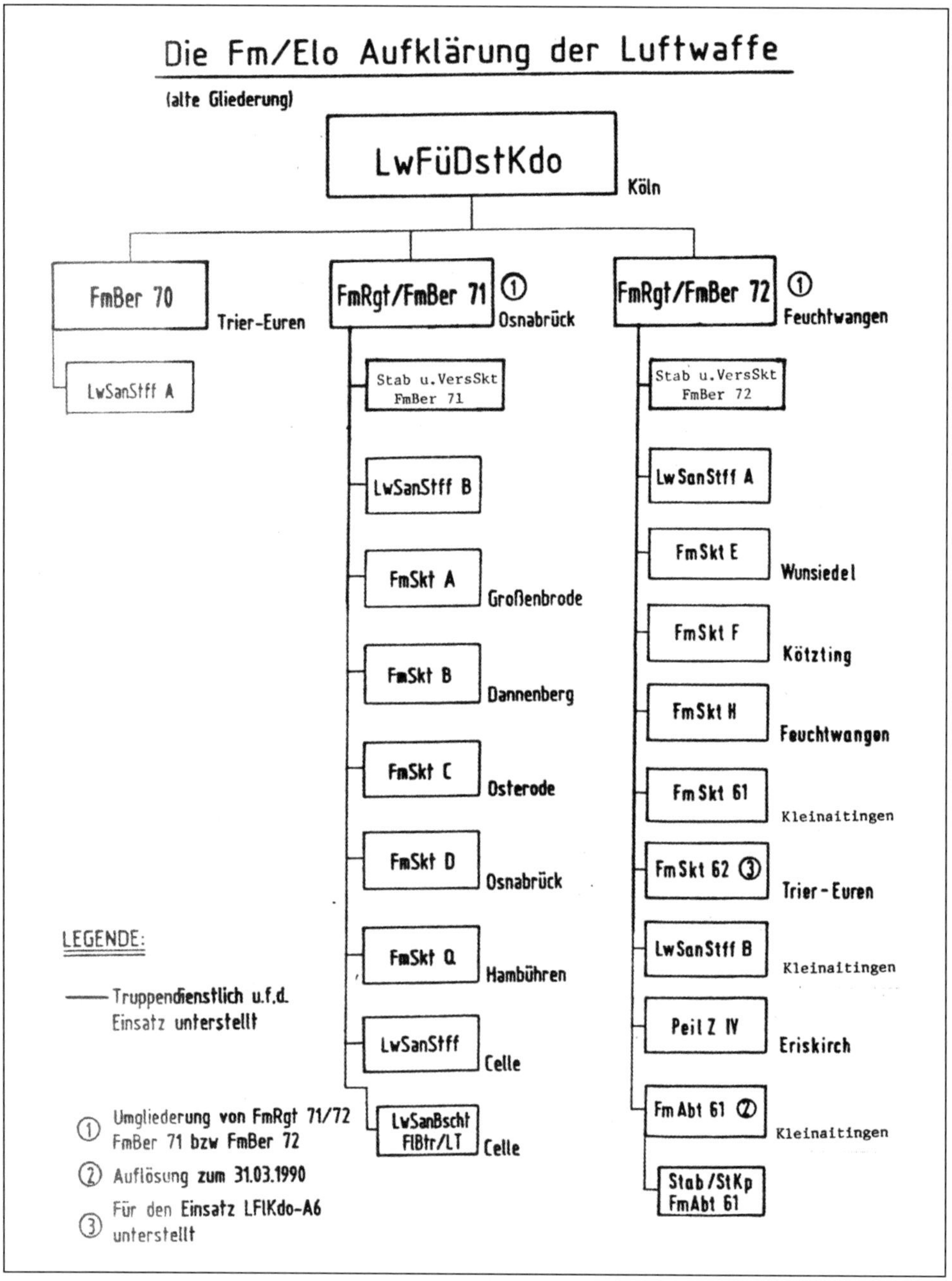

Gliederung der Fernmelde- und elektronischen Aufklärung der Luftwaffe 1988/1989 vor der Umgliederung, die zu Beginn des Jahres 1990 einsetzte.

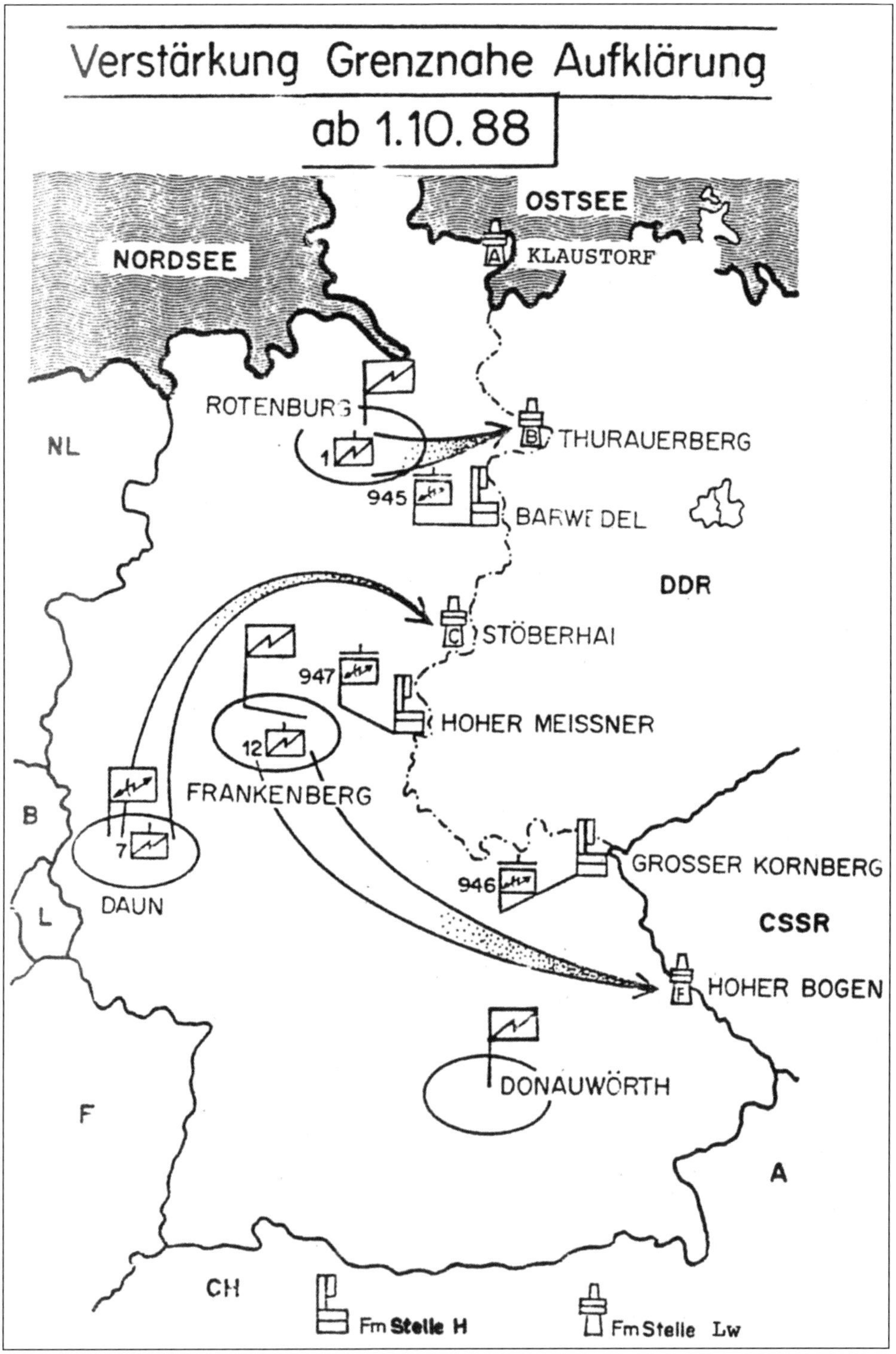

Verstärkte Grenzaufklärung der Fernmelde- und elektronischen Aufklärung des Heeres ab 1988.

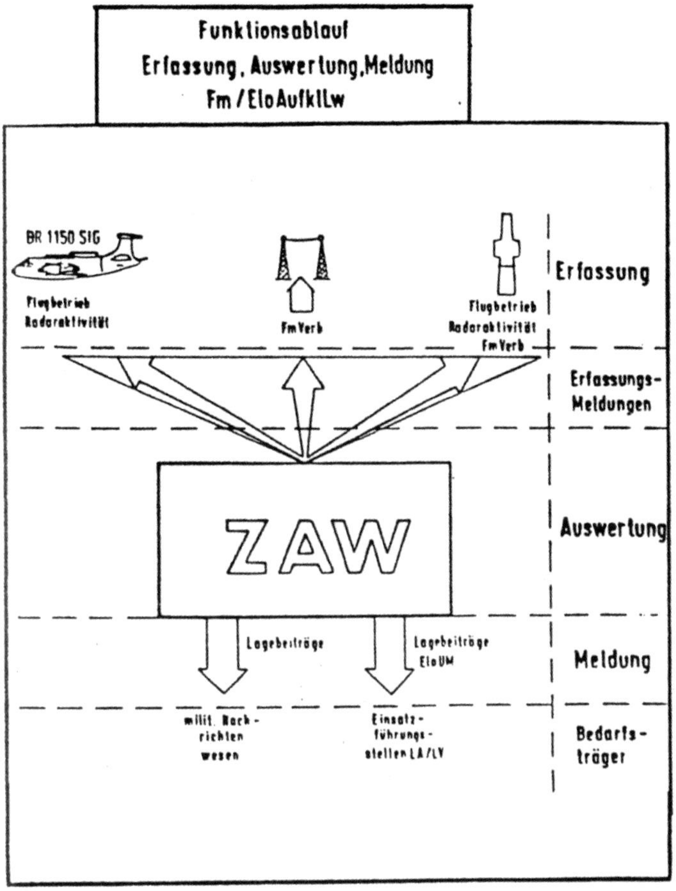

Funktionsablauf in der Fernmelde- und elektronischen Aufklärung der Luftwaffe Ende 1988.

Mitte der achtziger Jahre zeichnete sich bei der Fm/EloAufkl der Luftwaffe eine Reorganisation ab, die zu umfangreichen Verhandlungen über die *Stärke- und Ausrüstungsnachweisung (STAN)* der betroffenen Verbände führte (Fernmelderegiment 71 und Fernmelderegiment 72). Zum 1. April 1982 hatte das *Luftwaffenführungsdienstkommando* in Porz-Wahn eine neue Gliederung[180] eingenommen, die als Arbeitsgrundlage für die zu erwartenden STAN-Verhandlungen im nachgeordneten Bereich des *Luftwaffenführungsdienstkommandos* für Fernmeldebereich 70 in Trier und der Fernmelderegimenter 71 und 72 dienen sollte. Diese Gliederung berücksichtigte den inzwischen den auch in der Luftwaffe immer mehr anwachsenden Teil an Datenverarbeitungstechnik. Die Stabsabteilungen A3 (Einsatz) und A6 (Fernmelde- und DV-Wesen) wurden personell entsprechend verstärkt. Als direkte Folge der Reorganisation des Luftwaffenführungsdienstkommandos wurde am 1. Oktober 1982 auch das in Feuchtwangen stationierte Fernmelderegiment 72 umgegliedert, Fernmelderegiment 71 in Osnabrück dürfte zeitgleich eine neue Gliederung eingenommen haben. Im Zusammenhang mit der Reorganisation war beabsichtigt, auch Personal und Material für die noch aufzustellenden

180 LwFüDstKdo, A3, Az 10-26 VS-NfD v. 29.03.1982.

Dislozierung der Kräfte der Fm/EloAufkl der Marine Ende 1988.

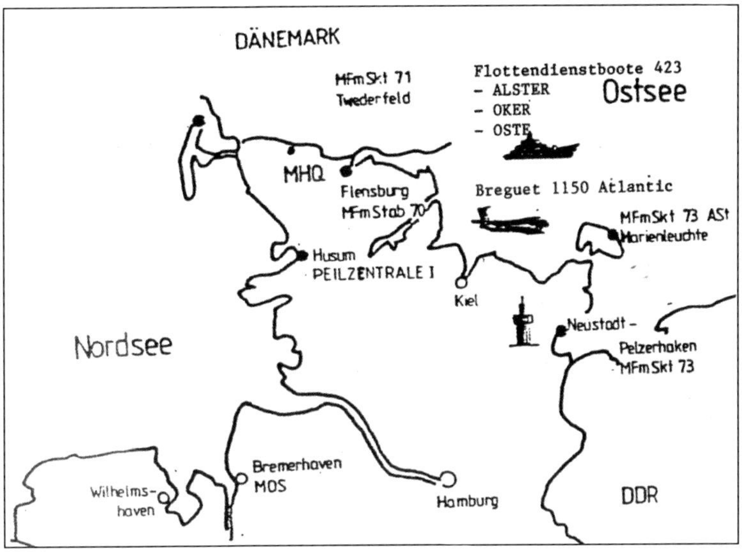

Gliederung der Fm/EloAufkl der Marine Ende 1988.

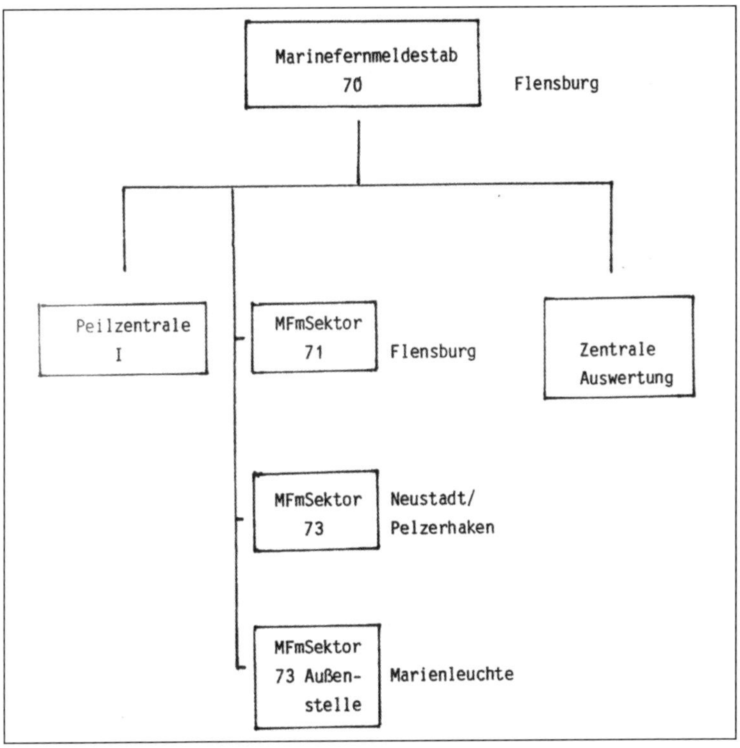

Sektoren der Rückwärtigen Erfassung für den Verteidigungs-Fall freizumachen. Bei Stab Fernmelderegiment 72 wurde zur fachlichen Steuerung und Lageführung eine *Lage-Melde-Stelle* (LMS) eingerichtet, da seit der Verlegung der Auswertung des Sektor S nach Trier beim Stab FmRgt 72 keine fachdienstliche Belange berücksichtigende Lageführung mehr

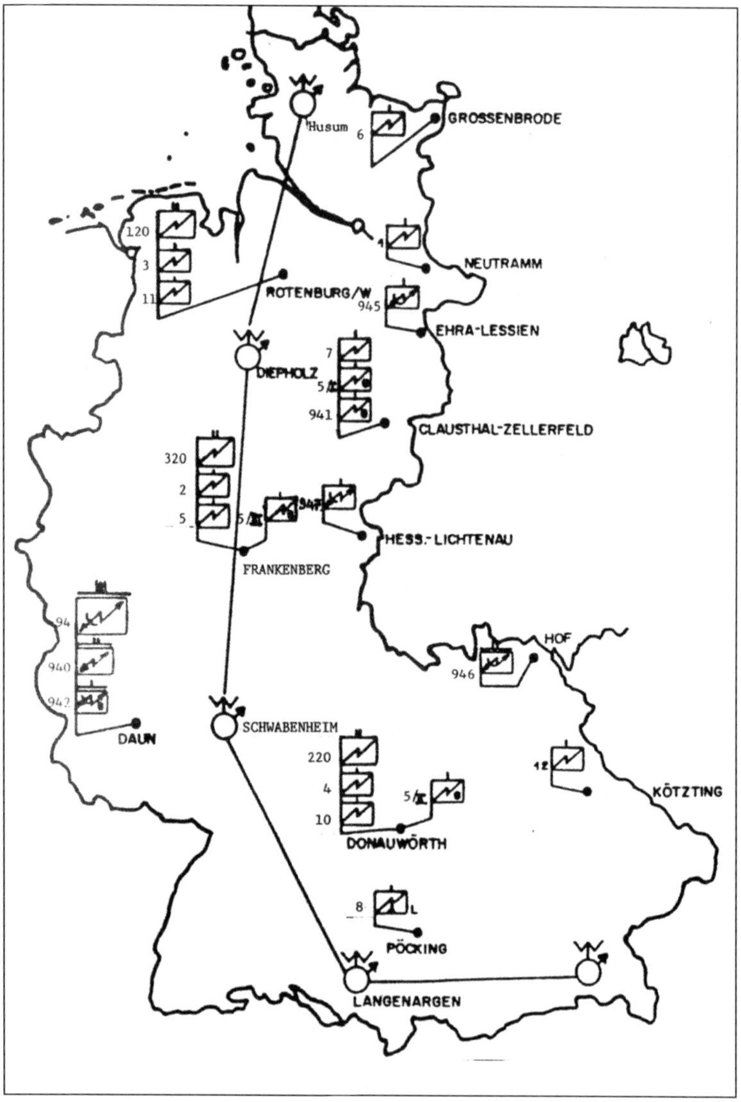

Dislozierung der Kräfte der Fm/EloAufkl des Heeres 1988.

stattgefunden hatte. Wesentlich war auch, dass die unterstellten Fernmeldesektoren E und F ihren Status als selbstständige kalenderführende Dienststellen im Bereich des Alarm- und Mobilmachungswesens verloren. An der Grundgliederung des Regiments änderte sich nichts Wesentliches, lediglich das Fm/LuVsRgt 61 in Lechfeld verlor den Regimentsstatus und wurde Fernmelderegiment 72 truppendienstlich unterstellt. Im Fachauftrag erfolgte eine Unterstellung unter die *Taktisch-technische EloKa-Einrichtung (AEWTF)* des *Luftflottenkommandos* in Porz-Wahn, sie sollte später der *Zentralen Bedrohungsanalyse* (ZBA) angegliedert werden. Die Peilzentrale Süd Eriskirch und die beiden Peiltrupps in Tauberschallbach und Ranzel blieben dem Regiment weiterhin unterstellt. Im Sommer 1982 erfolgten Verhandlungen der STAN-Kommission unter Beteiligung des Regimentsstabes aus Feuchtwangen bei Fernmeldesektor E in Wunsiedel, mit dem Ziel, die bereits durch das

Dislozierung der Kräfte der Fm/EloAufkl der Luftwaffe 1988.

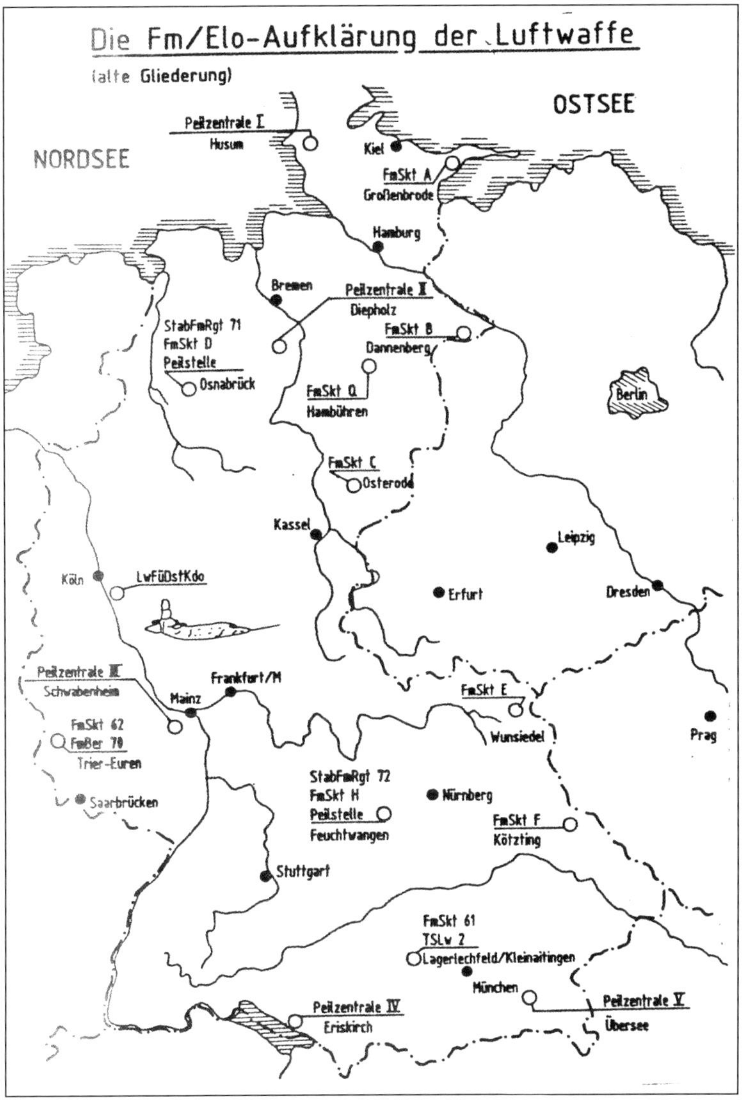

Luftwaffenführungsdienstkommando erarbeiteten Planungsgrundlagen für die *Sektoren der vorderen Erfassung* und der *Rückwärtigen Erfassung* nochmals zu überprüfen. Die Sektoren waren über die Planungsgrundlagen und die damit verbundenen Absichten durch den Stab Fernmelderegiment 72 nur unzureichend informiert worden, da alle mit der Planungs-STAN zusammenhängenden Informationen unter Verschluss gehalten wurden. Bei Betrachtung der STAN[181] für die Sektoren der vorderen Erfassung fiel auf, dass erstmals der gewachsenen Bedeutung der Richtfunk(RiFu)-Erfassung (DREHZAHL/BLAUE NELKE?) Rechnung getragen wurde, in dem für diesen Erfassungszweig erstmals zusätzliches

[181] BMVg FüL IV 2, Az 12-26-10 VS-NfD v. 06.02.1981.

Wegen zusätzlicher Einbauten von Technik, vornehmlich im IT-Bereich, war die Erweiterung der Einsatzstellungen der vorderen Erfassung der Luftwaffe notwendig geworden. Nach Fertigstellung der Betriebsgebäude (hier bei Fernmeldesektor E nach 1986) wurden die bisherigen Erfassungsräume im Turm (siehe auch Abbildung Seite 152) geräumt und im Betriebsgebäude eingerichtet.

Personal vorgesehen war. Außerdem wurden durchweg alle Führungspositionen sowohl im Fach- als auch im Sektordienst als Offizier-Dienstposten ausgeworfen. Die Planungs-STAN der *Sektoren der Rückwärtigen Erfassung,* die offensichtlich in der Nähe der bestehenden Regimentsstandorte vorgesehen waren, zeigten die gleiche Gliederung wie die der vorderen Erfassung, obwohl eine »mobile Erfassungskomponente« offenbar nicht vorgesehen war. Zu diesem Zeitpunkt waren jedoch schon aus den USA beschaffte mobile Erfassungssätze »STAGECOACH«/»Schwarze Droschke«[182] verfügbar, die während der NATO-Luftwaffenübungen »CENTRAL ENTERPRISE« und bei anderen Gelegenheiten mobil eingesetzt wurden. Soweit bekannt, wurden zu dieser Zeit auch Gerätesätze *»FmAufkl – verlastbar«* geplant, jedoch konnten diese wohl aus Kostengründen nicht realisiert werden. Die durchstimmbaren Röhrenempfänger der ersten Generation landeten beim Surplushandel auf dem freien Markt und wurden zu einem Bruchteil ihres ursprünglichen Wertes verkauft. Als Folge der zusätzlichen Aufgaben aus der später nur leicht modifizierten STAN und der Zuführung zusätzlicher EDV-Technik wurde die Verlegung der Betriebsräume aus dem Turm in ein noch zu errichtendes zusätzliches Gebäude unabwendbar. Mit dem Bau wurde Mitte der achtziger Jahre begonnen.

Unterdessen wurde in Luftwaffenkreisen bereits die Beschaffung des *Luftgestützten Abstandsfähigen Primäraufklärungs-System* (LAPAS) diskutiert, das im Verbund mit dem

---

[182] Diese mussten nach Zulauf aus den USA erst noch deutschen Normen, einschließlich einer neuen Anhängerkupplung, angepasst werden.

Einsatz entsprechender Technik, die an den Regimentsstandorten eingerichtet werden sollte, auf lange Sicht den Einsatz des Personals in den Sektoren der vorderen Erfassung obsolet gemacht hätte. Zu dieser Zeit wurde bereits in Planerkreisen der Luftwaffe darüber nachgedacht, möglicherweise auch wegen der Erfahrungen der amerikanischen Seite mit ihrem System »FAIRE VITE« die grenznahen Türme der Luftwaffe nur noch als Antennenträger zu nutzen, die Regimentsstandorte entsprechend personell und materiell aufzustocken, um von dort aus weiter Erfassung zu betreiben. Ab 1985 wurde in den Sektoren A – F die Erfassung unter Abstützung auf die elektronische Datenverarbeitung konsequent fortgeführt, da mittlerweile auch die DV-Ausstattung des Fernmeldebereichs 70 die direkte Anbindung von Arbeitsplätzen der Erfassung an das Rechnersystem der Auswertung erlaubte. Auch begannen nun wieder Planungen, das durch die *Combat Reporting Centers* (CRC) generierte synthetische Luftlagebild in den Auswertevorgang bei Fernmeldebereich 70 einzubeziehen. Am Ende sollte das System *Trier Remote Air Picture* (TRAP) den zeitverzugslosen Zugriff auf das aktuelle Luftlagebild im Aufklärungsraum ermöglichen und diente damit auch der Verifikation der eigenen Erfassungs- und Auswerteergebnisse. Die vorbereitenden Arbeiten für die Inbetriebnahme der *Kommunikationsanlage FmIEloAufklLw (KAFE)* fanden 1989 ihren Abschluss und ermöglichten nun die sternförmige Anbindung aller Erfassungsstellen der Luftwaffe an das System in Trier.

Die Taktischen Auswertungen (TA) der Luftwaffe

Ende der siebziger Jahre entwickelte die Führung des *Militärischen Nachrichtenwesens der Luftwaffe* die Konzeption der regionalen *Taktischen Auswertungen (TA) Nord und Süd*, die jeweils einem Divisionsstab der Luftwaffe (1. LwDiv Meßstetten und 3. LwDiv Kalkar) zugeordnet werden sollten, um dort die Nachrichtengewinnung zu steuern und deren Ergebnisse an den nachgeordneten Bereich weiterzugeben. Mit Weisung[183] vom 7. Januar 81 wurden die *Taktischen Auswertungen Nord* (Kalkar, TAN) und Süd (Meßstetten, TAS) aufgestellt. Ihr Auftrag lautete:

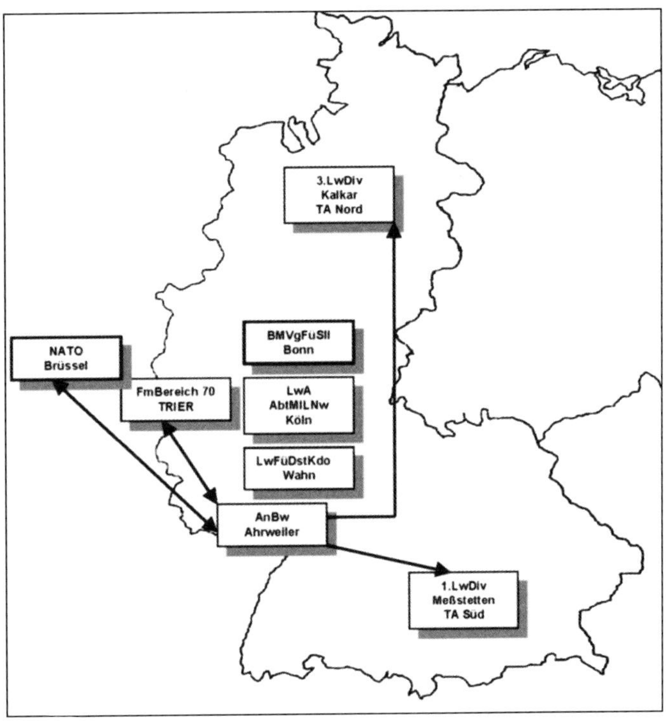

Unterstellung der Taktischen Auswertungen Nord und Süd.

183 BMVg, InspLw, FüL II 1, Weisung für die Luftwaffe Nummer 21.01 vom 07.01. 1981.

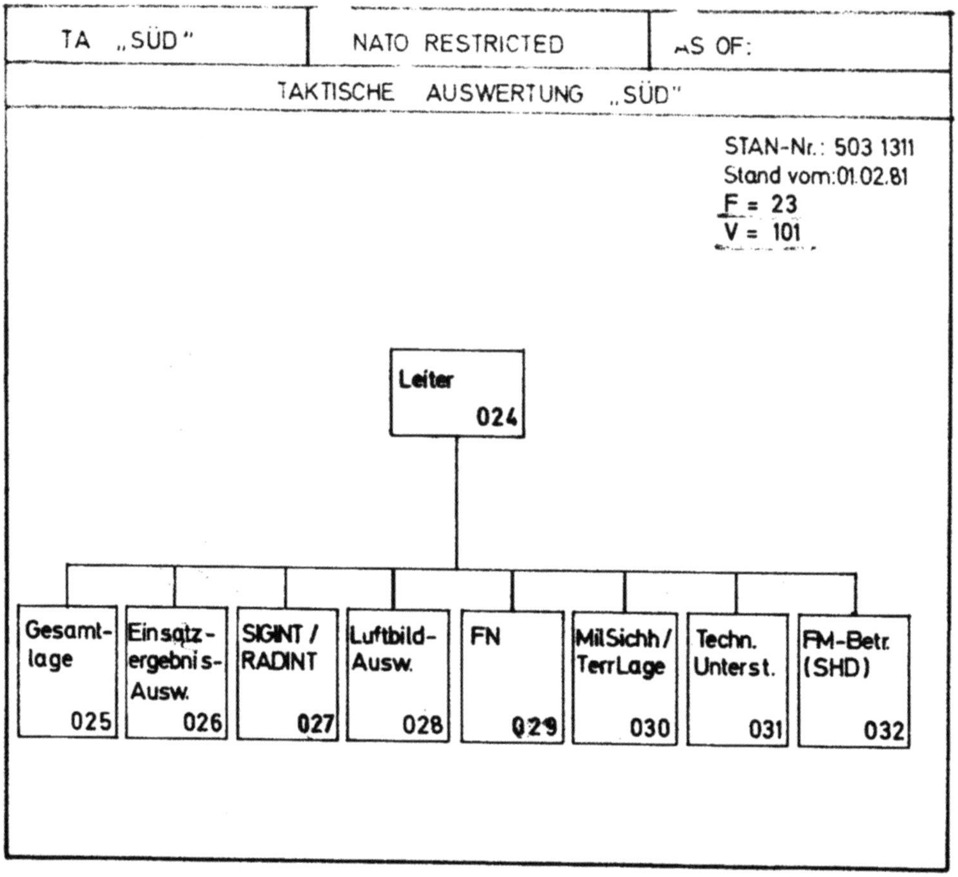

Gliederung der Taktischen Auswertung.

- *Steuern der Nachrichtengewinnung,*
- *Auswertung der gewonnenen und der für den Einsatz der Luftwaffenverbände relevanten Nachrichten,*
- *Deckung des spezifischen Informationsbedarfs der Kommandobehörden, Großverbände und Einheiten mit einsatzrelevanten Erkenntnissen,*
- *Funktion als Filterstelle zwischen unterer, mittlerer und höherer Führung.*

In seinem besonderen, fachbezogenen Aufgabenbereich unterstand der Leiter der TA (Major/Oberstleutnant) dem Leiter der *Zentralen Auswertung Luftwaffe* (ZALw) im *Amt für Nachrichtenwesen* (ANBw), der seinerseits dem *Leiter ANBw Abt IV Luftwaffe* in Porz-Wahn unterstand. Die personelle Ausstattung betrug für den Friedensbetrieb 36 Dienstposten, die im Verteidigungsfall auf 101 Dienstposten erhöht werden sollte. Von Anbeginn traten Probleme bei der Versorgung mit *Intelligence*-Informationen aus dem nachgeordneten Bereich (Jagd- und Aufklärungsverbände der Luftwaffe, Radarführungsdienst) und anderen nachrichtengewinnenden Stellen auf, da zwar ein Katalog der meldewürdigen Ereignisse/Vorkommnisse existierte, aber die nachgeordneten Verbände wegen unzureichender Fernmeldeverbindungen (hautsächliche Nutzung formatierter, auf dem Fernschreibweg zu übermittelnder Meldungen wie SITREP, TACREP, SECINTREP, INTREP u.a.)

nur schleppend ihrer Meldeverpflichtung nachkommen konnten. Das zu dieser Zeit bei der Luftwaffe eingeführte DV-System EIFEL *(Elektronisches Informations- und Einsatzführungs-System Luftwaffe)* verfügte nicht über genügend Rechnerkapazität und war häufig aus technischen Gründen außer Betrieb. Auch entsprach der Ausbildungsstand des vorhandenen Personals am Anfang häufig nicht den, an Nachrichtenpersonal einer Auswertezentrale zu stellenden fachlichen Forderungen. Bis auf einen Angehörigen der TA, der aus der ELOKALw kam, verfügte niemand über entsprechenden Erfahrungen auf diesem Gebiet. Dies wirkte sich auch im Kontakt mit unterstellten Verbänden aus, die sehr bald feststellen mussten, dass Fachexpertise nur in einigen wenigen Bereichen der jeweiligen TA anzutreffen war. Die Informationsversorgung aus dem übergeordneten nationalen Bereich war umfassend und gut und erfolgte in der Regel sehr zeitnah. Dies galt auch für die Versorgung durch die entsprechenden *Intelligence*-Stellen der NATO. Wegen der Vielzahl der anfallenden Informationen aus dem übergeordneten Nachrichten/*Intelligence*-Bereich kam es wegen der dünnen Personaldecke bei der TA, insbesondere bei besonderen Ereignissen (Großübungen des Warschauer Paktes mit entsprechender Informationsversorgung durch das ANBw und die NATO) zu Mengenproblemen bei der Bearbeitung dieser Unterlagen durch die TA. In anderen nachgeordneten Bereichen hatten sich Dienststellen aus dem Meldewesen der NATO trotz NATO-Assignierung wegen Sprachproblemen bei der Auswertung der Informationen, abgemeldet, da sie, so wurde argumentiert, ja ohnehin durch die zuständige TA versorgt würden. Aus heutiger Sicht war die Wahrnehmung der Filterfunktion durch die TA, durch personelle Engpässe grundsätzlich in Frage gestellt. Häufig wurden wichtige Erkenntnisse nicht zeitgerecht oder überhaupt nicht an den nachgeordneten Bereich weitergegeben, da auch teilweise das Verständnis für die spezifischen Belange der Einsatzverbände auf Seiten des TA-Personals nicht oder nur unzureichend ausgeprägt war. Eine direkte Meldeerstattung der Sektoren der vorderen Erfassung der Luftwaffe an die TA´s erfolgte, soweit bekannt, zu keinem Zeitpunkt, obwohl die TA über einen *Dienstbereich für die Fernmeldeaufklärung* verfügte, in dem derartige Ergebnisse hätten bearbeitet werden können. Grundsätzlich verstand sich die TA als *Clearing*-Stelle für *Intelligence*-Informationen, die vom ANBw oder der NATO kamen, und dort ohne weitere Prüfung unter dem Kopf der TA an den nachgeordneten Bereich weitergegeben wurden. Soweit bekannt, erfolgte in den TA´s auch keine langfristige Analyse der gegnerischen Fähigkeiten im eigenen Verantwortungsbereich, die einen wesentlich höheren Personalaufwand erfordert hätte. Dies machte sich schon beim ersten Golf-Konflikt in sehr eklatanter Weise bemerkbar, da Deutschland als »Nichtteilnehmer« vom US-dominierten Nachrichtenaufkommen faktisch ausgeschlossen und auf eigene Erkenntnisse oder die anderer Partner angewiesen war. Bis auf eine Ausnahme war auch kein originäres EloKa -Personal mit entsprechenden langfristigen Erfahrungen in der Nachrichtengewinnung durch die Fm/EloAufkl der Luftwaffe in den TA´s verfügbar. Dies sollte sich erst später, nach Aufgabe der vorderen Erfassung durch die Luftwaffe ändern, als hochqualifiziertes Fachpersonal mit Kenntnissen der Ostsprachen anderweitig untergebracht werden musste. Durchschlagene Erfolge waren den Betreffenden, allein schon wegen des Dienstgradunterschiedes und mangelnden Einflusses innerhalb der TA, nicht beschieden. Mit Errichtung der Luftwaffenkommandos Nord (Kalkar) und Süd (Meßstetten) wurden die *Taktischen Auswertungen* aufgelöst und in die Abteilung A2 (Nachrichtenwesen und Militärische Sicherheit) der beiden Luftwaffenkommandos integriert. Auch in der neuen Organisation als Stabsabteilung 2 der Luftwaffenkommandos vermochten die ehemaligen TA´s den erwarteten positiven Einfluss nicht zu erbringen. Auch hier hatte sich an der ursprünglichen »Postverteilerfunktion« nicht viel geändert. Wesentliche Impulse auf das *Militärische Nachrichtenwesen* gingen bis zur Auflösung der Luftwaffenkommandos

Nord und Süd im Jahre 1999 von diesen Abteilungen nicht mehr aus, außer wenn man von den »bahnbrechenden« Bemühungen zur Erstellen eines *Nationalen Übungs-Ziel-Katalogs* (NÜZL) absieht, die bis zum Ende fortgeführt und heute, unter neuen Vorzeichen von den Nachfolgedienststellen wieder in Angriff genommen wurden. Abschließend sei aus Sicht des Chronisten vermerkt, das weder die *Taktischen Auswertungen* noch später die Abteilungen A2 der Luftwaffenkommandos Nord und Süd wesentlichen Einfluss auf die Nachrichtengewinnung, besonders im Bereich der Fm/EloAufklLw, gewinnen konnten. Auch waren aus diesem Bereich bis zu dessen Auflösung Anfang der neunziger Jahre keinerlei erkennbaren Impulse im Hinblick auf die Steuerung der Nachrichtengewinnung im Bereich der Luftwaffe erkennbar.

Die Fernmelde- und Elektronische Aufklärung des Heeres in den achtziger Jahren

Mitte der achtziger Jahre hatte das Heer den Aufbau einer Erfassungs- und Auswertungsorganisation nach den Vorgaben der Heeresgliederung 4 weitgehend abgeschlossen. Doch weitere Reorganisationsmaßnahmen mit dem Ziele einer vermehrten Einbindung der EDV und Modifikation der Ausbildung sollte folgen. Die grenznahe Erfassung durch das Heer wurde durch die Aufstellung weiterer Fernmeldekompanien (1, 7 und 12) und deren Verlegung in grenznahe Standorte verstärkt, so dass sich 1988 folgende Gliederung ergab, die bis in die Jahre 1990/1991 Bestand haben sollte.

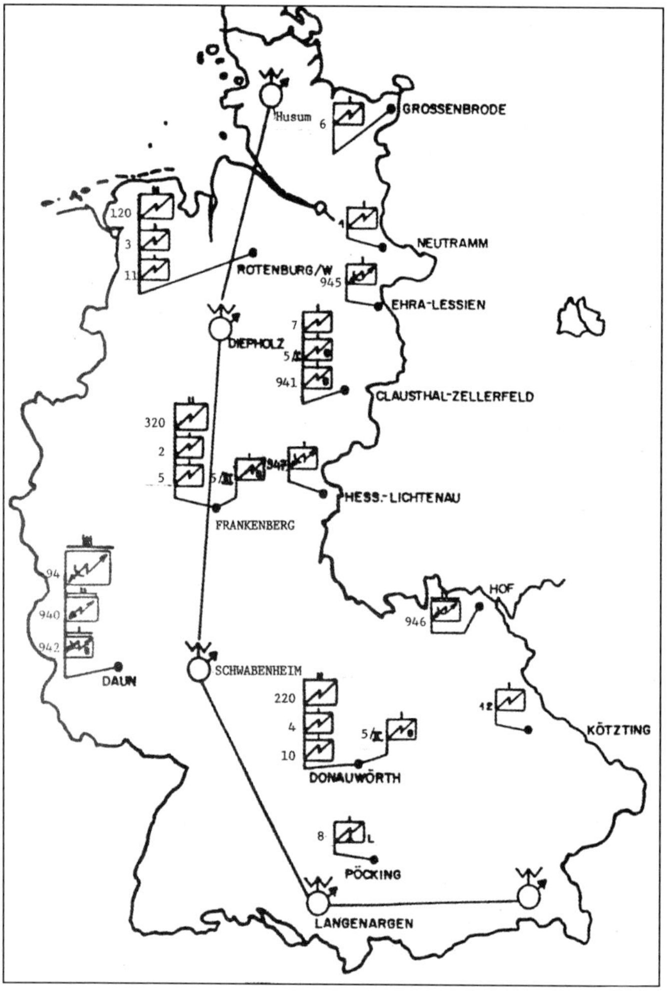

Die FmEloAufkl des Heeres vor der Umgliederung 1988.

Die Fernmelde- und Elektronische Aufklärung der Marine in den achtziger Jahren

Bei der Fernmelde-/Elektronischen Aufklärung der Marine hatten sich keine wesentlichen Änderungen ergeben, sodass sie Ende 1988 über folgende Gliederung verfügte:

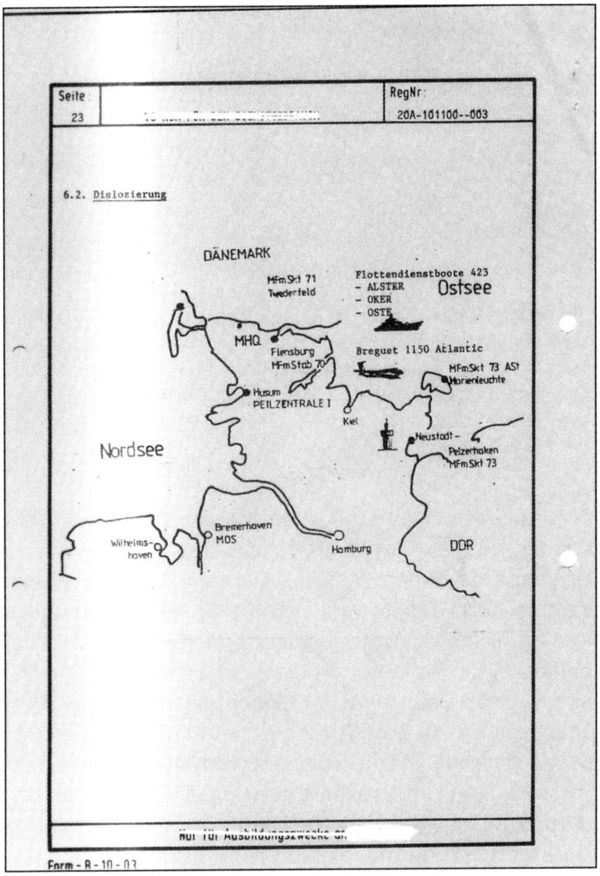

Die Dislozierung der FmEloAufkl der Marine Ende der achtziger Jahre vor der Umgliederung.

Die Flugvermessungsstaffel der Luftwaffe in Lager Lechfeld und ihre Rolle in der NATO-Luftverteidigung

Die zur Flugvermessungsstaffel in LAGER LECHFELD gehörende HFB 320 war primär als fliegende Plattform für die Darstellung des *Elektronischen Kampfes* in Unterstützung für das Luftverteidigungssystem der NATO konzipiert und hatte eigentlich keine Funktion im Rahmen der Erfassung der *Fernmeldeelektronischen Aufklärung* der Luftwaffe zu erfüllen.

Ihr Auftrag umfasste vielmehr die Darstellung der aktuellen Bedrohung des Luftverteidigungssystems der NATO durch die Simulation der, durch WP-Radargeräte und sonstigen Systeme abgestrahlten Signale, sowohl für fliegende Verbände der NATO im Vorfeld des Warschauer Paktes als auch für die bodengebundenen Radarstellungen der NATO-Luftverteidigung in Deutschland. Daher arbeitete sie eng mit der dem damaligen FmL/VsuRgt 61 unterstehenden *Zentrale für Bedrohungsanalyse* (ZBA) zusammen, die später in den Fernmeldebereich 70 eingegliedert werden sollte. Nach einem Flugunfall beim Start über dem Flugplatz Lechfeld, bei der die Besatzung getötet wurde und Maschine verloren ging, wurden diese Versuche offensichtlich eingestellt. Später hat es

Die Hansa Flugzeugbau HFB 320 als Elektronik-Störflugzeug der Flugvermessungsstaffel in Lager Lechfeld. Das Flugzeug wurde vorwiegend als Störer eingesetzt und hat wohl keine Aufgaben der Fernmelde- und elektronischen Aufklärung erfüllt. Eine Maschine stürzte bei einem Einsatz über dem Flugplatz Lechfeld ab, die Besatzung wurde getötet.

nicht an Versuchen gefehlt, mit höchst unzureichenden technischen Mitteln (JAMCAR des RadarFüKdo 2 unter Führung des damaligen Oberleutnant M. W. – (EloKa-Ede) bei so genannten *Taktischen Überprüfungen (Tactical Evaluations* – TACEVAL) der NATO im Bereich der Luftverteidigung, die Einwirkungsmöglichkeiten auf die Radarsysteme des Radarführungsdienstes darzustellen. Damit wurde der Beweis erbracht, dass auch das damals eingesetzte System der NATO – *Hughes Air Defense Radar* (HADAR) – nicht ganz unangreifbar war und im Einsatzfall Störungen nicht auszuschließen gewesen wären. Später, nachdem Zugriffsmöglichkeiten auf die elektronische Ausrüstung der ehemaligen NVA-Luftstreitkräfte bestanden, wurde der Versuch unternommen, *Electronic Countermeasure-Pods* – früher an Unterflügelstationen der Su 22 FITTER der NVA/LSK befestigte Störgeräte – als JAMCAR-Ergänzung einzusetzen. Die mit der Begutachtung dieser Gerätesätze beauftragte Erprobungsstelle der Bundeswehr stellte fest, dass eine Betriebserlaubnis des damaligen *Fernmeldetechnischen Zentralamtes* (FTZ) der *Deutschen Bundespost* für diese Geräte nicht vorlag und sie deshalb nicht eingesetzt werden durften. Unabhängig hiervon hätte deren scharfer Einsatz zu unabsehbaren Folgen in der Signalwelt der NATO führen können, da sie mit Sicherheit entsprechend große Leistungen erbracht und damit auch Defizite der westlichen Radarsysteme aufgezeigt hätten. Da diese Geräte für einen stationären Bodeneinsatz hätten modifiziert werden müssen, weil sie auf Kühlung durch die am *Pod* vorbeistreichende Außenluft während des Fluges angewiesen waren und dies auch bei der Erprobung nicht berücksichtigt worden war, wurden diese Geräte deshalb nach kurzer stationärer Betriebszeit wegen Überhitzung unbrauchbar. Später sollte durch die Schaffung der *NATO-Training-Range* »POLYGONE« in der Nähe von Kaiserslautern zumindest für die fliegenden Verbände der NATO eine bedrohungsgerechte Signalumwelt geschaffen werden, deren ständig steigender Wert unbestreitbar ist. Auf das bei Ramstein errichtete *Warrior Preparation Center* (WPC) soll später noch etwas näher eingegangen werden, da seine Aufgaben nicht unmittelbar mit der Fm/EloAufkl im Zusammenhang stehen, jedoch im Zusammenhang mit der künftigen Entwicklung des militärischen Nachrichtenwesens von besonderer Bedeutung sein werden.

Erfassungsmöglichkeiten und Ergebnisse der Fernmelde- und Elektronischen Aufklärung Ende der achtziger Jahre

Trotz vieler Unzulänglichkeiten auf personellem, materiellen und organisatorischem Gebiet, insbesondere in den Anfangsjahren, gelang des der *Fernmelde- und Elektronischen Aufklärung* der Bundeswehr recht bald, trotz technisch bedingter, eingeschränkter Erfassungsmöglichkeiten, entsprechende Ergebnisse zu liefern, die der politischen und militärischen Führung der Bundesrepublik als wesentliche Entscheidungsgrundlage dienen konnten. Dies wurde besonders bei den Ereignissen um den 21. August 1968 sehr deutlich, als es relativ früh gelang, die Absichten der Warschauer Pakt-Truppen in der CSSR zu erkennen. Im weiteren Verlauf konnte die *Fernmelde- und Elektronische Aufklärung* der Bundeswehr, auch im Bündnis und bei anderen Partnern, ihren Ruf als verlässlicher Partner in der Aufklärung festigen. Dies wird auch durch den Stellenwert, den deutsche *Intelligence*-Informationen im Bündnis einnahmen, besonders unterstrichen. Dass es nie zu einer echten zentralen Steuerung der militärischen Aufklärung gekommen ist, mag politische Gründe haben und auf Partikularinteressen der Teilstreitkräfte und sonstiger Partnerdienste in Deutschland zurückzuführen sein. Die sich in der damaligen Sowjetunion[185] nach dem Amtsantritt Michail Gorbatschows in Umrissen abzeichnenden Änderungen auf politischem und militärischem Gebiet, sowohl in der Sowjetunion als auch bei den Staaten des Warschauer Paktes, erforderten eine kontinuierliche Beobachtung des militärischen Potenzials im Vorfeld der NATO durch deren *Fernmelde- und Elektronische Aufklärung.*

Mit seinen großangelegten Programmen der internen Reform des sowjetischen Systems, der offensiven Politik im Hinblick auf die Stabilisierung der bestehenden Machtverhältnisse im Vorfeld der Sowjetunion unter stärkerer Einbeziehung der ökonomischen Potenziale der Satellitenstaaten unter gleichzeitiger Stärkung des militärischen Fähigkeiten der Sowjetunion, die sich in der Schaffung der fünf kontinentalen »Schauplätze militärischer Operationen« (*Teatr Voennich Deijstva*[186] -TVD mit TVD-West, TVD-Nordwest, TVD-Süd, TVD-Ferner Osten und zwei ozeanische TVD-Arktis, TVD-Atlantik) und der stetigen Modernisierung der sowjetischen Streitkräfte manifestierte, war eine permanente Überwachung der NATO-Flanken im Norden und Süden als auch der transatlantichen maritimen Verbindungswege der NATO unumgänglich, da sich daraus eine zukünftige, in ihren Dimensionen noch nicht erkennbare Bedrohung Westeuropas ableiten ließ. Um dieser Bedrohung zu begegnen, hätte es weiterer, auch nationaler Anstrengungen zum Ausbau des militärischen Nachrichtenwesens bedurft. Allerdings war die Entwicklung in der damaligen DDR um die Jahresmitte 1989, zumindest mit militärischen Mitteln, nicht erkennbar, die letztendlich zum Fall der Mauer am 9. November 1989 führte. Auf diese Entwicklung war das militärische Nachrichtenwesen der Bundeswehr, auch aus heutiger Sicht, nur höchst unzureichend vorbereitet. Es sei jedoch festgestellt, dass die Fm/EloAufkl im Rahmen ihrer Möglichkeiten auch in dieser kritischen Zeit immer in der Lage gewesen ist, wichtige Informationen über die Reaktionen auf die Ereignisse, sowohl der sowjetischen Streitkräfte als auch der *Nationalen Volksarmee* der DDR, zu erfassen und

185 Department of Defense: *Soviet Military Power,* Sixth Edition 1987, The Pentagon, Washington 1987.
186 Nationale Volksarmee (NVA), *Deutsches Militär Lexikon,* Deutscher Militärverlag, Berlin 1961.

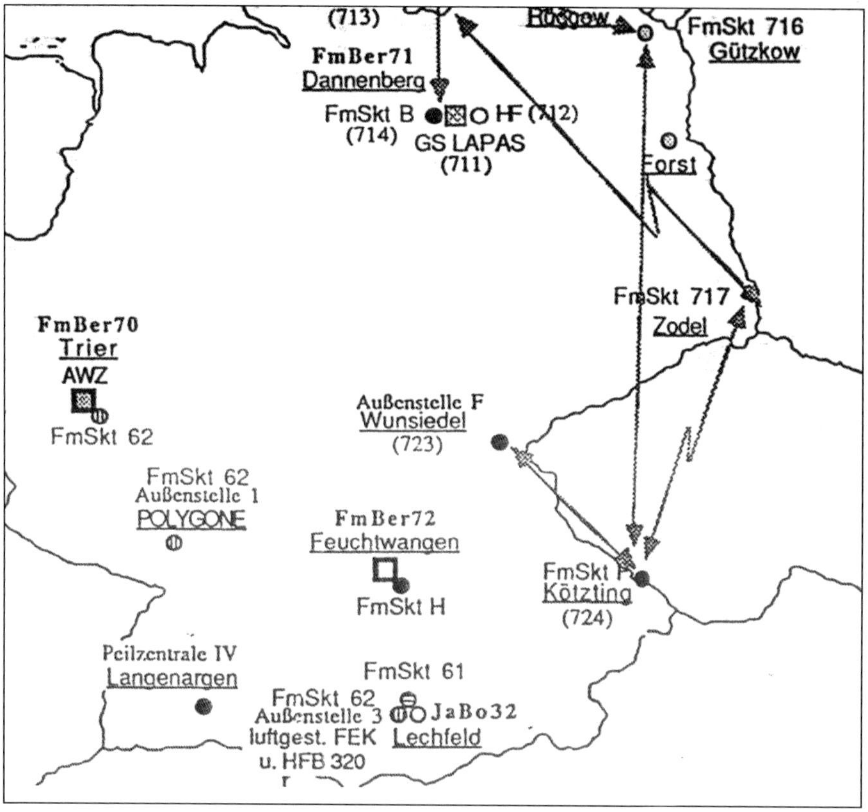

Die Gliederung der Fernmelde- und elektronischen Aufklärung der Luftwaffe (neu) ab 1990.

damit der politischen und militärischen Führung der Bundesrepublik Deutschland Entscheidungsgrundlagen geliefert hat. Insofern hat sie ihren Auftrag in vollem Umfang erfüllen können. Über die weitere Entwicklung der *Fernmeldeelektronischen Aufklärung* wird in Kapitel V. dieses Buches berichtet. Mit der zu erwartenden Wiedererlangung der staatlichen Souveränität Deutschlands stand die *Fernmelde- und Elektronische Aufklärung* der Bundeswehr vor ihrer vielleicht schwersten Belastungsprobe, auf die sie – aus heutiger Sicht – nur höchst unzureichend vorbereitet war. Zur damaligen Zeit überstrahlte im militärischen Bereich die Übernahme, Teileingliederung und Auflösung der verbliebenen Verbände der NVA alle übrigen militärischen Vorhaben. Nach und nach wurde erkennbar, das die Führung der *Fernmelde- und Elektronischen Aufklärung* über die Zukunft der Aufklärung noch keine konkreten Vorstellungen entwickelt hatte, die letztlich dazu führten, dass fachfremde Erwägungen in die künftige Planung der Fm/EloAufkl bei Heer, Luftwaffe und Marine hineinwirkten und die künftige Ausgestaltung dieses Bereiches nachhaltig nicht unbedingt zu deren Vorteil beeinflussten. Zur Jahreswende 1989/1990 hatte die *Fernmelde- und Elektronische Aufklärung* der Bundeswehr die in der Abbildung auf Seite 245 dargestellte Gliederung eingenommen, die allerdings in den Folgejahren wesentlich verändert werden sollte. Damit endete der Einsatz der *Fernmelde- und Elektronischen Aufklärung* der Bundeswehr im Kalten Krieg.

3. BMI, BGS und Verfassungsschutz und die Fernmeldeaufklärung

In den siebziger Jahren verfügte das *Bundesministerium des Innern* (BMI) in den *Abteilungen Öffentliche Sicherheit* (ÖS) und *Abteilung BGS* mit der Unterabteilung BGS II und seinem *Referat Fernmeldewesen* (FM) über das Steuerungselement für die dem BGS übertragene Aufgabe der »Funküberwachung«, die vermutlich durch eine Einrichtung des BGS in Heimersheim als Zentrale gesteuert wurde.

Aus der räumlichen Verteilung der Peilstellen kann auf eine Überwachung des Kurzwellenbereiches geschlossen werden, da die Nutzung des VHF/UHF-Spektrums für die Nachrichtenübermittlung durch östliche Nachrichtendienste zu dieser Zeit als wenig wahrscheinlich galt. Es kann daher davon ausgegangen werden, dass der BGS zur damaligen Zeit hauptsächlich die ungerichteten A3-Sendungen (Rundspruchdienste) der östlichen Nachrichtendienste erfasste. Ob und in welchem Umfang der BGS oder das *Bundesamt für Verfassungsschutz* und die *Landesämter* zur damaligen Zeit über Entzifferungskapazitäten verfügt haben könnten, bleibt Spekulation. Tatsächlich wurde jedoch in Verfolgung der »Affäre Guillaume«[1] durch entsprechende Hinweise in den Aufzeichnungen[2] der Parlamentarischen Untersuchungskommission deutlich, dass der ungerichtete Agentenfunk des *Ministeriums für Staatssicherheit* offensichtlich bereits 1956 entziffert[3] werden konnte, da das Protokoll des Untersuchungsausschusses entsprechende Hinweise enthält. Auch in

[1] Bericht der Kommission vorbeugender Geheimschutz – BT 7/3083S, Seite 78, in Bergh: *Bonner Krankheiten,* VPA, Landshut 1975.

[2] Hierzu siehe auch Nollau: *Das Amt,* Goldmann-Verlag, München 1978, S. 277.

[3] Vielain/Schell: *Verrat in Bonn,* Ullstein, Berlin 1978, Seite 140 ff. Guillaumes Spruchkopfnummer war »37«.

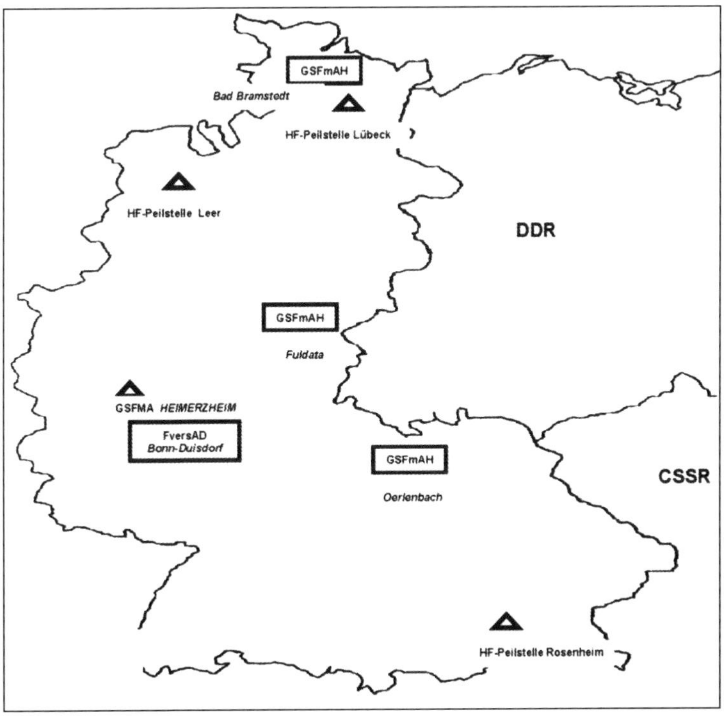

Dislozierung der Fernmeldeaufklärungskräfte des Bundesgrenzschutzes bis 1989.

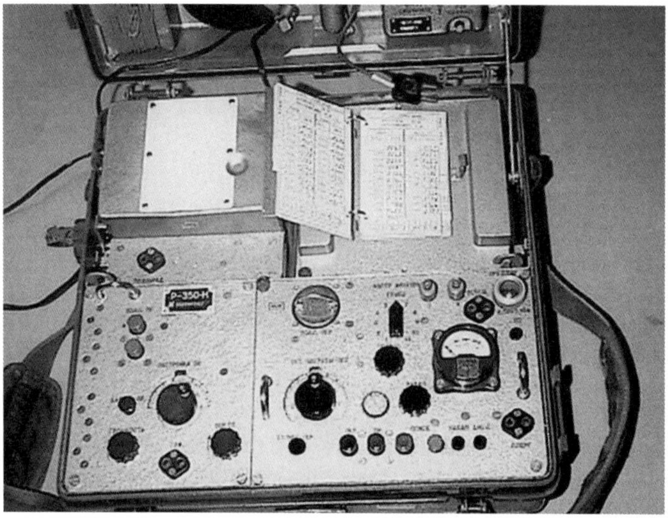

Sowjetisches Agentenfunkgerät 305 M aus dem Bestand des Traditionsvereins für die FmElo AufklLw in Trier. Dieses Gerät befand sich im Besitz der Nationalen Volksarmee und wurde dort vermutlich durch Aufklärungskräfte eingesetzt.

vielen späteren Spionagefällen, die durch Ermittlungen des BfV und der Landesämter geklärt werden konnten und zur Verhaftung von Mitarbeitern des *Ministeriums für Staatssicherheit* durch die Sicherungsgruppe des BKA führten, war erwiesenermaßen die Funküberwachung des BGS beteiligt. Schon Mitte der sechziger Jahre rüsteten östliche Nachrichtendienste die Mitglieder ihrer so genannten *Schweigenetze*, deren Einsatz in der Regel ausschließlich für Spannungs- und Verteidigungsfall vorgesehen war, mit so genannten *Schnellsendegeräten* aus, um die Möglichkeiten der westlichen Funkabwehr bei der Erfassung derartiger Sendungen herabzusetzen. Diese Geräte setzten auf vorher festgelegten Frequenzen, die der Funkabwehr nicht bekannt waren, ihre Signale komprimiert innerhalb sehr kurzer Zeit ab. Damit war ein konventionelles Peilen fast unmöglich. Trotzdem gelang es der schweizerischen Funkabwehr in den siebziger Jahren, einen illegalen Residenten des *Militärnachrichtendienstes der DDR* bei einer seiner Sendungen zu orten, was schließlich zur Verhaftung und Verurteilung des Residenten und seiner Ehefrau in der Schweiz führte. Anfänglich arbeiteten die Geräte mit 35 mm Kinofilm, in den die Morsesignale mithilfe einer mitgelieferten Stanze eingestanzt wurden. Der Film wurde bei Beginn der Sendung durch eine Handkurbel abgespult. Im Lauf der Zeit wurden die Geräte dem technischen Fortschritt angepasst. Der technische Aufwand für die Erfassung von »Kurzsignalen« war zu dieser Zeit relativ hoch, so dass angenommen werden kann, dass der BGS diesbezüglich Unterstützung vom BND erhielt. Mitte der achtziger Jahre wurde erkennbar, dass derartige Verbindungen künftig über »frequenzagile« Systeme abgewickelt werden würden. Die deutsche Industrie war in der Lage, entsprechende Geräte zu bauen, die Sendungen im HF-Bereich auch bei frequenzagilem Sendebetrieb *(»Frequenzhopping«)* erfassen konnten. Daraus kann gefolgert werden, dass auch der BGS mit seiner Technischen Abteilung mittlerweile über entsprechende Systeme verfügen dürfte. Die Gegenseite reagierte auf die angestiegene Entdeckungswahrscheinlichkeit bei Probesendungen ihrer Residenten mit verstärktem technischen Aufwand und der restriktiven Handhabung von Testsendungen, die praktisch in den letzten Jahren, zumindest in Mitteleuropa, nicht mehr beobachtet wurden. Hingegen waren Rundspruchsendungen im ungerichteten A3-Verkehr auch noch nach der Wende zu erfassen. Mittlerweile zeigen sich wieder neue Sender, die im bekannten 5er-Zahlenspruchverfahren[4] Sendungen ausstrahlen. In Verfolgung der Mitrokhin-Hinweise[5] gelang in den neunziger Jahren der schweizerischen Bundespolizei, eine Reihe von Erdverstecken in der Schweiz aufzufinden. Diese enthielten durch Sprengfallen gesicherte Funkübermittlungsanlagen des sowjetischen Nachrichtendienstes, die für Schweigeresidenten angelegt worden waren. Die Bergung gestaltete sich wegen der umfangreichen beigelegten Sprengstoffmengen problematisch, zumal die Art der Zündvorrichtung nicht bekannt war. Es kann als sicher gelten, dass auch andere Ostblocknachrichtendienste zur damaligen Zeit über derartige Schweigenetze in der Bundesrepublik Deutschland verfügten. Dies gilt für den sowjetischen Armeenachrichtendienst GRU und den Nachrichtendienst der tschechoslowakischen Armee. Von Letzterem weiß man, dass er in Südwestdeutschland über eine Reihe von Erdverstecken für Funkanlagen, Waffen, Munition und Sprengmittel verfügte, über deren Verbleib nach Reorganisation des tschechischen Nachrichtendienste als Folge der Auflösung des bisherigen Staatsgebildes nichts bekannt ist. Noch weniger bekannt ist, ob und in welchem Umfang eine strategische Gruppe des sowjetischen Militärnachrichtendienstes GRU[6] in der damaligen DDR, die dem Verteidigungsministerium in Moskau direkt unterstellt war, möglicherweise illegale Residenturen[7] in der Bundesrepublik und dem Beitrittsgebiet vor Abzug der sowjetischen Truppen aus Mitteldeutschland eingerichtet hat und heute möglicherweise noch betreibt.

Unklar ist auch, ob und inwieweit der *Funkkontrollmessdienst* der damaligen deutschen Bundespost dem BGS im Rahmen der Amtshilfe Unterstützung beim Peilen von HF-Sendungen östlicher Nachrichtendienste geleistet haben könnte. Zumindest von der damaligen geografischen Verteilung der Messstellen über das gesamte Bundesgebiet erscheint eine derartige Annahme nicht gänzlich unrealistisch. Die früher von der *Telecom* betriebenen Lauschabwehrtrupps wurden Anfang des Jahres 2002 privatisiert und verfügen nun über eine eigenständige Firmierung im Rahmen der *Deutschen Telecom,* sie sollen hier jedoch außer Betrachtung bleiben. Soweit bekannt, verfügen die deutschen Landes-Verfassungsschutzbehörden über keine Kapazitäten für die Erfassung von HF/VHF/UHF-Abstrahlungen. Ausgenommen sicherlich jedoch entsprechende Systeme für den Einsatz im Rahmen der Lauschabwehr und Abstrahlüberprüfungen im eigenen Bereich und zur Unterstützung bei entsprechenden Observationsoperationen im Rahmen ihres gesetzlichen Auftrages.

---

4 Marten/Diebel: *Spezial-Frequenzliste,* Siebel-Verlag, Meckenheim, verschiedene Jahrgänge.
5 Siehe: *Mitrokhin-Papers.*
6 Kabus: *Auftrag Windrose,* Verlag Neues Leben, Berlin 1993.
7 BMI: *Verfassungsschutzbericht 1990,* Bonn 1990, Seite 184.

4. Der Funkkontrollmessdienst der Deutschen Bundespost

Anfang der neunziger Jahre wurde der bis dahin aus sechs Funkkontrollmessstellen bestehende Messdienst der *Deutschen Bundespost* dem *Bundesamt für Telekommunikation* unterstellt, der bei dieser Gelegenheit das Messnetz des *Funkkontrollmessdienstes* durch die Errichtung von 50 bundesweit verteilten Messstellen erweiterte. Die Ausrüstung bestand aus dem dem Spektrumanalyzer FSAD und dem Empfänger EK 890 von Rohde & Schwarz[1], die von einer zentralen Stelle (vermutlich Mainz) aus gesteuert und deren Messdaten elektronisch ausgewertet werden können. Mit der möglichen Einführung des Systems PA 2000 HOPPER TRAP(r)[2] der Firma Rohde & Schwarz beim *Funkkontrollmessdienst der Deutschen Telekom* eröffneten sich Möglichkeiten für das Aufspüren von Strahlungsquellen aller Art im überwachten Frequenzspektrum. Durch die nicht erst seit dem 11. September 2001 gewachsenen Bedrohungen und der daraus folgenden tiefgehenden staatlichen Eingriffe in die privaten Kommunikationsbeziehungen auf Grund entsprechender gesetzlicher Vorschriften zum Schutz der Allgemeinheit ist eine Situation entstanden, die mit den Bedingungen der Vorjahre nicht mehr verglichen werden kann und auch den Rahmen dieses Buches sprengen würde.

---

1 Rohde & Schwarz: *Funkortung – Funkerfassung,* München ohne Jahr, Seite 43. Frequenzbereich: 10 KHz – 30 MHz.

2 Frequenzbereich: 2 – 512 MHz Peilsystem Wattson-Watt. Erfassbar: Sender im Frequenzsprungverfahren mit mindestens 1 Sekunde Verweildauer auf der Frequenz.

5. Die Dienste der westlichen Alliierten in Deutschland

Die Army Security Agency in Deutschland von 1955 bis 1967

In den fünfziger Jahren begann die Zuführung neuen Fernmeldegeräts in den vorderen Raum durch die sowjetischen Streitkräfte, aus dem beginnenden Aufbau deutscher Streitkräfte in der DDR ergaben sich neue Prioritäten in der Erfassung für die *Army Security Agency* (ASA). Wurden bisher aus ortsfesten Stellungen der ASA im Südwesten Deutschlands vornehmlich Funknetze der sowjetischen, polnischen und tschechoslowakischen Streitkräfte im HF-Bereich 1500 KHz-30 MHz aufgeklärt, mussten nun erfassungstechnisch günstige Aufbauplätze für die Erfassung neuer taktischer Funknetze im VHF-Bereich (30-80 MHz) und den Ausstrahlungen von Radargeräten aller Art, sowohl im vorderen Bereich als auch bei den weiter im Inneren der DDR gelegenen Flugplätzen, gesucht werden. 1955 übernahm die damalige ASA Funktionen der Elektronischen Aufklärung und der Elektronischen Kampfführung vom *Signal Corps* des US-Heeres (der Fernmeldetruppe), die nun ausschließlich für den Betrieb der Fernmeldeverbindungen der US-Streitkräfte verantwortlich wurde. 1957 wurde in Übereinstimmung mit der *Army Regulation 10-122* die Bezeichnung der *Army Security Agency* (ASA) in *US Army Security Agency* (USASA) geändert. Im Zeitraum von 1955 bis 1965 wurden durch die USASA entlang der innerdeutschen Grenze und der Grenze zur Tschechoslowakei, beginnend bei Handorf über den Hohen Meissner, der Wasserkuppe, dem Schneeberg, dem Hohen Bogen über Nottau bis nach Bad Aibling, eine Kette von Erfassungsstellungen errichtet, teils zunächst provisorisch in Betrieb genommen und später ausgebaut, teilweise bereits bestehende Anlagen noch erweitert. Auch die *US Air Force Europe* begann nun, ihre Aufklärungstätigkeit entlang der Grenzen zum sowjetischen Machtbereich zu intensivieren.

Der Aufbau einer Radarführungs-und Warnorganisation *NATO Air Defense Ground Environment* (NADGE) in Mitteleuropa, besonders in Deutschland, berührt die Elektronische Aufklärung nur insoweit, dass sich beide Dienste – Heer und Luftwaffe – empfangstechnisch günstige gelegene Bodenerhebungen nun gegenseitig streitig zu machen versuchten.

Obwohl bereits 1955 gegründet, hatte der Warschauer Pakt (WP) bis 1961 noch keine größeren Übungen im westlichen Vorfeld durchgeführt. Von nun an konnten häufiger größere und kleinere Übungen der WP-Truppen in der DDR, Westpolen und teilweise auch in der CSSR beobachtet und der dabei geführte Funkverkehr erfasst werden. Von 1961 bis 1966 führte der Warschauer Pakt mehr als 14 größere und mittlere Übungen durch, an denen Übungsstäbe und Truppenteile in der DDR und der CSSR teilnahmen. Für das Jahr 1968 zeichneten sich bereits die Vorbereitungen einer Reihe von Übungen[1] im Vorfeld der NATO ab, deren Umfang jedoch noch nicht feststellbar war.

---

1 Simon: *Evaluation and Integration of Non-Sowiet Warsaw Pact Forces into the Combined Armed Forces*, AFCEA, Signal December 1985, Fairfax, VA, USA.

Vorbereitungen zur Aufstellung des USASA Provisional Command in Augsburg

Seit Ende der fünfziger Jahre verlief die Entwicklung von Erfassungssystemen für die Elektronische Aufklärung auf alliierter, insbesondere auf der amerikanischer Seite, in einem außergewöhnlich schnellen Tempo, so dass in Zyklen von drei bis vier Jahren ständig verbesserte Systeme eingeführt werden konnten, die naturgemäß auch Einfluss auf den Kräfteansatz und die Dislozierung der Aufklärungsverbände haben mussten. Zusätzlich war durch die Nutzung geostationärer Satelliten durch die US-Nachrichtendienste zur Foto- und Elektronischen Aufklärung ein technologischer Quantensprung vollzogen, der bisherige, einzelne terrestrische Aufklärungsansätze hinfällig machte. Nach entsprechender Untersuchung durch höhere Kommandobehörden der US Army zeichnete sich bereits 1967 die Aufgabe einzelner Erfassungsstellungen der USASA für das kommende Jahr ab. Eine Besichtigung des Gablinger Areals (ehemaliger Flugplatz der deutschen Luftwaffe nördlich von Augsburg) durch Angehörige der *ASA Field Stations* Rothwesten, Herzogenaurach und Bad Aibling ergab, dass dort entsprechende Möglichkeiten für die Errichtung einer neuen *Field Station* durch die ASA gegeben waren. Zu dieser Zeit verfügten die US-Streitkräfte über eine Reihe von Erfassungsstationen[2] entlang der innerdeutschen Grenze in Schleswig (HF-Erfassung), Handorf bei Helmstedt (HF-Erfassung), Wobeck südlich Helmstedt (VHF/UHF-Erfassung), Gartow bei Lüchow-Dannenberg (VHF/UHF-Erfassung), Wurmberg im Harz (VHF/UHF-Erfassung), Rothwesten bei Kassel (HF-Erfassung), Hoher Meissner (VHF/UHF-Erfassung), Wasserkuppe (VHF/UHF-Erfassung), Hof (HF/VHF/UHF-/Troposcatter-Erfassung), Herzogenaurach (HF-Erfassung), Schneeberg (VHF/UHF-Erfassung), Mähring (VHF/UHF-Erfassung), Hoher Bogen (VHF/UHF-Erfassung), Bad Aibling (Satelliten-Erfassung), Nottau nordöstlich Bad Aibling (VHF/UHF-Erfassung) und Berlin-Teufelsberg (VHF/UHF-/Troposcatter-Erfassung). Während dieser Zeit führte die ASA auch mobile Einsätze entlang der Grenze bei besonderen Übungsschwerpunkten der sowjetischen und NVA-Streitkräfte in der DDR und bei Übungen der CSSR-Streitkräfte an der bayerisch-tschechoslowakischen Grenze durch. Soweit bekannt, wurde Erfassungspersonal des *Detachment J* des *318th ASA Bn Schneeberg* auch zu Erfassungseinsätzen nach Rota[3] in Spanien kommandiert. Vermutlich, um mit russisch sprechendem Erfassungspersonal die im Mittelmeer operierende 5. Eskadra der sowjetischen Schwarzmeerflotte mit Hilfe der von der NAS[4] Rota aus operierenden SIGINT-Maschinen (C-130 oder ORION/NEPTUNE) aufzuklären.

---

[2] Es kann angenommen werden, dass in den späteren Jahren hauptsächlich HF/VHF/UHF-Erfassungssysteme von Watkins-Johnson eingesetzt wurden. Quelle Schiffbauer: *Weltempfänger-Testbuch Nr.10,* Siebel-Verlag, Meckenheim 2001, Seite 217. So z.B. WJ-HF 1000, 5 KHz–30 MHz , WJ 8711.

[3] Vertrauliche Mitteilung eines Beteiligten der ASA.

[4] NAS – *Naval Air Station* (Flugplatz der amerikanischen Marine).

Aufklärung und Gegenspionage durch CIC und MIS der US Army bis 1967

Anfang 1956 wurde die 1949 von *7970th Counter Intelligence Group* in *7970th Counter Intelligence Corps Detachment* umbenannte Abteilung des *Counter Intelligence Corps* (CIC; Spionageabwehr des US-Heeres) erneut umgegliedert und in *66th Counter Intelligence Group* umbenannt. Der Stationierungsort blieb Stuttgart. Der *66th CIC Group* unterstellt wurde das *532nd Military Intelligence Batallion* des *Military Intelligence Service* (MIS, Nachrichtendienst des Heeres) in Stuttgart, dem seinerseits die ebenfalls zu dieser Zeit eingerichteten »Gemeinsamen Befragungszentren« *(Joint Interrogation Centers)* in Stuttgart, München, Nürnberg, Kassel und Frankfurt zugeordnet waren. In diesen Befragungszentren sollten Flüchtlinge und Übersiedler sowie Reisende aus der *Sowjetischen Besatzungszone* (SBZ) und Staaten des Ostblocks durch geschultes Personal der US-Streitkräfte, des *Bundesnachrichtendienstes* und des *Bundesamtes für Verfassungsschutz* zur Gewinnung von Informationen befragt werden. Ob die Befragungen tatsächlich nachrichtendienstlich ergiebig waren, lässt sich heute nicht mehr mit letzter Sicherheit feststellen, da sowohl die DDR aus auch die CSSR ihre Grenzsicherungsmaßnahmen als Folge der Flüchtlingsbewegungen immer mehr perfektioniert hatten. Die Grenzsicherungsmaßnahmen erreichten ihren Höhepunkt nach der Schließung der Grenze zu Westberlin am 13. August 1961. Danach ebbte der Flüchtlingsstrom dramatisch ab und versiegte, von Einzelfällen abgesehen, bis 1989 gänzlich.

Regionen des US ARMY Counter Intelligence Corps (CIC)

66th CIC Group Region I	66th CIC Group		STUTTGART		1952	1958	
66th CIC Group Region II	66th CIC Group		HEIDELBERG		1952	1958	
66th CIC Group Region III	66th CIC Group		FRANKFURT		1952	1958	
66th CIC Group Region IV	66th CIC Group		MÜNCHEN		1952	1958	
66th CIC Group Region V	66th CIC Group		REGENSBURG		1952	1958	
66th CIC Group Region VI	66th CIC Group		NÜRNBERG		1952	1958	
66th CIC Group Region VII	66th CIC Group		BAYREUTH		1952	1958	
66th CIC Group Region V III	66th CIC Group		BERLIN		1952	1958	
66th CIC Group Region IX	66th CIC Group		BREMEN		1952	1953	(V) nach ORLEANS USAREUR COM-Z
66th CIC Group Region IX	USAREUR COM-Z		ORLEANS		1953	1966	
66th CIC Group Region X	66th CIC Group		BAD WILDUNGEN		1952	1958	
66th CIC Group Region X I	66th CIC Group		WÜRZBURG		1952	1958	
66th CIC Group Region X II	66th CIC Group		AUGSBURG		1952	1958	
66th CIC Group Region X II	66th CIC Group		KAISERSLAUTERN		1952	1953	
66th CIC Group Region I-VII	66th CIC Group		?		1953	1990?	
66th INTC Group			STUTTGART		1961	?	
513th MI Group	66th Intelligence		MÜNCHEN		1959	1969	(A) 1969 Personal und Einrichtungen werden von 66th Intelligence Corps Group übernommen

Die Dienststellen des US Army Counter Intelligence Corps ab 1962.

Die Befragungszentren wurden schließlich 1962 aufgegeben, um 1962 nochmals aktiviert und 1964 bis 1968 endgültig geschlossen zu werden. Der *66th CIC Group* wurden die seit 1952 bestehenden CIC Regionen I bis XII unterstellt, die den Auftrag hatten, in ihrem Regionalbereich Aufgaben der Abschirmung und Gegenspionage[5] für die US-Streitkräfte in

[5] Es ist anzunehmen, dass das CIC über ein eigenes V-Mann-Netz in seinem jeweiligen Bereich verfügte.

Zusammenarbeit mit örtlichen deutschen Staatsschutz- und Polizeibehörden durchzuführen. 1958 wurden die Regionen I-XII zusammengefasst und neu gegliedert (Region I-VII), die verbleibende Regionen I-4 wurden in *Detachments A – D* umbenannt. In den darauf folgenden Jahren verfügte die *66th CIC Group*, später umbenannt in *66th MI Group*, über insgesamt fünf administrative Regionen (Region I, III,IV,XI und XII) und war in über 63 Städten präsent, verteilt über acht europäische Länder. Auch heute noch liegen wegen strikter Geheimhaltung die Strukturen, Arbeitsweise und Ergebnisse dieser Einheiten im Dunkeln. Es ist jedoch davon auszugehen, dass diese Dienststellen an den Ergebnissen der Elektronischen Aufklärung partizipiert haben. Bis 1968 ergaben sich nur wenig Änderungen in der Struktur der mit Spionageabwehraufgaben betrauten Einheiten der US-Streitkräfte in Deutschland.

Das Grenzaufklärungs- und Überwachungssystem der US Army in Süd- und Südwestdeutschland bis 1967

Seit Ende der fünfziger Jahre[6], der Ablösung der *US Constabulary* aus dem Grenzüberwachungsdienst und der Aufstellung der gepanzerten Aufklärungsregimenter *(Armored Cavalry Regiments)* des US-Heeres als »*Cover and Screen Forces*« ergab sich die Notwendigkeit einer Verdichtung der Grenzüberwachung mit offenen Mitteln im amerikanischen Verantwortungsbereich. Aus diesem Grunde wurden unter Führung des *532nd Military Intelligence Battalions* (MI Bn; das dem G2 der 7. US Armee in Stuttgart unterstand, jedoch 1962 aufgelöst und die Teileinheiten in das *66th MI Bn* eingegliedert wurden) ab 1960 Border Offices[7] errichtet,

die, meist besetzt mit zwei Unteroffizieren, Aufgaben der Grenzüberwachung durch Zusammenarbeit mit den örtlichen Polizei- und BGS- sowie Zolldienststellen wahr-

[6] USAREUR Military History Office: *Army Border Operations in Germany 1945–1983,* Heidelberg 1984.

[7] Siehe Anlage *Border Offices 1960–1970.*

US MILITARY INTELLIGENCE BORDER RESIDENT OFFCES 1951 - 1990

532nd MI Bn DI	7th US Army G2					1951	**1962**	(A/U) 1962 Übernahme der Aufgaben durch 66th Intelligence Corps Group, siehe dort
Joint Interrogation Center(JIC)	532nd MI Bn DI		STUTTGART			1957	**1962**	1962(A) ?
Joint Interrogation Center(JIC)	532nd MI Bn DI		MÜNCHEN			1957	**1962**	1962 Unterstellungswechsel zu 503rd MI Co
Joint Interrogation Center(JIC)	532nd MI Bn DI		NÜRNBERG			1957	**1962**	1962 (A) ?
Joint Interrogation Center(JIC)	532nd MI Bn DI		KASSEL			1957	**1962**	1962 Unterstellungswechsel zu 165th MI Co
Joint Interrogation Center(JIC)	532nd MI Bn DI		FRANKFURT			1957	**1962**	1962 Unterstellungswechsel zu 165th MI Co
Border Office	532nd MI Bn DI		BAD HERSFELD			1960	**1962**	1962 Unterstellungswechsel zu 165th MI Co
Border Office	532nd MI Bn DI		ESCHWEGE			1960	**1962**	1962 Unterstellungswechsel zu 165th MI Co
Border Office	532nd MI Bn DI		FULDA			1960	**1962**	1962 Unterstellungswechsel zu 165th MI Co
Border Office	532nd MI Bn DI		BAD NEUSTADT			1960	**1962**	1962 Unterstellungswechsel zu 511th MI Co
Border Office	532nd MI Bn DI		COBURG			1960	**1962**	1962 Unterstellungswechsel zu 511th MI Co
Border Office	532nd MI Bn DI		KRONACH			1960	**1962**	1962 Unterstellungswechsel zu 511th MI Co
Border Office	532nd MI Bn DI		HOF			1960	**1962**	1962 Unterstellungswechsel zu 511th MI Co
Border Office	532nd MI Bn DI		MARKTREDWITZ			1960	**1962**	1962 Unterstellungswechsel zu 511th MI Co
Border Office	532nd MI Bn DI		ALTENSTADT			1960	**1962**	1962 Unterstellungswechsel zu 511th MI Co
Border Office	532nd MI		CHAM			1960	**1962**	1962 Unterstellungswechsel zu

Aufstellung der US Military Intelligence Border Resident Offices für die grenznahe Nachrichtengewinnung (Seite 263/264).

JIC	165th MI Co		KASSEL			1963	**1990**	
503rd MI Co	66 MIC Gp		MÜNCHEN			1962	**1990**	
Field Office	503rd MI Co		PASSAU			1962	**1990**	
Field Office	503rd MI Co		BERCHTESGADEN			1962	**1990**	
JIC	503rd MI Co		MÜNCHEN			1962	**1990**	
511th MI Co	66 MIC Gp		NÜRNBERG			1962	**1990**	
Border Resident Office	511th MI Co		BAD NEUSTADT			1962	**1970**	
Border Resident Office	511th MI Co		COBURG			1962	**1970**	
Border Resident Office	511th MI Co		KRONACH			1962	**1970**	
Border Resident Office	511th MI Co		HOF			1962	**1970**	
Border Resident Office	511th MI Co		MARKTREDWITZ			1962	**1970**	
Border Resident Office	511th MI Co		ALTENSTADT			1962	**1965**	(V) verlegt 1965 WEIDEN Ostmarkkaserne
Border Resident Office	511th MI Co		WEIDEN			1965	**1970**	
Border Resident Office	511th MI Co		CHAM			1962	**1970**	
JIC	513th MIC Gp		STUTTGART			1964	**1968**	
JIC	513th MIC Gp		MAINZ			1964	**1968**	
MI Office	511th MI Co ?		GRAFENWÖHR			1962	**?**	7th ARMY TRAINING CENTER

	Bn DI							511th MI Co
Border Office	532nd MI Bn DI		BERCHTESGADEN			1960	**1962**	1962 Unterstellungswechsel zu 503rd MI Co
Border Office	532nd MI Bn DI		PASSAU			1960	**1962**	1962 Unterstellungswechsel zu 503rd MI Co
172nd MI Det HQ 2nd ACR	532nd MI Bn DI		NÜRNBERG			1961	**1962**	(A/V) 1962 neuer Standort nicht bekannt USA
501st MI Det HQ 11th ACR	532nd MI Bn DI		STRAUBING			1961	**1962**	(A/V) 1962 neuer Standort nicht bekannt USA
45th MI Det HQ 11th ACR	532nd MI Bn DI		STRAUBING			1962	**1963**	(A/V) 1963 neuer Standort nicht bekannt USA
541st MI Det HQ 14 th ACR	532nd MI Bn DI		FULDA			1961	**1963**	(A/V) 1963 neuer Standort nicht bekannt USA
181st MI Det HQ 3rd ACR	532nd MI Bn DI		BAUMHOLDER			1961	**1963**	(A/V) 1963 neuer Standort nicht bekannt USA
66th Intelligence Corps Group	7th US Army		MÜNCHEN			1961	**1990**	**1962 Reorganisation, Eingliederung von Personal des aufgelösten 532nd MI Bn DI**
66th Bonn Liaison Office			BONN			1961	**?**	
165th MI Co	66 MIC Gp		FRANKFURT			1962	**1990**	
Field Office	165th MI Co		BAD HERSFELD			1962	**1990**	
Field Office	165th MI Co		ESCHWEGE			1962	**1990**	
Field Office	165th MI Co		FULDA			1962	**1990**	
JIC	165th MI Co		FRANKFURT			1962	**1964**	Auflösung 1964
JIC	165th MI Co		GIESSEN			1963	**1990**	

zunehmen hatten. Die Soldaten trugen in der Regel Zivilkleidung, die ihnen zur Verfügung gestellten oder eigene Fahrzeuge waren mit einer zivilen US-Zulassung für Deutschland versehen. Die Diensträume befanden sich meist in einer unauffälligen, zivilen Umgebung und waren als solche nicht gekennzeichnet, selbst ein Namensschild fehlte an der Tür. Eintragungen im Fernsprechbuch des jeweiligen Ortes fehlten ebenfalls. Gesicherte Fernmeldeverbindungen waren, soweit heute noch nachvollziehbar, nicht vorhanden. Ein

Border Resident Officer Marktredwitz, E.F. White bei seiner Verabschiedung aus dem aktiven Dienst der US-Army, verstorben 1985 an den Folgen seiner Vietnam-Einsätze.

Fernschreibanschluss an das Netz des BGS und/oder der *Bayerischen Grenzpolizei* war in der Regel vorhanden. Eine Funkverbindung zum vorgesetzten MI-Bataillon war nicht vorgesehen. Es kann jedoch davon ausgegangen werden, dass die *Border Resident Officers*[8] über eine persönliche Handwaffe verfügten (Colt M 1911 A1, Kaliber .45). Diese Dienststellen und ihre Mitarbeiter waren immer von einer Aura des Geheimnisvollen umgeben, denn für den Normalbürger war einer Einordnung der Mitarbeiter nicht immer möglich. Außerdem pflegten die *Border Residents* den Nimbus des Geheimnisses und der Exklusivität. Eingeweihten Kreisen war jedoch die Existenz und Funktion dieser Dienststellen bekannt, so dass davon auszugehen ist, dass auch die Gegenseite sehr wohl über Personal und Aufgaben unterrichtet gewesen sein muss. Im bayerisch-tschechischen Grenzraum konnte von einer hohen Aktivität des CSSR-Nachrichtendienstes, dessen Residenturen sich u. a. in Karlsbad (ehemalige Dienststelle der Gestapo), vermutlich auch in Eger (Cheb) und Pilsen befanden, ausgegangen werden. Die Tschechen stützten sich dabei sowohl auf eigene, in Bayern tätige Mitarbeiter, die vorwiegend unauffälligen Tätigkeiten nachgingen, als auch auf Mittelsleute aus der ortsansässigen Bevölkerung. Ähnliches gilt für den Raum an der innerdeutschen Grenze, der für den DDR-Nachrichtendienst[9] durch Schleusen in den östlichen Sperranlagen nach vor problemlos erreichbar war, da die Grenzüberwachung auf westlicher Seite aus personellen und politischen Gründen nicht lückenlos sein konnte und offensichtlich auch nicht gewollt war. Dass Schleusungen tatsächlich häufig stattgefunden haben, ist durch die Auswertung der Unterlagen des MfS[10] nach 1990 beleg-

8 *Border Resident* E.F. W., Marktredwitz 1968–1970.

9 Wegmann/Tantscher: *SOUD, Das geheimdienstliche Datennetz des östlichen Bündnissystems,* BstU Berlin, Reihe B: Analysen und Berichte Nummer 1/96, BstU, Berlin 1996 (Dokument 7, Erfassungsbeleg über einen Mitarbeiter der Grenzpolizeiinspektion (GPI) Kronach der Bayerischen Grenzpolizei, erfasst für MfS BV Gera).

10 Siehe auch »Fall Spuhler« – TV-Dokumentation, Schleusung durch das MfS erfolgte hier im Raum Bad Steben westlich von Hof.

bar. Die Grenzlagemeldungen und sonstigen Erkenntnisse beruhten auf Beobachtungen und Wahrnehmungen der *Bayerischen Grenzpolizei,* des BGS und der Zolldienststellen. Flüchtlinge und sonstige verdächtige Personen wurden meist einer Erstbefragung durch deutsche Dienststellen unterzogen, in Sonderfällen konnte auch Vertreter des *Border Offices* zur Teilnahme eingeladen werden. Dies hing aber nicht zuletzt von den guten Kontakten des jeweiligen Menschen zu den örtlichen Behörden ab. Nicht zuletzt bildete auch die Sprachbarriere, insbesondere bei Befragungen von Personen aus östlichen Ländern, auch für die deutsche Seite ein ernst zu nehmendes Hindernis. Abgesetzte Teileinheiten des *532nd MI Bn* stellten auch die Verbindung zu den jeweiligen Stäben der in der Grenzsicherung eingesetzten Panzeraufklärungsregimenter (*2nd ACR* Nürnberg, *11th ACR* Straubing, *14th ACR* Fulda) her und versorgten diese und das Hauptquartier ihres eigenen MI-Bataillons mit aktuellen Grenzlagemeldungen, vorwiegend aus deutschen Quellen. Unabhängig davon nahmen die *Border Offices* auch Einzelaufgaben wahr, beispielsweise Hintergrundüberprüfungen, oder gaben Hinweise auf Verdachtspersonen. Dies im Rahmen der Spionageabwehr für die entsprechende CIC-, später MI-Region, die ihrerseits meist in Zusammenarbeit mit deutschen Stellen entsprechende Ermittlungen aufnahm. Inwieweit der MI eigene Ermittlungen ohne Beteiligung deutscher Stellen durchführte, kann nur vermutet werden. Einiges spricht jedoch dafür, dass insbesondere in Gegenspionage-Ermittlungen eine deutsche Beteiligung vermieden wurde. Auch hier ist anzunehmen, dass entsprechende Erkenntnisse aus der Elektronischen Aufklärung der ASA und der USAFSS[11] mit einflossen. Natürlich erfolgte auch eine Zusammenarbeit mit der Abwehr der US-Luftwaffe, dem *United States Air Force Office of Investigations* (AFOSI), das in der Regel jedoch nur in Standorten mit Belegung durch die *US Air Force* oder in deren unmittelbarer Nähe vertreten war. 1962 erfolgte eine neuerliche Umgliederung der *Border Offices.* Die bisher dem *532nd Military Intelligence Battalion* Stuttgart unterstellten *Border Offices* wurden unter Umbenennung in *Border Resident Offices* der neu aufgestellten *66th Military Intelligence Group* in München zugeordnet, die wiederum dem neu aufgestellten *Intelligence and Security Command* (INSCOM) in Fort Belvoir, Maryland, unterstellt war. Ein Teil der *Border Offices* wurde geschlossen. Neu aufgestellt wurden zusätzlich die *Field Offices* in Bad Hersfeld, Eschwege, Fulda, Passau und Berchtesgaden, die wohl regionale Zuständigkeiten beim Befragungswesen für Flüchtlinge, Überläufer oder sonstige, für den militärischen Nachrichtendienst interessante Personen übertragen bekamen. Zu diesen *Field Offices* wurden bisherige *Border Offices* als nunmehrige *Border Resident Offices* in Bad Neustadt, Coburg, Kronach, Hof, Marktredwitz, Altenstadt bei Neustadt a. WN (später nach Weiden verlegt) und Cham bis etwa 1970 weitergeführt. Bei der Aufgabenzuweisung trat insoweit keine Änderung ein. Auftrag war nach wie vor die Zusammenarbeit mit deutschen Stellen und die Gewinnung von Informationen, hauptsächlich zur Grenzlage im Zuständigkeitsbereich. Inwieweit durch die *Border Residents,* nun meistens im Offizierrang stehend, andere, zusätzliche nachrichtendienstliche Aufgaben wahrgenommen wurden, konnte nicht geklärt werden.

---

[11] Demgegenüber trat das *Office of Special Investigations* (OSI) der US-Luftwaffe weniger in Erscheinung, da das OSI mehr Abschirmaufgaben wahrzunehmen hatte.

Die US-Panzeraufklärer an der innerdeutschen Grenze 1955 bis 1968

Als die Kräfte des US-Heeres in Deutschland 1952 neu gegliedert wurden, um sie der Struktur der sich entwickelnden NATO anzupassen, wurden das V. US Korps Frankfurt mit drei Divisionen und das VII. US Korps Stuttgart mit zwei Divsionen aufgestellt, um die US-Besatzungszone gegen einen möglichen sowjetischen Angriff mit überlegenen Kräften zu verteidigen. Das I. Französische Korps mit etwa vier Divsionen erhielt den Auftrag, in seinem Bereich die Grenze gegen einen sowjetischen Angriff zu verteidigen. Nennenswerte andere militärische Kräfte mit Ausnahme der *British Army on the Rhine* im Norden standen in Deutschland noch nicht zur Verfügung. Auf Grund der möglichen zahlenmäßigen Überlegenheit sowjetischer Kräfte in der SBZ und leicht in die CSSR nachzuführender Verstärkungen aus dem sowjetischen Raum, planten die westlichen Alliierten für den Fall eines sowjetischen Überraschungsgriffs eine Verteidigung am Rhein. Vor der Rheinlinie sollte das Verzögerungsgefecht geführt werden[12]. Zur Führung dieses Verzögerungsgefechts wurden Ende der fünfziger Jahre aus den aufgelösten *Constabulary*-Grenzsicherungsverbänden Panzeraufklärungsregimenter aufgestellt (*Armored Cavalry Regiments; 2nd ACR* Nürnberg, *3rd ACR* Baumholder zur Sicherung des rückwärtigen Korpsgebiets V. und VII, US-Korps; *6th ACR* Straubing und *14th ACR* Fulda). 1953 bis 1968 erfolgten häufige Umgliederungen, Unterstellungsänderungen und Rückverlegung ganzer Verbände (Operation »GYROSCOPE«) in die USA. Das *2nd ACR* Nürnberg wurde 1955 in die USA zurück verlegt, um vom bisher in Baumholder stationierten *3rd ACR* abgelöst zu werden. Es dauerte bis 1958, bis das *2nd ACR* wieder nach Europa verlegte, um seinen alten Auftrag an der Grenze zur DDR und CSSR zu übernehmen. Der generelle Auftrag dieser gepanzerten Aufklärungsverbände bestand zunächst in der permanenten Überwachung der Grenzen zur DDR und CSSR im Verantwortungsbereich (Gefechtsstreifen des V. und VII. US-Korps). Nachdem die Bundesrepublik im künftigen Gefechtsstreifen des in Aufstellung befindlichen II. deutschen Korps (linke Grenze Marktredwitz – rechte Grenze Landesgrenze bis zum Dreiländereck beim Plöckenstein im Bayerischen Wald), das die in diesem Raum eingeplanten Kräfte des I. französischen Korps hätte ablösen sollen, aus politischen Gründen auf eine Grenzüberwachung durch die Bundeswehr verzichtet hatte, wurde diese durch *Bayerische Grenzpolizei*, Zoll und *Bundesgrenzschutz*[13] wahrgenommen, die militärische Grenzsicherung übernahm das US-Heer[14]. Mit dem Herauslösen französischer Heeres-, Luftwaffen- und Marineverbände aus der NATO-Unterstellung 1966 wurde der militärische Grenzsicherungsauftrag der *US Army* endgültig bis 1990 übertragen. Soweit bekannt, hat die 4. Kanadische Mechanisierte Kampfgruppe, die später in Lahr im Schwarzwald aufgestellt wurde und als zusätzliche Verstärkungskräfte geplant war, zu keiner Zeit Aufgaben der militärischen Grenzsicherung in diesem Bereich wahrgenommen. Dies gilt auch für französische Kräfte, die auf Grund der später erfolgten bilateralen

---

[12] de Maizière: *Verteidigung in Europa Mitte*, Lehmanns-Verlag, München 1975.

[13] Schmidt: *Chronik des Bundesgrenzschutzes und der innerdeutschen Grenze 1951–1971 (Band I, 2. Auflage)*, Fiedler-Verlag, Coburg 1995.

[14] Schmidt: *An der Grenze der Freiheit – Die US-Verbände am Eisernen Vorhang 1945–1990*, Fiedler-Verlag, Coburg 1999.

Vereinbarungen zwischen der Bundesrepublik und Frankreich weiterhin in Deutschland stationiert blieben. Aus politischen Gründen wurde jedoch auf französischer Seite das Hauptquartier *Etat Major des Forces Françaises en Allemagne* (FFA) aufgelöst, die verbliebenen Kräfte dem neu aufgestellten II. Französischen Korps in Baden-Baden unterstellt. Es kann als sicher gelten, dass die US-Panzeraufklärungsverbände im Grenzeinsatz mit Ergebnissen aus der Elektronischen Aufklärung der *Army Security Agency* versorgt wurden. Später, nach Inkrafttreten des CEWI-Konzeptes *(Communications, Electronic Warfare & Intelligence)* des Heeres, erhielten die Panzeraufklärungsverbände eigene, zur Elektronischen Aufklärung befähigte Elemente.

Der US Air Force Security Service und seine Elektronische Aufklärung bis 1967

Zur Unterstützung ihrer taktischen Luftstreitkräfte in Europa begann die amerikanischen Luftwaffe zunächst mit Erfassungsflügen gegen das sowjetische und später deutsche, CSSR- und polnische Luftkriegspotenzial im vorderen Bereich des Warschauer Paktes. Die Aufstellung des integrierten NATO-Frühwarn- und Luftverteidigungssystems unter Beteiligung aller NATO-Nationen mit Errichtung des NIKE-AJAX- und HAWK-Flugabwehrraketengürtels, besonders in Deutschland, erhöhte die Wirksamkeit der alliierten Luftverteidigung. Viele Einzelheiten zu Aktivitäten der *US Air Force* in Deutschland liegen auch heute noch im Dunkeln, da entsprechende Unterlagen noch immer als Verschlusssache gelten und der Forschung nicht zugänglich sind. 1955 bis 1967 führte die *US Air Force (7405 Support Squadron* Wiesbaden-Erbenheim) mindestens 213 Flüge[15] durch, um das Luftverteidigungssystem des Warschauer Paktes hinsichtlich Reaktionsfähigkeit, technischer Parameter und verwendeter Frequenzen aufzuklären. Bis 1971 betrieb die US-Luftwaffe in Hof eine HF-Erfassungsanlage vom Wullenwever-Typ, die später gegen einen symbolischen Kaufpreis von 1 DM an die FmRadStBw der Bundeswehr abgeben wurde, die dem damaligen *Amt für Fernmeldewesen* (AFmBw) in Ahrweiler unterstellt war und unter Führung des Kapitän z.S. Maihofer in Hof aufgestellt wurde.

Das Schwergewicht der Aktivitäten der US-Luftwaffe verlagerte sich daher auf den Einsatz luftgestützter Plattformen im vorderen Bereich. Nichtsdestoweniger errichtete die USAF in Deutschland eine Reihe von Einheiten und Dienststellen, die mit der Elektronischen Aufklärung befasst waren, oder Verbindung zu anderen Alliierten in diesem Bereich. Noch am 11. November 1963 verlegte die *12th US Air Force* (12. Luftflotte) drei taktische, mit RF 101 »VODOO« ausgerüstete Foto-Aufklärungsstaffeln (17., 18. und 32 *Tactical Recconaissance Squadron*, TRS) auf den in Nordfrankreich gelegenen Fliegerhorst Laon. Die Staffeln waren bisher in Mildenhall/England stationiert gewesen, auf dem sich auch CANBERRA PR 9 der britischen RAF befanden, die ebenfalls als Fotoaufklärer über dem vorderen NATO-Bereich eingesetzt wurden und aus Tarnungsgründen einer Wetter-Aufklärungsstaffel zugeordnet waren. Die CANBERRA PR9 trugen keinen Tarnanstrich, waren jedoch als Luftfahrzeuge der RAF gekennzeichnet. Die US-Fotoaufklärer hatten den Auftrag, die Grenze zum Warschauer Pakt im Tiefflug zu erreichen, um der sowjetischen Radarüberwachung zu entgehen, ihre Ziele innerhalb der SBZ und der CSSR zu fotografieren, und schnellstmöglichst auf ihre Basis nach Laon zurückzukehren. Während dieser Zeit verlor die USAF bei weltweiten Fotoeinsätzen, meist mit RF 101, mehr als 108 Piloten, deren Schicksal teilweise bis heute nicht geklärt werden konnte. Ebenfalls in Laon waren zu dieser Zeit RB 66 C bzw. EB 66 (Elektronik-Aufklärer) der USAF stationiert, die SIGINT-Flüge entlang der Grenze zum sowjetischen Machtbereich und teilweise auch innerhalb des Luftraums der SBZ und der CSSR durchführten. Die RF 101 und RB/EB 66 wurden nicht selten von sowjetischen Jagdmaschinen, teilweise bis in den westlichen Luftraum, verfolgt. Bei einer dieser Verfolgungsjagden gelangte 1964 eine sowjetische MiG bis in den Luftraum um Laon und stürzte dort ab. Über das Schicksal des Piloten konnte nichts in Erfahrung gebracht werden. Es ist anzunehmen, dass sowohl die RB 66/EB 66 als auch die

[15] *Mission CREEK ROSE,CREEK STONE,CREEK FLEA* in: Bamford: *Body of Secrets,* Arrow, London 2002.

VERBÄNDE UND EINHEITEN DER ELEKTRONISCHEN AUFKLÄRUNG DER US – STREITKRÄFTE IN EUROPA 1945 – 1990

Bezeichnung	Unterstellung	Frühere Bezeichnung	Standort	Auftrag	von	bis	(A)Auflösung/(U)Umgliederung/(V)Verlegung Bemerkungen
? USAFE			HOF	ELINT		1969?	Übergabe der Anlage an Fm/Radar-Stelle ANBw HOF
? USAFE			HOHER BOGEN	ELINT	1977	1993	INSCOM LA FAIRE VITE SITE
? USAFE			WOBECK	ELINT	1977	1993	INSCOM LA FAIRE VITE SITE
? USAFE ESW			WASSERKUPPE	ELINT			
114th Signal Radio Intercept Co	12 US Army Group		SONTRA		1945	1947	1947(U) wird114th Signal Service Co Erfassungspersonal verlegt zu 116thSRI Co SCHEYERN
114th Signal Service Co		114th Signal Radio Intercept Co	HERZO BASE HOF		1947 1951		1951(U) wird 331st Communications Reconnaissance Co
116th Signal Radio Intelligence Co	12 US Army Group		SCHEYERN		1945	1946	1946(U) wird 116th Signal Service Co
116th Signal Service Co	?	116th Signal Radio Intelligence Co	SCHEYERN		1946	1950	1951(U) Teile nach HERZOBASE, Restpersonal verbleibt bei ASA Fld Sta 8608 SCHEYERN
116th Signal Service Co (Teile)	?		HERZOGENAURACH COBURG BAUMHOLDER HEILBRONN		1951		(V) 1951 Verlegung ,Endstandort HEILBRONN TC-9/ SCR-399
11th USASA Field Station	?		BAUMHOLDER		1957	1960	
11th USASA Field Station	?		HARROGATE / UK		1960		(V) 1960 nach HARROGATE/UK
180th USASA Co	320th USASA Bn		BAD AIBLING		1960		
181th USASA Co	320th USASA Bn		BAD AIBLING		1960		
182nd USASA Co	319th USASA Bn	339th ASA Co	?			1960	(U) wird 318th USASA Bn unterstellt
182nd USASA Co	319th USASA Bn	339th USASA Co	?		1958		(U) aus 339th USASA Co SCHEYERN
183rd USASA Co	318th USASA Bn		HERZO BASE		1957		
184 USASA Co	319th USASA Bn		HOHER MEISSNER		1958		
186th USASA Co	320th USASA Bn		BAD AIBLING		1960		
18th USASA Field Station	?	320th USASA Bn	BAD AIBLING		1966		
201st ASA Co Security	502nd ASA Group		AUGSBURG		1971		(U) Wird US ARMY CSG ?
202nd ASA Co	502nd ASA Group		ANSBACH-KATTERBACH		1971		Support 1st Armd Div
251st USASA Processing Co	507thASAGroup		HEILBRONN		1959	1960	1959;(V) 1960 BAUMHOLDER
251st USASA Processing Co	507thASAGroup		BAUMHOLDER		1960		
279th USASA Co	507thASAGroup		LÜBECK		1958		
279th USASA Co	319th USASA Bn		HOHER MEISSNER		1959		

Aufstellung der US-Army SIGINT (Signals Intelligence)-Einheiten in Deutschland (Seite 270/272).

279th USASA Co "C"	507thASAGroup ?		HOHER MEISSNER		1958		
2nd ASA Co EW	502nd ASA Group		AUGSBURG		1971	1974	(U) 1974
302nd ASA Bn	502ndASAGp		HERZO BASE		1957	1957	(A) 1957 ?
302nd ASA Bn	502nd ASA Group		FRANKFURT		1975		Support V US Corps (U) 1984 in 302nd MI Bn (Corps)
302nd CR Bn			HEILBRONN		1952	1955	(V)
302nd CR Bn			BAMBERG		1955	1956	(U) wird 302nd US ASA Bn in HERZO BASE
302nd US ASA Bn		302nd CR Bn	HERZOGENAURACH		1957		(U) wird 318th USASA Bn in HERZOBASE
302ndCR Bn	502nd CR Group	Aufstellung 1952	HEILBRONN		1952	1955	(V) BAMBERG
302ndMI Bn (Corps)	205thMIGp	302nd ASA Bn	FRANKFURT ?		1984	1990?	Auflösung
307th ASA Bn	502ndASAGp		ROTHWESTEN		1957	1957	(A) wird 319th USASA Bn
307th CR Bn	CINC EUROPE	Aufstellung 1951	GIESSEN		1951	1956	(U) 1952 wird 502nd CR Group unterstellt (U) 1956 wird 307thUS ASA Bn
307th USASA Bn		307th CR Bn	GIESSEN		1956	1956	(A) geht in 319th USASA Bn auf
307th USASA Bn	502nd ASA Gp	307th CR Bn	STUTTGART ?		1974		Support VII US Corps
312th CR Bn			BAD AIBLING		1955	1956	(U) wird 312th USASA Bn
312th USASA Bn	502ndASAGp	312th CR Bn	BAID AIBLING		1957	1957	(U) wird 320th USASA Bn (Ops)
318th USASA Bn	507thASAGroup		HERZO BASE		1962	1972	(A) 1972 wird HERZO Arty BASE
319th USASA Bn	507thASAGroup	307th ASA Bn	ROTHWESTEN		1957	1971	(A) 1971 (U) in 326th ASA Co (Ops)(Fwd)
320th USASA Bn		320th USASA Bn (Ops)	BAD AIBLING		1957	1966	(U) in 18th USASA Field Station
326th ASA Co	502nd ASA Group	319th USASA Bn	AUGSBURG		1971		Ops Forward
328th ASA Co	502nd ASA Group		AUGSBURG ?		1971		Control& Processing
330th ASA Co (AVN)	502nd ASA Group		KITZINGEN/STUTTGART		1976		GUARDRAIL MISSIONS
331st CR Co		114th Signal Service Co	HERZO BASE HOF		1951 1951		1951
331st CR Co	307th CR Bn		GIESSEN ?		1952		

bodengebundenen Erfassungsstellen der ASA und des USAFSS während der RF 101-Einsätze die Funkverbindungen des sowjetischen Luftverteidigungssystems in der SBZ/DDR intensiv überwachten, um Reaktionsmuster und Verfahren aufzuklären.

Nach inoffiziellen Quellen aus dieser Zeit verletzten sowjetische Aufklärungsflugzeuge vom Typ TU-195 »BEAR« den NATO-Luftraum über Mitteleuropa in mindestens 198 Fällen.

415thASA Co	502nd ASA Group		AUGSBURG		1975		Support 8th US InfDiv
415thASA Co	502nd ASA Group		IDAR - OBERSTEIN		1976 ?		Support 8th US InfDiv
502nd CR Group			HEILBRONN		1952		(U) 1957 wird 502nd USASA Gp HEILBRONN
502nd USASA Group		502nd CR Group	HEILBRONN		1957		
502nd ASA Group	USASA EUROPE		AUGSBURG		1971	**1981**	(U) wird 502nd ASA Bn
502nd USASA Bn		502nd ASA Group	AUGSBURG				
502nd USASA Group			AUGSBURG		1971		(U) 1971 507thUSASA GP wird 502nd USASAGp
507th USASA Group			HEILBRONN ?		1957	**1960**	(V) BAUMHOLDER 1960
507th USASA Group			BAUMHOLDER		1960	**1978**	(V) AUGSBURG
507th USASA Group			AUGSBURG		1979		(U) wird 1971 507thUSASA Gp
507thASAGroupAvnSec	507thASAGroup		HEILBRONN		1957	**1960**	
6901USAFE ESG			ZWEIBRÜCKEN			**1991**	Auflösung
6910 USAFE ESW			WIESBADEN			**1992**	(V) ?
6910 USAFE ESW			BAD HERSFELD				
6911 USAFE ESS			GRÜNSTADT				
6911 USAFE ESS			HAHN AB			**1992**	Aufgelöst ?
6911 USAFE ESS			WÜNSCHHEIM			**1992**	Verlegt ?
6915 USAFE ESS			BAD AIBLING				
6918 USAFE ESS			SEMBACH				
6950 USAFE Det			STUTTGART				
6950 USAFE ESG			AUGSBURG				Verlegt nach HEIDELBERG ?
6950 USAFE ESG			HEIDELBERG				Verlegt nach MÜNCHEN
6950 USAFE ESG			MÜNCHEN		1992		
6990 USAFE ESG			BERLIN			**1993**	Auflösung 1992/1993
6th USASA Field Sta	318th USASA Bn		HERZO BASE		1957	**1959**	(A) wird 183rd USASA Co eingegliedert.
701st MILITARY INTELLIGENCE Bde **711th MI Bn** **712th MI Bn** **713th MI Bn** **714th MI Bn**			AUGSBURG NÜRNBERG		1988	**1993**	Auflösung 7101st MI Bde, (A) wird in 714th MI Bn eingegliedert
77U USAFE			WIESBADEN	SIGINT			Lindsay Air Stn
851st ASA Co	502nd ASA Group		KITZINGEN		1971		Support 3rd InfDiv
851st ASA Co	502nd ASA Group		?		1974		Support 3rd InfDiv
856th ASA Co	502nd ASA Group		?		1971	**1974**	Support 3rdArmdDiv(A) 1974
856th ASA Co	502nd ASA Group	374th ASA Co(Prov)	?		1974		Support 3rd InfDiv

ARMY SECURITY AGENCY EUROPE (ASA)	USAREUR		RÜSSELSHEIM FRANKFURT ?		1945	**1971**	(A) wird INSCOM unterstellt
ASA Field Station 8608	?	116th Signal Service Co	SCHEYERN		1951		
Co A ,319th USASA Bn	319th USASA Bn		LÜBECK		1958		
Co A, 319th USASA Bn	319th USASA Bn		HEIDWINKEL		1959		
Co C ,319th USASA Bn	319th USASA Bn		BAD SACHSA			**1962**	(A) 1962
Co C ,319th USASA Bn	319th USASA Bn		SANKT ANDREASBERG		1962		
Co C 319th USASA Bn			HOHER MEISSNER		1962		
Det 319th USASA Bn	507thASAGroup		SANKT ANDREASBERG		1957		
Det 319th USASA Bn	?		DARMSTADT		1957		
Det 319th USASA Bn	319th USASA Bn		HANDORF		1962		
Det 319th USASA Bn	319th USASA Bn		FRANKFURT		1962		
Det 319th USASA Bn	319th USASA Bn		WÜRZBURG		1962		
Det 319th USASA Bn	319th USASA Bn		DARMSTADT		1962		
Det 319th USASA Bn	319th USASA Bn		BAD KREUZNACH		1962		
Det ? 507thASAGroup	507thASAGroup		GARTOW		1957		
Det ? 507thASAGroup	507thASAGroup		GUSBORN		1957	**1973**	**Auflösung**,Stellung bleibt unter UK Kontrolle
Det ? 507thASAGroup	507thASAGroup		SCHNEEBERG		1957	**1976**	Unterstellung takt 511 Mi Bn NÜRNBERG?
Det ? 507thASAGroup	507thASAGroup		WOBECK		1957	**1976**	Unterstellung unte rtakt. MI Bn ?
Det ? 507thASAGroup	507thASAGroup		GRÜNSTADT		1957		
Det 279 ASA Co	279th ASA CO		SCHNEEBERG		1960	**1976**	(U) wird inDet J-1 eingegliedert,Unterstellung. 511th MI Bn NÜRNBERG
Det 279th USASA Co	319th USASA Bn		OFFENBACH		1961		
Det A ,B Co	318th USASA Bn		GÖPPINGEN		1960		COMSEC SUPPORT 4th ArmDiv
Det B,B Co	318th USASA Bn		WÜRZBURG		1960		COMSEC SUPPORT 3rd InfDiv
Det BONN	320th USASA Bn		BONN		1960		
Det BREMERHAVEN	320th USASA Bn		BREMERHAVEN		1960		
Det J-1 318th USASA Bn	318th USASA Bn		SCHEEBERG		1960		AN/ ALR-8,AN/TLR-1
Det- K 318th USASA Bn	318th USASA Bn		HOHER BOGEN		1960	**1993**	Auflösung
Det K2 318th USASA Bn	318th USASA Bn	Det L 180th USASA Co	NOTTAU		1958		
Det K-2, 318th USASA Bn		Det L 180th USASA Co	NOTTAU		1958		
Det L 180th USASA Co	320th USASA Bn		NOTTAU			**1958**	(U) wird Det K-2, 318th USASA Bn
Det L 180th USASA Co	318th USASA Bn		NOTTAU		1958	**1958**	(A) wird Det K-2 318th USASA Bn
Det MEMMINGEN	320th USASA Bn		MEMMINGEN		1960		
Det NÜRNBERG	320th USASA Bn		NÜRNBERG		1960		
Det? 302nd CR Bn	302nd CR Bn		GIEBELSTADT		1955		
Det? 302nd CR Bn	302nd CR Bn		STUTTGART		1955		

Flüge mit dem Höhenaufklärer U-2 fanden von Laon aus nicht statt, die RF 101 verlegte jedoch für spezielle Einsätze mit jeweils sechs Flugzeugführern und entsprechendem Wartungspersonal in Stärke von 60 Mann nach England und nach Belgien. Nähere

Det? 302nd CR Bn	302nd CR Bn		HOF		1955		
Det? 302nd CR Bn	302nd CR Bn		ALTEFELD		1955	**1957**	(A)
Det? 302nd CR Bn	302nd CR Bn		COBURG		1955		
Det? 302nd CR Bn	302nd CR Bn		FÜRTH		1955		
Det? 302nd CR Bn	302nd CR Bn		BERLIN		1955		
Detachment A			NÜRNBERG				
Detachment B			PIRMASENS				
Detachment D			FRANKFURT				
Detachment D ?			FULDA				
Detachment E			BAD KREUZNACH				
Detachment H			STUTTGART				
Detachment K			ANSBACH				
Detachment M			WORMS				
Detachment S			FRANKFURT				
Detachment T			GABLINGEN				
Det-L 1 318th USASA Bn	318th USASA Bn		MÄHRING		1960		
H , HQCo			GABLINGEN				
HQ SubPost	319th USASA Bn		KASSEL			**1959**	(A) 1959
Signal Research Unit 2	507th ASA Group		ZWEIBRÜCKEN		1965		
Signal Service Det D Special Troops	12th ARMY Group		RÜSSELSHEIM		1945		(U) wird 1945 ARMY SECURITY AGENCY EUROPE
US ARMY CSG	201st ASA Co ?		HEIDELBERG		?		US ARMY CRYPTOLOGIC SUPPORT GROUP
US Army Field Station			AUGSBURG		1978	**1993**	Auflösung
USASA FIELD STATION A,B,C,D,E Company	USASA EUROPE		AUGBURG		1970	**1977**	Wird US Army Field Station Augsburg
USASA Provisional Command			AUGSBURG		1966	**1970**	Wird USASA Field Station AUGSBURG
USN SECURITY GROUP			TODENDORF	ELINT			
USN SECURITY GROUP			FEHMARN ?	ELINT			
USN SECURITY GROUP			AUGSBURG	ELINT			

ELINT - ELECTRONIC INTELLIGENCE (Elektronische Aufklärung,allgemein)
SIGINT - SIGNALS INTELLIGENCE (Beobachtungsfunk-Aufklärung)
COMINT - COMMUNICATIONS INTELLIGENCE (Horchfunkaufklärung)
HUMINT - HUMAN INTELLIGENCE (Menschliche Quellen)

Einzelheiten sind bis heute nicht bekannt geworden. 1965 wurden die Staffeln aus Laon abgezogen und verlegten vermutlich bis 1966/1967 nach Giebelstadt in die Nähe von Würzburg. Es ist nicht auszuschließen, dass die Flüge, wenn auch nicht in diesem Umfang, von dort aus fortgesetzt wurden. Bekannt ist jedoch auch, dass von Bitburg in der Eifel RF 101 der *4799 Tactical Recconnaissance Squadron* (TRS) operierten. Nach Errichtung der Erfassungsstellung auf dem Teufelsberg in Berlin war die *US Air Force* auch hier mit einem starken Personalbestand vertreten. Noch 1964 verlor die USAF bei einer *Border Penetration Mission* eine RB 66 C (vermutlich aus Laon), da die Maschine in der Nähe von Gardelegen von sowjetischen Jägern der 24. Frontluftarmee abgeschossen wurde. Die dreiköpfige Besatzung überlebte und wurde nach einiger Zeit den amerikanischen Behörden übergeben. Die Gliederung und Aufgaben der mit der Elektronischen Aufklärung befassten US-Dienststellen und -Einheiten sind auch heute noch, selbst für unmittelbar Beteiligte, nur sehr schwer zu durchschauen. Dies mag daran liegen, dass viele Dienststellen, insbesondere jene, die Kontakte zu deutschen Aufklärungseinrichtungen hatten, schon damals der NSA oder der CIA zugeordnet waren und deshalb die getroffenen Sicherheitsmaßnahmen und Legenden der Dienststellen peinlich genau zu beachten hatten. Nicht zuletzt ein rigoroses Besucherkontroll- und Anmeldeverfahren mag dazu beigetragen haben, die Tarnung dieser Stellen bis heute aufrecht erhalten zu haben. Teilweise wurden von der ASA an der innerdeutschen Grenze und an der Grenze zur CSSR eingerichtete Erfassungsstellen durch Abteilungen des USAFSS mitbenutzt, nähere Einzelheiten sind aber noch nicht mit letzter Sicherheit zu klären.

Die Elektronische Aufklärung der Briten in Norddeutschland 1955 bis 1967

Zu Anfang der fünfziger Jahre verfügte die *British Army of the Rhine* (BAOR) mit dem *No 2 Wireless Regiment* (später in *13 Signal Regiment* umbenannt) über Erfassungsstellen in Jever, Birgelen, Langleben *(101 Wireless Troop)* und Räbke, sowie über eine Erfassungsstelle auf dem Teufelsberg in Berlin. Die *Royal Air Force* hatte Erfassungsstellen in Celle, Schafoldendorf und Dannenberg eingerichtet und verfügte auf dem Flugplatz Berlin-Gatow über eine zusätzliche Erfassungsstelle. Die Erfassungsstelle in Jever scheint Ende der fünfziger Jahre geschlossen worden zu sein, denn sie wird in der zugänglichen Literatur nicht mehr erwähnt. Die Ereignisse in Ungarn im Herbst 1956 führten zu erhöhten Aktivitäten in der grenznahen Erfassung durch das *13 Signal Regiment,* das selbst in Alarmbereitschaft versetzt wurde, da man einen sowjetischen Angriff befürchtete. Die Situation beruhigte sich jedoch nach der Niederschlagung des Aufstandes in Ungarn sehr bald, bestehende Bereitschaftsmaßnahmen wurden aufgehoben. 1957 erhielt der *101 Wireless Troop* den Status einer Schwadron (Kompanie) und wurde als *No 2 Squadron* dem *No 1 Wireless Regiment* mit HQ in Birglen unterstellt (später in *13th Signal Regiment*). 1963 bis 1964 wurde die Erfassungsstellung Langleben ausgebaut, um weiteres Personal aufnehmen zu können. Dazu gehörte auch die Errichtung fester Unterkunfts- und Verwaltungsgebäude im Areal der Stellung und nicht zuletzt die Anlage eines Feuerlöschteichs, der sehr bald von den dort eingesetzten Soldaten als Schwimmbad benutzt werden sollte. Ab 1967 wurde das *13th Signal Regiment* reorganisiert, Teileinheiten wurden der *223 Signal Squadron* in Winchester unterstellt und verlegten bald nach dort. Der Rest der Einheiten wurde der nun neu aufgestellten *225th Signal Squadron* unterstellt, die auch die Stellung Langeleben übernahm. Der Stab der *225th Signal Squadron* befand sich von 1958 bis 1964 in Birgelen, wurde danach nach Schafoldendorf bei Hannover verlegt und übernahm den zusätzlichen Auftrag als mobile *Electronic Warfare Component* für das I. Britische Korps in Bielefeld. Auf Grund der örtlichen Gegebenheiten ist davon auszugehen, dass die Heeres-Einheiten der britischen Elektronischen Aufklärung in Norddeutschland den Auftrag hatten, taktische Fernmeldeverkehre der Sowjetarmee und der ostdeutschen NVA in ihrem Zuständigkeitsbereich aufzuklären. Die an der innerdeutschen Grenze dislozierten Aufklärungsverbände der RAF klärten, ähnlich wie ihre amerikanischen und deutschen Pendants, den Flugfunkverkehr der sowjetischen Fliegerkräfte in der DDR, die Luftverteidigungsorganisation im vorderen Bereich und die NVA auf. Naturgemäß liegen über Erfassungsergebnisse keine freigegebenen Unterlagen vor. Aber man kann davon ausgehen, dass zumindest der taktische UHF/VHF-Funkverkehr, insbesondere im Bereich des Truppenübungsplatzes Letzlinger Heide mit seinem vielfältigen Übungsgeschehen, sowohl bei den Bodentruppen als auch bei Übungen mit Luftunterstützung durch Frontfliegerkräfte der 24. Frontluftarmee und der NVA-Luftstreitkräfte (LSK) wertvolle Erkenntnisse erbracht hat.

Die britische Grenzüberwachung im Zuständigkeitsbereich der British Army on the Rhine in Norddeutschland

Der *British Frontier Service* (BFS), gegründet in der britischen Besatzungszone als Grenzüberwachungsorganisation und in Marineuniform gekleidet, hatte den Auftrag, die innerdeutsche Grenze im Bereich der *British Army on the Rhine* (BAOR) zu überwachen.

Hierbei arbeitete er mit dem BGS und dem Zoll eng zusammen. Im Rahmen seines Auftrages wurden in Lübeck, Uelzen, Helmstedt und Goslar Stützpunkte eingerichtet, aus denen bis 1972 regelmäßige Grenzkontrollstreifen durchgeführt wurden. In Bonn wurden eine *Joint Liaison Organisation,* in Düsseldorf und Hannover und Helmstedt eine *Chief Services Liaison Organisation*, und in Düsseldorf, Hannover und Helmstedt so genannte *British Frontier Service Offices* eingerichtet. 1972 wurden die Stützpunkte Lübeck und Goslar geschlossen und die gesamte Grenzüberwachung aus Helmstedt durchgeführt, die 1990 nach Herstellung der staatlichen Einheit Deutschlands endete. Es darf vermutet werden, dass der BFS neben der unterstützenden Funktion für die Nachrichtengewinnung im Grenzraum zusätzliche nachrichtendienstliche Aufgaben zu erfüllen hatte, deren Art und Umfang auch heute noch nicht geklärt werden können. Damit scheint auch der Zugang zu Ergebnissen der Elektronischen Aufklärung, soweit es den Auftrag betraf, als sicher. Eine aktive Rolle in der Elektronischen Aufklärung hat der BFS zu keiner Zeit gespielt.

Das Special Air Service Regiment (SAS) und sein Auftrag in Deutschland

Nach der Umgliederung der seit 1944 bestehenden drei SAS-Verbände (21, 22, 23 SAS) wurden diese am 24. Januar 1957[16] wieder in die aktiven Streitkräfte Großbritanniens eingegliedert. Da das *22 SAS Regiment* noch in Malaya eingesetzt war, wurde dem *21 SAS* die Aufgabe zugewiesen, für die in Deutschland stationierten Truppen der BAOR

- Nachrichtengewinnung mit aktiven und passiven Methoden,
- Offensive Kommandounternehmen mit kleinen Gruppen,
- Zusammenarbeit mit ausländischen Partisanen und Guerillagruppen,
- Rückführung von Versprengten und geflohenen Kriegsgefangenen vorzubereiten.

Das *23 SAS Rgt* erhielt 1957/1958 zusätzliche Kräfte aus der bereits bestehenden *Joint Reserve Reconnaissance Unit* (JRRU) zugewiesen (trotz ihrer Verbandsbezeichnungen hatten die »Regimenter« allenfalls Bataillons- oder Kompaniestärke) und wurde dem *Director Military Intelligence* des britischen Verteidigungsministeriums unterstellt. Es verblieb mit seinem Stab in London. Nach Rückführung des *22 SAS Rgt* aus dem nunmehrigen Malaysia wurde der Verband umgegliedert und in seiner Stärke reduziert. Das *21 SAS Rgt* erhielt nun den Auftrag, für zu erwartende Kampfhandlungen in Deutschland für die BAOR

- *sowjetische mobile taktische Nuklearträgermittel zu lokalisieren und zu zerstören, Fernspähunternehmen tief hinter den Linien der Warschauer-Pakt-Truppen durchzuführen, um für Luftangriffe geeignete Ziele auszuwählen, zu markieren und an die eigenen Führungsstellen per Funk zu melden,*

da sich die Bevölkerungsdichte und das Terrain in Deutschland für klassische SAS-Operationen als nicht geeignet erwies. 1967 wurde das aus der *Intelligence School Number 9* hervorgegangene *23. SAS Regiment* in Birmingham als Reserveeinheit der *Territorial Army* (TA) aufgestellt. Es war für den Einsatz in Zentraleuropa vorgesehen und besteht auch heute noch.

In der Folgezeit nahmen verschiedene Teile der SAS-Regimenter 21, 22 und 23 an einer Reihe von Übungen in Deutschland (Prüm in der Eifel, Bad Tölz[17], Lüneburger Heide, Nord-Ostsee-Kanal und Bayern[18] und den angrenzenden NATO-Staaten teil. Dies geschah vornehmlich im Verbund mit Fernspäh-Einheiten anderer NATO-Nationen, aber auch mit dem deutschen *Bundesgrenzschutz*[19]. Unterstützt wurde das *22 SAS Rgt* durch die *264 Royal Signals Squadron* des *Royal Corps of Signals* (RSigs). Mitte der sechziger Jahre wurden das 21. und 23. SAS-Regiment der Territorialreserve der britischen Streitkräfte zugeordnet. Der

---

[16] Kemp: *The SAS Savage Wars of Peace,* BCA, London 1994, Seite 39 ff.

[17] Large: *One Mans SAS,* Kimber, Wellingborough, England 1987, Seite 182.

[18] Schmidt: *Wir tragen den bunten Adler des Bundes am Rock,* Fiedler-Verlag, Coburg 1995, Seiten 119, 136.

[19] Der Kommandeur der GSG 9 hielt sich Anfang Mai 1980 zu einem Besuch in London auf, den er offenbar auch zu Kontakten mit der Führung des 22 SAS nutzte. Die konnte ihm beim Heimflug nach Deutschland unterstützen, da er eine Dienstwaffe mit sich führte, die den britischen Behörden nicht gemeldet worden war. Dies unterstreicht die enge Zusammenarbeit britischer und deutscher Stellen auf diesem Gebiet. Quelle: General Sir Peter la Billiere: *Looking for Trouble,* BCA, London 1994, Seite 327.

Oben und rechte Seite:
Funk-und Schlüsselgeräte für Spezialkräfte (SP20,PRC319, HRM7000, RACAL FSG).
Das SP20 gehörte zur Ausrüstung der Fernspähkräfte der Bundeswehr. Das Kommando Spezialkräfte der Bundeswehr setzt jetzt unter anderem das Systen HRM 700 ein. Das RACAL FSG wurde einige Zeit bei NATO Airborne Early Warning Command bei Verlegungen auf Auslandsbasen ohne gesicherte Sprechmöglichkeit eingesetzt, um mit dem Gefechtsstand in Mons und Geilenkirchen Verbindung aufzunehmen.

22 SAS übernahm als aktiver Verband die bisherigen Aufgaben der beiden. Allerdings waren die 22er durch Einsätze in Übersee häufig gebunden. Naturgemäß liegen über Übungseinsätze dieser Einheiten in Deutschland nur wenige Informationen vor. Ab 1960 bereitete sich auch das *21 Special Air Service Regiment* für Unterstützungsaufgaben bei einem möglichen Konflikt in der »*Central Region*« vor. Das britische I. Korps in Deutschland benötigte im Falle eines sowjetischen Angriffs in seinem Verantwortungsbereich Unterstützung bei der Nachrichtengewinnung, da die dafür bei BAOR zur Verfügung stehenden Kräfte nicht ausreichten. Dazu erkundete der Stab[20] des *21 SAS*, getarnt als Touristen, im Norden Deutschlands mögliche Einsatzräume im Gefechtsstreifen des I. Britischen Korps, die alle in Grenznähe lagen. Dabei wurde angenommen, dass Kräfte der 3. sowjetischen Stoßarmee, aus dem Raum Magdeburg kommend, sehr schnell über die Zonengrenze in Richtung norddeutsche Tiefebene vorstoßen könnten, um den Raum Hamburg zu gewinnen. Hierbei plante der SAS, Aufklärungstrupps durch sowjetische Kräfte überrollen zu lassen. Diese würden danach im Rücken der Sowjets zur Nachrichtengewinnung und Durchführung von Kommandoeinsätzen verbleiben. Zu diesem Zweck hielt der SAS in der folgenden Zeit mindestens einmal jährlich Übungen in Norddeutschland ab, die bis zu zwei Wochen dauerten. Bei diesen Übungen war auch die *63 (V)? Signal*

[20] de la Billiere: *Looking for Trouble*, BCA, London 1994, Seite 161 ff.

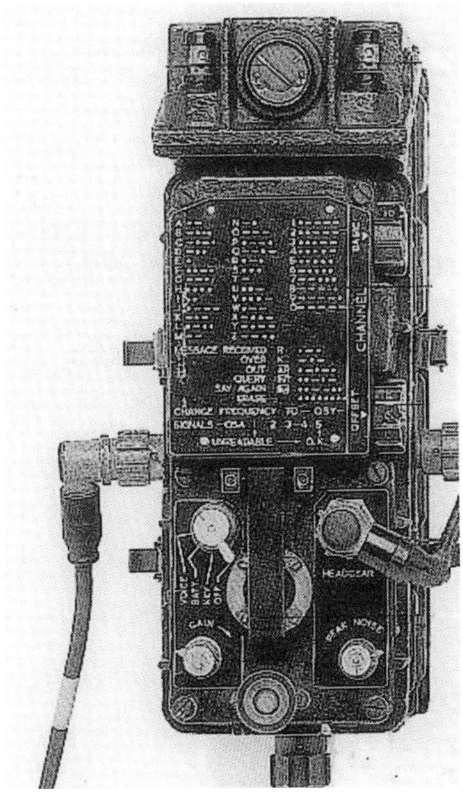

Squadron[21] des *21 SAS* aus London beteiligt. Ob an diesen Übungen andere Kräfte der BAOR und NATO beteiligt waren, ist auch heute noch nicht klar. Diese Einsätze wurden wohl unter Beteiligung anderer Kommando- und Fernspähkräfte der NATO bis Ende der achtziger Jahre weitergeführt. Man kann davon ausgehen, dass SAS-Einheiten nach wie vor auch heute noch, wenn auch in eingeschränktem Umfang, an entsprechenden bilateralen und multilateralen Übungen und Unternehmen der NATO beteiligt sind. Die Abschirmung dieser Einheiten während ihrer Aufenthalte in Deutschland war offenbar so gut, dass sowohl die HA III des MfS als auch der *Zentrale Funkdienst* (ZFD) des MfNV entsprechende Funkverkehre des SAS in Deutschland nicht in vollem Umfange erfasst zu haben scheinen. Dies ist möglicherweise auch auf die außergewöhnliche Ausstattung der SAS-Einheiten mit entsprechendem Fernmeldegerät zurückzuführen. In den achtziger Jahren nutzte das SAS zur Übermittlung von Informationen das HF-Funkgerät PRC 319 (1.5–40 MHz).

Daneben benutzte der SAS etwa 30 weitere Übermittlungssysteme[22], z. B. AN/PRC 320 CLANSMAN (2,0–29,999 MHz), AN/VRC 321 CLANSMAN (1,5–29.999 MHz), MEROD[23] (Racal), DMT (Plessey), MIL-UST-1 Skynet 4B Satellite Ground Terminal (Ferranti), und das geheime »*Sneaky Kit*«, ein Gegensprech-Funkgerät vermutlich im UHF/VHF-Bereich, sowie weitere Systeme unterschiedlicher Art, über die aus naheliegenden Gründen wenig Informationen verfügbar sind. Nach wie vor nutzt der *Special Air Service* bei Weitverbindungen abgesetzter Infiltrations- und Fernspähtrupps HF-Funkgeräte in der *Betriebsart A1 a* (Morse-Tastfunk in Einseitenbandmodulation). Soweit bekannt, verfügt der SAS, wie auch andere

21 *The British Army, A Pocket Guide,* R&F Military Publishing, London 1995, Seite 117.

22 Robinson: *Fighting Skills of the SAS,* BCA, London 1991.

23 MEROD – *Message Entry and Read Out Device.*

Partnerdienste, über das von TST/AEG entwickelte System »HARPUNE« des BND. Ob das System »SCHNELLBAHN« des BND bei den Engländern ebenfalls eingeführt wurde, erscheint wahrscheinlich. Offene Sprechfunkverbindungen des SAS in Afghanistan im Bereich zwischen 16 und 18 MHz konnten zu Beginn des zweiten Golfkrieges bei günstigen Empfangsbedingungen auch in Deutschland während der Abendstunden erfasst werden. Nachgewiesen sind auch Einsätze der *Special Boat Squadron* (SBS) der *Royal Marines* in der Bundesrepublik. Zunächst war die maritime Sondereinheit bei der Unschädlichmachung großer Mengen deutscher Kampfmittel aus der Kriegszeit tätig, danach sind nur noch sporadische Einsätze in Deutschland nachweisbar.

Die französischen Streitkräfte und ihre Elektronische Aufklärung in Deutschland nach 1956

Aus der Zeit vor 1955 liegen wenig Erkenntnisse über Erfassungstätigkeit der französischen Streitkräfte an der Grenze zur DDR oder CSSR vor. Erst in den sechziger Jahren werden sporadische Erfassungsversuche französischer Fernmeldeeinheiten im vorderen Raum erkannt. Im Jahre 1964 wird aus der in Algerien aufgelösten *Compagnie de Transmissions 5/45* (CT 5/45) und der bis zu diesem Zeitpunkt bestehenden *Compagnie de Transmissions 9/42* (CT 9/42) die *728e Compagnie de Transmissions* aufgestellt, aus der am 1. November 1967 das *708ème Bataillon de Guerre Electronique* (vermutlich in Landau) errichtet wird. Das Bataillon erhält den erweiterten Auftrag der Elektronischen Aufklärung im gesamten HF- und VHF-Bereich einschließlich der Radaraufklärung.

Die dem damaligen Transportfliegerkommando unterstellte *Escadrille de Guerre Electronique No 54 »Dunkerque«* (EE 54) wurde am 1. Januar 1964 auf dem Flugplatz Lahr im Schwarzwald aufgestellt und verfügte zu dieser Zeit über eine unbekannte Anzahl von speziell für SIGINT-Flüge ausgerüstete C-47 DAKOTA und mindestens acht N 2501 NORATLAS mit dem französischen Erfassungssystem GABRIEL. Später wurde dem Verband noch eine zusätzliche DC-8 F zugeteilt. Diese Staffel ging aus der zum gleichen Zeitpunkt aufgelösten ELA 55 hervor, das Personal wurde in die neuaufgestellte *Escadrille Electronique 54* (EE 54) übernommen. Der Auftrag der Staffel bestand in der Elektronischen Aufklärung der Truppen des Warschauer Paktes über Deutschland sowie den alliierten Luftkorridoren nach Berlin und über der Ostsee. So verdichtete sich das Netz der auf dem Boden errichteten französischen Erfassungsstationen. Der Verband verlegte 1966 nach Metz-Frescaty *(Base Aérienne 128)* und erhielt später C-160 TRANSALL-GABRIEL als Ersatz für die überholten und nur noch bedingt einsatzfähigen NORATLAS. Bei dieser Gelegenheit erhielt die Staffel den Status eines Geschwaders und wurde in *Escadron Electronique 1/54 »Dunkerque«* (EE 1/45) umbenannt. In den späten sechziger Jahren errichtete die französische Luftwaffe in unmittelbarer Nähe der ASA-Erfassungsstelle auf dem Hohen Bogen ebenfalls einen Stützpunkt, der später in die deutsche Erfassungsstelle der Luftwaffe des Fernmeldesektor F/Fernmelderegiment 72 eingegliedert wurde. Auch auf dem Stöberhai im Harz lehnte sich die französische Elektronische Aufklärung an die Erfassungsstellung der deutschen Luftwaffe an. Es bleibt festzustellen, dass es in dieser Zeit eine aktive Zusammenarbeit der jeweiligen französischen Erfassungsstellen mit deutschen Erfassungsstellen auf der Arbeitsebene, soweit bekannt, nicht gegeben hat. Daran änderten auch gelegentliche Einsätze der französischen Einheiten in Stellungen der Bundeswehr nichts. Die französischen Streitkräfte verfügten in Berlin auf dem Flugplatz Tegel und in Reinickendorf im *»Quartier Napoléon«* über entsprechende HF/VHF/UHF-Kapazitäten, die wohl auf Grund bilateraler Abmachungen auch vom *Bundesnachrichtendienst* mitbenutzt werden konnten. Inwieweit französische Fernspäher des *13ème Régiment Dragons Parachutistes* (13 R.D.P.)[24] in Langenargen/Bodensee, später Friedrichshafen,

[24] Cecile: *Le Reseignement Français a l'Aube du XXI Siècle,* Lavauzelle, Paris 1998. Bei diesem »Regiment« dürfte es sich um eine Einheit in Kompanie- bzw. um einen Verband in höchstens Bataillonsstärke handeln. In Algerien und anderswo war das 13 R.D.P., das unmittelbar der obersten Heeresführung untersteht, keinesfalls nur für die Fernspähaufklärung zuständig.

in die Nachrichtengewinnung mit elektronischen Mitteln eingebunden waren, kann noch nicht abschließend geklärt werden. Fest steht jedoch, dass diese Einheit im Verein mit dem englischen 21. und 23. SAS während der Übungen »REFORGER« entsprechende Fernspähaufträge in Deutschland durchgeführt hat. Hinweise der Erfassung der Funkbeziehungen durch das MfS HA III oder den ZFD des MfNV ergaben sich aus den derzeit zugänglichen Unterlagen beider Dienste der früheren DDR nicht.

Die Army Security Agency in Deutschland von 1968 bis 1980

Die Umbruch- und Reorganisationsphase mit Aufstellung der *United States Army Security Agency Field Station* Augsburg, der Umgliederung der gesamten Elektronischen Aufklärung des US-Heeres in Europa, Auflösung der *US Army Security Agency* 1977 und Aufstellung des *Intelligence Command* der *US Army* (INSCOM) im gleichen Jahr, führten zu beachtlichen Veränderungen in der Struktur der amerikanischen Dienste in Deutschland.

Von 1967 bis 1980 hielt der Warschauer Pakt[25] über 94 Übungen unterschiedlicher Größe und Beteiligung nationaler Truppenkontingente im Vorfeld der NATO ab. Auf Grund eingehender Untersuchungen und möglicherweise im Zusammenhang mit der Fortentwicklung der Systeme der amerikanischen Elektronischen Aufklärung wurde 1968 entschieden, in Augsburg eine *US Army Security Field Station* einzurichten und die bisherigen ASA HF-Erfassungsstellen Rothwesten, Herzogenaurach und Bad Aibling aufzugeben. Denn für die neu zu errichtende *Field Station* in Augsburg war die Beschaffung einer Wullenwever-Anlage geplant. Unterdessen wurden die Wullenwever-Anlagen in Schleswig und Hof weitergenutzt. Inwieweit sich die ASA auch auf andere alliierte HF-Peilstellen abstützen konnte, ist nicht klar, kann jedoch zumindest für den Bereich des GCHQ als sicher gelten. Einhergehend mit der gesteigerten Übungstätigkeit des Warschauer Paktes in Europa – allein im Jahre 1967 fanden sieben Übungen und die Zuführung neuen elektronischen Geräts in den vorderen Bereich des WP statt – entstand erhöhter Aufklärungsbedarf auf Seiten der US-Streitkräfte und der NATO. Am 21. August 1968 besetzten Truppen des Warschauer Paktes die Tschechoslowakei. Soweit heute bekannt, konnten die Vorbereitungen zur Invasion schon sehr frühzeitig durch die ASA und andere Stellen erkannt werden, da das bei der vorhergegangenen WP-Übung in der CSSR eingesetzte Fernmeldepersonal und die Führungsstäbe im Land verblieben waren. Nähere Einzelheiten hierzu siehe im Kapitel 2 über die Bundeswehr. Von 1968 bis 1969 führte der Warschauer Pakt mindestens zwölf mittlere und größere Übungen durch, die von der USASA sehr aufmerksam beobachtet wurden. Zu dieser Zeit verfügte die USASA über zwölf grenznahe Aufklärungsstellungen, die den jeweiligen taktischen Verbänden in diesem Raum zugeordnet waren, aber ihre Ergebnisse zusätzlich nach Augsburg an die *Field Station* zu melden hatten. 1970 wurde die *USASA Field Station* erneut umgegliedert. Sie bestand nun aus Stab, *A Company, B Company, C-Company, D Company, E Company* und wurde unter gleichzeitiger Umbenennung in *Headquarters USASA Europe* rückunterstellt. 1970 führte der Warschauer Pakt mindestens zehn Übungen unterschiedlichen Umfanges und Beteiligung im vorderen Raum durch, die durch die Alliierten im Wesentlichen aufgeklärt werden konnten. 1971 Jahr gewann F&M Systems in Dallas die Ausschreibung für das Empfangssystem AN/FLR-9 (Wullenwever-System), das für die neu errichtete *ASA Field Station* in Augsburg-Gablingen beschafft werden sollte. Zeitgleich damit wurden die elf grenznahen Erfassungsstellungen dem *Border-Site-Command* des ASA-Hauptquartiers in Augsburg rückunterstellt. Damit konnten auch Erfassungsansätze für die 1971 stattfindenden mehr als neun WP-Übungen besser gesteuert werden. Im gleichen Jahr übergab der USAFSS seine Wullenwever Anlage (AN/AX-16?) an die *Fernmelderadarstelle der Bundeswehr* in Hof, die sie nun in deutscher Regie weiterbetrieb, da diese Anlage durch die Errichtung der Anlage in Augsburg offensichtlich obsolet geworden war. Mit dem 1971 von

[25] Department of Defense: *Sowiet Military Power 1987,* Washington D.C., Seite 13 ff.

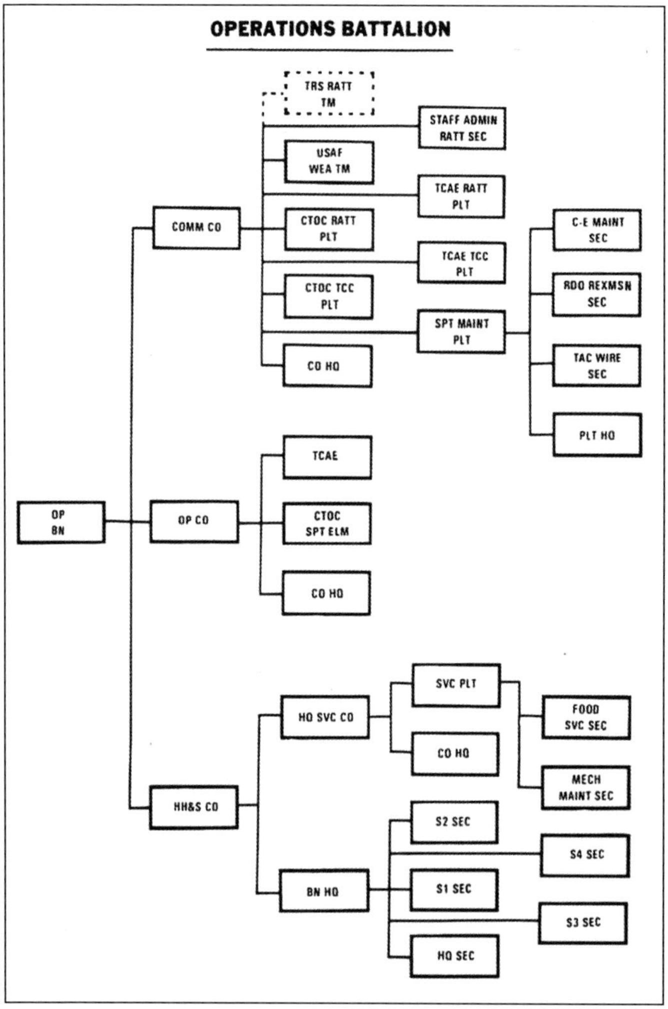

Gliederung eines US Army Communications Electronic Warfare & Intelligence (CEWI) Operations Bataillons.

Lockheed gebauten und im Juni 1971 erstmals gestarteten Satelliten der Reihe »BIG BIRD« verfügten die USA über eine weltraumgestützte Erfassungsplattform für die Weiterleitung von SIGINT-Signalen im Rahmen des Projekts SKYNET. Allerdings war die Einsatzdauer auf 90 bis 180 Tage begrenzt, danach verglühte der Satellit beim Wiedereintritt in die Erdatmosphäre. Während seiner Umläufe konnte BIG BIRD die Ausstrahlungen von SHF-Signalen im innersowjetischen Bereich erfassen. Dazu gehörten auch Telemetriesignale die bei Raketentests der sowjetischen Seite unverschlüsselt ausgestrahlt wurden. Zwischen 1971 und 1973 wurden mindestens zwei BIG BIRD pro Jahr in die Umlaufbahn geschossen.

Das System wurde von Kontrollstationen in Oakhanger, Großbritannien, und Pine Gap/Alice Springs, Australien, kontrolliert. Empfangsstationen für die vom Satelliten abgestrahlten Signale befanden sich auf Guam, den Seychellen, Hawaii, Ascension und in New Boston.

Steuerungssignale an diese Plattform wurden von Kodiak in Alaska und vom Luftwaffenstützpunkt Vandenberg in Kalifornien abgestrahlt. Wesentliche Erkenntnisse über dieses System erhielt die sowjetische Seite durch den Verrat eines GCHQ-Mitarbeiters, der dafür eine Freiheitsstrafe von 21 Jahren erhielt. Allein für 1972 sind zehn Übungen des Warschauer Paktes mit unterschiedlicher Beteiligung nationaler Streitkräfte im Vorfeld der NATO nachzuweisen. In diesem Jahr wurde auch die Umgliederung der *US Army Security Field Station* (USASAFS) in *Headquarters US Army Security Agency* wirksam. Das *Border Site Command* des HQ ASA in Augsburg übernahm nun endgültig die Verantwortung für die zehn an der Ostgrenze der Bundesrepublik gelegenen Erfassungsstellen[26].

Im Februar diesen Jahres wurde *Herzo Base* endgültig geschlossen und an eine Artillerieeinheit des US-Heeres übergeben. Im März 1972 wurde die bisher *Herzo Base* unterstellte Einheit der ASA auf dem Eckstein (Hoher Bogen) Augsburg unterstellt und in *Detachment N* umbenannt. In diesem Jahr betrug die Einsatzstärke der *Field Station* Augsburg 2673 Soldaten. Im Juni 1973 wurde die ASA-Einheit in Groß Gussborn (Wobeck?) aufgelöst, die Stellung selbst verblieb unter Kontrolle der britischen Streitkräfte. Die am weitesten nördlich vermutlich auf dem Hohen Meissner gelegene Aufklärungsstellung der NSA wurde an eine örtliche, taktische US-Heereseinheit übergeben und schied aus der ASA-Unterstellung aus. Die sechs in diesem Jahr von WP-Truppen durchgeführten Übungen konnten intensiv beobachtet werden. Die *Command Group* des *Headquarters ASA* in Augsburg konnte von der alten Flak-Kaserne in die auf dem ehemaligen Flugplatz Gablingen neu errichteten Unterkünfte verlegt werden. Mit Inbetriebnahme des *La Faire Vite*-Systems auf dem Hohen Meissner und auf dem Eckstein wurde das *Detachment N* auf dem Eckstein (Hoher Bogen) entbehrlich und wurde nach Augsburg verlegt. Auf dem Eckstein verblieb Wartungs- und Bewachungspersonal. Nachdem die Produktion von BIG BIRD-Satelliten auslief, wurde 1973 erstmals ein Satellit der Serie RHYOLITE[27] hoch geschossen, der speziell für die Erfassung von HF- und VHF-Signalen in einer erdnahen Umlaufbahn konzipiert war. Mit Hilfe dieser Plattform ließen sich die sowjetischen Raketenversuchgelände nahezu permanent überwachen. Nicht ausgeschlossen werden kann, dass mit Hilfe dieses Systems auch innersowjetische, bodengestützte und im SHF-Bereich sendende Strahlungsquellen (Richtfunkverbindungen) erfasst und die Nachrichteninhalte (Telefongespräche, Fax- und Fernschreibsendungen) aufgeklärt werden konnten.

Das *Headquarters Department of the Army* in Washington gab im Oktober 1973 das überarbeite Feldhandbuch »Gefechtsnachrichtendienst« *(Combat Intelligence)*[28] heraus, in dem die Aufgaben der *Army Security Agency* auf taktischer und operativer Ebene wie folgt präzisiert wurden:

»Einheiten der US Army Security Agency unterstützen Armeen, Korps, Divisionen und selbständige Brigaden bei der Gewinnung von Nachrichten im Bereich SIGINT (Signals Intelligence), Fernmeldesicherheit (SIGSEC-Signals Security) und ELECTRONIC WARAFARE-EW (Elektronischer Kampf). Die Einbeziehungen von SIGINT-Informationen zum frühest möglichen Zeitpunkt in den Nachrichtengewinnungsprozess ist eine der wesentlichen Voraussetzungen für Zielidentifizierung, Überwachung und Aufklärung für den taktischen Befehlshaber. SIGINT-Informationen können sonstige Erkenntnisse ergänzen, bestätigen, verneinen und in anderen Fällen zusätzliche Hinweise für die Nachrichtengewinnung geben. Die Unterstützung durch Fernmeldesicherheitsmaßnahmen (SIGSEC) verhindert den Zugriff des feindlichen Nachrichtendienstes auf Informationen oder Erkenntnisse, die im Fernmeldeverbindungswesen und der elektronischen Ausrüstung des Kommandeurs übermittelt werden. Die US Army Security Agency (USASA) ist außerdem beauftragt rechtzeitig Bereiche aufzuklären, die Hinweise auf mögliche Ziele oder sonstige Erkenntnisse enthalten können«[29].

---

[26] Signal: *Soviet Command, Control, Communications AFCEA*, Fairfax, VA, December 1985, Seite 47.

[27] Die Daten dieses Satelliten, der möglicherweise auch SIGINT-Sensoren trug, wurden durch C. Boyce, einem Angestellten der NSA, an den KGB verraten. Richardson: *Techniques and Equipment of Electronic Warfare*, Salamander Books, London 1985, Seite 67.

[28] *Field Manual 30-5 COMBAT INTELLIGENCE, (FM 30-5)* HQ, Dept of the Army, Washington, October 1973.

1974 führte der Warschauer Pakt insgesamt sechs Übungen im vorderen Bereich durch, die allesamt intensiv durch die Kräfte der ASA beobachtet wurden. Die ASA konsolidierte ihre Personalprobleme und führte ihren Auftrag weiter durch.

In diesem Jahre wird die *ASA Field Station* Augsburg reorganisiert, dabei werden aus bestehenden Einheiten fünf Bataillone aufgestellt: Unterstützungs-Bataillon, 1. bis 3. Operations-Bataillon sowie ein so genanntes *Forward Operations Batallion.* Ob diese Bataillone bereits im Vorgriff auf die zu erwartende CEWI-Konzeption im Rahmen der »*Air-Land-Battle*«-Philosophie der US-Streitkräfte gegliedert wurden, kann nicht gänzlich ausgeschlossen werden. Die massiven Umgliederung und Auflösung von Einheiten und Verbänden der US-Streitkräfte im Jahre 1975, sowohl in den USA als auch in Europa als Folge des Vietnam-Konflikts, an dem auch mehr als 6000 Soldaten der USASA teilgenommen hatten, verschonte auch die *Intelligence-Community* nicht. Schon sehr früh war das Verteidigungsministerium in Washington zum Schluss gekommen, dass die Zusammenfassung der unterschiedlichen Nachrichtendienst-Funktionen, sowohl aus budgetären Gründen als auch zur Straffung der Strukturen, unumgänglich sei. In der »*Intelligence and Stationing Study*«, die der *Chief of Staff of the US Army* initiiert hatte, wurde die grundsätzliche Neuordnung der Nachrichtenbeschaffung angeregt. Der damalige US-Verteidigungsminister entschied, die Nachrichtenbeschaffung in einer »*Multi Disciplinary Military Organisation*« zusammenzufassen, die sowohl auf taktischer als auch auf der Ebene der Kommandobehörden zuständig sein sollte. Als Folge davon wurde die *US Army Security Agency* vollständig aufgelöst, ihre taktischen Einheiten den örtlichen Befehlshabern rückunterstellt, die funktionale Verantwortung für Ausbildung, Forschung und Entwicklung anderen Armee-Kommandos übertragen. Trotz bereits anlaufender Umgliederungsmaßnahmen im Bereich der ASA wurden zwei anstehende Übungen des Warschauer Paktes aufgeklärt. Als Folge der endgültigen Inbetriebnahme des *La Faire Vite*-Systems auf dem Hohen Meissner und dem Eckstein im Jahre 1976 wurden die bisher unter direkter HQ ASA – Augsburg – Kontrolle stehenden ASA-Einheiten in Wobeck, auf dem Hohen Meissner und dem Schneeberg taktischen ASA Einheiten direkt unterstellt, die von der *502nd ASA Group* geführt wurden. Damit waren auch Personalreduzierungen verbunden: Am 1. Oktober 1976 betrug die Stärke in Augsburg noch 1743 Soldaten und zivile Mitarbeiter. In das Jahr 1976 fällt auch der erste Start des so genannten *Ferret-Satelliten* mit der Bezeichnung KH 11 (KEYHOLE)[30], der in einer niedrigen Erdumlaufbahn in etwa 300 Meilen Höhe, bestückt mit der neuesten Technologie (Infrarot- und Multispektral-Fotografie-Sensoren, nicht näher spezifizierte Datenerfassungssensoren und Übermittlungssysteme) die Erfassungsmöglichkeiten der amerikanischen Nachrichtendienste wesentlich verbesserte. In der Folge wurden zusätzliche satellitengestützte Aufklärungssysteme wie CANNON, CHALET, VORTEX, MAGNUM, ORION von NASA und NSA in Dienst gestellt. Sie verdichteten die Erfassungsmöglichkeiten für Signale aller Art aus dem Warschauer Pakt. Im Rahmen der Operation »RAINFALL« gelang es der NSA, in das Sprachschlüsselsystem der sowjetischen Streitkräfte einzudringen, das auch von anderen Staaten des Warschauer Paktes genutzt wurde. Als Folge der Annäherung zwischen China und den Vereinigten Staaten konnten die amerikanischen Nachrichtendienste mit Unterstützung der chinesischen Führung zwei Aufklärungsstützpunkte im in der Region Sinkiang (Korla und Qitai) errichten und betreiben. Seriöse Quellen haben in den Folge-

---

[29] *Army Regulation 10-122* und *Field Manual 32-10.*

[30] Bamford: *Body of Secrets,* Arrow, London 2002. Nähere technische Einzelheiten unterliegen nach wie vor der Geheimhaltung.

jahren berichtet, dass auch der deutsche *Bundesnachrichtendienst,* vermutlich in einem *Joint Venture* mit den USA und der Volksrepublik China, dort Erfassungseinsätze durchgeführt haben soll. Die bestehenden festen Einrichtung bildeten das Gerüst für eine neue, nachrichtendienstliche Erfassungsorganisation. Die *US Army Security Agency* löste ihre traditionellen regionalen Hauptquartiere (USASA EUROPE und USASA PACIFIC) auf. Die Auflösung hatte jedoch keinen Einfluss auf die Erfassungstätigkeit der ASA bei den insgesamt fünf Übungen des Warschauer Paktes in diesem Jahr. Am 1. Januar 1977 entstand aus dem früheren *Headquartes US Army Security Agency* das *US Army Intelligence and Security Command* (INSCOM), das *Intelligence Command* absorbierte damit auch die *US Army Intelligence Agency,* die *Forces Command Intelligence Group* und das *Theatre Analysis Detachment.* INSCOM war nun weltweit für die ganze Bandbreite nachrichtendienstliche Operationen verantwortlich, die umfangreiche Erfassungsoperationen aus *Field Stations* des *Intelligence Command,* sowohl in Europa als auch anderswo, im Bereich elektromagnetischer Strahlungen aller Art einschloss. Als Folge dieser Maßnahmen wurde Ende 1976 das erste, experimentelle *Combat Electronic Warfare and Intelligence Battalion* als *522 MI Bn* in Fort Hood aufgestellt und der 2. US-Panzerdivisison *(2nd Armored Division)* unterstellt. Damit waren die Weichen für eine künftige Reorganisation der gesamten Nachrichtengewinnungsstrukturen im Heer gestellt. 1977 mussten die amerikanischen Sicherheitsbehörden feststellen, dass der sowjetischen Seite wesentliche Informationen über das RHYOLITE-System durch Verrat zweier TRW-Mitarbeiter, die das System maßgeblich entwickelt hatten, zugänglich geworden waren. Auch waren den Sowjets Informationen über die geplanten RHYOLITE-Nachfolgesysteme PYRAMIDER und ARGUS, die damals gerade die Testphase durchliefen, verraten worden. Ein weiterer Verratsfall beschäftigte die amerikanischen Sicherheitsbehörden zusätzlich, da ein Mitarbeiter der CIA das Betriebshandbuch für das System KEYHOLE 11 (KH 11) mit Registriernummer 155 für schlappe 3000 US-Dollar an die Russen verkauft hatte. Die Aktivitäten von INSCOM hinsichtlich der Führung von Agenten im Ostblock und Gegenspionage – Operationen können hier nur andeutungsweise wiedergegeben werden, da sie den Rahmen dieses Buches sprengen würden und in der Literatur bereits umfassend behandelt wurden.

Die 1977 stattfindenden drei Übungen des Warschauer Paktes konnten in wesentlichen Teilen aufgeklärt werden. 1978 führten die WP-Streitkräfte insgesamt vier größere Übungen durch, die von den Alliierten in großen Teilen aufgeklärt werden konnten. Die Personalstärke der *Field Station* Augsburg betrug zu diesem Zeitpunkt über 1619 Soldaten und Zivilpersonal. Die Besetzung der US-Botschaft in Teheran 1979 und die dabei erfolgte Bloßstellung höchstgeheimer Erfassungs- und Schlüsselverfahren sowie die Invasion Afghanistans durch die sowjetischen Streitkräfte haben nachhaltigen Einfluss auf die weltweiten nachrichtendienstlichen Aktivitäten des *Intelligence Command* genommen. Während der Warschauer Pakt in diesem Jahr nur zwei Übungen im vorderen Bereich durchführte, verringerte sich die Anzahl des Personals bei der *Field Station* Augsburg auf 1596 Soldaten und Zivilisten. 1980 stieg die Personalstärke geringfügig auf 1692 Soldaten und zivile Mitarbeiter. In diesem Jahr allein führten die Warschauer Pakt Streitkräfte zwölf mehr oder minder große Übungen im Vorfeld der NATO durch, deren wesentliche Schwerpunkte aufgeklärt werden konnten. Auf Grund der fortschreitenden technischen Entwicklung im Sektor der Elektronischen Aufklärung darf der Leser annehmen, dass die Amerikaner damals damit begannen, über entsprechend ausgerüstete Bodenstationen in Europa, den USA, Australien und Neuseeland auch zivile Fernmeldekanäle aller Art überwachen zu lassen, sowohl terrestrischer Art als auch im Rahmen der Satellitenkommunikation.[31] Es kann angenommen werden, dass die zu Ende der siebziger Jahre beginnenden Einsätze der vom britischen Fliegerhorst Lakenheath/Alconbury aus im vorderen Luftraum der NATO operierenden SR-71 und U-2 der *3rd USAF* auch SIGINT-Flüge umfasst haben. Die Maschinen flogen meist in großer Höhe (Dienstgipfelhöhe SR-71: 27.450 m / U-2 R: 24.400 m)[32] über die Nordsee ein und steuerten entlang der innerdeutschen Grenze, teilweise auch Luftraum der DDR im Bereich des Thüringer Balkons südostwärts Fulda überquerend, um den vorderen Luftraum der NATO in Richtung Westen wieder zu verlassen. Dabei wurden die Maschinen relativ früh durch die Fernmeldeaufklärung der NVA (ZFD) in Dessau erfasst[33].

---

31 *Development of Surveillance Technology and Risk of Abuse of Economic Information (Working Document for the STOA Panel)*, EU Document PE 168.184/Vol 2/5, Luxembourg, October 1999. European Parliament: *Report on the Existence of a global system for the Interception of private and commercial Communications (Echelon Interception System)*, A5-0264/2001Par1(2001/2998(INI)), RR 445698EN.docPE 305.391.

32 Weber: *Die Streitkräfte der NATO auf dem Territorium der BRD*, Militärverlag der DDR, Berlin 1984.

33 Mündliche Mitteilung eines unmittelbar Beteiligten des *Zentralen Funkdienstes* (ZFD) der NVA.

Das Combat Electronic Warfare and Intelligence Battalion (CEWI Bn)

Auf Grund entsprechender Vorschläge und dem neuen Konzept der »*Air-Land Battle*« der US-Streitkräfte, ordnete das Heer die gesamte Nachrichtengewinnung für die Korpsebene neu. Mit Aufstellung der *Military Intelligence Groups (MI Groups),* die das Korps bei der Nachrichtengewinnung unterstützen sollten, ergab sich folgende Aufgabenverteilung:

US Army Military Intelligence Group (MI-Group)
Unterstützung des Korps im Rahmen der »*Air-Land-Battle*«-Doktrin« durch Bereitstellung von:

- ALL SOURCES INTELLIGENCE (Bereitstellung von Informationen aus allen Quellen)
- ELECTRONIC WARFARE SUPPORT (Unterstützung im Elektronischen Kampf)
- COUNTERINTELLIGENCE Support (Unterstützung bei Abwehr und Gegenspionage)

Combat Electronic Warfare and Intelligence Battalion (CEWI)[34]
In seiner endgültigen Gestalt nach mancherlei Änderungen und Ergänzungen seit der Aufstellung 1976 in Fort Hood, Texas, hatte das *Combat Electronic Warfare and Intelligence Battalion* (CEWI) als organischer Bestandteil der *Military Intelligence Group (M I-Group) – Headquarters und Headquarters Detachment* folgendenden Auftrag:

- Sicherstellen von *Command-* und *Control*-Funktionen bei unterstellten und zugeordneten Einheiten,
- Bereitstellung von Stabs-, Planungs-, Management- und Koordinationselementen für den Einsatz der Elemente der MI-Gruppe.

Zur Auftragserfüllung verfügte die MI-Gruppe über *Heardquarters & Headquarters Detachment* mit den Stabsbereichen:

- G1 (Personal), G2 (Militärische Sicherheit), G3 (Einsatz), G4 (Logistik), RR/EO (Gleichstellungsbeauftragter), C-E (Fernmelde-und Elektronik)

Dem *Headquarters & Headquarters Detachment* war unterstellt die *Headquarters and Service Company.*
Die *Headquarters & Headquarters Service Company* verfügte über die Stabselemente

- G1 (Personal), G2 (Militärische Sicherheit), G3 (Einsatz), G4 (Logistik), RR/EO (Gleichstellungsbeauftragter), C-E (Fernmelde- und Elektronik, Technische Aufklärung und Spezialoperationen).

Die *Military Intelligence-Group* verfügte über drei Bataillone:

- *Operations Battalion (Ops Bn)*
- *Aerial Exploitation Battalion (AEB Bn)*
- *Tactical Exploitation Battalion (TEB)*

Das *Operations Battalion (Ops Bn)* hatte den Auftrag:

---

[34] *FM 34-23, Military Intelligence Battalion (CEWI) (Tactical Exploitation) Corps 21 Jan 1985, DOD Washington.*

- Errichten einer Gefechtsstandorganisation und Betreiben der für den Einsatz erforderlichen Unterstützungselemente und Fernmeldeverbindungen und verfügte dazu über folgende Elemente:
- Fernmeldekompanie (COMM Co)
- Einsatzkompanie (OP Co)
- Hauptquartier- und Unterstützungskompanie (HH&S Co)

Das *Aerial Exploitation Battalion (AEB Bn)* erhielt den Auftrag:
- Durchführung der taktischen Luftaufklärung im Gefechtsstreifen des Korps und unterstellter Divisionen sowie luftgestützter elektronischer Kampf auf dem Gefechtsfeld und verfügte dazu über folgende Elemente:
- Hauptquartier- und Unterstützungskompanie (HH&S Co)
- Luftüberwachungskompanie (AS Co)
- Luftgestützte Elektronische Kampfführungskompanie (AERIAL EW Co)

Das *Tactical Exploitation Battalion* (TEB) hatte den Auftrag:
- Vernehmung von Kriegsgefangenen, Überläufern und zivilen Flüchtlingen
- sowie Auswertung von Beutedokumenten,
- Unterstützung bei Gegenspionage- und Abwehroperationen,
- Bodengestützte Erfassung gegnerischer Ausstrahlungen, Auswertung und Verteilung der Ergebnisse an Korps, Divisionen, Panzeraufklärungsregimenter und MI-Bataillone.
- Durchführen bodengestützter elektronischer Gegen- und Schutzmaßnahmen.
  Es verfügte dazu über folgende Elemente:

Hauptquartier- und Unterstützungskompanie (HH&S Co)
- Vernehmungskompanie (INTG Co)
- Gegenspionage/Abwehrkompanie (CI Co)
- Elektronische Kampfführungskompanie (EW Co)

Die Vernehmungskompanie *(Interrogation Company – INTG Co)* stellte verstärkte Unterstützung bei der Vernehmung der Gefangenen und Überläufer sowie Flüchtlinge für das Korps und meldete die Ergebnisse an den Gefechtsstand des der *MI Group,* an das Korps und die unterstellten Divisionen sowie an das Panzeraufklärungsregiment *(Armored Cavalry Regiment – ACR).*

Die Gegenspionage- und Abwehrkompanie *(Counterintelligence Company – CI Co)* unterstützte den Gefechtsstand der *MI Group,* das Korps und die unterstellten Divisionen sowie das Panzeraufklärungsregiment bei den Operationen durch Bewertung der Sicherheitssituation im Gefechtsstreifen des Korps, führte Überprüfungen der Operationellen Sicherheit bei allen unterstellten Einheiten durch, überwachte den gesamten Korps-Fernmeldeverkehr auf allen Ebenen und in allen Netzen, stellte Verstöße gegen die Funkdisziplin oder sonstige Sicherheitslücken fest und meldete diese an den Gefechtsstand der *MI Group,* überwachte die deutsche Zivilbevölkerung und Flüchtlinge im gesamten Korpsbereich, überwachte das rückwärtige Korpsgebiet. Dazu verfügte die *CI Co* über mindestens 15 Gegenspionagegruppen *(Counterintelligence Teams – CI-Teams).*

Die *CI Co* unterstützte das Korps und den unterstellten Bereich bei Planungsmaßnahmen für Irreführung und Täuschung des Gegners, überprüfte eigene Tarn- und Verschleierungsmaßnahmen hinsichtlich ihrer Wirksamkeit und legte entsprechende Verbesserungsvorschläge vor.

Die *CI Co* unterstützte zusätzliche Kräfte bei Sonderunternehmen wie Einsatz eigener unkonventioneller Kräfte im Kampfgebiet und Infiltration eigener Kräfte in das Hinterland des Gegners.

Der Fernmeldeüberwachungszug *(Signal Security Platoon – SIGSEC PLT)* überwachte den gesamten drahtgebundenen Fernmeldeverkehr des Korps und seiner unterstellten Einheiten, desgleichen überwachte er sämtliche eigenen Funknetze auf Sicherheitsverstöße oder Sicherheitslücken.

Die *Electronic Warfare Company (EW Co)* verfügte mit ihrem Operationszug *(OPS PLT)* über die Fähigkeit, im Rahmen des erteilten Auftrages einen Gefechtsstand zu betreiben mit:

- Lageführung und Ergebnisauswertung, Übersetzen und Analysieren des Inhalts gegnerischer Fernmeldeverkehre im HF-UHF-Bereich *(Transcription and Analysis Team),*
- Erfassungsgruppe für Stimme und Morsesendungen *(Voice Collection Teams),*
- Erfassen von Ausstrahlungen ohne Nachrichteninhalt (Radargeräte u. ä) durch *Electronic Intelligence Intercept Teams,*
- Störung gegnerischer Fernmeldeverbindungen im VHF-Bereich durch *VHF-Electronic Countermeasure Teams,*
- Erfassen und Auswerten gegnerischer Mehrkanal-Fernmeldeverkehre durch die *Multichannel Intercept Section,*

Dislozierung der US-Army CEWI-Verbände in Deutschland bis 1990.

- Erfassen, Peilen und Auswerten sämtlicher Fernmeldeverkehre im HF-Bereich,
- Meldeerstattung an die Auswertung zur Steuerung von Gegenmaßnahmen *(HF-Intercept Platoon),*
- Verkehrsanalyse und Steuerung von Gegenmaßnahmen (HF/VHF/UHF U-Störung) durch die *HF/VHF/UHF-Electronic Countermeasure Teams* in einem Streifen von 1–10 km vom vorderen Rand der eigenen Truppe *(Forward Line Own Troops – FLOT).*

Damit hatte das Korps einen starken Verband für die Unterstützung im Elektronischen Kampf, der über eine Vielzahl von Fernmeldeverbindungen verfügte.

Am 16. April 1984 wurde das *302nd Military Intelligence Battalion,* das am 21. Dezember 1975 in Frankfurt am Main aufgestellt und der *502nd ASA Group* unterstellt worden war (die ihrerseits den Auftrag hatte, das V. US Korps in Frankfurt zu unterstützen und aus der ASA-Unterstellung am 1. Januar 1977 ausschied), in ein *Combat Electronic Warfare and Intelligence Battalion (CEWI Bn)* umgegliedert. Es erhielt den Auftrag, das V. US-Korps im Rahmen des CEWI-Konzepts zu unterstützen. Vermutlich diente die in Augsburg aufgestellte *66 MI Group* der Unterstützung des VII. US-Korps in Stuttgart. (Siehe Abbildung Seite 289).

Einen guten Überblick über den Stand der Technik in der *Fernmelde- und Elektronischen Aufklärung* aus offenen Quellen erlaubte das bei Salamander Books London erschienene Werk über *Electronic Warfare*[35] in dieser Periode.

Das 14 Signal Regiment (Electronic Warfare) der British Forces Germany

Das Mitte der achtziger Jahre zur Unterstützung der 1. und 3. britischen Division *(1st &3rd UK Div)* in Deutschland aufgestellte *14 Signal Regiment (Electronic Warfare)* wurde dem I. (UK) Korps in Bielefeld unterstellt. Es hatte den Auftrag, taktische *Fernmelde- und Elektronische Aufklärung* im Gefechtsstreifen des der *Northern Army Group* (NORTHAG)[36] unterstehenden I.(UK) Korps durchzuführen. Nach Rückführung des I.(UK) Korps und Aufstellung des *ACE Rapic Reaction Corps* (ARRC) unter britischer Führung in Rheindalen, Anfang der neunziger Jahre, änderte sich sein Auftrag. Das *14 Signal Regiment* sollte nun den multinationalen Großverband (ARCC) unterstützen. Zu Erfassungseinsätzen an der ehemaligen innerdeutschen Grenze ist es offenbar nicht mehr gekommen.

Im Rahmen der Reorganisationsmaßnahmen des britischen Heeres Mitte der neunziger Jahre wurde das *14 Signal Regiment* im Jahre 1995 nach Brawdy in Wales zurückgeführt. Es steht aber nach wie vor dem ARCC für Einsätze zur Verfügung.

---

[35] Richardson: *Techniques and Equipment of Electronic Warfare*, Salamander Books, London 1985.

[36] Die *Northern Army Group* (NORTHAG) in Rheindalen wurde ebenfalls wie die *Royal Air Force Germany* (RAFG) Ende 1993 aufgelöst *(The British Army, A Pocket Guide*; Wiener: *Fremde Heere – Die Armeen der NATO-Staaten,* Ueberreuther, Wien 1984, Seite 106.)

Sonstige alliierte Erfassungsstellen in Deutschland 1968 bis 1989

Andere NATO-Partnernationen – wie z. B. Dänemark, Belgien, die Niederlande und Frankreich – führten auf Grund bilateraler Abmachungen in grenznahen Bereichen sporadische Erfassungseinsätze, zumeist im taktischen Bereich, gegen VHF/UHF-Netze der sowjetischen, NVA- und CSSR-Truppen durch. Die Niederlande scheinen eine enge Zusammenarbeit mit der britischen Erfassungsorganisation[37] im Norden Deutschland gepflegt zu haben. Die *Canadian Mechanised Battle Group* (CMBG) in Lahr im Schwarzwald trat entlang der Grenze zur CSSR nur sehr zurückhaltend in Erscheinung. Einzelne Einsätze auf dem Hohen Bogen, möglicherweise in Zusammenarbeit mit der *Augsburg Field Station*, konnten beobachtet werden. Mitte der achtziger Jahre verfügte die französische Luftwaffe[38] über fünf Erfassungsstellen (*Escadron Electronique Sol*, EES – Elektronische Schwadron Boden) in Deutschland: EES 2/54 Berlin (VHF/UHF-Erfassung), EES 3/54 Goslar (VHF/UHF-Erfassung), EES 4/54 Achern (HF/Satelliten-Erfassung), EES 6/54 Bad Lauterberg (Stöberhai, VHF/UHF-Erfassung), EES 7/54 Furth i.W. (Hoher Bogen, VHF/UHF-Erfassung). Die grenznahe, luftgestützte VHF/UHF-Erfassung wurde durch die in Goslar stationierte *Escadron Electronique (EE) 21/54* mit Hubschrauber PUMA HET *(Helicoptère Electronique Tactique)* durchgeführt. Geführt wurden die Einheiten durch das *Escadre Electronique Tactique (EET) 54* in Metz-Frescaty *(Base Aérienne 128).* Ein Kommando der BA 128 war bereits 1977 auch kurzzeitig auf dem Schneeberg[39] zu Erfassungsversuchen eingesetzt. Auf diesem Platz waren auch die zwei TRANSALL-GABRIEL der *Escadron Electronicque (EE) 11/54* stationiert, die Flüge sowohl entlang der innerdeutschen Grenze und der Grenze zur CSSR als auch in den alliierten Luftkorridoren nach Berlin sowie im internationalen Luftraum über der Oststee unternahmen. Die 1981 in der französischen Luftwaffe eingeführten acht Systeme GABRIEL von Thomson-CSF wurden zunächst in die NORD 2501 NORATLAS eingebaut. Sie bestanden aus dem ELINT-Einzelsystem ASTAC, das in einem stark belegten elektronischen Umfeld hochmobile, frequenzagile Radarsysteme detektieren konnte. Das gleiche System wurde als *Pod*[40] bei der französischen Aufklärerversion der MIRAGE F1CR verwendet. Neben den Erfassungsmöglichkeiten für Radarsignale verfügte GABRIEL auch über entsprechende Erfassungssensoren im COMINT(HF-SHF)-Bereich und eine zusätzliche Panoramakamera OMERA 51. Für die Signalserfassung und Vorauswertung wurden an Bord der NORATLAS bis zu zehn Erfasser eingesetzt, die zusammen mit zwei Piloten, einem Navigator und einem Mechaniker die operationelle Besatzung bildeten.

---

[37] Auch sind spezielle Verbindungen dieser Organisation bis zu deren Umgliederung/Auflösung zum Fernmeldereich 70 nach Trier nachweisbar.

[38] Cecile: *Le Reseignement Francais a l'Aube du XXIe Siècle,* Lavauzelle, Paris 1998.

[39] Zu dieser Zeit beantragte das Verkehrsministerium der CSSR eine Einfluggenehmigung für ein ziviles Kalibrierflugzeug der CSSR, das den Auftrag hatte, das in der Nähe Egers befindliche CSSR-Funkfeuer »OKG« zu vermessen. Die Genehmigung wurde durch die zuständigen bundesdeutschen Behörden erteilt. Während des gesamten Aufenthalts des französischen Kommandos umkreiste eine CSSR-IL-14 (CRATE), allerdings mit zivilen Kennzeichen, den Fernmeldeturm Schneeberg mindestens einmal täglich in den Morgenstunden.

[40] Unterflügelstation bei Flugzeugen.

1989 wurde das System GABRIEL in die neu beschafften C-160 NG TRANSALL[41] integriert. Um den Aufklärungsradius und/oder die Verweildauer der C-160 NG im Aufklärungsraum zu maximieren, war die TRANSALL luftbetankungsfähig.

Ständige Aufklärungseinsätze des *44ème Régiment Transmissions (44e RT)* der französischen Landstreitkräfte *(Armée de Terre)* aus Landau sind zumindest im Harz, vermutlich auf dem Stöberhai, im Fichtelgebirge (Schneeberg) und im Bayerischen Wald (Hoher Bogen) für die Jahre ab etwa 1964 bis 1994 nachweisbar.

Das 44 Régiment de Transmissions

Das Regiment verfügte u. a. damals über die Aufklärungs- und Auswertesysteme:

- ANAIS *Analyse et Interprétation des Signaux* (Signalanalyse- und Interpretationssystem)
- CGE *Centre de Guerre Electronique* (Elektronisches Kampfführungszentrum)
- ELEBORE *Ensemble de Localisation, d`Ecoute et de Brouillage des Ondes Radioélectrique Ennemies* (Peil-, Lausch- und Analyseeinheit für feindliche Funksendungen)
- ELODEE *Ensemble de Localisation par Densité des Emissions Ennemi* (Einrichtung für die Intensitätsmessung feindlicher Ausstrahlungen)
- EMERAUDE *Ensemble Mobile d`Ecoute et de Recherche Automatique* (Mobile Such- und Aufnahmeeinheit)
- EMILIE *Ensemble Mobile d`Interception et de Localisation Informatisée des Emissions* (Mobile DV-gestützte Abhör- und Peileinrichtung)
- SGEA *Système de Guerre Electronique en Avant* (Fortgeschrittenes System des Elektronischen Krieges)
- UNIR *Unité d`Interception et de Recherche* (Erfassungs- und Sucheinheit)

1985 verlegte die bisher in Langeleben stationierte britische *1 Squadron, 94 Locating Regiment RA* in das neue Hauptquartier des Regiments nach Celle. In Langeleben verblieben lediglich Betriebs- und Versorgungspersonal unter Aufsicht eines *Regimental Warrant Officers (WO 1).* Der Erfassungsbetrieb wurde jedoch weiter aufrecht erhalten.

Die Stellung wurde in dieser Zeit auch von deutschen, amerikanischen, dänischen und französischen Erfassungseinheiten, wenn auch nur sporadisch, benutzt.

---

[41] C-160 TRANSALL NOUVEAU GENERATION

Die Endphase der alliierten Aufklärung in Deutschland von 1981 bis 1990

Die Alliierten betrieben von 1981 bis 1989 weiterhin Elektronische Aufklärung aus vorhandenen Erfassungsstellen in Deutschland, wobei sich das Schwergewicht auf die Erfassung von Funkverkehren auf taktischer und operativer Ebene sowie auf die Erfassung von Indikatoren für bedrohliche Absichten des Warschauer Paktes verlagerte, da die Erfassung strategischer Fernmeldeverkehre nun vorwiegend auf raumgestützten Sensoren (hier hauptsächlich der USA und Großbritanniens) ruhte. Die Sowjetunion verstärkte ihre militärischen Fähigkeiten im vorderen Raum des Warschauer Paktes ständig durch Zuführung neuer, qualitativ hochwertiger Waffensysteme aller Art, der Änderung ihrer strategischen und operativen Zielsetzungen und der Möglichkeit, Truppen und Gerät schnell und in großem Umfang in den vorderen Raum zu verlegen. Eine intensive Überwachung aller Aktivitäten des Warschauer Paktes, sowohl in der Luft als auch auf dem Boden, war weiterhin unumgänglich, um frühzeitige Indikationen für bedrohliche Absichten zu erkennen. Indizien waren Truppenrotationen, vornehmlich auf dem Luftweg, großangelegte Übungen auch unter Beteiligung nichtsowjetischer Pakt-Staaten, häufige Verlegungen bedeutender sowjetischer Luftangriffskräfte auf Flugplätze nach Polen, in die DDR und die CSSR; die Verstärkung der Luftverteidigungsfähigkeiten durch Zuführung neuer Fla-Raketensysteme (z.B. SA-5 GAMMON), die eine ernsthafte Bedrohung der westlichen Luftverteidigung darstellten, hier insbesondere beim möglichen Einsatz der SA-5 gegen das luftgestützte Frühwarn- und Führungssystem E-3 A Sentry. Informationen über das Potenzial des Warschauer Paktes im Zeitraum 1981 bis 1989 enthält Kapitel IV. dieses Buches. Nicht betrachtet werden hier die weltweiten Aktivitäten sowjetischer see- und luftgestützter Aufklärungssensoren, als auch die Aktivitäten der sowjetischen Nordflotte und der 5. Eskadra der Schwarzmeer-Flotte, die den Rahmen dieses Werkes sprengen würden. Über sie wird nur berichtet, als sie direkten Bezug zur Entwicklung in Deutschland und Mitteleuropa haben. Die Ausforschungsbemühungen östlicher Nachrichtendienste, hier insbesondere des *Ministeriums für Staatssicherheit* im Bereich der alliierten Elektronischen Aufklärung in Deutschland zeitigten manchen Erfolg[42], doch scheint dem MfS der große Durchbruch bei der Ausforschung der alliierten Dienste nicht beschieden gewesen zu sein – falls nicht noch heute Unterlagen aus dem Bestand der BStU auftauchen, die das Gegenteil beweisen.

Allerdings bleibt festzustellen, das die CIA in den achtziger Jahren nach einer eher mäßiger Vorbereitung[43] geworbener DDR-Bürger versucht hat, ein Netz von Militäraufklärern der CIA in der DDR zu errichten. Dies wurde durch die Spionageabwehr des MfS erfolgreich konterkariert. Dem MfS gelang es in den achtziger Jahren, mindestens 25 CIA-Mitarbeiter in der DDR zu enttarnen. Diese wurden zu langjährigen Freiheitsstrafen verurteilt, bis sie Mitte der achtziger Jahre gegen vier Mitarbeiter des MfS, die von US-Behörden gefasst worden waren, auf der Glienicker Brücke ausgetauscht werden konnten.

---

[42] Eicher/Dobbert: *Headquarters Germany,* Edition Ost, Berlin 1997.

[43] Die Führung dieser Agenten erfolgte über konventionellen A3-Funk, was eher auf die mindere Bedeutung der Person hinweist, da zu dieser Zeit bereits satellitengestützte Kommunikationsmittel der CIA zur Verfügung gestanden haben, die allerdings partiell durch die HA III des MfS erfasst werden konnten (PYRAMIDE).

Nicht minder erfolgreich war das MfS bei der Ausforschung des *Bundesnachrichtendienstes,* wie eine Reihe von Fällen beweist. Als besonderes Beispiel mag hier der Fall Spuhler gelten, über den Kapitel II. dieses Buches berichtet. Nach der Wahl Ronald Reagans zum Präsidenten der Vereinigten Staaten erhielten die Nachrichtendienste im Jahre 1981 zusätzliche Mittel und setzten den Ausbau ihrer Organisationen in den USA und weltweit fort. Die in Berlin und Augsburg befindlichen *Field Stations* des *Intelligence and Security Command* (INSCOM) wurden personell verstärkt, zusätzliches Gerät eingeführt. Nähere Einzelheiten sind auch heute noch nicht frei zugänglich, dies betrifft insbesondere die Geräteausstattung. 1982 stellte INSCOM zusätzlich zu den bereits bestehenden *Military Intelligence Groups* die *513th Military Intelligence Group* für das *Central Command* des Heeres auf, bestehend aus dem *201st, 202nd* und *203rd MI Battalion.* Auch wurde eine zusätzliche Erfassungsstelle in Panama errichtet. Die Aktivitäten des *US Army Intelligence and Security Command* in der Bundesrepublik der Jahre 1983 bis 1986 waren geprägt von der kontinuierlichen Erfassung elektronischer Ausstrahlungen des Warschauer Paktes aus grenznahen Erfassungsstellungen, soweit diese nicht durch administrative Entscheidungen oder technische Umwälzungen aufgegeben wurden. In diese Zeit fallen wieder eine Reihe von Umgliederungen, Auflösungen im Bereich des INSCOM in Deutschland, die auf Grund der dürftigen Quellenlage auch heute noch nicht ganz nachvollziehbar sind.

1987 stellte INSCOM unter Umgliederung und Auflösung bereits bestehender MI-Einheiten einschließlich ortsfester *Field Stations* in Deutschland drei MI-Brigaden auf *(701st, 703rd, 704th Military Intelligence Brigade),* die offensichtlich in den USA stationiert wurden, das sie bisher in keiner USEUCOM/USAREUR-Unterstellung nachgewiesen werden können. Am 1. Juli 1987 wurde das gesamte Heerespersonal mit *Intelligence MOS (Military Occupational Speciality),* d.h. mit entsprechend nachgewiesener Ausbildung, in das neu geschaffene *Military Intelligence Corps*[44] überführt. So erlebte das frührere, bis in die fünfziger Jahre bestehende *Counter Intelligence Corps,* danach von 1962 bis 1967 folgend die *Army Intelligence & Security Branch* nun, wenn auch unter einem erweiterten Auftrag, unter Führung von Generalmajor Julius Parker fröhliche Auferstehung. Die Reorganisation des Militärischen Nachrichtendienstes der US-Streitkräfte wurde durch die Aufstellung von insgesamt fünf MI-Brigaden und mindestens 30 MI-Bataillonen unterschiedlichen Auftrags und unterschiedlicher Ausrüstung fortgeführt. Daneben wurden zusätzlich fünf weitere MI-Brigaden sowie mindestens zehn weitere MI-Bataillone mit unterschiedlichen Aufträgen zur Unterstützung der vor Ort befindlichen Großverbände und für nationale Unterstützungseinsätze in den USA errichtet. Damit verfügte allein das US-Heer zu dieser Zeit über insgesamt 25.000 ausgebildete und aktive Nachrichtendienst-Spezialisten unterschiedlicher Fachrichtungen und Ausbildungszweige. Der Militärische Nachrichtendienst konnte zu dieser Zeit auf ein Potenzial von mindestens 8700 ausgebildeten Reservisten zurückgreifen. Nachdem fast alle Laufbahnen im Nachrichtendienst schon früher für weibliche Soldaten geöffnet waren, stieg der Anteil der Frauen im Militärischen Nachrichtendienst auf über 15% der Aktivstärke. In diesem Jahr wurde die bisher in Fort Devens, Massachusetts, befindliche Schule des Armee-Nachrichtendienstes endgültig nach Fort Huachuca in Arizona verleg. Dort befindet sich seither das *US Army Intelligence Center,* in dem das gesamte Personal des Heeresnachrichtendienstes ausgebildet wird. Ob die Fremdsprachenausbildung des Nachrichtendienstpersonals wie bisher am *Defense Language Institute* (DLI)[45] im kalifornischen Monterey im »El Presidio« fortgeführt werden

[44] L.P. Crocker, LtCol(rtd): *Army Officers Guide (45th Edition),* Stackpole Books, Harrisburg, VA, 1977.
[45] K.E. Bonn, LtCol(rtd): *Army Officers Guide (49th Edition),* Stackpole Books, Harrisburg, VA, 2001.

wird, konnte noch nicht endgültig geklärt werden, scheint jedoch auf Grund neuerer Erkenntnisse wahrscheinlich.

Im Sommer 1989 befürchteten die alliierten Dienste[46], insbesondere in Berlin, dass sich aus der sich abzeichnenden politischen Entwicklung in der DDR eine neue Krise um Berlin entwickeln könnte. Sie trafen daher gemeinsam Vorbereitungen, einer Verschärfung der Lage in der DDR, die den Einsatz militärischer Mittel auf Seiten der Schutzmächte in Berlin erforderlich machen konnte, durch den Einsatz von alliierter Land- und Luftunterstützung zu begegnen. Inwieweit auch die Bundesregierung in derartige Vorbereitungen eingebunden oder beteiligt wurde, kann auch heute noch nicht abschließend bewertet werden. Übereinstimmend als besonders kritisch wurde der 8. November 1989[47] von den Alliierten bewertet. Mögliche geplante militärische Reaktionen der sowjetischen Seite zu dieser Zeit sind jedenfalls bis heute noch nicht bekannt geworden. Nach dem Fall der Mauer 1989 wurden fast alle grenznahen Erfassungsanlagen der Alliierten in Deutschland geschlossen. Die Außerdienststellung des VII. US Korps in Stuttgart führte zur Auflösung oder Verlegung fast aller Unterstützungseinheiten der Militärischen Nachrichtendienste der US-Streitkräfte in Deutschland. Die Grenzaufklärung und Überwachung, sowohl durch die US-Panzeraufklärer (*2nd ACR* Nürnberg, *11th ACR* in Fulda) als auch den *British Frontier Service*, stellte ihre Aufklärungstätigkeit ein. Bis auf wenige Ausnahmen wurden die alliierten grenznahen Erfassungsanlagen geschlossen, soweit sie nicht für die Überwachung des Abzuges der sowjetischen Truppen aus der ehemaligen DDR noch benötigt wurden. Die ADIZ *(Air Defense Identification Zone)* und die *US Air Force Buffer Zone* wurden durch »nationale deutsche Entflechtungszonen« ersetzt. Die Bundesrepublik Deutschland übte nun die uneingeschränkte Souveränität, auch über den Luftraum, aus. Die noch in Deutschland aktiven Erfassungsstellen der französischen Luftwaffe EES 2/54 Berlin, EES 5/54 Achern und EES 7/54 Furth i.W. (Hoher Bogen) wurden vermutlich zum Jahresende 1989 oder Anfang 1990 geschlossen, das Material abgebaut und das Personal nach Frankreich zurückgeführt, um dort in die umgegliederte *54 Escadre de Reseignement Air (54 ERA)* eingegliedert zu werden. Noch in Deutschland befindliche Restteile des *44ème Régiment de Transmissions (44e RT)* aus Landau wurden endgültig am 1. September 1994 abgezogen und nach Mutzig im *Département Bas-Rhin* verlegt, um in die dort 1993 aufgestellte *Brigade de Reseignement et de Guerre Electronique (BRGE)* eingegliedert zu werden Die Aufgaben HF-SHF-Erfassung wurden nun vom *44e RT* übernommen, das neu aufgestellte *54e RT* Haguenau führt nun die Radarerfassung durch.

Zum gleichen Zeitpunkt wurde das *Centre de Guerre Electronique (CGE)* der französischen Landstreitkräfte aufgestellt.

Nach der Öffnung der Grenzen 1989 stellte auch die noch in Langeleben befindliche *No 1 Sqn, 94 Locating Regiment RA* ihren Erfassungsbetrieb vom Schichtdienst auf Tagesdienst um, mit dem Ziel, den sowjetischen Truppenabzug aus der früheren DDR zu beobachten. In der Folgezeit wurde das Areal der Stellung auch bei Übungen und sonstigen Ausbildungsvorhaben der britischen Streitkräfte genutzt, bis die Stellung endgültig am 30. November 1992 geschlossen wurde. Später sollte das *14th Signal Regiment (Royal Corps of Signals – RSigs)* die Funktionen eines *Electronic Warfare Regiments* des britischen Heeres übernehmen.

---

[46] Der ehemalige Kommandant des französischen Sektors in Berlin in TV-Dokumentation PHOENIX: *Der lange Nachkrieg,* 11.10.2004.

[47] Am 7.10.1989 wurde die Funkaufklärung in Berlin auch durch deutsche Stellen intensiviert, um aus den MfS-Funkbeziehungen mögliche Lageverschärfungen zu erkennen. Quelle Statement W. Momper in: *Echt Ost,* RBB, 2004. (Phoenix, 8.11.2004, 20.14 Uhr)

Trotz des weiteren Truppenabbaus ab 1990 in Deutschland, der Schließung drei wichtiger *Field Stations* des US INSCOM in Europa und den Rückzug sowjetischer Truppen, bestand auf Seiten der USA nach wie vor ein vitales Interesse an Erkenntnissen aus der Elektronischen Aufklärung. Aus diesem Grunde wurden die bisher nur sporadisch genutzten Einrichtungen in Menwith Hill, Großbritannien, und Bad Aibling, Deutschland, revitalisiert und dem *Regional SIGINT Center* des INSCOM in Fort Gordon, Georgia, unterstellt.

Es ist davon auszugehen, dass insbesondere die Erfassung raumgestützter Kommunikationsverbindungen aus Menwith Hill und Bad Aibling in vollem Umfang fortgesetzt wurde. Im Juli 1993 wurde die *US Army Field Station* Augsburg offiziell aufgelöst.

Ende 2003 wurden Teile der *Bad Aibling Field Station* an den BND übergeben. Ob damit die 59-jährige Geschichte der Elektronischen Aufklärung der USA in Deutschland beendet ist, mag bezweifelt werden.

Anfang der neunziger Jahre räumte die NSA das I.G.-Farben-Gebäude in Frankfurt, in dem sich bis dahin auch der Stab des V. US-Korps befunden hatte und verlegte seine Einrichtungen auf den militärischen Teil des Rhein-Main-Flughafens. Entsprechende Antennenanlagen – Radome und Logarithmisch-periodische Antennen für den weltweiten Kurzwellen Sende- und Empfangsbetrieb – wurden dort errichtet. Über die Natur der zusätzlich noch im Raum Frankfurt befindlichen Kurzwellenanlagen, so zum Beispiel Egelsbach, Langen-Mörfelden[48], Biblis und anderen, besteht in Fachkreisen immer noch Unklarheit. Auch kann nicht ausgeschlossen werden, dass die NSA im Rahmen der Rechte nach dem NATO-Truppenstatut zum »Schutz der eigenen Streitkräfte auf deutschem Boden« nach wie vor Zugang zu deutschen Kommunikationsnetzen[49] aller Art haben könnte. Nach wie vor sind englischsprachige Sendungen[50] bei der Übermittlung von 5er-Zahlengruppen auf Kurzwelle im europäischen Raum gut zu erfassen.

---

[48] Die Frequenz 6960.0 KHz ist nach Siebel/Marten: *Spezialfrequenzliste 2003/2004,* Siebel-Verlag, Meckenheim 2003, Seite 220, der NSA Mörfelden zugewiesen.

[49] So zum Beipiel den »DFIX-Knoten« in Frankfurt oder in anderen regionalen Schwerpunkten auf deutschem Boden.

[50] So am 23.08.2003 gegen 21.50 Uhr auf 5433 KHz, am 23.10.04 auf 12603 KHz, direkt neben einer Station mit dem Rufzeichen »SXE (Küstenwache Athen)«. Siehe auch Marten/Siebel: *Spezialfrequenzliste,* Siebel-Verlag, Meckenheim 2003, Seite 327.

6. Erfassungsmöglichkeiten und Ergebnisse der Fernmelde- und Elektronischen Aufklärung in der Bundesrepublik 1956 bis 1989

Trotz anfänglicher Schwierigkeiten und auch heute erkennbarer und nachwirkender Ressort-Egoismen beim Aufbau einer nationalen Organisation der *Fernmelde- und Elektronischen Aufklärung* in der Bundesrepublik, ist es den beteiligten nationalen Stellen auch in kritischer Lage immer gelungen, stets präzise über die militärische Lage zu informieren. Dies ist vor dem Hintergrund unterschiedlicher, häufig geänderter konzeptioneller Ansätze der politischen und militärischen Führung und einer über lange Jahre schleppenden Ausstattung mit Personal und Material zu sehen. Die von anderer Seite[1] vertretene Auffassung, die *Fernmelde- und Elektronische Aufklärung* der Bundeswehr hätte nicht über die Fähigkeit verfügt, eine fundierte Lagebeurteilung abzugeben, da ihr die Komponenten gefehlt hätten, eine »komplexe Lagefeststellung und daraus folgend eine Lagebeurteilung abzugeben«, kann nicht unwidersprochen bleiben. Die *Fm/EloAufkl* mit ihren Auswertungen in Daun, Trier und beim *Marinefernmeldeabschnitt 70* waren jederzeit sehr wohl in der Lage, eine fundierte, zeitnahe und präzise Lagebeurteilung in ihrem speziellen Erfassungs- beziehungsweise Aufklärungsbereich abzugeben. Gerade die Erkenntnisse aus der *Fm/EloAukl* gelangten ungefiltert, aber verdichtet in die Auswertungen und bestätigten dort das aktuelle Lagebild im Aufklärungsraum. Auch waren Rückfragen bei den Erfassungsstellen, sowohl der vorderen Erfassung als auch der damaligen Regimenter, zu speziellen Fragestellungen jederzeit möglich. Diese wurden auch über die geschlüsselte Sprachverbindung »ELCROVOX« fast stündlich wahrgenommen. Bei besonderen Ereignissen auf der Gegenseite, die durch die *Fm/EloAufkl* erfasst werden konnten, so zum Beispiel wenn Einflüge so genannter *High Value Assets*[2] der sowjetischen Fernfliegerkräfte in den vorderen Raum des WP beobachtet werden konnten, erfolgte unverzügliche Meldung als »Sofortmeldung ALFA« an die Auswertung in Trier. Diese konnte ihrerseits die entsprechenden Stellen ohne Zeitverzug unterrichten, da es sich dabei in der Regel um Geschehnisse von taktischer und großer operativer Bedeutung gehandelt hat. Eine Lagefeststellung und Lagebeurteilung im strategischen Bereich konnte zu dieser Zeit einzig der *Bundesnachrichtendienst* abgeben, da nur er über die erforderlichen Informationen, sowohl die mit nachrichtendienstlichen Mitteln gewonnenen als auch aus der Auswertung

---

[1] W. Richter: *Der Militärische Nachrichtendienst der Volksarmee der DDR und seine Kontrolle durch das Ministerium für Staatssicherheit – Die Geschichte eines deutschen Geheimdienstes*, 2. Auflage, Peter-Lang Europäischer Verlag der Wissenschaften, Frankfurt 2004, Seite 220.

[2] Bei Einflügen der sowjetischen FOXBAT, die aus dem polnischen Luftraum kommend mit einer Geschwindigkeit von über Mach 2.0 über dem Flugplatz WITTSTOCK wendend und entlang der innerdeutschen Grenze meist über WEIMAR oder die CSSR wieder ausfliegend, war eine Erfassung durch den Radarführungsdienst selten möglich. Das NADGE-System (HADAR) konnte Flugziele mit einer Geschwindigkeit von über Mach 2 schlechterdings nicht erkennen bzw. erfassen. Erst eine Softwareänderung behob dieses Problem. Wie sich später zeigen sollte, war das HADAR auch gegen sukzessives TARGET LOSS durch einfachste Mittel (Störsender) nicht gefeit. Hinweis N.N., September 2004.

offener Quellen erarbeiteten, verfügte, in die naturgemäß auch Erkenntnisse der taktischen, operativen und strategischen *Fernmelde- und Elektronischen Aufklärung* der Bundeswehr und der *Technischen Aufklärung* des *Bundesnachrichtendienstes* mit eingeflossen sind. Die zu dieser Zeit mit ausschließlich nachrichtendienstlichen Mitteln gewonnenen Informationen waren selten zeitnah und bedurften tatsächlich der entsprechenden Bewertung durch entsprechende Gremien, sowohl im BND als auch beim *Amt für Nachrichtenwesen* und im *Führungsstab der Streitkräfte* (Fü S II). In einer Reihe von internen, vertraulichen Studien Mitte der siebziger Jahre wurde das *Militärische Nachrichtenwesen der Luftwaffe* (MilNwLw) einer kritischen Überprüfung unterzogen. Die erforderlichen Folgerungen wurden allerdings erst mit erheblichem Zeitverzug und nicht immer konsequent in den achtziger Jahren in entsprechende Maßnahmen umgesetzt. Die Gewinnung von Informationen über mögliche Angriffsabsichten der sowjetischen Seite gewann in der Mitte der achtziger Jahre an besonderer Bedeutung, da die nationale Seite und damit auch die NATO frühzeitig auf Angriffsabsichten hindeutende Vorbereitungen des Warschauer Paktes erkennen musste, um entsprechende politische und, falls erforderlich, auch militärische Gegenmaßnahmen einleiten zu können. Dies wird besonders in der Anlage der Szenarien für die in den Jahren 1985, 1987 und 1989 durchgeführten Stabsrahmenübungen der NATO »WINTEX/CIMEX« deutlich, die zumindest 1989 von einer frühzeitigen Nachführung der zweiten Strategischen Staffel *(2nd Echelon Forces)* der sowjetischen Truppen in den Operationsraum des westlichen TVD (Strategischer Kriegsschauplatz) ausging, was den frühzeitigen Einsatz unkonventioneller Mittel der NATO erforderlich gemacht hätte. Viele Aufklärungsergebnisse bleiben auch heute noch dem Zugang der Öffentlichkeit verschlossen. In der Retrospektive und bei der Überprüfung der Aktenbestände der HA III und des ZFD gewonnenen Erkenntnisse macht die Sorglosigkeit besonders betroffen, mit der die westliche Seite ihre sensitiven Funkverbindungen betrieben hat, insbesondere die der Nachrichtendienste.

Es ist heute noch kaum nachvollziehbar, dass die entsprechenden Fachleute in den Diensten sich der Gefahren nicht bewusst gewesen sein sollen, da ihnen auf jeden Fall die Potenziale einer gegnerischen Funkaufklärung bekannt gewesen sein müssen. Als Beleg für die Ignoranz auf westlicher Seite kann auch die Tatsache gelten, dass die Erfassungsergebnisse der Aufklärung eigener Übungen durch die *Fernmelde- und Elektronische Aufklärung der Bundeswehr* sehr bald unter Verschluss genommen wurden, da sie erhebliche Schwachstellen offen legten, insbesondere im Fernmeldeverkehr höherer Stäbe[3]. Ob die durch die *Fm/EloAufkl* gewonnnen Informationen und Erkenntnisse durch die politische und militärische Führung der Bundesrepublik immer in der zweckentsprechenden Weise genutzt wurden, kann nur im Zusammenhang mit der zum jeweiligen Anlass herrschenden außenpolitischen und militärischen Konstellation beurteilt werden. Allerdings muss auch in der rückschauenden Bewertung festgestellt werden, dass in der Bearbeitung und Weitergabe der Erkenntnisse, insbesondere aus *Fm/EloAufkl* der Luftwaffe durch die entsprechenden Fachstellen auf höheren Ebenen, nicht erklärbare Zeitverzögerungen auftraten. Dies hat dazu oft geführt, dass die fliegenden Verbände der Luftwaffe nicht immer zeitnah über Änderungen im Bedrohungsszenario der Warschauer-Pakt-Luftwaffenverbände unterrichtet wurden. Nicht unerwähnt bleiben soll jedoch die lange, gute und intensive Zusammenarbeit mit den Partnern in der Allianz, die natürlich auch nationale Vorbehalte auf Seiten der Partner kannte, die sich aber trotz allem im Endergebnis, soweit aus heutiger Sicht erkennbar, nicht negativ ausgewirkt haben.

---

[3] Film der Bundeswehr aus den siebziger Jahren »*... und der Iwan lacht*« (Herausgeber, Herstellungsort und Verbleib sind nicht bekannt).

III. Die Situation in der Sowjetischen Besatzungszone Deutschlands 1945 bis 1955

Am 8. Mai 1945 hatten die sowjetischen Streitkräfte außer Ost- und Westpreußen sowie Schlesien weite Teile Pommerns, Mecklenburgs, Brandenburgs, Sachsens und Thüringens besetzt. Die Truppen der westlichen Alliierten waren im Norden bis Wismar und im Süden bis an die Elbe vorgedrungen. Die 3. US-Armee hatte in der Tschechoslowakei Pilsen besetzt, um es später wieder zu räumen. Voraustruppen der Amerikaner waren bis nach Prag vorgestoßen. Im Juni 1945 zogen sich die britischen und amerikanischen Truppen aus Mecklenburg, Thüringen und Sachsen auf die ihnen vertraglich zugestandenen Besatzungszonen, deren Grenzen weitgehend mit den alten Landesgrenzen identisch waren, zurück. Die sowjetischen Truppen rückten zügig nach und besetzten nun endgültig ihre Besatzungszone. Mitte Juni verfügten die sowjetischen Streitkräfte über drei bis vier Armeen, die nun in ihrer Besatzungszone die vollziehende Gewalt übernahmen. In der Folge war die *Sowjetische Militäradministration* (SMAD) in Karlshorst die oberste zivile Gewalt in der sowjetischen Besatzungszone. Deutsche, zusammenhängende militärische Verbände existierten im Gegensatz zu den in der britischen Zone Schleswig-Holsteins befindlichen Arbeitseinheiten nicht mehr, sie befanden sich schon weitgehend in Gefangenschaft in der Sowjetunion, die willkürliche Deportation von deutschen Zivilisten in großem Umfang durch die sowjetischen Streitkräfte folgte. Im Bereich der sowjetischen Besatzungszone wurden durch die Besatzungsmacht Internierungslager für Verdächtige (z. B. Buchenwald bei Weimar, Sachsenhausen bei Berlin) in ehemaligen Konzentrationslagern eingerichtet, in die frühere Parteimitglieder der NSDAP, Angehörige der ehemaligen Hitlerjugend und auch Mitglieder früherer bürgerlicher Parteien eingeliefert wurden. Die dort herrschenden hygienischen Verhältnisse und der Mangel an ausreichender Nahrung führte in den Jahren 1945–1947 zu einer hohen Sterblichkeit unter den Gefangenen, die zunächst ohne Verfahren dort inhaftiert waren. Später verhängten sowjetische Militärtribunale teilweise drakonische Strafen, jedoch soweit bekannt, keine Todesstrafen. Die spätere Regelstrafe war 20 bis 25 Jahre Arbeitslager in der Sowjetunion (was in den meisten Fällen einer Todesstrafe gleichkam). Polizeiorganisationen wurden auf lokaler Ebene unter Aufsicht der jeweiligen örtlichen sowjetischen »*Komandantura*« vorwiegend aus politisch

»nicht-« oder »minderbelasteten« Deutschen aufgestellt, die später unter sowjetischer Aufsicht mit einem Sammelsurium von Handfeuerwaffen aus sowjetischen Beutebeständen[2] der ehemaligen Wehrmacht bewaffnet wurden. Eine zentrale deutsche Polizeiorganisation, die auch eine Art Funküberwachung hätte durchführen können, war Ende 1945 in der sowjetischen Besatzungszone noch nicht erkennbar. Es ist jedoch davon auszugehen, dass sich das deutsche Telefon- und Fernschreibnetz, soweit noch vorhanden, in der sowjetischen Zone unter Kontrolle der Besatzungsmacht befand. Die sowjetischen Truppen bezogen nun frühere deutsche Kasernen, darunter auch eine Reihe von Flugplätzen der ehemaligen Luftwaffe. Das Hauptquartier des Oberkommandos des Heeres in Zossen[3] (MAYBACH I & II), das kurz vor Kriegsende geräumt worden war, fiel den sowjetischen Truppen nahezu unzerstört in die Hand. Der Fernmeldebunker des OKH (Amt 500 – ZEPPELIN) blieb unzerstört und vollständig funktionsfähig. Er wurde durch Truppen der 3. sowjetischen Garde-Panzerarmee[4] besetzt und unverzüglich wieder in Betrieb genommen, jedoch später vollständig demontiert und in die Sowjetunion verbracht.

---

[2] Marschall: *Die Faustfeuerwaffen der bewaffneten Organe der SBZ/DDR*, Journal-Verlag, Schwäbisch-Hall 2001.

[3] H.G. Kampe: *Das »Hauptquartier Zeppelin« des OKH und seine Fernmeldeverbindungen*, in: Die F-Flagge 1-2002, Meckenheim 2002.

[4] Seidler/Zeigert: *Führerhauptquartiere*, Berbi-Verlag, München 2000, Seite 298.

1. Die sowjetischen Besatzungstruppen und erste Ansätze zur Elektronischen Aufklärung

Es kann mit Sicherheit davon ausgegangen werden, dass die sowjetischen Frontstäbe, die in Deutschland einrückten, zumindest bis zum Ende der Kampfhandlungen über Horch- und Entzifferungseinheiten verfügten. Diese hatten den Auftrag, in der Endphase des Angriffs auf deutsches Reichsgebiet im Rahmen der Operation »BERLIN« die deutschen Fernmeldeverbindungen aufzuklären. Belege gibt es naturgemäß aus sowjetischen Quellen zu dieser Zeit auch heute noch nicht. Bis 1942 war die Rote Armee nur sehr unvollständig mit Funkmitteln ausgestattet. Erst nach Anlaufen der Produktion in den hinter den Ural verlegten Produktionsstätten konnte die Ausstattung verbessert werden. Nicht zuletzt veränderten auch die äußerst umfangreichen Hilfslieferungen der Westalliierten im Rahmen des »*Lend-Lease*-Programms« die Ausstattung der Russen mit Fernmeldemitteln entscheidend. Gleichwohl es die sowjetische militärische Führung von Anfang an vorzog, sich bei der Kommunikation vorwiegend auf drahtgebundene Verbindungen abzustützen, in welche die Horchaufklärung der deutschen Wehrmacht zeitweise nur im unmittelbaren Frontbereich beim Stellungskrieg eindringen konnte. Ab 1942 standen den sowjetischen Luftstreitkräften, vorwiegend für den Objektschutz im Vorfeld von Moskau, erste Radarstationen aus eigener sowjetischer Entwicklung (RUS 2 – P2M und RUS 2S – PEGMATIT) zur Verfügung. Ende 1944 wurden die ersten sowjetischen Nachtjagdgeschwader (Pe 2 – PETLJAKOW 2) mit Radargeräten (GNEIS-2, später GNEIS-5) ausgestattet und in einer sowjetischen Nachtjagddivision, die auch bei den Kämpfen um Riga, Lwow (Lemberg), Posen und Breslau eingesetzt wurde, zusammengefasst[5]. Ob diese allerdings bei den Kämpfen um Berlin eingesetzt wurde, ist ungewiss. Die sowjetischen Armeen verfügten an Schwerpunkten der westlichen Fronten ab Mitte Juli 1944 über so genannte *Gruppen für einsatzbezogene Aufklärung (Gruppa Boennaja Rasvedka Swiasy Sila* – GBRSS) in Zugstärke, die dem jeweiligen der Armee direkt nachgeordneten Fernmelderegiment[6] unterstellt waren und vorwiegend für die Erfassung des deutschen, frontnahen Funkverkehrs auf taktischer Ebene eingesetzt wurden. Ab 1943 verfügte die sowjetische Armee über mindestens fünf *Spezialfunkbataillone* (GBRSS[7]; 129, 130, 131, 132 und 226). Deren Primäraufgabe bestand in der Störung deutscher taktischer und operativer Funkverbindungen, wozu sie mit 18 bis 20 Horch-, vier Peilempfängern und acht bis zehn Störsendern ausgestattet waren. Die *Spezialfunkbataillone* wurden in der Folge bei Durchbruchsoperationen den jeweiligen Frontstäben zugeordnet und hatten die deutschen Funkverbindungen im Bereich der jeweiligen »Front« zu stören. Im Stellungskrieg beschränkte sich die Tätigkeit der *Spezialfunkbataillone* vorwiegend auf die Erfassung deutscher Funknetze, um sie bei Beginn der sowjetischen Operation nachhaltig

---

5 Koch: *Kampf auf allen Frequenzen,* Deutscher Militärverlag, Berlin 1988.

6 Heydorn: *Nachrichtennahaufklärung (Ost) und sowjetrussisches Heeresfunkwesen bis 1945,* Rombach, Freiburg 1985.

7 Heydorn, a.a.O.

stören zu können. Während der Operation »BERLIN« war das *226. Spezialfunkbataillon* der 1. Weissrussischen Front, das *132. Spezialfunkbataillon* der 1. Ukrainischen Front zugeteilt. Es kann angenommen werden, dass die restlichen drei *Spezialfunkbataillone* in die Deutschland angreifenden sowjetischen Fronten eingegliedert waren. Es ist auch davon auszugehen, das auf sowjetischer Seite bis Kriegsende Fähigkeiten vorhanden waren, deutsche drahtlose strategische und operative Fernmeldeverbindungen zu erfassen.

Ob die sowjetische Horchaufklärung allerdings in der Lage war, hochwertig chiffrierte deutsche Funksprüche zu entschlüsseln, wie es umgekehrt der Fall gewesen ist, kann auch heute noch nicht endgültig bewertet werden. Inwieweit die sowjetische Seite am angloamerikanischen Projekt ULTRA[8] beteiligt wurde, ist auch heute noch nicht endgültig zu klären. Zumindest muss die sowjetische Seite über die Möglichkeiten und Teilergebnisse des Projektes ULTRA unterrichtet gewesen sein, da Kim Philby[9], ein hochrangiger Mitarbeiter des britischen Nachrichtendienstes MI 6 (Abteilung *Military Intelligence 6* des *Secret Intelligence Service*, SIS) der Zugang zu den Ergebnissen von ULTRA hatte und über die Art der Nachrichtengewinnung unterrichtet gewesen ist. Philby arbeitete aber bereits seit den dreißiger Jahren für den sowjetischen Nachrichtendienst. Die Rolle, die Philby beim mysteriösen Tod des exilpolnischen Generals Sikorski in Gibraltar gespielt haben mag, ist auch heute noch nicht mit letzter Sicherheit geklärt. Tatsache bleibt jedoch, dass er sich zu dieser Zeit im Auftrag des SIS in Gibraltar aufgehalten hat. Erwiesen ist ebenso, dass Philby, der nach Kriegsende für die Operationen britischer Agentennetze auf dem Balkan verantwortlich war, diese an die Gegenseite verriet.

Philby war nicht die einzige Quelle, die Ergebnisse der Funkaufklärung im Rahmen von ULTRA an die sowjetische Seite weitergegeben hat. John Cairncross, der in Bletchley Park[10] als der zentralen Auswerteeinrichtung der *Government Code & Cypher School (GC&CS)* ebenfalls Zugang zu ULTRA-Informationen hatte, war eine der wichtigsten Quellen des sowjetischen Nachrichtendienstes während der Kriegszeit. Leider liegen auch heute noch die Anfänge der sowjetischen Besatzungszeit und des Beginns einer möglichen Elektronischen Aufklärung gegen die Westalliierten in Deutschland im Dunkel der Militärarchive des Generalstabs in Moskau. Im sich jedoch immer deutlicher abzeichnenden Konflikt zwischen der damaligen Sowjetunion und den Westalliierten ab Sommer 1945 kann nicht davon ausgegangen werden, dass die sowjetische Seite ihre zweifellos vorhandenen Kapazitäten der funktechnischen und elektronischen Erfassung, sowohl in der Heimat als auch bei ihren Truppen in Deutschland, demobilisiert haben könnte.

Ob und inwieweit der sowjetische Nachrichtendienst NKWD, der ab 1946 die Bezeichnung MGB erhielt, in der Sowjetischen Besatzungszone (SBZ) eigene Einrichtungen zur Funkaufklärung eingerichtet und betrieben hat, ist auch heute noch nicht feststellbar. Es kann jedoch mit Sicherheit davon ausgegangen werden, dass die deutschen Fernmeldenetze, soweit sie wieder betriebsbereit gemacht werden konnten, vom sowjetischen Nachrichtendienst überwacht wurden. Der militärische Nachrichtendienst GRU wurde erst 1948 aus dem MGB ausgegliedert und wieder dem Generalstab der sowjetischen Armee unterstellt[11]. Das sich dieser seine Fähigkeiten zur Funkaufklärung, insbesondere an der

---

[8] Tarnbezeichnung für die umfassende Aufklärung sämtlicher deutscher Fernmeldeverkehre durch den britischen Aufklärungsdienst (GC&CS) während des Krieges. Siehe auch Patrick Beasly.

[9] Philby: *Mein Doppelspiel,* Bertelsmann, Gütersloh 1968.

[10] Gordievski/Andrew: *KGB,* Goldmann, München 1990.

[11] Barron: *KGB,* Scherz-Verlag, Bern/München 1974.

Sowjetisches Fernmelde (Funk – und Radargerät) im westlichen Vorfeld 1945 – etwa 1955

Bezeichnung		Frequenzbereich (KHz)	Einsatz bei	Bemerkungen
Funkgeräte				
10 R		3750 – 6000	Panzer /SFL/Art -Vde	Kw – Gerät
11 AK		2500 – 4500	Armee/Divisionen ?	
3 A		425 – 750	Korps	
4 R (RBS)		43000 - 46000	Panzer /SFL/Art -Vde	UKW-Gerät
45 - PS		155 - 12000	Armee-Kw-Funkstelle	
45 - PK		155 - 12000	Armee-Kw-Funkstelle	
45 – PK –1		155 - 12000	Armee-Kw-Funkstelle	
5 AK		3250 – 4750	Division/Regiment	
6-PK/RKR		3750 - 5250	Regiment/Bataillon	
71- TK –3		4000 - 5625	Panzerverbände	
9 R		4000 - 5620	Panzer /SFL/Art -Vde	Kw – Gerät
A-7		43000 - 46000	Panzer /SFL/Art -Vde	UKW-Gerät
RAF KW		1500 –12000	Frontstab	
RAT		2500 – 12000	Frontstab/HQ/Armee	
RAT /ALMAS		2500 – 12000	Frontstab /Armee/ /HQ Generalstab	**Schlüsselfernschreib - Verbindung** vmtl.Führungsverbindung zur STAVKA Moskau ?
RB		1500 - 6000	Regiment /Bataillon	
RBS (4R)		43000 - 46000	Panzer /SFL/Art -Vde	UKW-Gerät
RBM		1500 - 12000?	Frontstab	
RGM 5		1500 - 12000?	Armee/Divisionen ?	
RRU		43000 - 46000	Panzer /SFL/Art -Vde	UKW-Gerät
RSB 3		2500 – 12000	Luftwaffe	Flugzeugstation
RSB F		2500 - 12000	Frontstab	
RSI 4		3500 - 5000	Luftwaffe	Flugzeugstation
RSMK		2400 – 12000	Panzer /SFL/Art -Vde	Kw – Gerät
RSR M		2500 - 12000	Luftwaffe	Flugzeugstation
U/I US/GB Geräte		1500 - 30000	Führungsverbindungen (Front/Armee)	Überlassung im Rahmen des Lend-Lease-Programms
Radar – und sonstige Systeme				
GNEIS 2		200 MHz	Luftwaffe	Jägerführungsradar
RUS 2	(REDUT)	63.8 MHz	Luftwaffe/Flugabwehr	LRÜ/Jägerleitradar
RUS 2S	(PEGMATIT)	75 MHz	Luftwaffe/Flugabwehr	Luftraumüberwachung
SON 20 t		75 MHz	Flugabwehr	Feuerleit/Flak
P8/P10	**KNIFE REST**	A-Band	Flugabwehr	Frühwarnung/Feuerleit
P20	**TOKEN**	E/F-Band	Flugabwehr	Frühwarn/Jägerleit
OR1	**WOOD GAGE**	E-Band	Flugabwehr	Frühwarn
PRV 10	**ROCK CAKE**	E-Band	Flugabwehr	Höhenfinder
U/I	**FAN SONG**	C/E/F/G Band	Flugabwehr	FK-Lenksystem
SON 9	**FIRE CAN**	E-Band	Flugabwehr	Flak Feuerleit
SON 4	**WHIFF**	E-Band	Flugabwehr	Flak Feuerleit
POST 1	**BOX BRICK**	C-I Band		EloAufkl
RPS1	**BRICK ROUND**	F- I Band		EloAufkl
RPS 1	**BRICK SQUARE**	C-F Band		EloAufkl
SPB 1R	**CHEESE BRICK**	I/J-Band	Flugabwehr	Störgerät
HORNISSE 3	**HORNET**	D-I Band		EloAufkl NVA
SPB 7	**TUB BRICK**	I-Band		Bodenstörsender

Anmerkung : Führungswichtige Verbindungen vom Generalstab STAVKA zu Front ,Armee und Division wurden grundsätzlich als Drahtverbindungen geführt

NATO – Frequenzeinteilung bei Radargeräten Band A – M

A 0.1 - 0.3 GHz (VHF)	D 1.0 - 2.0 GHz	G 4.0 - 6.0 GHz	J 10.0 - 20.0 GHz	M 60.0 - 100.0 GHz
B 0.3 - 0.5 GHz (UHF)	E 2.0- 3.0 GHz	H 6.0- 8.0 GHz	K 20.0- 40.0 GHz	
C 0.5 - 1.0 GHz	F 3.0 - 4.0 GHz	I 8.0 –10.0 GHz	L 40.0 - 60.0 GHz	

Sowjetische Fernmeldemittel 1945/1946.

Sowjetischer Funkempfänger *R 250M* (1.5-25.5 MMz, Betriebsarten: A1, A3, Gewicht: 95 kg), der in den sechziger Jahren bei der NVA eingeführt wurde und auch beim ZFD in Dessau nachgewiesen ist.

Nahtstelle des sowjetischen Einflussbereiches in Westeuropa in Deutschland, Österreich und der damaligen Tschechoslowakei, erhalten haben dürfte, kann als sicher gelten. Jedoch war die Zeit von 1945 bis 1948 im sowjetischen Nachrichtendienst geprägt von einer permanenten Unsicherheit im Hinblick auf die Aufgaben der unterschiedlichen Organisationen und Dienste, der Aufklärungsmittel und Aufklärungsziele, die erst nach Stalins Tod und der Entmachtung und Hinrichtung Berias ihr vorläufiges Ende fand. Danach begann der langsame Prozess der Konsolidierung, der später auch Wirkung auf die Intensität und Qualität der sowjetischen Aufklärungsbemühungen in den sowjetischen Besatzungszonen Deutschlands und Österreichs zeigte. Es kann angenommen werden, dass die sowjetische Seite besonderes Gewicht auf die Spionageabwehr (GUKR)[12] in den in Deutschland und Österreich stationierten Verbänden legte, da hier besonders gute Anbahnungsmöglichkeiten durch westliche Dienste gegeben waren. Sehr bald begannen die sowjetischen Besatzungsbehörden in der damaligen *Sowjetischen Besatzungszone Deutschlands* (SBZ) mit dem Aufbau von Polizeiverbänden unter zentraler deutscher Führung, behielten sich jedoch entscheidenden Einfluss vor, sowohl auf die Auswahl des Führungspersonals auf deutscher Seite als auch bei der zur Verfügung zu stellenden Ausrüstung. Zunächst wurden die deutschen Verbände mit Handwaffen aus Beutebeständen der Wehrmacht und noch vorhandenem Fernmeldematerial ausgestattet. Ihre ersten Richtfunkverbindungen stellten

[12] Pruck: *Der Rote Soldat*, Olzog-Verlag, München 1961, Seite 102 ff. GUKR – *Glwanoe Uprawlenie Kontra Raswedka* – Hauptverwaltung für Gegenspionage.

die SBZ-Verbände mit vorwiegend deutschem Wehrmachts-Material her und betrieben sie damit noch lange Zeit[13]. Funkgeräte aus vorwiegend sowjetischer Produktion aus der Kriegszeit folgten bald. In den zur Verfügung stehenden Unterlagen wurden jedoch keine Hinweise gefunden, dass die Sowjets Funkausrüstung aus den umfangreichen britischen und amerikanischen Hilfslieferungen während des Krieges an Verbände der *Volkspolizei* (VP) und der *Kasernierten Volkspolizei* (KVP) im Rahmen der Erstausstattung weitergebeben hat.

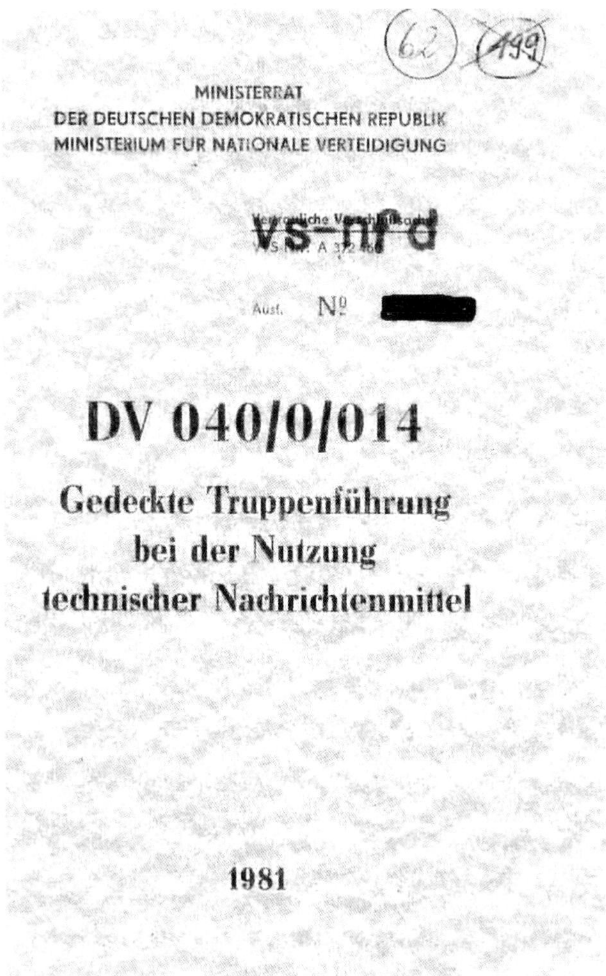
(62) (499)

MINISTERRAT
DER DEUTSCHEN DEMOKRATISCHEN REPUBLIK
MINISTERIUM FÜR NATIONALE VERTEIDIGUNG

vs-nfd

Ausf. Nº [redacted]

DV 040/0/014

Gedeckte Truppenführung
bei der Nutzung
technischer Nachrichtenmittel

1981

DV 040/0/014 – Gedeckte Truppenführung bei der Nutzung technischer Nachrichtenmittel.
Die Dienstvorschrift der Nationalen Volksarmee, die Verfahren zum Schutze des Fernmeldeverkehrs (Grundlage für die Erstellung von Codier- und Verschleierungsunterlagen, Sprechtafeln, Kartencodierung) sowie den Einsatz von SAS (Sowjetischen Schlüsselunterlagen) regelte und bis zur Wende ihre Gültigkeit behielt.

[13] Fietsch: *Nachrichtentechnik der Nationalen Volksarmee. Teil 1: Funkmittel und Antennen 1956–1990,* Funk-Technik-Berater (VTH), Baden-Baden 1993, Seite 9 ff.

2. Die deutsche Verwaltung für Inneres, die KVP, das Staatssekretariat für Staatssicherheit und die Funkelektronische Aufklärung

Mit Bildung der *Hauptverwaltung für Ausbildung* (HVA)[14] im *Ministerium des Innern* (MdI) der DDR entstand im Herbst 1949 die *Verwaltung Nachrichten der KVP*, Tarnbezeichnung »D1«, deren unterstellte Nachrichtenverbände die Tarnbezeichnung »S1« erhielten. Bis 1953 wurden die Nachrichtenabteilungen Prenzlau, Schwerin und Eggesin aufgestellt und den dortigen Bereitschaften der KVP unterstellt. Das *Zentrale Nachrichtenkommando der KVP* wurde in Niederlehme südöstlich von Berlin aufgestellt und dem *Chef Nachrichten der KVP* unterstellt. Im September 1950 erfolgte die Umgliederung in die selbstständige *Nachrichtenabteilung der KVP.*

Die selbstständige *Nachrichtenabteilung der KVP*[15] war wie folgt gegliedert:
Stab, Kurierstaffel, Stabskompanie, Stangenbaukompanie, Standort: Adlershof

Ende November 1953 erfolgte die Umgliederung in ein Kommando, das wie folgt gegliedert war und über folgende Abteilungen/Bataillone verfügte:
Kommandostab, Funk, Fernsprech-/Fernschreibabteilung, Funk-/Richtfunkabteilung, Kabelbau, sowie die Kommandoschule für die Ausbildung der Nachrichtenunteroffiziere.

Die Nachrichtentruppe der KVP verfügte zum damaligen Zeitpunkt vorwiegend über technisches Material der Wehrmacht aus russischen Beutebeständen und sowjetisches Gerät. Über Aktivitäten zur Erfassung westlicher elektromagnetischer Ausstrahlungen durch die Nachrichtentruppen der KVP liegen bisher keine gesicherten Erkenntnisse vor. 1953 wurde in der Polizeischule Pirna (Sonnenstein) eine Abteilung errichtet, in der zunächst Zugführer für den Bereich Funk ausgebildet wurden. Zum gleichen Zeitpunkt wurde in Halle eine weitere Polizeischule[16] aufgestellt, die den Auftrag hatte, Zugführer für die Bereiche Fernsprecher/Fernschreiber auszubilden.

Da das Objekt Sonnenstein in Pirna für andere Zwecke benötigt wurde (Unterbringung von aus der Sowjetunion zurückgekehrten Spezialisten der deutschen Industrie), wurde die

---

[14] Kampe: *Aus der Geschichte der Nachrichtentruppen der Nationalen Volksarmee,* Fernmeldering e.V., Fuck-Verlag, Koblenz 1999.

[15] Im Gegensatz der Bundeswehr übernahm die NVA weitgehend Bezeichnungen aus der Wehrmacht. So wurde für den Bereich des Fernmeldewesens die in Reichswehr und Wehrmacht gebräuchliche Bezeichnung »Nachrichten-« übernommen. Die Bundeswehr verwendet den Ausdruck »Nachrichten-« ausschließlich im Zusammenhang mit dem Feindlagewesen als Synonym für den englischsprachigen Ausdruck » *Intelligence*«.

[16] Vermutlich in der ehemaligen Luftnachrichtenschule Halle.

Schule in die »Graue Kaserne« verlegt. Ab September 1951 erfolgte die Zuführung sowjetischen Geräts in größerem Umfang, so dass der Ausbildungsbetrieb der KVP-Nachrichtenverbände intensiviert werden konnte. Es wurden vorwiegend die sowjetischen Systeme RBM, RSB, RAF sowie im Bereich der Trägerfrequenztechnik »MICHAEL-Geräte« der ehemaligen Wehrmacht zugeführt beziehungsweise weiter eingesetzt, bis entsprechende Geräte aus SBZ-deutscher oder sowjetischer Produktion zur Verfügung standen. Im September 1951 verfügten die Nachrichtentruppen über einen Personalbestand von 366 Offizieren, 1703 Unteroffizieren sowie 6272 Mannschaftsdienstgraden, die vorwiegend aus der ehemaligen Wehrmacht hervorgegangen waren und in den Dienst der KVP übernommen wurden.

Zwischen 1953 und 1956[17] wurden die Strukturen KVP systematisch ausgebaut mit dem späteren Ziele, eigene, vorwiegend nach sowjetischen Vorbildern gegliederte und ausgerüstete militärische Verbände aufzustellen. Damit verbunden war auch die Aufstellung der *Volkspolizei See*, der späteren *Volksmarine*, und des *Aero-Klubs* der *Volkspolizei Luft*, der späteren *Luftstreitkräfte der NVA*.

Auch Ende 1955 verfügte die *KVP Luft* beziehungsweise die Verwaltung des *Aero-Klub* ledig über eine Nachrichtenkompanie. Über Aktivitäten im Zusammenhang mit der Erfassung westlicher Fernmeldeverkehre liegen auch für diesen Zeitraum keine Erkenntnisse vor.

Im Rahmen der HVA des MdI entstand 1952 aus Teilen der KVP und der *KVP See* die *Verwaltung für Allgemeine Fragen*[18] unter Führung von Karl Linke, dem späteren Leiter des *Militärischen Nachrichtendienstes der NVA* bis 1957. Die Zentrale dieses Dienstes wurde zunächst in Berlin-Pankow, Neue Schönholzer Straße 16, eingerichtet und verfügte über folgende Gliederung:

Leiter Verwaltung für Allgemeine Fragen, Generalmajor Linke[19], Stellvertreter Polit, Stellvertreter Aufklärung, Abteilung »B« (Information und Auswertung), Abteilung »W« (Truppenaufklärung), Abteilung »K« (Kader), Abteilung »V« (Versorgung), Abteilung »X« (Chiffrierdienst) sowie eine Gruppe »Radio Aufklärung« mit Leitungs- und Auswerteabteilung[20].

Dem Stellvertreter für Aufklärung unterstanden die nachrichtendienstlichen Abteilungen »A« und »C« (vier Außenstellen auf SBZ-Territorium, sowie die Abteilung »D« (Operative Technik). Die Abteilung »W« (Truppenaufklärung) wurde in Berlin-Wendenschloß, Buchhornstraße 40/41, eingerichtet. Im April 1953 verlegte die Zentrale in das Zentrum Berlins in die Behrensstraße 42 – 45. Die Schule der *Verwaltung für Allgemeine Fragen* wurde 1953 in Grünheide bei Berlin eingerichtet. Diese hatte den Auftrag, in Zwei-Jahres-Kursen Militäraufklärer auszubilden. 1956 wurde die Schule von Grünheide nach Klietz in die »Waldschule« verlegt. Zu den dort gelehrten Fächern gehörten Politik, nachrichtendienstliche Praxis, Fremdsprachen (Englisch und Französisch), Schreibmaschine und, für Ungediente, die militärische Grundausbildung. Zusätzlich wurde ab 1956 bis 1958 eine Sprachenschule für Militäraufklärer in Karl-Marx-Stadt (Chemnitz) aufgestellt, die offensichtlich später nach Naumburg in die ehemalige NVA-Kadettenanstalt verlegt wurde.

---

[17] Kopenhagen: *Die Landstreitkräfte der NVA,* Motorbuch Verlag, Stuttgart 2003.

[18] Kabus: *Auftrag Windrose,* Verlag Neues Leben, Berlin 1993.

[19] Ob Karl Linke bereits zu diesem Zeitpunkt bereits diesen Dienstgrad trug, kann nicht mit letzter Sicherheit nachgewiesen werden.

[20] E. Klopp: *Anfänge, Aktivitäten und Abwicklung der Funkaufklärung der Nationalen Volksarmee in Dessau,* Band II, Trier 1993, Seite 168 (Im Folgenden als Klopp-Bericht zitiert).

Im Dezember 1953 wurde unter dem Stellvertreter Aufklärung die Abteilung »R« der Verwaltung Aufklärung aufgestellt. Die Abteilung »R« bezog das Objekt der ehemaligen *KVP-See* in Berlin-Wendenschloß, Buschhornstraße 40/41. Die Abteilung »R« verfügte über zwei Unterabteilungen, die sich in Oebisfelde und Pferdsdorf/Rhön befanden und den Auftrag hatten, unter Führung von zwei Offizieren und 14 Unteroffizieren den Kurzwellen- und UKW-Funkverkehr der westlichen Besatzungsstreitkräfte, der Polizei und des *Bundesgrenzschutzes* in Grenznähe zu erfassen. 1954 wurde in Dessau im ehemaligen Verwaltungsbau der Junkerswerke (in unmittelbarer Nähe des ehemaligen Junkers-Werksflugplatzes, der nur teilzerstört den Krieg überstanden hatte) die *Funkpeilkompanie der 2. Verwaltung des Stabes der KVP* aufgestellt. Die in Oebisfelde und Pferdsdorf befindlichen Erfassungsstellen wurde ihr zum gleichen Zeitpunkt unterstellt. Im gleichen Jahr noch gelang den Erfassern in Oebisfelde und Pferdsdorf, das Funksprech-Verschleierungsverfahren der britischen und amerikanischen Grenzsicherungstruppen zu entschleiern und über längere Zeit mitzulesen. Über die Geräteausstattung dieser Erfassungsstellen zum damaligen Zeitpunkt liegen keine gesicherten Erkenntnisse vor. Es kann aber angenommen werden, dass es sich dabei vielfach um ehemalige Wehrmachtsempfänger und langsam zulaufendes sowjetisches Gerät gehandelt haben muss. 1956 wurde die *Funkpeilkompanie der 2. Verwaltung* von Dessau nach Erfurt in die Blumenthalkaserne verlegt. Aus der Sowjetunion wurden Kurzwellen(HF)-Goniometer-Funkpeilanlagen für den HF-Bereich zugeführt. Das zu dieser Zeit in Gera stationierte sowjetische *Funkaufklärungsregiment* übernahm die Unterstützung beim Aufbau und Einweisung der Bediener. Für die weiträumige Erfassung und Ortung der Signale im HF-Bereich war eine Reorganisation der HF-Peilbasis erforderlich geworden. Nach einigen Versuchen richtete die *Funkpeilkompanie* an folgenden Standorten Peilempfangsstellen ein: Teutschenthal bei Halle, Frankenberg bei Chemnitz und Gützkow bei Greifswald. Mit Aufstellung der NVA wurden die bestehenden Nachrichteneinheiten der KVP umgegliedert, erhielten neue Bezeichnungen und gingen in der neuaufgestellten NVA auf. Dies gilt auch für die *Abteilung für Allgemeine Fragen*, die als *Verwaltung 19* in die neugebildete NVA übernommen und dem *Ministerium für Nationale Verteidigung* in Straußberg bei Berlin angegliedert wurde.

IV. Die Funk- und funktechnische Aufklärung der DDR 1956 bis 1989

1. Der Militärische Nachrichtendienst der Nationalen Volksarmee

Verwaltung für Koordinierung (VfK) / 12. Verwaltung des MfNV, Bereich Aufklärung (BA)
Am 1. März 1956 begann die Umgliederung der bisherigen KVP- in NVA-Verbände, im gleichen Zeitraum wurde das *Ministerium für Nationale Verteidigung* (MfNV) in Straußberg aufgestellt und bezog dort eine ehemalige Luftwaffenkaserne.

Die *Verwaltung allgemeine Fragen* wurde als der Militärische Nachrichtendienst der *Nationalen Volksarmee* in das *Ministerium für Nationale Verteidigung* (MfNV) unter der Bezeichnung *Verwaltung 19* eingegliedert. Die Führung des Militärischen Nachrichtendienstes wurde Generalmajor Linke übertragen, der bereits vorher in gleicher Funktion die *Verwaltung für Allgemeine Fragen* der KVP geführt hatte. Im Juli 1957 musste Generalmajor Linke wegen einer amerikanischen Agentin, die in seinem Haushalt beschäftigt war, ihn im Auftrag des US-Nachrichtendienstes überwachte und später zum US-Nachrichtendienst überwechselte, den Dienst quittieren. Er wurde zum Oberst zurückgestuft und in die Reserve versetzt[1]. Mehr als 200 Offiziere und Soldaten des Militärischen Nachrichtendienstes der NVA sollen in der Folge aus dem Dienst entfernt worden sein. Als Folge dieser Ereignisse wurde die Zentrale, die mittlerweile die Tarnbezeichnung *Verwaltung 19* führte, aus der Behrensstraße nach Berlin-Grünau in den Kasernenkomplex an der Regattastraße 25 - 29[2] verlegt. Zum gleichen Zeitpunkt erfolgte offenbar aus Gründen der »Konspiration« die Umbenennung in *Verwaltung für Koordinierung* (VfK) beziehungsweise *Verwaltung X*

---

1 Zolling/Höhne: *Pullach intern,* Hoffmann und Campe , Hamburg 1971. Nähere Angaben zur Affäre Linke finden sich auch bei Murphy, Kondrashev, Bailey: *Battleground Berlin,* Yale University Press, New Haven & London 1997.

2 Heute ist dort eine Bundeswehr-Verwaltungsschule untergebracht.

II oder *12. Verwaltung.* Als Folge des Übertretens von Oberstleutnant Siegfried Dombrowski, eines Angehörigen des Militärischen Nachrichtendienstes der NVA (allerdings nicht aus dem operativen Bereich), zum BND erfolgte 1958 eine erneute Umbenennung des Militärischen Nachrichtendienstes der NVA, der fortan die Bezeichnung *12. Verwaltung des Ministeriums für Nationale Verteidigung* (MfNV) führte. 1960 wurde die Zentrale aus dem Objekt in Grünau nach Berlin-Oberschöneweide, Schnellerstraße 139, verlegt. Dort befand sich die Zentrale des Militärischen Nachrichtendienstes der NVA bis etwa 1975. Danach erfolgte eine erneute Verlegung in ein Objekt in Berlin-Köpenick, Oberspreestraße 61 - 63. Die Gründe hierfür sind nicht bekannt. Der Militärische Nachrichtendienst der NVA (NVA-MilND) hatte den Auftrag, taktisch und operativ verwertbare Erkenntnisse aus dem Operationsgebiet zu gewinnen. In den siebziger Jahren schien der Dienst[3] wie folgt gegliedert zu sein:

- **Führung,**
- **Hauptabteilung Auswertung,**
- **Hauptabteilung A:**
- Taktische Aufklärung im Operationsgebiet Bundesrepublik Deutschland
- (Bundeswehr, Polizei, Bundesgrenzschutz, Alliierte Truppen)
- **Hauptabteilung C:**
- Strategische Aufklärung, Tiefenaufklärung im Operationsgebiet Westeuropa
- **Hauptabteilung T:**
- Technische Aufklärung[4], Rüstungsindustrie, Chemische Industrie

Innerhalb der DDR scheint der NVA-MilND über operative Stützpunkte in Schwerin, Magdeburg, Leipzig und Karl-Marx-Stadt verfügt haben. Da der Bereich *Militärische Abwehr* von der Verwaltung »2000« des MfNV in Zusammenarbeit mit dem MfS wahrgenommen wurde, dienten die Stützpunkte des NVA-MilND offensichtlich ausschließlich für Aufgaben im Rahmen der »Agenturaufklärung«. Die Verwaltung 2000 soll in Rahmen dieses Buches nur dort behandelt werden, wo Zusammenhänge mit der Fernmelde-elektronischen Aufklärung erkennbar werden. Über die Nachrichtengewinnung des Militärischen Nachrichtendienstes der Nationalen Volksarmee mit nachrichtendienstlichen Mitteln soll nur so weit berichtet werden, als dies im Zusammenhang mit der funk- und funktechnischen Aufklärung im Operationsgebiet erforderlich ist und dem Verständnis bestimmter Entwicklungen dient. Das *Ministerium für Nationale Verteidigung* verfügte auch bis 1962 in seiner *15. Verwaltung*[5] über Kräfte zur subversiven Kampfführung im Operationsgebiet, deren Zentrale sich in Berlin befunden haben muss und die zu dieser Zeit über vier Abteilungen verfügte (Operativ, Ausbildung, Kader und Rückwärtige Dienste). Der Personalbestand betrug 1958 nach einer Aufstellung aus diesem Jahre 58 Offiziere, 1 Unteroffizier, 26 zivile Mitarbeiter. Die Anzahl der zu dieser Zeit verfügbaren und im Operationsgebiet eingesetzten geheimen Mitarbeiter konnte nicht ermittelt werden. Der Funkbetrieb mit den im Operationsgebiet befindlichen Agenten wurde von Biesenthal bei Bernau in der Nähe Berlins gesteuert. Es kann als sicher gelten, das zwischen der 12. Verwaltung (MilND) und der *15. Verwaltung* entsprechende Absprachen hinsichtlich des Einsatzes von Mitarbeitern im Operationsgebiet stattgefunden haben. Eine Verbindung zur Funkaufklärung der NVA und des MfS kann für diesen Zeitraum ebenfalls auf Grund der

---

3 Schlomann: *Operationsgebiet Bundesrepublik,* Universitas Verlag, Bonn 1986.

4 Es kann vermutet werden, dass die Funkaufklärung der NVA von dieser Hauptabteilung gesteuert wurde.

5 Fingerle/Giesecke: *Partisanen des Kalten Krieges,* BStU, BF informiert Nr.14/96, Berlin 1996.

wenigen, verfügbaren Akten, nicht nachgewiesen werden. Im Jahre 1962 wurde die *15. Verwaltung* des MfNV auf Grund einer Vereinbarung zwischen MfS und dem MfNV in das *Ministerium für Staatssicherheit* eingegliedert und der gesamte Personalbestand sowie Ausrüstung, Waffen, Munition sowie Sprengmittel übernommen. An das MfS wurden folgende Objekte, in denen auch Waffen, Munition und Sprengmittel verfügbar waren, übergeben:

Berta – Karlshorst, Grafenauer Weg 2
Wally – Wartin bei Frankfurt/O.
Maria – Schloss Struvenberg bei Görtzke
Rosa – Rosslau bei Dessau
Else – Biesenthal
Prieros – Königswusterhausen
Schwerin – Königswusterhausen
Senzig – Königswusterhausen

Das Objekt »S« in Grünheide bei Erkner verblieb weiterhin unter Verwaltung des MfNV.

Die bisherigen Aufgaben der *15. Verwaltung* des MfNV wurden im MfS durch die *Arbeitsgruppe des Ministers* (AGM/S)[6] fortgeführt. Die *15. Verwaltung* übergab zu diesem Zeitpunkt auch ihre im Operationsgebiet Bundesrepublik befindlichen geheimen Mitarbeiter (IM – *Informelle Mitarbeiter*) an das MfS.

Informelle Mitarbeiter der 15. Verwaltung des MfNV im Operationsgebiet

Funktion	Bundesrepublik	Berlin-West	DDR	Berlin-Ost	Gesamt
Gebietsleiter	5			5	
Gruppenleiter	3			3	
Funker	6				6
Kurier	13	1			14
Stützpunkte	38	1		39	
Depots	3				3
Ermittler	5				5
Helfer	13		3		16
Konspirative Wohnung(en)			13	13	
Poststelle			1	18[7]	19
Gesamt					123

Die Gebietsleiter befanden sich in Kiel, Köln, Saargebiet, Landsberg am Lech und Nürnberg; die Gruppenleiter in Bremen, Oppau und Worms. Die konspirativen Funkverbindungen zur Zentrale der *15. Verwaltung* wurden über Funker in Bremen, Köln, Saargebiet (2 Funker), Hessen und Landsberg am Lech aufrecht erhalten. Es kann

6 Arbeits Gruppe des Ministers (AGM/S (Sonderaufgaben **???**) oder Stöcker (Oberst, Leiter der AGM).
7 Vermutlich Deckanschriften für den Postverkehr.

angenommen werden, dass dies über Einzelfunkverbindungen geschah, um die Konspiration nicht zu gefährden. Über eine Erfassung dieser Funklinien durch westliche Dienste ist nichts bekannt. Gelddepots befanden sich in Hannover, Saargebiet und Mannheim. Die *15. Verwaltung* verfügte im Operationsgebiet über folgende Stützpunkte:

Stützpunkte der 15. Verwaltung MfNV im Jahre 1962

Stützpunkte	Deckname des IM	Anzahl der IM
Augsburg	Hermann	2
Augsburg	Sepp	2
Augsburg	Heinz	2
Augsburg	Karl	2
Augsburg	Artur	2
Augsburg	Franz	2
Bergstraße	Fritz	2
Bergstraße	Erna	1
Berlin-West	Hans-Otto	2
Bochum	Friedhelm	2
Bremen	Otto	3
Essen	Oswald	2
Flensburg	Marie	1
Flensburg	Karl	2
Frankfurt am Main	Sepp	2
Hamburg	Max	2
Hamburg	Hedwig	2
Hamburg	Arno	2
Hamburg	Kuddel	2
Hameln	Konrad	2
Hameln	Robert	2
Hannover	Ludwig	2
Hannover	Luis	2
Itzehoe	Helmut	2
Köln	Christel	2
Köln	Anna	2
Krefeld	Krämer	3
Krefeld	Kiesmann	2
Lahnstein	Emil	2
Lauingen bei Ulm?	Luise	2
Lütjenburg	Heinrich	2
Minden	Erwin	2
Osnabrück	Erika	2
Saargebiet	Selzer	2
Schleswig	Franz	2

Stützpunkte	Deckname des IM	Anzahl der IM
Schwarzwald?	Jonny	2
Solingen	Karl Klein	2
Sylt	Tilly	2
Wedel bei Hamburg?	Oskar	2

Die Führung der operativen Mitarbeiter der DDR-Dienste durch Kurzwellenfunk

Die operativen Militäraufklärer des NVA-MilND im Operationsgebiet wie auch die Mitarbeiter des MfS *(Hauptverwaltung Aufklärung – HV A)* wurden schon sehr früh durch HF-Funk (Kurzwellenfunk) zunächst im ungerichteten A3-Funk (Telefonie) geführt. In dieser Zeit konnten auf unterschiedlichen Frequenzen, die wohl in Abhängigkeit zu den funktechnischen Ausbreitungsbedingungen zu sehen sind, über 24 Stunden verteilt, Sprechfunksendungen erfasst werden, die wie folgt aufgebaut waren:

Tonsignal (Kennmelodie oder Gong), Ansage einer weiblichen Stimme in deutscher Sprache Achtung, es folgte die Kennzahl des vermutlichen Aufklärers, danach erfolgte die Übermittlung der Anzahl der zu erwartenden Gruppen, danach erfolgte die Übermittlung von 5er-Zahlengruppen mit einmaliger Wiederholung, die Gruppen wurden durch das Verfahrenswort »Trennung« getrennt, am Schluss der Übermittlung erfolgte die Durchgabe des Verfahrenswortes »Ende«. Danach folgte die Durchgabe weiterer Sendungen an Empfänger mit unterschiedlichen Kennzahlen. Ob es sich bei der Durchgabe weiterer Sendungen an tatsächlich existierende Aufklärer handelte oder nur Füllsendungen vorgenommen wurden, um die westliche Aufklärung zu täuschen, kann heute nicht mehr nachvollzogen werden. Eine Zuordnung der Sendungen zum NVA-MilND oder zu Mitarbeitern des MfS im Operationsgebiet kann vermutlich nur dann vorgenommen werden, wenn eine Zuordnung zu den verschiedenen Sendestellen anhand der Peilergebnisse westlicher Stellen erfolgte, die jedoch nicht vorliegt.

Ab etwa 1958 konnten Sendungen im Kurzwellenbereich in russischer und tschechischer Sprache beobachtet werden, die im Wesentlichen nach dem gleichen Schema aufgebaut waren. Diese Sendungen sind jedoch nicht zu verwechseln mit der Sprechfunkübermittlung der *Luftraumüberwachungsdaten* (LRÜ) durch die NVA/LSK in späteren Jahren, die nach einem anderen Schema aufgebaut waren und im sehr schnellen Reportagestil die aktuellen Luftlagedaten (Kurse, Höhe und Geschwindigkeiten bestimmter Flugziele) per Sprechfunk an die Führungsstelle übermittelten, bis dieses System später automatisiert werden konnte. Offensichtlich verfügte der Militärische Nachrichtendienst der NVA bereits zu dieser Zeit auch über zweiseitige HF-Funkverbindungen in das Operationsgebiet, da der *Deutsche Soldatensender 935* in der Nähe Magdeburgs (Burg b. Magdeburg), der auf der Frequenz 935 kHz sendete, sehr zeitnah und präzise über Alarmierungsübungen im Bereich der Bundeswehr berichten konnte. Dies lässt im Nachhinein den Schluss zu, dass sich Militäraufklärer in oder in der Nähe der Objekte befanden und ungewöhnliche Ereignisse, nicht nur Alarmierungsübungen, sondern auch sonstige Begebenheit von Interesse meldeten, die danach vom *Deutschen Soldatensender 935*, teilweise auch unter Nennung von Einheitsbezeichnungen sowie Namen und Dienstgrad Beteiligter, verbreitet wurden. Soweit heute bekannt, wurde der *Deutsche Soldatensender 935* durch den MilND der NVA gesteuert. Auch der *Deutsche Freiheitssender 904* berichtete häufig über Interna aus dem Bereich der Bundeswehr. Auch hier ist anzunehmen, das Militäraufklärer oder IM des MfS und deren Vertrauensleute auf westlicher Seite Quelle dieser Informationen waren.

Die Führung der Aufklärungs- und Sabotage-Schweigenetze durch Funk

Völlig anders gestaltet sich das Verbindungswesen zu so genannten *Schweigenetzen* des MilND der NVA und des MfS[8] im Operationsgebiet. Diese Netze verfügten in der Regel über einen oder mehrere Funker, die ihre Funkgeräte in der Nähe möglicher späterer Einsatzräume in gesicherten Erdverstecken gelagert hatten, in der Regel über den ungerichteten A3-Funk geführt wurden und nur in äußerst seltenen Fällen ihre Schnellsendegeräte zur Kontrollsendungen aktivierten. Wegen der äußerst kurzen Sendezeiten konnte sie die westliche Funkabwehr[9] daher nur selten aufklären. Das *Bundesamt für Verfassungsschutz* gab 1980 für den Zeitraum von 1953 bis 1979 eine Gesamtzahl von 463.285 erfassten Funksprüchen aus den A3 HF-Netzen an. Über A-1 (Morsefunknetze) liegen demgegenüber keine Angaben vor. Es scheint jedoch, dass sowohl der NVA-MilND als auch das MfS den Einsatz des A-1 (Morsefunkverkehr) für nur wenige Funkstellen im Operationsgebiet vorgesehen hatten, da die Anwendung von HF-Tastfunk (A-1) eine langwierige Ausbildung und ständige Inübunghaltung des Funkers erfordert und insbesondere in Spannungs- und Kriegszeiten das Erfassungsrisiko für die Funkstelle sehr hoch ist. Eine Unterscheidung zwischen Funksprüchen des MilND der NVA des MfS an die Aufklärer im Operationsgebiet wurde aus naheliegenden Gründen durch das *Bundesamt für Verfassungsschutz* (BfV) öffentlich nicht getroffen, bestätigt letztlich jedoch die Erfassung dieser Netze durch den *Funkbeobachtungsdienst des BGS*. Inwieweit hier auch der *Funkkontrollmessdienst der Deutschen Bundespost* beteiligt gewesen sein könnte, kann nicht mit letzter Sicherheit ausgeschlossen werden, da er über ein flächendeckendes Netz von HF-Peilfunkstellen in der Bundesrepublik verfügte. Für das Jahr 1980 wurde weitere 40.000 Funksprüche erwartet. Ob die Nachrichteninhalte der übermittelten Funksprüche durch westliche Sicherheitsbehörden in wesentlichen Teilen entschlüsselt werden konnten, ist auch heute noch nicht endgültig geklärt. Als sicher kann jedoch gelten, dass zumindest im Zusammenhang mit dem Fall Guillaume der Inhalt derartige Sprüche durch Dienste der Bundesrepublik mindestens bis Ende 1959 partiell entschlüsselt[10] werden konnte. Alle Sendungen verwendeten augenscheinlich den gleichen Schlüssel und in den Sprüchen nahm die Führungsstelle Bezug auf persönliche Anlässe, z.B. Geburtstagsgrüße, die in einigen Fällen die Identifizierung der Adressaten durch die westlichen Sicherheitsbehörden[11] wesentlich erleichterte. Nach einer Aussage von Markus Wolf, dem ehemaligen Leiter der HVA, wurden die Funksprüche an Guillaume bereits 1973 durch das BfV zum großen Teil entschlüsselt und gaben Hinweise auf die Zugehörigkeit Guillaumes zum MfS[12]. In der Folge rüsteten sowohl der NVA-MilND als auch das MfS seine im Operationsgebiet befindlichen Mitarbeiter mit Schlüsselunterlagen auf Basis eines »individuellen« Zahlenwurms aus, der eine äußerst zeitaufwändige Entschlüsselungsmethode erforderte oder häufig

---

8 Siehe hierzu auch Nollau: *Wie sicher ist die Bundesrepublik*, Goldmann-Verlag, München 1978, Seite 62 ff. Fall »Weise«.

9 Schlomann: *Operationsgebiet Bundesrepublik,* Universitas Verlag, Bonn 1986.

10 Die Bearbeitung durch die *Zentrale für Chiffrierdienst* (ZFChi) in Bonn erscheint möglich. Siehe auch Van Bergh: *Bonner Krankheiten,* VPA, Landshut 1975, Seite 187–340. Bericht der Kommission »Vorbeugender Geheimschutz« BT 7/3083, Bericht und Antrag des 2. Untersuchungsausschusses BT 7/3246.

11 *Der Mann ohne Gesicht,* 3-Sat am 03.10.2004, Markus Wolf

12 Schlomann: *Operationsgebiet Bundesrepublik,* Universitas Verlag, Bonn 1986.

eine Entschlüsselung in operativ angemessener Zeit nicht erlaubte. In den Folgejahren wurden in der Bundesrepublik verschiedene Erddepots mit Funksende- und Empfangsgeräten entdeckt, deren Zuordnung zu den jeweiligen Diensten nicht immer einfach war, da es sich in der Regel um Schnellsendeanlagen aus sowjetischer Produktion handelte. Es ist bekannt, das neben dem Militärischen Nachrichtendienst der DDR und dem MfS auch die sowjetischen Nachrichtendienste KGB und GRU sowie der Militärische Nachrichtendienst der tschechoslowakischen Volksarmee in den zu erwartenden Einsatzräumen auf westlicher Seite bereits zu einem sehr frühen Zeitpunkt so genannte Schweigenetze eingerichtet hatten. Sie waren mit entsprechender Funkausstattung ausgerüstet, die in Erddepots lagerte. In den sechziger Jahren begann der Nachrichtendienst der Sowjetarmee GRU mit dem punktuellen Einsatz von Agenten im westlichen Operationsgebiet zur Beobachtung strategisch wichtiger Einrichtungen, so auch in England[13]. Dass die Agenten dabei mittels Funk geführt wurden, ist anzunehmen. Im Januar 1961 wurden in Zürich zwei Mitarbeiter[14] des tschechoslowakischen Nachrichtendienstes trotz ihres Diplomatenstatus bei einem konspirativen Treffen festgenommen. Sie hatten den Auftrag, einen unter der Legende eines Auslandsschweizers eingeschleusten tschechoslowakischen Offizier, der in der Schweiz nachrichtendienstlich tätig geworden war, mit nachrichtendienstlichen Hilfsmitteln zu versorgen. Die Durchsuchung der Wohnung des Beschuldigten ergab entsprechende Hinweise auch auf das Versteck einer Funkausrüstung, die für den Einsatz im Ernstfall vorgesehen und zur Verbindungsaufnahme nur einmal durch den Agenten aktiviert worden war. In Friedenszeiten erfolgte die Führung des Agenten in der Schweiz durch den tschechoslowakischen Nachrichtendienst mit Hilfe ungerichteter A3-Funksendungen im Kurzwellenbereich, die der Agent mit einem handelsüblichen Kurzwellenempfänger empfangen konnte. Nachdem in Schwammendingen bei Zürich bei Arbeiten im Bereich eines Schießstandes die Funkanlage des Agenten zufällig gefunden wurde und den zuständigen Behörden übergeben werden konnte, führte dies offenbar zur Enttarnung des Agenten, der sich bereits vorher während seines Wehrdienstes in der Schweizer Armee, die er wegen seiner Sprachkenntnisse in einer Spezialeinheit absolvierte, verdächtig gemacht hatte. Die ebenfalls festgenommene Ehefrau des Agenten war durch den tschechoslowakischen Nachrichtendienst als Funkerin ausgebildet worden. Auch in Österreich[15] konnte 1964 ein Schweigenetz enttarnt werden, das durch die *Hauptverwaltung Aufklärung* (HVA) des MfS geführt wurde. Die Agentengruppe bestand aus mehr als sechs Mitgliedern, die der Agent Marwegen alias Schröder führte, und die mit mindestens drei Funkgeräten für die Verbindung zum MfS im Kriegsfall ausgerüstet war. Im Zuge der Ermittlungen konnten die Funkgeräte in der Nähe von Steyr, bei Kalksburg im Wienerwald und bei Hainfeld von österreichischen Sicherheitsbehörden geborgen werden. Im weiteren Verlauf der Ermittlungen konnte festgestellt werden, dass die Gruppe auch über die Ablageorte von Funkgeräten, die das MfS in der Schweiz vergraben hatte, informiert war. Auch diese Geräte konnten in Zusammenarbeit der österreichischen und schweizerischen Sicherheitsbehörden unbeschädigt ausgegraben werden. In den achtziger Jahren wurde in der Nähe von Sigmaringen in Baden-Württemberg bei Waldarbeiten ein Depot entdeckt, das offensichtlich bereits früher dort vom tschechoslowakischen MilND[16] angelegt worden war. Im Zusammenhang mit der Mitrokhin-Befragung in England[17] ergaben sich Hinweise, dass

[13] Barron: *KGB heute,* Scherz-Verlag, Bern/München 1984, Seite 59.

[14] *Die lautlose Macht*, Band 1, Verlag Das Beste, Stuttgart 1985, Seite 275 ff.

[15] *Die lautlose Macht*, Band 1, Verlag Das Beste, Stuttgart 1985, Seite 306 ff.

[16] Nach Angaben von General Seijna, einem Offizier des CSSR-ND, der in den Westen übergetreten war.

[17] Intelligence & Security Committee: *The Mitrokhin Inquiry Report,* HMSO June 2002.

Funkgerät des sowjetischen militärischen Nachrichtendienstes GRU für verdeckte Einsätze (Schweigenetze) in Westeuropa.

der damalige sowjetische Nachrichtendienst solche Depots auch auf schweizerischem Territorium anlegte. Die Hinweise führten zu deren Bergung, die sich sehr schwierig gestaltete. Denn die Depots waren allesamt mit Sprengfallen versehen, die bei unsachgemäßer Öffnung der Verstecke unweigerlich zur Detonation gekommen wären. Durch geeignete Maßnahmen der schweizerischen Behörden gelang es jedoch, die Anlagen unbeschädigt zu bergen.

Die frühen Modelle (z.B. R-305 M[18]) erforderten das Einstanzen des zu sendenden Textes in 35 mm Kinofilm, der während der Sendung durch eine handkurbelbetätigte Einrichtung die erforderlichen Impulse an den Sender gab.

In späteren Jahren wurde das System verfeinert und erlaubte die Übermittlung handchiffrierter Texte mit Hilfe von Tonbandkassetten. Zum Schluss verfügten diese Geräte über eine Sendegeschwindigkeit von etwa 3000 Morsezeichen/sec., die eine Erfassung durch westliche Dienste sicherlich erschwert hat. Über den Einsatz der Frequenzsprungtechnik *(Frequency Hopping)* bei der Führung von Agenten liegen bis heute noch keine gesicherten Erkenntnisse vor.

Über den Einsatz von elektronischen Schnellgebern[19] bei der telefonischen Übermittlung von Nachrichten an die Führungsstellen gibt es nur wenig Informationen. Offenbar war deren Einsatz nur in Friedenszeiten bei bestehenden Fernmeldeverbindungen aus dem Operationsgebiet geplant. Gleichwohl scheint das MfS Mitte der achtziger Jahre, als entsprechende Technik verfügbar war, wichtige Funkstellen im Operationsgebiet mit satellitengestützten Sende- und Empfangsanlagen[20] (Deckname »STERN«), die über Schnellgebeeinrichtungen verfügten, ausgestattet zu haben. Inwieweit dieses System auf die in geostationärer Position befindlichen sowjetischen Satelliten der GALS, LUCH- und KOSMOS-Serie abgestützt war, konnte noch nicht ermittelt werden. Wahrscheinlich wurde die Verbindung über einen Aufklärungs-Satelliten der sowjetischen KOSMOS-Serie hergestellt. Ausgeschlossen werden kann aber auch nicht, dass die Verbindungen über das sowjetische System RADUGA geführt wurden. Nach bisher unbestätigten Erkenntnissen[21] hat das MfS möglicherweise auch den Transponder des bundesdeutschen Satelliten DFS-FM1 der *Deutschen Telekom* unberechtigt und für die *Telekom* unerkannt, für einige Monate mitbenutzt. Dies, um die Verbindung mit eigenen Mitarbeitern auf diesem Weg aufrecht zu erhalten, da die Sendungen des MfS mit einer normalen SAT-Empfangsanlage, die unverdächtig war, im *Footprint* des Satelliten an jedem Ort im westlichen Vorfeld der DDR empfangen werden konnten. Die Mitarbeiter[22] der HVA im Operationsgebiet ver-

---

[18] Dieses System befindet sich in der Schausammlung des Traditionsverein der Fm/EloAufklLw Trier.

[19] Kabus: *Auftrag Windrose*, Verlag Neues Leben, Berlin 1993, Seite 121 f.

[20] Müller-Enbergs: *Inoffizielle Mitarbeiter des Ministeriums für Staatssicherheit*, Teil 2, Ch.Links-Verlag, Berlin 1998, Seite 82.

[21] Mass: *Die Technik des Satellitenanzapfens*, Franzis-Verlag, München 2001.

wendeten ab Mitte der siebziger Jahre auch eine spezielle Software in Verbindung mit handelsüblichen Diktiergeräten, die eine schnelle Übermittlung von kodierten und inhaltlich komprimierter Nachrichten über normale Telefonverbindungen erlaubten, um Meldungen an ihre Zentrale beim MfS abzusetzen. Problematisch hierbei war jedoch die lange Wartezeit, die ein Agent des MfS bei der Übermittlung seiner Nachrichten an die *Bereitschaftszentrale des MfS* bei der Nutzung normaler Telefonzellen einkalkulieren musste. Denn bis weit in die achtziger Jahre war nur eine beschränkte Anzahl von Leitungen aus dem Bundesgebiet in die DDR verfügbar, die durch den normalen Gesprächsverkehr häufig belegt waren. Daher konnte sich der Agent bei längerem Verweilen vor Telefonzellen exponieren und dabei aufmerksamen Passanten oder den Polizeibehörden auffallen.

Dessen ungeachtet setzte das MfS weiterhin bei seinen Agentenfunkverbindungen auf konventionelle Technik in Gestalt des Kurzwellenverbindungssystems »Welle 2« mit einer Reichweite bis zu 3000 km, das ebenfalls mit einer Schnellgebeinrichtung ausgestattet war. Als Funker[23] im *Operationsgebiet* (OG) setzte das MfS in der Regel nur IM aus der DDR ein, die nach entsprechender Ausbildung in das OG unter einer Legende »umgesiedelt« wurden. Die Führung der Aufklärer über Funk, sowohl der des NVA-MilND als auch der des MfS, erfolgte unvermindert bis zu deren endgültigen Auflösung im Jahre 1990 aus verschiedenen Sendestellen für den MilND der NVA , unter anderem aus der Sendestelle Grunowstraße 38 in Berlin. Die dem FuAR-2 (später ZFD) unterstellte Funksendestelle Scheuder bei Dessau verfügte über eine umfangreiche Senderausstattung für die Führung der dem FuAR-2 unterstellten Einheiten. Daneben wurde sie auch als Reservestelle für die Funkverbindungen der Agenturaufklärung (Führungsfunk für Militäraufklärer) eingesetzt, wenn die Hauptsendestelle beim *Funkamt der NVA* (AFZ) Angermünde mit der Funksendestelle Senftenhütte und der Funkempfangsstelle Crussow nicht zur Verfügung stand. Die Funkführung der Mitarbeiter der *Hauptverwaltung Aufklärung* (HVA) des MfS im Operationsgebiet erfolgte durch andere Funkstellen. Nähere Einzelheiten hierzu sind im Teil *MfS-Hauptabteilung III (HA III)* ab Seite enthalten. Am Abend des 2. Oktober 1990 wurden die letzten Sendungen ausgestrahlt, dann die Sender abgeschaltet und stillgelegt. Nach anderen Angaben[24] soll der *Bereich Aufklärung* (BA) der NVA seine 138 Mitarbeiter im Operationsgebiet bereits am 23. Mai 1990 per Funk abgeschaltet haben[25]. Soweit bekannt, wurden die Anlagen in Scheuder der *Bundesvermögensverwaltung* übergeben. Über eine weitere Nachnutzung liegen keine Angaben vor. Über die Führung anderer Netze der Partnerdienste des MfS im Bundesgebiet mittels Funk liegen aus verständlichen Gründen ebenfalls noch keine Informationen vor. Es ist aber davon auszugehen, dass auch der tschechoslowakische Nachrichtendienst von diesem Führungsverfahren noch bis 1989 Gebrauch gemacht hat. Auch in dieser Zeit konnten noch spezifische Sendungen im Kurzwellenbereich erfasst werden, die im Spruchaufbau und der Abwicklung dem vom MfS praktizierten Verfahren glichen, zum Unterschied wurde hier jedoch in tschechischer Sprache gesendet.

---

22 *Fall »Kuron« des BfV in Köln.* 3-Sat am 03.10.2004. Dieser verfügte über eine derartige Einrichtung zur Übermittlung von Nachrichten an die Zentrale des MfS

23 1988 verfügte die HVA im Operationsgebiet über 14 Funker. 10 Funker wurden direkt durch die Zentrale der HVA in Berlin, 4 Funker durch die BV Frankfurt/Oder und Karl-Marx-Stadt geführt. Ob sich diese Funker im OG befanden, ist unklar. Müller-Enbergs: *Inoffizielle Mitarbeiter des MfS*, Teil 2, Ch.Links-Verlag, Berlin 1999.

24 Wegmann, B.: *Den Klassenfeind im Visier*, Information für die Truppe (IfdT), Bonn 1991.

25 Mit dem Kinderlied »Alle meine Entchen«. Herbstritt/Müller-Enbergs: *Das Gesicht dem Westen zu,* Edition Temmen, Bremen 2003, Seite 94. Kabus: *Auftrag Windrose,*Verlag Neues Leben, Berlin 1993.

Die Reorganisation des Militärischen Nachrichtendienstes der NVA

Nach 1980 wurde die *Verwaltung Aufklärung* erneut reorganisiert und führte nun fortan die Bezeichnung *Bereich Aufklärung* (BA)[26]. Die Zentrale in Berlin-Köpenick, Oberspreestraße 61–63, wurde ausgebaut und erhielt in späteren Jahren einen nach physikalischen Überlegungen abgeschirmten Hochbunker für das Lagezentrum, das allerdings nicht mehr fertiggestellt werden konnte. Die Einrichtung trug die Bezeichnung *Mathematisch-Physikalisches Institut der DDR* eine nach außen hin unverfängliche Bezeichnung. Nicht weit entfernt, in der Wuhlheide, befand sich das *Zentralobjekt Wuhlheide* ZOW der *Hauptabteilung III des MfS*, was mögliche schnelle persönliche Kontakte zwischen den einzelnen Bearbeitern sicherlich erleichterte. Das Objekt Oberspreestraße wurde 1990 an die Bundeswehr übergeben, jedoch in seiner Funktion nicht mehr genutzt. Nach umfangreichen Umbauten ist die Liegenschaft heute durch das Kreiswehrersatzamt Berlin belegt. Die Führung der Funk- und funktechnischen Truppen der NVA, soweit diese in die fernmeldeelektronische Nachrichtengewinnung eingebunden waren, erfolgte durch die dem 1. Stellvertretenden Chef und Informationsdienst unterstehende 3. Verwaltung Truppenaufklärung des *Bereichs Aufklärung* (BA). Die 3. Verwaltung (*Operativ-Taktische Aufklärung* – OTAkl, 1990: 53 Mitarbeiter) hatte bis zur Auflösung des BA etwa 1000 Objekte im westlichen Vorfeld der NVA unter funk- und funktechnischer Kontrolle zu halten und verfügte dazu zuletzt über etwa 1000 Soldaten und Zivilbedienstete der NVA, die im Rahmen der stationären und mobilen, grenznahen Funkerfassung durch das FuAR-2 im zweiten Halbjahr 1988 in *Zentraler Funkdienst* (ZFD) der NVA umbenannt wurde. Der BA/ZFD hielt Zielobjekte, Funknetze und sonstige Einrichtungen der Bundeswehr, der verbündeten Streitkräfte in der Bundesrepublik und der westlichen Sicherheitsdienste unter funktechnischer Kontrolle und hatte Indikationen für bedrohliche Absichten der NATO frühzeitig zu erkennen und zu melden. In dieser Zeit wurde auch die mobile Erfassung durch Aufklärungsboote der *Volksmarine* in der Ostsee, den Ostseezugängen und durch luftgestützte Aufklärungssensoren im Rahmen der Operation »RELAIS« bzw. Operation »Diskant« im Verbund mit der *Hauptabteilung III des MfS* durchgeführt. Die Erkenntnisse der funk- und funktechnischen Erfassung wurden vom BA sorgsam ausgelotet. Der Informationsdienst des BA wertete monatlich bis zu 1000 Fachzeitschriften und sonstige Publikationen aus, täglich bis zu 100 Zeitschriften. Mehr als zwölf Stunden Hörfunk- und Fernsehbeiträge westlicher Sendeanstalten wurden zudem zusätzlich täglich auf ihren Nachrichteninhalt ausgewertet. Zum Zeitpunkt der Auflösung des BA der NVA verfügte der MilND der NVA über mehr als 500.000 Datensätze über ausländische Streitkräfte, Rüstungstechnik sowie militärischer und ziviler Funktionsträger. Nach kompetenten westlichen Quellen[27] galten diese Informationen als äußerst präzise. Jährlich erhielt die Führung der NVA mehr als 500 Informationsdokumente zu relevanten Themen. Im März 1990 erfolgte die Einstellung der Aufklärung durch Agenten im Operationsgebiet, der MilND der NVA wurde in *Informationszentrum beim Ministerium für Abrüstung und Verteidigung* umbenannt,

---

26 Wegmann, B.: *Die Aufklärung der Nationalen Volksarmee* in Herbstritt/Müller-Enbergs: *Das Gesicht dem Westen zu,* Edition Temmen, Bremen 2003, Seite 215 ff.

27 Wegmann, B.: *Die Aufklärung der Nationalen Volksarmee* in *Herbstritt/Müller-Enbergs: Das Gesicht dem Westen zu,* Edition Temmen, Bremen 2003, Seite 222, Anm. 16 (dpa. Markus Wolf/Egon Bahr)

wobei der Personalbestand eine Reduktion um 50% erfuhr. Alle Unterlagen, soweit sie Mitarbeiter des BA im Operationsgebiet betrafen, wurden auf Weisung des letzten Verteidigungsministers der DDR, Rainer Eppelmann, vor der Übergabe des Dienstes vernichtet. Das verbliebene Nachkommando wurde in die Bundeswehr übernommen und löste den MilND der NVA zum 31.12.1990 vollständig auf. Das verbliebene Personal wurde aus der Bundeswehr entlassen. Sein Weg bleibt ungewiss.

Das Funktechnische Aufklärungsbataillon 21 (FuAB 21)

Die 1956 nach Erfurt in die Blumenthal-Kaserne verlegte ehemalige *KVP-Funkpeilkompanie Dessau* wurde 1961 umgegliedert und erhielt die Bezeichnung *Funktechnisches Aufklärungsbataillon 21* (FuAB 21). Der Verband verlegte im gleichen Jahr nach Frankfurt/Oder. Ob die Verlegung von Erfurt an den ostwärtigen Rand des DDR-Territoriums aus Sicherheitsgründen erfolgte, ist heute nicht mehr nachvollziehbar, erscheint aber wahrscheinlich. Zwischen 1956 und 1958 begann der MilND der NVA mit der umfassenden Funkaufklärung der westlichen Seite, eine engere Zusammenarbeit mit dem *Ministerium für Staatssicherheit* (MfS) erfolgte zu diesem Zeitpunkt jedoch offensichtlich noch nicht. Als das Bataillon zunächst mit der Erfassung westlicher HF-Funkbeziehungen begann, standen ihm zu dieser Zeit an Geräten für die Erfassung folgende Muster[28] zur Verfügung:

- Kurzwellenempfänger KWM
- Allwellenempfänger RFT-Dabendorf und R-250
- Funkfernschreibaufklärung Gerätesatz R-327
- HF-Funkpeiler R-303 und PKW-45
- Station zur Ortsfehlerbestimmung RBM

An Sendetechnik verfügte das Bataillon über Gerätesätze der Typen RSB und RAT.
In der Kaserne in Frankfurt wurde eine Funkempfangszentrale errichtet, die zunächst aus sechs Kurzwellen- und zwei Funkfernschreib-Erfassungsarbeitsplätzen bestand. Später sollte die Funkempfangszentrale auf zwölf Arbeitspätze erweitert werden. Im Laufe der Zeit wurde die Empfangszentrale auf insgesamt 25 Arbeitsplätze erweitert und mit einer Kommandopultanlage ausgestattet. Im Zuge des Erweiterung der Funkerfassung durch das FuAB-21 wurden dem Bataillon zusätzliche Empfangssysteme vom sowjetischen Typ R-250 M zugeführt. Zu dieser Zeit, etwa Mitte 1961, verfügte das FuAB-21 über insgesamt fünf Funkpeilstellen für den HF-Peilempfang, die wie folgt verteilt waren:

- Niederjesar bei Frankfurt/Oder
- Teutschenthal in der Nähe von Eisleben
- Frankenthal zwischen Dresden und Bautzen
- Gützkow südlich von Greifswald

Die Zusammenarbeit mit dem *78. Nachrichtenzentrum* der *Tschechoslowakischen Volksarmee* (CVA) wurde intensiviert, indem Peilergebnisse, die durch CVA-Peilstellen gewonnen wurden, mittels Standleitungen an die Empfangszentrale in Frankfurt an der Oder übermittelt und dort verarbeitet wurden. Eine Aufgabenabgrenzung hinsichtlich Überwachung der Funkhoheit und Funkabwehr auf dem Territorium der DDR zwischen dem MilND der NVA und dem MfS scheint jedoch 1956 erfolgt zu sein, da eine entsprechende Dienstanweisung[29] des 1. Stellvertreters des Ministers die Aufgaben der Funkabwehr, die durch die damalige *Hauptabteilung II* (HA II) des MfS wahrzunehmen war, präzisierte. Nähere Einzelheiten hierzu im Abschnitt über die HA III des MfS. An Sendetechnik verfügte das Bataillon über Gerätesätze der Typen RSB und RAT.

---

[28] Klopp: *Dessau-Bericht,* 1993.

[29] BStU, MfS-BdL/Dok Nr 002119 – Dienstanweisung Nr.3/56 – GVS, TgbNr 5. v. 23. Jan. 1956.

Das Funkaufklärungsregiment 2 (FuAR-2)

1963 wurde das *Funktechnische Aufklärungsbataillon 21* (FuAB 21) wegen der besseren Empfangsmöglicheiten im HF-Bereich nach Dessau in seine frühere Garnison, das ehemalige Junkers-Werksgelände mit dem Junkers-Hochhaus, verlegt und erhielt dort nach seiner Umgliederung die Bezeichnung *Funkaufklärungsregiment 2* (FuAR-2).

Es wurde dem Hauptstab der NVA im *Ministerium für Nationale Verteidigung* unterstellt. Neben der Zentrale der Funkaufklärung in Dessau verfügte das FuAR-2, das dem *Bereich Aufklärung* (BA) des MfNV zuarbeitete, zu dieser Zeit über ein System von Erfassungszentralen und Erfassungsstellen, die wie folgt disloziert waren:

Zentrale	Dessau (FuAR- 2)
Funkaufklärungszentrum Nord	Rüggow (Mecklenburg-Vorpommern)
Funkaufklärungszentrum Süd	Zella-Mehlis (Thüringen)

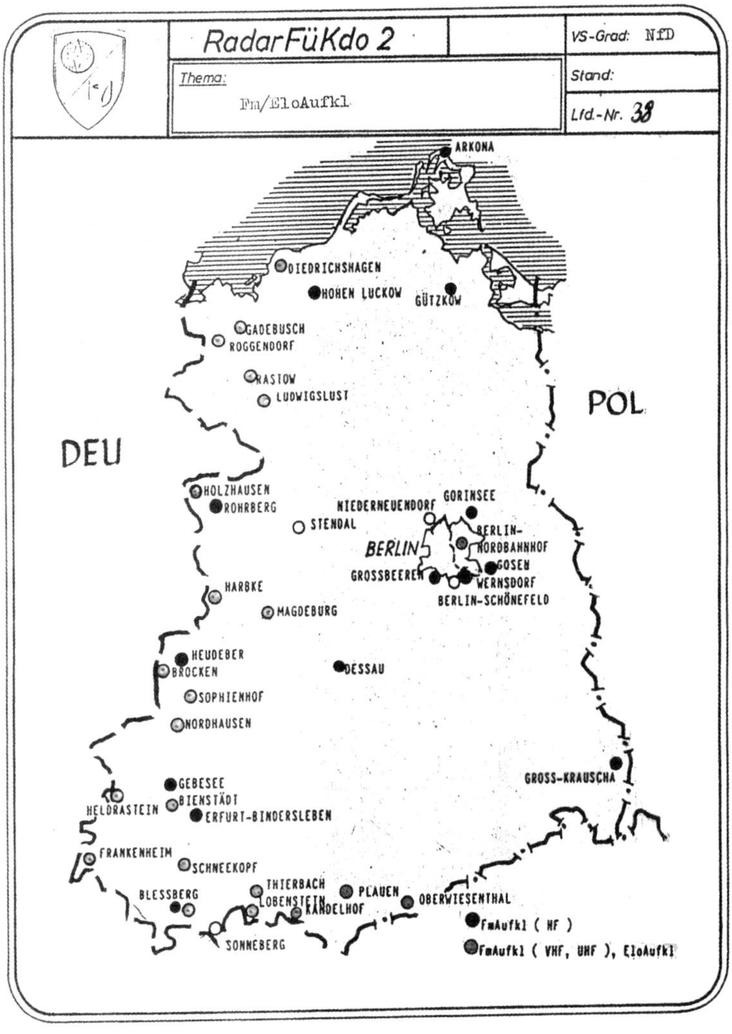

Erfassungsraum des NVA-Funkaufklärungsregiments 2 (Zentraler Funkdienst-ZFD) Dessau.

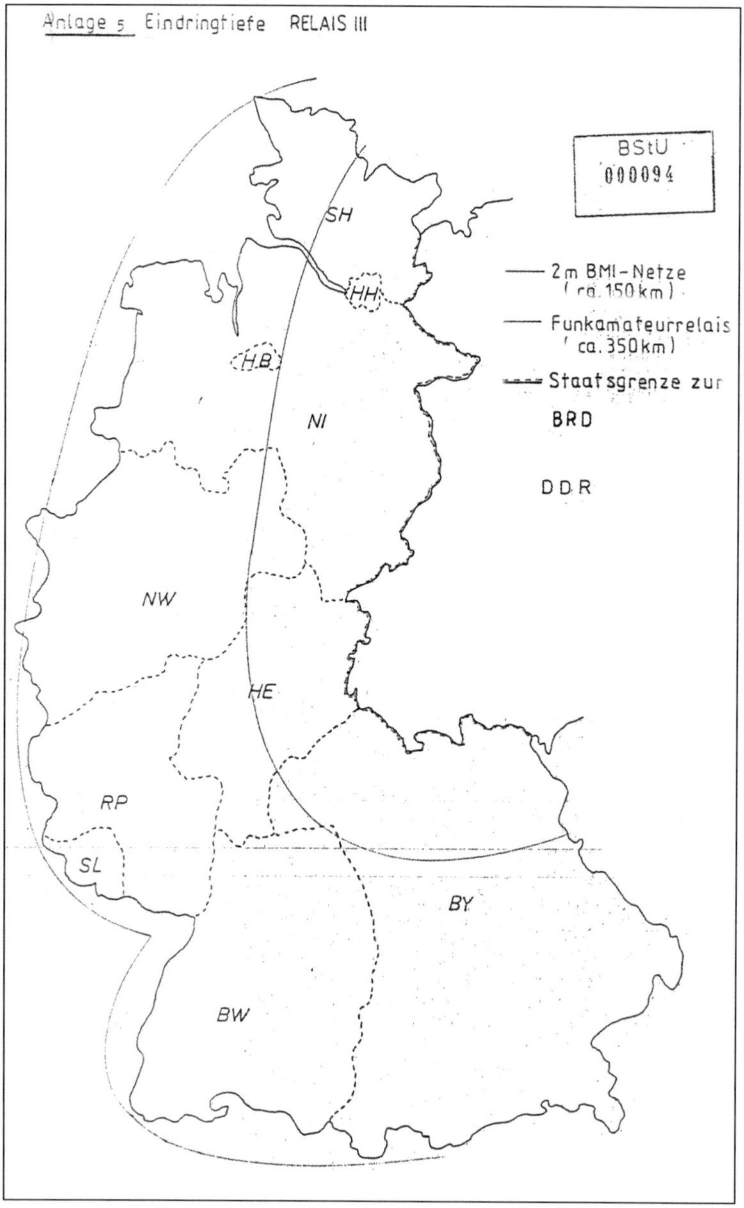

Erfassungsreichweiten bei luftgestützten Erfassungseinsätzen mit AN-26 CURL (Operation RELAIS/DISKANT) des Bereiches Aufklärung des Ministeriums für Nationale Verteidigung und der Hauptabteilung III (Spezialfunkdienste) des Ministeriums für Staatssicherheit bis 1989.

Erfassungsstellen	Oebisfelde, Pferdsdorf
Peilstellen	Gützkow, Teutschenthal, Frankenberg
Funksendestellen	Crussow-Senftenhütte (Kurzwelle), Berlin, Scheuder bei Dessau (Betriebsstelle 4), Bernau[30]

[30] Ungerichteter einseitiger A1/A3 HF-Funk zur Verbindung mit Mitarbeitern im Operationsgebiet. Später ab 1961 waren weltweite zweiseitige Verbindungen im Kurzwellenbereich möglich.

Richtfunkverbindungen Zentrale-FuAZ Nord Rüggow
Zentrale-FuAZ Süd Zella-Mehlis
Zentrale-ErfSt Brocken

Das Funkaufklärungsregiment 2 (FuAR-2) erhielt den Auftrag:

Organisation und Führung der Funk- und funktechnischen Aufklärung (FuFuTAkl)
Ermittlung, Beurteilung und Darstellung des militärischen Lagebildes
Meldung der Ergebnisse an die Bedarfsträger (MfNV, NVA – MilND)

Das FuAR-2 verfügte in Dessau im 6. und 7. Obergeschoss des Junkers-Hochauses über 25 stationäre Funkempfangsplätze, die mit Betriebsempfängern 1340, Funkfernschreib-DM 02 und Einseitenband-Demodulatoren DM 03 ausgestattet wurden.

Im Laufe der Entwicklung wurde das FuAR-2 mehr und mehr in das *Diensthabende System* (DHS) der Luftverteidigung eingebunden und lieferte wesentliche zusätzliche und zeitnahe Erkenntnisse für die Luftlagedarstellung im Vorfeld der *Warschauer Vertragsorganisation* (WVO). Insbesondere wurden in den späteren Jahren die Einflüge hochfliegender Aufklärungsflugzeuge der USA (U-2/TR-1 und SR-71) sowie die grenznahen SIGINT-Flüge der Bundesluftwaffe (BREGUET ATLANTIC) und der Alliierten im vorderen Luftraum über dem Bundesgebiet intensiv beobachtet und deren technische Parameter aufgeklärt. Zu den Hauptaufgaben des FuAR-2 gehörte die Überwachung der Bundeswehr- und NATO-Streitkräfte auf dem Territorium der Bundesrepublik Deutschland, mit überwacht wurden zusätzlich grenznah stationierte Kräfte des *Bundesgrenzschutzes* und der *Bayerischen Grenzpolizei* aus festen und mobilen Aufklärungsstellen in Grenznähe. Demgegenüber überwachte das MfS mit seiner *Hauptabteilung III* (HA III) zusätzlich die gesamten Trägerfrequenz-gestützten Richtfunkverbindungen im Operationsgebiet, sowie Fernsprech-, Fernschreib-, Faximile- und Datenübermittlungsverbindungen von Bedeutung. Dies gilt auch für Verbindungen des Autotelefonnetzes (B- und C-Netz), des Amateur- und CB-Funkverkehrs sowie die Funkverbindungen der Sicherheitsbehörden und alliierter Nachrichtendienste in der Bundesrepublik. Hier insbesondere die Observationsgruppen des BND, des Verfassungsschutzes, des MAD und der westlichen Dienste und wichtiger Funktionsträger in den Nachrichtendiensten. Es bediente sich hierbei eines Systems von festen Erfassungsstellen entlang der deutsch-deutschen und bayerisch-tschechischen Grenze und legal (exterritorial) abgedeckter Aufklärungsstützpunkte im Operationsgebiet. Nähere Einzelheiten hierzu sind im Abschnitt über die HA III des MfS enthalten. Die *Nationale Volksarmee* verfügte in späteren Zeiten über ein relativ geschlossenes und aussagekräftiges Lagebild der ihr gegenüberliegende nationalen und NATO-Streitkräfte und deren Aktivitäten[31]. Dies kann auch für die Erkenntnisse der damaligen Nachrichtendienste der DDR für die gegen Osten gerichtete *Fernmelde- und Elektronische Aufklärung* der Bundesrepublik und der Alliierten in Deutschland[32] gelten.

Die Aufklärungsaktivitäten des FuAR-2 erfolgten permanent im 24-Stunden-Dienst, bei besonderen Lagen (Übungen aller Art, Manöver und insbesondere die Stabsrahmenübungen der NATO »WINTEX/CIMEX« wurden durch das FuAR-2, die HA III des MfS und sowjetische Funkaufklärungsverbände intensiv überwacht und aufgeklärt. Hierzu kam hautsächlich die Erfassung der Funkverkehre im Kurzwellen(HF)-Bereich in Betracht, der günstige Empfangsbedingungen voraussetzend, eine fast weltweite Erfassung dieser Funkverkehre ermöglichte, insbesondere auf den höheren Frequenzen im Kurzwellen-

[31] Weber (Hrsg.): *Die Streitkräfte der NATO auf dem Territorium der BRD,* Militärverlag der DDR, Berlin 1984.
[32] Charisius/Mader: *Nicht länger Geheim,* Militärverlag der DDR, Berlin 1969.

bereich. Bei günstigen Funkwetterlagen war auch zeitweise die Erfassung von Funkverkehren im unteren HF-Bereich (1500 KHz bis 3500 KHz) möglich.

Ein besonderes Aufklärungsziel des NVA-MilND waren die »Kernwaffeneinsatzmittel«[33] der NATO (108 PERSHING 2, 96 CRUISE MISSILE sowie die 156 operativ-taktischen Raketenysteme der NATO-Streitkräfte, die 300 Kernwaffenträger der NATO-Luftstreitkräfte und 15.100 Artilleriesysteme für den Einsatz nuklearer Kampfmittel der NATO), von denen sich zumindest ein Teil der luftgestützten Kernwaffenträger in ständiger Einsatzbereitschaft (*Quick Reaction Alert* – QRA) auf Flugplätzen in der Bundesrepublik befanden. Da die Vereinigten Staaten die ausschließliche Verfügungsgewalt über die nuklearen Gefechtsköpfe inne hatten, wurden jedem nationalen Verband amerikanische so genannte *Custodial Units* zugeordnet, welche die Bewachung und den Einsatz dieser nuklearen Einsatzmittel sicherzustellen hatten. Der Einsatz dieser Waffensystem konnte ausschließlich durch den Präsidenten der Vereinigten Staaten genehmigt beziehungsweise angeordnet werden. Für die Übermittlung der Einsatzbefehle waren verschiedene funk- bzw. drahtgebundene Alarmierungs- und Befehlsstränge eingerichtet, die periodisch auf ihre Verfügbarkeit hin überprüft wurden. Zu den funkgebundenen Befehlswegen gehörte das so genannte *Cemetry Network*, das im unteren Kurzwellenbereich (etwa 4000 KHz–6500 KHz) ständig einsatzbereit war und periodische *Radio Checks* unter Anwendung verschiedener Rufnamen durchführte, die das FuAR-2 zuordnen konnte. Da die strengen Vorschriften hinsichtlich der einzuhaltenden Funkdisziplin[34] von den amerikanischen Betriebsfunkern häufig nicht eingehalten wurden, war dieses Funknetz offenbar eine recht ergiebige Quelle für Erkenntnisse hinsichtlich Bereitschaftsstand, Transportbewegungen (diese wurden oft im Klartext angesprochen) und weiterer, taktisch und operativ interessanter Einzelheiten, die das tägliche Gesamtlagebild des MilND der NVA abrunden konnte.

Eine weitere ergiebige Quelle für Erkenntnisse hinsichtlich der Aktivitäten insbesondere der US-Luftstreitkräfte in Europa war in den sechziger Jahren bis in die neunziger Jahre hinein das *Global HF System*[35] der *US Air Force,* das auf den Frequenzen 4724, 6712, 8968, 8992, 11175, 13200, 15016, 17976 KHz die weltweite Führung und Verbindung der Maschinen der US-Luftwaffe ermögliche. Die in Croughton bei London befindliche *US Air Force Station* übernahm dabei die Leitfunktion für den europäischen Raum. Verkehre, einschließlich des so genannten *Phone Patch*, wurden im offenen A3a-Sprechverkehr (SSB – *Single Side Band*) abgewickelt. So genannte *Sichere Verbindungen* waren möglich, wurden jedoch nur selten angewandt. Die Auswertung dieser Sprechverkehre war ebenfalls eine ausgezeichnete Möglichkeit, die Verlegung von zusätzlichen Luftstreitkräften der USA nach Europa frühzeitig zu erkennen. Mit fortschreitender Entwicklung der Technik und dem Zulauf entsprechender Erfassungssysteme beim FuAR-2 (FBA-60 HORNISSE, die durch das Funkentwicklungswerk Plagwitz/Leipzig in einer Kleinserie von zehn Mustern produziert wurde, konnte auch die Erfassung der VHF/UHF-Sprechverkehre (30 MHz bis etwa 300 MHz) der Bundeswehr- und NATO-Streitkräfte aus grenznahen Erfassungsstellungen intensiviert werden Dies galt auch für die grenznah eingesetzten Verbände des BGS, des Zolls, der *Bayerischen Grenzpolizei* und sonstiger Dienste in der Bundesrepublik. Zu diesem Zweck wurde ab 1964 auf dem von einer sowjetischen Funkaufklärungseinheit besetzten Brocken im Harz im Turm, den bereits während des Krieges die deutsche *Luftnach-*

[33] Weber (Hrsg.): *Die Streitkräfte der NATO auf dem Territorium der BRD,* Militärverlag der DDR, Berlin 1984, Seite 83 ff.

[34] Eigene Erkenntnisse des Autors aus den Jahren 1985–1988.

[35] DOD FLIGHT INFORMATION HANDBOOK (DOD FLIP) dtd 10 FEB 1996, Hinweis N.N. ZFD aus dem Jahre 1991.

richtentruppe als wichtigen RV-Knoten genutzt hatte, eine Erfassungsstelle eingerichtet. Das Bedienungspersonal wurde in Schierke untergebracht. Die Dislozierungsräume der NATO-Landstreitkräfte standen demnach unter ständiger Beobachtung des FuAR-2.

Die Funksprechverkehre der NATO-Luftstreitkräfte im VHF/UHF- Bereich (108–360 MHz) konnten bei entsprechenden Empfangsverhältnissen (Flughöhe) bis in eine Tiefe von etwa 350 km jenseits der Staatsgrenze West aufgefasst werden. Die zahlreichen größeren und kleineren Übungen der NATO-Luftwaffen wurden weitgehend erfasst und aufgeklärt. Die gilt insbesondere für die alljährlich in den siebziger und achtziger Jahren stattfindende Übung »COLD FIRE« im Luftraum der damaligen Bundesrepublik. Die Funktechnische Aufklärung von Bodenzielen konnte bis auf eine Tiefe bis zu 350 km auf westliches Territorium vorgetragen werden, dies schloss auch Gefechtsfeldradar- und andere Feuerleitsysteme sowohl der NATO-Bodentruppen als auch der Flugabwehrraketenverbände (FlaRak) im NIKE- und HAWK-Gürtel mit ein. Die im Bereich des II FR (französischen) Korps in Südwestdeutschland stationierten Nuklearträger PLUTON und später HADES konnten offensichtlich durch das FuAR-2 nur dann erfasst werden, wenn diese ihre Friedensstandorte verließen und in weiter östlich gelegene Übungs- und Verfügungsräume verlegten. Offenbar war der NVA-MilND, das MfS mit seiner Abteilung III und die befreundeten Dienste der sowjetischen Streitkräfte und des Nachrichtendienstes KGB auch sehr gut über die Fähigkeiten der *Fernmelde- und Elektronischen Aufklärung* der NATO informiert[36], insbesondere über deren Eindringtiefen.

In späteren Jahren begann das FuAR-2 auch mit der Erfassung und Aufklärung militärischer Richtfunkverbindungen auf westlicher Seite aus festen und mobilen Erfassungsstellungen in unmittelbarer Grenznähe, soweit dies aus technischen Gründen möglich war. Auch hier gelangen Einbrüche in das Richtfunk-System der Bundeswehr und NATO, die ein Mithören der auf den Vielkanalverbindungen geführten Gespräch oder die Erfassung sonstiger Nachrichteninhalte ermöglichten. Erst die Einführung und Verwendung von Schlüsselgeräten auf westlicher Seite, insbesondere bei der Bundeswehr (ELCROVOX; ELCROTEL und ELCROBIT) und bei den Amerikanern u. a. das STU II, erschwerten dem FuAR-2 und der HA III des MfS die Aufklärung der Nachrichteninhalte auf derartigen Verbindungen. Richtfunktrassen der *Deutschen Bundespost* auf westlicher Seite wurden, soweit jetzt bekannt, ausschließlich durch die HA III des MfS aufgeklärt, soweit es sich nicht um militärische Kanäle handelte. Ein Einbruch in das Verschlüsselungssystem der Bundeswehr im damaligen Wehrbereich VI (München) gelang dem MfS, als ein Fernmeldesachbearbeiter der Bundeswehr dem MfS die täglich wechselnden Schlüssel für das System ELCROTEL zugänglich machte. Dies ermöglichte dem MfS, den Fernschreibverkehr im Wehrbereich VI (München) zumindest partiell für einen längeren Zeitraum mitzulesen.

Anfang der achtziger Jahre hatte das FuAR-2 seine endgültige Gliederung eingenommen und klärte im 24-Stunden-Betrieb das gesamte Frequenzspektrum auf, soweit erfassbar[37]. Es verfügte hierzu über folgende Gliederung:

---

[36] Weber (Hrsg.): *Die Streitkräfte der NATO auf dem Territorium der BRD,* Militärverlag der DDR, Berlin 1984, Seite 379 ff.

[37] Soweit bekannt, hat das FuAR-2 Telefonleitungen weder auf westlichem Gebiet noch im Bereich der DDR abgehört.

Gliederung des Funkaufklärungsregiments 2 in Dessau

Führung	Dessau
Funkaufklärungszentrum Kurzwelle (FuAZKW)	Dessau
Funkaufklärungszentrum Nord (FuAZ Nord)	Rüggow
Funkaufklärungszentrum Süd (FuAZ Süd)	Zella-Mehlis
Nachrichtenzentrale Stationär (NZst)	Dessau

An Unterstützungseinheiten verfügte das FuAR-2 zu dieser Zeit vermutlich über

Sicherstellungskompanie	Dessau
Nachrichteninstandsetzung	Dessau

1965[38] wurde das Antennenfeld in Dessau erweitert, es verfügte nun über 44 Langdrahtantennen mit Hauptempfangsrichtung nach Westen und Süden. Diese ermöglichten den Empfang westlicher Mehrkanal- und Trägerfrequenz(TF)-Sendungen im Kurzwellen(HF)-Bereich, die erforderlichen Demodulatoren (Deckbezeichnung: »MARS/ IGEL«) stellte das CSSR-Bruderorgan zur Verfügung.

Aus den Standorten des FuAR-2 wurden folgenden Aufgaben im Zusammenhang mit dem durch die *Verwaltung Aufklärung* der NVA erteilten Auftrag wahrgenommen:

Dessau: Erfassung der Kurzwellenfunkverbindungen 1.5–30.0 MHz[39]
- Betrieb einer Peilstelle im KW-Bereich
- Betrieb einer technischen Auswertung
- Betrieb einer Informationsstelle
- Betrieb der »Operativen Auswertung im DHS« im 24-Stunden-Betrieb
- Betrieb einer Rechnerstelle, vermutlich » ROBOTRON« aus nationaler Produktion
- Führung eines Archivs (Auskunftsunterlagen)
- Betrieb einer Auswertung im Zusammenhang mit der analytischen Bearbeitung der Erfassungsergebnisse
- Betrieb einer stationären Nachrichtenzentrale[40]
- Erstellung von täglichen operativen Lagemeldungen[41], wie z. B.
- Sofortmeldung (SM)
- Sofortinformation (SI)
- Aufklärungssammelmeldung(ASM)
- Aufklärungsmeldung (AM)
- Tageseinschätzung (TE)
- Kurzeinschätzung (KE)
- Aufklärungssammelberichte (ASB)

---

[38] Klopp: *Dessau-Bericht.*

[39] Zunächst im 2. OG, später im 6. OG des Junkers-Hochhauses (Mitteilung N.N. 2004).

[40] Es kann angenommen werden, dass dabei im Rahmen der Spezialnachrichtenverbindungen (SND) auch SAS eingesetzt wurden – *Sascekretschnaya Apparatura Swiasyi* – Geheime Apparatur zur Verbindung – sowie auch WTsch – *Wisokaja Tschastota* – Hochfrequenz-Regierungsverbindung (Deckbezeichnung?) Kampe: *WOSTOK*, Projekt-Verlag, 2004. Anlagen DV 30/5 VVS – v. 10.11.65, Seite 128.

[41] Da diese Meldungen als *Geheime Verschlußsache* (GVS) galten, wurden sie wahrscheinlich bei der Auflösung des FuAR-2 vernichtet. Im Jahre 1991(02.09.1991) lagerten jedoch in einer Lagerhalle des früheren ZFD größere, nicht erfasste Aktenbestände aller Art, darunter auch Erfassungsergebnisse aus dem Auftrag »URWALD«. Daher erscheint es möglich, dass sich darunter auch »Operative Lagemeldungen« des ZFD befanden. Das weitere Schicksal dieser Aktenbestände ist dem Autor nicht bekannt.

Rüggow (FuAZ Nord): Erfassung der Funkverbindung der Luftstreitkräfte im VHF/UHF-Bereich
Funktechnische Aufklärung von Bodenzielen
Funktechnische Aufklärung von Luftzielen
Gützkow: Peilung von Funkstellen im KW (HF)-Bereich
Rohrberg: Peilung von Funkstellen im KW (HF)-Bereich
Zodel: Peilung von Funkstellen im KW (HF)-Bereich
Zella-Mehlis (FuAZ Süd): Erfassung der Funkverbindung der Luftstreitkräfte im VHF/UHF-Bereich
Funktechnische Aufklärung von Bodenzielen
Funktechnische Aufklärung von Luftzielen

Ob eine Zusammenarbeit, zumindest auf dem Gebiet der gegenseitigen logistischen Unterstützung des FuAR-2 mit den ebenfalls in Dessau stationierten sowjetischen *254. Fernmelderegiment (EloKa)* beziehungsweise dem *908. Fernmelderegiment (EloKa)*, die beide der *3. sowjetischen Stoßarmee* Magdeburg unterstanden, stattgefunden hat, kann nicht mit letzter Sicherheit ausgeschlossen werden.

Anfang der siebziger Jahre erfolgte eine neuerliche Zuführung modernen Gerätes für die mobile Erfassung. Aus dem NVA-Depot Rechlin, der früheren *Erprobungsstelle der Luftwaffe*, wurden Gerätesätze R-1250/M1 und M7 aus ungarischer Produktion zugeführt und in sowjetische Lastwagen des Typs URAL eingebaut. Die bisher verwendeten sowjetischen Gerätesätze R-250 wurden in Horch G-5 mit Kofferaufbau installiert. Sie verstärkten damit die mobile Erfassungskomponente des FuAR-2. Nach wie vor jedoch lag in dieser Zeit der Schwerpunkt der Erfassungstätigkeit des FuAR-2 im Kurzwellenbereich[42]. In dieser Zeit nahm das FuAR-2 auch an einer Reihe von Übungen im überschlagenden Einsatz teil, die jedoch hier nicht weiter behandelt werden sollen.

Kenntnisstand der Funk- und funktechnischen Aufklärung der NVA 1973

In den Folgejahren ab 1958 konnte das FuAR-2 durch den Zulauf weiterer Ausrüstung und die Errichtung zusätz-

42 Klopp: *Dessau-Bericht.*

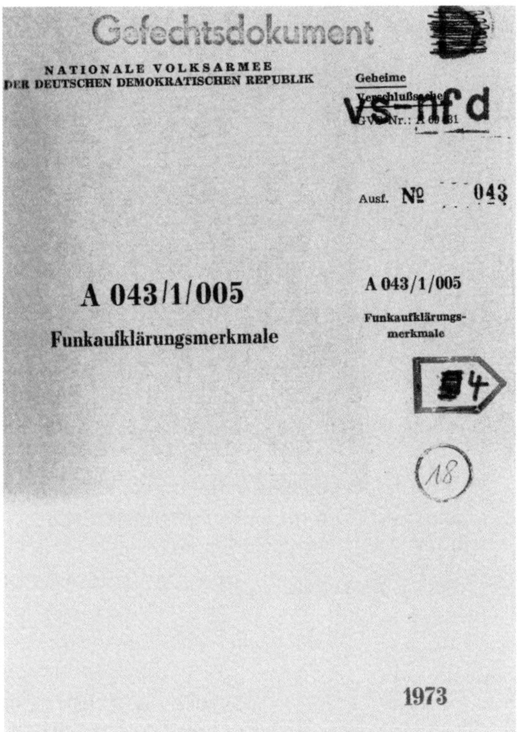
Gefechtsdokument
NATIONALE VOLKSARMEE
DER DEUTSCHEN DEMOKRATISCHEN REPUBLIK
Geheime
VS-nfd
Ausf. № 043
A 043/1/005
Funkaufklärungsmerkmale
A 043/1/005
Funkaufklärungs-merkmale
18
1973

Titelseite der Dienstvorschrift DV043/1/005 »Funkaufklärungsmerkmale« desMfNV der DDR aus dem Jahre 1973 Diese Vorschrift enthält alle Erkenntnisse des Funkaufklärungsdienstes der Nationalen Volksarmee zu Systemen, Betriebsverfahren und sonstigen Eigenheiten westlicher Fernmeldeverbindungen im militärischen Bereich.

licher, auch mobiler Erfassungsstellen, seinen Kenntnisstand über die gegenüberliegenden Streitkräfte der NATO, der Bundeswehr sowie über die westdeutschen Sicherheitsdienste kontinuierlich vertiefen, so das bis 1973 folgender Kenntnisstand[43] nachgewiesen werden kann:

1. *Funkaufklärungsmerkmale aus dem Bereich der Funksicherstellung für das Erhöhen und Überprüfen des Grades der Gefechtsbereitschaft der NATO- und der nationalen Truppenkontingente Quelle: NATIONALE VOLKSARMEE DER DEUTSCHEN DEMOKRATISCHEN REPUBLIK, A 043/1/005 – Funkaufklärungsmerkmale –, GVS – Nr: A 69 431 v. 12.06.1973*

Umfassende und genaue Beschreibung des NATO- Alarmsystems, seiner einzelnen Stufen und deren Inhalte und Wechselbeziehungen, einschließlich der Kennzeichnung von Stufen und Alarmstufen, der Kategorien der einzelnen Alarmmaßnahmen(Kategorie I – IV), die Form nationaler und der NATO-Alarmbefehle einschließlich der nationalen Vorbehaltsmaßnahmen. Dies erlaubte der Funktechnischen Aufklärung der NVA, bei Übungsalarmen oder der Übermittlung echter Alarmbefehle der Bundeswehr und der NATO den jederzeitigen Alarmstatus auf Seiten der NATO festzustellen und insbesondere auf Erhöhung des Alarmstatus oder die Auslösung bestimmter Maßnahmen aus den Bereichen »Operationen – Kennbuchstabe O oder N – Einsatz von Nuklearwaffen« zeitgleich festzustellen. Da die NVA schon frühzeitig durch Verrat in den Besitz des *Alarmplanes der Bundeswehr* (APLBw) gelangt war, ist sie jederzeit in der Lage gewesen, die ausgelösten Alarmmaßnahmen mitzulesen. Denn ein Großteil des Fernmeldenetzes der Bundeswehr wurde in von der *Deutschen Bundespost* (DBP) angemieteten Leitungen geführt, deren Verlauf und mögliche Luftschnittstellen den Fernmeldeverantwortlichen der Bundeswehr in der Regel nicht bekannt waren. Auch der Verlauf von Reservestromkreisen (P-1- und P-X-Leitungen), die im Netz der DBP erst im Rahmen der Auslösung von Alarmmaßnahmen mit dem Kennbuchstaben »C« – *Communications* – geschaltet werden sollten, war den Bedarfsträgern nicht bekannt. Überdies wurde der HF-(Kurzwellen)-Funkdienst des BMVg »HZ 001« ab der Auslösung erster Übungs- und echter Alarmmaßnahmen aktiviert. Dieser Funkdienst strahlte auf Kurzwelle auf verschiedenen Frequenzen entsprechende Alarmbefehle aus, die das FuAR-2 ohne Mühe erfassen konnte. Dies gilt auch für den Funkdienst des NATO-Hauptquartiers bzw. des *Supreme Headquarters Allied Powers Europe* (SHAPE) in Mons, der im Rahmen des ACE-HIGH-Funknetzes unter dem belgischen Rufzeichen ONY 27 aus der *Transmitter-Site* in Rouveroy südlich Mons durch die *Regional Signal Group SHAPE* (RSGS) betrieben wurde. Empfangsseitig war SHAPE über die *Receiver-Site Sars-laBryuère* erreichbar. Für den Notfall verfügte SHAPE auch über eine mobile Funkstelle, die jedoch selten und dann nur während größerer Übungen (»WINTEX/CIMEX« und »ABLE ARCHER«) in Erscheinung trat.

Funkaufklärungsmerkmale aus dem Bereich Funksicherstellung des Zusammenwirkens der Landstreitkräfte mit den Luftstreitkräften

Dieser Teil der Funkmerkmale enthält umfassende Angaben über die Luftunterstützung (Anforderungsverfahren, Arten der Luftunterstützung,

[43] N.N. *NATIONALE VOLKSARMEE DER DEUTSCHEN DEMOKRATISCHEN REPUBLIK,* A 043/1/005 – Funkaufklärungsmerkmale –, GVS – Nr: A 69 431 v.12.06.1973.

Einsatz(Bereitschafts)-Stufen der alliierten Luftstreitkräfte, Befugnisse der NATO-Befehlshaber im Zusammenhang mit der Freigabe von Luftunterstützungseinsätzen, Organisation und Zusammenwirken der Luftunterstützung in der 2. und 4. Alliierten Taktischen Luftflotte (TWOATAF & FOURATAF) sowie dabei verwendete unterschiedliche Spruchformen für den Funksprechverkehr. Er enthält ferner Angaben über die Fliegerleitorganisation der NATO bei Luftunterstützungseinsätzen einschließlich umfassender Angaben über bereits bekannte Frequenzen und verwendete Rufnamen, die den jeweiligen Einheiten zugeordnet waren und eine jederzeitige Identifizierung und damit auch Lokalisierung und Einordnung in das Lagebild des FuAR-2 erlaubten. Damit war auch eine frühzeitige Erkennung von Zuführungen weiterer Fliegerkräfte in den vorderen Raum der NATO möglich, die es der Führung des Warschauer Paktes erlaubt hätte, mit entsprechenden Gegenmaßnahmen (Funkniederhaltung) bereits vor Ausbruch eines bewaffneten Konflikts in Mitteleuropa zu reagieren.

Funkaufklärungsmerkmale im Zusammenhang mit der Anwendung der Regeln des Funkverkehrs

Dieser Teil der Funkmerkmale enthält detaillierte Angaben zu den nationalen und NATO-Leitweganzeigern *(NATO Address Indication Groups* – AIG) für den Fernschreibverkehr, die bei Erfassung des Fernmeldeverkehrs über Luftschnittstellen die Zuordnung der Empfänger erlaubt hätte, selbst bei verschlüsselten Nachrichteninhalten. Enthalten sind auch präzise Hinweise zum Spruchaufbau, Vorrangkennzeichen, Inhalts- und Aushändigungsbestätigungen sowie Authentifizierungsverfahren. Dies erlaubte dem FuAR-2 die Zuordnung bestimmter Funkstellen/Empfänger und bestätigte damit auch Einzelangaben zum Lagebild, die durch Funkverkehrsanalyse gewonnen werden konnten, wenn die Nachrichteninhalte nicht auswertbar waren. Schließlich erlaubte auch die Anwendung von »*Minimize*«-Verfahren (Einschränkung des Funk-, Fernschreib- und Fernsprechverkehrs) auf Seiten der NATO und nationaler Kontingente bestimmte Rückschlüsse auf den Bereitschaftsgrad und mögliche Absichten der NATO, da mit der Auslösung von *Minimize* immer vor dem Ausbruch von Feindseligkeiten oder dem Einsatz von Nuklearwaffen zu rechnen war, um die Fernmeldewege auf Seiten der NATO für wichtige Sprüche freizuhalten. Dies bildete damit einen wichtigen Indikator für die Lagefeststellung durch die Führung des FuAR-2 und damit auch für den BA der NVA. Nicht minder wichtig war die Entschlüsselung beziehungsweise Zuordnung *Geheimer Rufzeichen* nationaler und NATO-Truppenteile nach der *Allied Communication Publication 100* (ACP der Reihe 100, 110, 112, 113, 147) sowie Hinweise auf das Verfahren beim Wechsel von Rufzeichen und deren Systematik, die bei genügendem Spruchanfall eine Zuordnung ermöglichte und damit ebenfalls der Verdichtung und Verifizierung des NVA-Lagebildes diente.

Funkaufklärungsmerkmale im Zusammenhang mit dem Einsatz von Massenvernichtungsmitteln

Abschnitt 4 der Funkaufklärungsmerkmale erläutert umfassend die Meldeformen und Inhalte der NATO-Meldungen für den Einsatz und die Wirkung von Massenvernichtungswaffen durch die NBC 1 – NBC 4 *(Nuclear, Biological, Chemical)*, so unter anderem die so genannten *Yorktown/Strike Warn*-Meldungen, die der Warnung der eigenen NATO-Truppen vor dem Einsatz eigener NBC-Waffen dienten. Ebenfalls umfassend wurden die Befehle und Bereitschaftsmeldungen der NATO-Fliegerabwehrraketeneinheiten NIKE-HERCULES behandelt (die über nukleare Gefechtsköpfe verfügten).

Funkaufklärungsmerkmale aus dem Bereich der Funksicherstellung der NATO-Luftverteidigungskräfte, insbesondere des 32. Heeresluftverteidigungskommandos (USA) in der Bundesrepublik

Abschnitt 5 beschreibt umfassend allgemeine Fragen im Zusammenhang mit dem 32. AADCOM *(Army Air Defense Command)*, die zur Anwendungen gelangten Führungsverfahren, Feuerleitung, Feuerarten der Fla-Kräfte HAWK, Luftwarnstufen *(Air Raid Warning Stages White, Yellow, Red)* und die dabei zu erwartenden Einsatzbereitschaftsstufen der Flugabwehrraketenkräfte (FlaRak) der *US Army* in der vorderen Kampfzone. Besonderes Gewicht wird auf die Erfassung der täglichen Meldung des 32. AADCOM über den Zustand der 10. US FlaRak-Gruppe gelegt, die wesentliche Aufschlüsse über den Zustand und die Einsatzbereitschaft diese Verbandes erlaubte.

Sonstiges (Abschnitte 6–7) der Funkmerkmale

Es folgen Hinweise auf das GEOREF-System *(Geographical Reference System)*, dem Meldegitter, das vorwiegend im Bereich der NATO-Luftwaffen verwendet wurde.

Hingegen wurde das UTM-Meldegitter *(Universale Transversale Mercator)* vorwiegend im Bereich der Landstreitkräfte und bei Luftunterstützungseinsätzen angewandt. Weiter wurden meteorologische Meldungen aus dem Bereich der NATO umfassend beschrieben, so z.B. Effektivwindmeldungen, Bodenwindmeldungen, *Fallout/Providence*-Windmeldungen wie auch Wetternachrichten des zivilen und militärischen Bereichs.

Zur Abrundung wurden auch die ICAO-Kenner für sämtliche Landeplätze in Europa und einiger ausgewählter Flugplätze in den USA ausgegeben.

Sprechfunkrufzeichen

Die Funkmerkmale in Abschnitt 8 enthalten eine umfassende Aufstellung der bis zu diesem Zeitpunkt durch das FuAR-2 erfassten und zugeordneten Sprechfunkrufzeichen deutscher und alliierter Funkstellen der Heeres-, Luftwaffen- und Marinestreitkräfte und deren Zuordnung zu den jeweiligen Bereichen in Westeuropa. Zusätzlich enthält dieser Abschnitt eine Vielzahl von Sprechfunkrufzeichen des BGS, sowohl im Kurzwellen- als auch im Ultrakurzwellen-Bereich. Die Auswertung dieser Rufzeichen lässt auf die möglichen Eindringtiefen der terrestrischen Kurzwellen- und UKW-Erfassung durch das FuAR-2 schließen. Auffällig ist jedoch, dass Funkrufnamen der Sicherheitsbehörden (Polizei und Zoll) zumindest für den grenznahen Raum völlig fehlen, was auf eine ausschließliche Erfassung dieser Netze durch die HA III des MfS zu diesem Zeitpunkt schließen lässt. Auch sind keine Hinweise auf Richtfunkverbindungen, wie diese in späteren Publikationen zu finden sind, enthalten. Dies lässt den Schluss zu, dass die Richtfunkbeziehungen der NATO zu diesem Zeitpunkt noch nicht erfasst werden konnten oder ausschließlich von der HA III des MfS »betreut« wurden.

Internationale Rufzeichen im Kurzwellenbereich

Abschnitt 9 der Funkmerkmale enthält durch die internationale Fernmeldebehörde zugewiesene Rufzeichen für Funkstellen aus den NATO-Staaten, allerdings bereits mit taktischer Zuordnung, die nur auf dem Wege der Erfassung und Analyse gewonnen werden konnte. Daraus kann geschlossen werden, dass das FuAR-2 bis 1973 eine umfassende Erfassung der Kurzwellenfunkverkehre der NATO bewerkstelligte. Dies nicht nur im vorderen Bereich, sondern für ganz Europa. Damit konnte das FuAR-2 auch strategische Funkverkehrsbeziehungen der NATO erfassen und zumindest zuordnen, um im Rahmen der Verkehrsanalyse Rückschlüsse auf Aktivitäten und Bereitschaftsstände der NATO zu gewinnen.

Aufstellung der US-Army Feldpostnummern (APO – Army Postal Offices)
Dieser Abschnitt enthält eine Vielzahl von APO-Nummern, die, da sie häufig im Sprechfunkverkehr für administrative Zwecke genutzt wurden, eine wertvolle Hilfe bei der Identifizierung und Zuordnung von Einheiten der US-Streitkräfte darstellten.

Kodierung von Frequenzen der NATO- und nationalen Kontingente
Die Aufstellung von NATO- und nationalen Funkbeziehungen hinsichtlich der verwendeten Kurzwellenfrequenzen und deren teilweise Zuordnung zu höheren nationalen und NATO-Kommandobehörden und -Einheiten lässt den Schluss zu, dass zu diesem Zeitpunkt (1973) die Erfassung strategischer Kurzwellen-Funkbeziehungen der NATO durch das FuAR-2 erst im Aufbau begriffen gewesen sein könnte.

Bewertung des Kenntnisstandes des MilND der NVA aus heutiger Sicht

»Die Auswertung der Funkmerkmale (043/1/005) – GVS A 69 431 aus dem Jahre 1973 mit Berichtigungsstand 17.06.1980 lässt erkennen, dass die Nationale Volksarmee bereits bis zu diesem Zeitpunkt über gute Kenntnisse der Funkbeziehungen der NATO und nationaler Kontingente, hauptsächlich im Kurzwellen- und UKW-Bereich verfügte, die ihr es erlaubten, ein relativ genaues tägliches Lagebild über die Dislozierung und Aktivitäten der ihr gegenüberliegenden nationalen und NATO-Streitkräfte zu gewinnen. Auffällig ist jedoch, dass die Funkmerkmale keine Hinweise auf Funkbeziehungen der Sicherheitsbehörden (ausgenommen grenznahe Verbände des BGS) enthalten und eine Bezugnahme auf militärische Richtfunkverbindungen völlig fehlen. Die Funkmerkmale aus dem Jahre 1973 behielten bis zum Jahre 1990 Gültigkeit und wurden erst am 26.02 1990 durch die Neuausgabe der Funkmerkmale unter der gleichen Bezeichnung durch den Chef Truppenaufklärung in Kraft gesetzt. Die mögliche Zusammenführung der durch das FuAR-2, dem späteren Zentralen Funkdienst (ZFD) der NVA, und der durch die HA III des MfS gewonnenen Erkenntnisse aus dem funk- und funktechnischen Aufklärungsbereich erlaubten der politischen Führung der DDR jederzeit eine relativ klare Bewertung der politischen und militärischen Absichten der Bundesrepublik Deutschland und ihrer Alliierten. Dies wurde durch die mit nachrichtendienstlichen Mitteln gewonnenen Erkenntnisse, sowohl aus dem Bereich Aufklärung (BA) der NVA als auch durch die Hauptverwaltung Aufklärung (HVA) des MfS noch ergänzt. Der zielstrebige Ausbau der funk- und funktechnischen Aufklärungsfähigkeiten der NVA und des MfS in späteren Jahren, über die noch berichtet wird , führte dazu, dass den Aufklärungskräften der NVA und des MfS so gut wie keine wesentliche Aktivität auf westlicher Seite verborgen blieb. Welche Folgen sich möglicherweise daraus für die NATO-Streitkräfte in einem Konfliktfalle zu dieser ergeben hätten, kann auch heute noch nicht abschließend bewertet werden«.

Die Luftgestützte funk- und funktechnische Aufklärung (Operation »DISKANT« des FuAR-2 im Verbund mit der HA III des MfS (RELAIS)

Bereits 1979 wurde unter der Bezeichnung »RELAIS IV« mit einer ANTONOW AN-2 (NATO-Bezeichnung COLT) im Rahmen einer Probeerfassung entlang der »Staatsgrenze« der DDR zur BRD luftgestützte Funkerfassung im Frequenzbereich 10 MHz bis 4 GHz durchgeführt. Die Maschine flog dazu auf Kursen im Abstand von 5 km zur innerdeutschen Grenze auf östlicher Seite. Die im Verlaufe von 40 Flugstunden gesammelten Erkenntnisse haben wohl die HA III bewogen, das Projekt der luftgestützten Erfassung in Kooperation mit dem *Ministerium für Nationale Verteidigung* (MfNV) weiterzuverfolgen. Offenar als Resultat dieser Bemühungen begann die NVA 1984 mit dem Aufbau einer luftgestützten Komponente für die funk- und funktechnische Erfassung, nachdem die HA III des MfS 1983 entsprechende erfolgreiche Versuche (»RELAIS«) mit Unterstützung sowjetischer Hubschrauber im Raum Berlin unternommen hatte. Die Führungen des MilND der NVA und der HA III des MfS legten einen gemeinsamen Maßnahmeplan fest. Offensichtlich hatte die Führung der NVA-Luftstreitkräfte (NVA-LSK/LV) die technische Federführung bei dieser Operation, die im MilND der NVA unter der Bezeichnung »DISKANT« und bei der HA III unter »RELAIS« lief. Am 3. April 1984 fand der erste Flug einer für diese Aufgabe besonders ausgerüsteten ANTONOW AN-26 (NATO-Bezeichnung: CURL) von Dresden-Klotsche unter Beteiligung von Angehörigen des FuAR-2 und der HA III statt. Die fliegerischen Besatzungen wurden durch die in Dresden stationierte Transportstaffel 24 (TS-24), die Erfasser durch das FuAR-2 und die HA III MfS gestellt. Die ersten Einsätze dieser Maschine erfolgten vermutlich noch mit zivilen Kennzeichen der damaligen DDR (DM-SBD, DM-SBC, oder DM-SBE). In späteren Jahren wurden die Maschinen mit dem regulären Sichtschutzanstrich der NVA/LSK versehen und erhielten militärische Kennzeichen (Bordnummern 364, 371, 374, 376). Der Zulauf der besonders konfigurierten Maschine mit der Bordnummer 373 erfolgte erst zu einem späteren Zeitpunkt, vermutlich 1987, vom Herstellerwerk in Kiew. Offensichtlich wurden die Aufklärungsschwerpunkte der luftgestützten Erfassung einvernehmlich durch den MilND der NVA und den Leiter der HA III festgelegt. Die Vorbereitungen für den Einbau der Aufklärungstechnik erfolgte in der *Flugzeugreparaturwerkstatt 24* (FRW-24) in Kamenz, da die Luftfahrzeuge auch noch zu anderen Zwecken eingesetzt werden sollten.

Eigens entwickelte Tische und Sitzbänke, die sich den Konturen des Laderaumes anpassten, wurden eingerüstet. Die vorderen vier Arbeitsplätze wurden dem FuAR-2, der hintere Arbeitsplatz unmittelbar an der Ladeluke dem Mitarbeiter der HA III zugewiesen. Jeder Arbeitsplatz verfügte über eine eigene Stromversorgung. Die Maschine mit der Bordnummer 373 verfügte außerdem über nach außen gewölbte Fenster, die den strömungsgünstigen Einbau zusätzlicher Antennen, vermutlich im UHF/SHF-Bereich, erlaubten. Im Außenbereich der Zelle waren offensichtlich bereits werksseitig zusätzliche Aufnahmepunkte für weitere Antennen eingerüstet und entsprechend verkabelt. Die eingesetzte Aufklärungstechnik erlaubte die Erfassung von Ausstrahlungen im Bereich von unterhalb 30 MHz bis über 12 GHz hinaus. Die Dokumentation der Messergebnisse und zeitliche Zuordnung erfolgte durch einen während des Einsatzes ständig mitlaufenden Lagefilm. Zur Erfassung westlicher Ausstrahlungen, insbesondere während größerer NATO-Manöver oder des grenznahen Einsatzes der NATO- bzw. US-E-3A (AWACS) im westlichen

Multinationale Besatzung der NATO E-3A in Geilenkirchen. Das Flugzeug verfügt noch nicht über die seitlich unterhalb des Cockpits später angebrachten Blister für die »Electronic Support Means-ESM (Elektronik-Unterstützungsausrüstung)«, die ab 1989 angebracht wurde.

Der Kommandeur der NATO-Frühwarnflotte im Jahre 1989.

Die NATO E-3A im Flug. Es handelt sich hierbei um eine der ersten an die NATO ausgelieferten Maschinen bei der Flugerprobung in den USA.

Luftgestützte Erfassungseinsätze durch ANTONOV 26 CURL bis 1989.

Operation RELAIS/DISKANT (luftgestützte Erfassung mit AN- 26 CURL) der HA III des MfS und des Zentralen Funkdienstes (ZFD) des NVA 1982 –1989

Vorfeld der DDR flog die CURL auf vorbestimmten Kursen, die eine kontinuierliche Erfassung westlicher elektromagnetischer Ausstrahlungen erlaubte. Die Einsätze der CURL blieben natürlich auf westlicher Seite nicht unbemerkt und wurden in den täglichen Lagemeldungen (INTREP und INTSUMS) entsprechend dargestellt. Sie erlaubten den Auswertern (*Special Handling Detachment* – SHD) Schlussfolgerungen hinsichtlich der Aktivitäten und Absichten der NVA-LSK. Zu dieser Zeit setzte auch die sowjetische Luftwaffe sporadisch Messflugzeuge vom Typ ILJUSCHIN 20 (COOT-ALPHA) und ANTONOW 12 (CUB-B)[44], ver-

[44] Janes: *JALW-Issue*, 23 February 1996.

mutlich vom Transportfliegerregiment Sperrenberg, über Luftraum der DDR ein. Ob hier eine Zusammenarbeit oder Arbeitsteilung zwischen der NVA-LSK und den sowjetischen Aufklärungskräften erfolgte, ist noch nicht nachgewiesen. Zumindest kann davon ausgegangen werden, dass die Ergebnisse auf Ebene der Dienste ausgetauscht beziehungsweise verifiziert wurden. Zur Steuerung der Einsätze der AN-26 (CURL) errichtete das FuAR-2 in Dresden-Klotsche das *Luftaufklärungszentrum* (LuAZ). Ob dort bereits eine Vorauswertung der Erfassungsergebnisse erfolgte, ist nicht bekannt. Die Übermittlung von Erfassungsergebnissen in Echtzeit – *Real Time* – an das FuAR-2 in Dessau scheint nur in Ausnahmefällen verschlüsselt über die Funkstelle Scheuder (Betriebsstelle 4) erfolgt zu sein. Die Ergebnisse dieser Erfassungsflüge, die bis Ende der achtziger Jahre weitergeführt wurden, flossen in die Gesamtbewertung des »Funkelektronischen Lagebildes« durch den *Bereich Aufklärung* (BA) des MfNV ein und verdichteten damit die Erkenntnisse über westliche Verfahren und Möglichkeiten. Daraus ließen sich eigene Verfahren bewerten, so zum Beispiel die Möglichkeit, mit luftgestützten Aufklärungssensoren in Richtfunkbeziehungen der NATO einzubrechen und diese aufzuklären. Eine Vielzahl bodengebundener Systeme mit elektromagnetischen Ausstrahlungen lassen sich auf Grund der physikalischen Ausbreitungsbedingungen elektromagnetischer Strahlungen nur aus einer gewissen Höhe über dem elektromagnetischen Horizont erfassen. Durch die vermehrte Anwendung von Schlüssel- und Kryptierverfahren in richtfunkgestützten Fernmeldebeziehungen der Bundeswehr und ihrer Alliierten in den Folgejahren wurde die Aufklärung der Nachrichteninhalte erschwert oder ganz unmöglich gemacht, so dass der Wert der luftgestützten Erfassung westlicher Funkbeziehungen zumindest für diesen Abschnitt zurückgegangen sein muss. Gleichwohl erlaubt die luftgestützte Erfassung zumindest weitere Funkverkehrsanalysen und die Ortung bereits bestehender Netze und deren Erweiterungen, die damit das bestehende Lagebild des FuAR-2 und der HA III abgerundet haben mögen. Dies war insbesondere bei großräumigen NATO-Übungen von Bedeutung, da der Aufbau von Funkbeziehungen bereits in der Anfangsphase erfasst werden konnte.

Die *Transportfliegerstaffel 24* (TS-24) bestand bis zur Auflösung der NVA und wurde am 3. Oktober 1990 als *Lufttransportgruppe* in das *Lufttransportgeschwader 65* der Bundesluftwaffe übernommen. Im November 1992 wurde die *Lufttransportgruppe* aufgelöst. Der Bestand an Luftfahrzeugen wurde der Verwertung zugeführt und nach Russland oder an Museen verkauft. Die ehemalige Messmaschine (Bordnummer 373) wurde nach einem Flugunfall[45] in Friedrichshafen verschrottet. Die Maschine mit der NVA-Bordnummer 369 erhielt die Bordnummer 52+09 der Bundesluftwaffe und wurde vom *Jagdbombergeschwader 32* (Lager Lechfeld) bis Juni 1994 geflogen. Der weitere Verbleib der Maschine ist ungewiss.

[45] Die näheren Umstände des Flugunfalls und der Grund des Aufenthalts in Friedrichshafen sind nicht bekannt.

Die Funk- und funktechnischen Aufklärung der Militärbezirke der NVA, der Volksmarine und der Grenzbrigade Küste

Die Militärbezirke der Nationalen Volksarmee (MB III Leipzig und MB V Neubrandenburg) verfügten im Jahre 1988 jeweils über zwei Bataillone des Funkelektronischen Kampfes der Landstreitkräfte. Die *Volksmarine* verfügte über einen Verband für Funk- und funktechnische Aufklärung sowie ein Funk- und funktechnisches *Störbataillon.* Die *Grenzbrigade Küste* scheint nicht in Funk- und funktechnische Aufklärungsaktivitäten eingebunden gewesen zu sein. Unterstützungsleistungen für das *Ministerium für Staatssicherheit* (MfS) erscheinen jedoch denkbar, gleichwohl sich bisher dafür noch keine Belege gefunden haben.

Kräfte der Funk- und funktechnischen Aufklärung im MB III Leipzig
Dem Kommando des Militärbezirks III in Leipzig unterstand das *Funk- und funktechnische Aufklärungsbataillon 3* (FuFuTAB-3) in Rudolstadt/Neckeroda, das offensichtlich im Mobilmachungsfall in ein FuFuTAR-3 aufwachsen sollte, sowie das *Bataillon Funkelektronischer Kampf 3 »Friedrich Adolf Sorge«* (BFEK-3) in Eilenburg bei Leipzig.

Kräfte der Funk- und funktechnischen Aufklärung im MB V Neubrandenburg
Dem Kommando des Militärbezirks V in Neubrandenburg unterstand das *Funk- und funktechnische Aufklärungsbataillon 5* (FuFuTAB-5) in Glöwen/Goldberg, das offensichtlich im Mobilmachungsfall ebenfalls in ein *Funk- und funktechnisches Aufklärungsregiment* (FuFuTAR-5) aufwachsen sollte. In Analogie zum MB III verfügte der MB V ebenfalls über ein *Bataillon Funkelektronischer Kampf 5 »Paul Verner«* (BFEK-5) in Goldberg. Zusätzlich verfügte der MB V noch über eine *Funktechnische Aufklärungskompanie* in Hellberg.

Vermutlich sollten die den Kommandos der Militärbezirke unterstehenden Kräfte der Funk- und funktechnischen Aufklärung (FuFuTAB-3, FuFuTAB-5) bereits in Friedenszeiten den Aufklärungsbedarf der beiden Kommandos decken, sowohl in den Friedensstandorten als auch bei Übungen. Die Bataillone des Funkelektronischen Kampfes (BFEK-3, BFEK-5) sollten hingegen im Kriegsfall den mutmaßlichen Gegner (Bundeswehr und NATO) im jeweiligen Gefechtsstreifen, der dann zu diesem Zeitpunkt in Armeen umgegliederten Kommandos der Militärbezirke elektronisch niederhalten. Über die Aufgaben der *Funktechnischen Aufklärungskompanie Hellberg* im Frieden und im Krieg liegen keine verlässlichen Angaben vor. Welchen Auftrag die in beiden Militärbezirken stationierten *Spezialaufklärungskompanien* (SAKlK- 3) Rudolstadt und SAKlK-5 in Glöwen/Goldberg hatten, ist nicht feststellbar. Auffällig ist jedoch, dass beide *Spezialaufklärungskompanien,* die im Mobilmachungsfall zu Bataillonen aufwachsen sollten, am gleichen Standort wie die *Funk- und funktechnischen Aufklärungsbataillone* disloziert waren.

Funkdienst 18 (FD-18) der Volksmarine der Nationalen Volksarmee
Die Volksmarine verfügte in Zingst mit der Diensteinheit *Funkdienst 18* (FD-18) mit Empfangsstellen in Zingst und Tarnewitz sowie zwei Kurzwellenpeilstellen in Zingst-Sundische Wiese und Tarnewitz sowie dem *Funk- und funktechnischen Störbataillon 18 »Johannes Vogelsang«* (FuFuTSB-18) in Bohlendorf/Bad Sülze über stationäre, mobile und teilmobile Aufklärungs- und Störkomponenten, die es ihr erlaubten, elektromagnetische

Messboot JASMUND der Volksmarine für Erfassungseinsätze in Küstengewässern.

Ausstrahlungen im Frequenzbereich von 1–2400 MHz zu erfassen, zu orten, aufzuklären und gegebenenfalls im Rahmen der »Funktechnischen Niederhaltung« nachhaltig zu stören. Inwieweit die *Technische Beobachtungskompanie 18* (TBK-18) auf der Greifswalder Oie vor der Küste und die nachgeordneten *Technischen Beobachtungsposten* 1 bis 12 (TeBeobP) entlang der DDR-Ostseeküste in Erfassungsaktivitäten der Funk- und funktechnischen Truppen eingebunden gewesen sind, konnte noch nicht geklärt werden. Dies gilt auch für den Einsatz[46] der Messschiffe »Meteor« und »Komet« der Kondor-I-Klasse und der » Hydrograph« der Okean-Klasse, wie als auch für das Boot »Darss«[47] der Jasmund-Klasse der 4 VSA, die bei Aufklärungseinsätzen in der Nordsee, im Kattegatt, dem Belt und der westlichen Ostsee beobachtet werden konnten. Da über die Aufträge und Erfassungsergebnisse dieser Boote in den Beständen der BStU nichts überliefert ist und dies auch für die Aktenbestände im BA/MA gelten kann, ist eine Bewertung der Einsätze nur sehr schwer möglich. Inwieweit die Wachboote der *Grenzbrigade Küste* in Funk- und Funkelektronische Aufklärungseinsätze des MilND oder des MfS eingebunden waren, konnte noch nicht geklärt werden. Ob eine Abstimmung mit den Aufklärungsschiffen der *Baltischen Rotbannerflotte* der sowjetischen Marine stattgefunden haben mag, die häufig auch in diesen Gewässern operierten, bleibt Spekulation.

---

46 *Die Flotten der Welt,* Bernard & Graefe, München 1990, Seite 63 ff.

47 Ob »Darss« und »Hydrograph« ausschließlich im Auftrag der HA III eingesetzt wurden, oder ob hier auch eine Zusammenarbeit mit dem ZFD stattfand, konnte noch nicht geklärt werden.

Funk- und funktechnische Truppen der Mot-Schützen- und Panzerdivisionen der NVA

Die Mot-Schützen- und Panzerdisvisionen verfügten jeweils über *Funk- und funktechnische Aufklärungskompanien* (FuFuTAklK), die wie folgt gegliedert waren:

- Funkaufklärungskomplex UKW
- Funkaufklärungskomplex Richtfunk (RiFu)
- Funktechnische Aufklärungszentrale (FuTAz)

Die FuFuTAklK[48] waren den Divisionen wie folgt zugeordnet:

FuFuTAklK – 1 Beelitz	(1. MotSchtzDiv Potsdam-Eiche)
FuFuTAklK – 4 Bad Salzungen	(4. MotSchtzDiv Erfurt)
FuFuTAklK – 7 Dresden	(7. PzDiv Dresden)
FuFuTAklK – 8 Hagenow	(8. MotSchtzDiv Hagenow)
FuFuTAklK – 9 Torgelow	(9. PzDiv Eggesin)
FuFuTAklK – 11 Bad Frankenhausen	(11. MotSchtzDiv Halle)

Über die Aktivitäten der den Militärbezirken und Divisionen unterstellten Funk- und funktechnischen Truppen liegen wenig Erkenntnisse vor, dies gilt auch für den Bereich des *Funkdienstes 18* der Volksmarine und der *Grenzbrigade Küste*. Die Luftstreitkräfte der NVA verfügten offenbar nicht über eigenständige Systeme der Funk- und funktechnischen Aufklärung, wenn man von dem Einsatz der AN-26 im Rahmen der Operation »DISKANT« absieht. Gleichwohl verfügte die NVA LSK/LV über zwei *Funktechnische Störkompanien,* FuTSK 33 in Burg Stargard (3. LV-Div Neubrandenburg) und die FuTSK-31 in Großräschen/ Senftenberg (1. LV-Div Cottbus). Da die Jägerleitorganisation der Luftstreitkräfte/ Luftverteidigung der NVA Volksarmee und das sie integrierende *Diensthabende System* (DHS) des Warschauer Paktes nicht Teil dieses Werkes sind, werden nur dort Zusammenhänge behandelt, wo sich unmittelbare Einflüsse der Funk- und funktechnischen Aufklärung erkennen lassen oder wie dies für das Verständnis der Zusammenhänge erforderlich erscheint.

Die Zusammenarbeit und der Austausch von Informationen wird in einem eigenen Abschnitt unter Einbeziehung der HA III des MfS und der Partnerdienste behandelt.

Die *Grenztruppen* der NVA verfügten offenbar auch über Kräfte des Funkelektronischen Kampfes, die in das Gesamtsystem der Nachrichtengewinnung des BA des *Ministeriums für Nationale Verteidigung* eingebunden waren. Belege für eine Zusammenarbeit mit der HA III des MfS oder des ZFD in Dessau konnten hingegen bis zur Drucklegung dieses Buches 2005 nicht aufgefunden werden.

---

48 Der Aufwuchs zu einem Funk- und funktechnischen Aufklärungsbataillon (FuFuAB) der jeweiligen Division war offenbar für den Mobilmachungsfall geplant.

Das FuAR-2 und der Zentrale Funkdienst (ZFD) der NVA

Die quantitativen und qualitativen Veränderung des Fernmeldeverbindungswesens auf Seiten der NATO mit Beginn der achtziger Jahre, hier besonders der vermehrte Einsatz hochwertiger Vielkanal-Übermittlungssysteme im Bereich der Richtfunkverbindungen, die Einrichtung und Nutzung von Troposphären-Scatter-Verbindungen sowie der Einsatz von Satelliten-Funkverbindungen im taktischen, operativen und strategischen Bereich erforderte entsprechenden Einsatz von Ressourcen auf Seiten des MilND der NVA. Auch machte die Intensivierung der Nachrichtengewinnung der NATO im vorderen Bereich durch vermehrte Aufklärungsflüge unterschiedlicher Systeme entsprechende Reaktionen der NVA erforderlich. Nicht zuletzt beeinflusste die Reorganisation der NATO-Luftverteidigung und der Einsatz neuer Technik im Bereich der Luftverteidigung und bei anderen, bodengebundenen Systemen die Erfassungsmöglichkeiten des FuAR-2. Beginnend mit dem Einsatz des luftgestützten Aufklärungssystems AN-26 CURL im Jahre 1984 wurde die Struktur des FuAR-2 den neuen und steigenden Herausforderungen angepasst. Mitte der achtziger Jahre verfügte das FuAR-2 über folgende Elemente, die in die Funk- und funktechnische Aufklärung der Nationalen Volksarmee integriert waren:

Gliederung und Dislozierung des FuAR-2 (ZFD)

Dessau	Führung	
	Funkauswertezentrale (FuAZ) Kurzwelle	
	Funkauswertezentrale (FuAZ) Satelliten	
	Funkempfangsstelle Satelliten	
Dresden	Luftauswertezentrale (LuAZ)	
Rüggow	Funkauswertezentrale Nord (FuAZ N)	
	Posten Luttersdorf	
	Posten Neunantrow	
Zella-Mehlis	Funkauswertezentrale Süd (FuAZ S)	
	Posten Frauenwald	
	Posten Christes	
	Richtfunkaufklärungsstelle 2	Völkershausen (RFuASt2)
Gützkow	Funkpeilstelle 1 (FuPSt1) der FuAZ Kurzwelle Dessau	
Rohrberg	Funkpeilstelle 2 (FuPSt 2) der FuAZ Kurzwelle Dessau	
Zodel	Funkpeilstelle 3 (FuPSt 3) der FuAZ Kurzwelle Dessau	
Brocken	Richtfunkaufklärungsstelle 1?	

Erfassungsmöglichkeiten des FuAR-2 Mitte der achtziger Jahre

Das FuAR-2 verfügte zu dieser Zeit über folgende Erfassungsmöglichkeiten und theoretische Eindringtiefen in die Funkbeziehungen und zur Erfassung bodengestützter Systeme der Bundeswehr und der NATO im Bereich Europa-Mitte:

[49] Die Erfassungsreichweiten sind abhängig von den zu erfassenden Frequenzen (Raum- und/oder Bodenwelle) sowie deren jahres- und tageszeitlich bedingten wechselnden Ausbreitungsbedingungen, so dass hier nur Näherungswerte angegeben werden können.

[50] Verschiede Quellen, so unter anderem Klopp: *Dessau-Bericht*.

Erfassungsziele des ZFD		
Erfassungsziele	**Theoretische Erfassungsreichweite**	**Peilreichweite**
Erfassung Kurzwelle (1–30 MHz)	> 1000 km[49]	> 600 km
Flugfunkerfassung VHF/UHF	> 300 km	250 km
Erfassung Bodenziele	> 300 km	200 km
Technische Aufklärung Luftziele	> 400 km	400 km
Luftgestützte Funk- und funktechnische Erfassung	> 350 km	350 km
Erfassung Satellitensignale	*Footprint* und Nebenkeulen	N/A
Erfassung Richtfunksignale	*Line of Sight* und Nebenkeulen	N/A
Erfassung von Troposcatter-Signalen	In Abhängigkeit von Streustrahlungen im Empfangsbereich	N/A

Bei besonderen Funkwetterlagen (Inversionswetterlagen und *Short Skip*) konnten auch kurzzeitig Überreichweiten im VHF/UHF-Bereich bis zu 1000 km beobachtet werden.

Erfassungs- und Analysesysteme des ZFD

Folgende Erfassungs- und Analyse-Systeme kamen beim FuAR-2 etwa ab Mitte 1988 zum Einsatz[50]:

Bezeichnung	**Einsatz als**	**Frequenzbereich**
FuAGS-1 M	Funkaufklärungssatz, mobil mit 3 Peil- /0.2–30 MHz Erfassungsstellen	
REV-259[51]	Funkpeilsystem, automatisiert	1.5–25 MHz
R-359	Funkpeilsatz manuell, mobil	1.5–25 MHz
R-1301 M[52]	Funkpeilsatz, mobil	1.5–30 MHz
Messkomplex	Luftgestützte Aufklärungskomponente	20 MHz–10 GHz
VREV-P	AN-26	
VREF-T	Panoramaempfänger	
SK-3000 HiFi	Empfänger	
BSR	Bandaufzeichnung	
K-8915	Decoder	
8915	Rechner	
K-6313	Tatstatur zum Rechner	
AR 2001	Drucker Anzeige-/Steuerbox	Empfänger/Scanner
NAPRAFORGO M	Aufklärungssatz, mobil	200 MHz–18 GHz
R-381	Funkpeilsatz, mobil, UKW-H-Adcock	20–100 MHz

51 »REV/V-REV/U-REV« – System(e) aus ungarischer Fertigung, Hersteller: VIDEOTON-MECHLABOR »M-L« (Mona Lisa), Budapest.

52 Vermutlich aus CSSR-Produktion.

Bezeichnung	Einsatz als	Frequenzbereich
KRTP-81 RAMONA	Funktechnischer Aufklärungssatz zur Erfassung flugzeuggestützter Radargeräte	800 MHz–18 GHz
KRTP-86 TAMARA	Funktechnischer Aufklärungssatz zur Erfassung flugzeuggestützter Radargeräte	800 MHz–18 GHz
SDR-2A	Funktechnischer Aufklärungssatz zur Erfassung bodengestützter Radargeräte	850 MHz–3.7 GHz
SRTD-D KRILJON	Funktechnischer Aufklärungssatz zur Erfassung bodengestützter Radargeräte	900 MHz–3.75 GHz
VRG 36 KW	Kurzwellenantennen	1.5–30 MHz
27131		
27128		
RA-28	Parabolantenne, stationär, Satellitenaufklärung	

Empfänger und Peilsysteme des ZFD

An Empfängern und Panoramageräten verfügte das FuAR-2 über folgende Systeme:

Bezeichnung	Einsatz als	Frequenzbereich
EKD-315	Such- und Beobachtungsempfänger	14 KHz – 30 MHz
EKD-511	Such- und Beobachtungsempfänger	14 KHz – 30 MHz
REV-251 M	Such- und Beobachtungsempfänger	14 KHz – 30 MHz
REV-251 M1	Such- und Beobachtungsempfänger	14 KHz – 30 MHz
REV-251 TD	Such- und Beobachtungsempfänger	10 KHz – 30 MHz
REV-252	Such- und Beobachtungsempfänger	200 KHz – 30 MHz
R-1250 M	Such- und Beobachtungsempfänger	1.5 – 30 MHz
R-1250 M-1 a	Suchen/Beobachten, automatisiert, verschiedene Demodulationsmöglichkeiten	1.5 – 30 MHz
R-399 AT	Suchen/Beobachten, automatisiert, digital	0.1 – 30 MHz
HF-125	Suchen/Beobachten, automatisiert	0.2 – 30 MHz
AR 2001/ AR 2002	Suchen/Beobachten, automatisiert	0.2 – 1000 MHz
R-323	Such- und Beobachtungsempfänger	20 – 100 MHz
R-313	Such- und Beobachtungsempfänger	100 – 420 MHz
VREF- T	Such- und Beobachtungsempfänger, digital	20 – 100 MHz
VU-32	Such- und Beobachtungsempfänger, digital	100 – 500 MHz
UREV, UREV-G	Such- und Beobachtungsempfänger, digital	100 – 1000 MHz
R-375 P	Such- und Beobachtungsempfänger	20 – 500 MHz
R-375 A	Analysator, Multiplexer zu R-375 P	
PRKR-1 DNEPR	Such- und Beobachtungsempfänger	600 MHz – 10 GHz
VU-41 I/II	Such- und Beobachtungsempfänger Panorama	100 – 2400 MHz
DMV-2/18	Such- und Beobachtungsempfänger Panorama	2 – 18 GHz
IU-60	Funkpeiler	20 – 100 MHz
IU-70	Funkpeiler	100 – 500 MHz

Bezeichnung	Einsatz als	Frequenzbereich
PR-351 PV-351 R-318/R-319 UP-3/MA/MB VREF-P/ VREF-PG	Panoramazusatzgeräte	
R-1351 OR-88 A-7550 S-460 7 L 14 02/66 PPA-1/4 ASYR 01/D RiFu-Kanalselektoren	Analyse-Technik	

Damit war es dem FuAR-2 zu dieser Zeit möglich, alle wesentliche Bereiche des Frequenzspektrums (100 kHz–18 GHz), in denen interessierende Signale der NATO und nationaler Kontingente zu erwarten waren, zu erfassen und die Signalquellen und Nachrichteninhalte aufzuklären.

Durch die Geräteausstattung bedingt, ergab sich eine Erfassungslücke ab 18 GHz (EHF-Bereich) aufwärts, die sicherlich in den späteren Jahren hätte geschlossen werden können, sofern entsprechende Technik entwickelt und beschafft worden wäre.

Demnach verfügte der *Zentrale Funkdienst* (ZFD)[53] der NVA Ende der achtziger Jahre über die Fähigkeit, in folgenden Bereichen westliche elektromagnetische Signale zu erfassen, auszuwerten und die betrieblichen Parameter für Maßnahmen des Funkelektronischen Kampfes des Warschauer Paktes zu nutzen:

Kurzwellen-Funkaufklärung	1.5–30 MHz
Satelliten-Funkaufklärung	0.2–18 GHz
Funktechnische Aufklärung	0.9–18 GHz (System SDR 2-A)
Richtfunkaufklärung	0.2–18 GHz (System NAPRAFORGO)
Luftgestützte Aufklärung	20 MHz–10 GHz (System AN-26 CURL)

Im zweiten Halbjahr 1988 begann die Umgliederung des FuAR-2 in den *Zentralen Funkdienst* der NVA, der Ende 1989 mit der Einnahme der »Struktur 95« als abgeschlossen gelten kann. Das FuAR-2/der ZFD war in die Nachrichtengewinnung durch den MilND der NVA *(Bereich Aufklärung)* auf mannigfaltige Weise eingebunden.

Überwachung des ZFD durch das MfS

Wie alle Truppenteile der NVA verfügte der ZFD auch über einen Verbindungsoffizier der *Verwaltung 2000,* der Spionageabwehr, im Truppenjargon meist als »Vau-Null« bezeichnet.

[53] Grabau, R.: *Fernmeldeelektronische Aufklärung, Elektronische Gegenmaßnahmen und Elektronischer Kampf im Heer,* Fernmeldering e.V. Bonn 1998, hier: Erfahrungsbericht Oberstleutnant Klopp beim ZFD Dessau, Seite 76 ff. (Klopp: *Dessau-Bericht*).

Es liegt in der Natur der Sache, dass über dessen Tätigkeit so gut wie keine Hinterlassenschaften vorliegen. Es kann aber angenommen werden, dass er ein eigenes Netz unter den Angehörigen des ZFD unterhielt, das ihm Zuträgerdienste leisten musste. Auch ist zu vermuten, dass andere Diensteinheiten des MfS in der Bezirksverwaltung gleichfalls IM im *Zentralen Funkdienst* anwarben und als Quelle führten. Die individuellen Verstrickungen in die Tätigkeit des MfS durch Angehörige des ZFD und deren Familienangehörige soll hier nicht weiter untersucht werden. Desgleichen ist hier nicht der Platz, die Geschehnisse im ZFD vor und zwischen Wende und Wiedervereinigung zu untersuchen, da die Maßnahmen zu spät kamen und die Tage des ZFD offenbar zu dieser Zeit schon gezählt waren.

Die Verwaltung Truppenaufklärung des Bereiches Aufklärung des Ministeriums für Nationale Verteidigung

Die *Verwaltung Truppenaufklärung* des *Bereiches Aufklärung* (BA) des MfNV untergliederte sich in drei Abteilungen und hatte folgende Aufgaben:

- Organisation, Führung und Sicherstellung der Aufklärung.
- Gewährleistung der Meldungen an das Ministerium für Nationale Verteidigung.
- Stellen von Aufklärungsforderungen an den ZFD und die Teilstreitkräfte der NVA auf Grund der gestellten Aufklärungsforderungen.
- Führen der militärwissenschaftlichen Arbeit und Forschung zu allen Fragen der Truppenaufklärung, Organisation der Zusammenarbeit mit Partnerdiensten.
- Führung des ZFD und Kontrolle der Stäbe und Aufklärungstruppen der NVA.
- Organisation und Durchführung der technischen Analyse von Funkaussendungen und Umsetzung der gewonnenen Erkenntnisse, Entwicklung von Rationalisierungsmöglichkeiten und -mitteln.

Ziele der Funk- und funktechnischen Aufklärung war die Gewinnung von Erkenntnissen über:

- Die militärpolitische Lage, deren Entwicklung in der NATO und ihren Mitgliedsstaaten, insbesondere Änderungen im Friedenszustand und lageverschärfende Merkmale,
- Maßnahmen von operativ-strategischer Bedeutung auf Seiten der NATO, die auf überraschende Kriegseröffnung hindeuten,
- operative Ausbildung der Stäbe der NATO und der Truppen,
- die obersten NATO- und nationalen Führungsorgane sowie Führungssysteme und Nachrichtenverbindungen,
- Zustand und Entwicklung des Nuklearpotenzials und anderer Massenvernichtungswaffen der NATO, Maßnahmen der NATO zur Mobilmachung und der Verstärkung der Streitkräfte in Europa, Zustand und Entwicklung der NATO-Gesamtstreitkräfte,
- Herstellen und Halten der Handlungsbereitschaft für den Kriegsfall.

Dazu führte das FuAR-2/ZFD Aufklärung im taktisch-operativen und operativ-strategischen Maßstab, der *Funkdienst 18* (FD-18) operative Aufklärung im Bereich der Funkverbindungen See-Land-See durch.

Die *Funk- und funktechnischen Aufklärungsbataillone* der Militärbezirke V (Neubrandenburg) und III (Leipzig), sowie fallweise die FuFuTAkl-Kompanien der Divisionen, hatten den generellen Auftrag, ebenfalls Erkenntnisse im o.a. Rahmen zu gewinnen und zusätzlich die Handlungsbereitschaft für den Kriegsfall sicherzustellen.

Die Organisation der Luftverteidigung im Rahmen des Diensthabenden Systems (DHS) der NVA-LSK/LV und der Westgruppe der Truppen (WGT)

Die Hauptaufgabe des DHS bestand in der ununterbrochenen Aufklärung des Luftraumes vor und über dem Territorium der DDR und CSSR, der Ortung und Beobachtung von Luftfahrzeugen des Gegners beim Ein- beziehungsweise Überflug der vorgelagerten Linie KOSZALIN (KÖSLIN) – ROENNE – TRELLEBORG – SCHLESWIG – BREMERVÖRDE – STADTHAGEN – BRILLON – WETZLAR – FRANKFURT/MAIN – BAD MERGENTHEIM – SCHWANDORF – PILSEN dabei:

- Meldung der Luft- und Gefechtslage,
- Handlungen gegen Luftfahrzeuge, die widerrechtlich in den Luftraum der DDR eindringen,
- Abwehr überraschender Angriffe des Luftgegners,
- Herstellen einer erhöhten Gefechtsbereitschaft bei Führungsorganen und Truppen,
- Unterstützung der Volksmarine bei Aufklärung und Bekämpfung widerrechtlich einlaufender Überwasserziele,
- Aufklärung und Bekämpfung von Luftlande- und Seelandungstruppen des Gegners,
- Benachrichtigung der Truppen bei Satellitenüberflügen und rechtzeitige Durchführung der erforderlichen Maßnahmen,
- Kontrolle der Einhaltung der Flugregime,
- Funkmesskontrolle geplanter Überflüge der Staatsgrenze, der Flüge im Grenzsperrstreifen und an der Ostsee sowie Flüge »nichtsozialistischer« Luftverkehrsunternehmen im Luftraum der DDR,
- Funkmesskontrolle der Einhaltung des »Flugregimes« in den Zonen des Luftverkehrs von und nach Berlin-West und der Berlin-Kontrollzone[54],

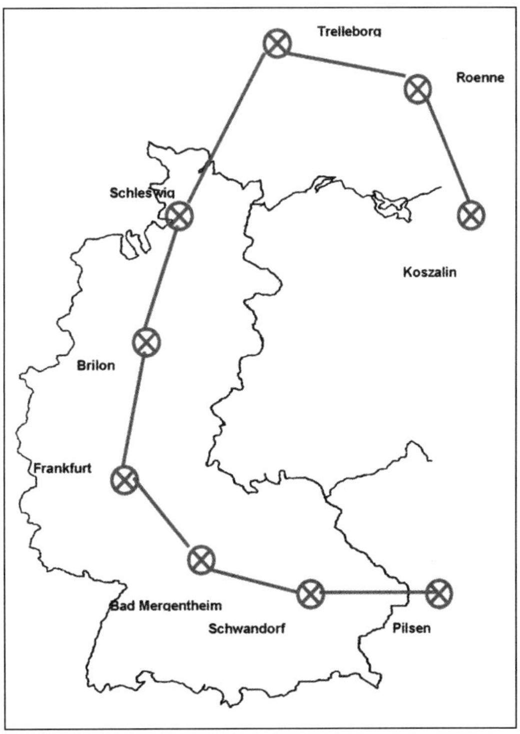

Der Erfassungsbereich des Diensthabenden Systems (DHS) des Warschauer Paktes.

[54] Die Luftsicherheitszentrale in Berlin unterstand der Viermächte-Verantwortung, die Sowjetunion behielt ihren Sitz bis zum endgültigen Abzug bzw. Auflösung der Luftsicherheitszentrale.

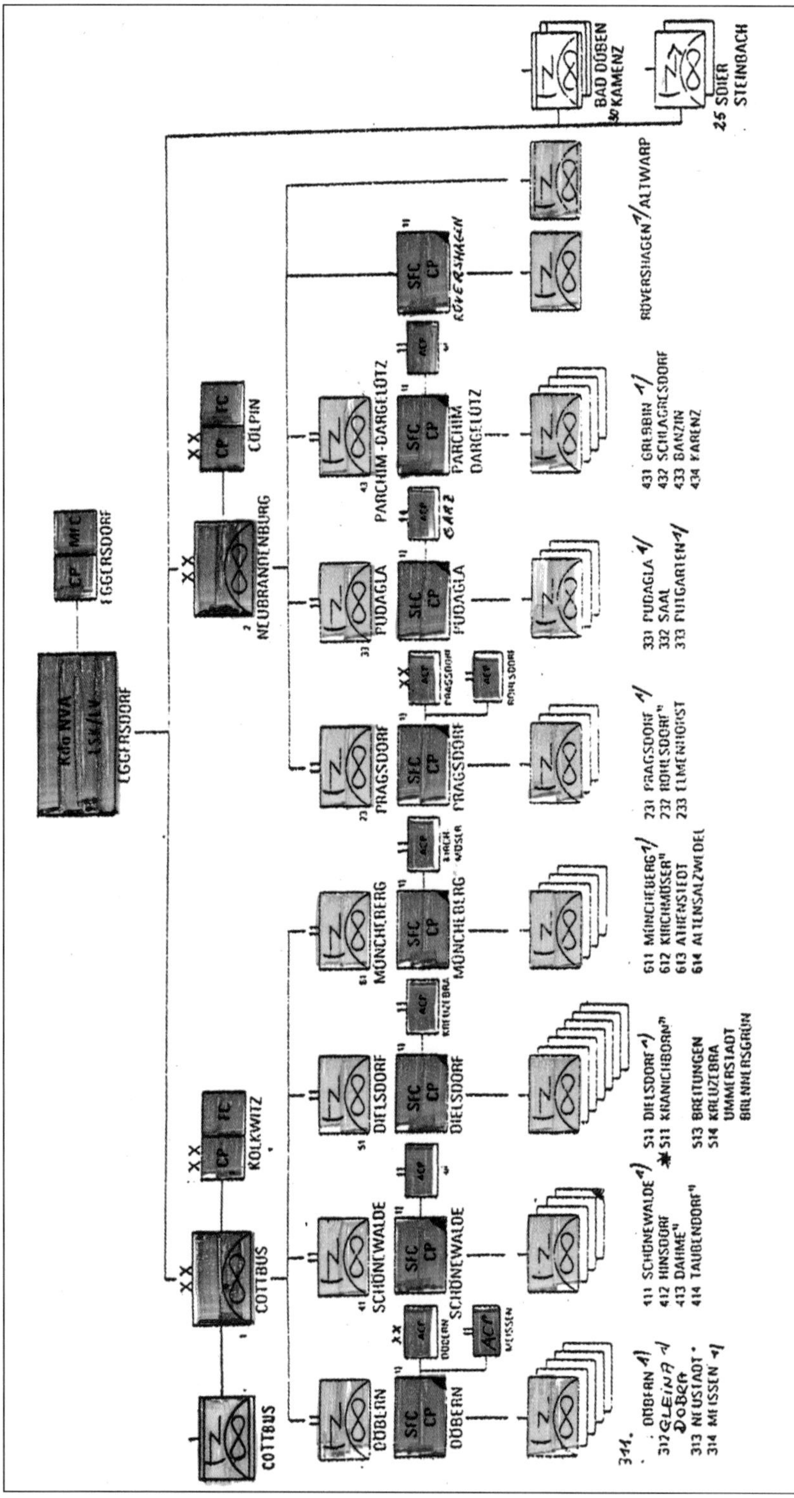

Die Frühwarn- und Jägerleitorganisation der NVA/LSK.

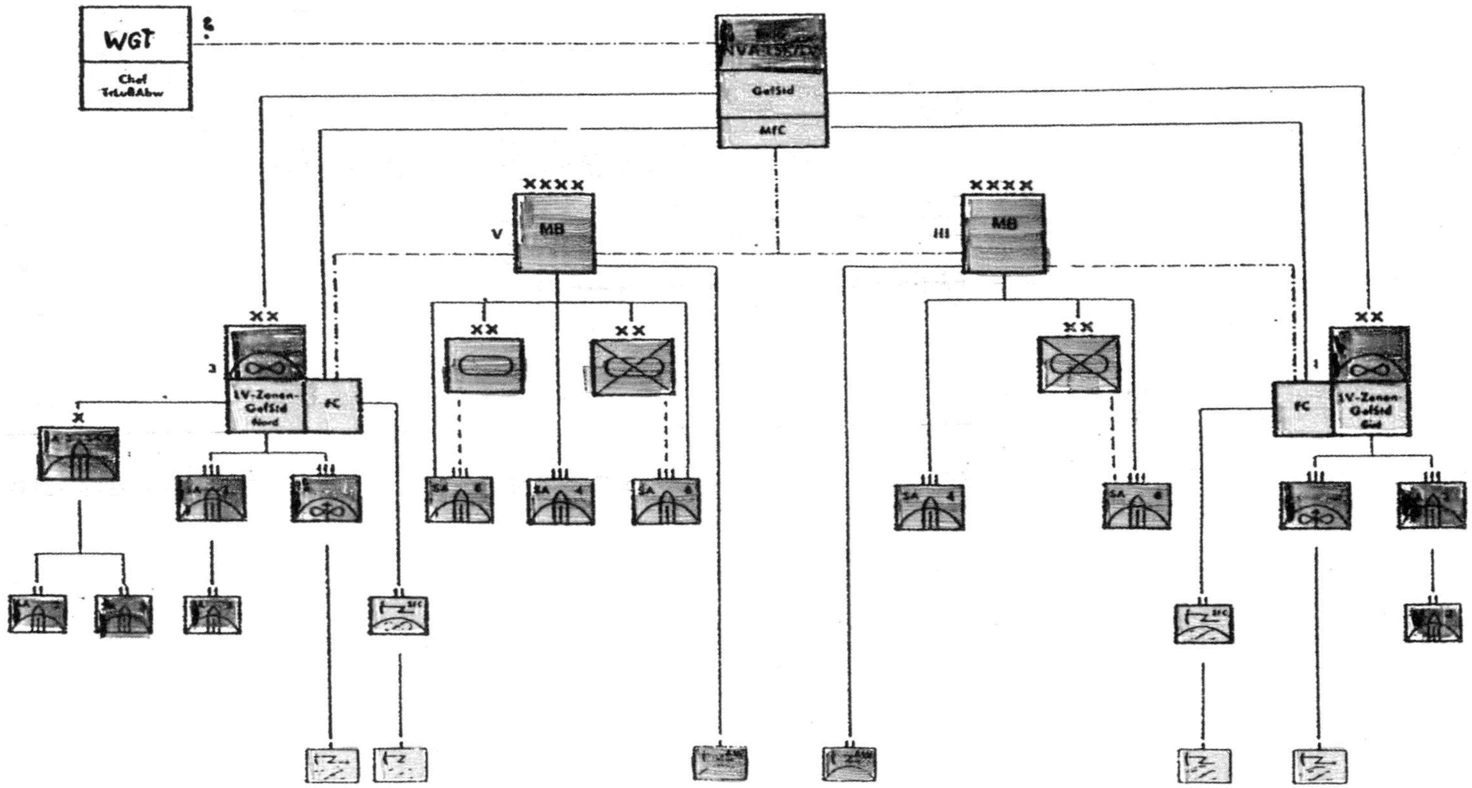

Die Führungsstruktur der Nationalen Volksarmee-Luftverteidigung.

Funkausstattung der Nationalen Volksarmee. Diese Anlage befindet sich in der Sammlung des Traditionsvereins der FmEloAufklLw in Trier.

- Sicherung von Flügen der Partei-, Staats- und Armeeführung,
- Ergreifen notwendiger Maßnahmen zur Verhinderung des widerrechtlichen Ausflugs aus dem Hoheitsgebiet der DDR und des Starts ausländischer Luftfahrzeuge, die unberechtigt im Hoheitsgebiet gelandet sind und der Entführung von Luftfahrzeugen im Ausland,
- Ständige »Kernstrahlungskontrolle« sowie Aufklärung von Kerndetonationen, der Meldung und Warnung der Truppen,
- Hilfe für in Not geratene Luft- und Wasserfahrzeuge.

Die Befugnis zur Erteilung von Befehlen zur »Eröffnung des Vernichtungsfeuers« hatten:

- Der Minister für Nationale Verteidigung, der Oberkommandierende der Gruppe der Sowjetischen Streitkräfte in Deutschland (GSTD), später Westgruppe der Truppen (WGT),
- der Stellvertreter des Ministers für Nationale Verteidigung und Chef der Luftstreitkräfte/Luftverteidigung (LSK/LV)

Luftfahrzeuge der DDR, die unangemeldet in die festgelegten Grenzsperrstreifen an der »Staatsgrenze« sowie an der Ostseeküste einflogen und der Aufforderung zur Rückkehr nicht nachkamen, konnten nach der damaligen Befehlslage für die Luftverteidigung

»vernichtet« werden. Im DHS wurden für Abfangeinsätze bei den Jagdfliegergeschwadern der NVA-LSK/LV bereitgehalten:

- Ein Flugzeugpaar und ein Reserveflugzeug, entsprechend aufmunitioniert und in Bereitschaftsstufe 2 (B-2) – Einzelstart in 8 Minuten nach Alarmierung, Start als Flugzeugpaar – 9 Minuten nach Alarmierung. Jeweils ein Flugzeugführer befand sich in Bereitschaftsstufe 2 (B-2) 8-Minuten-Bereitschaft und in der Bereitschaftsstufe 3 (B-3) 10-Minuten-Bereitschaft. Die Sitzbereitschaft in der Bereitschaftsstufe 1 (B-1) (Reaktionszeit 4–5 Minuten) durfte bis zu 60 Minuten betragen. Bei Start aus geschlossenen Deckungen erhöhte sich die Reaktionszeit um jeweils 1 Minute, bei Nachtstart zusätzlich nochmals um 1 Minute. Bei Start in Nebenrichtungen erhöhte sich die Zeit um die zusätzlich erforderliche Rollzeit.

Gefechtsstände des Diensthabenden Systems

Der *Zentrale Gefechtsstand* (ZGS-14) der NVA-LSK/LV befand sich in einer Bunkeranlage in Fürstenwalde, Rufname: REKORD/VISA/FLOKS.

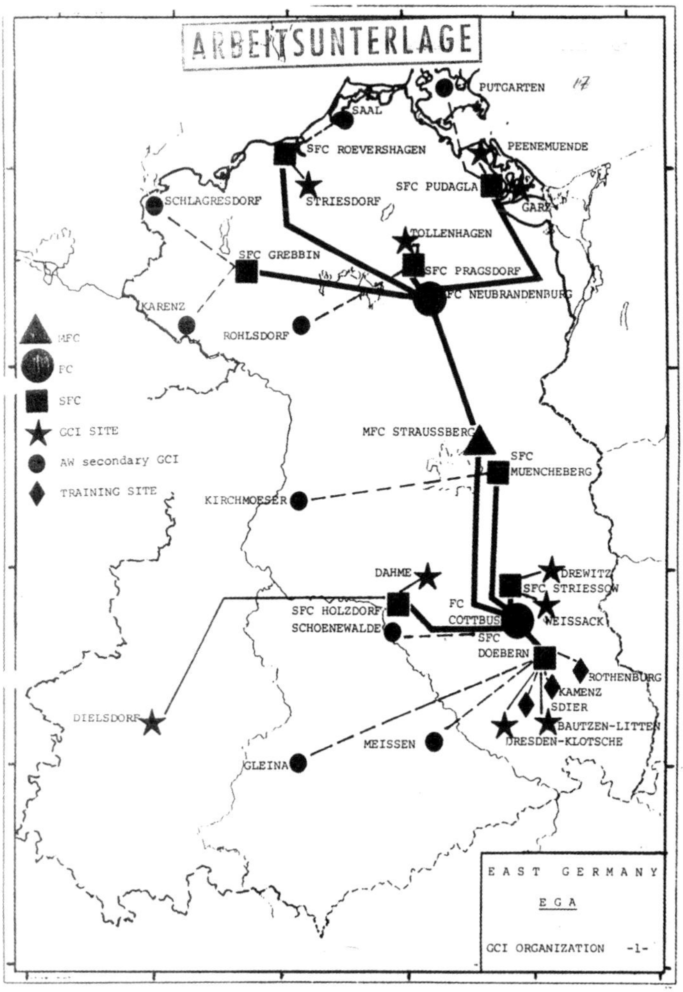

Die Gliederung der Jägerleitführung »Ground Controlled Interception-GCI« des DHS in der DDR.

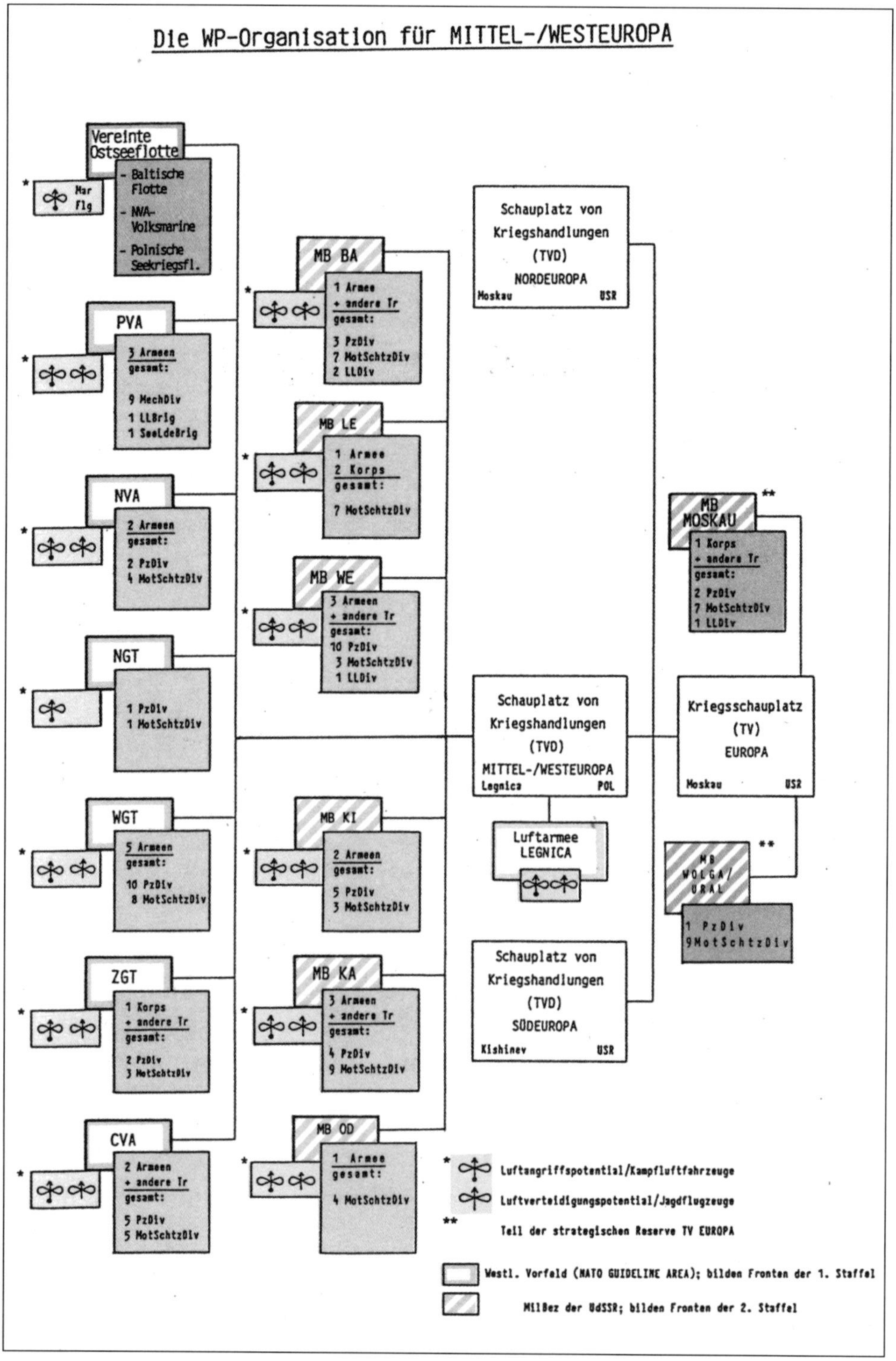

Die WP-Organisation in Mittel- und Westeuropa 1989.

Die Luftverteidigungsgefechtsstände befanden sich in Cottbus, Rufname: WISMUT, OVAL, BASIS, MONTUR, DRUSHBA (*1. Luftverteidigungsdivision* – 1. LVDiv) und Neubrandenburg (*3. Luftverteidigungsdivision* – 3. LVDiv), Rufname: PROTON, DULO, NEGATIV, FUGON. Es kann angenommen werden, dass sich auch bei der *16. sowjetischen Frontluftarmee* (Gefechtsstand Zossen, Rufname: KORAL, ZOOLOG, ALDAN?) und der *37. sowjetischen Frontluftarmee* (Gefechtsstand Legnica/Liegnitz) Flugzeuge für Abfangeinsätze in ähnlichen Bereitschaftsständen befanden. In Ergänzung zu den Luftlageinformationen, die durch das Luftraumüberwachungs- und Frühwarnsystem der NVA-LSK gewonnen wurden, erfolgte der Einsatz von *Operativgruppen der Luftverteidigung* (LV) bei den FuAZ Nord (Rüggow) und FuAZ Süd (Zella-Mehlis) zur Übermittlung dort mit den Systemen RAMONA und TAMARA gewonnener Luftlagedaten, die an die Luftverteidigungsgefechtsstände der NVA-LSK/LV sowie an den Gefechtsstand der *Westgruppe der Truppen* (WGT) in Zossen und an den *Zentralen Gefechtsstand* in Minsk (Militärbezirk Weißrussland) gemeldet wurden. Damit war die NVA-LSK-Luftverteidigungsorganisation Teil der Warschauer-Pakt Luftverteidigung des »Westlichen Kriegsschauplatzes«[55]

Organisation der Luftverteidigung

Die LV-Kräfte für Abfangeinsätze der NVA-LSK wurden aus den jeweiligen Luftverteidigungsgefechtsständen Cottbus und Neubrandenburg geführt.

Der 1. LVDiv (Cottbus) unterstanden die Jagdgeschwader (JG)[56] in:

Holzdorf	(JG 1) Rufname: KONSTANTIN, LAMENTO, HALIFAX
Preschen	(JG 3) Rufname: BLITZSCHLAG, HÜHNERFARM
Drewitz	(JG 7) Rufname: HUMORIST, REINHARD
Marxwalde	(JG 8) Rufname: BEIWAGEN, GRUNDLINIE; BERGBAU

Der 3. LVDiv (NEUBRANDENBURG) unterstanden die Jagdgeschwader in:

Trollenhagen	(JG 2) Rufname: MUNTERKEIT, LAUBBAUM, DEFEKT
Peenemünde	(JG 9) Rufname: TIEFENWIRKUNG, BRUSTFELL, NARKOSE

Die NVA-LSK/LV verfügten zusätzlich zur statischen Luftabwehr über Flugabwehrraketenkräfte SA-2/SA-3 und SA-5. Zur Auftragerfüllung der NVA-Luftverteidigung im Rahmen der Frühwarnung, bodengestützten Jägerführung und Führung der Fliegerabwehrraketenkräfte (FlaRak-Kräfte) verfügten die NVA-LSK außerdem über ein *Nachrichtenregiment* (Waldsieversdorf – NachrRgt 14), zwei *Nachrichtenbataillone* (Neubrandenburg und Cottbus) sowie zwei *Funktechnische Abteilungen.* Die Kräfte der Truppenluftabwehr der NVA-Landstreitkräfte waren in das *Diensthabende System* (DHS) integriert. In späteren Jahren wurde das Übermittlungssystem für die Übermittlung der Luftlagedaten automatisiert (System ARKONA?).

---

55 DOD: *Soviet Military Power 1987,* Washington D.C. 1987.

56 Nähere Einzelheiten in Kopenhagen: *Die Luftstreitkräfte der NVA,* Motorbuch Verlag, Stuttgart 2002.

Kenntnisstand des Militärischen Nachrichtendienstes der NVA in den achtziger Jahren

Anfang der achtziger Jahre hatte der MilND der DDR hochrangige Quellen, sowohl in der NATO als auch im Bereich des *Bundesverteidigungsministeriums,* die ihm authentische Informationen aus fast allen Bereich des Verteidigungsressorts und der NATO lieferten. Insbesondere die Lageeinschätzungen der NATO bezüglich eines Kräfteeinsatzes des Warschauer Paktes im Falle eines Konfliktes vermittelten dem MilND der NVA und dem MfS[57] wertvolle Erkenntnisse. 1982 gelang der HVA des MfS[58], sich in den Besitz des *General Defense Plan* (GDP) des in Frankfurt am Main stationierten V. US Korps zu bringen, der ebenfalls wertvolle Erkenntnisse über die geplante Verteidigung der NATO an der innerdeutschen Grenze enthielt. Weil davon ausgegangen werden kann, dass die HVA des MfS über zusätzliche Informationen aus anderen Bereichen (z.B. VII. US-Korps, I. BR-Korps, II. und III. GE-Korps) verfügte, ist anzunehmen, dass die gesamte Verteidigungsplanung der NATO im Befehlsbereich Europa-Mitte, zumindest für einen überschaubaren Zeitraum, offengelegt wurde. Dies ermöglichte es dem Warschauer Pakt, bereits im Frieden entsprechende Gegenmaßnahmen zu entwickeln, die sich in der Anfangsphase eines Konflikts als äußerst fatal für die NATO hätten erweisen können. Im Verbund mit den Erkenntnissen, die durch die Funk- und funktechnische Aufklärung des FuAR-2, der sowjetischen Funktechnischen Aufklärungsverbände gewonnen wurden und sonstiger Quellen, ergibt sich für den Kenntnisstand des MilND der NVA Ende der achtziger Jahre ein überraschend umfassendes und relativ aktuelles Lagebild[59], das nachfolgend im Einzelnen beschrieben werden soll. Vergleicht

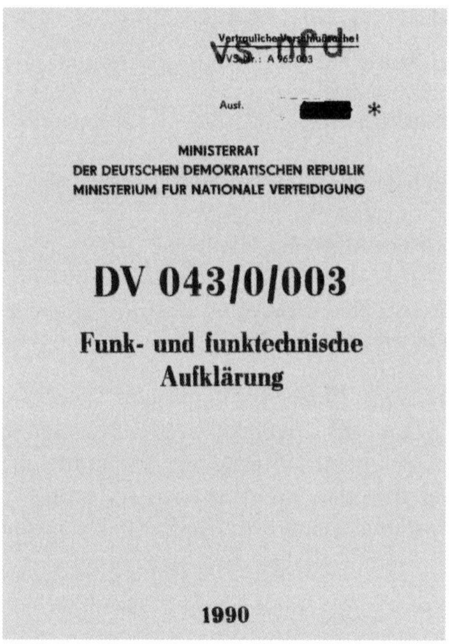
VS-nfd

Ausf. [redacted] *

MINISTERRAT
DER DEUTSCHEN DEMOKRATISCHEN REPUBLIK
MINISTERIUM FUR NATIONALE VERTEIDIGUNG

DV 043/0/003

Funk- und funktechnische Aufklärung

1990

Titelseite der Dienstvorschrift DV043/1/005 »Funkaufklärungsmerkmale« desMfNV der DDR aus dem Jahre 1990. Diese Vorschrift enthält alle Erkenntnisse des Funkaufklärungsdienstes der Nationalen Volksarmee zu Systemen, Betriebsverfahren und sonstigen Eigenheiten westlicher Fernmeldeverbindungen im militärischen Bereich.

---

57 BStU, MfS – *Information über Gegner – Erkenntnisse zur Operationsplanung und Aufklärung der Streitkräfte des Warschauer Vertrages,* (MfS-GVS Nr.: 92/82, BStU-Signatur Nr.: 00024 – 00028).

58 BStU, MfS – *STRENG GEHEIM – Information über Planungen der USA und der NATO für den Einsatz des V. Armeekorps/USA in Spannungszeiten und im Krieg* v. 16. Dez. 1982, Nr.: 626/82, BStU-Signatur: 000126-000359. (MfS-Verteiler: 1. Hoff (Kurzf), 2. Strel, 3. Krause, 4. AGM, 5. Abl).

59 N.N. MINISTERRAT DER DEUTSCHEN DEMOKRATISCHEN REPUBLIK – MINISTERIUM FÜR NATIONALE VERTEIDIGUNG – Vertrauliche Verschlusssache VVS-Nr.: A 965 005 – 043/1/005 – *Funkaufklärungsmerkmale – 1990* v. 26.02.1990.

man den Kenntnisstand des MilND der NVA (A043/1/005) vom 12.06.1973 mit dem aus dem Jahre 1990 (der sicherlich den Erkenntnissen aus dem Jahre 1989 und vorherigen Jahren entspricht), stellen die Funkmerkmale von 1990 einen ernst zu nehmenden qualitativen Sprung dar. Die *Funkmerkmale 1990* enthalten im Einzelnen auf den Seiten 1–64 folgende ausführliche Angaben zu:

Funkmerkmale 1990 (A043/1/005)
Quelle: MINISTERRAT DER DEUTSCHEN DEMOKRATISCHEN REPUBLIK – MINISTERIUM FÜR NATIONALE VERTEIDIGUNG – Vertrauliche Verschlusssache VVS-Nr. : A 965 005- 043/1/005 – Funkaufklärungsmerkmale – 1990 v. 26. 02. 1990

- Grundlagen zur Identifizierung funkelektronischer Mittel
- Technische Identifizierung
- Taktische Identifizierung
- Identifizierung des Funkverkehrs
- Regeln des Funkverkehrs
- Rufzeichen
- Internationale Rufzeichen
- Rufnamen
- Leitwegkenngruppen
- Buchstaben-, Zahlen- und gemischt geheime Rufzeichen
- Informationsübermittlung
- Funkgespräche
- Militärische Richtfunkgespräche
- Funksprüche
- Tarnverfahren
- Vergleich nationaler Besonderheiten
- Maßnahmen zur Einschränkung des Funkverkehrs
- Sendeverbot
- Einschränkungen durch das Signal MINIMIZE
- Funkbeziehung der taktischen Fliegerkräfte sowie zur Anforderung von Luftunterstützung
- Verfahren für die Anforderung von Luftunterstützung
- Organisation des Zusammenwirkens
- Organisation der Funkbeziehungen des Zusammenwirkens
- Organe des Zusammenwirkens
- Aufbau der Flugauftragsnummern
- System der Luftunterstützung (Anforderungsnummern)
- Rufnamen und Indexe der Fliegerleitorgane
- Funknetze zur Leitung taktischer Fliegerkräfte
- Charakteristik der Funknetze
- Rufnamen von bodenständigen Fliegerleiteinrichtungen im Flugfunk
- Rufnamen und Rufzeichen taktischer Fliegerkräfte
- Organisation der Ergebnismeldung während des Fluges (Inflight Report)
- Taktische und operativ-taktische Spezialflugzeuge
- Aufklärungsflugzeuge
- Flugzeuge des Funkelektronischen Kampfes[60]
- Hubschrauber der Heeresfliegerkräfte

---

[60] Siehe nachfolgende Anmerkung.

Technische Funkaufklärungsmerkmale ausgewählter Übertragungsverfahren

- Übertragungsverfahren
- Prinzipien der Identifizierung digitalisierter Übertragungsverfahren
- Beschreibung digitalisierter Übertragungsverfahren
- Kurzwellenbereich
- Richtfunk-Bereich

Koordinatensystem der NATO

- UTM-Koordinatensystem
- GEOREF-System

Der Anlagenteil enthält auf den Seiten 67 bis 119 Angaben zu:

- Zuweisung internationaler Rufzeichen
- Ständige Rufnamen
- Allgemeiner Aufbau der Funkunterlagen für taktische Funknetze im UKW-Bereich für den Stab Artillerie einer Division (BRD)
- Typisierte Spruchformen
- Unterscheidungsmerkmale nationaler Besonderheiten im Funkverkehr
- Definierte Rufzeichen für taktische Fliegerkräfte
- Nachrichtenverbindungen der Landstreitkräfte auf taktischer Ebene
- Kanalnummerierung im Frequenzbereich 74. 275 – 87. 275 MHz (Sicherheitsdienste wie Polizei, BGS, Zoll, Feuerwehr, THW, Rotes Kreuz u.a.)
- Nomenklatur der Typenbezeichnung funkelektronischer Mittel der USA
- Tarnbezeichnung der NATO-Streitkräfte für technische Kampfmittel der Armeen der Teilnehmerstaaten des Warschauer Vertrages

---

Anmerkung des Autors: Die kritische Durchsicht der Funkmerkmale lässt den Schluss zu, dass ein Großteil der Angaben, insbesondere zu Betriebsverfahren, Rufnamen und Verschleierungsverfahren im nationalen und NATO-Bereich, durch überaus intensive Erfassung und Auswertung der Funkverkehre gewonnen wurde Insbesondere technische Übertragungsverfahren der NATO wie SYSTEM 7 OLC5, SYSTEM 7,25 SYN 5, SYSTEM FEC 13-01, SYSTEM 14 OLC 13, SYSTEM OLC 15, SYSTEM 7.5 KUA 5 werden umfassend analysiert und deren Betriebsmerkmale dargestellt. Im militärischen Richtfunkbereich (200–400 MHz) der NATO konnten durch das FuAR-2 (ZFD) westliche Systeme mit 12, 16, 24 und 32 Kanälen erfasst und deren Inhalte ausgewertet werden. Das Verzeichnis der »Ständigen Rufnamen« enthält auf 14 DIN-A5 Seiten eine umfassende Auflistung wichtiger Rufnamen von Funkstellen, sowohl im HF- als auch im VHF/UHF-Bereich, die einen Überblick über die Erfassungsmöglichkeiten, den Umfang und die Reichweite (Eindringtiefe) der Funkerfassung durch das FuAR-2 erlauben. Der Abschnitt »Flugzeuge des funkelektronischen Kampfes« (3.5.2) beschreibt die in diesem Bereich eingesetzte Luftfahrzeuge der NATO, wie z B. EF 111A, EC-130, F-4G, HFB-320 ECM. Nicht enthalten in den Funkmerkmalen 90 sind Angaben zur Erfassung von Satellitensignalen, auf die in einem späteren Abschnitt noch eingegangen werden soll. Es fällt jedoch auf, dass der ZFZ keine Hinweise auf erfasste Funkverkehre des US *Strategic Airc Command* (SAC) gibt, dessen B-52 Nuklearträger auch in dieser Zeit noch aktiv waren. Auch finden sich keine Hinweise auf die speziellen Verfahren der NATO im Bezug auf den »*Quick Reaction Alert*«-Status, der noch auf dem Boden der Bundesrepublik stationierten nuklearfähigen Flugzeuge der USAF und nationaler Kontingente (Memmingen und Nörvenich), die später jedoch abgebaut werden sollten.

1989 erstellte der MilND der NVA, inzwischen auf Grund der politischen Ereignisse in der damaligen DDR in *Informationszentrum des Ministeriums für Abrüstung und Verteidigung* umgegliedert, für die Führung des Ministeriums eine »Information Zustand und Veränderungen in den Funknetzen und Einrichtungen sowie bei den funktechnischen Mitteln der NATO-Streitkräfte im Jahre 1989« auf[61], die den, auch noch aus heutiger Sicht, außerordentlich umfassenden und präzisen Kenntnisstand des MilND Ende 1989/Anfang 1990 wiedergibt. Im Vorwort dieser Zusammenstellung wird bestimmt:

»Die Information ist zur persönlichen Kenntnis der auf dem Gebiet von Angaben der Funk- und funktechnischen Aufklärung tätigen Offiziere, Fähnriche und Unteroffiziere bestimmt. Es dürfen keine Auszüge angefertigt werden.«

Die Einleitung des Dokuments enthält eine Zusammenfassung der Erkenntnisse über die nationalen Führungsorgane und Führungsstellen der NATO im westlichen Vorfeld des Warschauer Paktes. Im Einzelnen wird auf die nationalen und Führungsverfahren der NATO eingegangen[62]:

Bei den obersten NATO- und nationalen Führungsorganen zur Benachrichtigung und Warnung, zur Führung, zur rückwärtigen Sicherstellung, zum Zusammenwirken sowie zur Ausbildung und Überprüfung der Nachrichtenverbindungen;

Bei den Landstreitkräften zur Führung während Übungs- und Ausbildungsmaßnahmen auf den Ebenen Armeekorps, Division und Brigade, insbesondere für Verbindungen zwischen Garnison und Übungsraum sowie zum Training des Zusammenwirkens mit den Luftstreitkräften;

Bei den Luftstreitkräften zur Benachrichtigung und Warnung, zur Führung von Stäben und Truppenteilen im ständigen Regime und bei den Übungsmaßnahmen sowie zur Verbindungsüberprüfung und Funkausbildung;

Bei den Seestreitkräften zur Benachrichtigung und Warnung, zur Führung auf operativer und taktischer Ebene und zum Zusammenwirken der Stäbe und Flottenkräfte.

UKW-Funkverbindungen wurden betrieben:

Bei den Landstreitkräften zur Führung auf taktischer Ebene, zum Zusammenwirken mit den Luftstreitkräften auf operativer und taktischer Ebene;

Bei den Luftstreitkräften zur Führung der Flugzeuge Boden-Bord,

Bei den Seestreitkräften zur Führung und zum Zusammenwirken der Schiffe.

Als Hauptnachrichtenmittel waren bei allen Teilstreitkräften Draht-, Richt- und Troposphärenfunkverbindungen (vor allem raumdeckend in automatisierten Nachrichtensystemen) und zunehmend[63] Satellitennachrichtenverbindungen eingesetzt.

Bei allen Teilstreitkräften setzte sich die Tendenz der erweiterten Nutzung automatisierte Feldnachrichtensysteme einschließlich ihrer Zusammenschaltung und die Nutzung stationärer militärischer und ziviler Nachrichtensysteme fort. Das automatisierte Nachrichtensystem der USA-Landstreitkräfte MSE (Mobile Subscriber Equipment) und das automatisierte Führungssystem der BRD-Landstreitkräfte HEROS wurden erprobt.

---

[61] N.N. MINISTERRAT DER DEUTSCHEN DEMOKRATISCHEN REPUBLIK MINISTERIUM FÜR ABRÜSTUNG UND VERTEIDIGUNG – Chef des Informationszentrums – (GVS-Nr.: A1 002 088) – ohne Datum, 123 Seiten.

[62] Siehe Fußnote 38 a.a.O. Seiten 7–9 (Hier Wiedergabe des Originaltextes)

[63] Fehler im Original.

Charakteristisch sind die zunehmend komplexe Nutzung der Nachrichtenmittel, die Erhöhung der Durchlassfähigkeit der Nachrichtenkanäle, eine weitere Zunahme der Digitalisierung

Der Information sowie die weitere Anwendung standardisierter Übertragungsverfahren in allen Frequenzbereichen.

Die Gedecktheit der Nachrichtenkanäle hat sich durch die weitere Anwendung des Direktchiffrierverfahrens und der Verschleierung der Informationen weiter erhöht – besonders bei den KW- und UKW-Funkverbindungen.

Bei allen nationalen Kontingenten waren die betriebenen Nachrichtenverbindungen und die funktechnische Sicherstellung sowohl unter komplizierten Lagebedingungen und bei Technikausfällen als auch unter den Bedingungen des funkelektronischen Kampfes ununterbrochen gewährleistet.

Die festgestellten geringen Veränderungen in der funktechnischen Sicherstellung entsprachen der Fortsetzung der Reorganisation der NATO-Luftverteidigung (weiterer Einsatz der Fla-Raketenkomplexe Patriot und Roland 3 sowie Zusammenwirken zwischen den Komplexen Patriot und Hawk, Beendigung des Einsatzes der Fla-Raketenkomplexe Nike Hercules im Nato-Kommandobereich Zentraleuropa).

Die funktechnischen Mittel waren eingesetzt:

Bei den Landstreitkräften zur Truppenluftabwehr, Artillerie- und Truppenaufklärung bei Übungen und Ausbildungsmaßnahmen;

Bei den Luftstreitkräften zur Luftraumbeobachtung, Ortung und Zielerfassung, Waffenleitung und Flugsicherung;

Bei den Seestreitkräften zur Luft- und Seeraumbeobachtung, Waffenleitung und Navigation...

Im folgenden Teil der Information (Seiten 10–117) werden die Funkaufklärungsmerkmale der durch den ZFD erfassten Verbindungskanäle auf Seiten der NATO eingehend nach eingesetztem Verfahren beschrieben und der Aufklärungswert[64] für die eigene Lagefeststellung in einer »Einschätzung« bewertet:

Es wurden folgende nationale und NATO-Funkbeziehungen erfasst und durch den ZFD ausgewertet[65]:

Die Nachrichtensicherstellung der obersten NATO-Führungsorgane

NATO-SATCOM	*(Satellitengestütztes Kommunikationssystem)*
ACE HIGH	*(Troposphären- und richtfunkgestütztes System)*
CIP-67	*(Raumdeckendes Richtfunksystem der NATO)*
SHAPE Rundstrahldienst	
HZ 001	*(Kurzwellenverbindungssystem des Obersten Hauptquartiers mit Ausweichgefechtsstand FASTRBREAK (CHIEVRES AIR BASE)*

Aufklärungswert:

Übermittlung von typisierten NATO-Sprüchen mit 56 bzw. 88 Zeichen zur Auslösung des Alarmtrainings »Anvil Echo«; Übermittlung AMSC 663-Sprüchen zur Auslösung des

[64] Hier wird die Bewertung durch den ZFD im Original wiedergegeben.
[65] Die Beschreibung des Aufklärungswertes erfolgt im Originaltext.

Alarmtrainings SHAPE sowie bei der NATO-Luftverteidigungsübung »Aiming Fist« 1/89 und 2/89.« Das SHAPE-Funknetz HZ 001 wurde wie folgt eingeschätzt:

»Übergang zum Dauerbetrieb bei den NATO-Kommandostabsübungen »Wintex/Cimex 89[66]« und »ACE 89«. Nummerierung der Auslösesprüche am 04.01 und 01.03 mit 001 beginnend, wobei einige Sprüche mit dem Zusatz »E« vor der Spruchnummer gekennzeichnet wurden.«

Das Funknetz HZ 208 des Stabes der NATO-Streitkräfte Europa, NATO-Tarnbezeichnung »LAST TALK«

Aufklärungswert:

Aus dem System »Last Talk« wurde das Funknetz »HZ 208« ständig mit folgenden Teilnehmern aufgeklärt:

Stab NATO-Kommando Nordeuropa (AFNORTH)
Stab NATO-Kommando Zentraleuropa (AFCENT)
Stab NATO-Kommando Südeuropa (AFSOUTH)
Stab Einsatzkommando der britischen Luftstreitkräfte (STRIKE COMMAND)

Das Funknetz » HZ 208« diente der Benachrichtigung und Warnung der NATO-Stäbe. Es trug überlagernden Charakter. Übermittlung von typisierten Auslösesprüchen zu Übungen, Alarmierungen und Alarmtrainings im NATO-Rahmen (Active Edge, Anvil Echo, ACE Jack); Aufklärung von Handlungen von Gefechtsständen.

Das System der Kurzwellenfunkverbindungen der obersten NATO-Führungsorgane, NATO-Tarnbezeichnung »BRIGHT DAWN«

Aufklärungswert:

Feststellen der Entfaltung bzw. Aktivierung von Führungsstellen und Standortbestimmung. Es wurden folgende Funkrichtungen festgestellt :

HZ 211 Stab ACE-Stab AFNORTH	*Koolsaas/Norwegen*
HZ 212 Stab ACEStab AFCENT	*Brunssum/Niederlande*
HZ 213 Stab ACE-Stab AFSOUTH	*Neapel/Italien*
HZ 214 Stab ACE-Stab AFNORTH	
HZ 215 Stab AFCENT-Stab AFNORTH	
HZ 216 Stab AFNORTH-Stab AFNON	*Bodoe/Norwegen*
HZ 217 Stab AFNORTH-Stab BALTAP	*Karup/Dänemark*
HZ 218 Stab AFCENT-Stab NORTHAG/2. ATAF	*Mönchengladbach/Deutschland*
HZ 221 Stab ACE-Stab Einsatzkommando GB	*High Wyccombe/UK*
HZ 222 Stab AFSOUTH-Stab LANDSOUTH	*Verona/Italien*
HZ 225 Stab LANDSOUTH-Stab LANDSOUTHEAST	*Izmir/Türkei*

Die Sicherstellung der Nachrichtenverbindungen der obersten Bundeswehrführung

Grundnetz der Bundeswehr (GNBw)

Die Information beschreibt den Aufbau und die Funktion des Grundnetzes der Bundeswehr (GNBw) als »stationäres, vermaschtes Knotennetz« mit den Funktionen:

---

[66] Im Frühjahr 1989 wurde die letzte Übung der Reihe »WINTEX/CIMEX« und im Herbst »ACE 89« (früher »ABLE ARCHER«) abgehalten. Aus politischen Gründen fanden in der Folgezeit keine derartigen Manöver mehr statt.

Bereitstellung von Kanälen zur Nutzung von Sekundärnetzen
Schaffung von Anschaltstellen zum Übergang in Feldnachrichtensysteme
Verkettung des GNBw mit Primärnetzen der NATO, der Teilstreitkräfte, anderer nationaler Kontingente und der Bundespost der BRD; Mehrweg und Mehrmedienabstützung[67]

Die Funkverbindungen der Führungsstellen der BRD- Streitkräfte
Die aufgeklärten Funkbeziehungen dienten der Führung und dem Zusammenwirken mit Führungsstellen weiterer nationaler Kontingente. Verantwortlich für die Sicherstellung der Funkverbindungen der obersten Führungsorgane der Bundeswehr ist das Fernmeldekommando-900 (FmKdo-900), Standort RHEINBACH. Zu seinen Aufgaben gehört u. a. das Betreiben der Nachrichtenzentralen:

Ausweichsitz der Bundesregierung	**AHRWEILER**
GS Führungsstab Streitkräfte (FüS S)	MAYEN
GS Führungsstab Heer (FüS H)	KASTELLAUN
GS Führungsstab Luftwaffe (FüL)	MECHERNICH
GS Führungsstab Marine (FüM)	GEROLSTEIN
GS FmKdo-900	KESSELING

Durch den Zentralen Funk Dienst (ZFD) konnten zusätzlich folgende Kurzwellen-Verbindungen der obersten Bundeswehrführung erfasst und aufgeklärt werden:

Bezeichnung	**Standort**	**Bezeichnung**	**Standort**
Nachrichtenzentrale BMVg	BONN		
GS Fü H	KASTELLAUN	RGS I. Korps	NIENBURG
GS Fü H	KASTELLAUN	RGS II. Korps	DOLLNSTEIN
GS FüH	KASTELLAUN	RGS III. Korps	RENNEROD
GS FüH	KASTELLAUN	GS TerrKdo S/H	FLENSBURG
GS FÜH	KASTELLAUN	GS TerrKdo N	MÖNCHEN-GLADBACH
GS FüH	KASTELLAUN	GS TerrKdo S	MANNHEIM
GS FüH	KASTELLAUN	GS 6. PzGrenDiv	
GS FüH	KASTELLAUN	GS 7. PzDiv	
GS FüH	KASTELLAUN	GS 12. PzDiv	
GS FüS	MAYEN	DtBev Frankreich	
GS Fü M	GEROLSTEIN	FlKdo	GLÜCKSBURG
GS Fü M	GEROLSTEIN	BSN	WILHELMSHAVEN

[67] Information a.a.O., Seite 22

Die folgende Richtfunkverbindungen des Fernmeldebataillons 970 (FmBtl 970) MANNHEIM konnten durch den Zentralen Funk Dienst (ZFD) ebenfalls erfasst und aufgeklärt werden:

Bezeichnung	**Standort**
GSVBw 42?	MAYEN-ALZHEIM
GSVBw 43?	BAD KREUZNACH
GSVBw 44?	LIMBURG/LAHN
GSVBw 45	JESSBERG
GSVBw 46	WELSCHBILLIG
GSVBw 47	NIEDERBROMBACH
GSVBw 48	GIESSEN
GSVBw 62	MARKTHEIDENFELD
Anschaltstelle Franzosenkopf	DAXWEILER
Anschaltstelle Kalmit	MAIKAMMER/
Anschaltstelle Asseberg	DAUN
Anschaltstelle	RAMSTEIN
Anschaltstelle	KINDSBACH
Anschaltstelle	QUEIDERSBACH
Relaisstelle Höhe 605	MENGERSKIRCHEN
Relaisstelle Kühlfelder Stein	NEUKIRCH
Relaisstelle Höhe 383	ROSSBERG
Relaisstelle Flugplatz Bexbach	BEXBACH
Relaisstelle Fuessel-Berg	FREISEN
Relaisstelle Oedesberg	KUSEL
Relaisstelle Flugplatz	NALBACH
Relaisstelle	SAARBRÜCKEN
Relaisstelle Höhe 487, Hohe Buch	REIDENHAUSEN/KASTELLAUN
Relaisstelle Höhe 691, Schartenberg	KIRCHWEILER
Relaisstelle Höhe 509, Kalem	GEROLSTEIN
GS FüS Anschaltung an GSVBw	MAYEN

Aufklärungswert

Bestimmung der Lage der Funkstellen, sowie der unterstellten Kommandos und Verbände; Aufdeckung der operativen Gruppierung der BRD-Streitkräfte, Schlussfolgerungen über Veränderungen im Grad der Führungsbereitschaft bzw. über Ausbildungsmaßnahmen der Nachrichtenkräfte.[68]

[68] Originaltext-Information Seite 23.

Die Nachrichtensicherstellung der Kernwaffeneinsatz- und Versorgungskräfte
Dieser Teil der Information beschreibt eingehend den Aufbau und die Betriebsverfahren der US-Funknetze CZ-105 und CZ-106 des 56. Raketenkommandos der *US Army* in Europa sowie deren Dislozierung an den Friedensstandorten und möglicher Verfügungsräume in Spannungs- und Kriegszeiten mit präzisen Angaben nach dem UTM-Gitter *(Universales Transversales Mercator*-Gitter) – *Reference-System.*

Aufklärungswert:
Aufklärung von Übungen und Ausbildungsmaßnahmen des 56. Rkdo bzw. seiner Einheiten; Bestimmung der Handlungs- bzw. Unterbringungsräume sowie des möglichen Charakters der Handlungen durch offene und verschleierte Angaben im Funkverkehr.

Die Nachrichtensicherstellung der NATO-Landstreitkräfte
In diesem Teil der Information werden die nationalen Besonderheiten im Hinblick auf verwendete Betriebsverfahren, benutzte Frequenzen und angewandte Schlüssel- bzw. Verschleierungsverfahren der NATO-Landstreitkräfte sowie die Friedensdislozierung der nationalen Verbände umfassend beschrieben. Im Einzelnen werden behandelt:

US-Streitkräfte (US Army Europe – USAREUR)	
Bezeichnung	**Standort**
5. Nachrichtenkommando	MANNHEIM
7. Nachrichtenbrigade	MANNHEIM
1. Nachrichtenbataillon	KAISERSLAUTERN
21. Unterstützungskommando	KAISERSLAUTERN
44. Nachrichtenbataillon	MANNHEIM
72. Nachrichtenbataillon	KARLSRUHE
93. Nachrichtenbrigade	LUDWIGSBURG
Korpsartilleriekommandeur VII. US Korps und FeldArtBrig	AUGSBURG
66. Militärische Aufklärungsgruppe *(66. MI-Group)*	MÜNCHEN
Truppenübungsplatz	GRAFENWÖHR
Truppenübungsplatz	HAMMELBURG
Truppenübungsplatz	WILDFLECKEN

Nachrichtenverbindungen der BRD-Landstreitkräfte
Folgende Übungen des deutschen Heeres konnten im Jahre 1989 durch den Zentralen Funkdienst (ZFD) aufgeklärt werden:

Bezeichnung	**Übung**
I. Korps MÜNSTER	Schnelle Depesche
II. Korps ULM	Gelbe Eule

Bezeichnung	Übung
III. Korps KOBLENZ	Greller Blitz
	Schlauer Fuchs (September 1989)
	FMÜ *(Fernmeldeübung 3/89)*
1. PzDiv HANNOVER	Rauher Wind
2. PzGrenDiv KASSEL	Nymphomanin 2/89
4. PzGrenDiv REGENSBURG	Große Delle
7. PzDiv UNNA	Schneller Kontakt

Dieser Teil enthält auch Angaben zu den von der Bundeswehr verwendeten Betriebsverfahren, einschließlich des Einsatzes des automatisierten Korpsstammnetzes AUTOKO und der Einführung neuer Komponenten des Heeresführungssystems HEROS *(Heeresführungsinformationssystem für die Rechnergestützte Operationsführung in Stäben)* und dessen technische Mängel bei der Übung »WINTEX/CIMEX 89« und des daraus resultierenden Abbruchs der HEROS-Erprobung im Bereich des II. Deutschen Korps nach wenigen Tagen.

Funkverbindungen der niederländischen Landstreitkräfte
Hier werden die Funkbeziehungen, Betriebs- und Schlüsselverfahren der in Deutschland stationierten niederländischen Streitkräfte, einschließlich deren erkannter Rufzeichen und Friedensdislozierung der Verbände beschrieben.

Funkverbindungen der britischen Landstreitkräfte
Hier werden ebenfalls die Funkbeziehungen, Betriebs- und Schlüsselverfahren der in Deutschland stationierten britischen Streitkräfte, einschließlich deren erkannter Rufzeichen und Friedensdislozierung der Verbände beschrieben. Als Besonderheit wird hervorgehoben, dass Funkmerkmale nur im Zusammenhang mit den jeweiligen britischen Friedensstandorten identifiziert werden konnten.

Funkverbindungen der belgischen Landstreitkräfte
Die relativ kurze Abhandlung enthält allgemeine Hinweise zu den Funkmerkmalen der belgischen Streitkräfte, die durch den ZFD im Jahre 1989 erfasst und aufgeklärt werden konnten. Die Übungen »DOMINO«, »RACORE« und »BROADCAST« konnten erfasst werden. Jedoch finden sich keine Hinweise auf die Auswertung taktischer oder betrieblicher Inhalte.

Funkverbindungen der kanadischen Landstreitkräfte
Wie bereits bei den Funkbeziehungen der belgischen Landstreitkräfte sind hier nur allgemeine Angaben enthalten. Offensichtlich konnten die kanadischen Streitkräfte nur bei Routine-Funk-Aktivitäten in den Friedensstandorten durch den ZFD erfasst und aufgeklärt werden. Angemerkt wird in diesem Teil der Information, dass die kanadischen Streitkräfte im 2. Halbjahr bei ihren Funkbeziehungen zum Direktchiffrierverfahren OLC 15 übergingen

Funkverbindungen der französischen Landstreitkräfte
Offensichtlich ist es dem ZFD im Jahre 1989 nicht gelungen, nennenswerten Funkverkehr der in Deutschland stationierten französischen Streitkräfte im VHF-UHF-Bereich zu erfassen. Es wird lediglich auf Kurzwellenfunkfernschreibbeziehungen mit internationalem Rufzeichen vom französischen Territorium verwiesen.

Funkverbindungen der dänischen Landstreitkräfte
Dieser Teil der Information enthält lediglich den Hinweis auf geschlüsselte Kurzwellenfunkverbindungen des dänischen Heeres bei größeren Übungen.

Aufklärungswert[69]
Standortbestimmung der Stäbe und handelnden Einheiten; Beurteilung der Handlungen der Truppen bzw. der Nachrichteneinheiten. Beurteilung der Lage in der Phase der Überführung der Streitkräfte vom Friedens- in den Kriegszustand.

Nachrichtensicherstellung der NATO- und nationalen Luftstreitkräfte/Luftverteidigungskräfte
Funkbeziehungen des gemeinsamen Gefechtstandes 2. ATAF/NORTHAG JOC *(Allied Tactical Air Force / Northern Army Group Joint Operations Centre)*

Die Information beschreibt die Funkbeziehungen des JOC[70] 2. ATAF/NORTHAG am Standort Möchengladbach-Rheindahlen, an dem sich auch der Gefechtsstand der *British Forces Germany* (BFG), früher *British Army On the Rhine* (BAOR) und der *Royal Air Force Germany* (RAFG) befanden. Dieser Gefechtsstand verfügte über Kurzwellenfunkverbindungen (HF-Funknetz CB 004) zur Führung der »Kernwaffeneinsatzkräfte« (mit TORNADO ausgerüstetes deutsches Jagdbombergeschwader 31 »Bölcke« Nörvenich) in seinem unterstellten Bereich, die britischen Landstreitkräfte verfügten jedoch für die Führung ihrer »Kernwaffeneinsatzkräfte« über ein eigenes Netz. Die deutsche Flugkörpergeschwader FKG 1 (Landsberg) und FKG 2 in Geilenkirchen/Tevern (PERSHING 1-A) wurden über ein gesondertes Funknetz geführt. Die Luftverteidigungssektoren (*Sector Operation Centres* – SOC) im Bereich der 2. ATAF (SOC 1 – Brokzetel, SOC 2 – Uedem) wurden über das HF-Funknetz CB 006 geführt.

KW (Kurzwellen)-Funknetze der Luftverteidigungskräfte
Im Bereich des NATO-Luftverteidigungssystems NADGE *(NATO Air Defense Ground Environment)* bestehende feste Kurzwellen-Funkbeziehungen waren »ständig organisiert« und dienten der »Sicherstellung der Übungs- und Ausbildungstätigkeit in diesen Bereichen«.

Funkbeziehungen zur Führung der Flugkörpergeschwader-1 und -2 (BRD)
Die Funkbeziehungen der deutschen Flugkörpergeschwader (FKG 1 und FKG 2) konnten durch den ZFD im Jahre 1989 erfasst und weitgehend aufgeklärt werden.

Richtfunkverbindungen des Luftverteidigungssystems NADGE
Die Richtfunkverbindungen des NATO-Luftverteidigungssystems wurden in 16 von der *Deutschen Bundespost* fest geschalteten Kanälen geführt und konnten daher durch den ZFD ohne große Mühe ständig überwacht und aufgeklärt werden.

Kurzwellenfunkverbindungen der BRD-Luftstreitkräfte
Die Luftwaffe verfügte zur Führung neben Verbindungen im *Grundnetz der Bundeswehr* (GNBw), dem Einsatzstammnetz der Luftwaffe, über mehrerer Funknetze, die durch den ZFD aufgeklärt werden konnten.

---

[69] Information Seite(n) 41–49
[70] JOC – *Joint Operations Centre.*

Kommandobehörde/ Verband	Netzbezeichnung	Periodizität	Besonderheiten
Luftflottenkommando	YL 003	1-3 x Quartal	Verbindungsprüfung
Luftflottenkommando	YL 004	1-3 x Quartal	Verbindungsprüfung
1. Luftwaffendivision	YL 013	Tägl. 0800-1700	Verbindung zu übenden Verbänden DECIMOMMANNU
3. Luftwaffendivision	YL 033	1-3 x Quartal	Führung/Ausbildung

Anmerkung des Autors: Die Luftwaffe verfügte daneben noch über eine Reihe anderer Funknetze, die in der »Information« nicht erwähnt werden, jedoch im Jahre 1989 noch aktiv gewesen sein müssen.

601. Taktisches Fliegerleitgeschwader (USA)

Der ZFD konnte folgende Kurzwellen-Funkbeziehungen[71] des amerikanischen 601. Taktischen Fliegerleitgeschwaders erfassen und aufklären:

Rufname	Zuordnung[72]	Standort
JORDAN	Stab 601. TFG	SEMBACH
JORDAN A	Gefechtsstand 601. TFG	
JORDAN 22	Sammelruf für Einheiten 2. ATAF	
JORDAN 44	Sammelruf für Einheiten 4. ATAF	
JORDAN 99	Sammelruf für alle Einheiten	
MORPHA	601. Taktische Fliegerleitstaffel	ZWEIBRÜCKEN
MUTATE	611. Taktische Fliegerleitkette	ALZEY
JEREMIAH	612. TFLK	ZWEIBRÜCKEN
CALORIE	622. TFLK	BAD KREUZNACH
CHALET	631. TFLK	WÜRZBURG
GALLEY	606. TFLS	BREMERHAVEN
POSE	626. TFLK	BASDAHL
BELT	609. TFLS	HESSISCH-OLDENDORF
PUMA	629. TFLK	BAD MÜNDER
ESPRIT	601. Taktische Luftunterstützungsgruppe	SEMBACH
FASTLINE	601. Taktische Luftunterstützungsgruppe	SEMBACH

Die Information enthält zusätzlich die von den Funkstellen verwendeten Ordnungsnummern für Kommandeur, Instandsetzungstrupp(s), Luftraumüberwachungstrupp(s), Marschgruppen bei Verlegungen, Funktrupps für Troposphärenfunkverbindungen *(Forward-Tropo-Scatter).*

---

71 Die Rufnamen dieser Funkstellen konnten im Jahre 1989 und danach tatsächlich erfasst werden.

72 Originalbezeichnung in der Information Seite 58.

Aufklärungswert:

Aufklärung der Standorte der Einheiten des 601. TFLG, Schlussfolgerungen zum Grad der Gefechtsbereitschaft beim 601. TFLG und bei den Luftverteidigungskräften; Feststellung des Entfaltungsgrades des mobilen Fliegerleitssystems.

Funkverbindungen des Zusammenwirkens der Land- und Luftstreitkräfte (Luftandorderungsnetze)[73]

Folgende Luftunterstützungsanforderungs-Netze konnten durch den ZFD weitgehend erfasst und aufgeklärt werden:

Aufklärungswert:

Standortbestimmung der Führungsstellen des AK (Armeekorps) und der Divisionen; Bestimmung der Handlungsräume; Ableitung von Schlussfolgerungen über den Charakter des Gefechts und dessen Schwerpunktbildung; Schlussfolgerungen über die Einsatzprinzipien der taktischen Fliegerkräfte; Beurteilung der Übungs- und Ausbildungstätigkeit der Landstreitkräfte und der Luftstreitkräfte hinsichtlich des Charakters der Maßnahmen.

Boden-Bord und Bord-Bord-Funkverbindungen der NATO-Luftstreitkräfte

Im ersten Teil dieses Abschnitts wird die Frequenzbandbelegung des UKW-Flugfunkbereiches beschrieben. Hierbei wird deutlich, das der ZFD im Jahr 1989 1725 NATO- und nationale VHF/UHF-Funkbeziehungen erfassen und aufklären konnte. Dabei hielt der ZFD 1103 NATO- und nationale Frequenzen im Flugfunkband 118–145 MHz (230 Frequenzen) und 220–400 MHz (873 Frequenzen) permanent unter Kontrolle. Zusätzlich werden folgende Funkbeziehungen und die dabei verwendeten Betriebsverfahren beschrieben:

NATO E-3 A SENTRY (AWACS – AIRBORNE WARNING AND CONTROL SYSTEM)

Beschreibung des von der NATO E-3 A angewandten Kurzwellenfunkverbindungssystems einschließlich der Anwendung von Funkfernschreibverfahren (NATO-Bezeichnung RATT – *Radio Teletype Transmission),* der Einsatz-Führungsverfahren im VHF/UHF-Bereich und Funkbeziehungen zum Gefechtsstand des AWACS-Geschwaders (Rufname FRISBEE) in Geilenkirchen, zu den Gefechtsständen der Luftverteidigungssektoren, der Gefechtsstände der Taktischen Fliegerkräfte und Elementen des 601. (US) TFLG, Flugzeugen der taktischen Fliegerkräfte, Elementen des Flugsicherungsdienstes und zu Tankflugzeugen. Nicht erwähnt werden die taktischen Übermittlungsverfahren der NATO-E3A bei der Unterstützung der Seestreitkräfte auf hoher See und in Küstennähe. Hier erfolgte die Datenübermittlung zwischen den Bedarfsträgern (Schiffen und Landstationen) mittels der Verfahren LINK 4, LINK 11, JTIDS *(Joint Tactical Information Distribution System).* Offensichtlich verfügte der ZFD in seinen nördlichen Erfassungsstellen nicht über die Technik und Tiefe, um in diese Funkbeziehungen eindringen zu können, gleichwohl die NATO-E3A auch über der westlichen Ostsee, dem Kattegatt und dem Skagerrak eingesetzt wurde. Nicht erwähnt sind auch so genannte *Phone Patches* (Überleitung von Gesprächen aus dem Festnetz) über die Funkstelle[74] der NATO-E3A COMPONENT in Geilenkirchen an das im Einsatz befindliche Flugzeug. Eine Schlüsselmöglichkeit bestand hierbei jedoch nicht.

---

[73] Bezeichnung im Original, nach NATO-Diktion: Luftunterstützungsanforderungs-Netze

[74] *Phone Patches* wurden auch häufig vom Gefechtsstand des *NATO Airborne Early Warning Force Command Headquarters* (NAEW-FC HQ) in Mons (SHAPE) durchgeführt.

E-3A SENTRY US AIR FORCE (AWACS)

In diesem Abschnitt wird nur auf VHF/UHF-Flugfunkbeziehungen der US-E3A im Luftraum über der Region Europa-Mitte Bezug genommen. Bei Einsätzen der US-E3A (Basis: Keflavik/Island) über Nordeuropa wurde die ausschließliche Verwendung von Satellitenverbindungen zur Einsatzführung durch den ZFD erkannt. Weitere Einzelheiten, insbesondere Führungsverfahren werden nicht erwähnt.

SR 71 (Höhenaufklärungsflugzeug der US-Luftwaffe)

Der ZFD erfasste die SR-71[75] bei der Verbindungsaufnahme mit der zuständigen Flugsicherungskontrollstelle Waaton[76] auf der Frequenz 281.5 MHz beim Anflug auf Mildenhall/UK. Nach einer Mitteilung N.N. aus dem ZFD im Jahre 1990 konnte die SR-71 über die Funkführungsstelle Croughton *(USAF Global HF System)* bereits über dem Nordatlantik auf Kurzwellenfunkverbindungen beim Anflug auf England aufgeklärt werden.

RC 135 (SIGINT – SIGNALS INTELLIGENCE PLATTFORM DER USAF)

In diesem Abschnitt sind nur sehr kurze Angaben über erfasste Flugfunk-Sprechfunkverkehre der RC 135 A[77] im Zusammenhang mit der Flugsicherung enthalten. Operationelle Einzelheiten über den Einsatz dieses Flugzeuges über der *Central Region* sind nicht enthalten.

TR 1 (Höhenaufklärungsflugzeug der US Air Force)

Über die Einsätze der Lockheed TR 1, einer Weiterentwicklung des Aufklärungsflugzeuges U-2, sind nur wenig Angaben über Funkbeziehungen zu CRC *(Combat Reporting Centers)* des NADGE-Luftverteidigungssystems, zu Flugsicherungseinrichtungen und zum Flugplatz Ramstein (Frequenz 386.65 MHz) enthalten. Operationelle Einzelheiten fehlen gänzlich.

DC-8 (SARIGUE)[78]

Über die Einsätze der französischen DOUGLAS DC-8 über dem vorderen Luftraum in Deutschland enthält die Information nur allgemeine Angaben über Flugsicherungs-Funkbeziehungen. Operationelle Einzelheiten werden nicht behandelt. Auffällig ist auch, dass Einsätze der französischen C 160 TRANSALL »GABRIEL«, einer SIGINT-Plattform, nicht erkannt wurden, die definitiv in diesem Zeitraum auch noch durchgeführt wurden.

BR 1150 ATLANTIK (SIGINT – PLATTFORM DER BUNDESMARINE)

Hier werden Erfassungseinsätze der BR 1150 im Bereich der 2. ATAF und über der Ostsee, Verbindungsaufnahme mit Flugsicherungsstellen und Datenübermittlung im System EIFEL *(Elektronisches Führungs- und Informationssystem Luftwaffe)* behandelt. Ebenso wurden gelegentliche Landungen auf dem US-Fliegerhorst Bitburg registriert.

Weitere operationelle Einzelheiten[79] fehlen gänzlich.

---

75 LOCKHEED SR-71 A, Dienstgipfelhöhe 32.300 m *(Taschenbuch der Luftflotten 1983/1984)*.

76 WAATON im Original, soll wohl lauten: WYTON nach *RAF FLIGHT INFORMATION HANDBOOK EFFECTIVE 10 SEP 85*, PUBLISHED BY 1 AIDU(RAF).

77 Modifizierte BOEING 707.

78 *Système Aeroporté de Recueil d'Informations de Guerre Electronique* – SIGINT – *Signals Intelligence*-Plattform der *Armée de l'Air*.

79 Es darf vermutet werden, dass operationelle Einzelheiten zu Erfassungseinsätzen der SIGINT-Plattformen der nationalen Kontingente der NATO gesondert ausgewertet wurden und innerhalb des ZFD einen speziellen Geheimschutz erhielten.

OV-1 BRONCO (SLAR-Flugzeug der US-Army)

Auf die grenznahen SLAR-Einsätze *(Sidelooking Airborne Radar)* der Rockwell OV-1 BRONCO wird nicht besonders eingegangen. Betriebliche und operationelle Einzelheiten werden nicht behandelt.

RC 12 D (SIGINT – SIGNALS INTELLIGENCE PLATTFORM DER US-ARMY)

Die Einsätze der RC 12 D (Beechcraft HURON), einer SIGINT-Plattform der *US Army* über dem vorderen Raum in Grenznähe werden nur sehr kurz abgehandelt. Operationelle Einzelheiten sind auch hier nicht enthalten.

EF 111 A (AUFKLÄRUNGS- UND STÖRFLUGZEUG DER USAF)

Über die Einsätze der General Dynamics EF-111A, eines elektronischen Aufklärungs- und Störflugzeuges, sind nur wenig operationelle Einzelheiten bekannt, wie Verbindungsaufnahmen zu CRC des NADGE-Systems, Datenübermittlung im System EIFEL der deutschen Luftwaffe, sowie Verbindung zur Führungsstelle Croughton/UK und im Rahmen der Luftbetankung AAR *(Air to Air Refueling)*

EC 130 »COMPASS CALL« (AUFKLÄRUNGS- UND STÖRFLUGZEUG DER USAF)

Über die Einsätze der Lockheed EC-130 »COMPASS CALL«, einer für Aufklärungs- und Störeinsätze modifizierten C-130 HERCULES, sind nur wenig operationelle Einzelheiten, wie Verbindungsaufnahmen zu CRC des NADGE-Systems und zur Datenübermittlung im System EIFEL der deutschen Luftwaffe, enthalten. Spezielle Einzelheiten wie Einsatzprofile und angewandte Störmaßnahmen fehlen auch hier, so dass auch in diesem Fall vermutet werden kann, dass Einzelheiten einer besonderen Geheimhaltung beim ZFD unterlagen.

HFB 320 ECM[80]

Über die Einsätze der in Lager Lechfeld stationierten und der FmL/VsAbt 61 der deutschen Luftwaffe angegliederten HFB 320 (HANSA) sind nur wenig operative Einzelheiten enthalten. Insbesondere fehlen Kommentare zu den Ergebnissen der von der HFB 320 zu dieser Zeit gegen Luftverteidigungseinrichtungen der 2. und 4. ATAF durchgeführten Störeinsätze.

Die Nachrichtensicherstellung der NATO- und nationalen Seestreitkräfte

Auf Grund der zu überbrückenden großen Entfernungen verwendete die Marine zu dieser Zeit vorwiegend Kurzwellenfunkverbindungen zur Führung der Einheiten, die der ZFD zum großen Teil erfasste und aufklärte. Da es sich in der Regel um ortsfeste Marinesignalstellen und Frequenzen in bestimmten Bereichen handelte, ist davon auszugehen, dass die in der Information beschriebenen Standorte und Verfahren als aufgeklärt betrachtet werden müssen. Es handelte sich hierbei um folgende Funkstellen:

Rufzeichen	Rufname	Bezeichnung	Standort
DHO 66	ARGONAUT	NAOC[81]	GLÜCKSBURG
DHJ 58		MFmGrp 11	GLÜCKSBURG
DHJ 78		FuSt/ MarFlGeschw 3	NORDHOLZ
?	MEISTERSINGER	Flottendienstboote[82]	In See

[80] ECM – *Electronic Countermeasures*-Plattform der deutschen Luftwaffe.

[81] *Naval Operations Centre* (Marineeinsatzleitung).

Desgleichen konnten die Kurzwellen-Arbeitsfrequenzen der BREGUET ATLANTIK SIGINT sowie der TORNADO der MarFlgG 1 und 2 erfasst und aufgeklärt werden.

Zusätzlich sind noch Einzelheiten zu Funknetzen im Bereich des *Sector Operation Centre 1* Brockzetel und CRC Niew Milligen/NL enthalten, die bei der Zusammenarbeit mit Marinestreitkräften erfasst werden konnten. Neu festgestellte Funkstellen im Bereich TACDEN *(Tactical Air Commander Denmark)* in Karup, Beldringe und Skydstrup (CRC). Da die Marine bei ihren Kurzwellenfunkverbindungen fast ausschließlich Schlüsselverfahren anwendete, gelang es dem ZFD offensichtlich nicht, die übermittelten Nachrichteninhalte aufzuklären. Es fällt auf, dass der Bereich der Ostseezugänge (NATO-Bezeichnung: *Baltic Approaches* – BALTAP) funkaufklärungstechnisch durch den ZFD nicht so bearbeitetet wurde wie die *Central Region* der NATO. Dies mag an fehlenden Eindringtiefen und nicht ausreichender technischer Ausstattung gelegen haben. Erschwerend kam für die Erfassung durch den ZFD hinzu, dass ein Großteil der Nachrichteninhalte nach sicheren Verfahren verschlüsselt wurde, die der ZFD nicht lösen konnte.

Mittel und Verfahren der gedeckten Truppenführung[83] *(Tarnung)*

In diesem Abschnitt werden die von der NATO und nationalen Kontingenten angewandten Verfahren zum Schutz der Nachrichteninhalte und deren technische Parameter beschrieben.

Verfahren	**Anwender**
OLC 50	NATO-STREITKRÄFTE AFCENT
OLC 75	NATO-SEESTREITKRÄFTE
OLC 15	LANDSTREITKRÄFTE USA
FEC 100/101	STREITKRÄFTE BRD
SYN 50	TEILE LUFTSTREITKRÄFTE NATO
SYN 75	STREITKRÄFTE BRD
SCRAMBLER	VII. US KORPS/ NATO E 3A
HAVE QUICK[84]	LUFTSTREITKRÄFTE USA
TACFIRE	ARTILLERIE US ARMY
KUAZ[85]	US ARMY/NIEDERLANDE (HEER)
CHANNEL/BUTTON[86]	NATO UND NATIONALE KONTINGENTE
BRIGHT DAWN-LINCOMPEX[87]	NATO
MEROD[88]	USA

[82] Es handelt sich hierbei um die Flottendienstboote im FmEloAufkl-Einsatz der deutschen Marine. Insgesamt 17 ihrer Kurzwellen-Arbeitsfrequenzen klärte der ZFD auf.

[83] Im NATO-Wortschatz: Tarn-, Verschleierungs- und Schlüsselverfahren. *Transmission Security* – TRANSEC; *Communications Security* – COMSEC. Angaben nach der Information Seite 81–82.

[84] Frequenzsprungverfahren im HF-VHF/UHF- und SHF-Bereich *(Frequency Hopping)*.

[85] Digitalisiertes Sprachübermittlungsverfahren.

[86] Kodierte Festlegung von Funkverkehrskanälen, Übermittlung der Einstellungen per offenem Funkverkehr, erlaubte jedoch die Zuordnung der Kanäle durch den ZFD.

[87] Technisches Verfahren, das vom ZFD nicht aufgeklärt werden konnte.

[88] Kurzsignalübermittlung (60 Sekunden) der Fernspäher im KW- und Satellitenfunk, erstmals bei CARAVAN GUARD 89 durch ZFD erfasst, geschlüsselte Inhalte (5er-Zahlengruppen) konnten jedoch nicht aufgelöst werden.

NATO- und nationale Richtfunkverbindungen (TDM 12/16/24/32) wurden erfasst, die Nachrichteninhalte, soweit nicht verschlüsselt, konnten ebenfalls aufgeklärt werden.

Das britische Richtfunknetz »PTARMIGAN« (220–400 MHz, 610–960 MHz und 1280–1700 MHz) konnte erfasst, Nachrichteninhalte aufgeklärt werden.

In der »Information« ergeben sich auch Hinweise auf die Erfassung von »Burst-Übertragungen«[89] und Erfassung von Sendungen im Frequenzsprungverfahren *(Have Quick)* durch den ZFD. Ob allerdings alle Nachrichteninhalte aufgeklärt werden konnten, erscheint fraglich, da sich darüber keine Aussagen finden lassen.

Entwicklungstendenzen in der Nachrichtensicherstellung und Schlussfolgerungen[90]

Dieser Abschnitt beschreibt den Sachstand der »Nachrichtensicherstellung« innerhalb der NATO und den nationalen Kontingenten im Jahre 1989 und kommt bei der Bewertung der »Nachrichtensicherstellung der Land- und Luftstreitkräfte der NATO« zu folgender Schlussfolgerung:[91]

Während bereits ein hoher Grad der Geheimhaltung bei der Nachrichtenübermittlung durchgesetzt ist, werden jetzt Anstrengungen unternommen, um die Peilbarkeit militärischer Funkaussendungen wirksam zu verringern. Methoden dazu sind: Die Nutzung von Frequenzsprungverfahren (z. B. HAVE QUICK); die Erhöhung des Anteilen von Kurzzeitaussendungen bzw. Burstübertragungen, die weitere Verlagerung militärischer Funkaussendungen in Bereiche, in denen eine direkte Standortbestimmung durch Funkpeilung nicht mehr gegeben ist (Richtfunk, Troposphären- und Satellitenfunkverbindungen unter Ausnutzung vorhandener militärischer und kommerzieller Nachrichtensysteme). Aus den genannten Gründen ist zu erwarten, dass in naher Zukunft die letztgenannten Verfahren an Bedeutung gewinnen werden.

Bei der Bewertung der »Nachrichtensicherstellung« der Marinestreitkräfte kommen die Autoren der »Information« zu folgenden Schlussfolgerungen[92]:

Weiterer Ausbau automatisierter Führungs- und Informationssysteme,

Umfangreiche Nutzung und Erweiterung landgestützter Nachrichtensysteme,

Steigerung der Übertragungsgeschwindigkeiten,

Weitere Erhöhung der »Gedecktheit«[93] der Nachrichtenverbindungen auf operativer und taktischer Führungsebene,

Aufbau eines Systemverbundes durch den AIRBALTAP (AIR BALTIC APPROACHES – Kommando Ostseezugänge)

Spezifizierung und Modernisierung der U-Boot-Führungssysteme im Längst-, Lang- und Kurzwellenbereich zur Erhöhung der Führungssicherheit in entfernte Seegebiete sowie entsprechende Veränderungen an Waffenleit- und Navigationsanlagen.

»Abschnitt 2: Funktechnische Sicherstellung« behandelt umfassend die »funktechnische Sicherstellung der Landstreitkräfte« und die dabei eingesetzten Radarsysteme (TRMS 3-D,

---

[89] Kurzsignalübermittlung im HF/VHF/UHF- und SHF-Bereich.

[90] Im Originaltext Nummer 1.9.

[91] In der Information Seite 92, letzter Absatz.

[92] In der Information Seite 94.

[93] Hier im Sinne von Schutzmaßnahmen gegen Erfassung und Aufklärung durch westliche Dienste.

TPS1 E, MPDR3002/S, MPDR 16, MPDR 12, MPQ 49, DN 181) sowie die bei den grenznah eingesetzten Panzeraufklärungsregimenter der US-Armee (2nd ACR/11 ACR) eingesetzten Gefechtsfeldradargeräte (PPS 5) und deren Parameter und Betriebsverfahren. Die in auf den Truppenübungsplätzen Munster, Bergen, Wildflecken, Hammelburg und Grafenwöhr eingesetzten Gefechtsfeld-Radarsysteme der Zielortung und Feuerleitung für den artilleristischen Kampf (TPQ 36 und TPQ 37 GREEN ARCHER) werden hinsichtlich ihrer Betriebsverfahren untersucht und bewertet.

Bei der »funktechnischen Sicherstellung« des Luftverteidigungssystems NADGE werden die dabei verwendeten Systeme HADR, ARES NADGE, GE 592 (LV Belgien), TPS 43, S 713/3-D MARTELLO (LV Dänemark), FPS 7, GPS 4, FPS 110 (LV Dänemark), FPS 89, FPS 110 (LV Dänemark), FPS 89, FPS 6C (LV Dänemark), TH-D 1096 (LV Frankreich) sowie die Systeme SECAR, UPX 23 und UPX 6 hinsichtlich Parameter, Betriebsverfahren und Einsatz im NATO-LV-System bewertet sowie zu erwartende Änderungen in der Geräteausstattung (FPS-117) geschildert.

Das 601. Taktische Fliegerleitgeschwader der USAF, seine Geräteausstattung (TPS 43-E) sowie seine Friedensstandorte und Zuordnung der Einheiten konnte der ZFD erfassen und zum großen Teil aufklären.

Das Gleiche gilt für die Radaranlagen der zivilen Flugsicherung sowie das TACAN-System zur automatisierten Führung des militärischen Flugverkehrs im vorderen Bereich.

Das von der *US Army*, der deutschen Luftwaffe und dem niederländischen Heer betriebene Raketenfliegerabwehrsystem PATRIOT und das dabei zum Einsatz gelangende Radarsystem MPQ 53 konnte der ZFD zum großen Teil aufklären. Die Zuordnung der einzelnen, nationalen Feuereinheiten zu den Standorten war sehr präzise.

Das Raketen-Fliegerabwehrsystem IMPROVED HAWK (I-HAWK) mit seinen Radarsystemen TPS 1G, MPQ 50, MPQ 51 konnte ebenfalls hinsichtlich technischer und betrieblicher Parameter sowie Standorten gänzlich aufgeklärt werden.

Das Fliegerabwehrraketensystem ROLAND 3 für den Objektschutz wurde erst 1989 bei der Bundeswehr eingeführt. Aber bereits in diesem Jahr konnte der ZFD technische und betriebliche Parameter des Systems, seine Dislozierung und Zuordnung zu den Schutzobjekten (Hohn, Jagel, Nordholz, Jever, Frankfurt, Wiesbaden, Wangerland und Schöneck) klären.

Das Fliegerabwehrraketensystem NIKE HERCULES konnte mit seinen Radarsystemen MPQ 43 FPS 37 und MPA 5 erfasst werden. Seit dem 10. Oktober 1989 erkannte der ZFD keine Aktivitäten in diesem System mehr. Daraus folgerten die Spezialisten, dass dieses System in Kürze von der NATO deaktiviert werden würde.

Der 1989 noch bestehende *Tieffliegermelde- und Leitdienst* (TMLD) der Bundeswehr wurde hinsichtlich eingesetzter Systeme (MPDR30/1) und seiner Parameter sowie Dislozierung in den Friedensstandorten und grenznaher Aufbaustellen, sowohl im sporadischen Betrieb als auch bei Übungen, nahezu vollständig aufgeklärt.

Der Teil »Fliegerkräfte« beschreibt die Verwendung bordgestützter Radarsysteme auf Seiten der NATO und ihrer nationalen Kontingente. Im Juni 1989 gelang dem ZFD erstmalig die Erfassung und Analyse betrieblicher Parameter des Seitensicht-Radars ASARS der US-Luftwaffe TR-1, die häufig über dem vorderen Bereich der NATO zum Einsatz gelangte.

Weitere Erfolge konnte der ZFD bei der Aufklärung des NATO-Luftwaffen-Freund-Feind-Kennungssystems (IFF – *Identification Friend-Foe*) verbuchen. Die Ausstrahlungen ermöglichten eine Zuordnung der Luftfahrzeuge an Hand der durch das System generierten Code-Nummern. Die einzelnen Modi (Mode 1 und Mode 2) konnten aufgelöst und den einzelnen Flugzeugmustern zugeordnet werden.

Die Bewertung der »Entwicklungstendenzen in der funktechnischen Sicherstellung und Schlussfolgerungen«[94] durch den ZFD ergab, dass künftig auf Seiten der NATO mit:

Einführung hochmoderner Funkmessstationen mit komplizierten Signalstrukturen, elektronischer Strahlenschwenkung, moderner Antennenkonzeptionen, leistungsfähiger Signalverarbeitung und Analyse, Anpassung an moderne Datenübertragungssysteme und der Erhöhung des Störschutzes zu rechnen ist.

3. Satellitennachrichtensysteme[95]

Der *Zentrale Funkdienst* (ZFD) konnte 1989, möglicherweise in Kooperation mit der *Hauptabteilung III* des MfS, in bestehende Kommunikationskanäle folgender Satellitensysteme eindringen und die Transponderbelegung aufklären[96]:

FLEETSATCOM-ATL, FLEETSATCOM-INDOC, MARISAT-ATL, MARISAT-INDOC, LEASAT-ATL, LEASAT-INDOC, INTELSAT V, AFSATCOM sowie das polumlaufende System SDS. Der ZFD konnte ebenfalls Defizite beim Transponderausfall der Kanäle 5,6 und 7 des FLEETSATCOM-INDOC am 17.01., 22.07–26.07.,16.08. und am 01. 11.1989 registrieren, was auf eine ständige Überwachung schließen lässt. Ob und inwieweit geschlüsselte Nachrichteninhalte dieser satellitengestützten Verbindungskanäle aufgeklärt werden konnten, ist aus der Information nicht ersichtlich. Der ZFD erkannte jedoch, dass der AFSATCOM-Transponder eine redundante Verbindung für das *Flaming Arrow Network* (FAN) – weltweite Führung der »Kernwaffeneinsatz- und Versorgungsverbände« – der Vereinigten Staaten darstellte. Bei den im Rahmen der Aufklärung erfassten Transponderkanälen des INTELSAT V bestand die Möglichkeit für den ZFD, weltweite militärische, paramilitärische und zivile Stand- und Wahlverbindungen, die über dieses System geführt wurden, zu erfassen. Ob auch hier verschlüsselte Inhalte offengelegt werden konnten, ist aus der Information nicht ersichtlich. Erstaunlicherweise finden sich in der Information auch keinerlei Hinweise auf die Erfassung und Aufklärung von HF-UHF- und satellitengestützten Fernmeldesystemen der militärischen Spezialkräfte und Nachrichtendienste (System HARPUNE, FS 5000 des BND) der westlichen Welt. Möglicherweise wurde die Erfassung und Aufklärung derartiger Signale durch die HA III des MfS im Verbund mit Partnerdiensten wahrgenommen und unterlagen besonderer Geheimhaltung.

---

94 Information Seite 115 – 116.

95 Siehe hierzu auch Mass: *Satellitensignale anzapfen und auswerten,* Franzis-Verlag, Poing 2002, Seite 109 – 136.

96 Mass: *Die Technik des Satellitenanzapfens,* Franzis-Verlag, Poing 2001, Seite 36 ff.

Erkenntnisse des Ministeriums für Nationale Verteidigung über die Neuorganisation der NATO-Luftverteidigung

Im Frühjahr 1989 legte der Chef Aufklärung des *Ministeriums für Nationale Verteidigung* eine »Aufklärungsmeldung« zum Thema »Neuorganisation des NATO-Luftverteidigungssystems in Zentraleuropa und im Raum Ostseezugänge«[97] mit Stand März 1989 vor, in deren Einleitung bestimmt war:

Dieses Material ist zur Information eines engbegrenzten Kreises von Offizieren bestimmt, es ist in eigener Zuständigkeit nach Auswertung zu vernichten.

Die Auswertung dieser Aufklärungsmeldung lässt erkennen, dass bei der Gewinnung von Informationen über die Neuorganisation der NATO-Luftverteidigung in Zentraleuropa durch den MilND neben der Funk- und funktechnischen Aufklärung auch Erkenntnisse aus offenen und nachrichtendienstlichen Quellen eingeflossen sein müssen. Die Meldung enthält eine Vielzahl von präzisen Einzelinformationen, die hier nur ansatzweise dargestellt werden können.

Die Meldung beschreibt u. a.

Ziele und Hauptmerkmale der Neuorganisation des NATO-Luftverteidigungssystems

Gliederung, Bestand und Stationierung der Luftverteidigungskräfte nach ihrer Neuformierung

Luftverteidigungskräfte – BRD, USA, Belgien, Großbritannien, Niederlande, Kanada, Dänemark soweit in Zentraleuropa eingesetzt

Aufbau des Luftverteidigungssystems

Einsatzgrundsätze und Bekämpfungsmöglichkeiten (aus Sicht der NATO)

Die 39 Anlagen zur Aufklärungsmeldung enthalten Bildmaterial, das zum großen Teil aus offenen west-

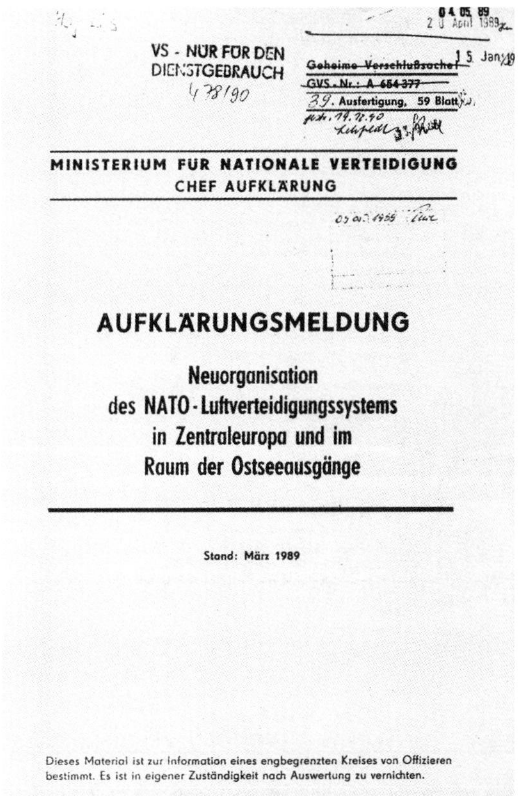

04.05.89
2 0 April 1989

VS - NUR FÜR DEN DIENSTGEBRAUCH
478/90

~~Geheime Verschlußsache!~~ 15. Jan. 19
~~GVS.-Nr.: A 654 377~~
39. Ausfertigung, 59 Blatt

MINISTERIUM FÜR NATIONALE VERTEIDIGUNG
CHEF AUFKLÄRUNG

AUFKLÄRUNGSMELDUNG

Neuorganisation des NATO-Luftverteidigungssystems in Zentraleuropa und im Raum der Ostseeausgänge

Stand: März 1989

Dieses Material ist zur Information eines engbegrenzten Kreises von Offizieren bestimmt. Es ist in eigener Zuständigkeit nach Auswertung zu vernichten.

Die Aufklärungsmeldung des Chefs Aufklärung des MfNV enthält eine Fülle von bemerkenswerten und präzisen Angaben zur NATO-Luftverteidigung aus dem Jahre 1989.

[97] N.N. MINISTERIUM FÜR NATIONALE VERTEIDIGUNG, CHEF AUFKLÄRUNG, GVS-Nr.: A654 377, 59 Blatt ohne Datum).

lichen Quellen zu stammen scheint. Einzelne Abbildungen kommen jedoch offensichtlich aus der »agenturischen«, d.h. nachrichtendienstlichen Aufklärung des MilND der NVA. Von besonderer Bedeutung sind die tabellarischen Aufstellungen über erkannte Prinzipien des Aufbaus und der Funktion des automatisierten Führungs- und Leitsystems NADGE, das *Diensthabende System* der NATO-Luftverteidigung, Bereitschaftsstufen der NATO-Luftverteidigungskräfte, Bereitschaftsgrade der NATO-LV-Kräfte bei Anwendung des NATO-Alarmsystems, Bekämpfungsmöglichkeiten des NATO-LV-Systems Zentraleuropa/ Ostseeausgänge (Einsatzmöglichkeiten und Kräfteansatz) aus Sicht der NATO), Gefechtsmöglichkeiten der Fla-Raketenkomplexe PATRIOT, HAWK, ROLAND, RAPIER, CHAPPARAL und ADATS. Beschreibung der technischen und betrieblichen Parameter der »Funkmessstationen« ARES NADGE, HADR, TPS 43 E, MPDR 30/1 sowie die Kurzbeschreibung der Fla-Kanonensysteme MK 20 Rh und Bofors L 70 für den Objektschutz. Inwieweit die Autoren dieser »Aufklärungsmeldung« die Möglichkeiten der NATO-Luftangriffs- und Verteidigung und insbesondere ihre Fähigkeiten berücksichtigen, in einem Konfliktfall tief in das Hinterland des Warschauer Paktes im Rahmen des FOFA-Konzeptes *(Follow On Forces Attack)* der NATO einzudringen, wird nicht deutlich. Grundsätzlich ist festzustellen, dass die NATO-Luftverteidigung realistisch dargestellt wird; hier lässt sich eine profunde Kenntnis der Zusammenhänge erkennen. Auch fällt die offensichtlich bewusst sachliche Darstellung der Fakten ohne jeglichen Bezug zu politisch gefärbter Sprachdiktion auf.

Inhaltsverzeichnis

		Seite
	Übersichts- und Einführungsteil	1
1.	Grundlagen zur Identifizierung funkelektronischer Mittel	6
1.1.	Technische Identifizierung	6
1.2.	Taktische Identifizierung	6
1.3.	Identifizierung von Funkbeziehungen	7
2.	Regeln des Funkverkehrs	7
2.1.	Rufzeichen	7
2.1.1.	Internationale Rufzeichen	7
2.1.2.	Rufnamen	8
2.1.3.	Leitwegkenngruppen	11
2.1.4.	Buchstaben-, Zahlen- und gemischt geheime Rufzeichen	14
2.2.	Informationsübermittlung	17
2.2.1.	Funkgespräche	17
2.2.2.	Militärische Richtfunkgespräche	17
2.2.3.	Funksprüche	18
2.2.4.	Tarnverfahren	25
2.2.5.	Vergleich nationaler Besonderheiten	29
2.3.	Maßnahmen zur Einschränkung des Funkverkehrs	30
2.3.1.	Sendeverbot	30
2.3.2.	Einschränkungen durch das Signal MINIMIZE	30
3.	Funkbeziehungen der taktischen Fliegerkräfte sowie zur Anforderung von Luftunterstützung	31
3.1.	Verfahren für die Anforderung von Luftunterstützung	31
3.2.	Organisation des Zusammenwirkens	32
3.2.1.	Organisation der Funkbeziehungen des Zusammenwirkens	32
3.2.2.	Organe des Zusammenwirkens	32
3.2.3.	Aufbau der Flugauftragsnummern	33
3.2.4.	System der Luftanforderungsnummern	36
3.3.	Rufnamen und Indexe der Fliegerleitorgane	37
3.4.	Funknetze zur Leitung taktischer Fliegerkräfte	41
3.4.1.	Charakteristik der Funknetze	41
3.4.2.	Rufnamen von bodenständigen Fliegerleiteinrichtungen im Flugfunk	42

4 VVS-Nr.: A 965 005

		Seite
3.4.3.	Rufnamen und Rufzeichen taktischer Fliegerkräfte	42
3.4.4.	Organisation der Ergebnismeldung während des Fluges ("Inflight Report")	44
3.5.	Taktische und operativ-taktische Spezialflugzeuge	44
3.5.1.	Aufklärungsflugzeuge	44
3.5.2.	Flugzeuge des funkelektronischen Kampfes	45
3.6.	Hubschrauber der Heeresfliegerkräfte	46
4.	Technische Funkaufklärungsmerkmale ausgewählter Übertragungsverfahren	46
4.1.	Übertragungsverfahren	46
4.2.	Prinzipien der Identifizierung digitalisierter Übertragungsverfahren	47
4.3.	Beschreibung digitalisierter Übertragungsverfahren	48
4.3.1.	Kurzwellenbereich	48
4.3.2.	Ultrakurzwellenbereich	48
4.3.3.	Richtfunk-Bereich	58
5.	Koordinatensysteme der NATO	62
5.1.	UTM-Koordinatensystem	62
5.2.	GEOREF-System	64
Anlagen:		
1	Zuweisung internationaler Rufzeichen	67
2	Ständige Rufnamen	75
3	Allgemeiner Aufbau der Funkunterlagen für taktische Funknetze im UKW-Bereich für den Stab Artillerie einer Division (BRD)	88
4	Typisierte Spruchformen	91
5	Unterscheidungsmerkmale nationaler Besonderheiten im Funkverkehr	109
6	Definierte Rufzeichen für taktische Fliegerkräfte	111
7	Nachrichtenverbindungen der Landstreitkräfte auf taktischer Ebene	112
8	Kanalnumerierung im Frequenzbereich 74,275...87,275 MHz	116
9	Nomenklatur der Typenbezeichnungen funkelektronischer Mittel der USA	117
10	Tarnbezeichnungen der NATO-Streitkräfte für technische Kampfmittel der Armeen der Teilnehmerstaaten des Warschauer Vertrages	119

VVS-Nr.: A 965 005 5

Die DV 043/0/stellt den Schlusspunkt der Fernmelde- und elektronischen Aufklärung der NVA dar.

Am 20. Februar 1990 wurde die grundsätzliche Bestimmung der Funk- und funktechnischen Aufklärung der NVA, die *DV 043/0/003 – Funk- und funktechnische Aufklärung*[98] vom Stellvertreter des Ministers und Chef des Hauptstabes in Kraft gesetzt. Die aus dem Jahre 1986 stammende DV 043/0/003 trat zum gleichen Zeitpunkt außer Kraft. Diese Vorschrift erläutert die Mittel und Methoden der Funk- und funktechnischen Aufklärung der NVA zu Beginn der neunziger Jahre und markiert damit den Schlusspunkt ihrer Entwicklung, die nach der Wiederherstellung der staatlichen Einheit Deutschlands, soweit nicht in die Bundeswehr eingegliedert, aufgelöst wurde.

Die *DV 043/0/003 – Funk- und funktechnische Aufklärung* enthält auf 32 Seiten

I. Grundsätze
Allgemeines
Aufklärungsmerkmale
Forderungen
II. Organisation und Führung
Organisation
Diensthabendes System
Führung
III. Methoden
IV. Informationsarbeit
Allgemeines
Sammeln der Aufklärungsangaben
Bearbeiten der Aufklärungsangaben
Melden der Aufklärungsergebnisse
V. Kräfte, Mittel und Organe sowie deren Möglichkeiten
VI. Funk- und funktechnische Aufklärung im Frieden
Funk- und funktechnischen Aufklärung in der ständigen Gefechtsbereitschaft
Funk- und funktechnische Aufklärung während erhöhter Aktivitäten beim Gegner
Funk- und funktechnische Aufklärung in Spannungsperioden
VII. Funk- und funktechnische Aufklärung in Vorbereitung der Verteidigungsoperationen zu Beginn eines Krieges
Funk- und funktechnische Aufklärung in Vorbereitung der Verteidigungsoperationen
Funk- und funktechnische Aufklärung bei Beginn der Kampfhandlungen
VIII. Funk- und funktechnische Aufklärung in Verteidigungsoperationen zu Beginn eines Krieges
IX. Funk- und funktechnische Aufklärung im Interesse an der Teilnahme an der Gegenoffensive in der Anfangsperiode eines Krieges
Anlagen: 1 Taktische Zeichen

Die Auswertung dieser Vorschrift erlaubt umfassende Rückschlüsse auf die Mittel und Methoden, die bei der Erfassung elektronischer Signale im gesamten Spektrum durch Funk- und funktechnische Sensoren der NVA und deren spätere Analyse nach strategischen, taktisch-operativen und technischen Gesichtspunkten. Das Schwergewicht der Vorschrift liegt auf der umfassenden »ununterbrochenen« Aufklärung möglicher Kriegsvorbereitungen durch einen Gegner, der namentlich nicht bezeichnet wird. Es ist dem Autor des »Dessau-

[98] N.N. MINISTERRAT DER DEUTSCHEN DEMOKRATISCHEN REPUBLIK MINISTERIUM FÜR NATIONALE VERTEIDIGUNG – DV 043/1/00/ – *Funk und funktechnische Aufklärung 1990* -, VVS-Nr.: A 965 003 v. 20.02.1990.

Berichtes«[99] zuzustimmen, wenn er feststellt, dass die NVA den »Bereich der Elektronischen Aufklärung westlicher Systeme etwas vernachlässigt hat«. Dies wird jedoch aus der allgemeinen Zielsetzung der Aufklärung der NVA verständlich, die den Auftrag hatte, »Angriffsindikationen« auf westlicher Seite zu erkennen, die es sicherlich so nicht gegeben hat. Die Abschnitte VII.–IX. behandeln die »Aufgaben der Funk- und funktechnischen Aufklärung in Vorbereitung von Verteidigungsoperationen, bei Verteidigungsoperationen und bei Teilnahme an der Gegenoffensive in der Anfangsperiode eines Krieges«.

Hier liegen die besonderen Schwerpunkte in der Aufgabenstellung für die Funk- und funktechnische Aufklärung der NVA bei der Feststellung und Aufklärung[100] von:

Startstellungsräumen sowie Räume der Führungsstellen der Kernwaffeneinsatzkräfte und der automatisierten Präzisionswaffen,

Lager und Versorgungspunkte für Kern- und chemische Munition,

Räume der Gefechtsstände sowie Konzentrierungsraume (Entfaltungsabschnitte) der Verbände der ersten Staffel des Gegners,

Die Gruppierung der taktischen und Armeefliegerkräfte und deren Bereitschaft zur Führung des ersten Schlages,

Das System der Luftverteidigung,

Die Maßnahmen des Pionierausbaus,

Das System der rückwärtigen Sicherstellung des Gegners.

Da es sich bei dem angenommenen Gegner nur um die NATO handeln kann, erscheint die Befürchtung der Autoren, der »Gegner« könne einen nuklearen Erstschlag führen, dessen Vorbereitungen es durch »ununterbrochene Wachsamkeit« zu erkennen galt, als wenig überzeugend. Vielmehr scheint aus politischen Gründen der Aufbau einer Bedrohung, deren Nichtvorhandensein auf Seiten der NATO auch dem Militärischen Nachrichtendienst der NVA bekannt gewesen sein muss, als vorrangig betrachtet zu werden. Zusammenfassend bleibt nach einem Urteil von Oberstleutnant Klopp[101] über die Fähigkeiten und materielle Ausstattung des ZFD festzustellen:

Die gesamte Erfassungs-, Analyse- und Auswertekapazität des Funkaufklärungsregimentes hatte Mitte der 80er-Jahre eine beachtliche quantitative und qualitative Erweiterung erfahren. Das Funkaufklärungsregiment 2 als Hauptträger der Fernmelde- und Elektronischen Aufklärung setzte seine Mittel in sieben verschiedenen Aufklärungsbereichen ein, die sich bei unterschiedlicher Frequenzabdeckung und Technikausrüstung zu einem funktionalen Organismus zusammenfügten.

Aus übergeordneten staatspolitischen Gesichtspunkten entschied das *Bundesverteidigungsministerium*[102] schon sehr bald, dass keine Angehörigen des *Zentralen Funkdienstes* in die Bundeswehr übernommen werde sollten. Die Bonner befürchteten, dass »internationale Partnerbeziehungen abgebrochen« werden könnten. Bedauerlich, dass hier kein Weg gefunden wurde, die umfangreiche Fachexpertise und den zweifellos vorhandenen guten Willen bei einem Großteil des ZFD-Personals in angemessener Weise für die Bundesrepublik Deutschland zu nutzen.

---

99 Oberstleutnant Klopp: *Dessau-Bericht*, Band 1, Seite 68–76.

100 Im Original Seite 27–28.

101 Grabau, R.: *Fernmeldeelektronische Aufklärung, Elektronische Gegenmaßnahmen und Elektronischer Kampf im Heer,* Band 4, Fernmeldering e.V., Bonn 1998, Seite 101. Anmerkung des Autors: Ein trotzdem in die Bundeswehr übernommener ehemaliger Angehöriger des ZFD aus dem Fachdienst musste bedauerlicherweise wegen begründeter Sicherheitsbedenken wieder entlassen werden.

102 Grabau, R.: *Fernmeldeelektronische Aufklärung, Elektronische Gegenmaßnahmen und Elektronischer Kampf im Heer,* Band 4, Fernmeldering e.V., Bonn 1998, Seite 91 ff.

2. Das Ministerium für Staatssicherheit und seine Hauptabteilungen II und III

Das *Ministerium für Staatssicherheit* (MfS) verfügte seit seiner Aufstellung über verschiedene Diensteinheiten, die sich mit der Abwehr von Funkagenten und Schweigenetzen westlicher Dienste auf dem Territorium der SBZ/DDR hauptsächlich unter Abwehrgesichtspunkten beschäftigten. Eine organisierte Funkaufklärung ist demgegenüber im Bereich des damaligen MfS auf Grund der derzeitigen Quellenlage noch nicht erkennbar.

Gleichwohl müssen aber schon zu einem sehr frühen Zeitpunkt entsprechende Aufklärungsansätze unternommen worden sein, die bereits in den vierziger und fünfziger Jahren zur Aufklärung von Schweigenetzen und Funkagenten westlicher Dienste, insbesondere des BND, in der SBZ/DDR geführt haben.

Aus dem Jahre 1956 datiert die »Dienstanweisung 3/56«[1], die den Aufbau einer Abwehrorganisation gegen »*Agenten und Funkresidenturen im Gebiet der DDR, gegen die Feindzentralen, Funkleitstellen Ausbildungszentren und Schulen sowie Stützpunkte und Basen in Westberlin und Westdeutschland*« zum Ziele hatte. Die damalige *Hauptabteilung II* des MfS wurde 1956 beauftragt, geeignete Maßnahmen zur »*Entlarvung und Zerschlagung sowie der Überwerbung oder anderer geeigneter operativer Kombinationen der Eindringung in die Dienststellen der Agentenzentralen, die sich mit dieser verbrecherischen Tätigkeit befassen, einzuleiten und deren Durchführung sicherzustellen*«[2]. Daher wurde mit Erlass der Dienstanweisung in der *Hauptabteilung II* (HA II) des MfS ein besonderes Sachgebiet »Funk« eingerichtet. »*Alle Linien, Bezirksverwaltungen und Kreisdienststellen arbeiten in diesen Fragen mit der Hauptabteilung II – Sachgebiet ‚Funk' – ständig zusammen*«[3]. Die Mitarbeiter der Linie II – Sachgebiet Funk wurden zu einem Sonderlehrgang zusammengefasst und für diese Aufgaben in operativer und technischer Hinsicht geschult. Verantwortlich für diese Aufgabe waren in de :

- *Hauptabteilung II des MfS, der Stellvertretende Leiter HA II,*
- *Zimmer 2240, Telefon 2102*
- *Abteilung F des MfS, Leiter der Abteilung F, Objekt Johannisthal,*
- *Zimmer 2070, Telefon 2065.*

Die Dienstanweisung war von den Leitern der HA, I, II, III, V, IX, X, XIII, XV und der selbstständigen Abteilungen VI, VII, VIII und XI durchzuarbeiten.

Auf der Ebene des MfS HA II wurden die Abteilungsleiter, Referatsleiter einschließlich der Mitarbeiter des Sachgebietes »Funk« und der *Abteilung F* ebenfalls angewiesen, die Dienstanweisung durchzuarbeiten.

---

[1] BStU Zentralarchiv – MfS-BdL / Dok. Nr.: 002119 REGIERUNG DER DEUTSCHEN DEMOKRATISCHEN REPUBLIK – Ministerium für Staatssicherheit – 1. Stellvertreter des Ministers GVS 186/56 v. 19. Jan.1956 (8 Blatt)-Dienstanweisung Nr.: 3/56 v. 19. Januar 1956.

[2] S.o. Seite 2–3.

[3] S.o. Seite 3

Die Leiter und Stellvertreter der entsprechenden Diensteinheiten auf der Ebene der Bezirksverwaltungen des MfS wurden angewiesen, die Dienstanweisung ebenfalls durchzuarbeiten. Die Dienstanweisung enthielt zunächst grundsätzliche Weisungen hinsichtlich der Behandlung und Weitergabe von Erkenntnissen durch operative Diensteinheiten des MfS an die *Hauptabteilung II* wie:

Anfallende Informationen und Hinweise

Vorgänge und Agenturen unter Beachtung operativer Erfordernisse.

Die Erfassung und Aufklärung von »*in Betrieb befindlichen Agentensendern oder Funkstationen des Feindes*« führte die *Abteilung F*, hierzu war eine enge Zusammenarbeit und Koordination zwischen *Abteilung F* und der HA II gefordert.

Die *Hauptabteilung II* und die *Abteilung F* wurden angewiesen, sich gegenseitig über interessierende Hinweise über »*Agentenfunker oder Funkstationen*« unter Wahrung der Konspiration zu informieren. Alle Bezirksverwaltung und Kreisdienststellen wurden angewiesen, mit der HA II Sachgebiet Funk ständig zusammenzuarbeiten.

Durch die nachgeordneten Bereiche (Bezirksverwaltungen und Kreisdienststellen) waren der Hauptabteilung unverzüglich zu melden[4]:

Hinweise über das Vorhandensein von Funkstationen des Gegners auf dem Territorium der DDR,

Personen, die verdächtigt werden, einem Agentenfunknetz des Gegners anzugehören,

Funkverbindungsunterlagen sowie Senderablagestellen,

Alle Nachrichten über Funkzentren des Feindes, Funkschulen, Punkten der Ausbildung und Schulung von Agentenfunkern,

Informationen über technische Mittel und Methoden der Funkabwehrorgane der kapitalistischen Staaten,

Nachrichten über feindliche Funktätigkeit, die sich gegen Länder der Volksdemokratien richten,

Dokumente und Unterlagen, Fotografien,

Angaben über Funkverbindungen,

Alle wichtigen Angaben aus Treffberichten von »überworbenen«[5] Agenten, dazu gehören: Rufzeichen, Frequenzen, Zeitpläne, Funkverbindungscodes, Verkehrsabwicklung, Reihenfolge des Frequenzwechsels und andere technische Daten,

Angaben zu Ort und Zeit der zu erwartenden Funkverbindung,

Angaben, mit welchem Geheimdienst der Agentenfunker Verbindung hatte, sowie Angaben über den Standort der Zentrale,

Resultate jeder durchgeführten Funkverbindung, Zeit des Anfangs und Beendigung des Spruchs, Rufzeichen, Menge der gegebenen und empfangenen Telegramme, Spruchkopf, zusätzliche Instruktionen an den Funker durch die feindlichen Geheimdienste,

das Auftauchen und die Verwendung neuer Funkgeräte,

Reisen von Agentenfunkern nach dem Westen zur Aus- und Weiterbildung,

alles was zum Funkwesen gehört.

---

4 BStU Zentralarchiv – MfS-BdL / Dok. Nr.: 002119 REGIERUNG DER DEUTSCHEN DEMOKRATISCHEN REPUBLIK – Ministerium für Staatssicherheit – 1. Stellvertreter des Ministers GVS 186/56 v. 19. Jan. 1956 (8 Blatt)-Dienstanweisung Nr.: 3/56 v. 19.Januar 1956.

5 Doppelagenten

Mindestens 24 Stunden vor »Intätigkeittreten« war die Verkehrsabwicklung des Agenten (Datum/Uhrzeit der Arbeit/Frequenzen/Rufzeichen des Agenten und der Zentrale) an die HA II zu melden. Alle Informationen, Dokumente und Fotografien sowie Ergebnisse der Untersuchungen über Agentenfunknetze wurden durch die HA II des MfS unter Wahrung der Konspiration an die selbstständige *Abteilung »F«* übergeben. Codes und Chiffren wurden an die Abteilung XI des MfS zur Auswertung übergeben. Festnahmen oder das »Überwerben« (Umdrehen) erkannter Agentenfunker sowie andere »operative« Maßnahmen waren nur mit Genehmigung durch die HA II in Berlin erlaubt. Die Untersuchung der Funkausrüstung festgenommener Agenten durften erst nach Unterrichtung der HA II ausschließlich durch Spezialisten der *Abteilung »F«* (Funk) vorgenommen werden, dabei war durch die Untersuchungsführer darauf zu achten, dass keinerlei Veränderungen an den vorgefundenen Geräten vorgenommen wurden. Vernehmungen festgenommener »Funkagenten« durften nur im Beisein und anhand eines Vernehmungsplanes der *Abteilung F*, der die *Abteilung »F«* interessierende Fragen enthielt, vorgenommen werden. Offensichtlich sollten dabei nur Fragen geklärt werden, die das Verbindungswesen des Funkagenten betrafen, denn alle weiteren Fragen zur »feindlichen Tätigkeit, Verbindungen und zu anderen Personen *»durften in den Vernehmungen nur von der damaligen Hauptabteilung IX und der zuständigen ‚Operativen Abteilung'«*, soweit diese daran interessiert war, behandelt werden. Alle weiteren »Operativen Maßnahmen« des MfS waren nach Absprache mit der HA II zu veranlassen. In Ergänzung der Dienstanweisung 3/56 erarbeitete die *Hauptabteilung II* des MfS einen »Perspektivplan für die weitere Arbeit des Sachgebietes Funk«[6], den der damalige Leiter, Oberst Beater, am 25.06.1956 bestätigte. Nachdem mit der Dienstanweisung 3/56 die grundsätzlichen Rahmenbedingungen für die Abwehr feindlicher Funkagenten festgelegt waren, wurden nun die in der Folgezeit zu planenden Maßnahmen und deren Durchführung verbindlich festgeschrieben. Die Erfahrungen mit dem in der Dienstanweisung bereits angekündigten und danach durchgeführten »Kurzlehrgang« für alle Funksachbearbeiter in den Bezirksverwaltungen hatten gezeigt, dass es erforderlich ist *»planmäßiger und systematischer an die Lösung der gestellten Aufgaben auf dem Gebiet der Abwehr feindlicher Funkagenten heranzugehen«*[7]. Der Perspektivplan regelte insbesondere die Aufklärung und Werbung von Funkern in der SBZ/DDR und dem Operationsgebiet. Die Mitarbeiter der HA II und die Sachbearbeiter Funk in den Bezirksverwaltungen hatten an Hand der karteimäßig erfassten Funker eine laufende und systematische Aufklärung hinsichtlich der Fachkenntnisse, Zuverlässigkeit und Verbindungen der erfassten Funker vorzunehmen, um geeignete Werbungskandidaten ausfindig zu machen. Von besonderer Bedeutung für das MfS waren die Funker, die in der Lage waren, einen bestimmten Kreis von Funkern in der DDR bzw. in den Bezirken aufzuklären und zu studieren *»und die über Verbindungen zu Funkern und Funkamateuren in Westberlin und Westdeutschland und Verbindungen zu ehemaligen Wehrmachtsfunkern und Spezialisten des Nachrichtenswesens*[8] *der ehemaligen faschistischen Wehrmacht mit entsprechender Perspektive verfügten«*. Zuverlässige und überprüfte *Geheime Informanten* (GI) und *Geheime Mitarbeiter* (GM) waren zu »entwickeln« und mit dem Aufbau und der Führung von GHI-Gruppen *(Geheime Haupt-Informanten)* zu beauftragen. Es kann sich

---

6 BStU – Zentralarchiv, MfS – BdL /Dok Nr.: 002118 – REGIERUNG DER DEUTSCHEN DEMOKRATISCHEN REPUBLIK MINISTER FÜR STAATSSICHERHEIT – Hauptabteilung II GVS 1504/56, TgnBr.: GVS II/130/56 v. 29.06.1956 – *Perspektivplan für die weitere Arbeit des Sachgebietes Funk –*

7 A.a.O Seite 2.

8 Hier im Sinne von Fernmelde- und Fernmeldeverbindungswesen.

dabei nur um den Aufbau von Funk-Schweigenetzen des MfS im Operationsgebiet »Westdeutschland und Westberlin« gehandelt haben. Dementsprechend hatten die Sachbearbeiter in der HA II und in den Bezirksverwaltungen konkrete, monatliche Vorgaben der HA II zu erfüllen, die durch den Beauftragten in der HA II, Leutnant Bergemann, und die Leiter der *Abteilung II* in den Bezirksverwaltungen überwacht wurden. Von besonderem Interesse für die HA II waren die in »Westdeutschland und Westberlin bestehenden Funkamateurverbände«, die hinsichtlich ihrer Mitglieder und der Verbandsleitung aufzuklären waren. Die »operative Bearbeitung« von Vorgängen erfolgte nach gründlicher Überprüfung und in Koordination mit der *Abteilung F* des MfS. Für die Bearbeitung der Vorgänge und Erstellung von Sachakten waren in der HA II zuständig:

Für die englische und französische Linie:	*Leutnant Aps*
für die amerikanische Linie:	*Oberfeldwebel Vogel*
für die Organisation Gehelen (OG):	*Oberfeldwebel Ulbrich*
Kontrolle und Anleitung:	*Leutnant Bergemann*

Die *Sachgebiete Funk* in den Bezirksverwaltungen hatten Informationen, die dem Aufbau der Sachakten in der HA II dienlich sein konnten, bis 15. Juli 1965 vorzulegen.

Offensichtlich ergab sich aus Sicht der Leitung der HA II Bedarf für die weitere Qualifizierung der mit Funk-Aufgaben betrauten Mitarbeiter der HA II und der entsprechenden Sachbearbeiter in den Bezirksverwaltungen, denn die HA II organisierte in Zusammenarbeit mit der *Abteilung »F«* (Funk) des MfS ein entsprechendes Fernstudiummit dem Ziel *»einer gründlichen Qualifizierung und Spezialisierung der Sachbearbeiter Funk«*. Das Fernstudium bestand aus Lektionen mit entsprechender Literarturangabe und enthielt bereits (durch das MfS) abgeschlossene Fälle als Anschauungsmaterial. Es erfolgte dazu auch periodische Konsultationen der Sachbearbeiter, sowohl in Berlin als auch am Sitz der Bezirksverwaltung. Die Sachbearbeiter wurden angewiesen, eine praktische Ausbildung als Amateurfunker zu beginnen, gegebenenfalls unter Nutzung der MfS-eigenen Funkstellen auf Bezirksebene oder im Rahmen der *Gesellschaft für Sport und Technik* (GST), die eigene Ausbildungsfunkstellen auf Bezirksebene unterhielt. Der Ausbildungsstand der angehenden »MfS-Amateurfunker« wurde im Rahmen von Konsultationen und Seminaren vom Vertreter der HA II, Leutnant Bergemann, periodisch überprüft. Die Maßnahmen der HA II und in den Bezirksverwaltungen, *»feindliche Funkzentralen in Westberlin und Westdeutschland«* systematisch zu ermitteln und aufzuklären, wurden intensiviert. Hierzu wurden ausgewählten Bezirksverwaltungen bestimmte *»territoriale Gebiete im Operationsgebiet«* zugewiesen, auf die sich *»ihre Arbeit konzentrieren muss«*. Die HA II legte fest, dass die Bezirksverwaltungen Frankfurt/Oder, Cottbus, Potsdam, Neubrandenburg und die Verwaltung von Großberlin für die Aufklärung der Funkstellen in Westberlin zuständig sein sollten. Schleswig-Holstein, Niedersachsen, Hamburg und Bremen sollten von den Bezirksverwaltungen Rostock, Schwerin und Magdeburg bearbeitet werden. Rheinland-Pfalz und Baden-Württemberg wurde von den Bezirksverwaltungen Dresden und Leipzig betreut. Um Nordrhein-Westfalen und Hessen sollten sich die Bezirksverwaltungen Erfurt und Halle, um Bayern die Bezirksverwaltungen Karl-Marx-Stadt (Chemnitz) und Suhl kümmern. In den oben genannten Gebieten sollte eine systematische Ermittlung und Aufklärung von *Funkzentralen der Spionageorganisationen* mittels geeigneter GI *(Geheimer Informanten)* und GM *(Geheimer Mitarbeiter)* organisiert werden. *»Bereits erkannte und festgestellte Funkzentralen sind durch koordinierte Pläne unter Einbeziehung der Fachabteilungen und Referate operativ zu bearbeiten«*[9]. Für die Kontrolle und Anleitung der *Sachbearbeiter Funk* in den Bezirksverwaltungen lag die Verantwortung bei der *Hauptabteilung II* des MfS.

Folgende Kontrollbesuche der *Hauptabteilung II* in den Bezirksverwaltungen waren 1956 geplant: Juli 1956 BV Magdeburg, August 1956 BV Potsdam, September 1956 BV Groß-Berlin, Oktober 1956 BV Frankfurt/O., November 1956 BV Cottbus, Dezember 1956 BV Erfurt. Die Anleitung und Kontrolle der *Sachbearbeiter für Funk* sollte nach einem fest umrissenen Plan durchgeführt werden. Über die Ergebnisse liegen derzeit[10] noch keine Erkenntnisse aus den Unterlagen des ehemaligen MfS vor. Die Funkabwehr-Aufgaben der *Abteilung F* innerhalb der HA II und den Bezirksverwaltungen sollten später ab 1967 durch die selbstständige *Koordinierungsgruppe »Funk«,* danach als *Bereich III* und ab 1971 als *Selbständige Abteilung III,* dann allerdings schon als nachrichtengewinnende Abteilung innerhalb des MfS fortgeführt werden, um schließlich als *Hauptabteilung III* des MfS mit Aufgaben des »Elektronischen Kampfes« betraut zu werden.

9 BStU-Zentralarchiv, MfS-BdL/Dok Nr.: 002118 – REGIERUNG DER DEUTSCHEN DEMOKRATISCHEN REPUBLIK MINISTER FÜR STAATSSICHERHEIT – Hauptabteilung II GVS 1504/56, TgnBr.: GVS II/130/56 v. 29.06.1956 – *Perspektivplan für die weitere Arbeit des Sachgebietes Funk* – Seite 8 ff.

10 Sommer 2004.

Aufbau und Auftrag der Hauptabteilung III (HA III) des MfS

Bereits im Jahre 1966 erhielt der damalige Leiter der *Abteilung F* im MfS, Major Horst Männchen[11], den Auftrag, die Aufklärung der Funkbeziehungen im Operationsgebiet durch entsprechende Maßnahmen zu intensivieren. Unter der Bezeichnung *Koordinierungsgruppe Funk*[12] errichtete das MfS Aufklärungsstützpunkte entlang der damaligen Zonengrenze, die den Funkverkehr im Operationsgebiet erfassen und die Inhalte aufklären sollte. Aspekte der Telefonüberwachung grenzüberschreitender Verbindungen durch das MfS sollen hier nur insoweit behandelt werden, als dies zum Verständnis der Aufgaben der Funk- und funktechnischen Aufklärung erforderlich ist. Bis 1970 erfolgte der schrittweise Ausbau dieser Koordinierungsgruppe Funk zum *Bereich III*[13] des MfS. Im Juli 1971 wurde der *Bereich III* zur *Selbständigen Abteilung III* erhoben und in den nachgeordneten Bezirksverwaltungen des MfS die *Selbständigen Referate III* eingerichtet. Nach diesen MfS-internen Reorganisationsmaßnahmen war die Schaffung entsprechender Planungs- und Organisationsgrundlagen für die Durchführung der Funk- und funktechnischen Aufklärung durch den neugebildeten *Bereich III* des MfS unumgänglich geworden. Der damalige Major Männchen erarbeitete die »Vorläufige Führungs- und Informationsordnung des Bereiches III des Ministeriums für Staatssicherheit«[14], die den organisatorischen Ablauf der Funk- und funkelektronischen Aufklärung, die Zusammenarbeit mit anderen Diensten, die politisch-operative Aufgabenstellung, Jahres- und Perspektivplanung, die operativ-technische und materiell-technische Sicherstellung, Schulung und Ausbildung und das Zusammenwirken zwischen den Referaten der *Abteilung III* und der *Abteilung XI* (Chiffrierwesen) für lange Zeit regeln sollte. Diese vorläufige Führungs- und Informationsordnung stellt damit ein beachtenswertes und wichtiges Grundlagenpapier für das Verständnis der Prozessabläufe in der späteren HA III dar, dessen Kenntnis durch westliche Dienste einen entscheidenden Vorteil für eigene, westliche Gegenmaßnahmen begründet hätte. Auf dieser Grundlage wurden die Aufgaben der Spezialfunkdienste des MfS (Funkabwehr, Funkaufklärung, Funkkontrolle und Funkgegenwirkung) unter einheitlicher Leitung und Zielsetzung zusam-

---

[11] Männchen, Horst, Leiter der Hauptabteilung III (Funkabwehr/ Funkaufklärung), geboren am 3.6.1935 in Berggießhübel (Kreis Pirna), 1953 Abitur, Einstellung beim MfS, Abteilung V (Staatsapparat, Kultur, Kirchen, Untergrund) der BV Dresden; 1953/54 Besuch eines Funkerlehrgangs des MfS; 1954 Versetzung zur HA S (operative Technik) des MfS Berlin; 1954 SED; 1960–65 Fernstudium an der Ingenieur-Schule Berlin-Lichtenberg und in Mittweida, Ingenieur für Hochfrequenztechnik; 1961 Entlassung aus disziplinarischen Gründen, bis 1963 jedoch inoffizielle Arbeit für das MfS; 1963 neuerliche Einstellung, Abteilung VIII (Funkaufklärung) der HV A des MfS Berlin; 1965 Versetzung zum BdL II (Unterstützung DKP/SEW); 1966-Fernstudium an der JHS Potsdam-Eiche, Dipl.-Jurist; 1966 Operativstab beim 1. Stellvertreter des Ministers; 1971 Leiter des Bereichs III (Funkaufklärung) beim 1. Stellvertreter des Ministers (später Abteilung bzw. HA III); 1974 Promotion zum Dr. jur. an der JHS Potsdam-Eiche; 1979 Generalmajor; Dezember 1989 von seiner Funktion entbunden; Januar 1990 Entlassung, Rentner. Quelle: BStU.

[12] A. Schmidt in H. Knabe: *West-Arbeit des MfS,* Ch.Links-Verlag, Berlin 1999.

[13] Im weiteren Verlaufe des BStU/MfS-Dokumentes wird häufig die Bezeichnung »Abteilung«, danach auch »Hauptabteilung« gebraucht.

[14] BStU Zentralarchiv – MfS-BdL/DOK.Nr.: 003213 – Ministerrat der Deutschen Demokratischen Republik-Ministerium für Staatssicherheit – 1. Stellvertreter des Ministers – *Vorläufige Führungs- und Informationsordnung des Bereiches III des Ministeriums für Staatssicherheit* – MfS GVS 008 Nr.: 421/71, v. 28.06.1971, 1. Ausftg. 72. Blatt, Bestätigt: Mielke, Generaloberst.

mengefasst. Im Einzelnen wurde in der »Vorläufigen Führungs- und Informationsordnung« mit Billigung des Ministers für Staatssicherheit festgelegt:

Allgemeiner Auftrag des Spezialfunkdienstes (SFD) des MfS (HA III)

Zusammenarbeit mit den Spezialfunkdiensten des MfNV, MPF und des MdI der DDR, Wahrnehmung der internationalen Aufgaben der Funkabwehr im Rahmen der Festlegung der »Gruppe der Koordination«[15] durch die Gruppe F des *Bereiches III* und der *Abteilung F* (Funkabwehr) des MfS.

Als Auftrag der Funk- und funktechnischen Aufklärung des *Bereiches III* wurde bestimmt die:

Zielgerichtete Aufklärung der Pläne und Absichten des Gegners,
die Dislokation der Kräfte und Mittel des Gegners,
die Aufklärung des gegnerischen Sicherungs- und Kontrollsystems

unmittelbar an der Staatsgrenze Westdeutschland/DDR, im westlichen Vorfeld und im gegnerischen Hinterland.

Damit sollte das MfS über Informationen verfügen, die geeignet sind:

Drohende Aggressionen bereits in der Vorbereitung zu erkennen,
den Verlauf von Aggressionshandlungen, Staatsstreichen, Putschen usw. zu verfolgen,
authentische Nachrichten über interne Vorgänge aus militärischen, politischen, nachrichtendienstlichen, ökonomischen u.a. gesellschaftlichen Bereichen zu erlangen.
Einen Geheimnisabfluss aus der DDR über drahtlose Nachrichtenverbindungen aufzudecken und Maßnahmen zur Verhinderung einzuleiten.

Im Folgenden soll nur auf die Funk- und funktechnisch operativ bedeutsamen Teile des *Bereiches III*, der späteren Hauptabteilung III, eingegangen werden, die für die Erfassung und Auswertung der im Operationsgebiet gewonnenen Informationen zuständig waren:

Einrichtung der Zentralen Auswertung des Spezialfunkdienstes (Abteilung III) des MfS

Mit Aufstellung des Bereichs wurde die UA (Unterabteilung) I als zentrale Auswertung des *Spezialfunkdienstes* (SFD) des MfS eingerichtet Die UA I bestand aus folgenden Auswertungssektoren:

Sektor	Zuständigkeit
1	Zentrale Sofortauswertung der Spezialfunkdienste
2	Auswertung der Funkabwehr
3	Auswertung der Funkaufklärung
4	Auswertung der Funkkontrolle
5	Speicherung funktaktischer – technischer Informationen
6	Funkgegenwirkung und Zusammenarbeit mit Spezialfunkdiensten außerhalb des MfS

[15] Später *Apparat der Koordination* (AdK), Prag

Der Auftrag der Unterabteilung I (UA I)

Die UA I hatte folgenden Auftrag:

Organisation und Durchführung der politisch-operativen Auswertungstätigkeit auf Grundlage der »Zentralen Informationsordnung« und des »Zentralen Informationsbedarfskataloges« der Abteilung III des MfS,

Ständige Analyse der Wirksamkeit der eigenen funkelektronischen Mittel, Vorschlag von Maßnahmen zur Schließung erkannter Lücken im Sicherungssystem der DDR,

Bearbeitung sich herausbildender neuer Schwerpunkte (politisch-operativ, technische Verfahren, Empfangslücken in der Abwehr und Aufklärung),

Einschätzung der Wirksamkeit eigener Schutzmaßnahmen auf die inneren Funknetze der DDR,

Abstimmung von Grundsatzfragen im Bereich der politisch-operativen Auswertung und Vorbereitung der Einführung der Elektronischen Datenverarbeitung für die ZAIG (Zentrale Auswertungs- und Informationsgruppe) des Ministers für Staatssicherheit,

Verantwortung für die zentrale Informationserfassung, Speicherung und Verarbeitung sowie Informationsfluss an andere Diensteinheiten des MfS,

Sicherstellung der Informationsbeschaffung, die Lenkung des Informationsflusses und Wahrung der Konspiration und Geheimhaltung im System der politisch-operativen Auswertungs- und Informationstätigkeit der Spezialfunkdienste des MfS.

Stellt die sichere Aufbewahrung von politisch-operativem Auswertungs- und Informationsmaterial sicher, kontrolliert und stellt die Anleitung zur Einhaltung und Durchsetzung der Zentralen Informationsordnung in der Abteilung III und den (nachgeordneten) Referaten III in den Bezirksverwaltungen und in den Spezialfunkdiensten sicher.

Nimmt aktiven Einfluss auf den effektiven Einsatz der operativen Technik,

ist für die Neuerertätigkeit[16] *der Auswertungen der Referate III verantwortlich und unterstützt diese.*

Auswertung der Erfassungsergebnisse in den Stützpunkten und den Referaten III der Bezirksverwaltungen (BV)

Der ständige Auftrag der Auswertungen in den *Referaten III* der Bezirksverwaltungen des MfS umfasste:

Führen der ständigen Funklage im gesamten eigenen Erfassungsbereich,

Aufbereitung der operativen Informationen, Übermitteln dieser Informationen an die Zentralauswertung der UA I der Abteilung III,

Systematische Erfassung, Speicherung und Analyse des anfallenden Materials,

Erarbeitung von Übersichten und Plänen,

Methoden der Alarmierung und Ausbildung,

Dislozierung und Strukturen,

Funktaktisch-technische Angaben gegnerischer Dienste,

Bereichssuche und exakte Auswertung der Ergebnisse,

Bearbeitung von Teilfernmeldevorgängen aus der Auswertung der UA I (Übergeordnete Aufklärungsforderungen der UA I),

Bewertung der Sicherheit der eigenen inneren Netze,

Ständige Analyse der Wirksamkeit des Einsatzes eigener funkelektronischen Mittel,

Erarbeitung von Vorschlägen zum Schließen erkannte Lücken im eigenen System,

---

[16] Neuerertätigkeit gemeint im Sinne von betrieblichem Vorschlagswesen in der Abteilung III

Bearbeitung sich herausbildender neuer Schwerpunkte (politisch-operativ, technische Verfahren, Empfangslücken in der Abwehr und Aufklärung),
Ablage und Nachweisführung über die erarbeiteten Auswertungsmaterialien.

Die Einrichtung »Operativer Führungspunkte« in den Bezirksverwaltungen des MfS

Zur straffen Führung der Erfassung errichtete die *Abteilung III* auf der Ebene der Bezirksverwaltungen (BV) »Operative Führungspunkte«, die den ständigen Informationsfluss zwischen der Führung der *Abteilung III,* ihrer Auswertung (UA I) und den beteiligten Referaten in den Bezirksverwaltungen sicherzustellen hatten und bei Ausfall einer Führungsebene sofort die Führung übernehmen konnten. Ob diese »Operativen Führungspunkte« bereits in der Anfangsphase der Errichtung des *Bereiches III* in geschützten Anlagen untergebracht waren oder ob diesbezügliche Planungen erst zu einem späteren Zeitpunkt einsetzten, ist aus dem zur Verfügung stehenden Material der BStU nicht ersichtlich. Es kann jedoch angenommen werden, dass ein beträchtlicher Teil der Bezirksverwaltungen des MfS bereits zu einem sehr frühen Zeitpunkt über Ausweichobjekte[17] (geschützt und teilgeschützt) verfügt haben dürfte. Für das *Kurzwellenfunksendezentrum* des MfS in Zühlsdorf/Oranienburg, der FPS 523[18] Hohenluckow/Satow und der FPS 578 Großbeeren sind geschützte Anlagen nachgewiesen. Die Bezirksverwaltungen des MfS verfügten Ende 1989 allesamt über Ausweichobjekte[19].

Verfügbarkeit der operativen Fernmeldeverbindungen der Abteilung III

Besondere Bedeutung maß die Leitung des *Bereichs III* der ständigen Verfügbarkeit und der Absicherung operativer Nachrichtenverbindungen[20] zu.

Zu dieser Zeit (1971) verfügte die *Abteilung III* des MfS zur Koordination des »*komplexen und die unverzügliche Übermittlung wichtiger Informationen fordernden*« Erfassungs- und Auswertesystems über eine Reihe von entsprechenden Nachrichtenverbindungen, sowohl zwischen der Zentrale in Berlin (UA I) als auch den entsprechenden Fachreferaten in den Bezirksverwaltungen, die ihrerseits an die benachbarten Bezirksverwaltungen und Erfassungsstützpunkte durch Querverbindungen fernmeldetechnisch angebunden waren. Der hohe Geheimhaltungsgrad der zu übermittelnden Informationen erforderte ein stabiles, in sich geschlossenes Fernmeldenetz. Das Nachrichtensystem bestand aus folgenden Elementen:

Zur sofortigen Verbindung:

Durch *Inverter* (Sprachverschlüsselung) gesicherte Sprech- und Überspielleitungen,
durch das sowjetische Sprachverschlüsselungssystem WTsch (WTsch – *Wisokaja Tschastota* – **Hochfrequenz?**)[21] gesicherte Sprach-Schreibverbindungen des MfS,
Das Fernschreibchiffriersystem »DUDEK«[22].

---

[17] Zu diesem Komplex siehe auch Best: *Geheime Bunkeranlagen der DDR,* Motorbuch Verlag, Stuttgart 2003, Seite 86–94.

[18] FPS – *Funkpeilstation* der HA III.

[19] Zu diesem Komplex siehe auch Best: *Geheime Bunkeranlagen der DDR,* Motorbuch Verlag, Stuttgart 2003.

[20] Hier im Sinne von »Fernmeldeverbindungen« gemeint.

[21] Durch technische Maßnahmen (gesonderte Leitungsführung durch Überdruck gegen Zugriff Außenstehender) gesicherte, geschlüsselte Fernmeldeverbindungen (Telefon/Fernschreiber). Vermutlich Deckbezeichnung.

[22] Ein System, vermutlich ähnlich dem Lorenz-Mischer (LoMi 54) mit Schlüsseltext auf Lochstreifen, erforderte Ausstattung beider Endstellen mit Lochstreifen-Rollen, die nur ein Mal für Fernschreib- und Funk-Fernschreib-Verbindungen genutzt werden konnten. War offenbar in der NVA nicht eingesetzt.

Weniger wichtige, aber meldepflichtige Informationen konnten mit Hilfe des Kuriersystems des MfS, Einsatz von Sonderkurieren des SFD *(Spezialfunkdienstes)* übermittelt werden.

Die Spezialfunkdienste außerhalb des MfS (MfNV, MdI, MFP) benutzten:
Speziell geschaltete Dienstleitungen dieser Organe,
Das TELEX-Netz der *Deutschen Post*,
Den *Zentralen Kurierdienst* (ZKD),
Sonderkuriere aus dem Bestand der Verbindungsoffiziere.

Gesicherte Fernmeldeverbindungen und Funküberlagerung der HA III

Bei Ausfall der drahtgebundnen Fernmeldeverbindungen war die Nutzung des überlagernden Funknetzes[23] unter Beachtung der Geheimhaltungsvorschriften geplant.

Für den mobilen Einsatz war die Schaltung so genannter *Zeitleitungen* zu den Erfassungsstützpunkten vorgesehen. Als Teilnehmer des MfS-internen »WTsch-Verbindungssystems«[24] waren vorgesehen:

- Leiter Abteilung III
- Leiter UA I (Zentrale Auswertung)
- Leiter des Operativen Führungszentrums der Abteilung III
- Leiter der Referate III und die operativen Führungspunkte in den Bezirksverwaltungen
- Leiter anderer Dienstbereiche in den Spezialfunkdiensten[25]

War die Schaltung gesicherter Leitungen zu mobilen und stationären Erfassungsstützpunkten nicht möglich, waren stabile und gesicherte Funkverbindungen einzurichten. Für Notfälle war in grenznahen Erfassungsstützungen der *Abteilung III,* die organisatorisch den *Referaten III* in den Bezirksverwaltungen unterstanden, eine UKW-Sprechfunkverbindung zu den Funkstellen der Bezirksverwaltungen einzurichten und ständig betriebsbereit zu halten. Die Inbetriebnahme dieser Funkstellen war auf Fälle beschränkt, in denen den Stützpunkten aus der grenznahen Lage unmittelbare Gefahr drohte.

Legendierung und Geheimschutz im Bereich des Spezialfunkdienstes (HA III)

Ein nicht minder wichtiger Aspekt für den Geheimschutz, innerhalb des MfS und gegenüber Außenstehenden war die »Legendierung« der Erfassungsstützpunkte, die als »Nachrichten-Objekte« des damaligen *NVA-Kommando Grenze* gegen Aufklärungsbemühungen gegnerischer Dienste getarnt wurden. Das in den Stützpunkten eingesetzte Personal der *Abteilung III* trug Uniform des *Kommando Grenze der NVA* und war mit entsprechenden Papieren, welche die Zugehörigkeit zum NVA-Kdo Grenze dokumentierten, ausgestattet. Die eingesetzten Fahrzeuge des MfS trugen ausschließlich militärische Kennzeichen und waren deshalb als MfS-Fahrzeuge nicht zu identifizieren. Es wurden nur Kfz eingesetzt, die zum damaligen Zeitpunkt beim *Kommando Grenze* eingeführt waren und auch benutzt

---

[23] Betriebliche Einzelheiten (Teilnehmer, Rufzeichen und Frequenzen) liegen noch nicht vor.

[24] Ob hier auch bereits Verbindungen zur Gruppe 16 des KfS bestanden, ist noch nicht nachgewiesen. Für das Jahr 1983 ist eine SAS-Verbindung zur KfS-Residentur in Karlshorst belegt (Operation »RELAIS« der HA III des MfS).

[25] Es kann angenommen werden, dass gesicherte Fernmeldeverbindungen zum Bereich Aufklärung des MfNV, dem Fu AB-21 (später ZFD) Dessau, dem MdI, dem MPF und zum KfS bestanden haben. Ob und inwieweit Spezialfunkdienste der GRU (sowjetischer MilND) der GSTD in der DDR mit eingebunden waren, konnte noch nicht geklärt werden.

wurden. Zur Legendierung der Stützpunkte trug auch die Abwicklung aller Verwaltungsangelegenheiten, z. B. Vergabe von Aufträgen für Dienstleistungen u. ä., über die entsprechenden militärischen Stellen bei. Großen Wert legte das MfS auch auf die Einhaltung der militärischen Gruß- und Anzugordnung, sowohl innerhalb als auch außerhalb der Stützpunkte. Die militärischen Unterstellungsverhältnisse waren durch das MfS-Personal zu beachten. In den Stützpunkten durften keinerlei Unterlagen aufbewahrt werden, die auf die Zugehörigkeit des MfS-Erfassungspersonals zum MfS hinwiesen.

Die Legendierung der Stützpunkte selbst galt auch für alle übrigen MfS-Angehörigen außerhalb der *Abteilung III.*

Steuerung der Erfassungs- und Auswertetätigkeit in der Abteilung III (HA III)

Die Erfassungs- und Auswertetätigkeit in den Erfassungsstützpunkten wurde durch eine für diesen Bereich erlassene Dienstordnung festgelegt, die auch auf die technische Wartung der Anlagen, die Steuerung des Informationsflusses, Zugang zu den Diensträumen und den Umgang mit Verschlusssachen regelte. In den Erfassungsstützpunkten fand offensichtlich bereits eine Vorauswertung der erfassten Informationen durch Auswertepersonal statt, die nach Priorität dann an die zuständigen Referate und später, an die »Operativen Führungspunkte« der Bezirksverwaltungen auf gesicherten Fernmeldeverbindungen weitergeleitet wurden. Die Stützpunkte wurden offensichtlich später auch mit entsprechenden technischen Sicherungsanlagen der »Objektsicherungstechnik« ausgestattet. Die Führung der *Abteilung III* machte auch deutlich, welchen Wert sie den Informationen, die durch die Erfassung elektromagnetischer Ausstrahlungen des »Gegners« beimaß, da diese

»risikolos durch zielgerichteten Einsatz technischer Mittel vom eigenen Territorium gewonnen werden können,

aktuell und zeitnah sind und damit ohne Zeitverzug an die Abteilung III des MfS übermittelt werden können,

meist detailliert und präzise waren, da sie dem Gegner zur Führung und Organisation eigener Kräfte dienten,

hinsichtlich des Nachrichteninhalts ein sehr breites Spektrum umfassten,

authentische Originalinformationen darstellten, die nach zielgerichteter Bearbeitung und Auswertung auf Grund ihres Inhalts Bedeutung für viele Linien (Arbeitsbereiche) wie HA I (Abwehrarbeit in der NVA und Grenztruppen), II (Spionageabwehr), VII (Abwehrarbeit MdI/DVP) und der HVA (Auslandsaufklärung) haben. Damit können Meldungen der IM (Inoffizieller Mitarbeiter) auf ihren Wahrheitsgehalt überprüft und falls erforderlich ergänzt, Ansatzpunkte für den Einsatz eigener inoffizieller Kräfte geschaffen werden.«

Die Erfassung elektromagnetischer Ausstrahlungen und Beschaffung von Informationen mit politisch-operativer Bedeutung war durch die *Abteilung III* zu diesem Zeitpunkt bis zu einer Tiefe von 200 km auf westlichem Territorium mit dem Ziel vorgesehen,

Verwendung als authentisches Ausgangsmaterial über Pläne, Absichten, Kräfte und Dislozierung (des Gegners),

Schutz der DDR vor dem Einsickern verbrecherischer Elemente,

rechtzeitiges Erkennen von geplanten und durchgeführten Kontaktaufnahmen,

rechtzeitiges Erkennen besonderer Situationen und zur Lageeinschätzung der politisch-operativen Lage im Operationsgebiet beizutragen.

Alle Maßnahmen waren auf die Erhöhung der Sicherheit und Ordnung an der Staatsgrenze und dem zuverlässigen Schutz der DDR abgestimmt.

Prioritäten bei der Beschaffung von Informationen mit technischen Mitteln (Funkaufklärung) beim MfS und seiner HA III

Für die Bewertung der Wichtigkeit der mit Hilfe technischer Mittel erfassten Informationen galten folgende Kategorien in der Reihenfolge ihrer Wertigkeit aus damaliger Einschätzung der *Abteilung III*:

Informationen über das Grenzüberwachungssystem[26] *des BGS, des Zollgrenzdienstes (ZGD), der Bayerischen Grenzpolizei dazu*
Informationen über Grenzhelfer
Fahndung und Festnahmen im Grenzgebiet,
Posten- und Streifenpläne, Beobachtungsposten,
Informationen über das Melde- und Berichtssystem auf westlicher Seite,
die innere Struktur und der Aufbau der Grenzsicherungsbehörden
nutzbare Lücken im Grenzsicherungssystem,
Informationen der westlichen Grenzsicherungsbehörden über erkannte Veränderungen im Grenzbereich auf Seite der DDR, wie z. B. Bau von Grenzsicherungsanlagen, Posten und Streifenwege, Lücken in der DDR-Grenzsicherung, Grenzdurchbrüche in beiden Richtungen,
Informationen über Einheiten und Angehörige der Bundeswehr, der NATO, dabei Angaben über Alarmierungs- und Führungssysteme Manöver und Übungen, besonders in Grenznähe,
Truppenbewegungen,
Objekte (besonders in Grenznähe),
Bewaffnung und Ausrüstung,
politischer und moralischer Zustand der Truppe,
Zusammenwirken der Kräfte im Einsatzfall,
Informationen politischen, ökonomischen und publizistischen Charakters,
Informationen über westdeutsche Staatsschutzorgane, insbesondere des/der Landesämter für Verfassungsschutz, der Sicherungsgruppe Bonn, der politischen Polizei, deren Verbindungen, Methodik, Observationstätigkeit und nutzbare Lücken in der Arbeit dieser Organe,
Informationen über die Polizei der Länder und Städte,
Informationen über Festnahmen, Beobachtungen, Fahndung nach Militärangehörigen, sowie Überprüfungen von Personen und Sachen durch die Sicherheitsbehörden und Sicherungsmaßnahmen,
Informationen über die Potenzen der Elektronischen Kriegsführung, u. a. auch Mitarbeiter und deren Aufgaben,
Informationen aus der elektronischen Datenverarbeitung und -Speicherung sowie Steuerungsprozesse,
Informationen über Massenkommunikationsmittel wie legale und illegale Hetz- und Piratensender,
Informationen über das Abfließen von Geheimnissen aus Netzen der DDR, die durch Funkkontrollmaßnahmen des MfS erkannt und zurückgedrängt werden sollten.

---

[26] Damit unterstützte die Abteilung III auch »Operative Grenzschleusen« des MfS zum Operationsgebiet, über die an anderer Stelle in diesem Buch noch berichtet wird.

Informationsaufbereitung im Spezialfunkdienst (HA III) des MfS

Die Informationsaufbereitung, sowohl in den einzelnen Stützpunkten als auch in den Referaten der Bezirksverwaltungen und den »Operativen Führungspunkten« sowie der *Zentralauswertung* (UA I) stellte ein wesentliches Element der Auswertung der erfassten elektromagnetischen Ausstrahlungen und der dabei übermittelten Nachrichteninhalt dar, die im Folgenden dargestellt werden soll:

Aus Sicht der *Abteilung III* erforderten die Maßnahmen der Elektronischen Kampfführung (Funkaufklärung, Funkkontrolle, Funkgegenwirkung und offensive Aufklärung der Feindpotenzen) und der Schutz der eigenen Kräfte und Mittel die zentrale Führung und Koordination aller Maßnahmen des elektronischen Kampfes ohne Rücksicht auf territoriale Zuständigkeit der betroffenen Bezirksverwaltungen. Alle relevanten Informationen sollten zentral in der Auswertung der UA I zusammenlaufen. Die *Referate III* in den Bezirksverwaltungen waren, soweit erforderlich, in den Informationsfluss einzubeziehen.

Daher war in den *Referaten III* der BV eine Besetzung der Auswertungen zunächst täglich bis 22.00 Uhr vorgesehen, zu einem späteren Zeitpunkt war Übergang zum Dauerbetrieb geplant. Ein weiterer wesentliche Aspekt war der Schutz[27] der Informationen, die eine konsequente Einschränkung des Personenkreises forderte, der Zugang zu diesen Informationen erhielt oder erhalte sollte. Bei der Weitergabe derartiger Informationen von operativer Bedeutung, die einen Bezirk unmittelbar betrafen, war Quellenbereinigung durchzuführen. Alle Empfänger dieser speziellen Information waren zu erfassen und an die *Abteilung III* zu melden.

Funksprüche mit kryptiertem Inhalt, die durch die »Dekrypteure« der Referate in den BV nicht gelöst werden konnten, waren im Rahmen der Zusammenarbeit an die *Abteilung XI* (Chiffrierwesen) des MfS auf dem vorgeschrieben Weg weiterzuleiten.

Fremdsprachliche Informationen waren alsbald zu übersetzen, nicht übersetzbare Aufnahmen mit unbekannten Sprachen waren an die *Zentrale Auswertung* der *Abteilung III* (UA I) zu übergeben. Die Speicherung der Informationen, sowohl in den Stützpunkten als auch in den *Referaten III* der BV, erfolgte zunächst auf Karteikarten bis eine etappenweise Speicherung in Datenverarbeitungssystemen möglich wurde. Zur zentralen Auswertung der von den aus den Erfassungsstützpunkten in den *Referaten III* der BV eingehenden Informationen, waren durch die Referate tägliche »Funklagemeldungen« zu erstellen und an die *Zentrale Auswertung* (UA I) weiterzuleiten. Die Funklagemeldungen waren nach folgendem Schema aufgebaut und enthielten Angaben zur Tätigkeit aller unter Beobachtung stehender Netze:

- Geheimdienste
- Öffentlicher beweglicher Landfunk (öbL)
- Zollgrenzdienst (ZGD)
- Bundesgrenzschutz (BGS)
- Polizei
- Bundeswehr
- Fremdsprachige Netze
- Durch Bereichssuche neue festgestellte Funkstationen
- Sonstiges (Ausfälle im eigenen Dienstbereich)

[27] Bisher wurden keine Belege für einen systematisierten Geheimschutz der mit Funk- und funktechnischen Mittel im MfS gewonnener Informationen nach dem Muster der »Sicherheitsbestimmungen der Fernmelde- und elektronischen Aufklärung der Bundeswehr« (SichhBestFm/EloAufklBw) gefunden.

- Antrags- und Genehmigungsverfahren zur Mitnahme von Funksendeanlagen (DDR und/oder Transit) nach Verwendungszweck und Frequenzbändern geordnet.

Angaben hierzu erhielten die *Referate III* der BV von den zuständigen *Passkontrolleinheiten* (PKE) der im Territorium der BV befindlichen *Grenzübergangstelle(n)* (GÜSt) der NVA Kdo Grenze.

Folgende Informationen waren bei der *Zentralen Auswertung* (UA I) der *Abteilung III* und den entsprechenden *Referaten III* der BV zu speichern:

- Angaben zu Personen
- Sachverhalte
- Frequenzen (Funktaktische, -technische Angaben)
- Kraftfahrzeuge (nach Kennzeichen)
- Funkrufnummern
- Telefonnummern
- Angaben zur Nachrichten (Fernmelde-)Technik
- Objekte

Datenbestand in der Zentralkartei der UA I und der Referate III in den Bezirksverwaltungen[28]

Alle operativ-relevanten Daten der *Linie III* (Funkaufklärung) wurden in der Zentralkartei der UA I erfasst; sie umfasste folgende Kategorien:

- Personenkartei
- Sachverhaltskartei
- Frequenzkartei (bezogen auf)
- Standort
- Frequenz
- Rufzeichen/Rufname
- Kraftfahrzeugkartei nach Kennzeichen
- Funkrufnummernkartei
- Telefonnummernkartei
- Kartei Nachrichten (Fernmelde)-Technik
- Objektkartei

Die Inhalte der bei der UA I geführten Zentralkartei wurde mit der, bei der Abteilung XII (Terrorabwehr?) geführten Kartei regelmäßig abgeglichen. Es kann nicht ausgeschlossen werden, dass zu einem späteren Zeitpunkt auch ein Abgleich mit anderen Datensammlungen des MfS, insbesondere bei der HV A, erfolgte. Es kann als sicher gelten, dass die *Referate III* in den BV ebenfalls Karteien nach dem Muster der UA I zu relevanten Vorgängen im Aufklärungsbereich der Erfassungsstützpunkte der BV geführt haben. Ein

---

[28] Im Jahre 1990 verfügte das Referat III der BV Leipzig über 25 Mitarbeiter zur Bearbeitung der Funk- und funkelektronischen Aufklärung und Auswertung im Zuständigkeitsbereich, die selbstständige, nicht der Linie III unterstellte Abteilung 26: Telefonüberwachung, Raumerkundung, Video- und Fotoüberwachung, Abwehr von Abhörtechnik verfügte demgegenüber über 26 MA. Quelle: Ullrich/Schröter: Das Ministerium für Staatssicherheit, Rowohlt, Berlin 1991, Seite 41.

[29] Wegmann/Tantscher: *SOUD – Das geheimdienstliche Datennetz des östlichen Bündnissystems,* BStU Abteilung Bildung und Forschung, Reihe B Nummer 1/96, Berlin 1996.

Austausch von Informationen mit Partnerdiensten kann im Rahmen des Systems »SOUD«[29] angenommen werden. Dies würde jedoch den Rahmen dieses Buches sprengen, es wird daher auf die einschlägige Fachliteratur zum Thema verwiesen.

Bearbeitung von zentralen, durch die Abteilung III gesteuerter Vorgänge (Fernmeldevorgänge)[30]

Zur Erkundung und Aufklärung der gegnerischen Funknetze, Fernmeldeführungszentralen und Fernmeldeeinrichtungen und damit im Zusammenhang stehender Personenkreise im Operationsgebiet wurden aus den »Zentralen Fernmeldevorgängen« Teilfernmelde-Vorgänge gebildet, die durch die einzelnen Diensteinheiten der *Spezialfunkdienste (Referate III* in den BV und der *Abteilung F* (Funkabwehr) zu bearbeiten waren. Die Erfassung, Verdichtung, Speicherung und Analyse erfolgte vorgangsgebunden in den »Zentralen Fernmeldevorgängen« der *Abteilung III.* Auf der Grundlage des Ministerbefehls 299/65 und der Richtlinie 1/71 des Ministers für Staatssicherheit erfolgte die zielgerichtete Erfassung von Informationen aus »feindlichen Funkzentren«, nachrichtentechnischen Einrichtungen und Zentren von Presse, Rundfunk und Fernsehen und zur Erkundung von »Regimeverhältnissen« und staatsmonopolistischer Verflechtungen, Verbindungen, Entwicklungstendenzen und Bestrebungen im Operationsgebiet und damit in Zusammenhang stehender Personen. Zu den Zielen gehörte auch die Erfassung operativ verwertbarer Informationen zur Erhöhung der ökonomischen, politischen und militärischen Sicherheit der DDR und der sozialistischen Staatengemeinschaft. Zur Steuerung der Erfassung wurden durch die *Abteilung III* »Zentrale und Teilfernmeldevorgänge« gebildet, über deren Inhalt Auskünfte an andere Diensteinheiten des MfS nur durch die *Zentrale Auswertung* (UA I) der *Abteilung III* erteilt werden durften. Der Leiter der *Abteilung III* hatte sich ausdrücklich persönlich vorbehalten, Genehmigungen zur Weitergabe von derartigen Informationen an andere Diensteinheiten des MfS zu erteilen. Die Fernmelde-/Teilfernmeldevorgänge bestanden aus:

Teil I Leitender Teil	Zielstellung (Auftrag), zu bearbeitende Objekte, Sachstandsbericht zum Stand der Bearbeitung, Maßnahme- und Terminpläne
Teil II Operativer Teil	Einzelvorgänge zu Teilobjekten
Teil III Informationen	Enthielt Einzelinformationen und den Verteiler, an welche Diensteinheit des MfS welche Informationen weitergeleitet wurden einschließlich sachbezogener Korrespondenz.

Die *Abteilung III* führte zum Zeitpunkt des Inkrafttretens (1971) der Führungs- und Informationsordnung folgende »Zentral-Fernmeldevorgänge«:

Zentrale Fernmeldevorgänge der HA III

TA[31]	Objekt
TA 10	Öffentlicher beweglicher Landfunk (öbL)
	Offizieller kommerzieller Funk im Operationsgebiet

30 BStU Zentralarchiv – MfS-BdL/DOK. Nr.: 003213 – Ministerrat der Deutschen Demokratischen Republik – Ministerium für Staatssicherheit – 1. Stellvertreter des Ministers – *Vorläufige Führungs- und Informationsordnung des Bereiches III des Ministeriums für Staatssicherheit* – MfS GVS 008 Nr.:421/71,v. 28.06.1971, 1. Ausftg. 72 Blatt, Bestätigt: Mielke,Generaloberst (BStU Pag. 000060 ff).

TA[31]	Objekt
	Funknetze der generischen Grenz- und Transitüberwachungsorgane
	Funknetze der imperialistischen Geheimdienste und Abwehrorgane
	Zentren der politisch-ideologischen Diversion (PID)
	Funknetze der generischen Sicherheitsbehörden in Westdeutschland Funknetze der generischen Sicherheitsbehörden in Westberlin
	Fernmeldeführung der Bundeswehr
	Elektronische Kampfführung der Bundeswehr
	Fernmeldeführung der NATO-Streitkräfte Westeuropas
	Elektronische Kampfführung der NATO-Verbände
	Fernmelde-Führung der Westberliner Besatzungstruppen
	Amateurfunk
	Illegale Sender auf dem Gebiet der DDR

Dringlichkeitsstufen für die Weitergabe von Erkenntnissen an die Zentrale Auswertung (UA I) der Abteilung III

Die Leitung der *Abteilung III* legte Dringlichkeitskategorien und Meldewege für die Weiterleitung der Erfassungsergebnisse an die *Zentralauswertung der Abteilung III* fest. Die meldepflichtigen Informationen waren stichwortartig und auftragsbezogen nach folgenden Zeitvorgaben zu melden:

Dringlichkeitsstufe	Bedeutung	Zeitvorgabe für die Vorlage bei UA I
EB	Einzelmeldung, Blitz	30 Minuten
ED	Einzelmeldung, Dringend	120 Minuten
EN	Einzelmeldung, Normal	180 Minuten
F	Funklagemeldung	Gemäß festgelegter Zeitvorgabe
M	Sammelmeldung	Zum 10. des Monats

Politisch-operative Aufgabenstellung und Jahres- und Perspektivplanung, Festlegung der Aufklärungsbereiche

Der 1. Stellvertreter des Ministers für Staatssicherheit legte die Abwehr- und Aufklärungsschwerpunkte jährlich fest, entsprechende Erfassungsaufträge waren durch die *Abteilung III* zu erfüllen. Für die Aufklärungsbereiche der einzelnen Referate der *Abteilung III* waren die Schwerpunkte der in »Bereichssuche« aufzuklärenden Netze festgelegt. Die Festlegung der »territorialen, netz- und frequenzabhängigen Aufklärungsbereiche« erfolgte zentral und getrennt für jede Bezirksverwaltung.

---

[31] Zu diesem Zeitpunkt waren noch keine weiteren Deskriptoren vergeben (TA bezeichnet das durch die Abt. III/HA III verwendete Erfassungs- und Analysesystem).

Schulung und Ausbildung der Mitarbeiter der Abteilung III

Besonderes Gewicht wurde auf die Qualifizierung der Mitarbeiter der *Linie III* gelegt, für die Weiterbildung waren vorgesehen:

- *Leiterseminare*
- *Qualifizierungslehrgänge für UKW-Funker*
- *Seminare und Schulungen der Sachbearbeiter zu den Themen:*
  - *Westdeutsche Sicherheitsdienste*
  - *Bundeswehr*
  - *Öffentlicher beweglicher Landfunk (öbL) (A–C-Netz) der DBP*
- *Seminare und Schulungen der Englisch-Übersetzer*
- *Lehrgänge für Englisch- und Französisch-Übersetzer*
- *Lehrgänge für die Ausbildung der Stützpunkt-Techniker (Wartungspersonal)*
- *Einführung in die Elektronische Datenverarbeitung*

Die Wahrnehmung von Aufgaben der Kryptologie, Abgrenzung der Aufgaben zwischen Abteilung III und Abteilung XI des MfS

Soweit erfasste chiffrierte Informationen durch die referatseigenen »Dekrypteure« in den *Referaten III* der BV nicht entschlüsselt werden konnten, waren diese an die *Abteilung XI* des MfS weiterzugeben, dies galt auch für Erkenntnisse aus den *Referaten III* über selbst entwickelte Lösung für Chiffrier- und Kryptierverfahren und Methoden.

Für den Zugang zu Chiffriermitteln am Einsatzort in den Bezirken durch Bearbeiter/Wartungspersonal der *Abteilung XI* galten rigorose Zutrittsverfahren nach Genehmigung durch den Leiter der *Abteilung III*. Die kryptologischen Aspekte der Funk- und funkelektronischen Aufklärung durch die HA III sollen hier nur insoweit behandelt werden, als dies zum Verständnis des Auftrages der HA III erforderlich ist, da die Behandlung dieses besonderen Themas den Rahmen dieses Buches sprengen würde.

Bereitschaftsstände und Einsatzstufen der Funk- und funkelektronischen Aufklärung des MfS (HA III)

Für die Auftragssteuerung[32] und Besetzung wichtiger Positionen in der Erfassung und Auswertung der damaligen *Abteilung III* waren 1971 folgende Einsatzstufen festgelegt:

Die operative Bearbeitung »gegnerischer« Funknetze durch die

Einsatzstufe	Maßnahmen
Einsatzstufe 1	Ständige Besetzung der Auswertung, Schaffung schneller (Fernmelde-) Verbindungen zu den Stützpunkten
Einsatzstufe 2	Ständige Besetzung der Auswertung. 50% des Funkerbestandes befinden sich auf den Stützpunkten
Einsatzstufe 3	Durchgängige Arbeitsfähigkeit der Auswertungen, voller Funkerbestand auf den Stützpunkten
Einsatzstufe 4	Herstellen der Marsch- und Betriebsbereitschaft der mobilen Technik

[32] Die Zielrichtung der Aufklärung war wie folgt festgelegt: A – Aufklärung in Richtung Operationsgebiet, G – Erhöhte Grenzsicherung, K – Kontrolle nach Innen. Wurde bei Auslösung der Einsatzstufen angegeben.

Spezialfunkdienste des MfS

Nach Auffassung der *Abteilung III* war die Erfassung und Auswertung elektromagnetischer Ausstrahlungen des Gegners zu systematisieren, zur Bearbeitung dieser Informationen wurden folgende Prinzipien angewandt:

Erarbeitung von Informationen »gegnerischer« Funkbeziehungen, diese enthielten

Inhalt der Sendungen
Senderstandort und Netzstruktur
Netzeigentümliche Regeln des Funkverkehrs
Zusammenwirken zwischen Netzen und Diensten
Angewandte Chiffrierverfahren

Ziele dieser »planmäßigen und zielstrebigen« Aufklärungsbemühungen durch das MfS waren:
Führungszentren, Einheiten, Dienste und Objekte des funkelektronischen Krieges in der BRD und Westberlin unter zentraler Federführung der UA I der Abteilung III.

Die Objektkartei der Abteilung III und Einrichtungen des funkelektronischen Kampfes im Operationsgebiet

Hierzu war durch die UA I eine Objektkartei der Dienste, Dienststellen und Objekte in der BRD und Westberlin anzulegen, die »*zur Planung und Führung des funkelektronischen Krieges im geheimdienstlichen, militärischen, paramilitärischen und zivilen Bereich*« (der Bundesrepublik Deutschland, der Stationierungsstreitkräfte und der NATO) geeignet sein konnten.

Aus der Objektkartei der *Abteilung III* musste jederzeit ersichtlich sein:

- *Standort der Einrichtung/des Objekts mit Koordinaten nach dem UTM-System*[33]
- *Funktion*
- *Zugehörigkeit des Objekts*
- *Einsatz- bzw. Dienstbezeichnung*
- *Leitendes Personal*
- *Technische Ausrüstung*

Die Objektakten waren nach der Informationsordnung Anlage 4 wie folgt zu gliedern:

Teil I	– Allgemeine Angaben zum Objekt	(Funktion, Lagebeschreibung, Sicherung und Bewachung)
Teil II	– Strukturelle und personelle Angaben	Unterstellung und Gliederung, leitendes Personal, nichtleitendes Personal
Teil III	– Technische Ausrüstung	(Technische Anlagen, Geräte sowie ortsfeste und mobile Systeme; Nachrichten-Verbindungen: Draht, Funk, Kuriereinsatz)
Teil IV	– Maßnahmepläne und Analysen	Pläne zur Aufklärung des Objekts Pläne zur Funkgegenwirkung und Funkdesinformation Analysen über das Objekt

[33] UTM – *Universales Transversales Mercator-Gitter* (Eines der Referenzsysteme der NATO und Bundeswehr).

Teil V – Informationen	Eingegangene operative (nachrichtendienstliche) Informationen Informationen aus offiziellem Schriftgut Informationsausgang

Die durch die UA I erstellten Objektkarteikarten[34] waren wie folgt farblich gekennzeichnet:

Rot	Bundeswehr und »Besatzerstreitkräfte«
Grün	Polizei, BGS, ZGD, paramilitärische Dienste
Weiß	Geheimdienste
Gelb	Bundespost

Die *Abteilung III* und die entsprechenden *Referate III* in den BV hatte zu Beginn ihrer Erfassungstätigkeit ein System von Karteien zur Speicherung betrieblich-taktischer Kennzeichen der einzelnen Funknetze, Funkstellen und Systeme eingerichtet, auf das aus Platzgründen hier nicht weiter eingegangen werden soll.

Es bleibt nur festzustellen, dass betriebliche, technische und funktaktische Einzelheiten akribisch aufgelistet wurden und den Zweck einer zentralen Erfassung aller relevanten Daten bis zur Einführung der dv-gestützten Registrierung erfüllt haben mögen.

Die zentrale Lagekarte der Einrichtungen des funkelektronischen Kampfes im Operationsgebiet bei der Auswertung der Abteilung III

Die zentrale Lagekarte der »Einheiten und Objekte des Gegners zur Führung des funkelektronischen Krieges« wurde durch die UA I (Zentralauswertung) der Abteilung geführt. Die UA I hatte den generellen Auftrag, den Informationsbedarf für diesen Bereich festzulegen und bei der HV A *(Hauptverwaltung Aufklärung)* und den Linien I (Abwehrarbeit NVA/GrzTrp), II (Spionageabwehr), VI (Passkontrolle, Touristik, Interhotel), VII (Abwehr MdI/DVP), den entsprechenden Bezirksverwaltungen und Verwaltungen des MfS, Informationen einzuholen. Gleichzeitig wurden das *Ministerium für Nationale Verteidigung* (MfNV) mit seinem *Bereich Aufklärung* (BA) sowie das *Ministerium für das Post- und Fernmeldewesen* in die Informationsbeschaffung mit eingebunden.

Die Informationsbeschaffung bei befreundeten Dienste erfolgte über Verbindungsoffiziere der *Abteilung III* im Rahmen der »Organisation des Zusammenwirkens«.

Planung von Maßnahmen der Funkgegenwirkung durch die Abteilung III

Maßnahmen der »Funkgegenwirkung« wurden in Zusammenarbeit mit den anderen Spezialfunkdiensten des MfS, dem *Ministerium für Nationale Verteidigung* und dem *Ministerium für das Post- und Fernmeldewesen* unter Beteiligung der UA III (Technische

Analyse) und V geplant. Ob und inwieweit hier auch die Interessen »befreundeter Dienste« berücksichtigt wurden, ist auf Grund der vorhandenen Quellen noch nicht abschließend zu bewerten, kann aber angenommen werden.

[34] Bisher konnte noch nicht geklärt werden, ob derartige Objektakten und Karteikarten erhalten geblieben sind und sich im Bestand der BStU befinden (Stand Juli 2004).

Erfassung und Aufklärung spezifischer Funknetze im Operationsgebiet

Zu Beginn 1971[35] verfügte die *Abteilung III* über folgende Stützpunkte, deren Deckbezeichnungen im mündlichen und schriftlichen Verkehr anzuwenden waren:

Stützpunkt	Deckbezeichnung
Rostock I	Albatross
Rostock II	Möwe
Schwerin	Falke
Magdeburg I	Urian
Magdeburg II	Lupine
Erfurt I	Kondor
Erfurt II	Wespe
Suhl I	Blitz
Suhl II	Kristall
Karl-Marx-Stadt I	Komet
Karl-Marx-Stadt II[36]	Kiefer
Gera	Saale
Potsdam	Havel
Berlin I	Spree
Berlin II	Bake
Frankfurt/Oder	Birke

Aus diesen Stützpunkten wurden, soweit diese grenznah lagen und die empfangstechnischen Gegebenheit günstig waren, VHF/UHF-Netze[37] (25–1000 MHz) im Operationsgebiet erfasst. Dies war aber auch von der Geräteausstattung des jeweiligen Stützpunktes abhängig. Im Einzelnen wurden ab 1971, und möglicherweise schon früher, folgende Netze im Operationsgebiet erfasst und aufgeklärt:

Das Funknetz »URWALD« im »Citizen Band (CB) – 26.965–27.275 MHz«

Hierbei handelt es sich um Ausstrahlungen im 11-Meter-Band (26.965–27.275 MHz), das ab 1. Juli 1975 vom *Bundesministerium für das Post- und Fernmeldewesen* für den Gebrauch durch »Jedermann« freigegeben wurde. Vor diesem Zeitpunkt war die Nutzung dieses Frequenzbandes nur mit Genehmigung der *Deutschen Bundespost* durch Firmen und Einrichtungen unter Auflagen möglich. Unter bestimmten Voraussetzungen (Zulassung des Gerätes durch das *Fernmeldetechnische Zentralamt* (FTZ), Einhaltung des Frequenzbereichs und der vorgeschriebenen Sendeart- und Leistung – AM-Sprache, amplitudenmoduliert, Sendeleistung begrenzt auf 0.5 Watt, eingeschränkte Verwendung von Festantennen) wurde ab 1. Juli 1975 eine »Allgemeine Betriebserlaubnis« erteilt, die Geräte konnten später anmelde- und gebührenfrei benutzt werden. Bis Ende 1975[38] waren in diesem Band zwölf Kanäle (Kanalabstand 10 kHz) freigegeben. In den Anfangsjahren[39]

---

35 BStU Zentralarchiv – MfS-BdL/DOK. Nr.: 003213 – Ministerrat der Deutschen Demokratischen Republik – Ministerium für Staatssicherheit – 1. Stellvertreter des Ministers – *Vorläufige Führungs- und Informationsordnung des Bereiches III des Ministeriums für Staatssicherheit* – MfS GVS 008 Nr.:421/71,v. 28.06.1971, 1. Ausftg. 72. Blatt, Bestätigt: Mielke, Generaloberst (Anlage Nr. 8 BStU Pag. 000139). Aus der Anlage geht die Zweckbestimmung der einzelnen Stützpunkte nicht hervor.

36 Im Manuskript ohne Nummer

37 Kurzwellenfunkverbindungen im Operationsgebiet wurden aus empfangsgünstig gelegenen Funkpeilstellen (FPS) und der weiteren Einrichtungen auf dem Territorium der DDR und durch befreundete Dienste außerhalb der DDR erfasst.

38 Später sollte die Freigabe auf 32 Kanäle erweitert werden.

39 Zeitgenössische Schätzungen gehen für das Jahr 1976 von mehr als 420.000 Nutzern des Jedermann-(11-Meter)-Bandes in Deutschland aus. (Karamanolis: *CB-Funk,* Karamanolis-Verlag, München 1978).

wurden diese Geräte durch »versierte Bastler« in der Bundesrepublik häufig modifiziert und mit »Nachbrennern« ausgerüstet, um die Sendeleistung und damit auch die Reichweite zu vergrößern. Der *Funkkontrollmessdienst der Deutschen Bundespost* beobachtete das 11-Meter-Band ebenfalls sehr intensiv, um Verstöße gegen die Genehmigungsbedingungen festzustellen, die nicht selten wegen Verstoßes gegen das Fernmeldeanlagengesetz vor einem Gericht der Bundesrepublik endeten. Bei günstigen Ausbreitungsbedingungen und einem vorteilhaften Sende-/Empfangsort konnten bereits damals beachtliche Entfernungen überbrückt werden. Dies mag das MfS bewogen haben, dieses Netz unter Beobachtung[40] zu nehmen. Zu erfassen waren folgende betriebliche und technische Einzelheiten:

- *Frequenzen*
- *Rufzeichen*[41] *(konstant oder laufender Wechsel)*
- *Nutzer der Anlage (Angaben zur Person)*
- *Bestimmte Personenkategorien, welche in diesem Bereich vorwiegend »arbeiten«*
- *Zuordnung von Rufzeichen zu bestimmten Diensten*[42]
- *Standort (Fest, mobil, Räume)*
- *Aktivitäten der Funkstation (Zeit, verwendete Rufzeichen, Funkkreise)*
- *Wesentlicher Inhalt der Funkgespräche*
- *Operativ interessante Verbindungspartner*
- *Sende- und Empfangstechnik*

Außerdem: Erkennen von Funkbeziehungen zwischen Nutzern von Funkgeräten aus »BRD/Westberlin« und offiziellen Nutzern dieses Frequenzbandes aus der DDR (Bauwesen, Chemie) und der Möglichkeit der Kontaktaufnahme und des »Abflusses von Geheimnissen« aus der DDR.

Den Stützpunkten in den Bezirksverwaltungen wurden Verantwortungsräume der Erfassung des Netzes »Urwald« zugewiesen mit dem Auftrag, »dislozierte« Stationen und Netze in den Verantwortungsräumen zu erfassen und aufzuklären. Bei der damaligen Bandbelegung im 11-Meter-Band keine leichte Aufgabe, die nur durch personalintensiven Einsatz von Erfassern und zusätzlicher Technik zu lösen war. Bei einem Kanalabstand (Kanalraster) von 10 KHz standen später, ab 1976, 32 Kanäle für die Nutzung durch »Jedermann« zur Verfügung, die besonders in den Abendstunden ausgiebig genutzt wurden. Allein für den Großraum München wurden 1976 über 10 000 CB-Funker als Teilnehmer angenommen.

Über den Einsatz von »Funk-IM« zur Erfassung des Netzes »Urwald« in Bereichen des Operationsgebietes Bundesrepublik, das durch grenznahe Stützpunkte der *Abteilung III* nicht erfasst werden konnten, liegen für die Jahre 1971/1972 noch keine Erkenntnisse vor, jedoch scheint ein punktueller Einsatz von »Funk -IM« in Ballungsräumen (Köln, Düsseldorf, Frankfurt) durchaus möglich, da der technische Aufwand gering war und das Entdeckungsrisiko gegen Null tendierte. Über erkannte Funkbeziehungen im Netz »Urwald« wurden folgende Informationen bei der *Abteilung III* (vermutlich UA I) gespeichert:

- *Rufzeichen*
- *Frequenz*
- *Angaben zur Person*

---

40 Noch 1991 wurden beim ZFD der NVA in Dessau diesbezügliche, offensichtlich nicht ausgewertete Erfassungsunterlagen aufgefunden, über deren endgültigen Verbleib keine Informationen vorliegen.

41 Für dieses Netz vergab die Bundespost keine Rufzeichen.

42 Diese Frequenzen durften auch durch Hilfsdienste aller Art genutzt werden, die zumindest über offizielle Rufnamen verfügten (z.B. Feuerwehr – FLORIAN).

- *Verbindungspartner*
- *Standort*
- *Angaben zum Kraftfahrzeug (Kfz)*
- *Telefonnummern*
- *Angaben zur Sende- und Empfangstechnik.*

Je nach örtlichen Ausbreitungsbedingungen kann davon ausgegangen werden, dass die Stützpunkte des MfS im grenznahen Bereich CB-Stationen erfassen konnten, die sich in einer Entfernung von 30–40 km vor dem Erfassungsstützpunkt auf westlicher Seite befanden. Bei außergewöhnlichen Funkwetterbedingungen konnten jedoch auch weiter entfernte Stationen (z.B. aus Italien) aufgenommen werden, wenn auch nur kurzzeitig. Für 1981 ist eine »Konzeption zur Bearbeitung der Quelle Urwald«[43] nachweisbar, die den gezielten Einsatz von *»spezifischen Kräften und Mitteln der Linie III (Abteilung III des MfS), den Einsatz inoffizieller Kräfte, insbesondere Funksicherungs-IM der Linie III/10 (Abteilung III Referat 10 des MfS)«* offensichtlich im Operationsgebiet, *»Kräfte der Organe des Zusammenwirkens«* (vermutlich befreundete Dienste des AdK) und eine *»abgestimmte und differenzierte Zusammenarbeit mit Diensteinheiten des MfS«* vorsah.

In Erfüllung dieser Aufgabe hatte die *Abteilung III* den Auftrag:

Aufbau und Einsatz eines Netzes von Funksicherungs-IM (im Operationsgebiet?) durch die Linie III/10.

Die *Abteilung III/1* erhielt im Rahmen der Erfassung des Netzes »Urwald« den Auftrag zur

- *Koordinierung der Beobachtungsaufträge und Auftragserteilung*
- *Einflussnahme auf Steuerung der Kräfte und Mittel (zur Erfassung und Auswertung)*
- *Erarbeitung und ständige Präzisierung des Informationsbedarfs*
- *Organisation des Informationsflusses*
- *Einleitung von »Zielkontrollmaßnahmen« (Telefonüberwachung) und »speziellen Zielfahndungsmaßnahmen« nach ausgewählten, relevanten Rufzeichen,*
- *Verallgemeinerung (Umsetzung) der Erfahrungen aus dem Bereich URWALD gewonnenen Erfahrungen durch Schulungs-, Anleitungs- und Kontrollmaßnahmen bei den informationsgewinnenden Dienstbereichen der Linie III.*

Außerdem:

- Zentrale Auswertung, Verdichtung und Speicherung aller aus dem Netz »Urwald« gewonnener Informationen im zentralen Speicher der *Abteilung III* und im »Sonderspeicher Urwald« der *Abteilung III*,
- Führen der zentralen »Funkfahndungsvorgänge«, Einflussnahme auf die »Teilfunkfahndungsvorgänge« in den Referaten III der BV,
- Auswertung aller offiziellen, halboffiziellen und durch IM beschafften Materialien zur »Problematik Urwald« im Informationsgewinnungs- und Auswerteprozess.

---

[43] BStU Zentralarchiv – MfS-BdL/DOK. Nr.: 003213 – Ministerrat der Deutschen Demokratischen Republik – Ministerium für Staatssicherheit – 1. Stellvertreter des Ministers – *Vorläufige Führungs- und Informationsordnung des Bereiches III des Ministeriums für Staatssicherheit* – MfS GVS 008 Nr.:421/71, v. 28.06.1971, 1. Ausftg. 72. Blatt, »Abteilung III, *Konzeption zur Bearbeitung der Quelle Urwald,*« MfS-GVS 307/81 v. 20.10.1981 (MfS-Pag. 101351/031286, BStU-Pag.: 00180 -00187).

Die *Abteilung III/10* war im Rahmen des Erfassungsauftrages URWALD verantwortlich für:

- *Planung und Einsatz eines »umfassenden« Netzes von »Funksicherungs-IM«*
- *Planung und Aufbau eines Verbindungssystems zu den Stützpunkten der Funksicherungs-IM*
- *Erstellung einer Übersicht über die »Dislokation« der Funksicherungs-IM*
- *Erstellen einer Übersicht über die »konkrete Einsatzzeit« (tägliche und stündliche Ätherkontrolle) der Funksicherungs-IM*
- *Erarbeitung des Ausrüstungs-Solls für die Stützpunkte der Funksicherungs-IM für die Abteilung III/12*
- *Zentrale Planung der technischen Ausrüstung (der Funksicherungs-IM) und die Anzahl der inoffiziellen Kräfte (Funksicherungs-IM) als Grundlage der Jahres- und Perspektivplanung*[44]

Die »Informationsgewinnenden Dienstbereiche« des MfS der *Linie III* (SR III, Abt III/6, III/9, III/10 und III/11 waren für die Erarbeitung/Gewinnung von Informationen aus der Quelle »Urwald« verantwortlich, einschließlich der Nutzung »inoffizieller Potenzen« und der Beteiligung anderer Diensteinheiten des MfS. Die *Abteilung »F«* (Funkabwehr) war bei Funkfahndungsvorgängen mit einzubeziehen.

Der Informationsfluss zwischen Abt III/1 und III/10 war durch geeignete Maßnahmen sicherzustellen. Zur Führung des Klärungsprozesses »Wer ist wer?« waren die aus dem Netz »Urwald« gewonnenen Angaben wie

- *Rufname(n)*
- *Nutzer/Betreiber*
- *Frequenzen/Kanäle*
- *Stimmen u.a. Identifizierungsmerkmale*

zu speichern und ständig zu aktualisieren.

Problematisch scheint aus heutiger Sicht das Verbindungswesen zwischen den Stützpunkten der Funksicherungs-IM im Operationsgebiet Bundesrepublik und dem westlichen Ausland und der *Abteilung III* des MfS gewesen zu sein, sofern die Stützpunkte nicht über eine legale und »bevorrechtete« Abdeckung (Botschaft, Handelsvertretung, konsularische Vertretung)[45] verfügten. Bei Weitergabe der Erfassungsergebnisse durch den Funksicherungs-IM über ungeschützte Fernmeldeverbindungen (Draht und Funk) war immer mit der Entdeckung dieser Verbindung durch die westlichen Sicherheitsdienste zu rechnen.

---

44 Nähere Angaben über die Anzahl der Funksicherungs-IM und deren Stützpunkte sind in diesem Papier nicht enthalten.

45 Siehe hierzu die Stützpunkte »Steuerung«.

Die Erfassung der Funknetze der westdeutschen-/Westberliner Polizei durch die HA III

Das *Ministerium für Staatssicherheit*[46] hatte schon sehr früh die Wichtigkeit der Erfassung der Funkbeziehungen der Polizei- und sonstiger Sicherheitsstellen in der Bundesrepublik Deutschland erkannt, da aus diesen Beziehungen wesentliche Informationen für die Lagefeststellung und Lagebeurteilung durch das MfS gewonnnen werden konnten. Die *Abteilung III* erhielt daher den Auftrag,

> *die funktaktisch-technischen Parameter der funkelektronischen Ausrüstung der Polizeihauptfunkstelle Bonn, der Polizeileitfunkstellen der Länder, sowie alle nachgeordneten ortsfesten und mobilen Funkstationen aufzuklären,*
> *die genauen Standorte der Sende- und Empfangsanlagen der Relais- und Zubringerstrecken zu ermitteln,*
> *das funktechnische Bedienerpersonal (Polizeibeamte) und die mit Funk ausgerüsteten Kfz der Polizei aufzuklären,*
> *die Struktur und den Aufbau des Fernmeldewesens der Polizei zu ermitteln,*
> *die Methoden und den Ablauf bei Festnahmen, Observationen, Überprüfungen, Halterfeststellung/Sicherungsaufgaben*

mittels Funk aufzuklären. Dabei waren im Auf- und Ausbau befindlichen EDV-Anlagen der Polizei, die besonders als Speicher aller bei der Polizei anfallenden Personen- und Kraftfahrzeuge dienen und durch geheimdienstliche Organe zielgerichtet ausgeschöpft werden konnten, aufzuklären und die Kräfte genau zu analysieren. Die Zusammenarbeit der Polizei mit anderen »Organen« wie

- Bundesamt für Verfassungsschutz(BfV)/
- Landesamt für Verfassungsschutz (LfV)
- Bundesnachrichtendienst (BND)
- Militärischer Abschirmdienst (MAD)
- Politische Polizei (2. Kommissariate)
- Zollgrenzdienst (ZGD)/Zollfahndung
- Bundesgrenzschutz (BGS)
- Bundeswehr
- Paramilitärische Dienste
- Zivile Institutionen, Organisationen und Firmen

war aufzuklären und die »Potenzen und Methoden des Zusammenwirkens« zu analysieren.

---

[46] BStU Zentralarchiv – MfS-BdL/DOK. Nr.: 003213 – Ministerrat der Deutschen Demokratischen Republik – Ministerium für Staatssicherheit – 1. Stellvertreter des Ministers – *Vorläufige Führungs- und Informationsordnung des Bereiches III des Ministeriums für Staatssicherheit* – MfS GVS 008 Nr.:421/71, v. 28.06.1971, 1. Ausftg. 72. Blatt, darin als Anlage enthalten: MfS – GVS 026 Nr.: 650/72 v. 30.11.1972, BstU-Pag.: 000159–000168, – *Richtlinie zur weiteren Bearbeitung der Funknetze der Westdeutschen/Westberliner Polizeidienste.*

Alle auf diesem Weg gewonnenen Erkenntnisse wurden im »Zentralen Fernmeldevorgang TA 40« verdichtet und, wenn erforderlich, an andere operative Abteilungen, Linien und Diensteinheiten des MfS übergeben. Inwieweit hier auch das »Organ des Zusammenwirkens« beteiligt wurde, ist ungewiss, erscheint aber sehr wahrscheinlich. Die abzuschöpfenden Bereiche der Polizei und der anderen westlichen Sicherheitsdienste wurden durch die *Abteilung III* des MfS wie folgt unterteilt:

Bundesministerium[47] *der BRD, Abteilung öffentliche Sicherheit mit Polizeihauptfunkstelle Bonn und dem Bundeskriminalamt (BKA) Wiesbaden,*

Innenministerium der Länder/Innensenator Westberlin, Abteilung öffentliche Sicherheit mit Leitfunkstelle und den Landeskriminalämtern in Hannover, Düsseldorf, Wiesbaden, Stuttgart, München, Mainz/Koblenz, Kiel, Bremen einschließlich Bremerhaven, Hamburg, Saarbrücken und Westberlin

Ortsfeste und mobile Funkstellen in den Regierungsbezirken, Kreisen und kreisfreien Städten der

- *Landespolizei*
- *Stadt- und Schutzpolizei*
- *Kriminalpolizei*
- *Bereitschaftspolizei*
- *Verkehrspolizei*
- *Wasserschutzpolizei*
- *Bahnpolizei (Niedersachsen)*

Dazu übergab die *Abteilung III/1* den SR III (Referaten) in den BV »konkrete« Teilfernmeldevorgänge[48], in denen die Aufklärungsaufträge im Hinblick auf Funknetze, Stationen, Personen und Objekte festgelegt waren.

Die Ergebnisse der Erfassung und deren Auswertung waren termingerecht in Form von Sachstandberichten Funkskizzen und vergleichenden Übersichten an die *Abteilung III/1* zu übergeben. Als Sofortinformation waren folgende »Tätigkeiten und Handlungen der Polizei« meldepflichtig:

Teilfernmeldevorgänge der HA III

Fahndung und Überprüfung von Personen und Kraftfahrzeugen im Zusammenhang mit politischen Motiven (Terrorakte, Entführungen usw.),

Fahndung und Überprüfung von Personen und Kraftfahrzeugen die aus dem sozialistischen Ausland stammen und sich im Operationsgebiet aufhalten,

Fahndung nach Personen und Kraftfahrzeugen im Zusammenhang mit schweren Gewaltverbrechen,

Fahndung nach Personen und Kraftfahrzeugen mit Fluchtrichtung DDR, CSSR, Westberlin,

Auslösung von Bundes- und Landesalarmfahndungen sowie Übungs- und Überprüfungsalarme der einzelnen Polizeieinheiten,

Veränderung von »Regimeverhältnissen« innerhalb der Polizeifunknetze,

Begleitung von Truppentransporten der Bundeswehr und anderen NATO-bzw. Besatzereinheiten durch die Polizei.

---

47 Hier ist sicherlich des *Bundesministerium des Innern* (BMI) gemeint.

48 Siehe Abschnitt Fernmelde-/Teilfernmeldevorgänge in diesem Kapitel.

Außerdem waren Meldungen über das Auftreten der *Sowjetischen Militär-Verbindungs-Missionen* (SMVM), die beim jeweiligen nationalen Oberbefehlshaber der ehemaligen Besatzungszonen (USAREUR-Frankfurt, BAOR-Bünde/Westfalen und CFFA-Baden-Baden) akkreditiert waren, sowie zusammengefasste Informationen über Routinevorgänge zum 30. eines jeden Monats fernschriftlich an die *Abteilung III/1* zu melden.

Eine Kurzzusammenfassung aller Ereignisse wurde im Rahmen der täglich abzusetzenden »Funklageberichte« an die *Abteilung III/1* gemeldet. Damit dienten die Erkenntnisse der *Abteilung III* auch der Lagefeststellung des MfS über »Veränderungen im Grenzregime« auf westlicher Seite, die in die Planungen für die Nutzung von »Operativen Grenzschleusen«[49] durch das MfS an der Grenze zur Bundesrepublik für die Ein- und Ausschleusung von Agenten und Material, sowohl des MfS als auch befreundeter Dienste, bis zur Grenzöffnung 1989 intensiv genutzt wurden. Es kann nicht gänzlich ausgeschlossen werden, dass über diese Grenzschleusen auch Einsatzkommandos[50] der AMG/S *(Arbeitsgruppe des Ministers/Sonderausbildung)* in das Operationsgebiet einsickerten, um ihre Erkundungsaufträge durchzuführen. 1984 soll die AMG/S über mehr als 3500 ausgebildete Spezialisten[51] für Kampf- und Sabotageeinsätze im Operationsgebiet verfügt haben. Die AGM/S[52] ging später in der *Hauptabteilung XXIII* Terrorabwehr des MfS auf. Über den Verbleib des Personals und seiner »spezifischen Ausrüstung« ist nach der Auflösung des MfS/AfNS nicht bekannt geworden.

---

[49] BStU MfS-BDL/Dok Nr.: 005505 – Ministerrat der Deutschen Demokratischen Republik Ministerium für Staatssicherheit der Minister, MfS-GVS o008 MfS. Nr.: 7/87 v. 26. 06. 87 – 5. Durchführungsbestimmung zur Dienstanweisung Nr.:10/81 v. 4.7.81 VVS MfS Nr 0008 – 38/81 *Sicherung des Verbindungswesens über operative Grenzschleusen an der Staatsgrenze der DDR zur BRD und Berlin (West).*

[50] Auerbach: *Einsatzkommandos an der unsichtbaren Front,* Ch. Links-Verlag, Berlin 1999.

[51] Auerbach: Einsatzkommandos, Seite 36.

[52] Später in Abteilung XXIII (Ausbildung von Antiterrorpersonal) umgegliedert, danach mit Abt XXII zur HA XXII (Terrorabwehr) umgebildet.

Die Erfassung der Funkaktivitäten der Fernspäheinheiten der Bundeswehr durch die HA III

Aus Sicht des MfS[53] verfügte die Bundeswehr in Gestalt ihrer Fernspäheinheiten über *»jederzeit einsatzbereite Potenzen zur Durchführung von Spionage- und Diversions-Handlungen, sowohl an der Staatsgrenze zur DDR als auch in deren Hinterland«*. Diese Kräfte waren mit speziellen Funkmitteln ausgestattet. Die *Spezialfunkdienste* (SFD) des MfS waren auf Grund des »gezielten Einsatzes ihrer Technik« in der Lage, andere Linien des MfS zu informieren über:

- *Beginn von Einsätzen*[54]
- *Einsatzgebiete der Trupps und Führungskräfte*
- *Anzahl der eingesetzten Trupps*
- *Gefährdete Abschnitte der Staatsgrenze West der DDR*
- *Beendigung des Einsatzes solcher Kräfte*

Die *Abteilung F* (Funkabwehr) war verpflichtet, bei Auftreten von Funkaktivitäten der Fernspähtruppe der Bundeswehr die »Einleitung spezifischer Maßnahmen« durch die *Abteilung III* »zu gewährleisten« und die »ununterbrochene Beobachtung« dieser Funknetze sowie die »sofortige Informierung« unter Angabe von

- *Datum und Uhrzeit*
- *welche Einheit*
- *Anzahl der Trupps*
- *deren Einsatzgebiet*
- *die Führungszentren mit Anzahl der eingesetzten Sender*
- *deren Standorte*
- *Einsatzvarianten (auch mögliche, die sich aus dem Funkverkehr und den dazu vorliegenden Erkenntnissen ableisten lassen).*

Das zuständige Referat III der BV, in dessen Erfassungsbereich entsprechende Aktivitäten der Fernspähtruppe erkannt wurden, hatte sofort eine umfassende Bereichsaufklärung zu organisieren, die Funknetze der generischen Grenzüberwachungsorgane sowie der Polizei intensiv zu beobachten mit dem Ziel:

Hinweise auf verdächtige Personen in unmittelbarer Nähe zur Staatsgrenze auf westlicher Seite,

[53] BStU Zentralarchiv – MfS-BdL/DOK. Nr.: 003213 – Ministerrat der Deutschen Demokratischen Republik – Ministerium für Staatssicherheit – 1. Stellvertreter des Ministers – Vorläufige Führungs- und Informationsordnung des Bereiches III des Ministeriums für Staatssicherheit – MfS GVS 008 Nr.:421/71, v. 28.06.1971, 1. Ausftg. 72 Blatt, darin als Anlage Abteilung III – MfS – GVS 008 Nr.: 552/73 v. 26.01.1973 – *1. Ergänzung zur vorläufigen Führungs- und Informationsordnung der Linie III über die Aufgaben der Linie III und der Abteilung F zur Aufspürung, Feststellung und operativen Weiterbearbeitung von Kräften der Fernspäheinheiten der Bundeswehr.*

[54] Es ist fraglich, ob die HA III auch Einsatzübungen der BND-SBO (GLADIO) erfasst hat, da sich keinerlei Hinweise in den bisher aufgefundenen Beständen der HA III bei der BStU nachweisen lassen.

Versuchte oder erfolgte Grenzdurchbrüche in beiden Richtungen,
Festnahmen oder Provokationen
Andere, in diesem Zusammenhang verdächtig erscheinende Sachverhalte, die in Zusammenhang mit den Aktivitäten der Fernspähtruppe stehen konnten, zu gewinnen.

Ebenfalls unverzüglich zu informieren waren die *Abteilung Aufklärung* der NVA-*Grenztruppen,* die eine verstärkte visuelle Überwachung der in Frage kommenden Grenzabschnitte sicherzustellen hatte und weitere wirksame Maßnahmen nach Weisung des Chefs der NVA-Grenztruppen zu veranlassen hatte. Die *Hauptabteilung I* im MfS (Abwehr NVA/GrzTrp) sowie das *Kommando der Volksmarine Abteilung Aufklärung,* falls im Bereich der *Volksmarine* (Ostsee) Sendungen der Fernspähtruppe der Bundeswehr erfasst werden.

Bei der Weitergabe von Erkenntnissen zu Einsätzen der Fernspähtruppe der Bundeswehr war durch die *Abteilung III* die »strengste Einhaltung der Konspiration« und Bereinigung der Quelle gefordert. Keine Information, die weitergegeben wurde, durfte einen Hinweis auf die Art ihrer Gewinnung durch funktechnische Mittel enthalten. Die *Hauptverwaltung Aufklärung* (HVA) sowie die HA II (Spionageabwehr) des MfS waren in die Meldeerstattung mit einzubeziehen. Traten Fernspäher der Bundeswehr im Grenzgebiet zur CSSR auf, war der Funkaufklärungsdienst der CSSR zu informieren. 1973 wurde die Anweisung unter Hinweis auf Erkenntnisse der *Linie II* (Spionageabwehr) und der *Linie IX* (Untersuchungsorgan) des MfS über die *»Zusammenarbeit der Fernspähkräfte der Bundeswehr und in der DDR vorhandenen Positionen zur Lösung von Aufgaben des Verdeckten Kampfes«* nochmals im Hinblick auf die durch das MfS zu treffende Maßnahmen präzisiert.

Anmerkung des Autors: Es fällt auf, dass die *Abteilung III* des MfS die zweifellos in Grenznähe eingesetzten Kräfte des *British Frontier Service* im Bereich von Lübeck bis nordwärts Bad Hersfeld und *US-Bordercontrol*[55] im Bereich Bad Hersfeld-Dreiländereck bei Hof/Prex wohl nicht erfasste. Gleiches gilt für die Kräfte der *US Special Forces,* des britischen SAS und der französischen Fernspähkräfte, die bei Übungseinsätzen und Erkundungsmissionen zum Teil in Zusammenarbeit mit dem BGS in Grenznähe beobachtet werden konnten. Auch finden sich keine Hinweise in der Informationsordnung des MfS über die Beobachtung und Erfassung von Aktivitäten der Kräfte der Elektronischen Kampfführung des BND, der Bundeswehr und der Alliierten, BFST (*Bundestelle für Fernmeldestatistik*), AmBw (*Amt für Fernmeldewesen der Bundeswehr*), mobile Einsätze der Fm/EloAufklLw und der Fm/EloAufkl des Heeres sowie der US-ASA (*US Army Security Agency*), der USAF-ESS (*Electronic Security Squadron*), der US Navy NSG (*Naval Security Group*) sowie der britischen und französischen EloKa-Kräfte im Grenzgebiet zur DDR. Aus den bei der BStU aufgefundenen Unterlagen der HA III kann erst ab Mitte der achtziger Jahre eine gezielte Überwachung der Funkverbindungen der Spezialkräfte der NATO festgestellt werden. Möglicherweise finden sich in den noch nicht ausgewerteten Beständen der BStU zusätzliche Hinweise auf die Erfassung der *Special Forces* der NATO. Es fällt auch auf, dass in den bei der BStU vorhandenen Unterlagen der HA III auch keine Hinweise auf Funkbeziehungen der GSG 9 und der *Sicherungsgruppe Bonn* des BKA aufgefunden werden konnten.

---

[55] Siehe hierzu Kapitel II.

Überwachung der Spezialeinsatzkräfte der NATO durch die HA III

Folgende Erkenntnisse über Funk- und Übungs-Aktivitäten der Spezialeinsatzkräfte (vorwiegend *US Special Forces*) wurden im Rahmen der Zusammenarbeit durch die HA III des MfS an das »Bruderorgan«, das KfS (KGB) weitergeben:

Datum	Erkenntnisse	Bewertung durch die HA III
31.01.86	*Aktivitäten der US Special Forces im Zusammenhang mit der Nutzung des FLEETSATCOM-Systems, Einsatz des Systems MEROD. Erfassung von 37 mit MEROD*[56] *codierten Sendungen, eine Peilung bzw. Zuordnung war der HA III nicht möglich. Erfassung der Verbindungsaufnahme im Klartext. Erfassung von Elementen der auf der Sinai-Halbinsel eingesetzten Kräfte der US-Armee.*	Die HA III vermutet, dass zur Verschlüsselung TSEC/KY-57 VINSON[57] eingesetzt wurde.
14.02.86	*Hinweis über eine Konferenz der Geheimdienste der USA in Heidelberg in der Zeit von 24.-28.02.86 in Heidelberg*	Keine weiteren Kommentare
11.03.86	*Dank des KfS an die HA III zur Unterstützung der US-Fernmeldeverbindungen im Netz »AUTOVON« und des State Department*	
19.03.86	*Zusammenfassung von Ausbildungs- und Übungsmaßnahmen der NATO-Streitkräfte vom 10.-15.03.86*	Keine weiteren Inhaltsangaben durch die HA III
02.04.86	*Auswertung der Fernspähgefechtsübungen »SCHINDERHANNES« in der Bundesrepublik, »WIKING 85 « in Dänemark*	Auswertung der betrieblichen Parameter, Peilung der Einsatzräume, Hinweis, dass verschlüsselte MEROD-Texte durch die HA III zu diesem Zeitpunkt nicht gelöst werden konnten. Beigefügt ist eine Aufstellung der seit 1984 erfassten Aktivitäten der NATO-Spezialeinsatzkräfte in Westeuropa, die den Zeitraum,

56 MEROD – *Message Entry and Read Out Device.*

57 Einweisungen in das VINSON-System der US-Streitkräfte fanden auch an der *Signals School* in Bad Tölz statt.

Datum	Erkenntnisse	Bewertung durch die HA III
		benutzte Frequenzen, Einsatzräume, Anzahl der erfassten Sendungen und die Band-Zahlen des Übermittlungssystems enthalten.
03.04.86	*Hinweis auf technische Parameter des amerikanischen Agentenfunkgeräts »RS-804« und Decodierung der mit diesem System übermittelten Texte*	Betriebliche Hinweise für das Auswertesystem der HA III
30.05.86	*Auswertung der US-Special Forces Übung »FLINTLOCK 86«*[58]	Keine weiteren Angaben
10.06.86	*Analyse der einseitigen Führungsfunksendungen der CIA und DIA im Rahmen eines Erfahrungsaustauschs zwischen KfS (16. Verwaltung?) und HA III des MfS*	Keine weiteren Einzelheiten
17.06.86	*Zusammenfassung von Hinweisen auf EDV-gestützte Nachrichtenübermittlung durch gegnerische Geheimdienste und andere Kräfte*	Neues Verbindungssystem des BND. Einblendung von Fremdinformationen in öffentliche Fernsehprogramme, Mailbox, Packet Radio, AMTOR, Agenten funkgerät RS 804 (Pyramide) Sonden[59]

Funkausrüstung der NATO-Spezialeinsatzkräfte Mitte der achtziger Jahre
Zu dieser Zeit verfügten die NATO-Spezialeinsatzkräfte über folgende Systeme[60] für ihren spezifischen Einsatz:

Bezeichnung	Frequenzbereich	Einsatz als / Zubehör	Hersteller
AN/URC-100	225 – 399 MHz?	UHF-SATCOM	Motorola
AN/URC-101	225 – 399 MHz?	UHF-SATCOM	Motorola
AN/URC-104	225 – 399 MHz?	UHF-SATCOM	Motorola
AN/PSC-1	225 – 399 MHz?	UHF-SATCOM	Cincinatti
AN/PSC-3	225 – 399 MHz	UHF-SATCOM	Cincinatti
AN/PSC-2	225 – 399 MHz?	UHF-SATCOM	Litton
HST-4A	225 – 399 MHz	UHF-SATCOM	Cincinatti

[58] An der Übung »FLINTLOCK 86« der *10th SFG* Bad Tölz nahmen auch Fernspäheinheiten der Bundeswehr teil.

[59] Die CIA sollte später in der DDR an neuralgischen Punkten und in für die westlichen Dienste interessanten Räumen seismische Sonden zur Überwachung einsetzen, die ihre Ergebnisse in Echtzeit an einen Satelliten meldeten.

[60] Pengelley: *Neue Entwicklungen bei tragbaren Funkgeräten hoher Reichweite,* Internationale Wehrrevue, in DokzentBw CC 4922, 1986.

Bezeichnung	Frequenzbereich	Einsatz als / Zubehör	Hersteller
LST-5	225 – 399 MHz	UHF-SATCOM	Cincinatti
MIL UST-1	270 – 320 MHz	UHF-SATCOM	RSRE (UK)
UK PSC 505	7 – 8 GHz	SKYNET/MIL SST-1	Ferranti
AN/PRC-70	2 MHz – 76 MHz	HF-COM/KY-75/65	Cincinatti
LHF-4A	0.5 – 50 MHz	HF-COM	Cincinatti
PTR 4300	1.5 – 29.999 MHz?	HF-COM Frequency-Hopping	?
M 50 A	15 – 50 MHz	HF-COM	Loral/Southcom
BCC 39	1.5 – 29.999 MHz	HF-COM	Racal/Tacticom
VRQ 319	1.5-29.999 MHz?	HF-COM Fahrzeug	Racal/Tacticom
MA 4286 MEROD	N/A	Datenterminal	Racal
UK/PRC 319	1.5 – 40 MHz	HF-COM	MEL

Funküberwachung der Übungstätigkeit der NVA durch die HA III

Großen Aufwand trieb das MfS bei der Absicherung und Überwachung der Übungen eigener Streitkräfte, sowohl im Hinblick auf den Einsatz eigener Funküberwachungskräfte als auch für den Bereich der Spionageabwehr. Für die Sicherung der *»Spezial-taktischen Nachrichten-Übung 'ELEKTRONIK 76', als auch für die Luftverteidigungsübung der Vereinten Streitkräfte der Teilnehmerstaaten des Warschauer Vertrages«*, die unter der Bezeichnung »GRANIT-84« stattfand, veranlasste die *Abteilung III* entsprechende umfassende Funküberwachungsmaßnahmen. Ob und inwieweit die Funk- und funktechnischen Truppen des MfNV mit eingebunden waren, geht auch den hinterlassenen Unterlagen nicht hervor. Auch konnten entsprechende Erfahrungsberichte im Bestand der BStU nicht aufgefunden werden. Es ist anzunehmen, dass diese Funküberwachung bis zur Auflösung des MfS fortgeführt wurde

Intensivierung der Überwachung von Funknetzen im Operationsgebiet

Nach entsprechenden Verhandlungen mit der CSSR-Regierung konnte die *Hauptabteilung III*[61] ihr Stützpunktnetz außerhalb des DDR-Territoriums systematisch erweitern, um auch den Südteil der Bundesrepublik mit ihren nachrichtendienstlich interessanten Dienststellen, Behörden und Industrie- und Forschungseinrichtungen unter funktechnische Kontrolle zu bringen. Insbesondere die sich ständig ausweitende Nutzung der von der *Deutsche Bundespost* betriebenen Netze des *öffentlichen beweglichen Landfunks* (öbL)[62] und des *nichtöffentlichen beweglichen Landfunks* (nöbL; BOS-Netz[63]) der Behörden und Sicherheitsdienststellen in der BRD

Von der HA III überwachte Funknetze im Operationsgebiet

Bezeichnung	**Frequenzbereich**
Nicht zivile Dienste	70.00–74.20 MHz
BOS[64]-Netz	68.20–87.275 MHz
BOS-Netz	146.00–174.00 MHz
B-Netz	148.40–149.18 / 153.00–153.78 MHz
B2-Netz	157.60–158.34 / 162.20–162.94 MHz
C-Netz (Reserve)	451.30–452.78 / 461.30–462.70 MHz
C-Netz	452.78–455.74 / 462.78–465.74 MHz
z.b.V[65]	Frequenzen im 70-cm-Sprechfunkband

Dies bedeutete für die HA III die Möglichkeit, die Funkbeziehungen[66] in diesem Bereich von ihren grenznahen Stützpunkten bundesweit erfassen zu können. Zur Überwachung der Ballungsräume im Rhein-Ruhrgebiet und dem Großraum Bonn/Köln, der durch die grenznahe Erfassung nicht erreicht werden konnte, wurden unter diplomatischer Abdeckung Erfassungsstützpunkte[67] in sowjetischen und DDR-Einrichtungen errichtet, die wie folgt verteilt waren. Dies gilt auch für die Räume Brüssel und Wien, die aus nachrichtendienstlicher Sicht wegen ihrer Vielzahl internationaler Behörden und Aktivitäten der westlichen und östlichen Nachrichtendienste, aber auch als Treff-Ort für IM des MfS, von besonderer Bedeutung waren.

---

[61] Der genaue Zeitpunkt der Umgliederung in eine HA des MfS ist nicht bekannt, er scheint aber in der letzten Hälfte des Jahres 1983 zu liegen.

[62] Siebel: *UKW-Sprechfunkhandbuch,* Siebel-Verlag, Wachtberg-Pech 1984.

[63] BOS – *Behörden mit öffentlichen Sicherheitsaufgaben.*

[64] Behörden der öffentlichen Sicherheit (BOS), 2-Meter- und 4-Meter- sowie 70-cm-Netze.

[65] Für besondere Verwendungen (vermtl. BOS-Funk reserviert).

[66] Dazu mögen auch später die entstehenden Bündelfunknetze nach MPT 1327 und MP 1343 Standard gehört haben, siehe hierzu Kramling: *Bündelfunk,* Expert-Verlag, Malmsheim 1993.

[67] A. Schmidt in H. Knabe (Hrsg.): *West-Arbeit des MfS,* Ch. Links-Verlag, Berlin 1999. Ob die HA III und/oder die HVA auch in anderen diplomatischen Auslandsvertretungen der DDR operative Technik eingesetzt haben, ist derzeit noch nicht bekannt.

Erfassungsstützpunkte des MfS (HVA und HA III) im Operationsgebiet			
Deckname	**Ort**	**Legalabdeckung**	**Erfassung von**[68]
Steuerung 1	Bonn	AV der DDR	öbL/nöbL[69]
Steuerung 1 a	Bonn	Botschaft UdSSR	öbL/nöbL
Steuerung 1 b	Köln	HPA[70] der UdSSR	öbL/nöbL/NATO-RiFu
Steuerung 1 c	Düsseldorf	HPA	öbl/nöbl/NATO-RiFu
Steuerung 2	Wien	Botschaft DDR	öbL/LSO[71]
Saphir 3	Wien	nicht bekannt	vermtl. öbL/LSO[72]
Steuerung 3	Brüssel	Botschaft der DDR	öbLnöbL//NATO-RiFu
Netzwerk	Aden/VR Jemen	Nicht bekannt	vermtl. HF-Funk
Netzwerk?[73]			

Zur Erweiterung der Erfassungsmöglichkeiten, besonders im süddeutschen Raum, auch wegen der Präsenz des *Bundesnachrichtendienstes* in Pullach, errichtete das MfS in Kammlagen[74] des Böhmerwaldes in Zusammenarbeit mit den CSSR-Spezialfunkdiensten in deren Objekten eigene Stützpunkte oder nutzte die CSSR-Einrichtungen mit.

Erfassungsstützpunkte des MfS in der CSSR		
Deckname	**Ort**	**Auftrag**
Rubin	Cerov	VHF/UHF-Erfassung + RiFu/Urwald?[75]
Topas	Polednik	VHF/UHF-Erfassung + RiFu/Urwald?
Saphir 2	Novy Ves	VHF/UHF-Erfassung + RiFu/Urwald?
?	Ujezd	KW-Peilbasis-Station des ZFD[76]
Saphir 1	Hochgebirge?	VHF/UHF(UKW)-Erfassung[77]
?	Dylen	VHF/UHF-Peilbasis für Zella-Mehlis[78]

[68] Erfasst wurden Funkbeziehungen in nichtöffentlichen Netzen (nöbL) (BfV, BND, LfV, MAD, Observationsfunk), öffentliche Netze (öbL) und vermutlich auch Netze der Alliierten im Operationsgebiet.

[69] nöbL *(nichtöffentlicher beweglicher Landfunk)* – Behördennetze im 4-Meter- (74.20 – 87.275 MHz) und 2-Meter-Band 167.54–174.00 MHz). Nutzung durch Polizei, Zoll, BGS, Feuerwehr, THW und sonstige Sicherheitsbehörden.

[70] Handelspolitische Abteilung der Botschaft der UdSSR.

[71] Landessicherheitsorgane der Republik Österreich.

[72] Landessicherheitsorgane der Republik Österreich.

[73] Ein weiterer Stützpunkt im »südlichen Territorium« war geplant.

[74] BStU Zentralarchiv, MfS HA III Nr. 15250 – Abteilung III – *Thesen für das Gespräch des Genossen Ministers mit dem Minister des Innern der CSSR, Genossen Obzina, Berlin, 12.11.1976 – Errichtung des Stützpunktes Saphir 1 im Hochgebirge* (vermutlich im südwestlichen Grenzgebiet der damaligen CSSR mit Erfassungsrichtung München/Wien).

[75] Ob das Netz »Urwald« (11-Meter CB-Band) aus diesen Stützpunkten überwacht wurde, ist ungewiss.

[76] Mitnutzung dieser CVA-KW-Peilstation durch das MfS (HA III) kann nicht ausgeschlossen werden.

[77] Offensichtlich wurde der Stützpunkt durch die spätere Errichtung von Saphir 3 in Wien obsolet.

[78] Der CVA-Stützpunkt Dylen (siehe Abbildung) wurde durch den ZFD offensichtlich auch als VHF/UHF-Peilstelle für CHRISTEN bei Zella-Mehlis genutzt.

Mittlerweile hatte das MfS mit seiner *Hauptabteilung III* das Netz der grenznah gelegenen Stützpunkte nach operationellen Gesichtspunkten so verdichtet, dass eine nahezu lückenlose Erfassung elektromagnetischer Ausstrahlungen aller Art im VHF-SHF-Bereich gegeben war. Insbesondere fielen darunter auch grenznah verlaufende Richtfunktrassen auf westlicher Seite aus dem Operationsgebiet, soweit sie auch technischen Gründen in den Stützpunkten des MfS erfasst werden konnten. Hierzu verfügte die HA III Mitte der achtziger Jahre über folgende Stützpunkte:

Stützpunkte der HA III des MfS für die KW- und VHF-SHF-Erfassung[79]

Deckname	Standort	Unterstellung	Erfassungsauftrag
HAVEL	Potsdam?		nöbL/öbL?
HAVEL 1			nöbL/öbL
HAVEL 2			RiFu
QUELLE 1			RiFu
QUELLE 3	Nähe Schwerin	Abteilung 7	RiFu/nöbL/öbL?
QUELLE 4	Nähe Magdeburg	Abteilung 7	RiFu/ nöbL/öbL?
SPREE			nöbL/öbL
SPREE 3			nöbL/öbL
SPREE 4			nöbL/öbL
STERN	Berlin		nöbL/öbL, Funkabwehr VHF/UHF
Abt F/1	Gosen	HA III	FuAbwehr VHF/UHF-Bereich
Abt F/2	Gosen	HA III	HF(KW)-Abwehr/Fernpeilung
Abteilung 7	Treptow-Wuhlheide	HA III	RiFu-Aufklärung
Abteilung 14	Gosen	HA III	Funkfahndung (mobil)
Abt 14/Ref 3	Gosen	HA III Abt 14	RELAIS[80]/URWALD
FBS 51	Gosen	Abt III/F1	FuAbwehr VHF/UHF-Bereich
Abteilung 2	Biesenthal	HA III	Satellitenerfassung
JASMUND		Boot Kdo VM	Seegestützte Erfassung
B	H. Schönberg	Rostock	RiFu
KORMORAN	Rostock?	Rostock	RiFu/nöbL/öbL
D	Kreuzberg	Rostock	RiFu
E	Bockholzberg	Rostock	RiFu
A	Utrecht	Schwerin	RiFu
FALKE	Schwerin?	Schwerin	RiFu/nöbL/öbL
SPERBER		Schwerin	RiFu?/nöbL/öbL
D	Granziner Heidberge	Schwerin	RiFu

[79] A. Schmidt in H. Knabe (Hrsg.): *West-Arbeit des MfS,* Ch. Links-Verlag, Berlin 1999, Seite 217–223.

[80] Operation der MfS HA III »RELAIS« – luftgestützte Erfassung in Zusammenarbeit mit dem ZFD des MfNV – durch AN-26 vom Stützpunkt Dresden-Klotsche. URWALD – Steuerung der Erfassung und Auswertung des 11-Meter-Band-Funkverkehrs.

Deckname	Standort	Unterstellung	Erfassungsauftrag
E	Boizenburg/Elbe	Schwerin	RiFu
G	Dömitzer Sandberge	Schwerin	RiFu
A URIAN	Magdeburg?	Magdeburg	RiFu/nöbL/öbL
B	Alter Sessel	Magdeburg	RiFu
C	Stadtberg	Magdeburg	RiFu
D	Die Höhe	Magdeburg	RiFu
E	Höhe 211.1	Magdeburg	RiFu
F	Rodenberg	Magdeburg	RiFu
G	Marienborg (GÜSt)	Magdeburg	RiFu
H	Buchberg	Magdeburg	RiFu
J	Butterberg	Magdeburg	RiFu
K	Hilgenberg	Magdeburg	RiFu
L	Jübar	Magdeburg	RiFu/nöbL/öbL
M LUPINE	Holzhausen	Magdeburg	RiFu
N	Seebauer Holz	Magdeburg	RiFu
O	Chüden	Magdeburg	RiFu
P	Riebau	Magdeburg	RiFu
R	Cumlosen	Magdeburg	RiFu
B	Heuberg	Erfurt	RiFu
C	Höhe 345.1	Erfurt	RiFu
HORIZONT 2	Bornberg	Erfurt	RiFu
HORIZONT 3		Erfurt	RiFu
HORIZONT		Erfurt	nöbL/öbL
F	Hohes Kreuz	Erfurt	RiFu
G	Junkerkuppe	Erfurt	RiFu
H	Teufelskanzel	Erfurt	RiFu
I	Warteberg	Erfurt	RiFu
J	Höheberg	Erfurt	RiFu
K	Rain	Erfurt	RiFu
L	Dönerberg	Erfurt	RiFu
M KONDOR		Erfurt	RiFu/nöbL/öbL
A RADAR	Wetzenstein	Gera	RiFu/nöbL/öbL
B SAALE		Gera	RiFu
C RENNSTEIG		Gera	RiFu
D Höhe 603.2	Frössen	Gera	RiFu
A KOMET		K.-M.-Stadt	RiFu
D ECHO		K.-M.-Stadt	Satellitenerfassung, RiFu
A	Öechsen?	Suhl	RiFu
C BLITZ		Suhl	RiFu/ nöbL/öbL
I KRISTALL		Suhl	RiFu

Anmerkung: RiFu – Richtfunk(erfassung), nöbL – Funknetze der Behörden mit Sicherheitsaufgaben (BOS-Funk), öbL – öffenlicher Landfunk (B- und C-Netz der DBP/anderer Betreiber)

Erfassungsstützpunkte an der Innerdeutschen Grenze (IDG)

Nach der Funklagemeldung[81] der *Abteilung 6* der HA III vom 08.06.1989 verfügte die HA III über folgende zusätzliche, möglicherweise auch nur zeitweise genutzte oder unbemannte Erfassungsstützpunkte an der *Innerdeutschen Grenze* (IDG):

Deckname	Standort	Unterstellung	Erfassung von RV der DBP
	Nackenrode		DBP
	Teistungen		DBP
HORIZONT	Erfurt		DBP Hannover-Sibbesee
	Junkerkuppe		DBP Göttingen
	Weidenbach		DBP
KONDOR	Erfurt		DBP
	Neustadt		DBP
	Gerstungen		DBP
	Oechsen		DBP
	Wiesenfeld		DBP
	Zella		DBP
	Kaltenwestheim		DBP
BLITZ	Suhl		DBP
	Kaezterode		DBP
	Dolmar		DBP
	Großer Gleichberg		DBP
	Bleßberg		DBP
	Harra		DBP
	Gefell		DBP
KOMET	K.-Marx-Stadt		DBP Konradsreuth
	Bad Elster		DBP
	Hohendorf		DBP
	Erlbach		DBP
	Zwota		DBP
ECHO	K.-Marx-Stadt		DBP
	Benneckenstein		DBP Göttingen
URIAN	Magdeburg?		DBP
	Fallstein		DBP Braunschweig, Goslar, u.a.
	Goeddeckenrode		US-Streitkräfte
	Morsleben		DBP
	Rodenberg		US-Streitkräfte
	Gehrendorf		DBP Braunschweig
	Jahrstedt		DBP Wolfsburg

[81] BStU – MfS-HA III Nr 14 322 Funklage 08.06.89.

Deckname	Standort	Unterstellung	Erfassung von RV der DBP
	Hanum		DBP Hannover, Barsinghausen
	Schmoelau		DBP Clenze, Wesendorf
	Seebenau		DBP
	Dorskau		DBP
	Riebau		DBP
	Gollensdorf		DBP Dequede, Gartwow
	Luetkenwisch		DBP
	Lanz		DBP
	Ferbitz		DBP
	Goernitz		DBP
	Wehningen		DBP
	Groß-Timkenbeg		DBP
	Badekow		DBP
	Granziner Heide		DBP
	Dechow		DBP
	Palingen		DBP
	Selmsdorf		DBP
	Suelsdorf		DBP
	Zamewenz		DBP
	Dassow		DBP

Anmerkung des Autors: Es handelt sich hierbei um Richtfunk-Zubringerstrecken bzw. Relaissender für das Wählnetz der DBP, in dem auch möglicherweise sensitive Stromwege geschaltet waren, sowie um Fernsehzubringer-Strecken für Füllsender des Fernsehrundfunks.

Kurzwellenerfassung und Fernpeilung durch die HA III

Für die Erfassung der weltweiten Kurzwellenfunkverbindungen und zur Peilung von KW/VHF-UHF-Signalen im Rahmen der Funkabwehr verfügte die HA III über nachfolgend aufgelistete Erfassungs- und Funkpeilstellen[82]. Es kann angenommen werden, dass die HF-Peilstellen sowohl in der HF-Erfassung als auch zu Zwecken der Funkabwehr eingesetzt wurden. VHF/UHF-UKW-Peilungen konnten im Regelfall nur Sender auf dem Territorium der DDR abdecken.

[82] A. Schmidt in H. Knabe (Hrsg.): *West-Arbeit des MfS,* Ch. Links-Verlag, Berlin 1999, Seite 217–223, siehe auch BStU: *MfS-Handbuch,* Berlin 1995.

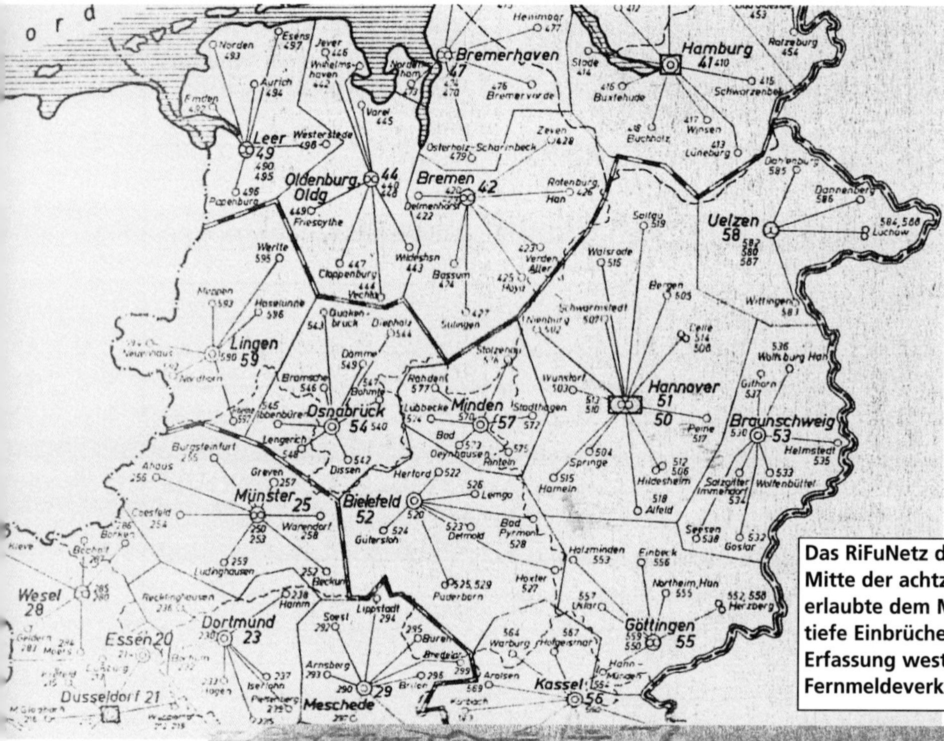

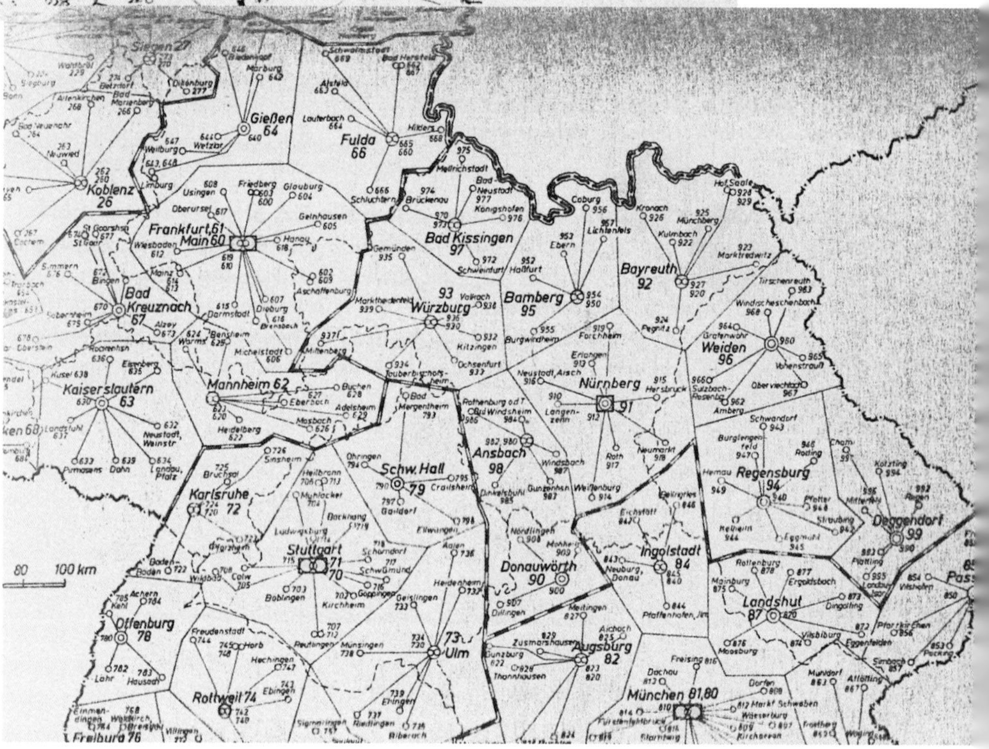

Das RiFuNetz der DBP zu Mitte der achtziger Jahre erlaubte dem MfS bereits tiefe Einbrüche bei der Erfassung westliche Fernmeldeverkehre.

Deckname	Standort	Unterstellung	Erfassungsauftrag
Abt F/3	Hohen-Luckow	Abt III	FuAbwehr (KW-/UKW-Peilung)
FPS 521	Gosen (Gosener Wiesen)	Abt F/2	FuAbwehr (KW-/UKW-Peilung)
FPS 522	Bautzen	Abt F/2	FuAbwehr (KW-/UKW-Peilung)
FPS 523	Hohen-Luckow	Abt F/2	FuAbwehr (KW-/UKW-Peilung)
FPS 524	Erfurt	Abt F/2	FuAbwehr (KW-/UKW-Peilung)
FPS 575	Heudeber	Abt F/2	FuAbwehr (KW-/UKW -Peilung)
FPS 576	Wiek	Abt F/2	FuAbwehr (KW-/UKW-Peilung)
FPS 577	Langeheide	Abt F/2	FuAbwehr (KW-/UKW-Peilung)
FPS 578	Großbeeren	Abt F/2	FuAbwehr (KW-/UKW-Peilung)
FPS 579	Schönewalde[83]	Abt F/2	FuAbwehr (KW-/UKW-Peilung)
?	Dresden/Görlitz[84]	?	FuAbwehr (KW-/UKW-Peilung)?
?	Langenheide/Schwerin	?	FuAbwehr (KW-/UKW-Peilung)?
?	Gebesee/Erfurt	?	FuAbwehr (KW-/UKW-Peilung)?
FPS 621	Warschau/Polen	?	Fernpeilung
FPS 625	Gdansk/Polen	?	Fernpeilung
FPS 822	Plzen/CSSR	?	Fernpeilung
FPS 823	Bratislava/CSSR	?	Fernpeilung

[83] FPS 579 verfügte offenbar über eine geschützte Peilstelle auf dem Areal des Schloss Dammsmühle, die in einem Bunker untergebracht war.

[84] BStU /BdL /Dok 001424, MfS – Befehl 1/83, MfS GVS-Nr.: 1/83.

Zentrale Aufgaben der Hauptabteilung III zu Ende der achtziger Jahre

Nach vielfältigen Reorganisationsmaßnahmen und Straffung der Strukturen hatte die *Hauptabteilung III* gegen Mitte der achtziger Jahre ihre endgültige Gestalt erhalten und sich in effektives Instrument der Nachrichtengewinnung mit elektronischen Mitteln[85] gewandelt. Sie konnte einen tiefen und umfassenden Einblick in die Funkbeziehungen des Operationsgebietes Bundesrepublik Deutschland gewinnen und die dabei anfallenden Erkenntnisse der politischen Führung der DDR zur Verfügung stellen. Der Auftrag[86] hatte sich nur unwesentlich verändert, so dass er hier nicht nochmals wiederholt werden soll. Zur Steuerung der Erfassung und Auswertung verfügte die *Hauptabteilung III* über folgende Elemente[87]:

Bereich A-Zentrale Auswertung (1. Stellvertreter)

Abteilung 1	Auswertung operativer Informationen (Referate 1–9)
Abteilung 6	Aufklärung gegnerischer Nachrichtenverbindungen (Referate 1–4), AG »R«, AG »ISA«
Abteilung 12	Auswertung funktechnischer Informationen (Referate 1–5)
Abteilung 13	EDV (Referate 1–6)
Abteilung 15	Zusammenarbeit mit anderen Sicherheitsorganen
Abteilung T/4	Informations- und Systemanalyse (Referate 1–3)

Bereich Zentrale Informationsgewinnung (Stellvertreter I)

Abteilung 2	Satellitenfunkaufklärung (Referate 1–3)
Abteilung 7	Richtfunkaufklärung (Referate 1–2)
Abteilung 8	Gegnerische Nachrichtenverbindungen (Referate 1–3)
Abteilung 9	Auslandsstützpunkte (Referate 1–5)
Abteilung 16	Draht- und Kabelaufklärung (Referate 1–5)

Bereich Funkabwehr (Stellvertreter F)

Abteilung F/1	Funkabwehr im VHF/UHF-Bereich (Referate 1–4), AG Funklage
Abteilung F/2	Hochfrequenzabwehr Gosen (Referate 1–11), FBS 51, FPS[88]
Abteilung F/3	Hochfrequenzabwehr Hohen-Luckow (Referate 1–12), AG 16, AG NC/DA, AG Maritimes Objekt, Objekt 35 (Mob-Aufstellung)
Abteilung 14	Funkfahndung (mobil), (Referate 1–5)

---

[85] Da die Abteilung 26 des MfS organisatorisch nicht der Hauptabteilung III zugeordnet war und die Überwachung des Telefonverkehrs aus Sicht des Autors einer eigenen Darstellung vorbehalten bleiben sollte, werden derartige Aktivitäten des MfS nur im Zusammenhang mit Bezügen der Funk- und funktechnischen Aufklärung behandelt, wo sich dies zwingend aus operativen Abläufen ergibt.

[86] BStU Zentralarchiv – MfS-BdL/DOK. Nr.: 003213 – Ministerrat der Deutschen Demokratischen Republik – Ministerium für Staatssicherheit – 1. Stellvertreter des Ministers – Vorläufige Führungs- und Informationsordnung des Bereiches III des Ministeriums für Staatssicherheit – MfS GVS 008 Nr.:421/71, v. 28.06.1971.

[87] Es wird nur auf die operativ bedeutsamen Organisationselemente der HA III Bezug genommen. BKA: *Gliederung HA III 1993* (BStU Homepage), BStU: *MfS Handbuch*, Berlin 1995.

[88] Sind in der Aufstellung Stützpunkte des MfS Abt III enthalten.

Bereich Sicherheit (Stellvertreter Sicherheit)

Abteilung 3	Sicherheit der Objekte und Stützpunkte (Referate 1–3)
Abteilung 4	Schule der HA III »Bruno Beater«, Groß Dölln und Schönebeck/Elbe
Abteilung 5	Wach- und Sicherungseinheit (administrative Teile und Kommando I–VI)
Abteilung 10	Amateurfunk, Arbeit im und nach dem Operationsgebiet (Referate 1–4)
Abteilung 11	IM-Arbeit im und nach dem Operationsgebiet (Referate 1–3)

Bereich Technik und Rückwärtige Dienste (Stellvertreter T/RD)

Abteilung T/1	Analyse und Zusammenarbeit mit dem Apparat der Koordination (AdK), (Referate 1–2)
Abteilung T/2	Grundsatzprozesse der ELOKA, operativ-technische Ausrüstung (Referate 1–5)
Abteilung T/3	Einsatzbereitschaft der operativ-technischen Basis (Referate 1–5)
Abteilung T/N	Nachrichtentechnische Sicherstellung und Chiffrierwesen (Referate 1–5)

Zusammenarbeit der HA III mit anderen Diensteinheiten des MfS

Eine intensive Zusammenarbeit der HA III ist auch nachgewiesen mit der

- Hauptabteilung II — Spionageabwehr
- Hauptabteilung I — Abwehr in der NVA und den Grenztruppen
- Hauptabteilung VII — Abwehr MdI *(Ministerium des Innern)* und DVP *(Deutsche Volkspolizei)*
- Hauptabteilung XXII — Terrorabwehr
- OTS (Operativ-technischer Sektor)
- Abteilung XI — Chiffrierwesen
- ITU — Institut für technische Untersuchungen
- IWTE[89] — Institut für Wissenschaftliche und Technische Entwicklungen

und nicht zuletzt mit der *Hauptverwaltung Aufklärung* (HVA) des MfS, sowohl beim Informationsaustausch als auch in der Zusammenarbeit mit dem sowjetischen *Komitee für Staatssicherheit* (KfS), die zeitweise durch die HVA beeinflusst wurde. Mit dem *Bereich Aufklärung* (BA) des *Ministeriums für Nationale Verteidigung* und seinem *Zentralen Funkdienst* (ZFD) in Dessau müssen ebenfalls intensive Arbeitsbeziehungen bestanden haben. Die luftgestützte Signalerfassung Operation »DISKANT/RELAIS«, ein spezielles Messflugzeug der NVA LSK (AN-26 CURL) und Hubschrauber Mi-8 (HIP), erfolgte in Zusammenarbeit zwischen dem BA (ZFD) der NVA und der HA III Abteilung 14 (Funkfahndung) auf monatlicher Basis. Die Zusammenarbeit mit den »Organen des Zusammenwirkens« (OZW) war offenbar institutionalisiert, im Aktenbestand der HA III bei der BStU konnten jedoch bis jetzt noch keine diesbezüglichen Belege gefunden werden.

Die Erfassungs- und Aufklärungsschwerpunkte der HA III in den achtziger Jahren

- Kurzwellenfunknetze mit dem System »TURBAN-S«
- Auswärtiges Amt Bonn
- INTERPOL
- Diplomatischer Funkdienst Türkei

[89] Dieses Institut stellte offenbar spezielle Erfassungstechnik für das MfS, insbesondere für die HA III, her.

Die rechnergestützte HF-Erfassungsanlage »TURBAN-S« der HA III des Ministeriums für Staatssicherheit.

- VHF/UHF-Funknetze im Operationsgebiet (TA 10c?)
- B- und C-Netz, Deckname: BRUDER, dabei u.a. Erfassung und Überwachung der Gespräche der Anschlüsse:
  - Bundespräsident der Bundesrepublik Deutschland
  - Präsident Bundesnachrichtendienst (BND)
  - Präsident des Bundesamtes für Verfassungsschutz (BfV)
  - Generalbundesanwalt (GBA)
  - Mitglieder der Bundesregierung
  - Bundestagsabgeordnete von besonderem Interesse
  - Die oberste Bundeswehrführung

Anmerkung des Autors: Ob die zu diesem Zeitpunkt im Aufbau befindlichen zivilen digitalen Bündelfunknetze des öffentlichen und nichtöffentlichen Bereichs, wie CHEKKER, LIZENZ-A (geplantes D-Netz), Europäischer Funkrufdienst, Quickfunk u.a. in die Überlegungen der HA III einbezogen wurden, konnte in den Unterlagender BStU noch nicht geklärt werden.

---

[90] Im Datenverarbeitungsprojekt »Fahndung West« über die deutschen Sicherheitsbehörden waren mehr als 200.000 Personeninformationen, 30.000 Kraftfahrzeuge und 1000 Objekte erfasst. Schmidt in H. Knabe (Hrsg.): *West-Arbeit des MfS*, Ch. Links-Verlag, Berlin 1999, Seite 217–223.

[91] Es kann als sicher gelten, dass alle polizeilichen Datenfunkterminals an der innerdeutschen und an der bayerisch-tschechoslowakischen Grenze unter Beobachtung der HA III standen.

Behördenfunk (BOS)-Netz (2-m-, 4-m- und 70-cm-Band; TA 10c?) dabei Erfassung und Überwachung der Netze[90]:

- BfV-OTTO
- BND-BEATE
- MAD-MARTHA
- Zollgrenzdienst (ZGD)
- Datenfunkterminals der Grenzpolizeistationen Lindau, Bad Reichenhall und der Grenzpolizeistelle Nürnberg[91]
- Observationsnetze des BKA, BND, BfV(LfV) und des MAD
- Netze der grenznah dislozierten Polizei-, Zoll- und BGS-Dienststellen
- Observationsnetz »CHARLIE« in Berlin-West (CIA?)[92]

Zivile und militärische Richtfunknetze im Operationsgebiet

Bundespost (TA-10, TA-500[93]), Deckname: STAFFEL, in den Bereichen:

- Westberlin
- Hamburg
- Hannover
- Frankfurt/Main
- Köln/Bonn
- München
- Düsseldorf
- RiFu-Trasse Hamburg-München[94]
- RiFu-Trasse München-Hannover
- RiFu-Trasse Köln/Bonn-Hannover
- RiFu-Trasse Hannover-Hamburg
- RiFu-Trasse Düsseldorf-Hannover
- RiFu-Trasse Hamburg-Braunschweig
- RiFu-Trasse Lübeck-Kiel
- Rifu-Trasse Torfhaus-Berlin
- NATO mit den RiFu-Knotenvermittlungen[95] Bonn, Oslo, Den Haag, Kopenhagen, Brüssel, Wilhelmshaven, Rheindalen

---

92 Über die Beobachtung sonstiger alliierter Observationsnetze fand der Autor in den Unterlagen der BStU keine Hinweise.

93 MfS HA III interne Bezeichnung von durch die HA III eingesetzten Richtfunkerfassungssysteme (sowjetisches System KRYPTON) in den Stützpunkten.

94 Diese beiden Richtfunkstrecken führten über den »Thüringer Balkon« und konnten daher in beiden Richtungen von den Stützpunkten der HA III: URIAN, HORIZONT, KONDOR, BLITZ und möglicherweise RADAR in beiden Richtungen erfasst werden. Ob in diesen Stromwegen auch militärische Verbindungen oder andere Nutzer geführt bzw. geschaltet waren (P-1/P-X-Stromkreise), ist nicht mit letzter Sicherheit zu klären. Fest steht jedoch, dass ein Erfassungseinsatz bei FmSk C »STÖBERHAI«, der über eine administrative Bw-Leitung abgesprochen war, abgebrochen werden musste, da das erwartete Ereignis auf der Gegenseite – Einsatz spezieller Technik durch die NVA – nicht eingetreten war. Dies legt den Schluss nahe, dass die NVA vom geplanten Einsatz auf westlicher Seite durch das MfS (HA III) unterrichtet wurde. Mitte der achtziger Jahre führte die DBP ein System der selbstständigen Leitwegsuche im Selbstwählferndienst ein. Dies bedeutete, dass sich der vom Teilnehmer abgehende Ruf selbstständig eine freie Verbindung suchte, was zur Folge haben konnte, das Gespräche im SWFD über beliebige Knoten und damit auch über freie Richtfunkkanäle geführt wurden, die durch die HA III erfasst und aufgeklärt werden konnten. Z.B. Umwegschaltung von Köln nach Stuttgart über Hannover-München.

95 Die Erfassung der Signale erfolgte hier durch die Stützpunkte Steuerung der HVA/HA III (Köln/Bonn, Düsseldorf, Brüssel).

Selbstwählferndienst der Deutschen Bundespost (SWFD-DBP)
in den Knotenvermittlungen bzw. Ortsnetzbereichen Ülzen, Lüneburg, Wolfsburg, Braunschweig, Hannover, Weiden, Regensburg, Deggendorf, Starnberg, Schwandorf, Straubing, Amberg.

Anmerkung des Autors: Offenbar hat die HA III auch Telefonanschlüsse im benachbarten europäischen Ausland unter »Operativer Zielkontrolle« gehalten, denn nur so wird erklärlich, dass die HA III und damit auch die operativen Stellen des MfS bestens über die Aktivitäten des schweizerische Fluchthilfeunternehmen »ARAMCO«[96] in Zürich informiert waren, dessen Leiter unter bis heute ungeklärten Umständen zu Tode kam. Als sicher kann gelten, dass wichtige Telefonanschlüsse und Funktelefone der damaligen B- und C-Netze von Bundesbehörden und wichtigen Persönlichkeiten aus Politik, Wirtschaft und Militär durch die HA III unter »Operativer Zielkontrolle« gehalten wurden.

Bereichsaufklärung OSLO/BRÜSSEL/WARSCHAU

1984 führte die HVA/HA III eine funktechnische Bereichsaufklärung in Oslo durch. Nähere Einzelheiten konnten im Bestand der BStU noch nicht geklärt werden.

Geplant war wohl auch die Bereichsaufklärung in Brüssel in Zusammenarbeit mit dem KfS aus legalen Stützpunkten in Belgien. In Warschau führt das MfS in Zusammenarbeit mit dem polnischen Nachrichtendienst in den Jahren 1983/1984 eine Erkundungsmission der US-Botschaft (Operation »WOLKE«) durch. Ergebnisse konnten im Bestand der BStU noch nicht aufgefunden werden. Offensichtlich wurden auch in anderen, operativ bedeutsamen Städten des Operationsgebietes bereits früher entsprechende Erkundungen durchgeführt, da die HA III des MfS bei Besprechungen mit dem KfS (KGB) im Jahre 1983 auf deren Ergebnisse verwies. Ob im Rahmen der Bereichaufklärung auch grenzferne Richtfunkstrecken, die durch die Erfassungsstützpunkte der HA III nicht überwacht werden konnten, von mobilen Erfassungstrupps des MfS im Bundesgebiet aufgeklärt und die Informationsinhalte erfasst werden konnten, ist auch heute noch nicht schlüssig[97] nachweisbar. Ob und inwieweit die HA III bei diesen Gelegenheiten an ausgewählten Zielobjekten im Operationsgebiet auch Abhörtechnik installiert hat, kann auf Grund der gegenwärtigen BStU-Quellenlage nicht gänzlich ausgeschlossen werden. Einen guten Überblick über die dem MfS damals verfügbare Technik in Wahl: *Minispione*[98] nachvollzogen werden, gleichwohl das MfS zu dieser Zeit bereits über ausgefeilte Technik in diesem Bereich verfügt haben mag.

Anmerkung des Autors: Die HA III überwachte, beginnend im Jahre 1980, fünf zivile Richtfunk-Trägerfrequenz-Systeme mit 3600 Kanälen auf westlicher Seite. Dies sollte sich bis zum Jahre 1987 auf 73 Systeme mit 63.000 Kanälen[99] steigern.
Militärische TF-Systeme wurden vermutlich zum Teil durch den *Zentralen Funkdienst* des MfNV in Dessau erfasst und aufgeklärt.

Satellitenerfassung durch die HA III (PYRAMIDE/SATURN/RADUGA?)

Bereits 1973 hatte das **Ministerium für Post- und Fernmeldewesen** in einer umfangreichen und auch aus heutiger Sicht äußerst umfassenden und alle Aspekte der zu erwartenden militärischen und zivilen Nutzung von Satelliten Rechnung tragende zukunftsweisenden Studie[100] die Errichtung einer Bodenfunkstelle für die DDR angeregt. Offenbar waren auf Seiten des MfS und seiner HA III die Vorbereitungen so weit fortgeschritten, dass mit Beginn der achtziger Jahre mit der gezielten Erfassung von Satellitensignalen durch die »außerstrukturelle Arbeitsgruppe PYRAMIDE«[101] begonnen werden konnte. Einer Delegation des KfS wurde Einblick in die verwendete Technik und Technologie, der gewonnenen

Empfangsergebnisse und deren Einschätzung gewährt. Erörtert wurden u.a. die Automatisierung im Empfangstrakt und Methoden der technischen Analyse. Die Vertreter der HA III machten Vorschläge für ein *«abgestimmten und arbeitsteiliges Vorgehen mit dem KfS der UdSSR, insbesondere Erkundung und Abschöpfung von Satelliten, Schaffung effektiver Technik und Technologie zum Empfang und zur Analyse, Erarbeiten von Taktiken und Techniken zur Erkundung und Ortung von gegnerischen Sendeanlagen (einschließlich Sonden*[102] *und Sensoren) sowie Abstimmung der Organisation und des Inhalts der künftigen Zusammenarbeit mit den kubanischen Genossen«*. Weitere Einzelheiten sollten in einem für Juni 1983 geplanten Treffen von Vertretern des KfS und der HA III in Berlin erörtert werden. Aus einem Schreiben der sowjetischen Seite (Geheim 190/83) vom 7. Februar 1983 an das MfS geht hervor, dass es sich bei dem Projekt »PYRAMIDE« zunächst nur um eine Versuchsanordnung der HA III gehandelt haben könnte, an der jedoch das KfS ein besonderes Interesse gehabt haben mag. In der Folgezeit wurde das System durch die HA III verfeinert, bis es Mitte der achtziger Jahre die Erfassung[103] folgender Systeme erlaubte: MARISAT, FLEETSATCOM, LEASAT und INTELSAT.

Da auch die *Deutsche Bundespost* und andere Dienste die Satellitenkommunikation ausgiebig zu nutzen begannen, intensivierte die HA III die Überwachung dieser speziellen Kanäle, so dass bis Ende 1989 vermutlich bis zu 376 Sprechkanäle, 14 Fernschreibkanäle und eine Datenleitung vom MfS überwacht und ausgewertet werden konnten. Darunter befanden sich:

- *Verbindungsrichtungen nach: USA, Ägypten, Kenia, Südafrika, Jordanien, Nigeria, Syrien,*
- *BND-Residenturen in Amman, Wien, Washington, New York, Pretoria,*
- *BND-Zentrale in Pullach bei München,*
- *CIA-Residenturen und Verbindungen,*
- *Militärische Verbindungen der US-Streitkräfte*

---

96 Im Zusammenhang damit wurde der Fall »Raufeisen« erklärbar (ehemaliger IM des MfS), der nach Rückzug in die DDR die Seite wechseln wollte und dafür eine lange Haftstrafe erhielt.

97 Archiv der Zentralstelle BStU, MfS HA III Nr. 10566 Pag. 000116 (1979).

98 Wahl: *Minispione,* Franzis-Verlag, Poing 2003, Nachdruck einer früheren Auflage aus den neunziger Jahren.

99 Schmidt in H. Knabe (Hrsg.): *West-Arbeit des MfS,* Ch. Links-Verlag, Berlin 1999, Seite 217–223.

100 BStU-ZA MfS HA III Nr 15186 – VVS B2-B 118-6/73 20. Ausf. – B-147 035 Studienmaterial Frequenzbüro-BStU-Pag.: 000046–000084 (ohne Datum).

101 BStU Archiv der Zentralstelle – MfS HA III Nr.: 10822 – Hauptabteilung III Leiter – *Besuch einer Spezialistendelegation des KfS der UdSSR* – (VNE/82/83) v, 1. Februar 1983 mä-fau/349/83 (BStU-Pag. 00001–000002). In diesem Zusammenhang wird auch die Deckbezeichnung »SATURN« für ein Erfassungs-System verwendet, das offensichtlich für die Erfassung des INTELSAT konzipiert war, vermutlich zur Erfassung von CIA/DIA-Sendungen.

102 Die Nachrichtendienste der USA setzten zu dieser Zeit erstmalig seismische Sensoren zur Erkundung von Truppenbewegungen in der Nähe militärischer Objekte ein, die durch Satelliten gesteuert wurden und die Ergebnisse über Satellitenfunk an die Auswertestelle melden konnten. Auch erfolgte die Führung von US-Agenten im Operationsgebiet Osteuropa teilweise schon über Satelliten-Funkverbindungen (Phasenmodulierte Kurzzeitsignale), deren Erfassung dem KfS und dem MfS (HA III) offenbar technische Probleme bereitete.

103 Die Überwachung militärischer Satellitenkanäle erfolgte auch durch den ZFD der NVA.

Erfassung und Aufklärung von satellitengestützten Agentenfunkverbindungen westlicher Nachrichtendienste (Projekt OMEGA/PYRAMIDE?)

Große Anstrengungen unternahmen das MfS und das KfS zusammen mit dem kubanischen Nachrichtendienst, um die satellitengestützte Kommunikation der US-Nachrichtendienste, insbesondere in der DDR, Osteuropa und in Kuba zu erfassen und deren Inhalte aufzuklären. Dies lässt sich bereits aus den Inhalten bi- und trilateraler Gespräche ab dem Jahre 1983 nachweisen. Im Projekt »RADUGA« wurden offensichtlich die gemeinsamen Anstrengungen vom MfS HA III und der entsprechenden Fachstellen des KfS (KGB), vermutlich 16. Verwaltung, gebündelt. Ob es sich um ein eigenständiges Projekt gehandelt haben mag, oder im Zusammenhang mit dem geostationären sowjetischen RADUGA-System[104] zur militärischen und zivilen Nachrichtenübermittlung zu sehen ist, war in den vorhandenen Unterlagen der BStSU nicht zu ermitteln. Gleichwohl festzustellen bleibt, dass der nach außen hin monolithisch erscheinende Apparat des KfS (KGB), soweit es die Bereiche Funkaufklärung und Funkabwehr betraf, in unterschiedliche, offensichtlich nur mäßig kooperierende Bereiche zersplittert war. Die HA III stellt ein einem Bericht[105] vom 11.11.1983 fest, dass *»die relative Zersplitterung der im KfS vorhandenen Potenzen des ELOKA (Elektronischen Kampfes), das Fehlen einer einheitlichen Leitung bzw. Koordinierung und das Fehlen einer Zusammenarbeit mit den ELOKA-Potenzen anderer Organe der UdSSR (z.B. Militäraufklärung) dabei zu Tempo und Informationsverlusten führt«.*

Es wird im Ergebnis dieser Besprechung deutlich, dass sich die sowjetische Seite künftig bei der Nachrichtengewinnung mit funkelektronischen Mitteln[106] auf die Bereiche USA, Japan und ausgewählte Krisenregionen konzentrieren wird und vom MfS eine Intensivierung der Aufklärung im zentraleuropäischen Raum und einen ständig wachsenden Beitrag an Informationen erwartet. Die sowjetische Seite deutete dabei auch an, sich künftig bei der Nachrichtengewinnung mit funktechnischen Mitteln vermehrt auf Technik[107] aus dem »Nichtsozialistischen Wirtschaftsgebiet« (NSW-Technik) abzustützen.

Bis 1989 konnte die HA III offenbar ihren Vorsprung bei der Erfassung und Auswertung der satellitengestützten Kommunikation, auch gegenüber Partnerdiensten, halten und im Verbund mit dem ZFD weiter ausbauen. Nach der Auflösung des MfS/AfNS wurde die Empfangseinrichtung in Biesenthal an den ZFD des MfNV übergeben, der diese bis zu seiner Auflösung weiterbetrieb. Die Bundesrepublik hatte keine Verwendung für dieses System, so dass es nach der Auflösung des ZFD stillgelegt wurde. Es wird jetzt in Dessau, dem letzten Standort des ZFD, von Funkamateuren genutzt.

Keine Belege lassen sich derzeit in den Unterlagen der BStU finden, die Hinweise auf die Nutzung sowjetischer Aufklärungs- und Fernmeldeverbindungssatelliten (KOSMOS- und RADUGA-Serie) durch die HA III/HVA geben. Es kann jedoch nicht gänzlich ausgeschlossen werden, dass die HA III gegen Ende der achtziger Jahre über entsprechende Zugänge zu diesen Systemen verfügte. Keine Hinweise finden sich auch über das, zu Anfang über die Erdefunkstelle RAISTING geschaltete »Rote Telefon« zwischen Washington und Moskau.

---

104 Thaller: *Spionagesatelliten,* VTH-Verlag, Baden-Baden 1999.

105 HA III Leiter, *Information über ein Treffen mit Genossen Oberst N.N.,* Berlin, 11. Nov. 1983, 3894/83(BStU Pag. 00113-00115).

106 Siehe hierzu auch Thaller: *Spionagesatelliten,* Funktechnik-Berater/VTH, Baden-Baden 1999, Seite 63.

107 Siehe hierzu auch Chartress: *Strategie und Technik der geheimen Kriegführung,* Docupress, Berlin 1984, Seite 323 ff.

Funk- und funktechnische Absicherung von Operativvorgängen des MfS im Operationsgebiet, Deckname »SCHUTZ«

Mitte der achtziger Jahre ging das MfS dazu über, »Operative Vorgänge« wie Treffs, Erkundungs- und Aufklärungseinsätze eigener Mitarbeiter, funktechnisch abzusichern.

Ob dabei auch Einsätze der »Marscherkunder« des *Bereiches Aufklärung* des MfNV funktechnisch abgesichert wurden, war nicht zu klären. Inwieweit hier auch lokale »Funksicherungs-IM« der Abteilung 11 der HA III eingebunden waren, konnte ebenfalls noch nicht geklärt werden, scheint aber sehr wahrscheinlich. Auch wurde die Nutzung »Operativer Grenzschleusen« an der *Innerdeutschen Grenze* (IDG) durch das MfS funktechnisch abgesichert.

Bereichserkundungen (Funktaktische Aufklärungshandlungen) durch mobile Erfassung durch die HA III im Operationsgebiet, Deckname »RELAIS«

Seit Mitte der achtziger Jahre führte die HA III verdeckte Bereichserkundungen interessierender Objekte im Operationsgebiet durch mit dem Ziel, nutzbare elektromagnetische Ausstrahlungen jeglicher Art, einschließlich parasitäre Abstrahlungen von EDV-Anlagen aus interessierenden Objekten im Operationsgebiet für das MfS zu erfassen und deren Inhalte nutzbar zu machen. Im Rahmen dieser Operation (RELAIS I–VI) wurden Behörden, Industrieunternehmen, und Verlagsgebäude im Operationsgebiet konspirativ funktechnisch abgeklärt. Bei der Operation »RELAIS/DISKANT«[108] erfolgten auch luftgestützte Erfassungseinsätze durch Hubschrauber (Mi-8 HIP) an der IDG, um westliche Trägerfrequenz-Richtfunkverbindungen zu erkunden. Der gemeinsame Einsatz (MfNV/MfS) der AN-26 (CURL) vom Stützpunkt Dresden-Klotsche auf Kursen innerhalb des DDR-Luftraums diente hingegen mehr der generellen Bereichaufklärung im VHF-SHF-Bereich durch das MfNV und das MfS.

Einschaltung in den Datenfunkverkehr und Abfrage von amtlichen Datenspeichern, Operation »ZUGRIFF« in der Bundesrepublik

Ein auf konspirativem Wege beschafftes Autotelefon (C-Netz), das technisch verändert war, diente den Kräften des MfS zur Kontaktaufnahme mit bundesdeutschen Behörden zur Abfrage von Halterdaten beim *Kraftfahrt-Bundesamt* in Flensburg, Anfragen bei lokalen Polizei- und Sicherheitsbehörden oder zur telefonischen Abklärung von »Zielpersonen«.

Hierzu wurden sende- und empfangstechnisch günstig gelegene Punkte im Harz oder Thüringer Wald in Grenznähe aufgesucht, um bei Peilung den Standort auf DDR-Territorium zu verschleiern. Die Identifizierung bei den angerufenen Dienststellen erfolgte an Hand vorher durch die HA III gewonnener Informationen, z. B. Kennwörter o. ä., bei den entsprechenden Behörden. Die bei diesen Anrufen im C-Netz anfallenden Gebühren hatte ein tatsächlich existenter C-Netz-Anschluss, dessen Kennung benutzt wurde, zu tragen. Jährlich führte das MfS etwa 1000 Zugriff-Anrufe durch. Im Rahmen der Amtshilfe ermöglichte das MfS auch dem sowjetischen Nachrichtendienst (vermutlich dem KfS (KGB) die Nutzung dieses Telefons.

Einsatz von »Funk-IM« im Operationsgebiet Bundesrepublik und im westlichen Ausland

Über den Einsatz von »Funk-IM« liegen noch sehr wenig Informationen vor. Neben dem Einsatz als »Funksicherungs-IM« bei Operativvorgängen des MfS zu Absicherung nach-

[108] Bezeichnung dieser Operation im Bereich des MfNV.

richtendienstlicher Operationen erscheint der Einsatz von Funk-IM zur langfristigen Beobachtung von interessierenden Netzen, insbesondere der Sicherheitsbehörden in Bereichen, die der direkten Erfassung durch die HA III aus technischen Gründen entzogen waren, möglich, da es sich dabei in der Regel um weniger zeitkritische Informationen gehandelt haben könnte. Auch kann der Einsatz dieser Funk-IM dazu gedient haben, »Regimefragen« im entsprechenden »Funkterritorium« des IM zu klären. Dies konnte allgemeine Verfahren der Sicherheitsbehörden, Rufnamen, Frequenzen, Normverhalten, Auftreten neuer Rufnamen, Zusammenarbeit mit anderen Sicherheitsbehörden und Observationen betreffen. Der technische Aufwand für einen derartigen Funk-IM hielt sich in Grenzen, da entsprechende Empfangstechnik einschließlich unauffälliger Empfangsantennen frei verfügbar war und bei entsprechender »Legendierung« auch gegenüber Sicherheitsbehörden plausibel gemacht werden konnte. Der Einsatz von Funk-IM zur Überwachung der VHF/UHF-Bereiche erscheint daher wahrscheinlich. Problematisch war jedoch immer die Übermittlung der Ergebnisse an die Führungsstelle des MfS, hier bestand eine relativ hohe Entdeckungswahrscheinlichkeit wenn konspirative Verbringungswege genutzt wurden. Die Nutzung einer aktiven Funkverbindung zum MfS erscheint bis auf Ausnahmefälle daher wegen des relativ hohen Risikos wenig wahrscheinlich. In der Nähe zur IDG und zur bayerisch-tschechischen Grenze hätte eine Verbindungsaufnahme zur Führungsstelle des MfS über das 11-Meter-Band *(Citizen Band)* durch den Funk-IM ab Mitte der achtziger Jahre problemlos und unauffällig erfolgen können, da dieses Band von einer Vielzahl nicht zuordenbarer Sender genutzt wurde. Auch wurden in Einzelfällen Infrarot-Sprechverbindungen[109] über die IDG zu Nachrichtenübermittlung an das MfS eingesetzt.

Überwachung des 11-Meter-Funknetzes (Citizen Band/Jedermann-Netz)

Aus personellen Gründen wurde die Überwachung des 11-Meter-Netzes offensichtlich seit Mitte der achtziger Jahre in gewissen Grenzen durch die HA III automatisiert, da diese dem KfS (KGB) aus Anlass des »Jahrestages der Großen Sozialistischen Oktoberrevolution« bereits 1983 ein System mit der Bezeichnung KE 7108 übergeben konnte, das vom MfS entwickelt wurde und in der Lage war, mikroprozessorgesteuert den Frequenzbereich 26.005–29.995 MHz (»Jedermann-Band«) in einer Bandbreite von 10 kHz mit einer Abtastgeschwindigkeit von 30 ms pro Kanal abzusuchen. Das System verfügte über eine konfigurierbare Kanalspeichereinrichtung, die es erlaubte, beliebige Kanäle von der Überwachung auszunehmen, der Anschluss einer Magnetaufzeichnungsvorrichtung war vorgesehen. Das System sollte ab 1985 in begrenztem Umfange auch an das KfS ausgeliefert werden.

Erfassung, Überwachung und Aufklärung des Amateurfunks im Operationsgebiet

Die Abteilung 11 »IM-Arbeit« bearbeitete Funkamateure auf westlicher Seite, um sie als Quellen einzusetzen. Relativ wenig Erkenntnisse liegen zu diesem Teilbereich aus der HA III vor. Offenbar ist es jedoch der Abteilung gelungen, IM im Operationsgebiet zu gewinnen.

Inwieweit diese als »fachkundige Funksicherungs-M« oder »Funk-IM« tätig geworden sind, konnte noch nicht abschließen geklärt werden.

Enttarnung und Analyse westlicher Chiffriertechnik durch die HA III

Erfasste Informationen, die chiffriert waren wurden, wenn möglich, mit vorhandener

[109] So in den siebziger Jahren in der Nähe des Brockens.

Technik bereits vor Ort in den Referaten III der BV durch »Dekrypteure« entschlüsselt. War dies nicht möglich, wurde der Rohtext an die *Abteilung XI »Chiffrierwesen«* nach Hoppegarten bei Berlin zur weiteren Behandlung abgegeben. Wenig Informationen aus dem MfS liegen über dieses spezielle Fachgebiet vor.

Auswertung und Weitergabe der Erfassungsergebnisse durch die HA III

Zur Auswertung der aus den verschiedensten Quellen zulaufenden Erfassungsergebnisse verfügte die HA III in ihrem operativen Teil, der vom 1. Stellvertreter (Operativ) geführt wurde, über den Bereich A (Zentrale Auswertung) mit den Referaten 1–9, in den, nach Interessengebieten geordnet, die eingegangenen Informationen ausgewertet, verdichtet und in das Lagebild eingefügt wurden.

Abteilung 1 – Auswertung operativer Informationen war wie folgt gegliedert:

- Referat 1 Innen- und Außenpolitik im nichtsozialistischen Wirtschaftsgebiet
- Referat 2 Zentren der politisch-ideologischen Diversion (PID)
- Referat 3 Sicherheitsdienste, Fahndung West, ungesetzliches Verlassen der DDR
- Referat 4 Sicherung der Volkswirtschaft, Ökonomie
- Referat 5 Innere Sicherheit
- Referat 6 Geheimdienste
- Referat 7 Gegnerische Abwehrorgane
- Referat 8 NATO-Streitkräfte
- Referat 9 Analyse und Informationsprozesse, Steuerung und Koordinierung von Prozessen im »Organ des Zusammenwirkens« (OZW) mit Partnerdiensten der HA III, Bearbeitung der im EDV-Projekt »WERTIGKEIT« festgestellten Informationen.

Der Anleitungsbereich des 1. Stellvertrers (Operativ) umfasste auch die Bewertung eingehender »funktechnischer« Informationen, zu diesem Zwecke verfügte der *Bereich Operativ* über die Abteilung 12 – Auswertung funktechnischer Informationen – die wie folgt gegliedert war:

Abteilung 12 – Auswertung funktechnischer Informationen

- Referat 1 Funklagedarstellung, Steuerung/Koordinierung der Funkaufklärung und Funkabwehr
- Referat 2 Nachrichten-taktische Auswertung, nutzerbezogene Analysegegnerischer Fernmelde- und ELOKA-Systeme, Funktaktikspeicher
- Referat 4 Technologie der Informationsgewinnung und Verarbeitung in der HA III
- Referat 5 Operatives Lagezentrum der HA III
- Referat 5 Operativ-technische Auswertung von Informationen

Die *Abteilung 13 – EDV*[110] stellte die Unterstützung für den gesamten Lageauswertungs-, Feststellungs- und Informationsprozess der HA III sicher.

Die *Abteilung 6 – Aufklärung gegnerischer Nachrichtenverbindungen*, verantwortlich für die Steuerung der Erfassungseinsätze der HA III, zeigte folgende Gliederung:

---

[110] Dies Abteilung verfügte vermutlich über eine geschützte Aufstellung der EDV-Anlagen im Bunker K 81 in Gosen (siehe hierzu auch Best: *Geheime Bunkeranlagen,* Motorbuch Verlag, Stuttgart 2003).

•	Referat 1	Suche nach gegnerischen Nachrichten-Verbindungen im OG, Aufklärung der gegnerischen ELOKA-Potenzen, Steuerung halbstationärer Erfassungseinsätze
•	Referat 2	Aufklärung operativ-relevanter generischer Objekte auf dem Territorium der DDR
•	Referat 3	Vorauswertung
•	Referat 4	Entwicklung und Modifizierung spezifischer Ausrüstung
•	AG »R«	Halbstationäre Erfassungseinsätze an der Innerdeutschen Grenze (IDG)
•	AG »ISA«	Informations- und Systemanalyse

Die übrigen Fachabteilungen der HA III hatten vorwiegend unterstützende Funktion, die hier nicht näher betrachtet werden soll.

Einschätzung (Bewertung) des Informationsgehaltes durch die HA III

Für die Einschätzung des Informationsgehaltes und der Wertigkeit der Quellen verwendete die HA III folgendes Schema:

Einstufung	Bewertung der Information durch die HA III im Hinblick auf die Quelle
A	Ausgangserkenntnisse[111] von einer spezifischen Quelle der Linie III
B	Erkenntnisse aus einem Auslandsstützpunkt (z.B. Steuerung)
C	Erkenntnisse von Partnerdiensten im OZW-System
D	Erkenntnisse von »Funksicherungs-IM« im OG
E	Erkenntnisse von anderen IM-Kategorien
F	Erkenntnisse vim MA der Linie III (HA III) aus dem Freizeitbereich
G	Erkenntnisse aus Analyse verschiedener Quellen der Linie III
H	Erkenntnisse aus dem System »Fahndung West«
I	Erkenntnisse aus der »Operativen Zielkontrolle«[112] aus Fernsprechverbindungen zwischen Berlin-West und der DDR
Z	Erkenntnisse aus der »Operativen Zielkontrolle« aus Fernsprechverbindungen zwischen Bundesrepublik und der DDR
X	Erkenntnisse aus der »Operativen Zielkontrolle« aus Fernsprechverbindungen zwischen dem Ausland und der DDR
T	Erkenntnisse aus der »manuellen Operativen Zielkontrolle« aus Fernsprechverbindungen in allen Verkehrsrichtungen
S	Erkenntnisse aus der Kontrolle des Richtfunkverkehrs in der DDR
Y	Erkenntnisse aus der Kontrolle des Telexverkehrs der DDR mit dem Ausland

Die Erkenntnisse der HA III wurden im Rahmen der internen Zusammenarbeit an weitere Diensteinheiten im *Ministerium für Staatssicherheit* und an die für die Auslandsaufklärung verantwortliche *Hauptverwaltung Aufklärung* (HVA) weitergeleitet. Die

[111] Funk- und funktechnische Aufklärung der HA III aus stationärem/halbstationärem Einsatz.

[112] Telefon- und Telex-Überwachung durch HA III und Abteilung 26.

Zusammenarbeit der HA III mit weiteren Diensteinheiten des MfS war auf *Linie III* (Funk- und funktechnische Aufklärung) besonders intensiv, berührt aber nur zum Teil operativ-technische und taktische Aspekte der Funk- und funktechnischen Aufklärung, über die an anderer Stelle bereits ausführlich berichtet wurde. Der Umfang der Zusammenarbeit mit Partnern der »Organisation des Zusammenwirkens« (POZW) kann noch nicht abschließend bewertet werden, da hier wesentliche Aktenbestände vermutlich im Zuge der Auflösung der HVA endgültig vernichtet wurden. Möglicherweise befinden sich noch Teile in bisher nicht erschlossenen Beständen der BstU aus den entsprechenden *Referaten III* der Bezirksverwaltungen, soweit diese über Referate der *Linie III* verfügten.

Das Funkverbindungswesen des MfS

Über das Funkwesen des MfS und seinen Einfluss auf die Erfassungstätigkeit der HA III liegen nur wenig Erkenntnisse vor. Die Abteilung »Nachrichten« des MfS verfügte über folgende Funkstellen oder kontrollierte diese im Rahmen ihres Auftrages:

Bezeichnung	Ort	Auftrag
KW-Funksendezentrum[113]	Zühlsdorf	Kurzwellenverbindungen
Internationaler Funkverkehr	Wilmersdorf/Bernau	Internationaler Funkverkehr
Diplomatischer Funkbetriebsdienst	?	Verbindung zu Auslandsvertr.

Die geschützten, drahtgebundene Regierungssondernetze

Das MfS war auch für den Betrieb und Schutz der Regierungs-Sonderfernmeldenetze verantwortlich. 1989 bestanden folgende Sondernetze unter Einschluss des MfS-internen Sondernetzes zur Verbindung der Zentrale mit den Bezirksverwaltungen, Verwaltungen und Kreisdienststellen:

Bezeichnung	Ort	Auftrag
WTsch-Station	Berlin	Schlüsselverbindungen
Fernschreiber-Station (WTsch?)	Berlin	Schlüsselverbindungen?
WTsch-Station[114]	Strausberg	Schlüsselverbindungen
Fernmeldetechnische Zentrale	Dammsmühle	Verbindung zu BV/KD des MfS im Objekt D78
Sonderobjekt FILIGRAN	?	Führungsnetz der Regierung
N(GSN?)-Netz	?	Grundnetz des staatlichen Nachrichtenwesens

[113] Ob die Funk-Führung von Mitarbeitern des MfS im OG durch diese Funksendestelle wahrgenommen wurde, konnte noch nicht endgültig geklärt werden, darf jedoch als wahrscheinlich angenommen werden.

[114] J. Kampe: *WOSTOK*, Projekt-Verlag, Hönow 2004.

Die DDR-Richtfunknetze (Partei-, Regierungs- und MfS-Verbindungen)

Über das territoriale Richtfunknetz, das über die Richtfunkbetriebsanlagen der *Deutschen Post (Ministerium für das Post- und Fernmeldewesen* – MPF) geführt wurden, liegen nur sehr wenig Angaben vor[115]. Von 1969 bis 1989 wurden folgende *Stütznachrichten-Zentralen* (Übertragungsstellen – ÜST 2) auf funktechnisch günstigen hohen Punkten außerhalb von Ballungsräumen errichtet und durch das MPF betrieben (die Reichweite dieser Anlagen betrug im Mittel 180 km):

Pasewalk, Gransee, Wittstock, Templin, Eberswalde, Oranienburg, Beeskow, Fürstenwalde, Wittenberg Cottbus, Aschersleben, Oschatz, Zwickau.

In Ergänzung dazu wurden zusätzlich im gleichen Zeitraum 24 *geschützte Verstärkerstellen* (Schalt- und Betriebszentralen – ÜST 5) errichtet. Offenbar wurde in diesem Richtfunksystem auch das DDR-weite Schmalband-Richtfunk-Netz[116] der SED geführt. Daneben betrieben die NVA und die WGT eigene Richtfunkstrecken, allerdings mit geringere Reichweite, die etwa 60 km betragen haben mag. Die zentrale Führung der Stütznachrichten-Zentralen erfolgte aus dem zentralen Gefechtsstand des MPF aus Strausberg (Objekt 17/201) und dem Objekt »Rauensche Berge« des *Zentralen Gefechtsstandes* der Luftstreitkräfte/Luftverteidigung (LSK/LV).

Erfassung der sensitiven Kommunikation befreundeter Staaten auf dem Territorium der DDR durch die HA III des MfS

Wie erst während der Auflösung der HA III durch in Biesenthal aufgefundene operative Unterlagen der HA III bekannt wurde, hatte die HA III nicht nur im Rahmen der »Operativen Zielkontrolle« namhafte westliche Politiker unter funktechnischer Kontrolle gehalten, sondern über einen langen Zeitraum auch entsprechende zielgerichtete Maßnahmen gegen die Botschaft der Sowjetunion in der DDR durchgeführt. Offenbar war es der HA III gelungen, entsprechende Abhöreinrichtungen in der Diplomatischen Vertretung der damaligen UdSSR zu platzieren[117].

Objekte in der konspirativen Nutzung durch die Hauptabteilung III des MfS

Im Zuge der Auflösung des MfS/AfNS wurden erstmals die Ausmaße deutlich, mit denen das MfS (HA III) flächendeckend in der DDR die Erfassung und Auswertung jeglicher elektronischer Ausstrahlung betrieben hatte. Aus einer Übersicht[118] kann die Durchdringung des täglichen Lebens der Bevölkerung beispielhaft nachvollzogen werden. Es handelte sich hierbei um mehr als 45 sonstige Objekte, die in Einrichtungen der NVA, des MfS und anderer Behörden getarnt, als Erfassungsstützpunkte der HA III untergebracht waren.

An konspirativen Kleinobjekten in der Nutzung durch die HA III, die eine Nutzung durch andere Diensteinheiten des MfS nicht ausschloss, wurden mehr als acht Objekte festgestellt. Darunter auch ein Erfassungsstützpunkt in der Schuhmannstraße 20/21, einem Krankenhaus der Charité in Ost-Berlin. Daneben war die HA III mit Erfassungsstützpunkten an den *Grenzübergangsstellen* (GÜSt) in Berlin vertreten. In der oben angeführten Aufstellung sind die offiziellen Dienstobjekte der HA III, die über die gesamte DDR verteilt waren, noch nicht berücksichtigt. Dies gilt auch für die *Referate III* in den Bezirksverwaltungen des MfS, die für die HA III unterstützend tätig waren.

---

115 Stefan Best: *Geheime Bunkeranlagen der DDR,* Motorbuch Verlag, Stuttgart 2003.

116 J. Kampe: *WOSTOK – Die Nachrichtenzentrale im Zentrum der militärischen Macht der DDR,* Projekt-Verlag, Hönow 2004. (CD-ROM).

117 Klopp: *Dessau-Bericht,* Band 1, Seite 125.

118 Klopp: *Dessau-Bericht,* Band 1, Seite 110–116.

Der Verbleib sowjetischer Kryptoeinrichtungen der DDR nach der Wende

Nach einer Entscheidung des vormaligen Ministers für Nationale Verteidigung, Admiral Hoffmann, wurden sämtliche im Bestand des MfNV, des MfS und anderer Organisation befindlichen Kryptoanlagen (Sprachschlüsselgeräte, Fernschreibschlüsselsysteme sowie begleitendes Material dieser Chiffriergeräte) sowjetischer Herkunft[119] an die *Westgruppe der Truppen* (WGT) zurückgegeben. Es handelte sich dabei um Material in der Größenordnung von etwa 416 Millionen Mark der DDR oder nach damaligen Verrechnungskurs etwa 100 Millionen Rubel für Gerät, das die DDR bereits früher bezahlt hatte. Wie sehr die westliche Seite an Informationen über sowjetische Kryptosysteme auch in der Vergangenheit interessiert war, lässt sich unschwer aus den Bemühungen der US-Seite ablesen, im Rahmen der Operation »GLOMAR EXPLORER«[120] sowjetisches Kryptogerät vom Meeresgrund zu bergen.

---

119 Klopp: *Dessau-Bericht*, Band 1, Seite 109. Es handelte sich dabei um ca. 5800 Geräte: 13 SchU-129, 2 T-104, 2 T-216, 19 T-353, M-125 MN (FIALKA), T-217 M 600/800(ELBRUS)T-310/50 (ARGON), T-219 M(YATKA), 96 R-745 (SIRENA).

120 Siehe hierzu Herbig: *Im Labyrinth der Geheimdienste*, Fischer-Verlag, Frankfurt 1981, Seite 65 ff.

3. Die Zusammenarbeit mit Funk- und funktechnischen Diensten verbündeter Staaten

Über die Zusammenarbeit des ZFD mit der sowjetischen *82. Funktechnischen Aufklärungsbrigade* in Torgau und der *78. Spezialfunkzentrale* der *Tschechoslowakischen Volksarmee* (CVA) und der *7. Funktechnischen Aufklärungsbrigade* (CVA), die einen Erfassungsstützpunkt auf dem DYLEN im Böhmerwald unterhielt, sind so gut wie keine Zeugnisse erhalten. Überliefert ist nur, dass am Abend des 2. Oktober 1990 im Freundschaftssaal der Kaserne des ZFD in Dessau eine Veranstaltung unter Beteiligung der *82. Funktechnischen Aufklärungsbrigade* aus Torgau stattfand, die wohl den feucht-traurigen Schlusspunkt der langjährigen fachdienstlichen Zusammenarbeit mit den »Freunden« bildete[1]. Es kann angenommen werden, dass die Zusammenarbeit der entsprechenden Stellen des MfS (HA III und *Abteilung XI*) mit ausgewählten Verbündeten im Rahmen der Funkabwehr bereits zu einem sehr frühen Zeitpunkt eingesetzt hat. Jedoch liegen hierzu derzeit noch keine Belege aus der Zeit vor 1975 aus dem Bestand des ehemaligen MfS bei der BStU vor. Aus gesichtetem Material kann jedoch der Schluss gezogen werden, dass bereits vorher eine intensive Zusammenarbeit des MfS mit den Funkaufklärungsorganen befreundeter Staaten, hier insbesondere mit der CSSR, stattgefunden haben muss. Dies wird aus einer »Stellungnahme« des damaligen Leiters der HA III zu einer *»Dokumentation des Leiters der Abteilung F zur Vorbereitung der 15. erweiterten Tagung des Apparates der Koordination (AdK) vom 03.09.1975«* deutlich[2]. Die Dokumente befassen sich im Wesentlichen mit der Intensivierung der Erfassung feindlicher Agentensender, deren Peilung und der Inhaltsauswertung, sowie Fragen des Kräfteeinsatzes der Funkabwehr und Fahndung. Es wird deutlich, dass die HA III bereits zu diesem Zeitpunkt über eine funktionsfähige und ihre Aufgabe gut erfüllende *Zentrale Auswertung der Spezialfunkdienste* verfügt hat. Daher sollte aus Sicht der HA III eine derartige Einrichtung zentral für den Bereich des AdK geschaffen werden. Am 23.09.1975 schlug der Leiter der damaligen *Abteilung III,* Oberst Männchen, vor, im Rahmen einer Tagung des AdK auf die tschechoslowakische Seite einzuwirken, um entsprechende Erfassungsstützpunkte für die *Abteilung III* auf CSSR-Territorium errichten zu können, um insbesondere den südlichen Teil der Bundesrepublik mit dem Raum München unter funktechnische Kontrolle der *Abteilung III* zu bringen. Möglicherweise hatte die *Abteilung III* bereits vorher aus dem grenznahen Raum der CSSR zu Bayern Probeerfassungseinsätze durchgeführt, da im Vorschlag der Gipfel des »POLEDNIK« im Böhmerwald erwähnt wird, der sich für die Erfassung besonders eignet. Auch die Zusammenarbeit mit der sowjetischen Seite scheint in dieser Zeit bereits sehr ausgeprägt, da die *Abteilung III* des MfS der sowjetischen *16. Verwaltung des KfS* in Karlshorst Erkenntnisse über Antennensysteme der in Berlin stationierten Alliierten übergeben hat. Über die Zusammenarbeit mit der *1. Hauptverwaltung*[3] (Aufklärung) des KfS in Karlshorst,

[1] Klopp: *Dessau-Bericht*, Band 1, Seite 49.

[2] BStU Zentralarchiv MfS HA III Nr 15250 Pag. 000016–000020.

[3] Diedrich/Ehlert/Wenzke: *Im Dienst der Partei,* Ch. Links-Verlag, Berlin 1998.

die über etwa 800–1200 Mitarbeiter in der DDR verfügte, liegen derzeit noch wenig Erkenntnisse vor. Als sicher kann auch gelten, dass die HA III auch im Rahmen der Militärabwehr mit der *3. Hauptverwaltung*[4], die für die Militärabwehr bei der *Gruppe der Sowjetischen Streitkräfte in Deutschland* (GSTD), später *Westgruppe der Truppen* (WGT), eine Residentur und Außenstellen bei allen sowjetischen Verbänden in der DDR unterhielt, zusammengearbeitet hat und Ergebnisse der Funkaufklärung übermittelte. Auch wurden sowjetische Spezialisten zur Einweisung in neu zulaufende sowjetische Spezialtechnik in die DDR entsandt. So wurden am 27. Februar 1976, mit dem Zug aus Moskau kommend, 400 kg streng geheime Spezialtechnik (System KRYPTON) angeliefert und der *Abteilung III* zur Praxiserprobung für die Dauer eines Jahres übergeben. Die praktische Erprobung dieser Anlage sollte ohne Zeitverzug beginnen. Bereits am 13. Mai 1975 übermittelte die *Abteilung III* eine Bestätigung über die Nutzung von Funkfrequenzen im VHF-Bereich (172.24 und 172.26 MHz) durch Observationsgruppen des *Verfassungsschutzes* im Raum Köln und den dabei verwendeten Rufnamen »Vogel« an die sowjetische Seite. In diesem Zusammenhang wurde auch auf eine Observation des *Verfassungsschutzes* im Raum Frankfurt hingewiesen. Am 30. Juni 1976 übergab die *Abteilung III* eine Dokumentation über »*Neue Generation von Kurzwellennachrichtengeräten*« an die sowjetische Seite. Die Vorbereitungen für die erweiterte Zusammenarbeit mit dem Spezialfunkdienst der CSSR, der *6. Verwaltung des Förderalen Innenministeriums der CSSR,* war im Oktober 1976 offenbar in die entscheidende Phase getreten, denn der Leiter der *Abteilung III* des MfS legte am 13.10.1976 dem Stellvertreter des Ministers für Staatssicherheit, Generalleutnant Beater, den Entwurf eines Protokolls vor, das die Zusammenarbeit beider Dienste regeln sollte, und den Vorschlag für das Rahmenprogramm des Besuchs der tschechischen Delegation beim MfS. Besonderes Schwergewicht wurde auf die Vorbereitungen zur *Teilaktion »Saphir 1«* gelegt (Errichtung eines MfS-Erfassungsstützpunktes für die *Abteilung III* auf dem Territorium der CSSR). Der Leiter der *Abteilung III* des MfS (Oberst Männchen) präzisierte die Vorstellungen seiner Abteilung bezüglich der in Zusammenarbeit mit den CSSR-Diensten zu treffenden Maßnahmen am 12.11.1976 in streng geheimen »*Thesen für das Gespräch des Genossen Ministers mit dem Minister des Innern der CSSR, Genossen Obzina*[5]*.*«

In diesen Thesen stellte er u.a. fest, dass die Zusammenarbeit beider Dienste »*faktisch jetzt neu begonnen wird und sich weiter entwickeln muss*«. Er bezieht sich weiter auf die Erfahrungen der *Abteilung III* während der olympischen Sommerspiele in München von 12.04.1972 bis 14.11.1972, als die *Abteilung III* aus mobilen Stützpunkten entlang der Grenze der CSSR zu Bayern mit zehn Fahrzeugen und 18 Mitarbeitern an vier verschiedenen Standorten unter dem Decknamen »DIAMANT« intensiv die Fernmeldeverbindungen im südlichen Teil der Bundesrepublik und im angrenzenden Österreich erfasste. Er stellte dabei fest, dass bei der Erfassung bedeutsame Erkenntnisse gewonnen wurden, an der auch die CSSR-Dienste beteiligt wurden. Allerdings erforderten die physikalischen Bedingungen zur Erfassung von Ausstrahlung im südlichen Teil der Bundesrepublik *(mit ihrer Konzentration für das MfS bedeutsamer Dienststellen westlicher Nachrichtendienste im Raum München,* Anm.d.Verf.), spätestens 1977 einen weiteren Erfassungsstützpunkt auf dem Territorium

---

[4] Das 1. Hauptdirektorat des KfS in der DDR verfügte Anfang der siebziger Jahre in der Residentur in Karlshorst über etwa 900 Mitarbeiter für die Aufklärung und Führung von Agenten im Operationsgebiet Westeuropa, das 3. Hauptdirektorat des KfS in Potsdam über etwa 600 Mitarbeiter in der DDR, die für die Spionageabwehr innerhalb der GSTD zuständig waren. Myagkov: *Inside the KGB,* The Foreign Affairs Publishing Company, Richmod, Surrey/UK 1976, Seite 26 ff.

[5] BStU Zentralarchiv MfS HA III Nr 15250 Pag.000056–000057 (III/9258/76).

der CSSR zu errichten. Im Rahmen der gegenseitigen Unterstützung beider Dienste schlägt der Leiter der *Abteilung III* vor:

Gemeinsame Erprobung und Einsatz operativer Technik in der CSSR und Bereitstellung der Ergebnisse,

Errichtung eines Erfassungsstützpunktes (SAPHIR 1) noch im Jahre 1976 mit Technik der DDR und Techniker des MfS, Auswertung der Ergebnisse durch das MfS und Bereitstellung der Ergebnisse an die tschechische Seite,

Technische Analyse der durch die Organe der CSSR aufgenommenen und nicht selbst analysierbaren funkelektronischen Feindaussendungen und Bereitstellung der Ergebnisse durch das MfS,

Bereitstellung von Ergebnissen und Erfahrungen des MfS bei der Organisierung und Führung des Elektronischen Kampfes und der Sicherung der Funkhoheit des eigenen Landes.

In der weiteren Zusammenarbeit mit dem Spezialfunkdienst der CSSR schlägt *Abteilung III* vor:

Errichtung mindestens eines weiteren Erfassungsstützpunktes an der Grenze zu Österreich, die erforderliche Technik wird durch das MfS bereitgestellt,

Beginn der systematischen »Ätheraufklärung« entlang der gesamten Staatsgrenze der CSSR durch den Einsatz mobiler Stützpunkte des MfS unter Mitnutzung durch den Spezialfunkdienst der CSSR, die Ergebnisse sollten dem Dienst der CSSR zur Verfügung gestellt werden,

Unverzüglicher Beginn der Aufbauarbeiten für den Erfassungsstützpunkt »SAPHIR 1«, da die dort zu erwartenden klimatischen Bedingungen (Hochgebirge) einen Zeitverzug beim Aufbau nicht zulassen...

Das MfS war bereit, Spezialisten des CSSR-Dienstes an Ausbildungseinrichtungen der *Abteilung III (Spezialschule 4)* auszubilden. Die getroffenen Vereinbarungen sollten von den jeweiligen Leitern der Dienste, Oberst Houska, Oberst Dr. Männchen, umgesetzt werden. Enge Beziehung der HA III bestanden mit Sicherheit auch zur *16. Verwaltung der 8. (1?) Hauptverwaltung des KGB* in Moskau und zur *Gruppe 16 des KGB* in der damaligen DDR, die bei den ersten hubschraubergestützten Erfassungseinsätzen der HA III 1983 im Bereich um Berlin durch Bereitstellung von Drehflüglern der GSTD entsprechende technische Hilfe leistete. In der Vorbereitung für eine intensivere Zusammenarbeit mit dem KfS (KGB)auf dem Gebiet der Funk- und funktechnischen Aufklärung fand vom 7. bis 11.02.83 der Arbeitsbesuch einer sowjetischen Delegation bei der HA III statt. Am Ende des Besuchs der sowjetischen Delegation fand am 10.02.1983 im Objekt »Anker« ein Abschlussgespräch mit der sowjetischen Delegation statt, die durch den Stellvertretenden Leiter der 2. Hauptverwaltung des KfS (KGB) und verantwortlich für die Funkabwehr, geführt wurde. Weitere Teilnehmer auf sowjetischer Seite waren der Leiter der Funkabwehr im KfS sowie ein Spezialist für technische Analyse. Die HA III des MfS war durch ihren Leiter, Generalmajor Männchen, und eine Übersetzerin vertreten.

Im Verlaufe des Arbeitsbesuches dieser Delegation wurden im Dienstobjekt Biesenthal folgende Erfassungs- und Aufklärungstechnik des MfS vorgeführt:

- *Arbeitsgruppe »PYRAMIDE« zur Erfassung von Satellitensignalen*[6],

---

[6] Offenbar war es dem KfS (KGB) gelungen, in die Kommunikationslinien der CIA zwischen den USA und Europa einzudringen und wesentliche Inhalte zu entschlüsseln. Ob die HA III darüber informiert war, ist fraglich. Early: *Confessions of a Spy,* Putnams, New York 1997, Seite 198 ff.

- *Arbeitsgruppe »KOLONNE« zum funkelektronischen Schutz von Persönlichkeiten bei Personenschutz (PS)-Einsätzen des MfS,*
- *Empfangskomplex »TURBAN S« Demonstration der Anwendung von Mikroprozessoren in Automatisierungsprozessen (Erfassung und Analyse),*
- *Funkaufklärungs-/Funkabwehrfahrzeug vom Typ »Käfer« einschließlich der ungarischen Peiltechnik, und die im Dienstobjekt Wuhlheide befindliche Technik der HA III zur Durchführung von Prozessen der technischen Analyse und zur Ortung/Peilung von UKW-Signalen,*
- *BRD-Peiler TELEGON eingebaut im PKW vom sowjetischen Typ WOLGA.*

Die sowjetische Seite erläuterte bei diesen Gesprächen ausführlich das von der CIA in Kuba eingesetzte System für Satellitenfunkverbindungen, ein großer Teil dieser Informationen lag der HA III bereits aus kubanischen Quellen vor. Zusätzlich erklärten die sowjetischen Spezialisten

Das durch die sowjetische Seite verwendete System zur Kontrolle von Satellitenkanälen, das im wesentlichen dem beim MfS verwendeten Verfahren der Arbeitsgruppe (AG) PYRAMIDE glich, die Signalstruktur der Aussendungen der »Spionage-Funkstationen«, deren äußerst charakteristische Signalstruktur eine der Voraussetzungen für die Programmierung der Mikroprozessoren zur automatischen Erfassung durch die HA III des MfS war. Außerdem wurden die Methoden zur technischen Analyse zur Erkennung von »Spionage-Funkstationen« auf der Erde erläutert und die in der Sowjetunion verwendete Technik, – zum großen Teil aus DDR-Produktion – und Methoden zur Ortung und zum Empfang der auf der Erde befindlichen Spionage-Funkstationen. Im weiteren Verlauf der Besprechung wurde die Einladung des kubanischen Innenministerium an das MfS, vor Ort das im Einsatz befindliche System des US-Geheimdienstes sowie Mittel und Methoden der kubanischen Seite bei der Erfassung und Aufklärung zu studieren, diskutiert und durch die sowjetische Seite befürwortet. Im Zusammenhang mit der Anwendung eines durch den US-Geheimdienst verwendeten Chiffriersystems stellte die sowjetische Seit fest, dass dieses System nicht »gebrochen werden kann« und daher empfohlen wird, »keine Kraft für dessen Lösung« zu verwenden. In Unterstützung der kubanischen Erfassungs- und Aufklärungsbemühungen wurden trilaterale Gespräche und entsprechende technische Hilfe durch das MfS für Kuba durch die sowjetische Seite vorgeschlagen. Zur Intensivierung der Zusammenarbeit zwischen dem KfS(KGB) und dem MfS (HA III) schlug die sowjetische Seite die arbeitsteilige Durchführung von Erfassungs- und Aufklärungsmaßnahmen vor, da in der DDR umfassende und gute Erfahrungen »im Kampf im UKW-Bereich« bestünden und in der DDR die wesentlichen Probleme bei der Nutzung von Mikroprozessoren zur Prozessautomatisierung (in der Erfassung und Analyse) bereits gelöst sind und die DDR über gute Erfahrungen bei der Entwicklung und Herstellung von UKW-Technik verfüge.

Auf Bitten der sowjetischen Seite sollte die DDR, ihre Entwicklungs- und Herstellungsbemühungen[7] besonders »forcieren«, insbesondere auf den Gebieten

- Empfänger für den Such- und Kanalempfang,
- Ortungs- und Peilgeräte
- Geräte zur Prozesssteuerung und Automatisierung

[7] Offensichtlich im VHF/UHF-Bereich.

In Abstimmung mit dem *Operativ-Technischen-Sektor* (OTS) des MfS sollte die Produktion des Empfängers 2070 wesentlich erhöht, die Entwicklung des Empfängers 2170 vorangetrieben und das bereits entwickelte Muster des Peilers zur Serienreife gebracht werden. Die Produktionszahlen der Kanalempfänger im UKW-Bereich waren zu erhöhen, diese sollten in eigener Zuständigkeit für Erfassungszwecke durch das MfS umgerüstet werden. Das MfS erklärte sich in diesen Gesprächen auch bereit, das Programm für die Anwendung von Mikroprozessoren (in der Erfassung und Analyse) weiterzuentwickeln und der sowjetischen Seite entsprechende Mikroprozessoren zur Verfügung zu stellen.
An den Arbeitsbesprechungen während des Besuchs der sowjetischen Delegation nahmen auf Seiten der HA III zeitweilig teil:

- Stellvertreter Operativ
- Stellvertreter F (Funkabwehr)
- Stellvertreter T (Technik)

und weitere Leiter von Dienstbereichen der HA III.

In seinem abschließenden Bericht vom 21. Februar 1983 stellte der Leiter der HA III fest, dass die *»Beratungen in einer aufgeschlossenen und herzlichen Atmosphäre«* verlaufen sind. Der Leiter der *Abteilung X* (Internationale Beziehungen) des MfS wurde gebeten, eventuell auftretende Fragen direkt mit dem Leiter der HA III, Generalmajor (GM) Männchen, zu klären.

Für Juni 1983 war ein weiteres Treffen mit den entsprechenden Personen aus dem KfS geplant. Der Leiter der HA III schlug deshalb in seinem Bericht an den Minister für Staatssicherheit vor, die Aufklärung weiterer Satelliten arbeitsteilig mit der sowjetischen Seite zu vereinbaren, mit dem Ziel, eine mögliche Nutzung für geheimdienstliche Zwecke zu erkennen. In Vorbereitung dieses Treffens machte der Leiter HA III des MfS in einem Schreiben am 22. April 1983 an den zuständigen Vertreter des KfS Vorschläge für die zu behandelnden Fragen für die im Juni 1983 geplante gemeinsame Tagung der Funkdienste in Moskau. Unter anderem sollten aus Sicht der HA III folgende Fragen geklärt werden:

- *Vertiefung und Abstimmung der Zusammenarbeit auf dem Gebiet der Funkabwehr,*
- *verstärkte Kooperation, Austausch technischer Ausrüstung, Abstimmung von Forschung und Entwicklung (spezieller Technik),*
- *Austausch und Zusammenführung von Informationen zum Öffnen (Decodierung, Dechiffrierung und Dekryptierung) geschlossener Übertragungsverfahren des Gegners,*
- *gemeinsame Nutzung entsprechender Potenzen,*
- *Abstimmung und Koordinierung operativer Maßnahmen der Funkabwehr bei der Bearbeitung geheimdienstlicher Sendungen über Satelliten,*
- *der Ortung und Peilung im Kurzwellenbereich und Erweiterung der Informationsbeziehungen zu den operativen Ergebnissen.*
- *Erfahrungsaustausch und Abstimmung der Maßnahmen zur arbeitsteiligen und abgestimmten Bearbeitung der Satellitenfunkverbindungen des US-Geheimdienstes.*
- *Möglichkeiten der arbeitsteiligen Bearbeitung der Satellitensysteme MARISAT ATL/IND/PAC und FLEETSATCOM ATL/IND/PAC zwischen KfS (KGB) und MfS.*
- *Austausch technische Einzelheiten und Parameter von satellitengestützter Kommunikation der Central Intelligence Agency (CIA), Erfassungsmöglichkeiten des KfS.*
- *Das KfS wurde gebeten, seine Auffassungen zu folgenden Punkten darzulegen und während der Tagung entsprechende Vorschläge zu unterbreiten:*
- *Erarbeitung einer bilateralen Vereinbarung der Zusammenarbeit, die über die mit dem AdK getroffenen Vereinbarungen hinausgehen für den gesamten Kurzwellenbereich,*

- *Fortlaufender Erkenntnisaustausch zu ausgewählten Funknetzen die durch die Abwehr der HA III aufgeklärt werden,*
- *Erkenntnisaustausch bzw. abgestimmte Bearbeitung von Funknetzen/Funkbeziehungen mit militärischem oder kommerziellem Charakter, wie beispielsweise binärcodierte Spezialsendungen aus Großbritannien (MLS) oder den Niederlanden (PGS),*
- *Zusammenführung der Erkenntnisse zu binärcodierten geheimdienstlichen Funkbeziehungen,*
- *Erkenntnisse zur Entwicklung, Erprobung und zum Einsatz neuer »Agentenfunktechnik«, Funkausbildung der Geheimdienste, Tendenzen in der Weiterentwicklung der drahtlosen Nachrichtenverbindungen für Agenturzwecke,*
- *Erkenntnisaustausch zur Weiterentwicklung und Neueinsatz von Führungsfunkmethoden, speziell zu den binärcodierten Funknetzen der CIA-Funksendezentralen Frankfurt/Main und Athen, des IRSD (Interner Rundspruchdienst) und des RSD (Rundspruchdienst) des BND und zu Sonderagenten des BND (Funknetze DMa 33, DMb),*
- *Erkenntnisse des KfS zu automatisch und unbemannt betriebener Aufklärungssysteme des Gegners,*
- *Erkenntnisse des KfS bei der Lesbarmachung parasitärer Abstrahlungen aus Botschaften und anderen bevorrechteten Einrichtungen, insbesondere die der USA, Großbritanniens und der BRD, Austausch der Arbeitsergebnisse zu diesem Fragenkomplex.*
- *Erfahrungen, Mittel und Methoden der automatisierten (rechnergestützten) messtechnischen Analyse von Funksignalen, gemeinsame Arbeit an der Schaffung und Vervollkommnung technischer Systeme und Methoden zur Signalanalyse.*
- *Informationsaustausch über Möglichkeiten zum Eindringen/Abschöpfen generischer Rechnersysteme, einschließlich der Lesbarmachung parasitärer Abstrahlung.*
- *Erfahrungen bei der Bearbeitung »hochkanaliger«[8] Nachrichtensysteme.*

Vom 13. bis 17. Juni 1983 fand in Moskau das bereits im Februar 1983 geplante Treffen zwischen hochrangigen Vertretern des KfS und des MfS (HA III) auf Generalsebene statt.

Die Delegation der HA III des MfS führte GM Männchen alsLeiter der HA III, ihr gehörten zusätzlich an: Der Stellvertretende Leiter Technik HA III, ein Bereichsleiter in der HA III sowie ein Übersetzer. Die sowjetische Seite war durch den Stellvertretenden Leiter der II. Hauptverwaltung des KfS, obwohl nicht zur offiziellen Delegation gehörend, einem weiteren Generalmajor des KfS, des Leiters der Funkabwehr des KfS im Range eines Obersten, einem weiterer Oberst sowie einem Oberstleutnant vertreten. Die in der Anfrage des MfS vom 22. April. 1983 (siehe oben) aufgeworfenen Fragen beantworteten die Vertreter des KfS. Dabei wurden folgende Erkenntnisse der sowjetischen Seite deutlich, die zur Abgrenzungen der Aufgaben zwischen KfS und MfS (HA III) führen sollte:

- *Für die Aufklärung bestehender westlicher Satelliten-Systeme, insbesondere INTELSAT, aus einer noch zu errichtenden Bodenstation veranschlagte die sowjetische Seite Kosten in Höhe von 15–16 Millionen Rubel.*
- *Aus Sicht der sowjetischen Seite kann der Informationsbedarf der HA III im Hinblick auf die Erfassung westlicher Satelliten durch sowjetische Potenzen, allerdings in nur einer Erfassungsrichtung, gedeckt werden. Erkenntnisse zu den nationalen US-Systemen ETS/ECS lagen dem KfS jedoch noch nicht vor.*
- *Aus Sicht des KfS sollte das MfS (HA III) die national genutzten Satellitenverbindungen der BRD und Westberlins eigenständig bearbeiten und die Nachrichteninhalte abschöpfen.*

---

8 Hier nationale und NATO-Trägerfrequenz(TF)-Richtfunksysteme.

- *Die sowjetische Seite schlug für die Erfassung bereits bestehender Nachrichtenverbindungen (Satellit, Kurzwelle, UKW, Richtfunk, Kabel) eine arbeitsteilige Organisation zwischen KfS und MfS vor, wobei das MfS für die Erfassung sämtlicher Signale aus Westeuropa, des Mittelmeerraumes und Teile des nordafrikanischen Raumes verantwortlich sein sollte.*
- *Das KfS verfügte über keine Erfahrungen und Erkenntnisse in der Bearbeitung und Analyse von PCM (Puls-Code-Modulation)-Sendungen. Hier sollte die HA III eigenständige Lösungen erarbeiten.*

Die sowjetische Seite teilte zu den technischen Planungen und Perspektiven in der Entwicklung entsprechender Erfassungs- und Analysetechnik mit, dass

- *Der Empfangskomplex KRYPTON im Zeitraum 1983 bis 1990 weiter hergestellt wird,*
- *die Entwicklung eines Empfangskomplexes bis 180.000 MHz kurz vor dem Abschluss stehe, mit der Einführung dieses Systems könnte ab 1986 gerechnet werden,*
- *die Ablösung der Analysetechnik des Systems R-348 bis 1990 nicht vorgesehen sei,*
- *hochkanalige Demultiplexertechnik (TT 144 – 120 Kanäle) auf sowjetische postalische Systeme orientiert werde,*
- *für Breitbandaufzeichnungen das sowjetische System »BERJOSA T1« verwendet werden könne,*
- *für den Einsatz von Breitband-Panoramaanalysatoren durch die HA III werden die sowjetischen Systeme S 4-27, S 4-60/1 und S 4-60/2 empfohlen.*

Offensichtlich hatte die sowjetische Seite Probleme bei der Herstellung und Lieferung entsprechender Kryptontechnik, da dieser Aspekt weiteren Verhandlungen auf Regierungsebene vorbehalten bleiben sollte. Die Russen machten in diesen Verhandlungen deutlich, dass sie sich bei der Bedarfsdeckung von Erfassungs- und Analysesystemen im UKW-Bereich künftig im Wesentlichen auf Systeme aus der DDR abstützen werden. Im Gegenzug erklärten die Vertreter der HA III, dass sich das MfS bei der Beschaffung von Empfangstechnik im Bereich oberhalb von 1 GHz künftig auf sowjetische Systeme abstützen werde. Die Gespräche im Rahmen der gemeinsamen Interessen auf dem Gebiet der Funkabwehr mit dem Stellvertretenden Leiter der II. Hauptabteilung des KfS bezogen sich im Wesentlichen auf:

- *Kurzzeitig phasenmodulierte Funksendungen der CIA über militärische Satellitensysteme,*
- *Entwicklungstendenzen im Kurzwellenbereich,*
- *Die weiterhin bestehenden Bedeutung von Kurzwellenverbindungen und deren automatisierte Erfassung und Auswertung,*
- *Vorstellung des Originalgerätes zur Satellitenschnellverbindung der CIA, das im Rahmen einer Operation des KfS in Moskau am 7. März 1983 beim 1. Sekretär der US-Botschaft in Moskau sichergestellt werden konnte und dessen technische und operative Parameter.*

Im Gegenzug informierten die Vertreter der HA III die sowjetische Seite über

- *Das in der Testphase bei der HA III befindliche Mikrorechnersystem, das die Lesbarmachung bestimmter Funksendungen, jedoch keine Dechiffrierung der Nachrichteninhalte, ermöglichen soll und damit die Zuordnung der erfassten Funksendungen zu Funklinien (Anzahl der Nutzer), chiffriertechnische Untersuchungen aus dem Bereich der Abteilung XI (Chiffrierwesen) der HA III zum Eindringen in die Nachrichteninhalte und die Bearbeitung (Erfassung dieser Funklinien) unter Echtzeitbedingungen durch die*

HA III. Dabei wurde die Übergabe eines Mustergerätes an die sowjetische Seite zu einem späteren Zeitpunkt vereinbart.

Die HA III übergab im Rahmen dieser Gespräche an das KfS auch aktuelle Erkenntnisse aus der Erfassung der BND-gesteuerten RSD- und IRSD-Funksysteme mit der Bitte um entsprechende Wertung, die später in schriftlicher Form erfolgen sollte, da die Kürze der zur Verfügung stehenden Zeit zu einer umfassenden Bewertung durch das KfS nicht ausreichte. Die Vertreter des MfS hatten während des Arbeitsbesuches die Gelegenheit, die Stützpunkte des KfS in Zarizin, das Funkabwehrzentrum in Kommunarka und das UKW-Funkabwehr-Zentrum in Moskau zu besichtigen. Dabei erfolgten Einweisungen in die technische Ausrüstung, Arbeitsorganisation, technologischer Prozesse der Gewinnung und Bearbeitung offizieller Materialien, die technische Ausrüstung der breitbandig organisierten sowjetischen Funkabwehr im HF-Bereich, die technische Ausrüstung der Satellitenfunkabwehr, das Kommunikationssystem der drei zusammenarbeitenden Zentren (Zarizin, Kommunarka und Moskau) und eine Demonstration der permanenten Überwachung relevanter Frequenzbereiche. Dabei wurden die sowjetischen Systeme »GRANIT« (Erfassungs- und Analysesystem im HF-Bereich; Dieses System erreicht jedoch nicht die Leistungsfähigkeit des MfS-Systems »TURBAN-S«) und das halbautomatisierte »SIRENA« für die Überwachung von 96 Telefonie- und Telegrafiekanälen, vorgeführt.

Die Deutschen prüften hingegen, ob sich das sowjetische System »KARAT SD« (Erfassung phasenmodulierter Sendungen im UHF-Bereich) sich für eine Einführung bei der HA III eignet. Weiter bewerteten die Fachleute der HA III die Eignung folgender sowjetischer Systeme:

- Breitbandverstärker »SWET« (3–30 MHz)
- Das System »PLATINA« (rechnergestützte Breitbandüberwachung im Kurzwellenbereich, Einführung jedoch aus Kostengründen und Gründen des personalintensiven Betriebes durch HA III verworfen)
- Umrüstung eines Arbeitsplatzes des sowjetischen Erfassungssystems »PAMJAT« für Zwecke der Funkabwehr im Satellitenbereich
- Das Gerätesystem »BERJOSA T1-T3« (Tonbandspeichertechnik für analoge und digitale Signale)

Die sowjetische Seite erklärte sich bereit, ihre Peilbasis[9] für Funkortungsaufträge der HA III zur Verfügung zu stellen. Ferner wurde vereinbart, Arbeitstreffen auf Leiterebene im Abstand von zwei Jahren beizubehalten. Zum Schluss wurden noch Fragen des »Speziellen Imports« sowjetischer Erfassungs- und Analysetechnik erörtert und die Liefermöglichkeiten folgender sowjetischer Systeme geprüft:

- *ASS 1 (Breitbandspektrumanalysator)[10], LENTA, Buk D, Buk WU, verschiedene Kryptons, Luka, PAS 1, PAS 2, BEJOSA, OBICHOD und*
- *R 399 A (HF-Empfänger 0. 1–30 MHz).*

Die streng geheime Vorlage des Stellvertreters des Ministers, Generalleutnant Neiber an den Minister für Staatssicherheit vom 29. Juni 1983 fasste die Ergebnisse der Besprechung in Moskau aus Sicht des MfS nochmals zusammen. Dabei wird deutlich, dass nach damaliger

---

9 Vermutlich HF-Bereich.

10 Ein funktionsfähiges Muster dieses Systems befindet sich in der Sammlung des Traditionsvereins der Fm/EloAufklLw in Trier.

Einschätzung der sowjetischen Seite nur die Sowjetunion und die DDR über entsprechende fortgeschrittene »Fähigkeiten des Elektronischen Kampfes« verfügten und deshalb eine arbeitsteilige Erfassung, Analyse und Weitergabe der Informationen zweckmäßig erschien.

Danach sollte das MfS der DDR die Informationsgewinnung mit elektronischen Mitteln in Zentral- und Westeuropa übernehmen, die sowjetische Seite übernahm die Informationsgewinnung in allen anderen Bereichen sowie bei global tätigen Satellitensystemen. Das MfS sollte, wie vereinbart, die Entwicklung von Empfangs- und Analysetechnik im UKW-Bereich betreuen, die sowjetische Seite war für die Verwirklichung der ELOKA-Grundkonzeption und für die Hauptprozesse in allen anderen Bereichen zuständig. Ob die HA III partiell in die sowjetischen Aktivitäten im Zusammenhang mit der satellitengestützten Erfassung westlicher Signale eingebunden war, konnte nicht abschließend festgestellt werden. Beginnend im Jahre 1967 startete die UdSSR über 200 SIGNINT-Satelliten, die zur Erfassung westlicher Signale konzipiert waren. Der Militärische Nachrichtendienst der Sowjetunion GRU *(Glawnoje Rasweditelji Uprawlenije)* mit seinem 6. Direktorat war hauptsächlicher Nutznießer der mit Hilfe der Satellitenerfassung gewonnen Informationen über westliche Systeme. In das System der elektronischen Aufklärung waren auch die jährlich über 7000 elektronischen Erkundungseinsätze[11] mit sowjetischen Lastwagen in Westeuropa. Bereits am 5. Juli 1983 erging eine diesbezügliche Weisung des Leiters der HA III zur Umsetzung der mit dem KfS vereinbarten Konzeption an seinen nachgeordneten Bereich. In Folge dieser Maßnahmen stimmte das KfS in einem streng geheimen Schreiben an den Stellvertretenden Minister für Staatssicherheit, GenLt Neiber, der Zusammenarbeit zwischen den entsprechenden Fachstellen der HA III und der in der damaligen DDR befindlichen Residenturen des sowjetischen *Komitees für Staatssicherheit* (KfS/KGB) zu. Zusätzlich sollten die Auslandsresidenturen des KfS in den USA, Großbritannien, Belgien, Norwegen, der Türkei, Griechenland, in Japan, der VR China, der Schweiz, Österreich, der BRD, Italien und Frankreich Untersuchungen durchführen mit dem Ziel, die Nutzung dieser Auslandsdienststellen für Zwecke der Funkaufklärung zu klären. Das MfS wurde dabei um Unterstützung gebeten, besonders bei der für den Einsatz der Funkaufklärung wichtigen fotografischen Aufklärung der Umgebung der jeweiligen KfS-Residenturen in den entsprechenden Ländern. Am 7. Juli 1983 erteilte der Leiter der HA III den Auftrag, den Informationsaustausch zwischen der HA III und den entsprechenden Stellen des KfS zu beschleunigen. Im weiteren Verlauf der Verhandlungen zwischen der HA III des MfS und dem KfS wurde deutlich, dass auf sowjetischer Seite die Erfordernisse der Funk- und funktechnischen Aufklärung und der Funkabwehr, für welche die *I. Hauptabteilung des KfS* zuständig war, nicht abgestimmt waren. Dies führte innerhalb des KfS zu Missverständnissen, insbesondere was die Kapazitäten, Leistungsfähigkeit und den Kenntnisstand der HA III im Operationsgebiet anbetraf. Problematisch schien auch die Doppelgleisigkeit des KfS bei der Zusammenarbeit mit der *Hauptverwaltung Aufklärung* (HVA) des MfS und der HA III zu sein, da deren Leiter in einem Schreiben vom 12. August 1983 an den Stellvertreter des Ministers, GenLt Neiber, unmissverständlich zum Ausdruck brachte, dass mit der HA III *»eine zentral verantwortliche Diensteinheit (im MfS) existiert, die auch notwendige Koordinierungen mit der HV A des MfS auf diesem Gebiet durchführt«.*

Im August 1983 waren die Vorbereitungen für erste hubschraubergestützte Erkundungsflüge[12] im Raum Berlin beim MfS so weit gediehen, dass die Sowjets um Bereit-

---

[11] Quelle: *Federation of American Scientists-Operatons Security Intelligence Threat Handbook Section 3,* 2004.

[12] MfS-Deckbezeichnung für derartige Einsätze »RELAIS«, im Bereich der NVA LSK durchgeführte Einsätze (AN 26, Dresden) erhielten die Bezeichnung »DISKANT«.

stellung eines entsprechenden Hubschraubers gebeten wurden. Schwerpunkte dieses ersten Aufklärungsfluges waren der »Teufelsberg« (sowjetischer Informationsbedarf[13]), »Sandwüste« (BND-Objekt) *»sowie die Fernmeldetürme und Anlagen der Funkbrücke«*[14]. Außerdem war eine detaillierte Frequenzbandaufklärung zur Erfassung und Aufklärung der Satellitenverbindungen des US-Hauptquartiers in Berlin sowie Abstrahlungen westlicher Dienste in Berlin (BfV, LfV, BND und Dienst »Charlie«) zu erfassen und der weitere Ausbau bereits vorhandener ELOKA-Objekte in Berlin (z.B. Satellitenstation) periodisch zu verfolgen. Für 1983 war ab September monatlich je ein Flug geplant, die Termine wurden durch den Leiter der HA III mit der sowjetischen Seite (Kommando der GSTD) abgestimmt. Für den 27.09.1983 war der erste Einsatz geplant. Folgende Arbeitsplätze waren in der sowjetischen Maschine (Mikojan 8 – HIP) eingerichtet: 1 x Einsatzleiter Funkelektronische Aufklärung, 2 x Funkelektronische Aufklärung, 1 x Stehbilddokumentation, 1 x Film-/Videodokumentation/thermovisuelle Aufklärung durch unbewaffnete Mitarbeiter der HA III in Zivilkleidung (Flugdienstkleidung ohne Hoheitsabzeichen?). Für die Signalerfassung wurden folgende Systeme in bzw. an der Maschine eingerüstet: Empfangssystem AILTECH NM 67 (1-15 GHz; US-System), Analysetechnik AILTECH 757 Spectrumanalyser (1–15 GHz; US-System), Empfangssystem HA 226/582/50 (Gerät aus der Bundesrepublik). Die Antennen waren als Außenlast und aus Tarnungsgründen in einem speziellen Container untergebracht. Weiter gehörten zur Ausstattung ein Tonbandgerät UHER Monitor 4400 (Bundesrepublik) zur Aufzeichnung von Funksignalen, Spezialkameras der Marken Minolta und Linhof, Videotechnik der Firma Sony und ein Aufzeichnungssystem BETAMAX. Die Festlegung der Flugparameter erfolgte in Absprache mit der sowjetischen Seite und sah eine Flughöhe von 100 – 200 m vor. Folgende Anlagen sollten visuell überprüft und entsprechende elektronische Ausstrahlungen aus diesen Objekten erfasst werden:

Fernmeldeanlagen Frohnau, Sandkrug, Wilhelmsruh, Alte Feuerwache, Britz, US-Station Rudow, Anlage Buckow, US-Anlagen Marienfelde und Lichterfelde, Zehlendorf, Düppel, Schäferberg, Flugplatz Gatow, Teufelsberg, Ruhleben, Richtfunkstation Olympiastadion, US-Station Tempelhof, Camp Napoleon Tegel, Camp Foch, US-Anlage Clayallee, Andres Barracks Lichterfelde, Anlage im Grunewald Jagen 88, Nikolassee Jagen 75/76, Hahn-Meitner-Institut (HMI).

Leider konnten bis zum Sommer 2004 keine diesbezüglichen Erfahrungsberichte aus dem Bestand der HA III oder des ZFD in den Unterlagen des ehemaligen MfS bei der BStU aufgefunden werden. Fachleute gehen aber jedoch davon aus, dass zumindest entsprechende elektronische Ausstrahlungen aus aktiven Objekten, insbesondere im Satelliten- und Richtfunkbereich, aufgenommen und analysiert werden konnten und damit der HA III weitere Ansätze für die Intensivierung der Richtfunk- und Satellitenerfassung ermöglichten.

Bis Jahresende 1983 fanden insgesamt fünf dieser Hubschrauber-Aufklärungsflüge statt. Dabei hat sich offensichtlich die eingesetzte Technik bewährt, jedoch wurde vorgeschlagen, die Technik fest einzubauen um zeitaufwändige Installations- und Ausbauarbeiten zu vermeiden, wie dies ein Bericht der HA III vom 5. Dezember 1983 bestätigte. Im weiteren Verlauf dieses Unternehmens fand am 10.11.1983 mit dem Leiter der *16. Abteilung der 1. Hauptverwaltung im Komitee für Staatssicherheit der UdSSR* in Berlin ein

[13] Offensichtlich verfügte hier das MfS durch eine HVA-geführte Quelle über ausreichende Informationen aus dieser Anlage.

[14] Richtfunkverbindungen der DBP nach und aus dem Bundesgebiet.

Treffen statt[15], bei dem Vertreter der *Hauptverwaltung Aufklärung* des MfS Fragen der Funkaufklärung mit der sowjetischen Seite erörterten. In einer zweiten Phase der Gespräche mit der HA III, an denen Vertreter der HVA nicht mehr teilnahmen, wurde ersichtlich, wie stark die Funkaufklärung im KfS (KGB) zu diesem Zeitpunkt auf verschiedene Bereiche des KfS aufgeteilt waren. Nach Gesprächserkenntnissen der HA III existierten folgende »*unabhängig voneinander arbeitende ELOKA -Organe der UdSSR*«:

- *Die 16. Verwaltung der 8. Hauptverwaltung (des KfS), zuständig für Funkaufklärung im Kurzwellenbereich und Satellitenfunk auf dem Territorium der UdSSR,*
- *die 16. Abteilung der 1. Hauptverwaltung (des KfS), zuständig für Funkaufklärung außerhalb der UdSSR,*
- *eine Abteilung der 1. Hauptverwaltung (des KfS), zuständig für die Funk- Absicherung inoffizieller Netze im Ausland,*
- *die Zentrale Funkaufklärung der Militäraufklärung (GRU) mit Stützpunkten im Ausland, Funkaufklärungsorgane der Teilstreitkräfte Marine, Luftwaffe und der Grenztruppen.*

Hierzu merkt der Leiter der HA III an, dass es »*begrüßenswert und für die Zusammenarbeit erleichternd wäre, wenn im KfS eine die Maßnahmen der ELOKA koordinierende Stelle geschaffen würde*«[16].

Aus dem weiteren Inhalt dieser Information wird aber auch ersichtlich, dass trotz aller gegenteiligen Bekundungen auf beiden Seiten, Kompetenzprobleme zwischen der *Hauptverwaltung Aufklärung* (HVA) und der HA III im Bezug auf die Funk- und funktechnische Aufklärung auftraten, insbesondere beim Schutz der eigenen HVA-Netze und der Funkaufklärung zur Informationsgewinnung. Weitere Einzelheiten hierzu sind im Teil HA III enthalten. Ebenfalls aus dem Jahre 1983 stammt ein vom damaligen Minister für Staatssicherheit, Armeegeneral Mielke, bestätigtes und auf den 30. Juni 1983 datiertes Protokoll[17] über die geplante Zusammenarbeit zwischen dem MdI *(Ministerium des Innern)* der Republik Kuba[18] und dem deutschen MfS auf dem Gebiet der Funkabwehr und der operativ-technischen Analyse, Dekodierung und Dekryptierung, speziell auf der operativen Linie I (Zuständigkeitsbereich des MfS) »Abwehrarbeit in der NVA und der Grenztruppen«, der Linie II – »Spionageabwehr« sowie der »operativ-technischen Untersuchung der agenturischen Technik«[19]. Im Rahmen der gemeinsamen Funkabwehr sollten wechselseitig Geräte zur Erprobung und Begutachtung für den Zeitraum eines Jahres übergeben werden. Auf Seiten des der HA III des MfS waren dies:

- *UKW-Empfänger 2170 einschließlich Antennesystem (2. Halbjahr 1984)*
- *Phasenmodulator mit peripherer Technik zur automatischen Signalanalyse (August 1983)*
- *Peilsystem (speziell für CIA-Verbindungen entwickelt)*[20]

---

[15] BStU-Archiv der Zentralstelle – MfS HA III Nr 10822 (Sammelvorgang – BStU Pag 000116 – 000121).

[16] BStU-Archiv der Zentralstelle – MfS HA III Nr 10822 (Sammelvorgang – BStU Pag. 000118).

[17] BStU-Archiv der Zentralstelle – MfS – BdL / Dok Nr.: 008729 – *Protokoll über die Zusammenarbeit zwischen dem MfS der DDR und dem MdI der Republik Kuba in spezifischen Fragen des ELEKTRONISCHEN KAMPFES* – streng geheim vom 30. Juni 1983.

[18] Auf kubanischer Seite wurde diese Protokoll durch Ramiro Valdes Mendes, *Commandante* der Revolution bestätigt.

[19] o.a. Protokoll Seite 2.

[20] Nähere Einzelheiten sind nicht bekannt, vermutlich aber Empfangs- und Peilgerät aus mitteldeutscher Entwicklung für die Analyse des Frequenzsprung-Verfahrens *(Frequency Hopping)* der CIA für Fernmeldeverbindungen zwischen der CIA und Mitarbeitern der CIA in Kuba.

Die kubanische Seite übergab an das MfS zu Erprobungszwecken[21]:

- *Automatischer UKW-Empfänger »SADA 81« (Oktober 1983)*
- *Speichergerät Typ 256 zum Empfangskomplex »SKWOREZ« (Oktober 1983)*
- *Technische Dokumentation zum Peiler 615*
- *Technische Dokumentation zum Breitbandempfänger Typ 284.*

Die Partner vereinbarten, sich über die beiderseitigen Erprobungsergebnisse schriftlich zu unterrichten. Außerdem verpflichtete sich das MfS, dem MdI der Republik Kuba im Rahmen der operativ-technischen Zusammenarbeit gewonnene Dokumentationen und Informationen zu *»in kapitalistischen Staaten verwendeten Nachrichtensystemen und funkelektronischer Technik zu übergeben, die geeignet sind, die Weiterentwicklung der eigenen Technik und Methoden zu unterstützen«.*

In den Bereichen Operativ-technische Analyse, Dekodierung und Dekryptierung war das MdI Kubas bereit, dem MfS Möglichkeiten zur Erlangung von Informationen und Dokumentationen zu von diplomatischen Einrichtungen verschiedener Staaten verwendeter Übermittlungs- und Chiffriersystemen zur Verfügung zu stellen. Demgegenüber unterstützte das MfS das MdI Kubas bei der Suche nach Möglichkeiten zur Dechiffrierung der Sendungen des Systems RS-804/CDS 501[22]. Im Rahmen der Zusammenarbeit der »Funkabwehr« entsandte das kubanische MdI im März 1984 eine gemischte Delegation nach Berlin, der folgende Spezialisten angehörten: 1 Delegationsleiter, 2 Spezialisten der operativen Linie (US/NATO-Geheimdienste), 2 Spezialisten der Funkabwehr, 2 Spezialisten der Funkaufklärung, 1 Spezialist des *Operativ-technischen Sektors* (OTS).

Ergebnisse dieser Besprechungen liegen nach bisherigem Kenntnisstand bei der BStU noch nicht vor. Weiter vereinbarten beide Dienste sich gegenseitig über die Entwicklungen und die funktechnisch-taktischen Daten des US-Übermittlungssystems im Rahmen des MfS-Projekts »PYRAMIDE« zu unterrichten. Damit gewann die HA III Zugang zu taktisch-operativen Erkenntnissen im Bereich der Nachrichtenübermittlung der Führungsstellen der *Central Intelligence Agency* im karibischen Raum, die möglicherweise für die Aufklärung von CIA-Verbindungen im europäischen Raum, hier insbesondere in Osteuropa durch das MfS und seine Partnerdienste, verwendet werden konnten. Die aus dem Jahre 1977 stammenden Richtlinien auf dem Gebiet der Zusammenarbeit mit der Funk- und funktechnischen Aufklärung der CSSR wurden durch ein Protokoll[23] vom 26.03.1986 bestätigt und der Umfang der Zusammenarbeit weiter präzisiert. Danach wirkte der *Spezialfunkdienst* (SFD) des MfS bei der *»Durchführung abgestimmter Maßnahmen zur Erhöhung der Eindringtiefe (der funktechnischen Erfassung) in das Operationsgebiet BRD und Österreich mit dem Ziel des weiteren Eindringens in feindliche Zentren zur Gewinnung operativrelevanter Informationen für beide Dienste und zur rechtzeitigen Erkennung imperialistischer Aggressionsabsichten, insbesondere zur Verhinderung eines überraschenden Kernwaffenagriffs«* mit der *VI. Verwaltung des Förderalen Ministeriums des Innern der*

---

[21] Es kann angenommen werden, dass es sich dabei um sowjetische Systeme gehandelt hat.

[22] Vermutlich satellitengestütztes Verbindungssystem der CIA zu eigenen Agenten in Kuba.

[23] BStU Archv der Zentralstelle/MfS-BdL/Dok. Nr 008451 – *Protokoll über das Zusammenwirken und die Zusammenarbeit zwischen den Spezialfunkdiensten des Ministeriums für Staatssicherheit der Deutschen Demokratischen Republik und der VI. Verwaltung des Korps der nationalen Sicherheit der Tschechoslowakischen sozialistischen Republik auf dem Gebiet des Funkaufklärungsdienstes für die Jahre 1986–1990* – (kein Geheimhaltungsgrad).

CSSR zusammen. Des Weiteren wurde die Zusammenarbeit auf folgenden Gebieten intensiviert:

- *Weiterführung der halbstationären Erkundungs- und Aufklärungseinsätze entlang der Staatsgrenze der CSSR zur BRD.*
- *Erweiterung der Zusammenarbeit auf dem Kurzwellensektor durch arbeitsteiliges Vorgehen bei der Gewinnung operativ-relevanter Informationen.*
- *Schrittweiser Einsatz rechnergestützter Anlagen und automatisierter Selektierungstechnik bei der Bearbeitung operativ-relevanter Quellen*[24]*.*
- *Schaffung von Voraussetzungen zur Erfassung neu auftretender Kommunikationssystem mit Schwerpunkt Trägerfrequenzanlagen (TF) und zellulare Autotelefonnetze (C-Netz) der BRD und Österreichs im »übertragenen Kampfabschnitt«.*
- *Eindringen in insbesondere das DISPOL-Netz und weiterer Datenübertragungen, Gewinnen operativ-relevanter Informationen aus diesen Funkbeziehungen,*
- *Ausbau des Stützpunktes »TOPAS«,*
- *Weiterführung spezifischer Ausbildungsmaßnahmen von Kadern (Mitarbeitern) des FMdI der CSSR in der DDR,*
- *Austausch von Erkenntnissen über die parasitäre Abstrahlungen gegnerischer Systeme und deren technische Auswertung,*
- Aufnahme und Bearbeitung invertierter und chiffrierter Funkverbindungen des Gegners,
- Entwicklung von Lösungsvorschlägen für die automatisierte Aufnahme von handgetasteten Morse-Funkverbindung, maschinengetasteter Morsefunkverbindungen des Gegners und deren praktische Anwendung.

Für 1986 ist die Weitergabe folgender relevanter Informationen über Aktivitäten des BND und Personal bundesdeutscher Sicherheitsdienste, welche die HA III durch funktechnischen Aufklärung gewann, an das KfS nachweisbar:

Erfassungsergebnisse der HA III zum Bundesnachrichtendienst

Datum	Umstände	Bewertung HA III
02.01.86	01. – 06.10 85 Großraum Bonn, Einsatz des Zentralen Oberservationskommando (ZOK) des BND	Maßnahmen gegen Angehörige der sowjetischen Botschaft in Bonn
07.01 86	04. – 07.12.85 Aktivitäten des BND in den Räumen Bonn, St. Augustin	Vermutlich Werbung eines Diplomaten
05.01.86	Ermittlungen von gegnerischen Staatsschutzstellen	ND-Kontaktierung ehemaliger Bundeswehrangehöriger
29.01 86	Übergabe von 21 Rufnummern aus der Satellitenkommunikation deutscher Behörden an das KfS	Operative Zielkontrolle der Rufnummern in der Bundesrepublik durch das KfS
31.01. 86	ND-Operation des BND zur Ermittlung von Embargoverstößen östlicher Länder in mehreren Bundesländern	Gewinnung von Detailhinweisen beteiligter BND-Angehöriger, deren Aufgaben während dieser

[24] Hier sicherlich die Erfassung und Aufklärung bestehender grenznaher ziviler und militärischer Richtfunkverbindungen aller Art auf westlicher Seite.

Datum	Umstände	Bewertung HA III
		Operation, BND-Kontaktpersonen, modus operandi des BND-Personals
06.02.86	30.10.85 – 29.11.85, Großraum München	ND-Operation gegen Beschaffung von Embargogütern durch sozialistische Länder
07.02.86	Zusammenfassung von Observationsaktivitäten des BND im Dezember 1985 im Großraum München	Zuordnung derzeit noch nicht möglich
10.02.86	31.01. – 01.02.86 Observationshandlungendes BND im Raum Frankfurt/Main	ND-Operation gegen Besucher der Fachmesse »Microcomputer 86«
14.02 86	01.01. – 28.01.86, Observationshandlungen des BND im Raum München	Bereits in früheren Sachstandsberichten an das KfS mitgeteilt
04.03.86	30.01./31.01.86 Observationshandlungen des BND im Großraum Düsseldorf	Aktivitäten des BND zur Anwerbung eines Ausländers
01.04.86	Sachstandsbericht zu Observationsaktivitäten des BND im Raum München	Bereits in früheren Sachstandsberichten an das KfS mitgeteilt
16.06.86	26.05. – 03.06. Operative Maßnahme des BND im Raum Hamburg	Observation eines Objekts, das unter ständiger Beobachtung stand
25.06.86	Ermittlungen gegnerischen Staatsschutzstellen, Übermittlung von 4 Auskunftsberichten bzw. Personendossiers von Angehörigen des Landesamtes für Verfassungsschutz Berlin	

Außerdem übermittelte die HA III an das KfS u.a. Erkenntnisse zu

- *Aktivitäten eines unbekannten Funknetzes auf dem Territorium Schwedens*[25]
- *Dossiers zu 10 Mitarbeitern von Messerschmidt, Bölkow, Blohm & Voss*
- *Geplante Einführung des Automatischen Nachrichtenvermittlungssystems INTERPOL*
- *Kurzwellenfunkverbindungen des Außenministeriums von Frankreich*
- *Krisenfunkverbindungen des Auswärtigen Amtes der Bundesrepublik*
- *Unbekannten Datensendungen eines Satelliten*
- *Das NATO-Führungssystem AWACS*
- *Aufgabenstellung gegnerischen Funkbeobachtung in der BRD*
- *Fotodokumentation der ELOKA-Objekte des Gegners an der Staatsgrenze zur DDR*[26]

[25] BStU – MfS HA III Nr.: 10824, MfS, SFD, Ltr v. 05.01.1986, hierbei Einsatz neuer Übermittlungsverfahren.

[26] Objekte: Staberhuk, Laustorf, Pelzerhaken, Wesendorf, Barwedel, Galgenberg, Schöningen-Steinbruch, Langeleben, Wobeck, Schalkeberg, Wurmberg, Ravebsberg, Stöberhai, Frau-Holle-Teich, Stinksteinwand, Groß-Gusborn, Hohe Saas (Hof), Köditzer Hang (Hof), Schneeberg i.F., Kornberg. Die Information lässt darauf schließen, dass diese Anlagen unter ständiger Beobachtung des MfS (HVA?) und/oder des MfNV (BA) standen.

- *NATO-Alarmübung »ACTIVE EDGE« 1/86 – umfangreiche Erkenntnisse zu Übungseinsätzen der NATO-Fernspähkräfte*[27]

Anmerkung des Autors zum Funknetz Schweden:
Offenbar operierten schwedische Marine- und andere Kräfte, vermutlich eine Einheit der britischen Royal Marine Commandos (42 Cdo oder 45 Cdo RM Plymouth[28] im Kattegat und Skagerrak sowie im schwedisch-norwegischen Grenzgebiet südostwärts Oslo zusammen mit schwedischen und norwegischen Kommandokräften. Die Verbindungsaufnahme mit einer Stelle in Südwestengland (vermutlich abgesetzte Funkstelle des HQ Commando Forces RM aus dem RM Lympstone Training Centre/Devonshire im Raum Exeter-Wellington-Lyme Regis nördlich der Lyme Bay) konnte die HA III mittels HF-Peilung erfassen. Ob und inwieweit das Ausbildungszentrum der RM Cdo SBS in Poole[29] westlich von Bournemouth gelegen, an der Übung beteiligt gewesen sei könnte, geht aus den Unterlagen der HA III nicht hervor. Zu den Aufträgen der Royal Marines (RM) gehörte zu dieser Zeit der Einsatz an der NATO-Nordflanke im Rahmen der Verstärkungskräfte bei möglichen Lageverschärfungen in dieser Region, die Kräfte der Allied Mobile Force Land (AMF(L)) verstärken sollte und für Kleinkriegs- und Kommandounternehmen an der Nordflanke der NATO vorgesehen war. Ob und inwieweit hier auch Teile der Royal Navy Special Boat Squadron (RN SBS)[30] beteiligt waren ist nicht klar, erscheint aber sehr wahrscheinlich. Dies wurde jedoch von den Auswertern der HA III zu diesem Zeitpunkt offenbar nicht erkannt. Es kann sich aber auch um Teile einer Übung der RM CDO »Commachio Sqn« zum Schutz von Ölplattformen in diesem Seegebiet gehandelt haben. Die SBS der RM verfügte zu dieser Zeit bereits über spezielle Funkgeräte, die durch die HA III erfasst sein könnten.

Mit der »Ordnung 5/87[31] vom 3. Juli 1987 und deren Ergänzung durch die »2. Durchführungsbestimmung«[32] vom 7. Dezember 1987 wurde die Weitergabe operativ bedeutsamer Erkenntnisse aus der Funk- und funkelektronischen Aufklärung der HA III an die Partnerdienste befreundeter sozialistischer Staaten durch den Minister für Staatssicherheit abschließend geregelt. Die Durchführungsbestimmung enthielt Regelungen im Bezug auf:

- *Bi- und multilaterale Vereinbarungen*
- *Festlegungen des Apparates der Koordination*[33]
- *Festlegung von Arbeitstreffen auf Leiterebene*
- *Informationsbedarfsvorgaben und Unterstützungsersuchen*

[27] Aufstellung von Aktivitäten der NATO-Spezialkräfte vom 01.06–31.12.1985 im gesamten westeuropäischen Raum sowie im mittleren Osten (Halbinsel Sinai) unter Verwendung des Systems MEROD *(Message Entry and Read Out Device).*

[28] Young: *The Royal Marines,* Guild Publishing, London 1991, Seite 33 ff, Seiten 172 und 195.

[29] Walmer: *Modern Elite Forces,* Salamander Books, London 1984, Seite 90.

[30] Ladd: *SBS – The Inisible Raiders,* Arms and Armour Press, London 1983, Seite 217 ff.

[31] BStU Archiv der Zentralstelle/MfS-BdL/Dok Nr.: 008752 – Ministerrat der Deutschen Demokratischen Republik – Ministerium für Staatssicherheit – *Der Minister Ordnung 5/87 über die Gewinnung, Aufbereitung und Weiterleitung operativ bedeutsamer Informationen durch Diensteinheiten der Linie III und deren Auswertung in den Diensteinheiten des MfS – Informationsordnung* – GVS-o008 MfS-Nr.: 9/87 v. 03.07.1987.

[32] BStU Archiv der Zentralstelle/MfS-BdL/Dok Nr.: 008755 – Ministerrat der Deutschen Demokratischen Republik – Ministerium für Staatssicherheit – Stellvertreter des Ministers – 2. Durchführungsbestimmung zur Ordnung 5/87 – *Übermittlung operativ bedeutsamer Informationen der Diensteinheiten der Linie III an die Sicherheitsorgane der befreundeten sozialistischen Staaten* – GVS-o008 MfS-Nr.: 13/87 v. 07.12.1987.

[33] Dem *Apparat der Koordination* (AdK) Prag gehörten an: Funkaufklärungsdienst FAD-1 (UdSSR), FAD-3 (Bulgarien), FAD-4 (Ungarn), FAD-5 (DDR), FAD-6 (Polen), FAD-8 (CSSR), FAD-2 und FAD-7 konnten noch nicht identifiziert werden.

Besonderes Augenmerk legte die Führung des MfS auf die Weitergabe bedeutsamer Informationen an die Partnerdienste, die in der Regel in deutscher Sprache, falls erforderlich auch in der Originalsprache, an den Apparat der Koordination jedoch in russischer Sprache nach Genehmigung durch den Leiter HA III beziehungsweise auf der Ebene der Bezirksverwaltungen durch den dortigen Leiter Abteil III ausschließlich über die *Hauptabteilung X* des MfS (Internationale Verbindungen) an die Partnerdienste weiterzugeben waren. Der *Bereich Auswertung* der HA III war mit der zentralen Nachweisführung der weitergegebenen Erkenntnisse an Partnerdienste beauftragt. Über den Umfang der Weitergabe von operativ bedeutsamen Informationen durch das MfS und dessen HA III an die befreundeten Dienste liegen bis jetzt keine abschließenden und gesicherten Erkenntnisse vor. Dies gilt auch von Informationen, die durch die Partnerdienste an die HA III des MfS übermittelt wurden.

4. Die sowjetischen Funkaufklärungsdienste in der DDR

Über die Aktivitäten der damals noch sowjetischen Funkaufklärungsdienste nach 1955 bis zum endgültigen Abzug der russischen Truppen aus Deutschland liegen naturgemäß nur wenige Informationen vor. Offensichtlich bestanden aber zwischen der HA III des MfS und der in Potsdam stationierten *Gruppe 16 des KfS* (KGB) entsprechende Partnerbeziehungen, die spätestens bei der durch die HA III geplanten, und später mit Hilfe der *Gruppe der sowjetischen Streitkräfte in Deutschland* (GSTD), später *Westgruppe der Truppen* (WGT) durchgeführten luftgestützten Erfassungsoperation »RELAIS« durch entsprechenden Schriftverkehr zwischen MfS und den sowjetischen Stellen in Karlshorst und Potsdam belegt ist. Ob diese Partnerbeziehungen im Rahmen der Organisation *Apparat der Koordination* (AdK) – *Organisation des Zusammenwirkens* (OZW) geführt wurden oder ob es sich hier um eine bilaterale Beziehung zwischen KfS(KGB) und MfS gehandelt haben könnte, ist auch heute noch unklar. Über Stützpunkte der *Gruppe 16 des KfS* in der DDR liegen auch heute noch keine konkreten Informationen vor.

Nachgewiesen hingegen ist der Einsatz der *82. Funktechnischen Aufklärungsbrigade* der GSTD/WGT auf dem Brocken von 1955 bis 1994. Dieser russische »Schnüffler«-Verband hielt die Stellung auf dem Brocken bis zum letzten Tag des vertraglich vereinbarten Aufenthalts russischer Truppen in Deutschland und war einer der letzten, die 1994 deutschen Boden verließen. Damit verlor die militärische Führung der russischen Armee ihren wichtigen Aufklärungsposten, der bis tief in das westliche Vorfeld elektromagnetische Ausstrahlungen aller Art erfassen konnte. Es kann nicht gänzlich ausgeschlossen werden, dass das KfS (KGB) ein wesentlicher Teil der geschützten Fernmeldeverbindungen[1] in Europa, z.B. OWVL *(One Way Voice Link* der CIA, unter elektronischer Kontrolle hielt, da die CIA[2] diesbezügliche Befürchtungen geäußert hat.

Zur taktischen und operativen funktechnischen Unterstützung ihrer Truppen verfügte die WGT in den achtziger Jahren auf deutschem Territorium über folgende Truppenteile des »Funkelektronischen Kampfes«:

Sowjetische Truppenteile des Funkelektronischen Kampfes in der DDR

Bezeichnung	Standort	Unterstellung
82. Funktechnische Aufklärungsbrigade	Torgau	WGT
71. Fernmelderegiment ELOKA (Land)	Frankfurt/Oder	WGT
29. Fernmelderegiment ELOKA (Luft)	Schönewalde	WGT
40. Funktechnische Brigade	Wittstock	WGT
45. Fernmeldetechnische Brigade	Merseburg	WGT
3. Spezialaufklärungsbrigade	Neuthymen	WGT

1 Mendez: *The Master of Disguise,* Morrow, New York 1999, Seite 349.

2 Earley: *Confessions of a Spy,* Putnams, New York 1997, Seite 198 ff.

Bezeichnung	Standort	Unterstellung
106. Fernmeldebataillon (ELOKA Land)	Wittenberg	1. Gardepanzerarmee[3]
908. Fernmeldebataillon (ELOKA Land)	Wulkow	2. Gardepanzerarmee
254. Fernmelderegiment (ELOKA Land)	Dessau	3. Stoßarmee
908. Fernmelderegiment (EloKa Land)	Dessau	3. Stoßarmee
194. Fernmelderegiment (EloKa Land)	Weimar	8. Gardearmee
673. Fernmelderegiment (ELOKA Land)	Frankendorf	8. Gardearmee
51. Fernmelderegiment (ELOKA Land)	Eberswalde	20. Gardearmee
425. Fernmelderegiment (ELOKA Land)	Rüdersdorf	20. Gardearmee
Aufklärungsregiment COOT-ALFA[4]	Sperrenberg	16. Frontluftarmee
Aufklärungsregiment BEAGLE (IL 28)[5]	Welzow	16. Frontluftarmee
Aufklärungsregiment BEAGLE (IL 28)	Stendal	16. Frontluftarmee
BLINDER (TU 22)/BACKFIRE (TU 26)[6]	Smolensk/Winniza	Strategische Luftarmee[7]

Ob die *Gruppe 16* des KfS über feste Erfassungsstützpunkte in Mitteldeutschland verfügte, konnte bisher nicht nachgewiesen werden. Als sicher kann jedoch gelten, dass sich auf dem Territorium der DDR zuletzt mehr als 30 verbunkerte Einrichtungen[8] der Funk- und funktechnischen Truppen der WGT befunden haben müssen, über deren Zweckbestimmung auch heute noch keine konkreten Informationen vorliegen. Das KfS versuchte offenbar 1975, sich in den Besitz der auf dem Feldberg im Schwarzwald gelegenen »Todtnauer Hütte«[9] zu bringen, die in unmittelbarer Nachbarschaft zur Troposphären-Scatter-Richtfunkstation der NATO lag. Von dieser Station wurde die Richtfunkverbindung nach Italien betrieben. Dies hätte dem KfS und damit sicherlich auch der HA III unmittelbaren Zugriff auf die sensitive NATO-Kommunikation erlaubt. Glücklicherweise gelang des der *Bundesvermögensverwaltung,* die Hütte im Rahmen eines Zwangsversteigerungsverfahrens zu erwerben. Die Anlage wurde später in den neunziger Jahren abgebaut.

Die sowjetische Marine verfügte auch in der *Baltischen Rotbannerflotte* über eine Anzahl von Aufklärungsschiffen, die im NATO-Sprachgebrauch als *Auxiliary General*

---

3 Es ist anzunehmen, dass die den Armeen der WGT unterstellten Fernmeldeeinheiten (ELOKA) für den Einsatz im Rahmen der taktischen und operativen Funkgegenwirkung vorgesehen waren. Über Erfassungseinsätze dieser Einheiten an der innerdeutschen Grenze liegen keine gesicherten Erkenntnisse vor. Jedoch traten während NATO-Übungen gelegentlich sowjetische funktechnische Einheiten in Grenznähe auf.

4 COOT-ALFA (IL 18) aus Sperrenberg wurden jedoch regelmäßig bei Erfassungseinsätzen im Luftraum der DDR erkannt, meist während größerer NATO-Übungen und Einsätzen der NATO-E3 A und anderer Plattformen.

5 Einsatz von BEAGLE durch AR Welzow/Stendal bis Ende der sechziger Jahre möglich, da Sichtung einer BEAGLE-IL 28 bei Umrundung der Einsatzstellung Schneeberg/Fichtelgebirge durch den Autor im Jahre 1968 verbürgt.

6 BLINDER/BACKFIRE konnten bei Einflügen in den Luftraum über der DDR beobachtet werden, ob dabei auch Erfassung westlicher Radarsignale erfolgte kann nicht mit Bestimmtheit ausgeschlossen werden.

7 Möglicherweise Strategische Luftarmee Winniza/Smolensk.

8 Best: *Geheime Bunkeranlagen der DDR,* Motorbuch Verlag, Stuttgart 2003, Seite 202.

9 Emde: *Die geheimen Nachrichtendienste der Bundesrepublik Deutschland,* Bastei-Lübbe-Verlag, Bergisch-Gladbach 1979, Seite 148.

Das sowjetische Aufklärungsschiff »SAPOROSHE« in der Ostsee beim Passieren des Belt.

Intelligence (Collection)-Ships (AGI) bezeichnet wurden. Zum Einsatz, insbesondere in Belt, Kattegat und Nordsee kamen sowjetische Schiffe der Klassen PRIMORYE, BALZAM, MOMA, ZAKARPATYE, OKEAN, PAMIR, VYTEGRALES, ALPINIST, LENTRA, MAYAK die beim Passieren der Meerengen zu Erfassungseinsätzen in der Nordsee, vor der norwegischen, dänischen und britischen Küste und auf hoher See im Nordatlantik bei der Beschattung von nationalen und NATO-Flottenverbänden beobachtet werden konnten. Die Stützpunkte der britischen und amerikanischen Nuklear-U-Boote in Großbritannien standen unter ständiger Beobachtung durch sowjetische AGI[10]. Es kann auch nicht ausgeschlossen werden, dass die von England nach Norwegen laufenden Troposcatter-Verbindungen von vor der Küste positionierten sowjetischen AGI in besonderen Fällen überwacht wurden. Die Beobachtung in küstennahen Gewässern vor der deutschen, dänischen und schwedischen Küste wurde hauptsächlich durch Aufklärungsschiffe der *Volksmarine* (JASMUND, DARSS und OKEAN) und der polnischen Marine sichergestellt. Einsätze der sowjetischen Marineluftwaffe über der Ostsee erfolgten nur sporadisch und offenbar nicht zu Erfassungseinsätzen gegen westliche Signalquellen. Entlang der norwegischen Küsten wurden häufige Aufklärungseinsätze der Marineluftwaffe der Nordflotte BADGER-K und CUB beobachtet. In einem Fall flog die Maschine in internationalem Luftraum über der Nordsee bis kurz vor die niederländische Küste und kehrte kurz vor Erreichen der Grenze zur Amsterdam-FIR *(Flight Information Region)* auf gleichem Kurs zu ihrem Horst auf der Kola-Halbinsel zurück.

[10] AGI *(Auxiliary General Intelligence)*.

5. Erfassungsmöglichkeiten und Ergebnisse der DDR-Dienste von 1956 bis 1989

Wie bereits im vorangegangenen Abschnitt dargestellt, konnten die Funkaufklärungsdienste der DDR und der UdSSR (MfS HA III, ZFD und *Gruppe 16 des KfS* (KGB) Ende der achtziger Jahre auf dem Territorium der DDR aus grenznahen an der IDG[1] und an der bayerisch-tschechoslowakischen Grenze gelegenen Stützpunkten elektromagnetische Ausstrahlungen aller Art aus dem Operationsgebiet (Westeuropa) erfassen. Ergänzt wurde die Erfassung durch den Einsatz aus »konspirativen operativen Erfassungsstützpunkten« der HVA/HA III in Köln/Bonn, Düsseldorf und Wien, speziellen Funk-IM im Operationsgebiet, der Satellitenerfassung durch den ZFD in Dessau sowie die HA III in Biesenthal.

Mögliche Erfassungsreichweiten der HA III und des ZFD

Erfassungsziele	**Theoretische Erfassungsreichweite**	**Peilreichweite**
Erfassung Kurzwelle (1–30 MHz)	> 1000 km[2]	> 600 km
Flugfunkerfassung VHF/UHF	< 300 km	250 km
Erfassung Bodenziele	< 300 km	200 km
Technische Aufklärung Luftziele	< 400 km	400 km
Luftgestützte Funk- und Funktech-nischeErfassung	> 350 km	350 km
Erfassung Satellitensignale	*Footprint* und Nebenkeulen	N/A
Erfassung Richtfunksignale	*Line of Sight* und Nebenkeulen	N/A
Erfassung von Troposcatter-Signalen	In Abhängigkeit von Streustrah-lungenN/A im Empfangsbereich	
Satellitenerfassung	*Footprint* des Satelliten	N/A
Erfassung durch Messboote der NVA auf See – VM/VHF- und RiFu-Signale	> 300 km	N/A

Aus oben dargestellten theoretischen Erfassungsreichweiten, die bei funktechnisch günstigen Wetterlagen und Bedingungen durch Überreichweiten, insbesondere im VHF-UHF-Bereich durchaus überschritten werden konnten, kann abgeleitet werden, dass ein großer Teil des Territoriums der Bundesrepublik Deutschland bis 1990 unter ständiger

1 IDG – *Innerdeutsche Grenze*

2 Die Erfassungsreichweiten sind abhängig von den zu erfassenden Frequenzen (Raum- und/oder Bodenwelle) und deren jahres- und tageszeitlich bedingten wechselnden Ausbreitungsbedingungen, sodass hier nur Näherungswerte angegeben werden können.

funktechnischer Kontrolle der DDR-Dienste und des KfS(KGB) sowie des militärischen Nachrichtendienstes GRU der damaligen Sowjetarmee stand. Die operative Kontrolle der drahtgebundenen Fernmeldeverbindungen im Operationsgebiet Bundesrepublik Deutschland bleibt hier außer Betrachtung. Die in den siebziger Jahren beginnende erkennbare Arbeitsteilung in der Erfassung zwischen dem MfS und seiner *Hauptabteilung III* und dem *Ministerium für Nationale Verteidigung* mit dem *Zentralen Funkdienst* (ZFD) in Dessau erlaubte der HA III, sich auf die Erfassung von Fernmeldeverbindungen mit politischem und wirtschaftlichen Interesse zu konzentrieren, während das Schwergewicht beim ZFD auf der Aufklärung militärischer Verbindungen im Operationsgebiet gelegen hat.

Bereits 1983 wurde erkennbar, dass die *Hauptverwaltung Aufklärung* (HVA) des MfS als beschaffender Auslandsnachrichtendienst der DDR auch die Führung in der Funk- und funktechnischen Aufklärung für die HVA beanspruchte, insbesondere was den Austausch von Informationen mit dem KfS und die technische Zusammenarbeit anbelangte. Auch wurde erkennbar, dass sich in der operativen Zusammenarbeit zwischen HA III und der HVA, insbesondere bei den Prioritäten in der Erfassung aus den konspirativen Stützpunkten[3] (Steuerung 1 – 3) in Köln, Bonn, Düsseldorf, Wien und Brüssel. Hier legte die HVA bei den Aktivitäten das Schwergewicht auf die funktechnische Sicherung eigener Netze im »Gastland«, besonders in den Stützpunkten Bonn und Wien, die HA III hingegen verfolgte eine offensiveren Kurs bei der Abschöpfung von Funkquellen in diesem Bereich. Offensichtlich zogen es die »mittleren leitenden Kader« der HVA am Ort vor, »lukrative Erkenntnisse« nachrichtendienstlich im Sinne eigener Profilierung selbst zu verwerten. (Ein in allen Nachrichtendiensten zu beobachtender Vorgang[4]). Desgleichen wurde qualifiziertes Personal der HA III nach Einsatzende nicht zur HA III zurückversetzt, da es sich nach Auffassung der HVA innerhalb der HVA weiter qualifizieren sollte. Diese Forderung der HVA wies der damalige Leiter der HA III gegenüber dem Stellvertretenden Minister, Generalleutnant Neiber, in ungewohnt offener Form schriftlich[5] zurück. Welche Weiterungen sich für die HA III aus diesem Schriftwechsel ergaben, ist nicht bekannt. Unabhängig hiervon wurde die funktechnische Ausforschung der Bundesrepublik in der Folgezeit weiter forciert und in ihren Ausprägungen entsprechend dem Stand der verfügbaren Technik durch das MfS und das MfNV verfeinert. Aus der Entwicklung des Informationsaufkommens[6] der HA III *Abteilung 8* (Gegnerische Nachrichtenverbindungen) von 1980 bis 1987 lässt sich die Intensität der Überwachung bundesdeutscher und alliierter Fernmeldeverbindungen im Operationsgebiet des MfS ableiten.

---

[3] Die *Ständige Vertretung der DDR* in Bonn war mit einer Reihe von Antennen, zu denen auch eine VHF/UHF-Logaritmisch-periodische Antenne gehörte, ausgestattet. Quelle: *Der Mann ohne Gesicht,* 3-Sat, 03.10.2004.

[4] Anmerkung des Autors.

[5] BStU, Archiv der Zentralstelle, MfS HA III Nr.:10822, HA III Leiter – *Information über ein Treffen mit Genossen Oberst N.N. – mit der HVA nicht abgestimmt und zur persönlichen Informierung gedacht –* (Berlin, 11.11.83, mä-fau 3894/83).

[6] Knabe: *West-Arbeit des MfS,* Ch. Links-Verlag, Berlin 1999, Seite 212.

Informationen aus den Bereichen[7]								
Informationen aus den Bereichen	**1980**	**1981**	**1982**	**1983**	**1984**	**1985**	**1986**	**1987**
Nachrichtendienste	1	4	8	11	148	592	968	429
Staatsschutzorgane	861	560	106	48	14	14	142	23
Sicherheitsdienste	-	435	417	320	407	642	725	375
Polizei	1330	2775	2105	8157	136	55	131	5
Diplomatie	1190	1843	3862	5978	5869	3045	6711	4006
Militär	158	396	142	96	50	85	1013	550
Gesamtzahl der Informationen	3540	6013	6640	14610	6624	4433	9690	5388

Hierbei sind andere nachrichtengewinnende Diensteinheiten der HA III beim Informationsaufkommen noch nicht berücksichtigt. Dies gilt auch für Informationen aus vorwiegend militärischen Bereichen, die durch den ZFD gewonnen wurden. Der ZFD hatte Ende der achtziger Jahre mehr als 1000 Objekte im Operationsgebiet unter funktechnischer Kontrolle. Nicht berücksichtigt sind auch Erkenntnisse der HVA, dem Hautträger der operativen nachrichtendienstlichen Arbeit im Operationsgebiet, die natürlich auch aus Quellen der HA III schöpfen konnte und über eine Vielzahl von IM verfügte. Aus nahe liegenden Gründen soll hier nicht über die Anzahl der für die Dienste der DDR und anderer befreundeter Dienste im Operationsgebiet tätigen *Inoffiziellen Mitarbeiter* (IM), sowohl westlicher (vermutlich zwischen 1000 und 1500 Bundesbürger)[8] als aus auch östlicher Herkunft (etwa 4000 Mitarbeiter der HVA auf dem Territorium der DDR) spekuliert werden, da auch die Bestände der BStU noch nicht endgültig ausgewertet sind und noch mancherlei Überraschung bereiten können. Als besonders bedeutsam sollen hier die Ergebnisse der Aufklärung des nationalen und NATO-Militärpotenzials und der westlichen Nachrichten-, Abwehr- und Sicherheitsdienste betrachtet werden, da diese Erkenntnisse, umgesetzt durch die militärische Führung des Warschauer Paktes im Falle einer militärischen Auseinandersetzung an der Nahtstelle des Warschauer Paktes und der NATO in Deutschland, fatale Folgen für die Verteidigung in Mitteleuropa gehabt hätte:

Wie bereits vorher dargestellt, verfügte die DDR, und damit auch die militärischen Führungsstellen des Warschauer Paktes, über umfassende und zeitnahe Informationen aus den Bereichen:

Aufklärungsergebnisse der Hauptabteilung III und der HVA des MfS aus dem Operationsgebiet

- Verteidigungsplanung in Mitteleuropa, hier besonders GDP (General Defense Plan V. US Korps Frankfurt, möglicherweise auch VII. US Korps Stuttgart, damit Erkenntnisse über NATO-Operationsführung Alarmplan[9] der Bundeswehr (komplett und immer aktuell).

---

7 Knabe: *West-Arbeit des MfS,* Ch. Links-Verlag, Berlin 1999, Seite 212.

8 *Der Mann ohne Gesicht, Markus Wolf,* 3-Sat 03.10.2004, nach Erkenntnissen im Prozess gegen Wolf vor dem OLG Düsseldorf.

9 In der Druckerei der Luftwaffe in Köln-Wahn hatte das MfS einen IM langjährig platzieren können, der die Alarmpläne und sonstige Unterlagen liefern konnte. Siehe hierzu auch Richter: *Der Militärische Nachrichtendienst der Nationalen Volksarmee,* Peter-Lang, Frankfurt a.M. 2004, Seite 338–346.

- Codewortverzeichnis der Bundeswehr (erlaubte die Dekodierung offen übermittelter Alarmsprüche im Spannungs- und Kriegsfall),
- Umfassende Übersicht aller nationalen und NATO-Führungsstellen mit Friedensstandort und Kriegshauptquartieren.
- Umfassende Informationen über Friedens- und Kriegsgliederung der nationalen und NATO-Streitkräfte einschließlich deren Einsatzräume.
- Nationale und NATO-Fernmeldeverfahren einschließlich des partiellen Zugriffs auf geschützte Fernmeldeverbindungen im Frieden.
- Schwächen der NATO-Luftverteidigung in Mitteleuropa.
- Luftangriffsverfahren der NATO *(Follow-On-Forces-Attacks).*
- Einsatzbereitschaftsstände und Einsatzverfahren der Nuklearkräfte der NATO.
- Durch Beobachtung und Ergebnisauswertung der nationalen und NATO-Übungen, Erkenntnisse über Führungsverfahren und Zeitnormen der NATO.
- Einsatz von nationalen Fernspähkräften im Einsatzfall.
- Einsatzplanung der deutschen Marine.
- Heranführung von Verstärkungskräften der USA nach Europa (»REFORGER«).

Zeitweilig haben die Dienste der DDR[10] mehr als 40% der in den Diensten des Warschauer Paktes anfallenden Informationen über die Bundeswehr und das westliche Verteidigungsbündnis in Zentraleuropa beschafft.

Im Bereich der Nachrichten- und Sicherheitsdienste der Bundesrepublik und ihrer Alliierten[11] gelang des den Diensten der DDR, hier vor allem der HA III auf funktechnischem Wege, den *Bundesnachrichtendienst* empfindlich in seiner Wirksamkeit als beschaffender Nachrichtendienst der Bundesrepublik zu treffen, indem es dem MfS gelang, u.a. durch Funk-, Richtfunk- und Telefonüberwachung im Rahmen der »Operativen Zielkontrolle« (OZK) mehr als:

- 4500 Mitarbeiter des BND mit Klar-, Tarn- und Arbeitsnamen zu erfassen und damit zu enttarnen und in ihrer Wirksamkeit zu beschränken,
- viele der Telefonanschlüsse des BND auf dem Territorium der Bundesrepublik unter OZK zu halten,
- Kurzwellenfunk-Verbindungsnetze des BND zu erfassen und deren Inhalte aufzuklären,
- legale und andere Residenturen des BND weltweit aufzuklären und im Bedarfsfalle unter funkelektronische Überwachung zu stellen,
- Observationsnetze des BND, des *Bundesamtes für Verfassungsschutz,* der LfV, des MAD und sonstige Dienste (Netz »Charlie« in Berlin) unter Kontrolle zu halten und bei Bedarf entsprechende Gegenmaßnahmen bei eigenen Operationen im Operationsgebiet durchzuführen. Durch die Überwachung dieser Netze wurden auch Werbungsoperationen des BND im Bundesgebiet mit dem Ziele der Anwerbung von DDR-Bürgern bei deren Aufenthalt im Bundesgebiet erkannt und führten zu entsprechenden Folgen bei Rückkehr in die DDR.
- Die Mobilfunkanschlüsse der Leiter des BND, BKA, LfV in der Bundesrepublik wurden permanent überwacht und damit die Möglichkeit Profile der Reisebewegungen und Telefonpartner zu gewinnen.

---

[10] Kabus: *Auftrag Windrose,* Verlag Neues Leben, Berlin 1993, Seite 162.

[11] Wössner Angriffe auf die Behörde des BND in Herbstritt/Müller-Enbergs (Hrsg.): *Das Gesicht dem Westen zu,* Edition Temmen, Bremen 2003.

- Gewinnung von Quellen im BND, Fall Spuhler und Gast mit Bezügen auch zur Elektronischen Kampfführung der Bundeswehr Gewinnung von Quellen[12] aus dem *Amt für Fernmeldewesen* (AfmBw)/*Amt für Nachrichtenwesen* (ANBw) mit Bezügen zur Elektronischen Kampfführung der Bundeswehr und NATO,
- Neutralisierung des gesamten Netzes[13] der NATO (GLADIO/BND *Stay Behind Operation* (SBO) durch OZK der Werber des BND. Das gesamte Netz[14] in der damaligen Bundesrepublik Deutschland geworbener Vertrauenspersonen für eine »Widerstands- und Unterstützungsorganisation des BND« im Kriegsfall zur Unterstützung der NATO war dem MfS bekannt und damit »verbrannt«.

Nach einem Bericht[15] der Aufklärungs- und Abwehrdienste der DDR vom 26. März 1990 war es den Diensten der DDR gelungen, folgende konkrete Erkenntnisse über den BND zu gewinnen, darunter:

- 500 operative Außenstellen des BND weltweit zu identifizieren,
- Vollständige Struktur des BND mit Aufgabenbereich und Personalstärken,
- Identifizierung von 2000 hauptamtlichen Mitarbeitern des BND bei einer Gesamtstärke von 7130 Mitarbeitern,
- Identifizierung von 109 Außenstellen des BND in der Bundesrepublik und Berlin-West, darunter *Dokumentationstelle des Bundesministers für Verkehr* in Bremen, *Technische Dienststelle für Fertigungsverfahren* in München und *Wehrwissenschaftliche Forschungsstelle der Bundeswehr* in Köln.
- Die personelle Besetzung von 58 Auslandsresidenturen des BND, in den späten achtziger Jahren,
- Überwachung der satellitengestützten BND-Verbindungskanäle zu Außenstellen, Residenturen und Partnerdiensten.
- In Datenverarbeitungsnetze der Polizeibehörden (INPOL) einzudringen und dort Daten abzufragen. Dafür, ab es der HA III gelungen ist, auch in das *Nachrichtendienstliche Informationssystem* (NADIS) des *Bundesamtes für Verfassungsschutz* auf funkelektronischem Wege einzudringen, konnten bisher keine schlüssigen Belege gefunden werden. Fest steht jedoch, dass es der HVA gelang, partiellen Zugang zu diesem durch das BfV in Köln[16] verwaltete System zu gewinnen, da es dort einen IM platzieren konnte.

In späteren Jahren ging das MfS (HVA/HA III) auch dazu über, parasitäre Abstrahlungen (EDV/Funk) nachrichtendienstlich interessanter Objekte im Operationsgebiet konspirativ zu erfassen und aufzuklären. Zeitweise nutzte das MfS auch einen Satelliten der *Deutschen Telekom*, um unerkannt und selbstredend auf Kosten der Telekom Verbindung mit seinen im Operationsgebiet befindlichen Agenten zu halten. Nachrichtendienstlich interessante Funkverbindungen von Polizei und Sicherheitsbehörden (Interpol), vorwiegend im Kurzwellenbereich, wurden ebenfalls auf nutzbare Informationen hin überwacht, bis diese

---

[12] Müller-Enbergs: *Mitarbeiter des Ministeriums für Staatssicherheit, Teil 2,* Ch. Links-Verlag, Berlin 1998.

[13] Juretzko/Dietl: *Bedingt dienstbereit,* Ullstein, Berlin 2004, Seite 104.

[14] Schätzungsweise 200 *Stay Behind*-Agenten des BND nach Eenboom: *Der BND,* Econ-Verlag, Düsseldorf 1993.

[15] Arnold: *Schild und Schwert,* Edition Ost, Berlin 1995.

[16] Kuron in 3-Sat am 03.10.2004.

Netze wegen Übergangs auf Satellitenkommunikation eingestellt wurden. In diesem Zusammenhang wurden in der HA III jährlich etwa 40.000 Aufträge zur OZK[17] mit etwa 100.000 Erfassungssätzen bearbeitet, die zu einer Informationsquote von etwa 4000 Einzelinformationen pro Jahr führte.

Auch die Funknetze der Polizei, des Zolls und des BGS, insbesondere in Grenznähe, wurden ständig unter Kontrolle gehalten, um verwertbare Informationen über das »Grenzregime« auf westlicher Seite und die Zusammenarbeit der Polizei und Sicherheitsbehörden zu gewinnen, um diese gegebenenfalls bei »Operativen Schleusungsaktionen« zu verwerten. In diesem Zusammenhang ist auch der Einsatz grenznah operierender Funk-IM des MfS zu sehen, die Schleusungsaktionen des MfS »funktechnisch« abzusichern hatten. Es kann davon ausgegangen werden, dass auch eine Vielzahl bedeutsamer Informationen aus den Bereichen Wirtschaft, Wissenschaft und Technik, die im Zuge der Funk- und funktechnischen Aufklärung durch das MfS oder den ZFD anfielen, in die entsprechenden Diensteinheiten des MfS weitergegeben wurden und damit auch der Wissenschaft und Forschung in der DDR zugänglich wurden. Die Überwachung weiter gesellschaftlicher Gruppen in der Bundesrepublik und im westlichen Ausland einschließlich der politischen Parteien und ihrer Entscheidungsträger war ein wichtiges Instrument des MfS zur Gewinnung von Informationen und späteren, möglichen Versuchen der Kompromittierung, Einschüchterung und Beeinflussung Betroffener, über die hier nicht weiter berichtet werden soll, da über diesen Bereich eine umfassende Literatur erschienen ist. Die nachstehenden Bewertungen der Tätigkeit der Dienste der DDR sind in ihrer Deutlichkeit nicht zu übertreffen.

Bewertung der Aufklärung des MfS und des MfNV aus westlicher Sicht

- *»Durch die militärische Aufklärungstätigkeit der VA (Verwaltung Aufklärung) und dem MfS ist es der DDR gelungen, ein umfassendes Bild über die militärpolitische, militärstrategische, militärische und militärtechnische Lage der Bundesrepublik, der NATO und deren andere Mitgliedsstaaten zu erhalten. Diese Erkenntnisse sind auch direkt an die Sowjetunion weitergeleitet worden«.*[18]

- *»Die westliche Verteidigung barg keine Geheimnisse für den Osten«.*[19]

Zusammenfassend ist festzustellen, dass die Dienste der DDR in den späten achtziger Jahren über äußerst umfassende, zum großen Teil aus der Funküberwachung gewonnene Informationen verfügten, die der politischen Führung der DDR zur Verfügung standen.

Dass sich trotz des außergewöhnlichen Einsatzes von Personal und Material durch die Dienste der DDR eine Entwicklung nicht verhindern ließ, die letztendlich zur Wiedervereinigung Deutschlands führte, war ein Glücksfall für Deutschland und für alle Beteiligten auf beiden Seiten der elektronischen Mauer, der im Einzelfall für den Betroffenen persönliche Härten gebracht haben mag, die aber im Endergebnis hingenommen werden müssen.

---

[17] OZK – *Operative Zielkontrolle* des MfS, hauptsächlich in Form der Fernmeldeüberwachung durch die HA III.

[18] Zöller: *DDR-Militärspionage* in Herbstritt/Enbergs (Hrsg.): *Das Gesicht dem Westen zu,* Edition Temmen, Bremen 2003, Seite 212.

[19] Wegmann: *Die Aufklärung der Nationalen Volksarmee* in: Herbstritt/Enbergs (Hrsg.): *Das Gesicht dem Westen zu,* Edition Temmen, Bremen 2003, Seite 222.

V. Bewertung und zukünftige Entwicklung der Elektronischen Aufklärung

1. Zusammenfassende Betrachtung der Aufklärungsbemühungen der deutschen Teilstaaten von 1955 bis 1989

Die Aufklärungsbemühungen der deutschen und alliierten Nachrichtendienste in Deutschland, insbesondere die der Fernmelde- und Elektronischen Aufklärung der Bundeswehr und der Alliierten in Deutschland, wenn auch nicht in dem Umfang und mit der Intensität, wie es die Dienste der DDR und der damaligen UdSSR in dieser Periode praktizierten, haben der westlichen politischen und militärischen Führung ein stets aktuelles und – in den Grenzen der Erfassungsmöglichkeiten – auch verlässliches Bild der militärischen und politischen Lage vermittelt. Jedoch mussten Konflikte, die sich außerhalb Eropas abspielten, durch die Fernmelde- und Elektronische Aufklärung der Bundeswehr (Junikrieg, Jom-Kippur-Krieg u.a.) weitgehend unbeachtet bleiben, da die Fm/EloAufklBw primär das Hauptaufklärungsziel Warschauer Pakt im Auge behalten musste und die Erfassungseinrichtungen in Richtung Osten disloziert waren. Dies wurde besonders 1968 bei der Invasion der CSSR durch Sowjetunion und Warschauer Pakt deutlich. Damit waren die politische und militärische Führung der Bundesrepublik und ihre Allianzpartner stets in der Lage, angemessen auf krisenhafte Entwicklungen an der Nahtstelle zum Warschauer Pakt in Deutschland und Zentraleuropa zu reagieren, sowohl politisch als auch erforderlichenfalls militärisch abgestuft. Es ist hier nicht der Platz, den zahlenmäßigen Anteil des in der Fernmelde- und Elektronischen Aufklärung eingesetzten Personals auf beiden Seiten zu bewerten, da die Dienste der DDR einen weitaus größeren Anteil des Personals für das Funktionieren ihres inneren Repressionsapparates gegen die eigene Bevölkerung eingesetzt haben, wie dies auf westlicher Seite nicht der Fall war. Bedenklich muss jedoch stimmen, dass es den Abwehrdiensten der Bundesrepublik, allen voran den zuständigen Stellen des *Verfassungsschutzes* und des *Militärischen Abschirmdienstes* im Laufe dieser Jahre nicht gelungen ist, Mitarbeiter der östlichen Nachrichtendienste in nennenswertem Umfang zu enttarnen. Entsprechende Indikationen für das Tätigwerden der gegnerischen Dienste, besonders im Bereich der Fernmeldesektoren der vorderen Erfassung der Luftwaffe, fielen ab 1965 bis Mitte der achtziger Jahre in ausreichendem Maße an und wurden auch an die zuständigen Stellen weitergegeben. Offenkundig gingen diese Informationen im Gestrüpp des Kompetenzgerangels zwischen den beteiligten Stellen unter. Möglicherweise waren auch Inkompetenz und Ignoranz bei einem Teil der Beteiligten einer der Gründe für das Versagen entsprechender Aufklärungs- und Abwehrmechanismen, die nicht wegen fehlender Rechtsgrundlagen für entsprechende Ermittlungen begründet werden können, auch nicht aus heutiger Sicht. Die Dienste der Funk- und funkelektronischen Aufklärung der DDR haben im Rahmen ihres weitgespannten Auftrages, Informationen über das politische, militärische und wirtschaftliche Potenzial der BRD und ihrer Partner in einem Umfang und einer Qualität gesammelt, der auch heute noch überaus beeindruckend ist und betroffen macht. Dass die politische und militärische Führung der DDR diese Informationen nicht in politische Entscheidungen umsetzen konnte oder vermochte, ist aus den politischen und wirtschaftlichen Zwängen des Gesellschaftssystems der DDR, der in der DDR handelnden Personen und der Bindung an die Sowjetunion und den Warschauer Pakt erklärlich. Besonders betroffen macht jedoch die umfassende Ausforschung der westlichen Gesellschaft durch die Dienste der DDR im Rahmen der operativen Zielkontrolle von Fernmeldeverbindungen aller Art, sowohl auf dem Territorium der DDR als auch im Operationsgebiet des MfS, der Bundesrepublik Deutschland, deren letzte Konsequenzen auch heute noch nicht endgültig abgeschätzt werden können. Erschreckend ist auch die Vielzahl der *Inoffiziellen Mitarbeiter* (IM) der östlichen Dienste in allen Gesellschaftsschichten der alten Bundesrepublik, die sich nicht gescheut haben, ihr Land auf äußerst schäbige Art zu verraten. Dies gilt besonders für die IM aus den Reihen der Politik, des öffentlichen Lebens, der Streitkräfte und der Nachrichtendienste, die sich vielfach auch aus finanziellen Gründen bereit zeigten, den der Bundesrepublik Deutschland geleisteten Diensteid zu brechen und das Vertrauen, das der Dienstgeber und die Öffentlichkeit in sie gesetzt hatten, auf das Schändlichste zu missbrauchen. Ihnen gebührt Verachtung und – falls noch nicht geschehen – angemessene Bestrafung ihrer Verratstätigkeit.

2. Die zukünftige Entwicklung der Elektronischen Aufklärung in Deutschland

Die Nachrichtendienste der Bundesrepublik im Kampf gegen den globalen Terrorismus, organisierte Kriminalität und fremde Nachrichtendienste

Neue Herausforderungen erfordern neue Wege. Damit stellt sich die Frage, ob die deutschen Nachrichtendienste auf die kommenden Herausforderungen des 21. Jahrhunderts politisch, personell und materiell vorbereitet sind. Entsprechen die politischen und rechtlichen Rahmenbedingungen und Vorgaben den Forderungen nach Gewinnung von Nachrichten zur Bekämpfung des internationalen Terrors, der organisierten transnationalen Kriminalität, der allgemeinen und der nach wie vor bestehenden besonderen nachrichtendienstlichen Bedrohung Deutschlands letztlich dem Schutz deutscher politischer und wirtschaftlicher Interessen? Dies gilt ebenso für die Bemühungen zur Verhinderung der Weiterverbreitung von Massenvernichtungswaffen und dem Schutz deutscher Soldaten bei Auslandseinsätzen. Die deutschen Nachrichtendienste befinden sich seit der Herstellung der staatlichen Einheit Deutschlands in einer permanenten Umbruchsituation. Die Umorientierung der deutschen Außenpolitik und die ressortübergreifende Reduzierung finanzieller Ressourcen haben seit der Wiedervereinigung zu substantiellen Veränderungen bei den deutschen Nachrichtendiensten geführt, deren Tragweite auch heute noch nicht abschließend bewertet werden kann. Die Neuordnung Europas nach dem Zerfall des Warschauer Paktes, das sich abzeichnende weltweite Engagement deutscher Streitkräfte »im Kampf gegen den globalen Terrorismus« und »im Rahmen friedenserhaltender Maßnahmen«, der Kampf gegen die internationale organisierte Kriminalität, die Weiterverbreitung von Massenvernichtungswaffen, die Bedrohung kritischer Infrastrukturen Deutschlands durch Terrorismus, Konkurrenzaufklärung sowie Wirtschaftsspionage durch private, halbstaatliche und staatliche Institutionen, erfordern die Bündelung aller verfügbaren nationalen nachrichtendienstlichen Fähigkeiten. Insbesondere, um auch im Verbund mit befreundeten Nationen und Partnern im Rahmen bilateraler und internationaler Verpflichtungen deutsche Interessen angemessen durchsetzen zu können. Daher erscheint eine umfassende Bestandsaufnahme deutscher ziviler und militärischer nachrichtendienstlicher Fähigkeiten und die Entwicklung entsprechender ressortübergreifender langfristiger Konzeptionen im Verbund aller dafür verantwortlichen deutschen Dienste angemessen. Für nationale Ressortegoismen aller Art ist daher künftig kein Platz bei der Nachrichtenbeschaffung. Inwieweit der Schaffung eines Heimatverteidigungsressorts nach US-amerikanischem Vorbild Bedeutung eingeräumt werden sollte, kann erst nach umfassenden Prüfungen der verfassungsrechtlichen Voraussetzungen bestimmt werden. Ansätze, die bestehenden *Landesämter* bzw. *Landesbehörden für Verfassungsschutz* aufzulösen und eine zentrale Behörde für Verfassungsschutz zu errichten, verkennen den Wert einer nachrichtendienstlichen Präsenz in der Fläche mit ihrer umfassenden Sachkenntnis im Bezug auf Personen und Objekte von nachrichtendienstlicher Relevanz. Entsprechende Beispiele aus jüngster Vergangenheit im Zusammenhang mit der Umstrukturierung des *Militärischen Abschirmdienstes* (MAD) der Bundeswehr als ein die Streitkräfte vor Spionage, Sabotage und Zersetzung abschirmender Dienst, legen dafür ein beredtes Zeugnis ab. Auch verbieten sich derartige Zentralisierungen aus bekannten historischen Gründen. Vielmehr erscheint die Schaffung einer fachübergreifenden nationalen nachrichtendienstlichen Architektur mit entsprechender klarer Aufgabenzuweisung, Abgrenzung der Zuständigkeiten, ausreichender und zukunftssicher finanzieller Dotierung der Dienste und einer ressortübergreifenden zentralen Auswertung aller nachrichtendienstlichen Informationen als eine zukunftsweisende Option, die sich als zwingend abzeichnet. Durch geeignete politische Kontrollmechanismen ist jedoch sicherzustellen, dass die einzelnen Dienste ausschließlich in den ihnen zugewiesenen Aufgabenfeldern tätig werden. Geeignete Maßnahmen müssen ferner sicherstellen, dass bei der Wahrnehmung der Aufgaben eine mit der Vergangenheit vergleichbare Konkurrenzsituation zwischen den Diensten vermieden wird, insbesondere bei der Gewinnung von Nachrichten aus dem Ausland. Vor allem sollte durch geeignete Ausgestaltung der Aufgabenfelder vermieden werden, bestimmten Diensten das ausschließliche Recht der Auslandsaufklärung in allen Bereichen zuzugestehen.

Dies würde zukünftig in der Praxis bedeuten, dass die dafür vorgesehenen Dienste Nachrichten in den ihnen originär zugewiesenen Bereichen (Politik, Wirtschaft, Verteidigung, Terrorismus, organisierte Kriminalität, Drogenhandel u.ä.) gewinnen und diese in einer zentralen Auswertung einbringen, die von den jeweiligen Diensten unabhängig agieren sollte. Dies kann jedoch nicht bedeuten, dass entsprechende Fachexpertise der jeweiligen Dienste nicht in die Auswertung der Informationen einfließen sollte.

Die politische und militärische Führung der Bundesrepublik ist zur Entscheidungsfindung auf präzise, verlässliche, zeitnahe, wertneutrale und umfassende nachrichtendienstliche Berichterstattung der etablierten deutschen Dienste angewiesen. Gleichwohl sollte nicht verkannt werden, dass die langfristige Beobachtung fremder Potenziale, sowohl auf politischem, wirtschaftlichem als auch auf militärischem Gebiet, und deren wertneutrale Analyse auch künftig von zentraler Bedeutung für die Bewertung möglicher Entwicklungen und Risiken in den sich abzeichnenden Interessenfeldern deutscher auswärtiger Politik sein werden. Dies erfordert den langfristigen Aufbau entsprechender fachlich qualifizierter Mitarbeiter in allen deutschen Diensten. Insbesondere erscheint die Schaffung einer eigenständigen militärischen Laufbahn im »Militärischen Nachrichtendienst« mit adäquater Aus- und Weiterbildung sowie langfristiger Verwendung auf entsprechenden Dienstposten im In- und Ausland von kardinaler Bedeutung für die Repräsentanz entsprechender Fachexpertise. Dies gilt um so mehr, als die deutsche Politik und Wirtschaft sich gegenwärtig in einer Situation befindet, die sie für Konkurrenzspionage als äußerst angreifbar erscheinen lässt. Dabei lassen wirtschaftliche Globalisierung und Internationalisierung die Grenzen nationalstaatlichen wirtschaftlichen Handels verschwimmen. Die gegenwärtige Situation im Bereich der Nachrichtengewinnung in Deutschland ist gekennzeichnet von einer historisch nachzuvollziehenden Zersplitterung der vorhandenen Ressourcen. Galt es bei Gründung der nachrichtendienstlichen Organisationen im Nachkriegsdeutschland auf außen- wie innenpolitische Befindlichkeiten Rücksicht zu nehmen, um Fehlentwicklungen von Anfang an korrigieren und damit den Wünschen und Vorstellungen der jeweiligen Besatzungsmächte zu entsprechen, müssen nun Maximen noch zu entwickelnder deutscher auswärtiger Politik gelten, deren Konturen noch nicht erkennbar werden. Innen- und parteipolitische Vorgaben sowie haushaltsbedingte Sparzwänge führten in den letzten Jahren aus Sicht eines unbefangenen Betrachters zu nicht vertretbaren Defiziten bei der Gewinnung von Nachrichten und deren fachlich qualifizierter Auswertung. Insbesondere bei Mitteln und Ressourcen der technischen Aufklärung fehlen Deutschland noch entsprechende Möglichkeiten, um unabhängig von anderen, aus politischen und sonstigen Gründen nicht verfügbaren eigenen und befreundeten Quellen, eine eigenständige Nachrichtengewinnung betreiben zu können. Darauf haben Partner und befreundete Nationen aus nachzuvollziehenden Gründen bis heute nicht verzichtet und werden auf absehbare Zeit auch nicht darauf verzichten wollen. Damit wurde auch deutlich, dass einem technischen Aufklärungssystem wie LAPAS *(Luftgestütztes, abstandsfähiges, Primär-Aufklärungssystem)* zu dieser Zeit keine Zukunft beschieden sein konnte, da allein aus technischen und rechtlichen Gründen eine entsprechende Eindringtiefe für die Erfassung elektromagnetischer Ausstrahlungen nicht zu erwarten war. Mit dem Abbau der funktechnischen Aufklärungsfähigkeiten an den Grenzen des ehemaligen Ostblocks, der Auflösung entsprechender Einheiten der Bundeswehr und der ehemaligen NVA der DDR, die beide über gut entwickelte Fähigkeiten der Aufklärung in bestimmten Segmenten verfügten, floss technische Expertise und Material ab, die in bestimmten Bereichen unwiederbringlich verloren erscheint. Die gilt auch für die technische Ausstattung in manchen Einheiten mit Aufklärungsauftrag der früheren NVA, die sich durchaus auf der Höhe des technischen Standes ihrer Zeit befanden, wie dies westliche Experten nachhaltig bestätigten. Der scheinbar weitgehende Verzicht auf nationale Fähigkeiten der Fernmeldelektronischen Aufklärung, verbunden mit dem Verlust technischer Expertise, mag Fragen nach den Gründen aufwerfen – vor allem im Zusammenhang mit dem Abbau bestehender spezieller Einrichtungen an empfangstechnisch günstig gelegenen und deren Neuerrichtung an weniger günstig gelegenen Standorten zwischen 1990 und 2000. Ob die zu erwartende Einführung neuartiger Technik bei der Nachrichtengewinnung – *(Unmanned Aerial Vehicles* – UAV, EURO-HAWK) und Nanotechnologie-Aufklärungsmitteln – im Bereich der Streitkräfte tatsächlich den Durchbruch bei der nationalen technischen Aufklärung bringen wird, ist heute noch nicht endgültig entschieden. Sicher scheint, dass die Entwicklung und Anwendung eigener zukunftsweisender Technologien keinesfalls von Zwängen des Haushaltsrechts bestimmt sein sollte. Insbesondere scheint es unabdingbar, um im internationalen Kräftespiel der Nachrichtendienste in ausgewählten Segmenten gleichziehen zu können, die nationale Position sowohl in politischer als auch in finanzieller Hinsicht zu stärken. Hierzu ist auch die Präsenz deutschen Personals mit Erfahrungen auf dem Gebiet der Fernmelde- und Elektronischen Aufklärung in internationalen militärischen Stäben und Einrichtungen auf allen Ebenen zwingend erforderlich. Mit entsprechenden gesetzlichen Vorschriften wurden die Aufgaben deutscher Nachrichtendienste nach langen innenpolitischen Auseinandersetzungen erstmalig definiert.

Die Dienste in der Bundesrepublik Deutschland

Gegenwärtig verfügt die Bundesrepublik Deutschland über folgende Nachrichtendienste:

1. Den **Bundesnachrichtendienst (BND)** als Nachrichtendienst, der für die Gewinnung von Nachrichten aller Art im Ausland verantwortlich ist. Der BND besitzt keine exekutiven Befugnisse, er wird durch den Präsidenten des BND geführt. Er verfügt im Ausland über Legalresidenturen und steuert seine Mitarbeiter mit konspirativen Methoden über Verbindungsführer im In- und Ausland. Mit befreundeten Partnerdiensten tauscht der BND Nachrichten aus. Nationale militärische Auswertungs-Expertise steht dem BND durch entsprechend abgeordnete Soldaten[1] zur Verfügung. Im Rahmen der weltweiten elektronischen Aufklärung verfügt der BND über entsprechende technische Ressourcen im In- und Ausland. Im Inland werden dem BND keine exekutive Befugnisse zuge-

[1] AMK – *Amt für Militärkunde.*

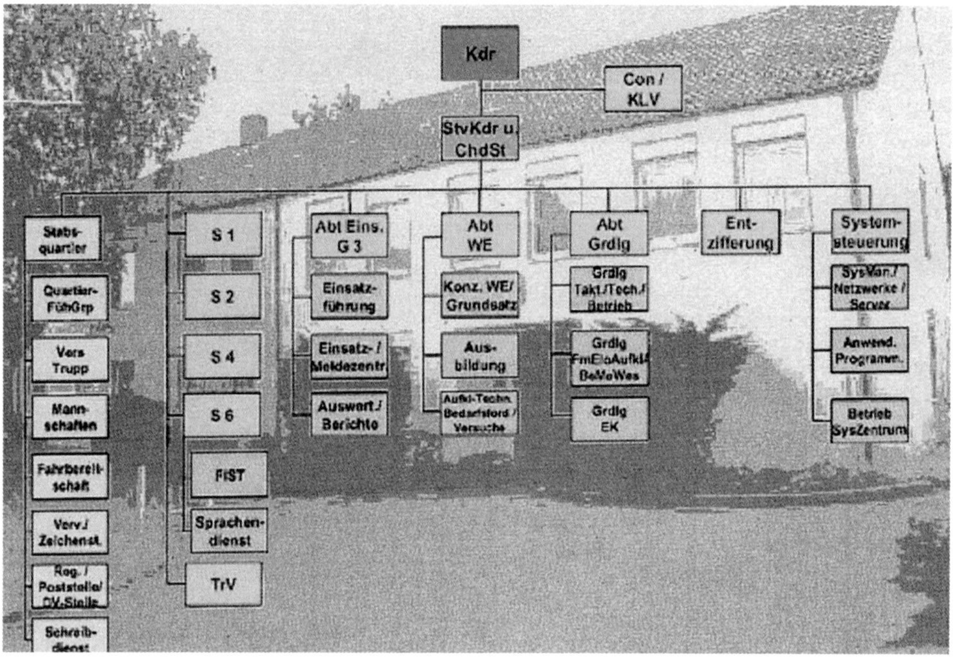

Die Gliederung des Kommandos Strategische Aufklärung der Bundeswehr.

standen. Im Ausland handelt der BND im Rahmen der, mit den Aufnahmestaaten vereinbarten Regeln, sofern dort Legalresidenturen errichtet wurden. In allen übrigen Fällen ist der BND auf konspirative und nachrichtendienstlich bewährte Methoden zur Nachrichtengewinnung angewiesen. Der *Bundesnachrichtendienst* gewinnt Nachrichten im Rahmen des ressortübergreifenden Auftragsprofils der Bundesregierung. Die aktuelle Lage wird im *Lage- und Informationszentrum* (LIZ)[2] des BND geführt und dort den politischen Entscheidungsträgern stets aktuell verfügbar gehalten. Mit der geplanten Verlegung des gesamten BND nach Berlin kann auch eine Umgliederung des Dienstes erwartet werden, die sich in Teilbereichen bereits schon jetzt abzeichnet.

2. Dem **Bundesamt für Verfassungsschutz (BfV)** mit den *Landesbehörden für Verfassungsschutz* (LfV), die auf Grund der historisch begründeten föderalen Struktur für den Schutz vor verfassungsfeindlichen Bestrebungen aller Art und für die Spionageabwehr originär in den jeweiligen Bundesländern zuständig sind und die ebenfalls über keine exekutiven Befugnisse verfügen. Die Verfassungsschutzbehörden gewinnen Nachrichten sowohl im Rahmen offener Beobachtung als auch mit nachrichtendienstlichen Mitteln und sind nicht grundsätzlich an das Legalitätsprinzip bei Strafverfolgungsmaßnahmen gebunden.

---

[2] Der gemeinsame Betrieb eines zentralen *Lage- und Informationszentrums* (LIZ) mit Beteiligung der anderen deutschen Dienste unter Federführung des BND scheint nach dessen endgültigen Verlegung nach Berlin wahrscheinlich.

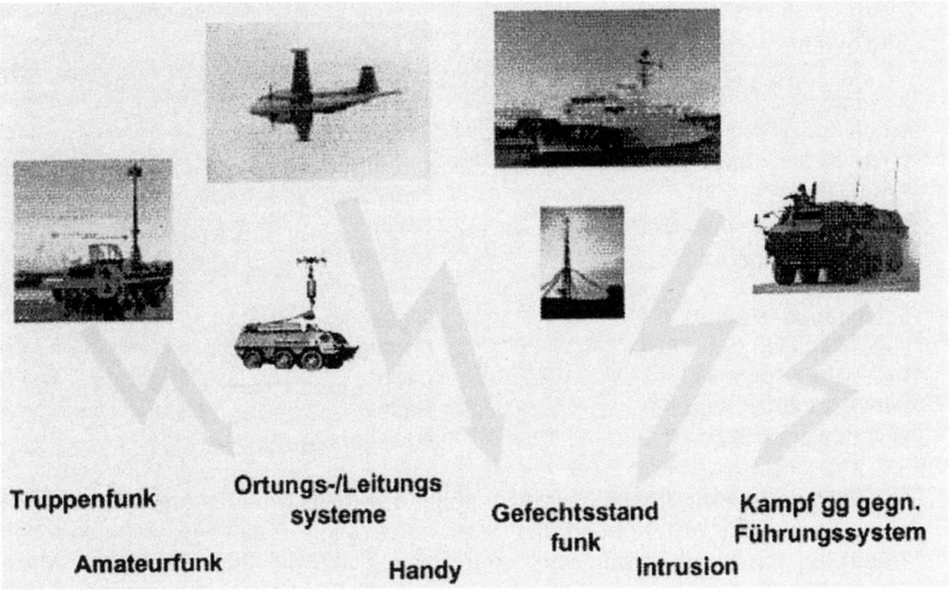

Ein künftiger Schwerpunkt im internationalen Einsatz der Bundeswehr, die ELOKA-Task Group.

3. Dem **Militärischen Nachrichtenwesen der Bundeswehr (MilNw),** das vom Leiter der *Stabsabteilung II des Führungsstabes der Streitkräfte* (StAL BMVg FüS II) geführt wird und dem folgende Organisationselemente unterstehen:

- Das **Zentrum für Nachrichtenwesen der Bundeswehr (ZNBw)** ist verantwortlich für die zentrale Lageführung für alle Führungsebenen des BMVg sowie nachgeordneter nationaler Kommandobehörden und multinationaler Stäbe mit nationaler deutscher Beteiligung. Das ZNBw ist die zentrale Stelle der Streitkräfte, in der alle verfügbaren Informationen aus nationalen, bilateralen und multinationalen Quellen verdichtet und zu einem zentralen Lagebild zusammengefügt werden. Das ZNBw verfügt über keinerlei exekutive Befugnisse, noch führt es Mitarbeiter im In- und Ausland mit nachrichtendienstlichen Aufträgen. Es stützt sich ausschließlich auf die Berichterstattung nationaler Quellen, der Partnerdienste und des deutschen *Militär-Attaché-Dienstes* ab.
- Das **Kommando für Strategische Aufklärung (KdoStratAufkl – KSA)** ist für die signalerfassende Aufklärung *(Signals Intelligence* – SIGINT) in Kooperation mit dem BND und anderen Partnern für die *Elektronische Kampfführung* (EloKa) verantwortlich. In die Zuständigkeit des KdoStratAufkl wird künftig auch die satellitengestützte Aufklärung fallen, deren baldige Einführung erwartet werden kann. Das *Kommando für Strategische Aufklärung* verfügt ebenfalls über keine exekutiven Befugnisse, noch führt es verdeckte Quellen im In- und Ausland. Damit wird das Kommando und sein nachgeordneter Bereich zum Träger der Fernmelde- und Elektronischen und satellitengestützten abbildenden Aufklärung und erfüllt damit eine wichtige Funktion in der Nachrichtenbeschaffung mit technischen Mitteln im Verbund mit Partnern. Die Ergebnisse können, wenn sie zeitgerecht genutzt werden, für die politische und militärische Führung der Bundesrepublik von herausragender und entscheidender Bedeutung sein. Dem KSA unterstehen derzeit für die weltweite Fern-

melde- und Elektronische Aufklärung im Verbund Nachrichtengewinnung und Aufklärung (NG&A):

Kommandostab	Rheinbach
Schule für Strategische Aufklärung	Flensburg
ZU-Stelle Bw – Technische Aufklärung	Hof
Fernmeldebereich 91	Flensburg
mit FmAufklAbschnitt 911	Stadum
EloKaBataillon 912	Nienburg
Fernmeldebereich 92	Trier
mit FmAufklAbschnitt 921	Gatow
EloKa-Bataillon 922	Donauwörth
Fernmeldebereich 93	Daun
mit FmAufklAbschnitt 931	Daun
EloKaBataillon 932	Frankenberg

4. Der **Militärische Abschirmdienst (MAD),** bisher ausschließlich auf Aufgaben der Spionageabwehr und Abschirmung der Streitkräfte gegen Spionage, Sabotage und Zersetzung im Inland konzentriert, erfährt nun durch die Novellierung des MAD-Gesetzes die Ausweitung seiner Befugnisse. Er darf unter bestimmten, gesetzlich festgelegten Rahmenbedingungen künftig auch im Ausland zum Schutz deutscher Streitkräfte aktiv werden. Der MAD ist über den *Organisationsstab des Bundesministeriums für Verteidigung* dem Staatssekretär im BMVg direkt unterstellt, der auch die Dienst- und Fachaufsicht führt. Der MAD ist einem zivilen Direktor unterstellt und verfügt weder im In- noch im Ausland über exekutive Befugnisse. Der MAD kann Informationen sowohl mit offenen als auch mit nachrichtendienstlichen (konspirativen) Methoden gewinnen. Er verfügt über Kontakte zu den entsprechenden Partnerdiensten befreundeter Nationen.

5. Der deutsche **Militär-Attaché-Dienst** verfügt über mehr als 60 *Militär-Attaché-Stäbe,* die der jeweiligen Auslandsvertretung der Bundesrepublik zugeordnet sind und über die die Stabsabteilung II des BMVg die Fachaufsicht ausübt. Die jeweiligen Militärattaches sind bei den entsprechenden Gastgeberstaaten akkreditiert und gewinnen mit offenen Mitteln und Methoden Informationen über die Wehrpolitik, strategische Zielsetzung, das Wehrpotenzial und den Zustand der Streitkräfte des Empfangsstaates, die im Rahmen der Berichterstattung der jeweiligen deutschen Auslandsvertretung einen wesentlichen Beitrag zur nationalen Lagefeststellung schaffen und damit eine der Grundlagen für Entscheidungen der deutschen Regierung im Hinblick auf die sicherheits- und militärpolitische Entwicklung darstellen.

6. Das **Amt für Geoinformationswesen der Bundeswehr (AGeoBw)** gewinnt Informationen für die Einsatzvorbereitung und Durchführung weltweiter Einsätze der Streitkräfte. Es erstellt das erforderliche aktuelle Kartenmaterial für alle zivilen und militärischen Bedarfsträger.

Dem gegenüber sind weder das **Bundeskriminalamt (BKA),** die **Landeskriminalämter (LKA)** noch die Dienststellen der deutschen **Zollverwaltung** und der **Bundesgrenzschutz (BGS)** als auch die entsprechenden Referate der **Länderpolizeibehörden**[3] in die Nachrichtengewinnung im klassischen Sinne eingebunden. Gleichwohl gewinnen sie mit entsprechenden Methoden Informationen aus dem Bereich des internationalen Terrorismus, der organisierten Kriminalität, der Geldwäsche, des Waffenschmuggels, der internationalen Schleuserkriminalität und anderer Deliktbereiche. Die Zusammenarbeit mit anderen europäischen Strafverfolgungsbehörden ist durch entsprechende Regelungen auf Regierungsebene vereinbart, jedoch scheinen weitgehende nationale Vorbehalte auf Seiten der Partner einem intensiven Austausch von Informationen über derartige Bestrebungen noch immer im Wege zu stehen. Daran scheint auch der Einsatz entsprechender deutscher Verbindungsbeamter in den Aufnahmeländern wenig zu ändern. Auch die Errichtung einer **Europäischen Zentralbehörde (Europol)** hat an den bestehenden Defiziten im Informationsaustausch zwischen den nationalen Strafverfolgungsbehörden offensichtlich wenig ändern können. Die klassische internationale Polizeibehörde **Interpol** ist weiterhin in die internationalen Strafverfolgungsbemühungen eingebunden.

Die Bedrohung durch den internationalen Terrorismus, die zu erwartenden Gefahren aus der Weiterverbreitung von Massenvernichtungswaffen und deren Anwendung in möglichen künftigen Konflikten am Rande Europas, die mögliche Bedrohung durch organisierte Kriminalität und zu erwartende unkontrollierbare Migrationsbewegungen in die Europäische Union und nach Deutschland, die Bedrohung kritischer Infrastrukturen in Deutschland, als auch der Einsatz deutscher Soldaten außerhalb Deutschlands zur Bewältigung von Konflikten, erfordern umfassende, präzise und zeitnahe Informationen, die nicht ausschließlich durch offene Mittel und Methoden gewonnnen werden können. Daher gilt es, die nationalen Fähigkeiten der Nachrichtengewinnung mit allen zur Verfügung stehenden Mitteln zu intensivieren und langfristige Konzeptionen für eine den nationalen Interessen dienende Nachrichtenbearbeitung zu entwickeln. Dies schließt eine Zusammenarbeit mit Partnern keinesfalls grundsätzlich aus, jedoch sollten dabei nationale Interessen angemessen berücksichtigt werden. Die nationalen menschlichen und technischen Ressourcen sollten im Interesse eines wirtschaftlichen Einsatzes – auch künftig nur begrenzt verfügbarer finanzieller Mittel – gestrafft werden, um nicht zwingend erforderliche Strukturen in den bestehenden deutschen Diensten zu vermeiden. Von besonderer Bedeutung erscheint die verzugslose Zusammenführung aller relevanten Informationen, sowohl aus dem Bereich der Strafverfolgungsbehörden (soweit diese von nationaler nachrichtendienstlicher Relevanz sind) als auch anderer Nachrichten, die für die politische und militärische Entscheidungsfindung wichtig oder von wirtschaftlicher Bedeutung sind, in einer paritätisch zu besetzenden nationalen nachrichtendienstlichen Auswerteorganisation[4]. Diese sollte aus naheliegenden Gründen keinesfalls über Exekutivbefugnisse verfügen. Inwieweit den Verfassungsschutzbehörden weitergehende Befugnisse im Hinblick auf die Beobachtung von terroristischen Bestrebungen eingeräumt werden sollte, ist zu prüfen. Auch sollte geprüft werden, ob Strafverfolgungsbehörden bei der Bekämpfung terroristischer Bestrebungen sachdienliche nachrichtendienstliche Mittel einsetzen sollten. Es kommt in diesem Stadium entscheidend darauf an, entsprechende sicherheitsgefährdende Gruppen, Gruppierungen und Einzelpersonen durch nationales sprach- und landeskundiges Personal auf lange Sicht mit nachrichtendienstlichen Mitteln zu penetrieren. Nur so lassen sich deren gegen die öffentliche Ordnung und Sicherheit in Deutschland gerichtete Bemühungen langfristig neutralisieren und damit die innere und äußere Sicherheit.

---

[3] Der *Bundesgrenzschutz,* die künftige *Bundespolizei* und seine GSG 9 werden hier nicht als nachrichtendienstliches Instrument der Bundesrepublik Deutschland betrachtet.

[4] Möglicherweise in einem gemeinsamen *Lage- und Informationszentrum* (LIZ).

3. Die Elektronische Aufklärung in der NATO und in der Europäischen Union

Verbesserung der Nachrichtengewinnung, Teilhabe und Gebrauch von Intelligence-Informationen innerhalb von NATO und EU

Ein verändertes sicherheitspolitisches Umfeld, die Erweiterung der NATO und der Europäischen Union, die Bedrohung der Staaten durch internationalen Terrorismus und die mögliche Verfügbarkeit von Massenvernichtungswaffen bei Schwellenländern und sonstigen Gruppierungen erfordern eine verstärkte internationale Zusammenarbeit auf nachrichtendienstlichem Gebiet. Damit verbunden sind auch eine Neuorientierung der Nachrichtengewinnung, die Weitergabe der Informationen innerhalb dieser Organisationen und deren Verwendung, sowohl im multinationalen als auch im nationalen Rahmen.

Nach wie vor ist die Gewinnung von Nachrichten, deren Auswertung und Weitergabe an die jeweiligen politischen und militärischen Entscheidungsträger eine Aufgabe nationaler Nachrichtendienste. Im Laufe der Jahre haben sich jedoch, bedingt durch gemeinsame Interessen der beteiligten Staaten formelle *(UKUSA-Agreement)* und informelle Arbeitsbeziehungen der beteiligten Dienste entwickelt, die zu einem Austausch von Nachrichten entsprechend der jeweiligen Interessenlage geführt haben. Die militärische Nordatlantikpakt-Organisation (NATO) befindet sich derzeit in der größten und einschneidenden Umgliederung ihrer bisherigen Geschichte. Diese Transformation und die künftigen, zu erwartenden Aufgaben der NATO erfordern eine völlige Neuorientierung des Nachrichtenwesens. Nach den Beschlüssen des NATO-Gipfels 1999 in Washington und der NATO-Gipfelgespräche im November 2002 in Prag veränderten sich die Ziele des NATO-Nachrichtenwesen vom reinen Verteidigungsbündnis hin zu einer umfassenderen, neuartige Bedrohungen und globale Risiken berücksichtigenden Organisation, die fähig sein muss, in einem geografisch weitgespannten Umfeld zu agieren. Die Bewertung der gegenwärtigen nachrichtendienstlichen Fähigkeiten der NATO durch deren Verteidigungsminister und Chefs der Stäbe 2003 in Colorado Springs und die Ergebnisse der Übung »ALLIED REACH 04« machten allen Beteiligten deutlich, dass entsprechende korrektive Maßnahmen auf politischer und militärischer Ebene erforderlich sind, damit die Neuordnung des Nachrichtenwesens der NATO als »Treibende Kraft« für den Transformationsprozess der gesamten Organisation wirksam werden kann.

Betroffen hiervon sind auch das *US European Command* (USEUCOM), die *United States Air Force Europe* (USAFE), das *Joint Analysis Center* (JAC) im englischen Molesworth, die *US Army Europe* (USAREUR) und das *Warrior Preparation Center* (WPC) in Ramstein, in dem NATO-weite Verfahrensübungen abgehalten werden, die einen wesentlichen Einfluss auf künftige multilaterale Operationen der Alliierten haben. Von umfangreichen Veränderungen in der Bearbeitung von *Intelligence*-Informationen werden folgende Bereiche betroffen sein: *Intelligence*-Systeme, Technische Bewertung, Analyse und Untersuchung. Dies hat einen nicht unerheblichen Einfluss auf die künftige Bearbeitung von *Intelligence*-Informationen im nationalen Bereich, da dann die nationalen Verfahren möglicherweise entsprechend angeglichen werden müssen. Sonst werden sie im »Konzert der *Intelligence Community*« möglicherweise nicht ernst genommen. Ob die entsprechenden Entscheidungsträger im nationalen Bereich sich der Tragweite der zu erwartenden Änderungen bewusst sind, kann hier nicht bewertet werden. Die zu erwartenden Veränderungen im System der Nachrichtendienste der Vereinigten Staaten von Nordamerika[5] werden einen entscheidenden Einfluss auf die künftige Zusammenarbeit mit den europäischen Partnern der US-Nachrichtendienste haben und bestimmen damit möglicherweise auch künftige Interessenfelder europäischer Nachrichtendienste.

4. Ausblick

Der Zerfall der bisherigen Machtstrukturen im Osten und die evolutionäre Entwicklung im Bereich der Kommunikation und der Informationstechnologie in Verbindung mit neuartigen Bedrohungen, die bereits Ende der achtziger Jahre erkennbar wurden, haben zu einer Steigerung der Nutzung des gesamten elektromagnetischen Spektrums im militärischen wie im zivilen Bereich geführt, deren Ende noch nicht abgesehen werden kann. Die während der Einsätze[6] Mitte der neunziger Jahre auf dem Balkan gemachten Erfahrungen aller Beteiligten haben die Wichtigkeit der Nachrichtengewinnungen mit elektronischen Mitteln bewiesen und erhebliche Defizite, auch im jeweiligen nationalen Bereich, offengelegt. Unerwartet ausbrechende, begrenzte regionale ethnische und militärische Konflikte, die terroristische Bedrohung des gesamten westlichen Wertesystems, neuartige Gefahren wie *Network Centric Warfare* sowie gewandelte Angriffsformen auf die kritischen Infrastrukturen der Staaten durch *Cyber War* haben zu einem ungeahnten Anwachsen der Nachrichtenbeschaffung mit elektronischen Mitteln geführt. Sie stellen damit eine Alternative zur klassischen Beschaffung von Nachrichten dar, die zukünftig noch mehr an Bedeutung gewinnen wird. Einhergehend damit ist ein Paradigmenwechsel erkennbar, der in einigen Teilbereichen zur totalen Überwachung der gesamten Kommunikation der Zivilgesellschaft geführt hat, vorgeblich im Interesse der »Bekämpfung des Terrorismus und der organisierten Kriminalität«. Hier sind ernsthafte Zweifel angebracht, ob mit dem Instrument der extensiven und fast unkontrollierten Kommunikationsüberwachung der Gesellschaft tatsächlich umfassende Zugänge zu weltweit agierenden terroristischen Kreisen und Gruppierungen oder der organisierten Kriminalität gewonnen werden können. Kein Zweifel hingegen besteht daran, dass die zielgerichtete Fernmelde- und elektronische Aufklärung in allen interessierenden Bereichen und Regionen ein wirksames Mittel darstellt, bereits in krisenhaften Situationen Informationen zu gewinnen, die für den Einsatz bei friedensstiftenden oder friedenserhaltenden Maßnahmen als auch zur Abwehr von Agressionen unverzichtbar sind. Es bleibt zu hoffen, dass die Politik die mit beträchtlichem Aufwand an Personal, Material und finanziellen Mitteln gewonnenen Informationen zielgerichtet umsetzen kann.

---

[5] Steele: *On Intelligence,* AFCEA International Press, Fairfax, VA. 2000, Seite 335 ff.

[6] Siehe auch Jertz: *Im Dienste des Friedens,* Bernard & Graefe, Bonn 1997.

Die Dimensionen des modernen Informationskrieges[7]

»Informationskriege stellen ein strategisches Risiko für militärische Fehlschläge und katastrophale wirtschaftliche Verluste dar und sind eine der größten Herausforderungen, vor denen unser Staat am Ende dieses Jahrhunderts steht. Wir müssen in der Lage sein zu bestimmen, wer den Angriff ausführt und was zu tun ist, wenn wir angegriffen werden. Wir werden auch weiterhin den Nachrichtendienst auf den Informationskrieg ausrichten, mit allen Einzelheiten und Zeitplänen, die mit den für den konventionellen und den Atomkrieg erstellten vergleichbar sind.«

Lieutenant-General Keneth A. Minihan, Director NSA[8]

Künftiger Umfang und Ziele der elektronischen Aufklärung[9]

Die Elektronische Aufklärung erfasst gegenwärtig alle elektromagnetischen Ausstrahlungen im derzeit nutzbaren Frequenzspektrum von 10 kHz bis in den Bereich über 275.0 GHz[10].

Die Möglichkeiten im Bereich der Infrarotaufklärung und Aufklärung durch Radar- und Wärmebildgeräte können aus Platzgründen nicht behandelt werden. Aufklärbar sind alle elektromagnetischen Ausstrahlungen, gleichgültig ob sie über Kabel, einschließlich Lichtwellenleiter, oder durch Funkfelder (HF, VHF, UHF, SHF, EHF) übermittelt werden. Gleiches gilt für die Eigenstrahlung/Abstrahlungen der Einzelgeräte. Computer und Peripheriegeräte wie Drucker, Router, Monitore u.ä., Telefonanlagen, Personenrufanlagen und Pager können ebenso wie Mobiltelefone, Bündelfunkgeräte, Faxgeräte, Anrufbeantworter und neuerdings *Radio Frequency Identification Devices* (RFID)[11] sowie ähnliche Anwendungen können ebenfalls erfasst und aufgeklärt werden. Dies gilt gleichermaßen für Kommunikationsverbindungen über Satellit und terrestrische Richtfunkverbindungen. Auf Grund der Ausbreitung elektromagnetischer Wellen ergeben sich für die Aufklärung physikalische Gesetzmäßigkeiten, welche die Aufklärungsansätze beeinflussen. Diese physikalischen Gesetzmäßigkeiten gelten für alle erfassenden Dienste gleichermaßen.

Der Beginn des zweiten Golfkrieges

Am 18. März 2003 gegen 19.15 Uhr MEZ wurde auf der Frequenz 11175 KHz[12], die der USAF-Station Croughton in der Nähe Londons zugewiesen ist und von dieser auch benutzt wird, eine Sprechfunk-Meldung folgenden Inhalts abgesetzt:

ALL STATIONS – JAR5ZY – YJWF-YHBE- EUVC-NVGI-734R-M2VE-OUT[13]

Besonders auffallend war, dass diese Station, die üblicherweise in Mitteleuropa mit mittlerer Lautstärke zu empfangen ist, in diesem Fall mit besonders großer Lautstärke zu hören war. Dies lässt den Schluss zu, dass alle Sender des Netzes für die Übermittlung dieser Nachricht weltweit zusammengeschaltet wurden. Möglicherweise hatte Croughton kurz-

---

[7] Kelter: *Das Ende der Anonymität – Datenspuren in modernen Netzen,* BSI Bonn/Secumedia-Verlag, Ingelheim 2001, Seite 27 ff.

[8] *NSAN From the Directors Desk* (Mai 1996, Seite 3) AFCEA-Signal, 2003.

[9] AVIA – *Information Warfare, International Symposium* – »Bedrohungen und Abwehrmaßnahmen im Informationsreich«, 21.– 23.11.2001, Armee-Ausbildungszentrum Luzern, Schweiz.

[10] Es handelt sich hierbei um die durch die ITU bisher zur Nutzung zugewiesenen Frequenzen.

[11] Balogh: *Ich sehe was Du nicht siehst* in: *Bulletin Credit Suisse No. 4,* Zürich, Oktober 2004, Seite 15–17; Heise-Online v. 03.10.2004.

[12] Marten/Siebel: *Spezial-Frequenzliste 2003/2004,* Siebel-Verlag, Meckenheim 2003, Seite 306.

[13] Vermutlich Meldung im Rahmen von »DOD EMERGENCY ACTION MESSAGES – EAM« Broadcast.

fristig seine Sendeleistung über das normale Maß erhöht. Eine Quittung der Empfänger erfolgte nicht .Danach wurde kein Verkehr mehr auf dieser Frequenz erfasst. Croughton ist ein Teil des globalen HF-Systems der US-Luftwaffe[14] mit Sende- und Empfangsstationen in Albork, Andersen, Andrews, Ascencion, Bayonne, Croughton, Elmendorf, Hickam, Incirlik, Lajes, McDill, McClellan, Offut, Kevflavik und Yokota, das der weltweiten Kommunikation der Flugzeuge der US-Luftwaffe und der US-Kriegsmarine dient und auf den Frequenzen 4724, 6712, 6739, 8968, 8992, 11175, 13200, 15016, 17976 KHz je nach den örtlichen Funkbedingungen (Tag- und Nachtfrequenzen) verfügbar ist. In dieser Situation des bereits weitgehend abgeschlossenen Aufmarsches der britischen und amerikanischen Verbände konnte die Übermittlung eines derartigen Spruches nur den unmittelbar bevorstehenden Ausbruch von Feindseligkeiten[15] ankündigen. In den Morgenstunden des folgenden Tages begann der zweite Golfkrieg. Später konnten auf Frequenzen, die dem »Off-Route Funkdienst fur Luftfahrzeuge« zugewiesen sind, Aktivitäten britischer und amerikanischer *Special Forces* in Afghanistan erfasst werden[16]. Auch können weltweite Aktivitäten des *US States Strategic Command* (USSTRATCOM – Rufzeichen des *Airborne Command Post:* SKYMASTER, SKYBIRD, SKYKING[17]) sowie des globalen HF-Verbindungssystems »MYSTIC STAR« im HF-Bereich weltweit erfasst und aufgeklärt werden.

Erfolgsaussichten der Elektronischen Aufklärung

Unter der Voraussetzung eines zielgerichteten Einsatzes entsprechender Aufklärungsmittel und ausreichendem, qualifiziertem Personal können die Erfolgsaussichten der Fernmelde-elektronischen Aufklärung bei der Erfassung kommerzieller und privater Kommunikationsverbindungen aller Art, einschließlich kompromittierender Abstrahlungen, als überdurchschnittlich gut beurteilt werden. Dies gilt insbesondere für den Schutz sensitiver Daten bei der Übermittlung über offene Kommunikationswege (Internet, Telefon, Fax, Mobilfunk), hierzu sind aber auch innerbetriebliche Kommunikationsverfahren (WLAN, BLUETOOTH, Bündelfunk u. ä.) zu rechnen. Die Erfolgsaussichten für das Eindringen in digitale Kommunikationssysteme (ISDN, DSN, TETRA u. ä), deren Manipulation im Rahmen externer Zugriffsmöglichkeiten und das Abhören der verbalen Kommunikation durch Unbefugte sind mindestens als ebenso erfolgversprechend einzustufen.

Die besondere Gefährdung von Rechnernetzwerken (Internet, Intranet, LAN, WAN) durch Erfassen der Kommunikationsinhalte und betrieblicher Eigenheiten, insbesondere bei Verbindungen die über gegen Erfassung nicht gesicherte Kommunikationskanäle laufen (Satellitenverbindungen, Seekabel, Lichtwellenleiter), muss als gegeben angenommen werden. Der Erfolg bei der Erfassung kompromittierender Ausstrahlungen ist wesentlich von der Nähe zum Objekt und den dort veranlassten Abschirmmaßnahmen abhängig, setzt jedoch einen nicht unwesentliche Aufwand an Fachexpertise und dem

---

[14] *USAF FLIGHT INFORMATION HANDBOOK 1995,* Defense Mapping Agency Aerospace Center St. Louis, Missouri, 1995, Seite B30 – B-31, WUN-Newsletter Vol 9 Number 2, 25 February 2003.

[15] »*Joint Chiefs of Staff Emergency Action Messages (EAMs) contain key instructions or information from high level authority and have predetermined formats (pro forma). Such messages are transmitted by various communications systems and normally carry FLASH precedence. They are vital messages of an extremely time-sensitive nature, and rapid processing is mandatory to obtain the fast reaction required by their content. Usage and handling procedures are of the highest classification and have been issued by the JCS only to those who have a need to know.*« (AFM-01-1- 18, sub 3; amended 01 Jan 1990).

[16] Vertrauliche Mitteilung N.N. im Jahre 2004.

[17] Dies ist das Rufzeichen für Luftfahrzeuge und Raketenabschussbasen, die unter den Voraussetzungen des *US Single Integrated Operations Plan* (US-SIOP) für besondere Einsätze weltweit bereitgehalten werden.

Einsatz entsprechend dimensionierter Technik voraus. Hingegen wird der Einsatz von minder qualifizierten Lauschmitteln (konventionelle drahtlose Abhörgeräte – »Wanzen«) eher auf semiprofessionellen Einsatz schließen lassen. Zusammenfassend ist festzustellen, dass die Gefährdung von Unternehmen durch Maßnahmen der weltweiten Fernmeldeelektronischen Aufklärung in den nächsten Jahren noch zunehmen wird, da die Fernmeldeelektronische Aufklärung neben den Informationsinhalten auch betriebliche Verfahren aufklärt und damit die Grundlage für elektronische Gegenmaßnahmen aller Art legt, die bei einem möglichen Informationskrieg *(Info War, Cyber War, Network Centric Warfare)* von entscheidender Bedeutung sein werden, um die Informationssysteme zu täuschen, Informationsinhalte zu verfälschen, den Zugriff auf Systeme zu erschweren, oder im schlimmsten Falle Systeme partiell oder gänzlich lahm zu legen.

Wie bereits dargestellt, wird die weltweite Erfassung von Kommunikationsbeziehungen aller Art und Auswertung ihrer Inhalte auf Grund der zu erwartenden politischen und wirtschaftlichen Entwicklungen der nächsten Jahre zu den wichtigsten Informationsquellen von Regierungen, Nachrichtendiensten, internationalen Behörden und Wirtschaftsunternehmen aller Art gehören. Daher sollten die betroffenen Unternehmen und Einzelpersonen alle erforderlich und gesetzlich zulässigen Maßnahmen treffen, die den Schutz ihrer persönlichen Sphäre und von Betriebsgeheimnissen gegen unbefugte Offenbarung sicherstellen. Die technische Entwicklung auf dem Sektor der Fernmeldeelektronischen Aufklärung wird fortschreiten und durch Vernetzung mit anderen Systemen zu noch präziserer Erfassung und Lokalisierung von Strahlungsquellen aller Art führen. Gleichwohl ist erkennbar, dass Regierungsdienste künftig vermehrt auch dazu übergehen werden, trotz des hohen technischen und finanziellen Aufwandes und entsprechender politischen Risiken, in terrestrische Lichtwellenleiter-gebundene Netzwerke aller Art einzudringen. Auch nichtstaatlichen Stellen wird der mögliche Zugriff auf hochwertige Erfassungs- und Analysetechnik künftig in verstärktem Umfang erlauben, in einzelnen Bereichen mindestens die gleichen Standards bei der Erfassung und Auswertung wie durch staatliche Stellen zu erreichen. Dies wird auch internationale Terrorgruppen und die organisierte Kriminalität befähigen, in Kommunikationsbeziehungen aller Art einzudringen und sie möglicherweise für eigene Zwecke zu manipulieren. Künftige wirtschaftliche und militärische Auseinandersetzungen werden nicht ausschließlich durch Waffen entschieden, ein äußerst wichtiger Faktor wird die Überlegenheit auf dem elektronischen Schlachtfeld sein. Von entsprechender technischer und organisatorischer Überlegenheit wird künftig der Ausgang derartiger Konflikte abhängen. Die Folgen gezielter Angriffe im Rahmen des *Information Warfare/Cyberwar* auf unser Gemeinwesen – und damit auch die Wirtschaft – können nur in groben Umrissen abgeschätzt werden. Diese Art von Angriffen werden aber für betroffene Unternehmen und unsere Gesellschaft absolut existenzbedrohend sein, wenn nicht rechtzeitig entsprechende Schutz- und Abwehrmaßnahmen getroffen werden.

Epilog

Vielleicht hat die Tätigkeit der » Aufklärenden Dienste« beider Seiten dazu beigetragen,
einen Konflikt zu verhindern, den Europa hätte nicht überleben können.
So sollten wir ihnen zumindest Respekt zollen.